滁州年鉴

CHUZHOU NIANJIAN

2016

滁州市地方志办公室 编纂

图书在版编目（CIP）数据

滁州年鉴. 2016 / 滁州市地方志办公室编纂. --合肥：黄山书社，2016.10

ISBN 978-7-5461-5690-3

Ⅰ. ①滁… Ⅱ. ①滁… Ⅲ. ①滁州—2016—年鉴 Ⅳ. ①Z525.43

中国版本图书馆CIP数据核字（2016）第248005号

责任编辑	向　焱
封面设计	纪　念
出版发行	时代出版传媒股份有限公司（http: //www.press-mart.com） 黄山书社（http: //www.hspress.cn）
地址邮编	安徽省合肥市蜀山区翡翠路1118号出版传媒广场7层230071
印　　刷	安徽省地质印刷厂
版　　次	2016年10月第1版
印　　次	2016年10月第1次印刷
开　　本	787mm×1092mm　1/16
字　　数	780千
印　　张	26.5
书　　号	ISBN 978-7-5461-5690-3
定　　价	168.00元

服务热线　0551-63533706

销售热线　0551-63533761

官方直营书店（http://hsssbook.taobao.com）

编辑说明 BIANJI SHUOMING

一、《滁州年鉴》是系统记述滁州市自然、经济、政治、文化、社会等方面情况的年度性资料文献，是具有权威性、综合性、实用性、时效性的工具书。1999年创刊，分年度编辑出版，本卷为第18卷。

二、本卷主体内容记述时限为2015年1月1日至12月31日，极少数内容作了适当延伸。

三、本卷采用分类编排法，设特载、大事记、市情概览、党务政务、经济综合管理、教育、文化传媒、卫生体育、人物等30个类目，1000余个条目，约70万字。

四、本卷文字与图片资料均由市辖各县市区和市直各部门、各单位提供，全体参编人员付出了辛勤劳动，在此一并表示感谢。由于编者水平有限，错漏之处恳请批评指正。

《滁州年鉴》编辑部

2016年7月29日

目 录

交通 物流

水利 电力 通信

环境保护

中国共产党

人民代表大会

人民政府

人民政协

党务政务

军事警务

群众团体

综治与司法

经济综合管理

农业与农村

工业经济与园区建设

商 贸

旅 游

财政 税收

金融业

教　育

科学技术

文化 传媒

卫生 体育

社会与民生

县(市)区

人　物

社会调查

附　录

索　引

Contents

The Communist Party of China

People's Congress

People's Government

People's Political Consultative Committee

Party Affairs and Government Affairs

Military and Police Affairs

Mass Organization

Comprehensive Treatment and Judicial

Comprehensive Economic Management

Science and Technology

Culture and Media

Health and Sports

Society and People's Livelihood

Urban Districts and Counties

Figures

Social Survey

Appendix

Index

特 载

TE ZAI

奋力实现“四个翻番”争当全省加快调结构转方式促升级排头兵

——在全市领导干部大会上的讲话

市委书记　李　明

（2015年10月9日）

同志们：

这次全市领导干部大会的主要任务是：认真贯彻省委、省政府决策部署，全面落实省“4105”行动计划，动员全市上下解放思想、抢抓机遇、真抓实干，坚决打赢产业转型升级攻坚战，奋力实现地区生产总值、工业总产值、财政收入、人均地区生产总值“四个翻番”，牢牢站稳第一方阵，坚定不移争先进位，努力争当全省加快调结构转方式促升级排头兵。根据市委常委会研究的意见，我讲4个方面问题：

一、进一步提高认识

在收官“十二五”、启航“十三五”的关键时刻，省委、省政府深入贯彻习近平总书记系列重要讲话精神，按照“四个全面”战略布局的要求，紧密结合安徽实际，作出以战略性新兴产业集聚发展基地建设为突破口、加快调结构转方式促升级的重大战略部署，对新常态下推动全省实现新发展具有里程碑式的重要意义。在全省动员大会上，学军书记、锦斌省长的重要讲话，立意高远、思想深刻、内涵丰富，充分体现了抓好发展第一要务的高度自觉和责任担当，充分体现了实干兴皖的政治勇气和决策智慧，为我们树立了一心一意谋发展的行动榜样。省委、省政府制定出台的“4105”行动计划，确立4大目标、明确10大工程、提出5大举措，释放了加快发展的强烈信号,指明了转型升级的方法路径,是新形势下推动安徽发展的主引擎和总抓手,是加快美好安徽建设的纲领性文件。

贯彻好省委、省政府决策部署,既是发展问题,更是政治问题。全市上下一定要充分认识加快“调转促”的极端重要性,切实把思想和行动统一到省委、省政府要求上来。加快“调转促”不仅关乎滁州当前能否牢牢站稳全省第一方阵,而且决定和影响着未来“环滁皆美”的全民愿景。

第一,加快“调转促”,是引领新常态的迫切需要。当前,经济发展步入了“速度变化、结构优化、动力转换”的新常态。调结构转方式促升级,是经济发展的永恒主题,是适应引领新常态的关键之举,是抢占新一轮竞争制高点的必由之路。从国内看,国家大力实施“中国制造2025”、“互联网+”等重大发展战略,推动产业加快转型升级。沿海发达地区,如浙江持续推进“凤凰涅槃”和“腾笼换鸟”,广东大力推动工业转型升级3年攻坚,江苏深入实施转型升级工程,山东制定工业转型升级5年行动计划,南京以“一区两园”(南京高新区、新港高新园、江宁高新园)创新发展为重点,加快发展创新型经济,等等。从省内看,合肥坚定不移发展战略性新兴产业,不仅壮大了经济实力,更是优化了产业结构。这次全省加快“调转促”动员大会期间,分组观摩了合肥市3个战略性新兴产业集聚发展基地。我们这一组观摩的合肥京东方光电科技公司新型显示产业基地,已成为国内产业链最完整、自主创新能力最强、综合配套环境最佳的新型平板显示产业基地,看了之后令人震撼。芜湖强力推动经济结构调整和转型升级,经济发展加速向创新驱动转变,涌现了奇瑞、海螺、方特等一批拥有自主知识产权的国内外知名创新型企业。其他兄弟市也都在你追我赶,加速转型。从市内看,各省级以上开发园区都加快了转型升级步伐,培育了一批战略性新兴产业,形成了新的增长点。如滁州经开区智能家电列入全省首批战略性新兴产业集聚发展基地,近三年园区主要经济指标都保持了20%以上的增长速度。苏滁现代产业园的营养健康产业、天长的智能仪表仪器产业、来安的轨道交通装备产业、全椒的工程机械产业、定远的新型化工产业、南谯的智能电气及机械装备制造产业、凤阳的硅基新材料产业、明光的机械电子装备制造产业、琅琊的新材料和智能电器产业等都加快发展,具备一定规模。面向“十三五”,我们只有登高望远再启航,全力加快“调转促”,才能适应引领新常态,确保实现与全省全国同步全面建成小康社会的奋斗目标,不负省委、省政府的重托和全市人民的期望。

第二,加快“调转促”,是实现新发展的迫切需要。一个地方的跨越发展,关键是从发展路径上跨越,从根本上增强持久内生动力。新常态下,拼资源、拼环境的粗放式发展方式已经难以为继。前不久,我们到山东烟台、滨州考察学习,滨州加快传统产业转型升级为我们提供了“调转促”的生动样本。如滨州市将渤海活塞上市公司股权转让给北汽集团,实现了与世界五百强企业的嫁接重组,成为国内最大的活塞制造企业,在技术开发、生产制造能力等核心领域达到了国际同步水平,拿到进入世界所有著名跨国汽车制造企业的通行证。因此,实现新常态下新发展的根本出路在于调结构转方式促升级,不断提高经济发展的质量和效益。调结构,就是推动经济结构战略性调整,全面优化三次产业结构及其内部结构,用结构优势提高竞争优势。转方式,就是推动经济发展方式主要由投资驱动向全要素综合驱动转变、由规模速度型增长向质量效益型增长转变。促升级,就是推动产业层次从中低端向中高端迈进,构建起充满生机和活力的现代产业体系,实现更高质量、更有效率、更可持续的发展。调结构转方式促升级是一个有机整体,调结构转方式是路径、是动力,促升级是目标、是结果,是经济发展由量变到质变、由低级向高级的跃升。对滁州来说,要从实际出发,调结构就是进一步优化三次产业结构,一产重在提升质量,二产重在提升水平,三产重在提升比重;转方式就是在继续保持投资驱动的基础上,提高其他要素的贡献率;促升级就是加快中低端产业的梯次升级,强化中高端产业的引领拉动。现在,我们之所以能有这样好的局面、好的势头,正是按照中央和省委、省政府要求,主动实践“调转促”的结果。正如学军书记在全省加快“调转促”动员大会上所指出的,“合肥、芜湖、蚌埠、滁州等市发展势头较好,最重要的也在于结构调整力度大，新兴产业发展快”。同时，也要清醒地看到，发展不足、发展不优、发展不均衡仍然是滁州现阶段最大的问题。从产业结构看，层次总体不高，一产中，大路货多，高效农产品少，同样是大宗农产品也没有形成有竞争力的品牌；二产中，传统产业、低端产业较多，去年全市战略性新兴产业占规上工业比重低于全省平均水平4.1个百分点；三产中，传统服务业占比较高，现代服务业如金融、电子商务等发展滞后。从县域经济发展看，经济体量不大且发展不平衡，开发园区多数规模不大、特色主导产业不鲜明、支撑力不强。有的资源性产业依赖程度过高，有的战略性新兴产业比重较低，等等。从工业经济看，企业规模总体偏小，质量不优，顶天立地的没起来、铺天盖地的仍不足，特别是百亿元工业企业还没实现零的突破。去年全市规上工业增加值只占全省的5.9%，仅相当于合肥的25.5%，芜湖的40%。这些问题是发展中的问题。发展中的问题只有通过加快发展才能解决。“调转促”要有一定基础，也就是要有一定的体量和规模。因此，我们滁州抓“调转促”首先还是要加快发展，坚定不移地扩总量、保速度、上规模，在扩大总量的基础上调结构，在加快速度的基础上转方式，在做大规模的基础上促升级，努力调出新动能、转出新路径、促成新气象。正确处理调结构转方式促升级与扩总量保速度上规模的关系，是对我们认知水平和实践能力的重大考验。市委、市政府在总结过去经验教训、把握当前阶段性特征的基础上，提出了全面推动创新发展、绿色发展、健康发展的战略举措，就是要从实际出发，扬长补短，加快调结构转方式促升级，在发展动力上更加注重创新驱动，在发展模式上更加注重经济社会环境协调同步，在发展保障上更加注重形成经济健康运行、干部健康成长的机制，从而激发经济社会发展的内生动力和持久活力。全市上下一定要坚持问题导向，强化辩证思维，走出一条发展更快、质量更高、效益更好的发展新路。

第三，加快“调转促”，是抢抓新机遇的迫切需要。当前，我市地区生产总值已跨过千亿元大关，去年工业化率已达47.4%，城镇化率已达47.8%，总体上处在工业化城镇化中期加速阶段。规律表明，在这个阶段，产业结构、消费结构和技术结构都进入了加速转型升级时期。我们既要看到问题和挑战，增强忧患意识，更要看到优势和机遇，坚定发展信心。一是全面深化改革的机遇。滁州素有敢为人先的改革精神，农业农村、新型城镇化、基本公共服务等多项改革进入省级或国家改革试点，探索了经验、创出了品牌。同时，我市民营经济基础好、创新创业氛围浓，这些都有利于深入推进大众创业、万众创新，充分激发各类市场主体活力，为加快“调转促”注入不竭动力，释放体制机制新的活力。二是产业转型升级的机遇。我市拥有国家智慧城市试点、省级创新型城市、全省首批也是首个智能家电战略性新兴产业集聚发展基地等重要平台，将有助于我们加快传统产业转型升级步伐，培育发展互联网经济、新一代信息技术、新能源新材料等新兴产业，有效改造滁州产业版图，积蓄经济增长新的动力。三是新型城镇化建设的机遇。我市城镇化仍处于快速发展阶段，借助我省国家新型城镇化试点和长三角城市群建设的历史性机遇，将有利于优化城乡布局形态，以适度超前的城镇化带动相对滞后的工业化，加快农业转移人口市民化进程，释放出巨大的投资和消费需求，做强城市能级，拓展城乡发展新的空间。四是区域发展融合的机遇。我市地处长三角向内陆辐射的枢纽地带，是长江经济带沪宁合主轴上的重要节点城市，也是南京都市圈、合肥经济圈的交汇区域，地缘优势突出。随着长江经济带等国家战略深入推进，特别是国家级南京江北新区的启动建设，将有利于我市进一步承接产业转移，深度融入长三角，在更大范围、更高层次上集聚配置要素资源，开辟转型升级新的空间，构建开放合作新的格局。五是生态文明建设的机遇。滁州生态环境良好，是全省生态文明先行示范区。随着国家和省大力实施生态文明建设战略，将为我市推动绿色发展提供重要机遇，有利于我们优化国土空间开发格局，促进资源节约利用，培育发展绿色生态产业，进一步将生态优势转化为发展优势。总之，只要我们紧紧抓住并用好这些多重叠加机遇，就完全可以在调结构转方式促升级上迈出更大步伐，实现更大作为。

二、进一步明确目标

加快调结构转方式促升级，总的目标是实现省委、省政府确定的产业结构优化、质量效益提升、经济总量扩大、人均指标前移的“四大目标”。对滁州而言，具有重要标志的是，在现实发展的基础上，到2020年实现地区生产总值、工业总产值、财政收入、人均地区生产总值“四个翻番”，牢牢站稳第一方阵，坚定不移争先进位，奋力争当全省加快调结构转方式促升级排头兵。

实现“四个翻番”，是发展的需要。“十三五”时期是全面建成小康社会的关键时期。习近平总书记指出，建成小康社会的目标必须实现。到“十三五”末，全国、全省人均地区生产总值都将达到或超过1万美元，我们的发展目标必须与全国、全省一致起来，必须加速推动经济总量上新台阶，加紧缩小与全省、全国平均水平的差距，唯有这样，才能确保到2020年与全省全国同步全面建成小康社会。近年来，市委、市政府团结带领全市干群，围绕冲刺第一方阵，搞建设，谋发展，主要经济指标陆续进入全省第一方阵，但仍有一些指标在第5位上下浮动，还有一些指标尚未进入第一方阵。到“十三五”末，滁州要想争当全省加快“调转促”排头兵，就必须树立“要跳、能跳、敢跳起来摘桃子”的奋进目标和进取精神，用宏伟的目标引领前进的方向，唯此，要确保实现“四个翻番”。近一段时间，省委、省政府多次肯定滁州发展势头好，结构调整力度大，对我们来说既是鼓励更是鞭策。学军书记多次指出，谁做的好，肯定是添秤；谁做的不好，就是往下拉秤。全省“4105”行动计划明确提出，经济总量从现在的2万亿元向2020年的4万亿元冲刺，这也要求我们只有多做贡献的责任，没有拖后腿的理由。

实现“四个翻番”，有良好的基础条件。当前，我市大有可为的重要战略机遇期没有变，经济向好的前进态势没有变，干部群众盼发展、想干事的精神状态没有变，只要我们把握机遇，真抓实干，就一定能加快发展、走在前列。从发展历程看，上世纪70、80年代，滁州抓住改革的机遇，首创“大包干”，推动了农业生产迅猛发展；80、90年代，抓住工业经济发展机遇，创造了“合老大、滁老二”的辉煌，“大扬子”名扬全国；近几年，抓住城镇化的机遇，创造了“大滁城”速度，保持了平稳较快增长，进入全省第一方阵。当前我们同样面临着难得的发展机遇，只要我们敢想善为，就能够继续保持良好的发展势头，实现我们的奋斗目标。从现实基础看，近年来，我们通过承接产业转移，坚持不懈抓招商，引进建设了一批科技含量较高、处在产业链中高端的优质企业，改造提升了一批传统产业，引进落户了一批科研院所，培育壮大了一批新兴产业，创新创造的活力不断增强，经济增长的动力不断积蓄，经济发展的质量效益不断提高，滁州经开区、苏滁现代产业园和8个县(市、区)都保持了良好发展势头，已完全具备冲刺新目标的基础和条件。从产业发展看，“十三五”时期，随着“调转促”的深入推进，我市传统产业加速转型，新兴产业加快集聚，先进装备产业、智能家电、绿色食品、新型化工、新能源等产业的规模进一步壮大，发展水平进一步提升，这将成为全市经济发展的重要支撑。从发展环境看，通过机构改革、简政放权、建章立制和效能建设，我市政务环境、市场环境、法治环境、生态环境、社会环境持续改善，务实高效的政务服务、山清水秀的政治生态，已成为我们招商引资、引进人才、加快发展的金字招牌，全市上下呈现出齐心协力、奋发有为的生动局面。

三、进一步突出重点

坚定“调转促”前进方向，实现“调转促”目标任务，我们要坚持做大总量、做优结构，创新驱动、开放合作，重点突破、整体推进，质量优先、绿色发展，市场主导、政府推动，找准具有滁州特色的“调转促”路径，抓实符合滁州实际的“调转促”抓手。市委、市政府从市情出发，提出了全市加快“调转促”十大重点工程，各地要立足现有、放眼前沿，因地制宜、协同推进，找准自己的路径和抓手，不要求一一对应、面面俱到，关键是把符合本地实际的产业做出实绩，努力形成热气腾腾、生龙活虎的实干场面，各具特色、优势互补的发展格局。

一是在战略性新兴产业集聚发展工程上，按照省委、省政府的要求，坚持高水平规划、高标准建设、高强度推进，把智能家电产业集聚发展基地打造好，当好全市的标杆，为全省树立典范。加紧做好第二批省级基地的谋划申报工作，力争再创1至2个省级基地。通过给"牌子"、给支持、给指导，引导各县(市、区)突出产业特色，推进战略性新兴产业集聚发展。到2020年，打造2至3个省级战略性新兴产业集聚发展基地，每个县(市、区)打造1至2个重点战略性新兴产业，全市战略性新兴产业总产值突破3000亿元。

二是在传统产业改造提升工程上，运用先进适用技术和现代信息技术，加大传统产业技术升级、节能升级、智能化改造、绿色化改造等，增强企业内涵发展能力，提高产品附加值，推动传统产业做大做强。大力推进互联网+制造+服务，加快云计算、物联网、大数据等技术在生产过程中的应用，在家电、汽车等领域实施一批智能制造、个性化定制、网络化协同制造和服务型制造项目。到2020年，传统产业总产值突破3000亿元，培育10个百亿元企业、100个10亿元企业，新产品销售收入占比达到35%左右。

三是在服务业加快发展工程上，充分发挥滁州制造业基础好的优势，加快发展研发设计、金融服务、检验检测认证、现代物流等生产性服务业，大力发展会展经济，实现服务业与一产、二产在更高水平上有机融合。推动互联网与商贸融合创新，大力发展电子商务，带动传统商贸业创新发展。顺应民生需求的新变化，加快居家服务、健康养老、文化旅游、信息消费等生活性服务业发展。到2020年，培育一批在全省乃至全国有影响力的服务业龙头企业，建成2家全国500强服务业企业、20个省级服务业集聚区，服务业占比达到35%以上。

四是在农业现代化推进工程上，继续深化农村土地产权制度改革，大力发展各类新型农业经营主体、现代农业产业化联合体，积极发展多种形式适度规模经营，提升农业产业化水平。以绿色食品产业为牵引，积极调整农业结构，打造滁州绿色农产品品牌，把滁州建成长三角绿色食品标准化生产基地。坚持以工业化的理念发展现代农业，用工业园区建设的举措，加快建设各具特色、亮点纷呈的现代农业示范区。加强农业生态治理，推广互联网+农业，加快发展旅游农业、特色农业、生态农业和循环农业，创新农业新业态和商业模式，推动农业与二三产业融合发展。到2020年，国家级现代农业示范区和农业科技示范区达到4家、省级现代农业示范区超过20家，省级示范联合体50家以上，家庭农场7000家以上，主营业务收入超过20亿元的农产品加工企业达到10家。

五是在创新驱动发展工程上，以国家创新型城市创建、全面创新改革试验区建设为抓手，着力在市场公平竞争、知识产权、科技成果转化等方面，加大改革力度，把改革新红利转化为发展新动能。强化企业创新主体地位，鼓励和支持骨干企业创建研发中心和创新平台。坚持高标准、高起点规划建设滁宁高教科创城，力争打造成为长三角创新创造基地、教学研深度融合集聚区、科研成果转化和产业孵化示范区。促进科技与金融结合，打造担保融资平台，完善创业投资、风险投资等激励机制，为中小企业技改升级创造条件。到2020年，规模以上工业企业研发机构覆盖率达到50%，省级以上创新平台达到200家，高新技术企业超过400家。

六是在民营经济提升工程上，把招商引资作为发展民营经济的重要途径，降低准入门槛，推出更多投资项目，深化与全国知名民营企业合作，广泛吸引境内外投资者来滁投资创业。鼓励本土企业转型升级、做大做强，深入研究天长民营经济现象，制定扶持政策，加强中小企业服务体系建设，优化中小企业发展环境，加快建设中小企业创业园、农民工创业园、大学生创业园等。大力发展镇村经济，支持更多的乡土能人自主创业，鼓励更多"凤还巢"和外出务工人员回乡创业。到2020年，引进投资5亿元以上知名民企合作项目200个以上，新增注册企业5万家、个体工商户10万户。

七是在园区转型升级工程上，强化规划引领、政策引导和管控倒逼，明确主导产业，推动块状经济向现代产业集群转型。突出功能配套，加强城市功能，努力把园区建成产城一体的新城区，实现以产兴城、以城促产、宜居宜业、融合发展。积极探索园区开发模式创新、政务服务创新、管理方式创新，进一步激发园区发展活力，提高园区创新能级。到2020年，建成以苏滁现代产业园为核心的国家级产城融合示范区，市经开区经营收入力争达到2000亿元，天长经开区经营收入力争达到1000亿元，苏滁现代产业园经营收入超过300亿元。

八是在县域经济振兴工程上，坚持以“全域规划”为引领，协同推进县城、重点镇和美好乡村规划建设管理，优化人口和产业布局，完善基础设施和公共服务，全面提高产业承载能力。把园区作为县域经济发展的增长极、招商引资和项目建设的主阵地，壮大产业规模，提高发展层次。因地制宜发展镇域经济，探索园区、乡镇共建，打造一批特色鲜明、配套完善、成长性好的工业强镇、特色产业镇。到2020年，8个县（市、区）经济总量全部实现翻番，超过2000亿元，财政收入总量超过300亿元，天长市进入全国百强县行列，定远县、凤阳县经济总量进入全省20强，6个县（市）都要有百亿元企业。

九是在质量品牌升级工程上，强化政府质量监管责任和企业质量主体责任，坚持严字当头，加强市场监管，激励企业诚信经营、多出优品、打造精品。加强公共技术服务平台建设，提升检验检测技术保障体系，加快培育形成一批具有核心竞争力、品牌影响力的知名优秀企业。积极发展品牌经济，鼓励引导企业增强品牌意识，更多向品牌要市场、要效益、要竞争力，支持企业争创驰名著名商标和国际国内名牌。到2020年，中国质量奖和安徽省政府质量奖实现零的突破，中国驰名商标超过25个，安徽名牌达到150个，品牌经济比重超过60%。

十是在人才高地建设工程上，创新人才使用、引进、培养机制，打通人才引进绿色通道，通过“柔性”特聘、“刚性”招引、项目带动，面向海内外集聚一批创新创业人才和团队。大力营造尊重、爱护、服务、成就企业家的浓厚氛围，发挥企业家才能，引导和支持更多企业主成为企业家。加快发展现代职业教育，推广“订单式”、“双元制”人才培养模式，打造高素质产业工人队伍。到2020年，造就一大批优秀企业家，引进150个海内外高层次创新创业型领军人才或团队、500名高层次紧缺人才，打造一支讲政治、懂政策、会管理、善服务的干部队伍。

四、进一步抓好落实

加快调结构转方式促升级的蓝图已经绘就，施工图已经定好，现在的关键就是要按图施工快行动，久久为功见成效。各地各部门要按照“三严三实”的要求，解放思想，实事求是，勇于担当，真抓实干，确保加快“调转促”各项任务落到实处、取得实效。

第一，要解放思想勇闯新路。学军书记指出：“思路决定出路，思路就是出路。”思路出自哪里，出自解放思想。“调转促”本身就是解放思想的过程、思想解放的结果。在工作推进中，肯定会面临诸多困难和挑战，这些都需要我们解放思想、勇于面对，在依法合规的前提下，开阔思路，敢想善为，想方设法，把事干成。要大胆闯大胆试。加快“调转促”的形势和任务，需要我们倍加弘扬敢闯敢试、敢为人先的“大包干”精神，以改革的路径、市场的办法、创新的思维，破解一个一个难题。要不断深化重点领域改革，凡是有利于“调转促”的，就坚决干、加油干、一刻不停歇地干；凡是不利于“调转促”的，就坚决改、彻底改、一刻不耽误地改，以思想大解放推动滁州“调转促”大突破。要善挖自身潜力。尽管有的地方发展相对慢了一点，但是“天生我材必有用”，在“调转促”的大舞台上，每个地方都有大显身手的机会和平台。各地要全面分析研判本地的发展现状、资源禀赋、产业基础，既要看到自身的不足，更要看到优势和潜力，明确主攻方向和着力重点，找准发展定位和作为空间，努力寻找调得更优的新路径、转得更活的结合点、促得更好的突破口。如果仅仅盯住自己“打转转”，盯住弱项找借口，那是肯定没有出路的。必须从陈旧的观念和定势的思维中跳出来，善做“无中生有”的大文章，善谋“值得冒险”的大项目，善聚“抢先领跑”的新业态，善有“放手搞活”的大智慧。要善于学习借鉴。加快“调转促”是不断探索的创新实践，我们既要“埋头苦干”，又要“抬头望路”，善于借鉴一切可以借鉴的成功经验，为我所用。“调转促”是大趋势，早调早主动、晚调就被动。要注重总结推广各地的“一招鲜”，充分发挥典型的指导性作用，让大家学有榜样、赶有目标。

第二，要勇于担当有所作为。加快“调转促”是形势所迫、责任所在，是必须打赢的一场硬仗。争当全省加快“调转促”排头兵，必须要有逢山开路、遇水架桥的尖兵意识，必须要有时不我待、舍我其谁的担当精神。要践行“三严三实”，在加快“调转促”行动中大力推行“严实工作法”，自觉做到标准要高、作风要实、服务要优、要求要严，把严的精神、实的举措、真的担当贯穿到谋划、推进、落实的全过程，把“时时铭记、事事坚持、处处上心”的严实要求融入到定目标、做决策、抓落实的方方面面，自觉做到在真抓实干中创造新的业绩。要奋力攻坚克难，对看准的产业和项目，科学决策、果断出手，当好抓落实的“主攻手”和“进球员”，把该担的责任切实担起来，不能因为战略性新兴产业发展存在不确定性而过度地瞻前顾后，不能因为传统产业转型困难大而等待观望，更不能借口制度约束收紧而消极作为。各地各部门制定的行动方案，一招一式都要有针对性、可操作性，努力把能抓住的机遇抓住，把一切能用的资源用好，把过去未办成的事办成，在攻坚克难、真抓实干中创造转型升级的实绩。要坚持久久为功，调结构转方式促升级是一个涉深水、爬陡坡、积小胜为大胜的长期过程。我们要在把握发展规律的基础上，大力发扬“钉钉子”精神，以“功成不必在我”的境界，持续接力把加快“调转促”的大工程实施好。市委、市政府贯彻实施意见中，确立的5大保障措施，即强化项目带动、强化改革开放、强化环境营造、强化政策支持和强化督查考核，各地各部门要压实责任、主动作为，以务实具体、有力有效的举措，确保加快“调转促”行动开好局、起好步，可持续、有成果。

第三，要加强领导明确责任。要继续叫响经济工作项目化、项目工作责任化，始终做到领导到位、工作到位、责任到位。市里成立以市委、市政府主要负责同志为组长的领导小组，十大重点工程都分别设立以分管市领导任组长、相关市直部门牵头组织实施的专项推进小组。各县（市、区）和开发园区是“调转促”的责任主体、推进主体，要参照市里的做法构建起高效的领导体制和工作机制，并建立责任清单，把发展理念、目标定位反映到一项一项具体的工作任务中去，深入细致地推动落实。各级领导干部都要在求深、求细、求实上下功夫，都要有干的任务、有干的指标、有干的责任，真正做到千斤重担大家挑，人人身上有指标。

事业发展关键在党，关键在人。各级党组织要充分发挥领导核心作用，树立正确用人导向，以实干论英雄，比“进球”不比“传球”，比“作品”不比“作秀”，努力向历史和群众交出一份合格的答卷。组织部门和各级党校要注重加强对各级干部“调转促”相关知识培训，通过送出去学习、请进来辅导，引导干部不断加强对新技术、新产业、新业态、新模式的学习研究和能力培养，努力掌握新能力新方法，真正成为推动转型升级的行家里手。宣传部门要全方位多角度宣传加快“调转促”的目标任务和政策措施，讲好“调转促”的故事，引领和激励广大干部群众自觉投身创新创业大潮，形成全社会关心支持、各方面踊跃参与的浓厚氛围。要进一步加强党风廉政建设和反腐败斗争，更加严格落实好“两个责任”，强化权力运行监督制约，坚持依法合规干事创业，为加快“调转促”营造风清气正的政治生态，凝聚起强大的干事创业力量。

第四，要强化督查严格考核。进一步完善督查工作机制，按照督新建项目保开工、督续建项目保竣工、督竣工项目保达产、督储备项目保转化的“四督四保”要求，明确任务书、时间表、责任单，健全完善工作调度、通报发布等工作机制，及时发现和解决工作落实中存在的问题。要根据工作任务和要求，尽快研究制定出加快“调转促”具体考核办法，并将招大引强和帮办帮扶列入考核范围。同时，要把加快“调转促”纳入党政领导班子和领导干部年度考核，层层传导压力，拉紧责任链条，确保各项决策部署落地生根。这里要强调的是，无论是各级领导小组还是工作推进小组，都必须明确责任单位和责任人并压实责任，用责任到位促进工作到位。

同志们，蓝图已经绘就，目标已经确立，关键在于行动。让我们紧密团结在以习近平同志为总书记的党中央周围，在省委、省政府的坚强领导下，鼓足干劲，力争上游，全力奏响加快调结构转方式促升级最强音，奋力谱写“三个发展”新篇章，为美好安徽建设作出新的更大贡献。

政府工作报告

——在滁州市第五届人民代表大会第五次会议上

市长 张祥安

（2016年1月16日）

各位代表：

现在，我代表市人民政府，向大会报告工作，请予审议，并请市政协委员和其他列席人员提出意见。

一、破难奋进，过去一年取得显著成绩

2015年，面对严峻复杂的形势和艰巨繁重的任务，在省委、省政府和市委的正确领导下，在市人大、市政协的监督和支持下，我们主动适应、引领新常态，坚持“稳中奋进、好中加快”工作总基调，攻坚克难，砥砺前行，创造出好于同期、高于预期、快于全省的佳绩，实现了“十二五”圆满收官。

（一）抓重点求突破，发展势头进一步向好。坚持冲刺全省第一方阵不动摇，统筹做好稳增长、促改革、调结构、惠民生、防风险各项工作，经济社会发展继续保持良好势头。预计全年完成地区生产总值1313亿元，增长10%；规上工业增加值610亿元，增长11%；固定资产投资1450亿元，增长16%；财政收入230.3亿元，增长13.1%，其中地方收入完成143.7亿元，增长16.3%；社会消费品零售总额457亿元，增长12.5%；外贸进出口20亿美元，剔除不可比因素，增长15%；实际利用外商直接投资10.3亿美元，增长11.5%；城镇、农村居民人均可支配收入分别达到24190元和10130元，同口径增长9.5%、10.5%。动态指标中，地区生产总值、规上工业增加值、固定资产投资、财政收入、社会消费品零售总额、实际利用外商直接投资、城镇和农村居民人均可支配收入8项指标增速均居全省前5位。总量指标中，地区生产总值、规上工业增加值、财政收入和

实际利用外商直接投资4项指标位居全省第一方阵。

（二）抓项目增后劲，发展基础进一步夯实。坚持经济工作项目化、项目工作责任化，力促项目提质提效。争取国家专项建设基金项目64个，基金额度32亿元，居全省前列。新引进亿元以上项目超400个，到位资金800亿元，其中永强全地形车、北斗导航生产基地、立讯二期等10亿元以上项目23个。全市亿元以上项目新开工340个、新竣工310个，亿元以上工业项目达产100个。以十大工程为重点的一批重大项目有新突破，汽车城建设扎实推进，猎豹汽车新款CS10批量生产，嘉远电动车当年

签约、当年投产，北汽欧辉与扬子客车成功合作，生产电动大巴；健康食品城开工建设亿元以上项目23个、竣工投产17个；华塑二期、台玻电子玻璃、华信光伏玻璃等正在积极推进，博西家电产业园实施二期工程、洗碗机项目开工建设；滁马高速、宁洛高速凤阳支线建成通车，宿扬高速、滁淮高速加快施工；汊河新闸汛前竣工，滁河防洪治理近期工程正在扫尾，滁州港、沙河水库除险加固、池河防洪、淮干蚌浮段行蓄洪区调整等工程扎实推进；华汇热电、50万伏釜山变建成投运；江巷水库可研报告通过审查，合宁高铁规划线经过滁州，合连高铁首选经定远、明光线位，滁宁轻轨列入皖江城际铁路网规划近期建设项目。

（三）抓转型强支撑，发展质量进一步提升。落实省调转促“4105”行动计划，率先出台“1+10”实施方案。工业振兴取得新成效。净增规上企业超百户，总数达1391户，其中产值超亿元企业488户，超10亿元企业34户，康佳电子率先过百亿。新认定国家高新技术企业49家，总数达175家，居全省第五；高新技术产业实现增加值285亿元，增长15.5%；战略性新兴产业产值507亿元，增长25.7%。市开发区跻身首批省级战略性新兴产业智能家电集聚发展基地。新增私营企业6700多户、个体工商户1.8万户，分别增长24%和45%。民企入围全省百强数连续两年居全省第三，蓝德、天康、天大进入全国民营制造业500强。现代农业又有新突破。战胜了滁河流域特大洪水，粮食生产实现“十二连丰”，总产89亿斤，收购量稳居全省第一。定远获批国家农业科技园区，新增明光潘村洼和琅琊西涧省级现代农业示范区。南谯菊花博览园、全椒荣鸿等8个示范园开园。新增家庭农场900家、农民专业合作社600家；农机化作业水平达80%，超全省9个百分点。来安成为全省首个国家级出口禽类产品示范区。现代服务业呈现新气象。净增限上企业31户，累计达861户。新建电商园区6个，引进企业50多家；农村淘宝多点开花，定远、明光、天长服务中心正式运营；明光成为国家电子商务进农村综合示范县，瑞飞科技荣获中国电子商务百强，淘滁网、云伙计等一批“互联网+”企业初显身手。明光广大物流城、市开发区现代物流园等加快建设，完成投资25亿元。天长路中央商务区等省级服务业集聚区发展到8个，居全省第四。依托绿色、红色、古色等旅游资源，推进农旅、商旅、文旅、餐旅融合，琅琊山核心景区整治及争创5A工作进展明显，滁州1912休闲游、滁城西部生态游、凤阳明文化游、小岗红色教育游等渐成气候。全年社会融资总量超500亿元，新增贷款超160亿元，增长15.6%；新型政银担“4321”模式业务额达24亿元，居全省第三；首发上市新增1户在审、3户辅导备案、5户签约企业，“新三板”新增5家挂牌公司。房地产业去存量、调结构取得可喜成绩，新开工面积460万平方米，房屋竣工、销售面积分别达471万、566万平方米，完成投资337亿元；市本级全年销售新建商住房15776套、增长24%，交易二手房3185套、增长65%，出现量价齐升的好势头。

（四）抓改革促开放，发展活力进一步迸发。着力先行先试，完成143项改革，一些改革改出特色、形成品牌。农村土地承包经营权、不动产登记、营业执照“三证一号”等3个全省“第一证”在滁颁发；定远获批全国农村改革试验区和国家中小城市综合改革试点；天长获批全省唯一的国家集体资产股份合作制改革试点县；滁州和定远入选国家智慧城市试点，凤阳成为国家循环经济示范县试点和全省农业三项补贴合并改革试点县；全椒、南谯分别获批全国、全省第二批水生态文明建设试点城市，全市获批水生态文明建设试点城市数居全省第一。

完善国有资本经营预算制度，健全政府性债务管理制度，实施了滁州热电厂等国有集体企业改革，地方住宅金融服务改革试点扎实推进。公开市县乡三级权力清单、责任清单、涉企收费清单和市县两级政府及部门预决算。城市公立医院改革受到中央改革办充分肯定，完成市级公车改革，全面放开户籍登记、取消落户限制。进一步扩大对外开放，加快融入长三角经济圈，与江浙沪的合作全面展开、成效明显；积极呼应、主动对接南京江北新区规划建设，滁州产城融合示范区已上报国家发改委待批，成功举办合肥经济圈第六次领导人会议，加速与南京同城化、与合肥一体化进程。安康公用型、蓝德自用型保税仓库投入运营，天长海关监管中心获批设立。外贸进入全国百强市第76位，外贸实绩企业发展到900家，居全省第三。

（五）抓建设重管理，发展条件进一步改善。新一轮滁州城市总体规划获批，规划面积120平方公里。强力推进“四个一”重点工程，琅琊山东麓整治、修复工程继续推进，长城影视文创城、铜矿文化旅游乐园等重点项目展露新姿，驾考中心正在搬迁；清流河二期进入全面施工阶段，河道整理、园林景观、道路系统建设以及一期工程的调整完善同步推进；古城保护性改造有序进行，内城河综合治理及南大桥、西大街桥等快速建设；明湖项目列入省“861”计划，前期各项准备就绪，正在启动一期征迁工作。洪武路、世纪大道、苏滁大道、104国道滁汊段改造等全线贯通，西涧路中段打通、北段改造正在进行，滁州大道、龙蟠路跨线和跨河桥、滁定路入口改造等进展顺利。中心城区共实施重点项目137个，完成投资超200亿元。天长、明光市区和4个县城均实施了环城路、市民广场、城市公园等建设、改造，重点项目精彩纷呈、各具特色，城区配套逐步完善，服务功能明显增强，城市形象日渐靓丽。乌衣、汊河、炉桥、秦栏等重点镇加快建设，产业新城的面貌初步展现。同步推进93个中心村建设，完成美好乡村建设项目834个、正在实施项目726个。开展绿色发展行动百日会战，强化城市综合治理，持续开展“三线三边”整治。滁城实施了限放烟花爆竹规定，继滁城开展了三小车集中整治后，来安、全椒、定远等多个县城也进行了三小车整治，取得了良好成效。

（六）抓民生办实事，发展成果进一步共享。全年民生支出262.5亿元。新增保障性住房2万套，完成农村危房改造1.7万户。新增城镇就业9万人。农村、城市人均保障水平分别增长12%和10%。完成省下达渔民上岸安居工程任务。老村干、老民师等七类“老字号”群体补助及时发放。市委市政府确定的十件实事取得成效，市图书馆开工建设；市一院加快推进儿童医院综合大楼建设和南区新院装修、设备安装工程；内城河改造征迁房屋近1200户，基本完成清淤、截污、驳岸、游步道等工程；城南新区生活配套设施进一步完善；棚户区和老旧小区年度改造任务超额完成；新增10所幼儿园，其中9所完工并招生，城区幼儿园危房改造工程已完成8所；市福利中心改扩建完成施工配套工程；市残疾人综合服务中心挂牌；修缮了市老年大学、腾出市电大用于扩充老年大学办学场所，新增部分老年人活动场所；改造街头游园5个、公厕12座。同时，成功举办第五届中国农民歌会及全省老年运动会等。市博物馆布展准备就绪，建成26个省级农民文化乐园示范点。加强环境执法监管，打好秸秆禁烧和综合利用主动仗，淘汰黄标车6229辆，PM10平均浓度超额完成年控目标。滁城西部丘陵山区特别是西涧湖饮用水源区生态保护取得进展，琅琊山入选首批“中国森林氧吧”。琅琊、南谯、全椒、来安成为省级森林城市。推进气象现代化，建成5个国家新型气象观测站。设立环卫工人节，开展了尊重、关爱环卫工人系列活动。突出重点行业领域安全监管，事故起数和死亡人数继续双下降。在全省消防大比武中，我市再获第一名。防震减灾工作保持全国、全省先进位次。构建大信访格局，信访工作居全省第一方阵。深化平安创建活动，推进数字化防控体系建设，强力开展打击传销、非法集资等专项行动，严惩各类违法犯罪，社会局势总体平稳。开展了“江淮—2015”实兵演习。红十字会、慈善和残疾人等事业取得新成绩，工会、共青团、妇联、文联、科协等群团组织作用进一步发挥，编制、供销、物价、对台、保密、档案、地方志、工商联、外事侨务、民族宗教、关心下一代等工作全面进步。

（七）抓作风转职能，自身建设进一步加强。巩固党的群众路线教育实践活动成果，认真开展“三严三实”专题教育。大力推进依法行政，建立健全政府信息公开、重要文件解读、行政决策听证和专家论证、决策责任追究等制度，将政府工作纳入法治化轨道，出台了《滁州市法治政府指标体系》《滁州市行政机关负责人行政诉讼出庭应诉工作规定》等，着力打造法治政府。自觉接受人大法律监督、工作监督和政协民主监督，广泛听取各民主党派、工商联和社会各界人士意见。办理人大议案3件、建议141件、政协提案408件，满意和基本满意率超过98%。强力抓好作风建设，持之以恒落实中央八项规定精神，驰而不息纠正“四风”。设立市长热线服务中心，推进网络问政和阳光政务，从严治理不作为、乱作为和懒政、怠政,着力解决基层反映突出的“最后一公里”问题,着力打造效能政府。严格落实“两个责任”,深入推进党风廉政建设,做到既抓发展又抓廉政,既管业务又管廉洁。加强公共资源管理,强化审计监督,加大违纪违法案件查处力度,着力打造廉洁政府。

各位代表!2015年各项目标任务的完成,标志着“十二五”划上圆满句号。回首过去五年,宏观形势复杂多变,前进道路一波多折,机遇挑战交织并存。面对各种持续不断的压力,我们始终坚持发展第一要务,提振精神,迎难而上,奋力拼搏,使“十二五”成为我市发展历程中综合实力提升最快、经济发展质量最好、城乡面貌变化最大、群众得到实惠最多的时期之一。

这五年,是综合实力加速跃升的五年。生产总值一年一个新台阶,从“十一五”末的696亿元增至1313亿元,年均增长11.5%,总量前移1位;规上工业增加值连跨四个百亿台阶,从296亿元增至610亿元,年均增长13.5%,总量前移3位;固定资产投资从521亿元增至1450亿元,年均增长22.7%;财政收入从90.5亿元增至230.3亿元,年均增长20.5%,总量前移3位;外贸进出口从9.1亿美元增至20亿美元,年均增长17.1%;实际利用外资从1.2亿美元增至10.3亿美元,年均增长49%,总量前移10位。工业化率由42.9%上升到48.1%,工业对经济增长的贡献率达60.7%。高新技术企业增长3.6倍,产值突破千亿元大关,居全省第三。规上企业增长1.1倍,产值超亿元企业新增138户。14个省级以上开发区主要指标实现翻番,市开发区获批国家级开发区、省级高新区;苏滁产业园一期12平方公里实现“九通一平”,完成投资超百亿。全市经济总量如期如愿冲进全省第一方阵。

这五年,是发展质量明显提高的五年。经济结构进一步优化,三次产业比由21.3:49.2:29.5调整为17.2:53.1:29.7。先进装备、智能家电、绿色食品产值均突破500亿元,高新技术产业产值达1150亿元。全社会研发投入占GDP比重由0.6%上升至1.8%,实现全国科技进步先进市“两连冠”。发明专利申请和授权量均居全省第五。新增国家级技术中心1家、省级43家。获批为省级创新型试点城市。企业、产品、工程、管理等各方面的质量争创活动竞相开展、成果丰硕。生态建设逐步加强,新增造林231万亩,森林覆盖率31.6%,提高11.1个百分点,被评为国家园林城市、中国生态文明价值城市。安全生产连续三年获省目标管理先进单位。

这五年,是城乡面貌发生巨变的五年。城镇化率达49%,年均提高1.47个百分点。中心城区新增建成区面积40平方公里,滁城南扩东进,新建了30多条主干道,改造、打通了20多条道路,政务新区、高铁站区、科教园区与市开发区、苏滁产业园有机联为一体;先后实施了南湖、清流河、龙池街、内城河等综合整治,完成小街小巷和老旧小区改造150多处,五年完成投资超千亿。各县市加快老城改造、新区拓展和园区提升,累计实施重点城建项目1500多个,完成投资1200多亿元。12个镇入选全国重点镇,秦栏、铜城跻身省宜居小镇。实施了128个省级美好乡村中心村建设,定远、凤阳、天长被评为全省美好乡村建设先进县。农村清洁工程实现乡镇全覆盖,来安农村生活垃圾“组合收运”模式被全国推广。京沪高铁、沪汉蓉高铁投入运营,高速公路通车里程全省第二;水利投资连续七年全省第一,市政公用设施投资连续五年全省前两位。

这五年,是群众利益获得最多的五年。坚持把民生工程摆在突出位置,民生投入占财政支出比重由76.7%提高到86.6%。城镇居民人均可支配收入从15104元提高到24190元,农村居民人均可支配收入从5915元提高到10130元,年均增长12.3%和14.1%,分别高于全省0.7个、0.6个百分点。建成保障性住房14.5万套。新增城镇就业44万人。城镇五项保险参保人数达166万人次,城乡居民基本养老保险参保率达90%,在全省率先实现新农合大病保险全覆盖。学前三年毛入园率、高中阶段毛入学率分别达89.2%和96.5%,义务教育均衡发展,职教大市建设加快推进。医疗卫生水平稳步提升,每千人拥有床位数3.3张,净增1张。社会福利、社会救助、社会慈善和残疾人事业均有新进展。五年脱贫8.3万人、帮扶困难职工5.4万人次。广泛开展党的群众路线教育实践活动、“三严三实”专题教育及“三民”工程大走访活动,深入一线,帮助群众解决了大批生产生活困难。在全省率先运行“阳光信访”信息系统；5个县成为全省平安县，平安村（社区）创建率达90%以上，和谐共享局面进一步巩固。

各位代表！过去五年，是我市历史上极不寻常、极不平凡的五年，是历经考验、爬坡过坎的五年，也是抢抓机遇、奋勇争先的五年。五年的发展成就来之不易！这是省委、省政府高度重视、亲切关怀的结果，是市委总揽全局、正确领导的结果，是历届政府励精图治、接力奋斗的结果，是市人大、政协和社会各界悉心支持、鼎力帮助的结果，更是全市人民破难奋进、锐意开拓的结果。在此，我代表市人民政府，向全市人民，向人大代表、政协委员和党代会代表，向各民主党派、工商联、无党派人士和各人民团体，向中央及省驻滁单位，向人民解放军、武警官兵、公安政法干警，向所有关心、支持、参与滁州建设与发展的各位老领导、老同志和各位客商、各界朋友，表示衷心的感谢，并致以崇高的敬意!

在肯定成绩的同时，我们也应清醒地认识到，全市经济社会发展中还存在不少困难和问题。主要有：经济持续快速增长的基础不牢，重大项目偏少，转型升级任务艰巨；一些改革虽已陆续展开，但重点领域和关键环节的突破还不够；部分企业经营困难，市场、资金、技术、人才等要素短缺；民生问题仍有不少欠帐，社会保障能力和公共服务水平需要加快提高；县域经济表现不一、总体不强，推动城乡一体化发展还有大量工作要做；政府及其部门转职能、改作风尚有差距，少数工作人员不勤不廉的现象依然存在，等等。对此，我们一定高度重视，下大气力加以解决。

二、再展宏图，同心共绘“十三五”美好画卷

“十三五”时期是我市全面建成小康社会的决胜期，是深化改革、加快转型的攻坚期，也是加速发展、冲刺全省第三的关键期，机遇和挑战并存，机遇大于挑战，总体上仍处于大有可为的重要战略机遇期。我国经济发展长期向好的基本面没有变，一带一路、长江经济带、南京江北新区建设等多重机遇叠加效应将进一步显现，全省加速发展的牵动作用日趋明显；我市区位、资源、生态优势突出，多年打下的坚实基础，为我们实现新的跨越提供了良好条件；一批项目建设投产，将为发展注入强劲动力。与此同时，宏观经济下行压力仍在持续，新旧动能转换还在路上，今后工作中的困难和发展中的不确定性因素依然不少。我们必须准确把握形势，牢固树立底线思维、战略思维、辩证思维、系统思维，保持定力，主动作为，奋力把滁州发展推向新的更高水平。

今后五年工作的指导思想是：高举中国特色社会主义伟大旗帜，全面贯彻党的十八大和十八届三中、四中、五中全会精神，深入学习习近平总书记系列重要讲话精神，认真落实“四个全面”战略布局，牢固树立创新、协调、绿色、开放、共享的发展理念，以提高发展质量和效益为中心，以加快调转促为主抓手，以增进人民福祉、促进人的全面发展为根本，稳中奋进，好中加快，能快则快，着力打造环滁皆美家园，确保如期全面建成小康社会。

在市委十三五规划《建议》指导下，市政府编制了十三五规划《纲要》（草案）。今后五年要紧紧围绕全面建成小康社会这一目标，推动“五个发展”，实现“四个翻番”，冲刺“全省第三”，争当全省承接产业转移、加快调转促、全面建成小康社会排头兵。

——综合实力明显增强。主要指标增速全省领先，总量再上新台阶。地区生产总值年均增长10%左右，人均地区生产总值力争达到1万美元。财政收入年均增长12%以上。

——转型升级成效显著。三次产业比调整到15以下:50左右:35以上。战略性新兴产业产值占规上工业比重达25%，高新技术产业增加值占规上工业比重达55%。全社会研发经费支出占GDP比重2.5%以上，科技进步贡献率50%以上。

——城乡统筹步伐加快。新型城镇化水平大幅提升，“多规合一”实现全覆盖，城乡布局更加优化、功能品质显著增强。“大滁城”深度融合发展，县城、重点镇基本建成现代中小城市，90%中心村建成美丽乡村。

——生态环境明显改善。生态文明理念贯穿经济社会发展全过程，绿色生产生活方式初步建立，生产、生活、生态空间布局科学。大气、水、土壤等污染得到有效整治，重点流域水质优良率57%以上，森林覆盖率36%以上。

——生活质量稳步提升。城乡居民收入增幅高于GDP增幅，人均收入达到全省平均水平，收入分配差距逐步缩小。社会事业加快发展，公共服务水平进一步提高，人民文明素质和社会文明程度明显进步。扶贫攻坚任务完成，贫困人口全部脱贫。

实现"十三五"发展目标，重点要把握和推动五个方面工作：

（一）聚焦厚植优势，着力推动创新发展。以创新驱动产业升级，以改革激发市场活力，推动经济总量不断壮大，发展质量和效益不断提高。全面落实"4105"行动计划，加快构建以战略性新兴产业为先导、先进制造业为主导、现代服务业为支撑、现代农业为基础的产业发展新体系。加快省级创新型试点城市建设，推动"双创"与"互联网+"、"中国制造2025"相结合，促进新型工业化与信息化深度融合。以推动科技创新为核心，以破除体制机制障碍为主攻方向，统筹科技、产业、市场、管理等各方面创新，推动经济增长保持中高速、产业发展迈向中高端。

（二）聚焦统筹平衡，着力推动协调发展。发挥长江经济带沪宁合主轴节点城市的地缘优势，加快形成"一核两带"区域布局，谋划推进滁州行政区划调整，促进皖北振兴区域联动发展，统筹推进城镇和美丽乡村建设，逐步实现城乡居民基本权益平等化、公共服务均等化、产业发展融合化等。通过以城带乡、产城互动、城乡一体、统筹发展，着力在空间形态、交通构架、服务网络等方面突破，构建宜居宜业城镇体系。

（三）聚焦生态保护，着力推动绿色发展。牢固树立绿色发展理念，打造地绿天蓝、山青水秀、整洁美丽的幸福家园。完善城市功能区划，推进产业合理布局。大力发展循环经济，淘汰落后产能，抓好节能减排。坚持"五水共治"，加强水环境综合治理，进一步做好"水文章"。加大污染防治力度，提高秸秆等综合利用水平。推进"三线三边"整治，加强农村垃圾收集转运处理，控制和减少面源污染。争创国家级生态文明先行示范区和环保模范城市、森林城市。

（四）聚焦合作共赢，着力推动开放发展。把握南京江北新区等多重国家战略机遇，推进东向发展。充分发挥我市连接南京、合肥两个长三角副中心的区位优势，深度融入南京都市圈、合肥经济圈。全面参与长三角区域分工合作，构建全方位、多层次区域合作体制机制，促进要素有序自由流动、资源优化配置、市场深度融合。统筹对内合作与对外开放，坚持"引进来"、"走出去"并举，拓展开放合作空间。

（五）聚焦民生福祉，着力推动共享发展。坚持群众利益至上，大力实施民生工程，加快发展社会事业，让人民群众生活得更加幸福、更有尊严。建立统筹城乡的基本公共服务体系，不断完善就业、基本养老、最低生活保障等制度，实现城乡居民养老保险、新农合大病保险、最低生活保障全覆盖，形成覆盖城乡的就业、救助体系。因地制宜、分类施策，众志成城实现脱贫攻坚目标。坚持教育优先发展，全面普及15年基础教育，推进义务教育基本均衡，健全现代职业教育体系，办好特殊教育。加快法治滁州建设，创新社会治理，维护社会和谐稳定。

关于"十三五"需要进一步说明的几个问题：

第一，关于同步实现小康社会。党的十八大提出到2020年全面建成小康社会，其中最主要的两大衡量指标是GDP和城乡居民收入在2010年基础上实现翻番。对滁州来说，是"率先"还是"同步"进入全面小康？两个指标总量翻番能够率先实现，压力集中在人均指标上。目前滁州人均GDP是全国的65.7%、全省的88.8%，城乡居民人均可支配收入才到全国的76.5%、全省的91.2%。而只有总量实现了翻番、人均达到了全国全省平均水平之上，这样的全面小康才是高质量的。因而我们提了"同步"实现全面小康，且要在人均水平上奋力赶超。

第二，关于实现四个翻番、冲刺全省第三。实现四个翻番，就是实现地区生产总值、工业总产值、财政收入、城乡居民收入在2014年基础上翻番；冲刺全省第三，就是推动GDP、财政收入等主要指标冲刺全省第三位。这一目标，是在对标目前指标位于滁州前后的几个市，综合分析了各方面情况，经过反复测算论证后确定的。实现这一目标，有可能、有希望，但必须要"跳起来摘桃子"，始终保持比别人更快的发展速度。"十三五"时期，我国年均经济增长底线是6.5%以上，省里确定8.5%左右的增长速度，我市只有保持10%左右的增长速度，才可望实现四个翻番、冲刺全省第三的奋斗目标。10%左右是个中高速，对于基数不大、正处于快速增长阶段的我们来说，完全可以也应该能实现，关键看全市上下的努力程度。

第三，关于调转促。加快调转促是"十三五"时期安徽发展的主引擎和总抓手。我们务必立足市情，抢抓机遇，坚定不移打好这场攻坚战。调结构，既要调三次产业之间的结构，也要调各产业内部的结构。"十三五"期间，全市三次产业结构要有明显优化，一产调到15%以下，三产调到35%以上，二产保持在50%左右。工业上，大力推进"两化融合"，围绕"中国制造2025"和"工业4.0"，新上一批数字设备、数字车间、数字工厂；农业上，以示范园区引领农业现代化，做好一产与二产、三产融合发展文章，不断提高农业的规模化、产业化、科技化、设施化水平；服务业上，加快电子商务、文化创意、现代金融、综合物流、旅游休闲、教育医疗、养生养老等现代服务业发展。转方式，既要转动力方式，推动主要由投资驱动向全要素综合驱动转变；也要转发展方式，推动由规模速度型增长向质量效益型增长转变。促升级，既包括产品、产业的升级，也包括总量、人均的升级，还包括企业的升级、区域的升级等。通过调转促，使全市发展质量和水平显著提升，发展动力和后劲显著增强。

第四，关于扶贫攻坚。中央和省提出"十三五"时期现行标准下农村贫困人口实现脱贫。截至2014年底，我市共有省扶贫开发重点县(定远)1个、贫困村123个、农村贫困人口16.5万人。考虑到2015年实现脱贫3万人，"十三五"时期全市还有13.5万农村贫困人口。要按照"决不让一个贫困地区、一个贫困群众掉队"的政治要求，全面落实"扶持谁"、"谁来扶"、"怎么扶"、"如何退"，通过实施脱贫攻坚十大工程，精准扶贫、精准脱贫，全市确保实现"三年脱贫、两年巩固"目标，即：到2018年底，实现定远贫困县摘帽、123个贫困村全部出列、13.5万农村贫困人口全部脱贫，再利用两年时间对少数返贫人口进行脱贫巩固。

第五，关于重大平台。主要有：一是滁州产城融合示范区。包括苏滁现代产业园、滁宁高教科创城、汊河江北水岸科技新城三个组成部分。示范区规划已上报国家发改委待批，旨在发挥自身优势，积极呼应江北新区建设，实现无缝对接、等高对接，打造区域经济新的增长极。二是滁州西部大工业基地。涵盖定远、凤阳、明光三县市，主要立足于丰富的非金属矿产资源，以盐、石英砂、凹凸棒土三条主线延展，并按循环经济模式，统一进行战略规划，互为原料、互为产品，综合利用、融合发展，打造完整产业链条，推动盐化、硅基和稀土产业向千亿发展。三是滁城城南新区。包括高铁站区、科教园区、政务新区、明湖项目区四大板块，要强化领导力量、理顺管理体制、深化规划设计、完善配套功能，加速项目招引、入驻、开发，充分发挥其在大滁城建设和全市现代服务业发展中的支撑作用。

第六，关于重大基础设施。深入谋划推进一批重大基础设施项目，力促更多项目进入国家和省里计划。交通方面，主要是滁宁轻轨、合滁宁高铁、合连高铁、北沿江铁路、宁天城际二期、蚌滁宁城际、滁州支线机场、窑河复航、白塔河航道升级、滁河航运综合提升以及"四纵四横四条连接线"的滁州高速公路网等；水利方面，抓好江巷水库、山许水库、黄栗树水库改造、引江补淮等重大工程；能源方面，推进大唐电厂、泉盛化工热电联产、500千伏同乐变、1000千伏特高压输变线以及风能发电、光伏发电、生物质发电等；海关特殊监管区方面，通过招引大项目，加快建设保税物流中心、保税仓库等，全力申建海关特殊监管区。

三、只争朝夕，全力做好今年各项工作

2016年是"十三五"开局之年，全市经济社会发展主要预期目标是：地区生产总值增长10%左右，财政收入增长10%以上，固定资产投资增长16%，社会消费品零售总额增长12%以上，外贸进出口增长10%以上，城镇和农村居民人均可支配收入分别增长10%、11%，城镇登记失业率控制在4.4%以内，节能减排完成年度目标任务。

重点抓好八个方面工作：

(一)以稳定增长为首要任务，着力加快转型升级。保持经济中高速增长，加快推进调转促，全力提升经济发展质量。

推动工业扩量提质。加快主导产业集聚，全力抓好现有30个产业集群，重点建好市开发区智能家电基地，优先支持市开发区绿色食品、苏滁园新能源汽车、定远新型化工、凤阳硅基材料、来安轨道交通装备、天长智能仪器仪表等6个战略性新兴产业集聚发展基地。加快培育领军企业和行业“小巨人”,滚动实施300项重点技改项目,培育百亿元企业1家,50亿元企业4家,10亿元企业40家,亿元企业数达540家,全年净增规上企业130户以上。扎实推进“两化”融合,重点在博西华、康佳等推广供应链管理和智能制造,在金禾、德力等建设智慧工厂,争取认定省级示范企业4家以上,亿元以上企业数字化装备率达55%。增强科技创新能力,充分发挥各类研发平台作用,实施质量品牌升级工程,争取新增省级技术中心5家,省级以上创新型企业2家,高新技术产业产值占工业产值比重超过45%。

推动服务业提档升级。突出发展电子商务。以创建国家电子商务示范市为目标,加快推进6个在建电商产业园和康佳电商、苏宁云商等项目建设,推进与阿里巴巴村淘项目合作,继续争创电子商务进农村综合示范县。大力发展现代物流。加大现代物流龙头项目招引力度,加快南京湾商贸物流园等集聚区以及鸿耀物流、广大物流等项目建设,推动滁总物流、益民物流争创5A。落实责任,推进滁城二手车、五金机电、农产品批发等几个专业市场的归行入市经营。加快发展文化旅游业。强化领导、统筹推进,打造一批精品景点、名牌景区,重点推进琅琊山、小岗村争创5A级景区,加快长城文创、菊花博览园、农中花源、龙池街太仆寺等项目建设;充分挖掘历史文化、生态风光等特色资源,推进乡村旅游开发,打造具有地域特色的旅游品牌。着力发展现代金融。广引各类金融机构,密切政银企合作,全年社会融资总量超500亿元,新增贷款超150亿元,新增融资担保额超55亿元。加快企业上市,提高上市公司再融资能力,力争新增首发上市企业1家,新增“新三板”挂牌企业10家以上。注重防范金融风险。稳定发展房地产业。优化房地产供给结构,积极化解房地产库存。扩大货币化安置比例,建立购租并举的住房制度,把公租房范围扩大到进城落户、务工人员,扩大住房公积金制度覆盖面。

推动县域经济多极并进。以富民强县为目标,以工业强县、产业兴县为路径,以城乡统筹、三产融合为抓手,大力推进县域经济振兴。完善县域城镇布局,引导人口加快集聚和资源要素合理配置,支持有条件的县城、中心镇发展为中小城市。把园区作为县域工业发展的主要载体,提高投资强度,推进产业集中集群集约发展。大力发展特色产业,定远、凤阳、明光要重点围绕资源深加工,提高资源综合利用效率,用循环经济理念建设西部大工业基地;天长、来安、南谯、全椒等沿苏经济带要抓住江北新区建设机遇,重点围绕汽车装备、智能家电、健康食品、新型材料产业实施招大引强。加快发展镇域经济,镇当城建,以炉桥、大墅等为战略支点,打造产业园区,呼应合肥发展,承接省会辐射。

(二)以扶贫攻坚为当务之急,加速改变农村面貌。把“三农”工作摆在更加突出的位置,把扶贫攻坚作为“三农”工作的重中之重,真正抓紧抓好、抓出成效。

全力推进精准扶贫。根据“六个精准”要求,全面开展建档立卡回头看活动,摸清摸实底数;在此基础上,逐村逐户找出致贫原因,对症施策。健全落实“领导包县、单位包村、干部包户”等帮扶机制,坚持不脱贫不脱钩、不去贫不去责。实施脱贫攻坚十大工程,综合利用产业扶持、转移就业、易地搬迁、教育支持、医疗救助、社保兜底等途径,精准滴灌,靶向治疗。市财政从今年起每年切块安排5000万元扶贫资金,同时整合涉农等相关资金5000万元以上用于扶贫。首战必胜,确保2016年47个贫困村脱壳、4.48万贫困人口脱贫任务胜利完成。

大力发展现代农业。在稳定粮食生产的同时,围绕“规模、科技、资本、融合”做好现代农业发展的大文章。加快发展适度规模经营,全年新增土地流转面积20万亩以上,新增家庭农场900家、农民专业合作社400家。推进农业产业化经营,新增销售收入超亿元龙头企业15家、超20亿元1家,完成农产品加工产值700亿元。加快农业物联网建设,新增示范点10个。推进农机农技农艺深度融合,开展粮食生产全程机械化示范县创建,建立示范点8个。鼓励社会资本、工商资本投入现代农业,整合涉农项目资金,引导资本、技术等要素向园区集聚,全年新创建市级以上现代农业示范园区10家以上,力争凤阳获批国家现代农业示范区。大力推动农业与工业、农业与旅游、农业与商贸、农业与互联网、农业与新型城镇化等融合发展、跨界发展。

加快建设美丽乡村。提高美丽乡村规划建设管理水平，推动“以点为主”向“由点到面”战略转换。天长整县域开展美丽乡村建设试点。全面推进中心村建设、自然村环境整治，优先抓好50个乡镇政府驻地的环境整治和中心村建设。切实保护好农村的生态环境、自然水系、村庄肌理、田园特色、传统风貌，继续打造精品示范线和精品区块。

（三）以改革开放为强大动力，奋力抢占发展先机。强化问题导向，加强供给侧结构性改革，突破难点重点，不断使改革开放新红利转化为加快发展新动能。

进一步抓好重点领域改革。持续推进一批改革试点，努力形成一批改革亮点。农村综合改革上，全面完成农村土地承包经营权确权登记颁证，做好农村集体土地确权登记发证工作，深化农村集体产权制度改革、小型水利工程管理体制改革、供销社综合改革，实施国有林场改革。经济体制改革上，推进国有集体企业改制扫尾，发展混合所有制经济。加快财税体制改革，创新财政支持方式，完善事权和支出责任匹配的财政体制。

深化投融资体制改革，积极推行与社会资本合作（PPP）。加速金融改革创新，推进市县政策性融资担保体系建设。行政体制改革上，简政放权，深化商事制度改革，实施“先照后证”，完善“一照一码”；推进行政审批相对集中改革，建立一门受理、并联审批和多证联办的服务模式；整合建立统一的公共资源交易平台，推进市县一体化试点。社会事业体制改革上，实质性开展县域中小学教师“无校籍管理”改革试点，推进学校用人机制和收入分配制度改革。推进城乡均等化的公共就业创业服务体系建设。加快公立医院改革。新型城镇化改革上，落实户籍制度改革各项任务，实行居住证制度，推进城镇基本公共服务向常住人口全覆盖。在苏滁园、汊河、乌衣、炉桥等地探索新型城镇化新路径。推进定远国家中小城市综合改革试点。

进一步强化区域合作。深度融入长三角，加快产业、交通、市场、通关及公共服务等一体化进程。强化“大江北”观念，对毗邻江北新区区域进行系统规划，推动整体融合、功能互补、错位发展，支持金牛湖、汊河、乌衣等节点地区率先融入、率先突破，打造协同发展的战略平台；推动滁宁合作项目化，促进城市规划、基础设施、产业转移、公共服务等方面共建共享，构建滁宁半小时生活圈。推进与合肥一体化，深化两地在基础设施、产业布局、要素市场等方面合作。争取省政府延续皖江示范区相关政策，落实省促进皖北发展政策，积极参与淮河流域治理和淮河生态经济带创建。提升外贸发展水平，天长海关监管中心正式运行，提升保税仓库运营水平，申建滁州无水口岸、保税物流中心。

进一步激活民营经济。推进民营经济提升工程，不断掀起大众创业、万众创新热潮。降低准入门槛，减轻企业负担，加强新型政银担合作，发挥续贷过桥资金作用，推进“税融通”，进一步优化创业环境。发挥中小企业公共服务平台作用，加快创客空间等新型科技孵化器及小微企业创业基地等载体建设。全年新增私营企业5000户、个体工商户1.7万户。深化与知名民企合作，新增5亿元以上民企合作项目30个以上。

（四）以招商引资为第一抓手，狠抓项目落地生根。强化精准服务，注重全程跟进，落实“四督四保”推进机制，持续推进“十大工程”建设，千方百计扩大有效投入。

突出抓好招大引强。突出引资引技引智一体，高位推进，进一步发挥县干招商小组作用，大力推进精准招商、以商招商、产业链招商、驻点招商、代理招商、网上招商，主攻重点区域，力争招引一批行业龙头企业和关键配套企业，做大产业规模，加粗产业链条，形成集群效应。务求在新能源汽车、智能家电、大健康产业的大项目招引上取得突破。采取切实措施，把人才引进、科研机构引进落细、落实。全年新引进亿元以上项目400个，其中10亿元以上项目超过30个，年到位资金880亿元；力争400个项目列入省重点项目计划。

加大项目推进力度。把项目责任制严格起来、把督查调度严格起来、把考核奖惩严格起来。每个项目都要落实责任单位、责任人，重大项目必须由市县领导牵头抓；项目推进过程中的协调、调度要经常化、规范化，协调、调度要解决问题、记录在案；

发扬“钉钉子”精神，盯紧具体项目、盯紧重点目标人、盯紧关键环节、盯紧竞争对手，力戒虎头蛇尾、抓抓停停、不了了之，力求抓一件成一件；严肃认真对待项目考核，去包装、挤水分、掀盖头，不怕数项目、敢于亮实绩；注重考核结果的运用，兑现奖惩，对因工作不力导致项目失去、失误、失败的，要查明情况、吸取教训、问责到人。

完善园区配套设施。优化园区发展规划、产业定位，培育主导产业、特色产业，促进产业集群、企业集聚、资源集约。优先解决园区水、电、路、气、通信、排污等必要的生产设施配套问题，缺什么立即补什么，让项目能落地、企业可生产。着力提升公共服务功能，加强公交、学校、医院、银行、邻里中心等配套设施建设，推进产城互动。市开发区要加快推进“三次创业”。苏滁产业园要在20亿元以上大项目和3亿美元以上外资项目上实现突破，全年新签约、新开工、新投产亿元以上工业项目分别达20个、15个、10个以上。天长开发区争取成为国家级开发区和转型升级示范区，全椒开发区扩区争取获批，汊河开发区争创省级战略性新兴产业集聚发展基地，推进凤阳·宁国、定远·肥东、明光·肥西合作共建园区。

（五）以城乡统筹为主要路径，提升建设管理水平。以“一尊重、五统筹”为指导，以人的城镇化为核心，树立“精明增长、精益建设、精准管理”理念，转变城市发展方式，提高城乡治理能力。

中心城区要提升提神。着眼提高品位品质，推动滁城由外延扩张式向内涵提升式转变，让市民生活得更便利、更舒心、更美好。一是提升规划水平。实施新一轮城市总体规划，强化滁来全规划衔接，实现中心城区“多规合一”。严格规划实施，切实发挥好规划的引领和调控作用。尽快编制实施海绵城市规划、管廊规划和水生态体系规划。加强城市设计，强化城市轮廓线、标志性建筑等建设管理，注重特色塑造，挖掘城市历史文化内涵。二是推进重点工程。以“四个一”工程为重点，实施好总投资超50亿元的44个重点建设项目。琅琊山以创建5A级景区为统领，完成核心景区整治；规划建设景区路网，推进重大文、旅、休、养类项目落地、建设。清流河基本完成二期工程建设，并做好一、二期工程的衔接调整，着手谋划三期工程。明湖工程全面启动，加速大坝建设和湖区整理、路网建设、湿地景观营造等，2017年汛前下闸蓄水。古城继续稳准推进保护改造提升，注重文脉延续，彰显“滁”字山、水、城的特色。三是补齐城市短板。加快城市有机更新，推进城南新区学校、医院、菜场、超市等建设，旺盛人气。加强住宅小区综合治理，健全物业服务、监管机制，着力解决小区顽症，处置问题楼盘。四是加强城市管理。健全管理重心下移、执法集中统一、建管养分离、网格责任到人的长效机制，深入开展市容环境综合整治行动。推进网络共建共享，消除“数字鸿沟”，加快智慧城市建设。整治占道经营、乱停乱放，改造瓶颈路段和节点，扎实开展好违建整治专项行动。推进文明城市、卫生城市、森林城市、环保模范城市、历史文化名城等五城联创。

美好城镇要做精做强。遵循产城融合、新老并重、建管一体的基本原则，继续把县城建设好。进一步提升规划设计水平，拉升建设标杆；进一步完善配套服务功能，增强宜居性和承载力；进一步把握好房地产开发节奏，组合运用好去存量、消虚肿的各项政策；进一步加强城市管理，使“整洁”全覆盖、常态化。推进小城镇建设，着力打造乌衣、汊河、炉桥、临淮、铜城、大墅等产业新城，藕塘、半塔、女山湖等旅游小镇；选择汊河、炉桥、秦栏等地开展撤镇设市试点。

基础设施要抓主抓重。推进滁宁轻轨、宁天城际二期、合连高铁、合滁宁高铁等重大项目前期工作，力求合宁高速扩建、滁天高速、来六高速连接线等开工。加速滁淮高速、滁州港、农村道路畅通工程等项目建设。深入比选场址，推进大唐电厂建设。加快农村电网改造，完成220千伏团山变、贺庄变建设，推进中海油等天然气管道项目。江巷水库启动征迁并开工建设，完成沙河水库除险和滁河近期治理等工程，除险加固中小型水库102座。

（六）以蓝天碧水为最大心愿，全力保护生态环境。以打攻坚战的决心、打持久战的韧劲，用硬措施、实招子持续改善生态环境，让人民喝上放心水、吸到清新空气、生活在绿色家园。

加强生态建设。完成森林增长工程任务，深入开展绿色滁州行动，重点实施城市景观、交通干道、工业园区、农田林网等绿化工程，新增造林16.8万亩。加大生态市、生态县、生态镇村创建力度。开展生态修复，完成50处关闭矿山环境治理任务。创建西涧湖、沙河集、黄栗树三大水库生态保护区，推行以河长制为核心的水质保护责任制，保障水环境安全。

推进节能减排。严把新上项目能评关、环评关，淘汰落后产能，完成省下达的节能减排目标任务。严格控制工业废气污染，防治城市扬尘，划定滁城高污染燃料禁燃区，加大黄标车淘汰力度，继续开展秸秆禁烧行动。抓好城乡环境基础设施建设，加快建设污水处理厂及污水管网，推广农村生活垃圾“组合收运”模式，提高城镇生活污水、农村垃圾集中处理率。

高效利用资源。坚持耕地占补平衡，加快划定永久性基本农田，加速高标准基本农田建设，从数量质量两方面守住耕地红线。积极有序处置“僵尸企业”，腾笼换鸟，继续开展矿山整治，提高土地矿产利用效率。坚守水资源开发利用控制、用水效率控制、水功能区限制纳污“三条红线”，推进一批节水工程。抓好城市矿产示范基地、循环经济示范园区、清洁化园区建设。扶持发展新能源、节能环保产业，大力推广资源节约、替代和循环利用技术。

（七）以改善民生为根本目的，切实推进普惠共享。把保障改善民生放在更加突出位置，努力让群众有更多的获得感。

强化社会保障。做好大学毕业生、复退军人、城镇就业困难人员等重点人群就业工作，新增城镇就业4.2万人。适时实施机关事业单位养老保险，推进全民参保登记，推广应用社会保障卡，扩大社会保险参保覆盖面。推进城镇居民医保和新农合两项制度“二合一”。进一步提高城乡低保标准，为五保对象购买重大疾病商业保险。加快住房保障体系建设，改造棚户区8600户。积极引导社会资本兴办养老机构，在引进中高端养老养生项目上有新突破。

繁荣社会事业。办好学前教育，全面完成学前教育三年行动计划；均衡发展义务教育，力争全部通过省级复评和国家评估验收；加快发展现代职业教育，推进职业技术学院创建地方技能型高水平大学，启用城市职业学院新校区，加快市县职教一体化步伐，健全中职、高职、本科有机衔接的培养机制；启动特教学校建设；支持安徽科技学院、滁州学院向地方应用性高水平大学方向发展。大力推进“互联网＋医疗”的规划、发展，继续完善医疗纠纷调处机制，实施社区卫生服务机构提档升级工程，市一院南区投入使用，完善市二院功能，加快市中西医结合医院扩建；积极稳妥有序落实“全面二孩”政策。完善公共文化服务体系，市博物馆年内开馆，推进市图书馆及文化艺术中心建设；新建10个省级农民文化乐园、10个乡镇综合文化服务中心。加强气象防灾减灾能力建设，争取新一代天气雷达建设项目落户滁州。加强国防动员，推动军民融合深度发展。加快发展体育事业、体育产业。支持工会、共青团、妇联等群团组织开展好活动，统筹抓好外事、侨务、对台、民族宗教、统计、物价、编制、档案、保密、人防、地震、科协、老干部、地方志、红十字会等工作。

创新社会治理。加强基层基础工作，推进社区服务管理信息化，重视社区教育，深入开展和谐社区创建活动。完善多元化矛盾纠纷调处机制，推动矛盾及时就地化解。抓好立体化社会治安防控体系建设，依法打击各类违法犯罪活动。健全舆情管控机制，维护网络秩序和安全。完善食品药品生产、流通、消费全环节监管体系，保障群众饮食用药安全，争创省食品药品安全市。深刻汲取各类事故教训，强化红线意识和底线思维，严格落实安全生产责任制，坚决遏制重特大事故发生。强化应急管理，做好公共安全风险评估和防控。

办好为民实事。坚持尽力而为、量力而行，继续为民办好十件实事。今年市政府承诺的十件实事为：滁州中合民生农产品批发市场投入运营、迁建改造4个农贸市场；改造滁城棚户区2000户和扬天小区、润芳园、清风园、建工大院4个老旧小区；建设市植物园；实施南谯路（明光路至花园路段）畅通工程；建设城北客运站；加强滁城养犬管理；加强滁城老旧电梯维护和应急救援平台建设；开工建设市第三污水处理厂及配套管网项目；建成滁宁公交换乘中心；增加滁城公交、出租运力和公共自行车布点。

（八）以作风建设为永恒主题，打造人民满意政府。聚焦忠诚、干净、担当，践行“三严三实”，切实改进作风，不断提升政府工作水平。

增强看齐意识。认真学习《党章》《条例》和习近平总书记系列重要讲话精神，不断提高政治觉悟和思想定力。严守政治纪律和政治规矩，更加坚定地把“四个自觉”贯彻到修身做人、用权律己、干事创业的各个方面。以党中央为最高标杆，以中央要求为行动指南，自觉主动向中央看齐，做政治上的明白人、落实上的带头人，打造政治过硬的政府班子。

严格依法行政。依法履行政府职能，切实做到“法定职责必须为、法无授权不可为”。严格执行重大行政决策程序规定，不断提高依法、科学、民主决策水平，确保行政决策制度科学、程序正当、过程公开、责任明确。自觉接受人大、政协和司法、社会各界监督，主动听取民主党派、工商联、无党派人士和人民团体意见建议。认真办理人大议案、建议和政协提案。

强化责任担当。牢记“四有”要求，进一步强化担当意识，自觉扛起责任，推动重大决策、重点工作、重要项目落实。简化办事流程、提高服务效能，推进四级政务服务信息系统一体化，开展国家级政务服务综合标准化试点。加强行政监察和审计监督，坚决纠正不作为、乱作为，坚决克服懒政、怠政，坚决惩处失职、渎职。

坚持从严治政。严格遵守廉洁从政各项规定，深入落实党风廉政建设责任制和“一岗双责”，完善政府系统惩防体系，强化权力运行监督，把权力关进制度的笼子。坚持无禁区、全覆盖、零容忍惩治腐败，严肃查处发生在重点领域、关键环节和群众身边的腐败案件。持之以恒反“四风”、改作风，厉行勤俭节约，切实做到为民、务实、清廉。

各位代表，同志们，前程似锦，事业催人，任重道远！让我们紧密团结在以习近平同志为总书记的党中央周围，在省委、省政府和市委的坚强领导下，乘势而上，开拓创新，扎实工作，为全面建成小康社会、打造环滁皆美家园、开创滁州更加灿烂的明天而努力奋斗！

第五届中国农民歌会

优美歌声唱出农村新貌，幸福旋律充溢农民心房。在习近平总书记发表文艺工作座谈会讲话一周年之际，第五届中国农民歌会于10月15日晚在“大包干”发源地滁州市唱响。第十一届全国人大常委会副委员长陈至立宣布歌会开幕。省委常委、宣传部长曹征海主持开幕式。文化部党组副书记、副部长杨志今，农业部副部长陈晓华，副省长谢广祥分别致辞。省领导胡连松、王秀芳、赵韩、薛江武等出席开幕式。简短的开幕式后，第五届中国农民歌会主题演出上演。演出分为序“在希望的田野上”以及“新农民抒怀”“新生活礼赞”“新农村放歌”三个篇章。从《中国农民歌会》季播节目中脱颖而出的优秀农民歌手及其导师的倾情演绎，精彩展现新农村日新月异的变化，生动表达新时代农民的幸福心声和对未来的美好憧憬。随着《在希望的田野上》歌声响起，整台晚会气氛达到高潮，激扬的歌声回荡广袤田野，永驻农民心间。

中国农民歌会由文化部、农业部、安徽省人民政府共同主办，中共安徽省委宣传部、省文化厅、省农委、省文联、省广电局、滁州市政府承办，自2008年创办以来，成功举办四届，成为发源于滁州、立足安徽、面向全国、专门为亿万农民打造的国家级公共文化品牌。第五届中国农民歌会坚持以人民为中心的创作导向，让农民当主角，“唱农民、唱农村、农民唱、大家唱”，着力在创新形式、扩大影响上下功夫。

4月18日，第五届《中国农民歌会》启动仪式暨安徽卫视大型季播节目《中国农民歌会》新闻发布会在凤阳县小岗村大包干纪念馆隆重举行，标志着《中国农民歌会》这一文化金字招牌以全新形式、全新载体再次亮相启航。安徽卫视于2015年推出一档农民唱、唱农民的大型原创音乐励志真人秀节目——《中国农民歌会》。第一季分为十集，每集80分钟，节目采用层层晋级的赛制，在全国东西南北中五大赛区通过海选、晋级、半决赛和冠军赛，产生赛区歌王并角逐年度“中国农民歌王”。5月28日起，走进全国28个省市区、1261个乡镇，邀请3147组选手参加海选，不同地域、不同民族的农民歌手在节目中汇聚，东南西北中五大唱区分别唱响，五大唱

10月16日上午，“第五届中国农民歌会”天长分会场在铜城镇桑园村开演，演出主题为“放歌希望田野，出彩中国农民”。

区产生的优胜歌手担纲本届农歌会主题演出。本届歌会还致力打造系统文化工程，精心设计“三农”新歌曲创作、“我最喜爱的十首乡村歌曲”评选、全国农民鼓舞展演、全国“三农”摄影展等活动。

中国农民歌会积极讴歌当代社会主义新农村欣欣向荣的发展面貌，充分展现新时期新农民热爱生活、奋发向上的精神风貌，激发农民群众参与文化建设的巨大热情，为繁荣群众文艺创作、丰富农民群众精神文化生活发挥重要作用。广大文艺工作者扎根深情大地，深入火热生活，为人民抒写、为人民抒情、为人民放歌，创作演出更多无愧于民族、无愧于时代的优秀作品，为实现中华民族伟大复兴中国梦提供强大的价值引导力、文化凝聚力和精神推动力！

中国农民歌会注重体现全国性、创新性、系列性、参与性，坚持政府主导、群众主体、文化主角、社会参与，不仅丰富农村文艺舞台，呼应群众的文化期待，更重要的是，引领健康的生活方式，为全国农民文化品牌活动起到导向示范作用。随着农业农村经济的不断发展，农业基础将更加稳固，农村面貌将更加美丽，农民生活将更加丰富，农歌会将越办越好！

《中国农民歌会》是经党中央、国务院审批，安徽省举办的三大节庆活动之一。活动以其独特的文化魅力成为促进“三农”发展和农村文化繁荣的重要平台、农村文化建设的重要载体，以及安徽省“国”字号、“农”字特色的重要文化品牌。为中国近8亿农民量身打造的《中国农民歌会》，真实呈现新一代农民的新生活、新风貌，高歌主旋律、引领正能量，全方位展现社会主义农村建设的伟大成就，传播有情怀、有特色、有水平的农村文艺作品，展示新时代“三农”的绚丽色彩和美好乡村的中国梦。

习近平总书记指出，社会主义文艺，从本质上讲，就是人民的文艺。中国农民歌会坚持以人民为中心的创作导向，让农民当主角，顺应农民的精神追求，呼应群众的文化期待，扎根深情的大地，深入火热的生活，创作传播更多有筋骨、有道德、有温度、深受广大人民群众喜爱的优秀作品。以农村为舞台、以“三农”为题材，展农民风采、颂农村新貌，为农村放歌、为时代喝彩，把群众的生活装扮得更加多姿多彩，推动农村文化、农民艺术不断繁荣发展，坚定广大农民对美好生活的憧憬和信心。把中国农民歌会打造成为农民歌手表现的舞台、展现新农村新农民的平台、引领农村文化和农民精神文化追求的公共文化品牌。

第五届中国农民歌会开幕式演出

大事记

DA SHI JI

1月

1日 市委书记李明，市委副书记孔晓宏，市委常委、市委秘书长王图强，市委常委、副市长汪建中，市政协副主席苏虹等，到滁州新奥燃气公司、市自来水公司、滁州城南客运总站、滁州火车站等公共服务单位，慰问部分在岗人员，并向全市所有在岗工作人员致以节日问候和新年祝福。

5日 市委副书记、市长张祥安主持召开市政府第19次常务会议，讨论研究市发改委关于《滁州市2014年国民经济和社会发展计划执行情况与2015年计划草案》编制情况的汇报；市财政局关于《滁州市2014年预算执行情况和2015年预算草案》《2015年市本级政府预算草案》编制情况的汇报；市招标局关于《滁州市深化公共资源交易管理工作改革方案》的汇报；市政务服务中心关于《滁州市市场主体准入"三证合一"登记实施办法（试行）》制定情况的汇报；市工商局关于《滁州市放宽市场主体住所（经营场所）登记管理暂行规定（草案）》制定情况的汇报；市邮政管理局《关于加快滁州市快递业发展的意见》6项议题。

同日 市委副书记、市长张祥安带队调研龙池街环境改造工程、清流河综合治理二期工程、龙蟠大道下穿铁路工程、中央公园、长城文化创意产业园等部分城市建设重点项目。市领导汪建中、李树、童玲、杨东坡、苏虹等随同调研。

6日 市委党办口在政务中心举行"送温暖、献爱心"捐款活动。市委书记李明，市委副书记孔晓宏，市委、市政府督查组组长张裕发，市委常委、市委秘书长王图强等带头捐款。

同日 滁州市人民政府与滁州学院联合召开第二次科技工作大会，双方签署战略合作框架协议。市委书记李明、省教育厅副厅长李和平、省科技厅副厅长朱建基、滁州学院党委书记庆承松等出席协议签字仪式。李明在合作协议签字仪式上介绍滁州近年来经济发展状况，充分肯定滁州学院改革发展取得的成绩，希望滁州学院加快地方应用型高水平大学建设，为滁州经济社会发展继续作出贡献。

同日 市委书记李明分别前往天长路、公管巷、市儿童福利院、老年公寓等处现场调研为民办实事工作。强调要深入贯彻市委五届九次全会精神，从群众反映最为强烈和迫切的问题着手，充分尊重群众意愿，回应群众期待，积极探索市场化服务机制，鼓励和引导社会力量参与，把造福群众的实事办好、好事办实，让群众得到看得见、摸得着的实惠。市委常委、市委秘书长王图强，市政协副主席苏虹等随同调研。

同日 市城市管理委员会召开第一次全体会议。市领导张祥安、孔晓宏、汪建中、李树、童玲、徐崇华、杨东坡，滁州开发区管委会主任刘茂松及各成员单位负责人出席会议。会议讨论研究市城市管理委员会工作职责、议事规则、市城市管理委员会办公室和成员单位工作职责，以及《滁州市城区城市管理考核暂行办法》。

7日 全市基层组织建设工

作现场会在定远县召开。市委副书记孔晓宏出席会议并讲话。市委常委、市委组织部长朱诚主持会议，市直有关单位负责人、县(市)、区委组织部长等参加会议。

8日 市委书记李明在滁会见合肥百大集团股份有限公司董事长、党委书记郑晓燕一行。

同日 省人大常委会有关《安徽省促进和保护台湾同胞投资条例》立法座谈会在滁州市举行。市人大常委会主任李耀才出席会议并讲话。省人大常委会委员、民宗侨外委副主任委员马亚杰，市人大常委会副主任秦钢昌出席会议。全省30多家台商和涉台工作单位负责人参加座谈。

同日 全市计划生育重点工作推进会在滁召开，市委副书记孔晓宏出席会议并讲话。副市长金力主持会议。

同日 滁州市侨联留学生家属联谊会成立。市委副书记孔晓宏会见留学生家属联谊会班子成员，对滁州留学生联谊会的成立表示祝贺，并对下一步工作提出希望。市政协副主席、市委统战部部长高迁出席会议。

9日 市委、市政府召开全市2015年重点建设项目暨十大重点工程推进会议，听取意见建议，推进项目组织实施。市委书记李明强调，各地、各有关部门要把项目工作摆上重要位置，以大工程为引领，推进项目建设，集中力量办大事，扎实推进各个重点项目建设步伐。市委副书记、市长张祥安主持会议，市领导李耀才、何希勇、张裕发、章义、王图强、朱诚、赵宁元、汪建中等出席会议。

同日 总投资50亿元，规划用地2000亩，建设产业供应链集成服务中心、电子商务云仓储服务基地、公路物流港基地、现代物流共同信息平台等物流设施的滁州经济技术开发区现代物流产业园项目暨投资15.5亿元的安徽鸿耀物流项目开工建设。市领导王图强、汪建中、傅厚华、孙敏民、查镜波，滁州开发区管委会主任刘茂松，浙江哼哈集团董事会主席邢怀中、安徽鸿耀实业有限公司董事长张翔等出席开工仪式。

同日 安徽日报、安徽广播电视台、市场星报、工商导报和滁州日报、滁州广播电视台等省市媒体，深入大街小巷，对全市"三治三增"工作进行集中采访，用镜头和手中的笔捕捉、记录滁城城区面貌发生的可喜变化，并与市交通、规划、城管等部门负责人座谈交流，深入挖掘开展"三治三增"以来的好经验、好做法。

10日 市委书记李明在市委常委、市委秘书长王图强，副市长金力和有关部门负责人陪同下，到南谯区和大柳草场调研指导美好乡村建设，强调要通过支持农村产业发展，带动农民致富，改善环境面貌，促进美好乡村建设，造福人民群众。

同日 滁州市第三届青少年科技创新市长奖颁奖仪式在滁州职业技术学院举办，10名"市长奖"和千名科技辅导员"园丁奖"获得者受到表彰。颁奖时，市委副书记、市长张祥安出席仪式并为获奖者颁奖。

12日 市政协召开五届十次常委会议，市政协主席何希勇主持会议，市政协副主席孙敏民、徐崇华、高迁、李庆宁、高潮、杨东坡、苏虹，秘书长王捍群出席会议。会议通过关于杨东坡辞去五届市政协副主席职务的决定，通过政协第五届滁州市委员会增补和免去委员名单。

14日–18日 中国人民政治协商会议第五届滁州市委员会第三次会议在滁举行。会议听取并讨论张祥安市长所作的政府工作报告，对报告表示赞同并给予高度评价；会议审议批准何希勇主

1月9日，滁州经开区现代物流产业园暨鸿耀物流项目开工。

席代表政协第五届滁州市委员会常务委员会所作的工作报告，批准李庆宁副主席代表政协第五届滁州市委员会常务委员会所作的提案工作情况的报告；讨论并赞同滁州市中级人民法院工作报告、滁州市人民检察院工作报告以及其他报告。会议补选郑斌为五届市政协副主席，增补王勇、杨光远为常务委员。

15日–19日 滁州市第五届人民代表大会第三次会议在滁举行。会议听取并讨论张祥安市长所作的《政府工作报告》，对报告表示赞同并给予高度评价；听取和审议市人大常委会主任李耀才代表市五届人大所作的《滁州市人民代表大会常务委员会工作报告》；听取和审议市中级人民法院院长陈严法作的《滁州市中级人民法院工作报告》；听取和审议市人民检察院检察长郑光作的《滁州市人民检察院工作报告》。大会以举手表决的方式先后通过《滁州市人民政府工作报告的决议》《滁州市2014年国民经济和社会发展计划执行情况与2015年计划的决议》《滁州市2014年预算执行情况和2015年预算的决议》《滁州市人民代表大会常务委员会工作报告的决议》《滁州市中级人民法院工作报告的决议》《滁州市人民检察院工作报告的决议》等六项报告决议。出席会议的人大代表以无记名投票的方式选举产生市人民政府副市长1名，市五届人大常委会委员2名。杨东城补选为市人民政府副市长，朱金沂、李勇林当选为市人大常委会委员。

1月10日，张祥安市长在第三届青少年科技创新市长奖颁奖仪式上接受小记者采访。

16日–17日 水利部党组副书记、副部长矫勇率水利部视察组先后到来安县、天长市督查指导农村安全饮水工作。省水利厅党组书记、厅长纪冰，市委书记李明，市委副书记、市长张祥安，副市长金力等陪同视察。

中旬 滁州市区首批电子公交站牌亮相。电子公交站牌通过电子屏幕显示公交车运行信息，方便市民乘公交车出行时随时掌握车辆运行情况，节约候车时间。

20日 省委书记张宝顺在省委常委、省委秘书长唐承沛，省民政厅厅长吴旭军等陪同下，到定远县农村看望慰问困难群众，向他们送去党和政府的深切关怀，深入企业园区、项目工地、民生事业单位考察经济社会发展情况。市委书记李明，市委副书记、市长张祥安，市委常委、市委秘书长王图强陪同走访考察。

21日 市委书记李明到明光市石坝镇、管店镇，走访慰问困难党员和困难群众，强调各级各部门要把关注点放在最为困难的群众身上，放在群众强烈期盼、最为迫切需要解决的问题上，多为群众做些雪中送炭的实事好事，千方百计为困难群众排忧解难，真正把党和政府的温暖送到困难群众心坎。

同日 市消费者协会举行第五届理事会第一次会议，选举产生新一届理事会成员，审议修改新的《滁州市消费者协会章程》。新当选的第五届消费者理事会由相关政府部门、社会团体、新闻媒体、企业、区县消费者协会等53个理事单位，55名理事组成。

22日 市委书记李明主持召开市委常委会议，认真学习传达习近平总书记在中央党校第一期县委书记研修班座谈会上的重要讲话精神、省委书记张宝顺在滁州市工作汇报会上的讲话精神，以及全省宣传工作、组织部长、农村工作、扶贫开发等会议精神，并研究贯彻落实意见。市领导张祥安、李耀才、孔晓宏、张裕发、章义、王图强、朱诚、赵宁元、汪建中、郭强、马军等出席会议。

同日 滁州军分区党委十届十五次全体(扩大)会议在滁召开。会议传达学习上级党委扩大会议精神,总结部署全年工作。市委常委、滁州军分区党委书记、政治委员赵宁元作党委工作报告,滁州军分区党委副书记、司令员陈兴根就新年度军事斗争准备问题讲话,滁州军分区党委副书记、副政治委员兼纪委书记高长林作纪委工作报告。王贤纯、周铧、赵永学等军分区领导出席会议。

同日 全市美好乡村建设专题培训班在市委党校开班。市委副书记孔晓宏出席开班仪式并讲话。市领导张尽忠、金力,市委党校常务副校长王跃出席开班式。

23日 市委书记、市规委会主任李明主持召开市规委会2015年第一次主任会议。市领导张祥安、汪建中、张尽忠,滁州开发区管委会主任刘茂松出席会议。会议讨论研究南京市儿童医院滁州分院扩建建筑方案、开发区现代物流产业园修订性详规、104国道路灯及绿化方案设计情况、扬子农贸市场规划方案调整、西方寺规划设计方案、市科技馆布展工作情况等。

24日 省政府安全生产目标管理考核组来滁考核2014年度全市安全生产目标管理实施情况。市委副书记、市长张祥安,市委常委、市委秘书长王图强,市委常委、市委政法委书记马军等陪同考核。

28日 省考评组来滁开展人口和计划生育考评工作。市委副书记孔晓宏主持汇报会,副市长金力汇报全市2014年度人口和计划生育工作情况。

29日 滁州预备役团党委扩大会议在滁召开。会议传达学习省军区、预备役师党委全体(扩大)会议精神,表彰年度工作先进单位和个人。市委副书记、预备役团第一政委孔晓宏出席会议并讲话。预备役团政委陈太华代表团党委作工作报告,团长孙建平就新年度军事工作作了具体部署。孔晓宏强调,要站在讲政治、讲大局的高度,把全面学习贯彻党的十八大和十八届四中全会精神以及习近平主席关于国防和军队建设的一系列重要论述,作为当前和今后一个时期的首要政治任务抓紧抓实,始终保持部队建设的正确政治方向。

31日 由新华社主办、新华网承办的以"共建幸福新家园"为主题的2014城市民生建设与民生保障高层论坛在北京举行,来自全国各地的180个城市参加2014全国优秀民生改善典范城市发布仪式。滁州市荣获2014年度全国首批优秀民生改善典范城市称号,成为安徽唯一获此殊荣的地级市。

是月 大唐滁州发电厂项目获得国家能源局批准,列入安徽省2014年度火电建设规划,2017年底建成投产。大唐滁州发电厂项目一期规划建设2×66万千瓦超临界燃煤火电机组,由中国大唐集团投资建设,估算投资约60亿元人民币,项目选址位于南谯区沙河镇白米村。

是月 省经信委发布安徽省产业集群专业镇建设示范点名单,滁州市秦栏镇、铜城镇、冶山镇、汊河镇等4个镇入选,入选个数与合肥市、安庆市并列第一。

是月 在第六届全国敬老爱老主题教育活动表彰大会上,南谯区施集镇花山敬老院院长潘德梅被授予"全国孝亲敬老之星"荣誉称号。

2月

2日 市委中心组召开理论学习(扩大)会议,学习贯彻十八届中央纪委五次全会精神、省纪委九届五次全会精神、省十二届人大四次会议和省政协十一届三次会议主要精神。市委书记李明主持会议并讲话,市领导张祥安、李耀才、何希勇、孔晓宏、张裕发、章义、王图强、朱诚、赵宁元、汪建中、郭强、马军等参加学习。会议要求全市各级各部门和广大党员干部,特别是领导干部,要深刻领会习近平总书记在十八届中央纪委五次全会上强调的遵守政治纪律和政治规矩要重点做到的"五个必须"和"五个决不容许",以及当前要着手抓好的"四个方面建设",切实把思想和行动统一到中央和省委的部署要求上来,学深悟透,融会贯通,以更加坚定的信心、更加高度的自觉、更加有力的举措,坚决打赢党风廉政建设和反腐败斗争这场攻坚战、持久战。

3日 市委书记李明在滁会见新华发行集团董事长曹杰一行。市领导孔晓宏、郭强、李树苏虹等陪同会见。

同日 中国建筑总公司基础设施事业部总经理于光跃一行7人来滁考察。市委书记李明会见考察组一行。市委常委、副市长汪建中带领市发改委、财政局、交通局、规划局、重点局(办)、城投公司、苏滁产业园负责人,就明湖项目、内城河改造项目、轻轨项目、苏滁产业园南京鼓楼医院滁州分院和国际商务中心项目与考察组成员进行广泛深入会谈。

4日 市委书记李明在李耀才、王图强、赵宁元、汪建中陪同下,先后到预备役炮兵团、73047部队、滁州军分区走访慰问,并和广大官兵亲切座谈,共叙军地深情厚谊、共话军民融合发展。

同日 市委副书记孔晓宏,市委常委、市委组织部部长朱诚,市委常委、市委政法委书记马军,滁州军分区政治部主任周铧一行,前往市武警支队、市消防支队看望慰问武警、消防部队官兵,向他们致以新春问候,送去党和政府的关心和厚爱。

4日–10日 国家投资项目评审中心组织专家组在合肥对江巷水库项目建议书进行咨询评估。专家组实地到江巷水库工程原坝址、移民安置区规划点、土料场、淹没区踏勘现场,听取设计单位关于项目编制情况的介绍,分组与参会单位进行深入交流与讨论,形成咨询评估意见。市委书记李明、常务副市长章义、市政协副主席、定远县委书记郑斌会前看望与会代表,市委常委、常务副市长章义出席会议并致辞。

5日 市委书记李明在市委常委、市委秘书长王图强陪同下到全椒县调研,并召开工作座谈会。李明强调,要继续保持良好的精神状态,在新常态下树立新思维、采取新举措、展现新作为,为实现稳中奋进、好中加快发展作出更大贡献。

同日 市政务服务中心工商窗口颁发滁州市第一份载明组织机构代码证号、税务登记"三证合一"证号的营业执照。该执照的颁发,标志着全市市场主体准入"三证合一"登记工作正式启动。

6日 市委书记李明主持召开县(市)、区委书记座谈会,听取中央党校首期县委书记研修班学员、南谯区区委书记杨德义传达习近平总书记与中央党校首期县委书记研修班学员座谈时重要讲话精神,安排部署当前重点工作。市政协副主席、定远县委书记郑斌等参加会议。

同日 市委分别召开县(市)、区委宣传部长会议、纪委书记座谈会、组织部长会议和统战部长会议,贯彻落实市委工作会议精神,部署全年工作。

9日 市委书记李明主持召开市文明委主任会议,市领导张祥安、孔晓宏、王图强、马军、朱云霞、李树、孙敏民等参加会议。会议讨论并原则同意滁州市十佳文明行业窗口单位、百名标兵、千名好公民评选名单,以及第十届文明单位、第二届文明社区、第三届文明村镇评选名单。会议讨论并原则同意新修订的《滁州市文明单位创建管理办法》。会议强调,要进一步弘扬社会主义核心价值观,加大对先进事迹、先进典型的宣传力度,努力在全社会形成争创先进、争当模范的良好氛围,为建设美好滁州提供精神力量和道德支撑。

10日 市委书记李明在市委副书记孔晓宏,市委常委、市委秘书长王图强陪同下,带着慰问品和慰问金,专程来到凤阳县小岗村,向11位"大包干"带头人送去党和政府的关怀和温暖。同日,市委书记李明在市委常委、市委秘书长王图强陪同下走访看望慰问离退休老干部和市直的困难残疾人、低保户、劳动模范和困难党员,征求老干部的意见和建议,了解困难群众的所需所求,送去党委和政府的亲切关怀。

同日 市委副书记、市长张祥安,市政协主席何希勇,市委常委、常务副市长章义,滁州军分区司令员陈兴根,市政府秘书长杨甫祥一行,先后来到73091部队及三界训练基地,亲切看望慰问驻滁部队官兵,向他们致以新春祝福。

11日 市委全面深化改革领导小组召开第五次全体会议。市委书记、市委全面深化改革领导小组组长李明主持会议并讲话。会议听取2014年度全面深化改革任务销号情况汇报,讨论研究2015年全面深化改革工作要点、市委全面深化改革领导小组2015年重点协调推进的改革事项、全面深化改革工作考核办法(试行)。会上,市委全面深化改革领导小组、市委改革办、各专项小组书面汇报2014年工作。李明强调,要深刻领会把握中央和省委的会议精神,按照"全面深化、着力推进、突出重点、力求成效”的指导思想和原则，强化责任意识、问题意识、攻坚意识，谋划好全年十项以上重点改革事项，加大重点改革任务的落实，打好全面深化改革攻坚战，确保各项改革任务落地见效。市领导张祥安、李耀才、何希勇、孔晓宏、章义、王图强、汪建中、马军等出席会议。

12日 国家开发银行规划总监、信贷管理局局长郭明社，国开行安徽分行行长于丕涛等来滁调研，双方就市政府与社会资本合作的PPP模式项目以及重点基础设施建设项目进行推介和洽谈。市委书记李明，市委副书记、市长张祥安会见郭明社、于丕涛一行，市领导章义、苏虹、郑斌陪同会见。

同日 市妇联五届二次执委会议在滁召开。市委副书记孔晓宏出席会议并讲话，强调各级妇女组织要紧紧围绕市委市政府的部署，依据上级妇联组织的要求准确把握妇女儿童的需求，夯实基础、完善自我、不断创新，开创全市妇女儿童事业发展新局面。会议替补1名市妇联五届执委；听取市妇联主席所做的工作报告；举行依法治国讲座。

13日 市科协第五次代表大会在滁开幕。市委书记李明出席会议并讲话，强调全市各级科协组织要认真学习贯彻党的十八大、十八届三中、四中全会和习近平总书记系列重要讲话精神，坚持在围绕中心、服务大局中更好地谋事、干事、成事，不断开创科协工作新局面。省科协党组书记、常务副主席王洵出席会议并讲话。市领导张祥安、李耀才、何希勇、孔晓宏、章义、王图强、朱诚、汪建中、马军、朱云霞、罗建华、孙敏民等出席开幕式。

14日 市委书记李明在南京儿童医院滁州分院调研时强调，南京儿童医院滁州分院项目建设对于提升全市医疗卫生事业尤其是儿童医疗卫生事业发展水平具有非常重要的意义，各级各部门要明确任务责任、时间节点，加快项目建设进度，确保扩建项目年底前基本投入使用。副市长李树，滁州职业技术学院院长李柱梁等随同调研。

同日 市委副书记、市长张祥安带领市交通、安监、消防等部门主要负责人，到滁州开发区调研部分在建和新投产项目，检查安全生产工作。副市长、苏滁现代产业园管委会主任杨东坡，滁州开发区管委会主任刘茂松等陪同调研和检查。

15日 市委副书记、市长张祥安调研内城河改造工程。张祥安先后来到西涧大桥、广惠桥、文德桥、下水关，实地察看内城河现状，听取内城河改造一期工程情况汇报。在随后召开的汇报会上，张祥安指出，内城河改造工程是市委、市政府向市民承诺的10件实事之一，必须摆在重要议事日程来抓。各级各部门务必树立老城保护改造的理念，全力保持古城的历史信息、古城肌理和街巷古朴的风貌，力求在改造中让滁城多一些历史厚重和文化沉淀。市领导章义、汪建中、苏虹等参加调研。

16日 市委、市政府在滁举行2015年新春团拜会，与社会各界代表及离退休老同志欢聚一堂，共贺新春，共叙友情，共话发展。市委书记李明主持团拜会，市委副书记、市长张祥安致辞，市党政军领导李耀才、何希勇、张裕发、章义、王图强、赵宁元、汪建中、李树、郭强、陈兴根、翟卫平，老同志张友道、胡成功、陈维灿、江俊，以及社会各界代表300余人参加团拜会。

同日 市委副书记、市长张祥安主持召开2015年政府投资城市建设重点项目工作会议，听取市发改委、市重点项目建设办

今日小岗村

公室关于2015年政府投资城市建设重点项目计划安排情况汇报。市领导章义、汪建中、杨东坡、苏虹等出席会议。

18日 市委书记李明深入滁城看望慰问节日期间坚守岗位、辛勤工作的广大干部职工，向大家致以新春的祝福。市领导王图强、汪建中、马军、苏虹等陪同慰问。

23日 市委书记李明深入全椒县调研农村土地承包经营权确权登记颁证试点工作情况，指出农村土地承包经营权确权颁证工作将在全市展开，各县(市)、区要高度重视，精心组织，周密安排，有序推进。副市长金力陪同调研。

24日 市委书记李明主持召开“滁州汽车城工程”领导小组推进会，听汇报、问进展、定措施、促落实。李明强调，汽车城工程是支撑和引领滁州加快发展的大工程，要按照市委五届九次全会的部署，积极主动承接产业转移，抢抓汽车产业难得的发展机遇，按照规划先行、招商统一、协同作战的要求，集中精力加快推进汽车城工程，争取早见实效，为滁州长远发展打下基础。市委常委、市委秘书长王图强主持会议。副市长、苏滁现代产业园管委会主任杨东坡，滁州开发区管委会主任刘茂松等出席会议。

同日 市委副书记、市长张祥安主持召开为民办好10件实事专题推进会，就滁城幼儿园布局调整及危房改造工程、市第一人民医院急诊大楼项目、市图书馆项目、市福利院改扩建项目和残疾人综合服务中心项目等事项进行认真讨论，研究决定具体落实办法和措施。副市长章义、李树、陆峰，秘书长杨甫祥出席会议，市直相关部门负责人和琅琊区、南谯区政府负责人参加讨论。

同日 市委副书记许继伟到凤阳、明光等地调研，强调凤阳、明光要主动适应经济发展新常态，按照市委五届九次全会提出的聚焦聚力“三个发展”要求，全力推进区域经济又好又快发展，为全市奋力冲刺全省第一方阵作出重要贡献。副市长金力陪同调研。

25日 市委、市政府召开全市招商引资工作电视电话会议，第一时间动员全市上下把更多精力、更多时间集中到招商引资上来。市委书记李明出席会议并作重要讲话，强调全市上下要以强烈的责任心和使命感，围绕全年目标任务，切实提高招商引资工作的能力和水平，以“钉钉子”精神狠抓工作落实，确保招商引资工作实现新常态下的新突破，为全面推动“三个发展”、冲刺全省第一方阵、建设美好滁州，作出新的更大贡献。市委副书记、市长张祥安主持会议。

同日 市委副书记许继伟在副市长、苏滁现代产业园管委会主任杨东坡陪同下，到苏滁现代产业园调研，了解苏滁现代产业园规划馆、园区人力资源市场及一站式服务中心、安置小区、邻里中心、蓝白领公寓、部分在建工业项目和一期路网、绿化建设情况，听取园区工作情况汇报，看望慰问园区工作人员。

26日 市委副书记许继伟到全椒县、琅琊区等地调研。许继伟强调，全椒、琅琊要找准自身定位，抓取自身特色，按照市委五届九次全会提出的聚焦聚力“三个发展”要求，推进区域经济实现新跨越，在全市奋力冲刺全省第一方阵过程中作出新贡献。

27日 市委副书记许继伟分别到滁州经济技术开发区、南谯区等地调研，强调市经开区、南谯区要聚焦聚力“三个发展”，利用好资源优势、区位优势，加快发展速度，壮大自身实力，推进区域经济不断实现争先进位，为奋力冲刺全省第一方阵再立新功。

28日 市委、市政府在滁召开新春企业家座谈会，与44位在滁投资的企业家代表欢聚一堂，面对面交流，共叙合作友谊、共商解难对策、共谋发展大计。市委书记李明表示，要着力提高办事效率，着力帮助企业解决实际困难和问题，着力优化发展环境，让在滁投资的企业家切身感受到滁州是行政审批最少、经营成本最低、安全保障最好的城市之一。市领导张祥安、何希勇、张裕发、王图强、郭强、滁州开发区管委会主任刘茂松出席会议。市委常委、常务副市长章义向企业家们通报2014年全市经济社会发展情况和2015年重点工作，副市长、苏滁现代产业园管委会主任杨东坡主持会议。

同日 市五届人大常委会在滁举行第十六次会议。市人大常委会主任李耀才主持会议并讲话，副主任张尽忠、秦钢昌、朱云霞、傅厚华、沈中林，秘书长朱承艺出席会议。会议听取和审议关于市五届人大三次会议代表议案初审情况的报告；关于2014年全市规范性文件备案审查情况的报告；关于《滁州市乡镇人民代表大会议事规则》（草案）等规范性文件起草情况的说明；关于提请决定任免人员的情况报告等。会议表决通过《市人大常委会关于将市五届人大三次会议议案交由市人民政府办理的决定》《滁州市乡镇人民代表大会议事规则》《滁州市乡镇人民代表大会主席团议事规则》。会议通过有关人事任免决定；李耀才代表市五届人大常委会向有关同志颁发任命书；新任命人员集体向宪法作了宣誓。市委常委、市委组织部部长朱诚，副市长金力、陆峰，市中级人民法院院长陈严法，市人民检察院检察长郑光，列席会议或作关于决定任命人员的情况介绍等。

同日 中国共产党滁州市第五届纪律检查委员会第五次全体会议在滁召开。会议传达学习十八届中央纪委五次全会、省纪委九届五次全会精神，总结2014年党风廉政建设和反腐败工作，研究部署2015年主要任务，认真评议部分县（市）、区和市直单位党委（党组）主要负责人述廉述责。市委书记李明出席会议并作重要讲话。全会审议通过市委常委、市纪委书记李玉平代表市纪委常委会所作的《围绕“三个发展”，强化监督执纪，坚定不移推进党风廉政建设和反腐败斗争》的工作报告。全会要求加强党的纪律建设，突出落实主体责任，严格责任追究，突出纪律检查体制改革，推动组织和制度创新；突出作风建设，持之以恒落实中央八项规定精神；突出查办案件，保持惩治腐败高压态势；突出反腐倡廉制度建设，加大源头治腐力度；突出落实监督责任，建设忠诚、干净、担当的纪检监察干部队伍。

是月 全椒县被农业部认定为第三批国家现代农业示范区。

是月 博西华家用电器有限公司成功获批海关高级认证管理资质，成为全市首家海关高级认证企业。

3月

1日 市委常委会召开会议，传达学习全省领导干部“学习贯彻十八届四中全会精神全面推进依法治省”专题培训班精神。市领导李明、张祥安、李耀才、何希勇、张裕发、许继伟、章义、王图强、赵宁元、李玉平、汪建中、李树、郭强、马军等参加会议。

同日 市委副书记许继伟到定远县岱山新村、凯源农业科技园和定城镇，实地考察调研“美好乡村”建设、现代农业发展和城市建设情况，听取定远县工作情况汇报。

1日-2日 省委常委、组织部长邓向阳分别到天长市、定远县调研经济社会发展情况和基层组织建设工作。市委书记李明，市委常委、组织部长朱诚，市政协副主席、定远县委书记郑斌，天长市委书记金维加等陪同调研。

2日 市委副书记、市长张祥安主持召开由南谯区政府，市国土局、财政局、规划建设委、琅管委、供电公司等单位共同参加的项目推进会，对长城文创园和中央公园两项重点工程在推进过程中存在的问题进行协调调度，加大推进力度，加快工程进度。市委常委、宣传部长李树，副市长金力参加会议。

同日 市政协召开新委员座谈会。市政协主席何希勇，副主席孙敏民、高迁，秘书长王捍群出席座谈会。与会人员集体学习《中国人民政治协商会议章程》、习近平总书记在庆祝中国人民政治协商会议成立65周年大会上的讲话和中共中央《关于加强社会主义协商民主建设的意见》等。

同日 市委副书记许继伟先后调研天长市新街镇李坡村美好乡村建设、天康集团、蓝德集团、红草湖公园、天长市规划展示馆，来安县汊河轨道交通装备产业园、黄牌中心村美好乡村建设点、贝发制笔城创源公司，分别召开座谈会。

2日-4日 市政协主席何希勇率市商务局、市建规委、市财政局、市国税局、市地税局等部门工作人员，就滁城主城区商贸服务业发展情况展开实地调研，并召开专题调研座谈会，听取相关工作汇报。市政协副主席徐崇华等参加调研。

3日 全国人大代表、滁州市委副书记、市长张祥安接受中国经济网记者采访，提出要紧紧围绕“四个全面”，以改革为动力，协调推进，尽早实现“率先全面建成小康社会、率先基本实现现代化”的光荣使命。

同日 市“健康食品城”工程推进工作领导小组召开第一次全体会议，部署并统筹协调2015年全市十大工程之一的“滁州市健康食品城”工程启动和推进工作。市人大常委会主任、市“健康食品城”工程推进工作领导小组组长李耀才主持会议，并就工程推进相关事宜提出具体要求。副市长、市“健康食品城”工程推进工作领导小组副组长金力、杨东坡，滁州开发区管委会主任、市“健康食品城”工程推进工作领导小组副组长刘茂松等参加会议。

同日 市委常委、常务副市长章义，市委常委、副市长汪建中率市发改委、交通局及规划局负责人，赴南京市政府对接滁宁轻轨项目。南京市副市长吴卫国、黄澜，南京地铁集团董事长佘才高，南京市交通局巡视员李颜平及相关单位负责同志参加对接会。双方一致同意全力推进《皖江城际铁路项目规划》尽快获批，联合推进滁宁轻轨项目获国家发改委批准立项，积极筹备组建滁宁轻轨公司，规划延伸至南京地铁3号线。

4日 市人大常委会主任李耀才到全椒县十字镇百子村调研指导“美好乡村”建设。全椒县委副书记、代县长王成山率县交通局、美好办、设计院等相关单位陪同调研。

同日 滁州市出租车“雷锋车队”和“党员先锋车队”队长方怀成被评为“全国岗位学雷锋标兵”，受到中共中央宣传部通报表彰。

5日 滁州市不动产登记机构宣告成立。原滁州市房产交易监理处更名为滁州市不动产登记中心，办理不动产登记服务和不动产登记管理信息系统的建立、维护等工作。

9日-10日 长三角协调会办公室第33次主任办公会议暨第37次工作会议在滁召开，这是滁州市首次以长三角协调会成员城市身份承办的工作会议。来自上海、宁波、杭州、南京、合肥等30个城市的60余名代表参加。会议讨论长三角协调会2014年工作报告、决算报告和2015年专委会设置、专课题安排方案、工作计划及预算方案，研究确定2014年优秀专课题、信息工作先进集体、优秀信息员等表彰名单。

10日 天长市被全国普法办公室表彰为第三批“全国法治县(市)区创建”先进单位。

11日 市“家电制造基地”工程推进工作会议召开，市政协主席何希勇主持会议并讲话，市开发区管委会主任刘茂松等出席会议。何希勇要求，“家电制造基地”推进工作领导小组全体成员要进一步提高对全市家电制造基地建设的认识，制定家电产业规划和具体的实施方案，明确家电制造基地建设的举措，把出台政策和搞好服务作为家电制造基地建设的保障，强化要素、政策、科技、效率、帮办和领导保障，形成良好的投资环境，促进企业良性健康发展。

12日 滁州开发区工委书记、管委会主任刘茂松与湖南长沙宁乡经开区工委书记、县委书记黎春秋在滁正式签署滁州开发区与宁乡经开区食品饮料产业战略合作协议，这标志着长江经济带首个国家级经开区食品饮料产业联盟正式成立。

16日 市委副书记、市长张祥安主持召开市政府第20次常务会议，讨论研究公立医院价格改革实施方案等议题。

17日 市委书记李明到苏滁现代产业园调研，强调苏滁现代产业园要按照习近平总书记“四个全面”战略布局来谋划好，抓好事关当前和今后发展的大事，要围绕“三个发展”实现“稳中

3月12日，滁州开发区携手湖南宁乡经开区组建长江经济带首个食品饮料产业联盟。

奋进、好中加快”，把深化改革、发展为上、创新管理的部署落到实处，进一步规划好、建设好、管理好园区。市领导许继伟、章义、王图强、朱诚、杨东坡、苏虹，中新苏滁(滁州)开发有限公司总裁唐研哲等陪同调研或参加汇报会。

同日 全市安全生产工作暨市政府安委会第一次全体会议在滁召开，贯彻落实全国、全省安全生产工作会议精神，总结工作、分析形势，研究部署全年目标任务。市委副书记、市长张祥安在会上强调，要进一步转变作风、真抓实干，着力责任保安、依法治安、源头管安、固基强安、科技助安，为促进全市安全生产形势根本好转作出新贡献。市委常委、副市长汪建中，副市长、苏滁现代产业园管委会主任杨东坡，市政府秘书长杨甫祥出席会议。会上，杨东坡代表市政府与各县(市)、区政府及部分市安委会成员单位签订《2015年度安全生产目标管理责任书》。

同日 全市退伍士兵技能培训班在滁州职业技术学院开班，来自市直及琅琊区、南谯区、全椒县、明光市的百余名退役士兵参加为期3个月的技能培训。

18日 市委中心组召开理论学习(扩大)会议，传达全国“两会”精神，研究部署贯彻落实工作。市委书记李明主持会议并讲话。李明强调，要认真学习贯彻全国“两会”精神特别是习近平总书记重要讲话精神，把全市上下的思想和行动统一到“四个全面”战略布局和全国“两会”精神要求上来，结合实际，狠抓落实，不断开创滁州“三个发展”的新局面。市领导张祥安、李耀才、何希勇、张裕发、许继伟、章义、王图强、朱诚、李玉平、汪建中、李树、郭强、马军以及中心组其他成员出席会议。全国人大代表、市委副书记许继伟传达全国“两会”精神，以及滁州5名全国人大代表履职建言情况。

19日 全市深化医药卫生体制综合改革暨卫生计生工作会议在滁召开，市委书记李明，市委副书记、市长张祥安出席会议并讲话。李明强调，深化医疗卫生体制改革是一项政治任务，更是一项民心工程，责任重大、使命光荣，一定要把这项工作组织好、实施好，努力走出一条富有滁州特色的医改之路。张祥安指出，全面推进市级公立医院综合改革，是医改工作中的重中之重，要进一步突出工作重点，扎实抓好落实。重点要抓好包括全面破除“以药补医”机制、加快建立现代医院管理制度、加快建立分级诊疗制度、深化药品采购供应制度改革、大力发展社会办医、巩固完善基层医改成果、提高基本公共卫生服务水平、加强医疗卫生机构服务和运行质量监管在内的八个方面工作。省卫计委副主任高超，市领导章义、朱云霞、金力、孙敏民等出席会议。

同日 上海公益基金会理事长汪致重率领台湾客商考察团来滁考察，市委副书记、市长张祥安和市政协主席何希勇在市政务中心会见考察团一行。

20日 市委副书记、市长张祥安率市政企代表团，前往中科院合肥物质科学研究院考察，并就如何借助该院人才和智力密集优势，探索开展“院市合作”进行座谈交流。副市长罗建华参加考察；中科院合肥物质科学研究院院长匡光力，副院长刘建国、江海河等陪同考察或参加座谈。座谈会后，四家企业与合肥物质科学研究院相关科研部门签订产学研合作框架协议。

同日 市“美好乡村”建设及现代农业发展工作领导小组召开第一次会议。市领导许继伟、汪建中、张尽忠、金力、苏虹等出席会议。会议讨论研究2015年度“美好乡村”建设及现代农业发展工作要点、专项资金分配方案及2015年度现代农业示范园区创建点名单，研究发布首批市级示范区。

21日 市委书记李明到明光市调研经济社会发展情况，强调要统筹推进“四个全面”，全面推动“三个发展”，一心一意谋发展，聚精会神抓党建，奋力实现新常态下的争先进位、跨越发展。市委常委、市委秘书长王图强，市委常委、副市长郭强，市政协副主席苏虹等陪同调研或出席汇报会。

22日 市委书记李明到凤阳县、定远县两地调研重要道路节点建设及绿化情况，提出要聚焦“三个发展”，倾力民生交通，让老百姓幸福出行，同时提升改造重要道路节点的绿化水平，打造更加优美的生态环境，展示滁州良好形象。市委常委、市委秘书长王图强，副市长金力，市政协副主席郑斌等陪同调研。

24日 市委书记李明带队赴省交通运输厅对接交通建设项目。市委常委、组织部长朱诚，市委常委、副市长汪建中陪同对接。省交通运输厅党组书记施平、副厅长丁庆领厅有关处室负责人热情接待李明书记一行。对接会上，双方重点就104国道明光段改造项目、309省道明光到定远高铁站改造项目、239省道涧韩路改造项目、滁州市PPP交通重点项目进行商讨对接。

24日–25日 副省长杨振超到来安县和天长市调研指导产业集群专业镇发展状况和当前工业企业经济运行情况，并在两地分别主持召开座谈会，听取政府和企业当前困难和问题的汇报。市委书记李明，市委副书记、市长张祥安，市委常委、常务副市长章义，市委常委、市委秘书长王图强，副市长、苏滁现代产业园管委会主任杨东坡，市政府秘书长杨甫祥等陪同调研。

25日 全市领导干部学习贯彻十八届四中全会精神全面推进依法治市专题培训班在滁举行开班式。市委书记李明在开班式讲话中强调，全市各级领导干部要深入学习贯彻习近平总书记在省部级主要领导干部专题研讨班上的重要讲话精神，以及省委书记张宝顺在省委专题培训班开班式上的讲话和省委副书记李锦斌在结业仪式上的讲话精神，抓紧抓牢领导干部这个“关键少数”，发挥以上率下的示范作用，引领全市各级干部切实尊法学法守法用法，当好法治滁州建设的引领者、示范者、推动者，推动全面依法治市各项任务落到实处。市委副书记许继伟主持开班式。市领导李耀才、何希勇、张裕发、章义、朱诚、李玉平、汪建中、李树、郭强、马军等出席开班式。开班式上，书面传达省委书记张宝顺、省委副书记李锦斌在省培训班上的讲话精神。在滁的市厅级领导、市直单位主要负责人约120人参加培训。

26日 全市首家农民资金互助社落户天长。

27日 全市“学习贯彻十八届四中全会精神，全面推进依法治市”专题培训班结业式在市委党校举行，市委副书记许继伟出席结业式并讲话，市委常委、组织部长朱诚主持培训班结业式。

同日 2015年合肥经济圈第一次常务副市长协调会在滁召开。合肥、淮南、六安、滁州、桐城等经济圈五市常务副市长出席会议并分别讲话，省发改委有关负责人与会指导。

28日 滁州桃文化旅游节在来安县张山乡仰山村开幕，来自南京、滁州等周边城市的5万多名游客前来踏青赏花。

29日 2015年安徽省青少年科技创新大赛在市体育馆开幕。省科协党组书记、常务副主席王洵，市委副书记许继伟，副市长罗建华，市政协副主席孙敏民等出席开幕式。省科协副主席王海彦主持开幕式。安徽省青少年科技创新大赛由省科协、省教育厅、省科技厅等七部门联合主办，省青少年科技活动中心承办，每年一届。该项赛事首次在滁州举办，主题是“创新·体验·成长”，来自全省16个市和两个省管县代表队、科技辅导员、赛会评委等700余人参加，参赛作品达599件，其中滁州市参赛作品61件，是历史上参赛作品最多的一次。

30日 市人大常委会在滁召开全市乡镇人大建设动员会，落实市委《关于进一步加强乡镇人大建设的若干意见的通知》精神，以及市人大常委会“两规则一职责”各项规定。市人大常委会党组书记、主任李耀才作动员讲话。李耀才强调，一定要进一步深化对国家根本政治制度的理解，切实把握好乡镇人大工作的基本原则，不断增强做好新形势下乡镇人大工作的信心和决心；一定要进一步认清形势、扎实工作，紧紧围绕“三个发展”、冲刺全省第一方阵发力，在全面推进依法治国伟大进程中努力开创全市乡镇人大工作新局面。市人大常委会机关各委（室）主要负责同志，各县（市）、区人大常委会主任、分管副主任、人选工委主任，各县（市）、区委常委、组织部长等参加动员会。

同日 全市民生工程推进会在滁召开。会议通报全市2014年民生工程工作情况，部署安排2015年工作。2014年，全市32项民生工程投入资金68.6亿元（2014年没有山区库区农村住房保险试点任务），400多万群众受惠，年度任务全面完成。

31日 省军区政治部主任李泽华率队来滁，对全市党管武装、政府履行国防动员和后备力量建设责任目标管理进行考核。市委书记、滁州军分区党委第一书记李明出席并汇报工作落实情况。市委常委、副市长汪建中，滁州军分区司令员陈兴根、政委潘晓等出席汇报会。

同日 苏滁现代产业园首家外资企业——派罗特克（滁州）新材料有限公司竣工投产。这不仅标志着园区外向型经济发展迈出重要步伐，也标志着滁州新材料高科技产业发展达到新的水平。

是月 滁州国家农业科技园区被科技部批准认定为第六批国家农业科技园区。

是月 天长市进入全省发明专利授权量十强县行列。2014年，天长市申请各类专利1699件，各类专利授权量776件。

4月

1日 市委书记李明到来安县调研经济社会发展情况。李明先后实地调研位于汊河经济开发区的金太阳装饰城、滁州（汊河）港、浦创轨道装备、雅居乐·林语城等项目和位于来安经济技术开发区的恒鼎和装备制造、图强文具、金禾实业公司，强调落实好“四个全面”战略布局，主动适应经济发展新常态，实现又好又快发展。市委常委、常务副市长章义，市委常委、市委秘书长王图强，市委常委、市委政法委书记、市公安局长马军等随同调研。

同日 省委副秘书长王福宏在市委副书记许继伟等陪同下，调研滁州城市建设和经济社会发展情况。

同日 滁州市启动市级公立医院综合改革。参改医院全面取消15%的药品加成，同时降低部分医用设备检查治疗价格。

2日 琅琊山《醉翁亭记》“景区课堂”游学季正式启动，来自琅琊路小学60名身穿古装的小学生们，在景区内开展吟诵《醉翁亭记》，聆听专家老师解读、进行访古游学等系列活动。由市委宣传部、琅琊山管委会等单位联合举办的“景区课堂”游学季，分为“春夏秋冬”四个时段，旨在探索中小学生研学旅行新模式，开创“知行合一”的教学新理念，使“景区课堂”真正成为广大少年儿童“在游中有所学，在行中有所思”好场所。

2日–3日 水利部副部长李国英等到滁州市开展农田水利条例立法调研。副省长方春明、省人民政府法制办主任张杰、省水利厅厅长纪冰，市领导李明、章义、陆峰等先后陪同。调研组先后到凤阳县小岗村、定远县张桥水利水产中心站进行实地考察，在定远县召开国家、省、市、县等参加的《农田水利条例》立法调研座谈会。

3日 团中央书记处第一书记秦宜智到凤阳县小岗村调研农村基层团建工作。团中央维护青少年权益部巡视员袁民，团中央组织部副部长张向群，安徽省委副秘书长李中，团省委书记李红，团省委副书记杨正，市委副书记许继伟等陪同调研并参加座谈。

7日 市委书记李明主持召开市委常委会议，传达全省民族工作会议暨省政府第六次民族团结进步表彰大会精神、全省信访工作会议精神，研究贯彻落实意见。市领导张祥安、李耀才、何希勇、张裕发、许继伟、王图强、朱诚、李玉平、汪建中、李树、郭强、马军等出席会议。

8日 市委书记李明主持召开市机关效能建设领导组工作会议。市领导张祥安、李耀才、何希勇、张裕发、许继伟、章义、王图强、朱诚、李树等出席会议。会议听取2014年效能建设工作主要情况和2015年效能建设工作打

4月2日，琅琊山《醉翁亭记》“景区课堂”游学季正式启动。

4月12日，全市三个发展动员大会在小岗村召开。

算，2014年度市直单位目标绩效考核情况，2014年度县域经济考核、省级及以上开发区考核情况汇报，研究讨论《2015年度市直单位目标绩效考核办法》《2015年度县域经济考核办法》《2015年省级及以上开发区考核办法》以及“政风行风热线”改版情况等。

9日 市政协主席何希勇赴来安县调研旅游项目建设情况。何希勇通过实地走访长山漂流项目、舞彩国际度假区项目、池杉湖湿地公园等建设现场，详细了解项目规划、资金投入、建设推进、产品营销等情况，指出要正确处理好旅游发展和环境保护的关系，切实保护好、利用好、开发好旅游资源。

9日–10日 省委书记张宝顺到滁州市调研经济运行和社会发展情况。张宝顺先后走访苏滁现代产业园、滁州开发区、来安县汊河经济技术开发区、全椒县石沛镇黄栗树村和襄河镇河东新村。张宝顺强调，当前滁州发展势头好、发展后劲足、干部群众有干劲。要主动适应引领新常态，树立更高标杆，不断提升发展境界，坚持城乡统筹，着力打造宜居宜业宜游的幸福家园。省委副秘书长、办公厅主任闵光辉，市领导李明、张祥安、许继伟、王图强、李树、马军、金力、杨东坡，滁州开发区管委会主任刘茂松等陪同调研。

10日 滁州市召开2015年度市场监管暨食品药品安全工作会议。各县、市、区政府负责人和市场监督管理局主要负责人，市食品安全委员会各成员单位负责人参加会议。会议总结2014年全市食品安全监管工作，部署2015年度重点工作，市委常委、副市长郭强代表市政府与各县、市、区政府签订食品药品安全目标管理责任书。

11日 国家粮食局副局长徐鸣到滁州国家粮食储备中转库调研搬迁粮油仓储项目工作。省粮食局局长牛向阳，市领导李明、张祥安、金力等陪同调研。

12日 全市“弘扬沈浩精神、推动三个发展”主题实践活动动员大会在凤阳县小岗村举行。市委书记李明在会上强调，要认真贯彻落实省委要求和省委组织部的部署，大力弘扬沈浩精神，积极争做一个有追求、有作为、有担当的人，持续巩固和拓展教育实践活动成果，提振精神，勇于实践，不断凝聚加快发展、干事创业的强大动力，全面开创滁州“三个发展”的新局面。市委副书记、市长张祥安主持会议。市人大常委会主任李耀才，市政协主席何希勇，市委副书记许继伟，市委常委章义、王图强、朱诚、李玉平、汪建中、李树、郭强、马军等出席大会。市直各部门各单位主要负责人和各县(市)、区、各乡镇(街道)负责人等400多人参加动员大会。会前，与会人员分批次先后参观大包干纪念馆和沈浩同志先进事迹陈列馆，再次重温“大包干”的光辉历史和沈浩同志的先进事迹。会上，沈浩事迹报告团成员赵家龙作题为《小岗群众离不开的好书记》报告。会后，市委常委、市人大常委会主任、市政协主席集体来到沈浩同志墓前进行吊唁，表达对沈浩同志的无限追思和敬仰。

13日 中国科技大学澳大利亚校友会会长、安徽省侨联海外顾问、北京普拓投资基金管理有限公司高级项目顾问龚鸽灵来滁考察，市委副书记、市长张祥安在市政务中心会见龚鸽灵一行。在滁州期间，龚鸽灵先后实地考察滁州市第二人民医院综合楼项目和安徽全柴集团有限公司，并分别与其负责人就双方意向合作项目进行深入交流和探讨。

同日 市委副书记、市长张

祥安到市重点工程长城文化创意产业园和中央公园建设现场进行调研，协调解决相关问题。市委常委、宣传部长李树及相关部门负责人随同调研。

同日 市政协主席何希勇到琅琊区调研指导工作。何希勇先后实地调研安徽舜田现代农业示范园项目、昇兴包装两片罐、鼎元新材料、东川工贸、优立光学眼镜等区属重点企业。

14日 市委书记李明主持召开市委常委会会议，传达贯彻省委书记张宝顺来滁调研重要讲话精神，研究部署贯彻落实举措。市领导张祥安、李耀才、张裕发、许继伟、章义、李玉平、汪建中、郭强、马军等出席会议。

14日–15日 省政协秘书长王启敏率省政协重点提案调研组来滁调研新常态下大学生就业情况。市政协主席何希勇、副市长罗建华、市政协副主席李庆宁等陪同调研或出席座谈会。

15日 由市人大常委会主办的全市基层人大干部培训班开班。市人大常委会党组书记、主任李耀才作动员讲话。省人大常委会委员、法制委主任委员陈军为参训人员作《贯彻四中全会精神，全面推进依法治国》培训主旨报告。市人大常委会副主任沈中林主持开班仪式。全市各乡镇人大主席、街道人大工委主任、各县(市)、区人大常委会人选工委主任，部分市人大常委会机关干部等120余人参加本次历时两天半的培训。

15日–16日 省委副书记李锦斌到滁州市调研经济运行和社会发展情况。李锦斌先后到苏滁现代产业园、滁州开发区、南谯区和1912文化商业街区开展实地走访调研，指出滁州经济企稳向好，城乡面貌变化显著，园区项目提质增效，产业转移承载力强，社会事业持续改善，发展势头十分强劲。省委副秘书长李中，市委书记李明，市委副书记许继伟，市领导王图强、汪建中、金力，滁州开发区管委会主任刘茂松等陪同调研。

16日 全市党风廉政建设巡查工作动员会在滁召开。市委书记李明出席会议并强调，要认真贯彻中央和省委关于加强巡视监督工作的决策部署，紧紧围绕“一个中心、四个着力、一个目的”的巡视工作方针，明确任务，突出重点，狠抓落实，推动全市首轮巡查工作规范有序开展，确保取得实效。市委常委、市委秘书长王图强主持会议，市委常委、市委组织部长朱诚，市委常委、市纪委书记李玉平等出席会议。

同日 市人大常委会主任李耀才到南谯区施集镇和章广镇，实地调研乡镇人大建设情况，走访看望部分基层人大代表；现场察看乡村公路建设，观摩指导当地山区经果林发展。

17日 市委书记李明在滁会见安徽省投资集团控股有限公司党委书记、董事长陈翔一行，双方就深入开展合作事宜进行交谈。市委常委、副市长汪建中陪同会见。

18日 第五届中国农民歌会启动仪式暨安徽卫视大型季播节目《中国农民歌会》新闻发布会在凤阳县小岗村大包干纪念馆举行，省委宣传部、省广播电视台、省文化厅、省农委、省文联等部门领导庄保斌、丁光清、聂苏、吴雪和市领导张祥安、李树出席启动仪式。

20日 全市“三治三增三提升”暨农村垃圾治理专项行动现场会召开。市委书记李明出席会议并强调，各县(市)、区要把《安徽省人民政府关于进一步加强县城规划建设管理的实施意见》作为指导推进“三治三增三提升”工作的纲领性文件，认真贯彻落实；要把生活垃圾处理、治违、增绿、城管作为考核重点，分阶段进行考核，以“一把手”亲自抓的决心力度，大力推进“三治三增三提升”工作再上新台阶。市委副书记许继伟，市委常委、副市长汪建中，市委常委、市委宣传部长李树，市政协副主席苏虹等出席会议。与会人员现场观摩滁来路区县交界处整治情况、来安县“三小车”处置情况、来安县三城乡农村垃圾治理情况、苏滁现代产业园规划建设和绿化情况，听取省城乡规划设计研究院专家卫超就《安徽省城镇园林绿化导则(试行)》所作的解读和省住建厅副总工程师、规划处处长高冰松就城市规划作题为《新常态视角下的城市规划思考》的辅导报告；来安县委主要负责人介绍农村垃圾整治工作经验。

同日 《安徽日报》全文转载市委书记李明题为《推动“三个发展” 建设美好滁州》署名文章。

21日 2015年宁滁“8+11”流动人口计划生育区域协作会议

在滁召开。会上,两市正式签订流动人口计划生育服务管理双向协作协议。

22日 市政协召开全市各民主党派、工商联负责人和无党派人士座谈会。市政协主席何希勇,市政协副主席孙敏民、查镜波、高迁、李庆宁、高潮、苏虹,秘书长王捍群出席会议。

23日 市委书记李明先后到南谯区、滁州开发区和琅琊区等工业企业的厂房车间、生产一线进行现场办公,与企业负责人面对面摸实情,实打实解难题,以真帮实扶的举措推动企业稳增长、调结构、促发展。市委常委、市委秘书长王图强,滁州开发区管委会主任刘茂松等陪同调研。

同日 安徽猎豹汽车有限公司举行首台猎豹Q6下线仪式,这标志着滁州汽车城工程建设取得重大突破性成果。安徽猎豹汽车有限公司成立于2005年,是湖南长丰集团(猎豹汽车)在滁州的战略核心企业。

24日 省长王学军到滁州市调研指导经济运行和社会发展工作。王学军强调,滁州市要坚持既定发展思路,突出发展重点,明确主攻方向,坚持问题导向,狠抓落实、说到做到,特别是要把任务分解落实下去,把压力层层传导下去,上下同心,一着不让地推动发展,确保预期目标实现。副省长梁卫国,省政协副主席、省政府秘书长邵国荷等参加调研。调研期间,王学军一行在市领导李明、张祥安、许继伟、章义等陪同下,考察全椒太平文化街区、襄河改造等城市建设项目,并到全椒经济开发区天利动力、悦达实业等企业实地调研。

25日–26日 市委书记李明到凤阳县调研经济运行和社会发展工作,强调要主动适应引领新常态,加快新型工业化步伐,统筹新型城镇化建设,推动经济社会更好更快发展。市委常委、市委宣传部长李树,市委常委、副市长郭强随同调研。

27日 市政协召开2015年度首次双月专题协商会议,就"亭阁命名"进行协商。市政协主席何希勇主持会议,市委常委、副市长汪建中出席,市政协副主席孙敏民、查镜波、徐崇华、高迁、李庆宁、高潮、苏虹,市政协秘书长王捍群等参加会议。会议对近年来滁州市区内建成的52座仿古亭阁命名作了动员部署。

28日 "滁州科学发展大讲堂——提高工业现代化水平"专题讲座邀请安徽省原副省长、省人大常委会原副主任黄岳忠授课。市领导李明、张祥安、章义、王图强等听取讲座,市委常委、组织部长朱诚主持讲座。市直单位负责人,省级以上工业园区负责人,各县(市)、区政府分管工业负责人,市重点企业负责人等聆听专题讲座。

28日–29日 全国人大内务司法委员会委员刘莉率全国人大执法调研组一行6人来滁,对全市贯彻落实妇女权益保障法情况进行实地检查和调研,并就相关工作召开专题座谈会征求市、县两级意见和建议。省人大常委会委员、内司工委副主任李维勇,省妇联副主席高莉等陪同调研。市人大常委会主任李耀才主持座谈会。调研组在滁期间,先后实地考察市公安局家庭暴力110报警中心、家庭暴力伤情鉴定中心和市民政局妇女庇护中心,到天长市部分镇、村,对农村妇女土地权益保护工作进行实地调研。

28日–29日 市五届人大常委会在滁举行第十七次会议。市人大常委会主任李耀才主持会议并讲话,副主任张尽忠、秦钢昌、朱云霞、傅厚华、沈中林,秘书长朱承艺出席会议。会议听取和审议市委常委、副市长汪建中关于2015年城市建设重点项目计划安排情况的报告等13个专项工作报告或情况说明;表决通过《滁州市人大常委会关于同意〈安徽滁州国家农业科技园区总体规划〉的决定》《滁州市人大常委会工作评议办法》。会议对市政府《关于市本级预算绩效管理工作情况的报告》《关于全市防震减灾工作情况的报告》进行满意度测评。会议通过有关人事任免决定,李耀才代表市五届人大常委会向有关同志颁发任命书;新任命人员集体向宪法宣誓。副市长罗建华、童玲,市中级人民法院院长陈严法,市人民检察院检察长郑光,各县(市)、区人大常委会分管主任,市人大常委会机关各委、室负责人等列席会议。

29日 市政府与科大讯飞股份有限公司举行战略合作签约协议。市委书记李明见证签约,市委副书记、市长张祥安,科大讯飞股份有限公司董事长刘庆峰分别致辞。副市长罗建华代表市政府与科大讯飞股份有限公司副总裁兼总经理张友国现场签订战略合作协议。市委常委、市委宣传部部长李树主持签约仪式。

同日 市委中心组举行理论学习会，专题学习“四个全面”战略布局。会议分别邀请省委讲师团团长洪永平和科大讯飞股份有限公司董事长刘庆峰围绕深刻理解把握“四个全面”战略布局以及社会服务管理信息化建设若干问题作专题报告。市领导李明、李耀才、何希勇、张裕发、王图强、朱诚、李玉平、汪建中、郭强、马军等参加学习。市委常委、市委宣传部部长李树主持会议。

同日 市国防动员委员会“八办”联席会议在滁州军分区召开。市委副书记、市长、市国动委主任张祥安，滁州军分区司令员、市国动委常务副主任陈兴根，国动委“八办”主任及成员单位领导和各办联络员参加会议。滁州军分区政委潘晓主持会议。

是月 滁州市被住建部和科技部列入国家智慧城市2014年度试点名单。

是月 滁州市党风廉政教育中心、来安县反腐倡廉教育馆、天长市警示教育基地被命名为全省“廉政教育基地”。

5月

1日 市委书记李明看望慰问奋战在节日岗位一线的环卫工作者，并同环卫工作者代表进行交流座谈，强调市委、市政府一定会把环卫工作者的冷暖装在心里，把对环卫工作者的关爱落到实处，大家一起努力，共同把滁城打扮得更干净更美丽。市领导许继伟、王图强、汪建中、苏虹等陪同看望或参加座谈。

3日 市委书记李明到扬子花园等城区安置点调研并召开汇报会，要求滁城所有在建安置房项目要以“四个全面”战略布局为统揽，善始善终、善做善成，打好扫尾攻坚战役。市委常委、市委秘书长王图强，市委常委、副市长汪建中陪同调研和参加汇报。

5日 市委书记李明到全椒滁河襄河口闸、来安汊河集闸和汪坡荡，实地调研全市防汛抗旱工作，要求把“三严三实”的要求落实到防汛抗旱工作中，做到工程建设要做实、责任分工要压实、应急演练要抓实、监督检查要求实，从严从实落实责任措施，细之又细部署各项工作，确保全市安全度汛。滁州军分区政委潘晓，副市长金力等陪同调研。

同日 市政协主席何希勇到南谯区施集镇孙岗村、珠龙镇北关村等美好乡村建设点调研。

同日 省委宣传部老干部考察团一行到滁考察。考察团先后参观安徽猎豹汽车有限公司、中国金丝楠木博物馆、长城文化创意产业园等地。考察团由省政协原常务副主席杜诚、省委宣传部副部长刘飞跃带队，市委副书记许继伟，市委常委、宣传部长李树等陪同考察。

同日 市人口和计划生育工作领导小组全体会议在滁召开。市委副书记许继伟出席会议，强调各地各级要认真学习贯彻全省计划生育工作会议精神，强化组织领导，狠抓政策落实和工作落实，推动全市人口计生工作再上新台阶。副市长金力主持会议。

6日 市委副书记、市长张祥安先后察看全椒县土桥水库、南谯区农中水库、清流河塘坝郢段堤防加固工程等，详细了解汛前各项准备工作，要求各级各相关部门要充分认识极端天气的危害和防灾减灾任务的艰巨，强化防汛意识，克服麻痹心理，严防心存侥幸，早安排早部署，确保安全度汛和人民群众生命财产安全。滁州军分区政委潘晓，副市长金力，市政府秘书长杨甫祥等陪同调研。

7日 市委书记李明主持召开市委常委会，传达贯彻全省“三严三实”专题党课报告会精神，讨论研究全市“三严三实”专题教育实施方案。市领导张祥安、李耀才、何希勇、张裕发、许继伟、章义、王图强、朱诚、李玉平、汪建中、李树、郭强、马军等出席会议。

8日 美国国际华人科技工商协会主席李大西率队来滁考察，市委副书记、市长张祥安会见考察团一行，双方就深化合作进行交谈。市委副书记许继伟、副市长罗建华参加会见。

同日 六安市人大常委会副主任薛建宏率领六安市代表团到滁，交流学习市人大常委会《关于加强国有建设用地容积率管理的决定》和《关于加强国有建设用地建筑红线管理的决定》两个文件，并实地参观考察“两个决定”落实成果。市委副书记、市长张祥安会见代表团一行，市人大常委会副主任张尽忠主持会议并介绍

5月10日，合肥经济圈城市党政领导第六次会商会议在滁州市召开。

"两个决定"出台过程。

9日 市委书记李明到苏滁现代产业园派罗特克（滁州）新材料、新加坡道益精密科技（安徽）和常州路绿化现场调研，强调要结合"三严三实"专题教育活动，打造严实工程，做到要求要严、创业要实，以落地项目的数量和质量来检验"三严三实"活动是否取得实效。市领导许继伟、王图强、杨东坡等随同调研。

10日 合肥经济圈城市党政领导第六次会商会议在滁举行。省委常委、合肥市委书记吴存荣发表讲话；省发改委主任张韶春，国家发改委地区经济司中部地区政策体制处处长周毅仁出席会议并提出指导性意见。市委书记李明主持会议。李明表示，滁州将以本次会议精神为指导，与圈内城市一起，紧紧抓住国家战略机遇，深化重点领域务实合作，推进规划编制一体化，推进项目实施一体化，推进产业发展一体化，推进民生服务一体化，推进环境整治一体化，推进区域政策一体化，加快各领域的一体化进程，为合肥经济圈快速高效发展作出贡献。市领导张祥安、章义、王图强、查镜波，市政府秘书长杨甫祥以及省直部门有关负责同志，合肥、淮南、六安、桐城等合肥经济圈城市党政主要负责人出席会议。合肥经济圈成员城市党政领导共同见证相关代表签署社会保障一体化合作框架协议、住房公积金异地互认和转移接续合作框架协议、交通基础设施建设合作框架协议、环境污染联防联治合作框架协议、人才交流培训合作框架协议及部分企业、园区合作项目。

同日 合肥市党政代表团来滁考察长城文化创意产业园、苏滁现代产业园和滁州经济技术开发区部分企业。市领导李明、张祥安、章义、杨东坡，市政府秘书长杨甫祥等陪同考察。

同日 全市第四届"大文化·小舞台"少年儿童文化艺术广场活动启动仪式暨少先队鼓号大赛在滁城人民广场拉开帷幕，此次活动从即日起到"六一"儿童节期间，将通过举办鼓号比赛、书画比赛、合唱比赛等多种形式，丰富全市少年儿童的文化生活。

11日 全市发展壮大村级集体经济工作推进会在滁召开。市委副书记许继伟出席会议。市委常委、市委组织部部长朱诚主持会议，副市长金力，市政协副主席徐崇华等出席会议。会议宣读《全市2015年发展壮大村级集体经济工作要点》和《滁州市发展壮大村级集体经济工作考核办法（试行）》。

12日 全市召开2014年度"三项考核"述职述德述廉大会，对全市2014年度落实党风廉政建设"两个责任"和惩防体系建设暨省管领导干部进行集中考核。省委常委、省纪委书记、省委第五考核组组长王宾宜出席会议并作考核工作动员讲话，省委组织部副部长、正厅级组织员、省委第五考核组副组长訾金雷，省纪委常委、秘书长、省委第五考核组副组长张海林及考核组其他成员出席会议。市委书记李明主持会议并代表市党政领导班子和个人履职情况作工作总结报告。市领导张祥安、李耀才、何希勇、张裕发、许继伟、章义、王图强、朱诚、李玉平、汪建中、李树、郭强、马军等出席会议。与会人员对市党政领导班子和市纪委及省管干部进行民主测评、民主评议，并对省直单位党风廉政建设情况进行民意调查。

同日 市政府与省交通控股集团在滁签订滁州大道PPP项目合作协议。市委书记李明，省交通控股集团董事长周仁强出席签约仪式，市委副书记、市长张祥安，省交通控股集团总经理乔传福分别致辞。滁州大道是省道239改线项目，全长54公里，其中市本级20公里，本次签约的是一期工程9.2公里，总造价10.3亿元。滁州大道连通3条铁路、3条国省道、3条高速公路，连接来安经开区、南谯政务新区、滁州高铁站、全椒沪汉蓉铁路站，是推动形成滁州“131组团”一体化的发展大道，也是市委、市政府着力打造的“七个一”重点工程之一，对推进“滁来全”一体化建设具有重要意义。市委常委、常务副市长章义主持签约仪式，市委常委、副市长汪建中代表市政府与乔传福签订项目合作协议，市人大常委会副主任张尽忠等出席签约仪式。

13日 全市计划生育工作电视电话会议在滁召开。市委书记李明出席会议并强调，各地各级要以“三严三实”为标杆，严字当头，干在实处，努力开创全市计划生育工作新局面，为统筹协调“四个全面”、推动滁州“三个发展”，营造良好环境、作出更大贡献。市委副书记、市长张祥安主持会议，市领导许继伟、朱云霞、金力、孙敏民出席会议。会上，张祥安传达全省计划生育工作会议精神；许继伟宣读《关于2014年度全市人口计生目标管理责任制和综合考评情况的通报》。

同日 市美好乡村“四看四促”巡回检查组到各县(市)、区美好乡村建设点开展专题检查。市委副书记、市美好乡村建设及现代农业发展工作领导小组组长许继伟出席点评座谈会，要求各地相互学习，取长补短，共同提高，力促全市美好乡村建设工作在全省实现争先进位。

13日-14日 省委常委、省纪委书记王宾宜到滁州市调研经济社会发展和党风廉政建设情况。王宾宜一行先后到定远县华塑公司、炉桥规划展示馆、县地税局、德轮橡胶公司调研，实地考察经济社会发展、基层党风廉政建设和反腐败工作开展情况，并在全椒县主持召开座谈会。市委书记李明，省纪委常委、秘书长张海林，市委常委、市纪委书记李玉平，市政协副主席、定远县委书记郑斌，滁州开发区管委会主任刘茂松等陪同调研。

5月18日，省委常委、副省长陈树隆(前左二)在南谯区调研重点项目建设情况。

15日 河海大学党委书记朱拓、校长徐辉等来滁考察，市委书记李明，市委副书记、市长张祥安会见考察团一行，双方围绕进一步增进沟通，推动校地更深层次合作进行深入交流。市领导许继伟、李树、金力等参加会见。

同日 市人大常委会主任李耀才主持召开全市推进普法责任制电视电话会议，强调全市上下务必要站在落实“四个全面”战略这一政治高度，进一步统一思想、提高认识，完善普法宣传体系，健全普法责任机制，努力将全市普法责任制工作提高到一个新的水平，切实有效推动依法治市和法治滁州建设。市委常委、市委政法委书记、市公安局局长马军代表市委和市依法治市领导小组，就迅速落实全省会议精神提出具体要求。副市长陆峰，市人民检察院检察长郑光出席会议。

17日 市委书记李明到南京儿童医院滁州分院调研，强调南京儿童医院滁州分院是市委、市政府顺应群众期盼、满足群众愿望、方便群众看病实施的一项民心工程，各有关部门要站在全局的高度，责无旁贷、全力以赴加快二期工程建设，努力把为群众的好事办得更好、实事办得更实，让群众尽快享受到新实惠、新成果。副市长金力陪同调研。

同日 天长市于北京时间10时11分发生3.0级地震，震中位于该市仁和集镇雷庄村，震源深度5公里。此次地震为弱震，未造成人员伤亡。

18日 市委副书记、市长张祥安率滁州市代表团出席在湖北省武汉市举行的第九届中国中部投资贸易博览会并参加相关活动。

同日 定远县江巷水库工程项目经国家发展改革委员会批复正式立项。江巷水库工程主要建设任务以供水和灌溉为主，兼顾防洪等综合利用。该工程主要建设内容包括拦河大坝、溢洪道、泄洪涵洞和灌溉涵等建筑物。水库总库容1.22亿立方米，其中防洪库容0.15亿立方米。工程实施后，结合驷马山引江灌溉工程，可向定远县城、盐化工业园、炉桥等乡镇供水，生活和工业多年平均供水量1.46亿立方米，灌区多年平均补水0.93亿立方米，新增灌区面积29万亩，改善灌溉面积42.59万亩，通过水库控泄调度，使坝址至石角桥河段防洪标准提高到二十年一遇。初拟工程总工期30个月。

18日–19日 省委常委、副省长陈树隆来滁调研指导城市规划建设管理和“三治三增三提升”等工作。陈树隆先后来到洪武路项目建设现场、滁宁高教城、来安县、天长市等实地调研，希望滁州继续加快创新发展，在城市建设管理等方面不断探索新的办法，取得新的成绩，形成滁州新亮点。省政府副秘书长汪莹纯，省住房城乡建设厅厅长侯淅珉，省交通厅厅长施平，省发改委副主任吴劲松，市委书记李明，市委常委、副市长汪建中，滁州经济技术开发区管委会主任刘茂松等陪同调研。

21日 市委副书记、市长张祥安在滁会见以高级项目审核员弗朗西斯科博士为代表的美国专家检查组一行。专家组此次来滁主要就嘉吉公司出口美国的禽肉产品进行卫生管理体系检查。市委常委、副市长郭强陪同会见。

22日 市政府与博西家用电器投资（中国）有限公司战略合作协议签约仪式在市政务中心举行。市委书记李明出席签约仪式并见证签约，市委副书记、市长张祥安与博西家用电器投资（中国）有限公司董事长兼总裁、首席执行官盖尔克分别致辞并共同签署战略合作协议。根据协议，博西家电“十三五”期间将在滁新增投资15亿元，并建立博西（滁州）家电产业园，将其打造成博西家电全球领先的生产基地之一。市委常委、市委秘书长王图强，滁州开发区管委会主任刘茂松出席签约仪式。副市长杨东坡主持签约仪式。

24日 中国地震局党组书记、局长陈建民等在安徽省地震局负责人陪同下，到滁调研防震减灾工作。市委副书记、市长张祥安，副市长罗建华等陪同调研。陈建民希望滁州市各级党委、政府能够一如既往地支持防震减灾工作，把工作落到实处，为服务滁州经济社会发展提供有力保障。

同日 市委副书记、市长张祥安到全椒县十字镇、襄河镇调研指导经济社会运行及美好乡村建设工作。市领导金力、苏虹，市政府秘书长杨甫祥随同调研。

25日 副省长谢广祥到滁检查指导防汛抗旱工作。谢广祥先后实地考察滁河汊河节制闸除险加固工程、汪波东荡蓄滞洪区堤防加固工程、苏滁产业园河东高排涝站工程、滁城防洪湖心排涝二站工程等，详细了解堤防加固、防汛准备、物资储备、抢险队伍组织和责任落实等情况，现场听取相关工作情况汇报。市委书记李明，市长张祥安，副市长金力等陪同检查。

同日 滁州市“清风大讲堂”第一讲专题讲座暨开课仪式在滁州大剧院举行。中国纪检监察学院原副院长、国家行政学院兼职教授李永忠应邀为全市千余名领导干部作题为《用输不起倒逼必须赢》的专题讲座。

5月25日，市地税局召开“三严三实”专题教育党课报告会。

25日—26日 江苏省苏州市考察团来滁参观城市建设成果，重点考察苏滁现代产业园基础设施建设与落地项目进展情况。市委书记李明、市人大常委会主任李耀才、市委副书记许继伟等陪同考察。

26日—27日 副省长梁卫国来滁调研指导国有林场改革及“三夏”工作，市领导李明、张祥安、金力等参加座谈或陪同调研。全市有35个国有林场，约占全省的1/4，总经营面积132.7万亩，约占全省的1/3，其中公益林面积95万亩。

同日 市委副书记许继伟赴河北省廊坊市考察东方大学城。

27日 市政协组织厅级老同志赴定远县参观考察该县经济社会发展情况。市政协主席何希勇参加活动并对老同志们长期以来对政协事业的关心和支持表示感谢，希望他们在保重身体的同时，一如既往地关心和支持市政协的各项工作，为全市经济社会发展建言献策、贡献力量。市政协副主席郑斌陪同考察。

28日 第四届“大文化·小舞台”暨庆“六一”文艺汇演在滁州大剧院举行。市领导李明、张祥安、许继伟、王图强、傅厚华、金力、查镜波等与现场千余名少年儿童共庆“六一”国际儿童节。

同日 全市民族工作会议在滁召开，市委副书记许继伟在讲话中要求各级党委政府要切实加强对民族工作的领导，不断提高做好新形势下民族工作的能力和水平，完善工作机制，落实民族政策，弘扬优良作风，强化队伍建设，奋力开创全市民族工作新局面，为推进“三个发展”、冲刺全省第一方阵、建设美好滁州，实现民族聚居地区同步建成全面小康社会作出新贡献。市领导沈中林、陆峰、高迁出席会议。

29日 市委书记、市规委会主任李明主持召开市规委会2015年第三次主任会议。会议讨论研究滁州机场项目建设类型和选址方向、市妇幼保健院和琅琊区妇幼保健所选址及规划方案、南谯新城三宗国有建设用地规划要点、团山220千伏变电站选址及规划方案等。市领导张祥安、章义、汪建中、张尽忠、罗建华、童玲、苏虹等出席会议。

同日 滁州电子商务产业园首批入驻企业签约仪式在滁举行。58同城等18家企业与滁州开发区管委会和市商务局签约，标志着这些企业正式入驻园区。市委副书记、市长张祥安，市委常委、副市长郭强见证签约；滁州经济技术开发区管委会主任刘茂松致辞。此次签约的18家企业既有国内知名电商，也有本土企业，3年内将完成投资6亿元，实现交易额突破40亿元，创造就业岗位800个。

30日 市政协召开《南滁会景编》整理工作座谈会，市政协主席何希勇出席并讲话。省地方志办公室主任朱文根等8名专家学者在会上作学术发言，副市长金力和市政协副主席孙敏民、查镜波、苏虹，滁州学院党委副书记倪阳，市政协秘书长王捍群等出席会议。《南滁会景编》于明嘉靖十六年首编成书，是唐宋名家和明前期先贤们在滁州积累的宝贵文化遗存，是滁州历史文化重要组成部分。

是月 中央电视台记者到天长市采访部分抗战老战士，收集整理新四军将领罗炳辉的有关事迹。

是月 滁州市中小微企业金融服务中心在滁州市政务服务中心挂牌运作。

是月 全省首个国家小麦抗旱试验基地落户天长市。

6月

1日 市政协主席何希勇，市委常委、组织部长朱诚到南谯区检查指导防汛抗旱工作。何希勇、朱诚一行先后到清流河塘坝郢段、区防汛物资储备库、龚祁排涝站、新河滑坡段，听取该区防汛形势、防汛工程概况、施工进度以及排涝电站管护运行等情况的汇报，现场检查防汛责任落实、防汛物资储备和防汛值班等防汛抗旱具体准备工作。

3日 市委书记李明到上水关遗址现场调度内城河改造一期工程进展情况并召开汇报会，要求各级各部门按照“突出重点、集中力量、协调配合、有序推进”的原则，倒排工期、一天一调度，争取到年底让老百姓能在内城河边散步，以实干的成绩来检验为民办实事成效。市领导汪建中、苏虹陪同调研。

同日 滁州市政协主席何希勇，副主席孙敏民、李庆宁，原政协副主席高菊华等考察汉河新城建设情况。市政协一行先后考察安徽盛世高科轨道装备有限公司、南京地铁三号线林场站、金太阳装饰城、碧桂园产城一体化项目、景华生态园，并分别听取各个项目的情况汇报。考察组希望汊河新城借助区位优势，找准定位，科学规划，走出一条适合自身发展的道路。

4日 市委书记李明到天长市调研经济社会发展情况，强调要敢于和善于解放思想，坚持大众创业、万众创新，坚持新型城镇化和新型工业化融合发展，加快发展工业经济，持续保障改善民生，以“三严三实”为标杆，适应新常态，实现新作为，推动天长更有质量、更有效益、更可持续发展。

5日 市委召开“五人小组”会议，专题听取党风廉政建设“两个责任”考核等3个办法以及全市首轮党风廉政建设专项巡查第一阶段工作进展情况汇报，进一步研究部署全市党风廉政建设和反腐败工作。市委书记李明主持会议并讲话。市委副书记、市长张祥安，市委副书记许继伟，市委常委、组织部长朱诚，市委常委、市纪委书记李玉平参加会议。

同日 滁州市人大常委会、市委宣传部和市依法治市办公室联合在市政务中心举行2015年“江淮普法行”启动仪式暨“以案释法”首场法治讲座。

同日 滁州制造的首批6套蜂窝抗震集成房从南京港出发，出口到灾后重建的尼泊尔，标志安徽建筑产业现代化产品走出国门。

8日 副省长花建慧率队来滁督查调研外贸工作。花建慧先后考察安康电子、长电科技、富达电子等企业。合肥海关关长肖力，省商务厅巡视员张光建，省国税局总经济师胡立文，中国进出口银行安徽分行党委书记薛鸿，中国出口信用保险公司安徽分公司总经理马卫星等参加调研。市委书记李明，市委副书记、市长张祥安，市委常委、副市长郭强，滁州开发区管委会主任刘茂松等陪同调研。

同日 市委副书记、市长张祥安主持召开市政府第23次常务会议，研究讨论《滁州市第八轮流程再造工作实施方案》《滁州市2015年县域经济和社会发展目标管理责任制考核办法》及《滁州市2015年省级及以上开发区考核办法》《滁州市人民政府关于深入推进商事登记制度改革的实施意见》《滁州市未成年人社会保护工作实施方案》《关于进一步完善房屋征收（迁）政策的建议》等5项议题。

9日 市政府召开安委会第二次全体会议，市委副书记、市长张祥安出席会议并讲话。会上，传达学习中央领导同志关于近期几起特别重大事故批示精神；市安办通报全市安全生产形势和夏季安全生产重点工作安排；市公安局交警支队、市消防支队、市交通局、市规建委分别就相关情况作了汇报。张祥安强调，要加强领导，保持高压态势，落实工作责任，有效防范、坚决遏制安全生产事故，全力打好安全生产攻坚战，维护好人民群众生命财产安全。副市长杨东坡主持会议，市政协副主席苏虹等出席会议。

10日 市委副书记、市长张祥安到南谯区调研经济运行情况。张祥安一行先后实地调研菊泰功能性菊花研发基地、天达汽车部件公司及特种车辆制造项目、南工滁州科教城项目、滁宁公交换乘中心项目等。

同日 市人大常委会主任李耀才到防汛工作联系点全椒县，登水库大坝实地检查防汛准备工作，走滁河护堤现场调度抗洪工程施工，强调务必要做到防汛预案周密细致、准备工作做足做实、护堤施工严实到位，全力以赴确保防汛抗洪万无一失。

11日 滁州市未成年人社会保护咨询热线开通，进一步推进全市未成年人社会保护工作。

12日 全市省级以上开发区推广实施“严实工作法”现场会在滁召开。会上，滁州开发区围绕学习践行“三严三实”，重点介绍“严实工作法”具体做法和工作成效。

12日-13日 全市利用两天时间组织市带县战时国防动员演练，这是近年来组织的军地联合最紧、层次最高、规模最大、实战性最强的一次演练。省军区副司令员李斌及演练指导组，军分区党委第一书记、市委书记李明，市委副书记、市国动委主任、市长张祥安，市委常委、副市长汪建中，滁州军分区党委常委等在演练大厅全程参演；市国动委各办、民政局、卫计委，各县（市）、区国动委人员在各自演练场所参演，部分民兵预备役分队在导调指定地域参加演练。

13日 市委副书记、市长张祥安主持召开市老年大学用房问题调度会，现场协调解决市老年大学教学场所不够的问题。张祥安强调，有关单位要做好对接，本着“谁办效率高、效益好，就让谁办”的原则，把市老年大学作为重要的公益性项目办好，为滁城老年人老有所学、老有所乐创造良好环境。市委常委、常务副市长章义出席会议。

14日 市委书记李明到定远县藕塘镇、二龙乡、张桥镇调研经济社会发展情况，强调要大力践行“三严三实”，坚持严字当头、干在实处、聚焦发展、推动工作，紧盯“双过半”、奋力保全年，争当全市“三个发展”排头兵，确保“十二五”圆满收官，为冲刺全省第一方阵作出更大贡献。市委常委、市委秘书长王图强，市政协副主席、定远县委书记郑斌陪同调研。

同日 市委副书记、市长张祥安率市直相关单位负责人到凤阳县调研经济社会发展情况，先后实地调研台玻安徽玻璃有限公司硅砂选矿系统项目、安徽联塑侨裕新型建材有限公司等。

15日 全市节能宣传周和低碳日活动在滁城人民广场启动。宣传周主题是“节能有道、节俭有德”，低碳日活动主题是“低碳城市、宜居可持续”。

16日 市委副书记、市长张祥安赴来安县调研工业经济运行情况，实地察看中普能源、扬子食品、蒙托克科技、科来兴实业、金禾实业等项目，到生产建设现场与企业负责人交流，了解存在问题。副市长罗建华随同调研。

6月28日下午，省委副书记、代省长李锦斌到全椒县检查指导防汛抗洪工作。

16日–17日 省政协调研组来滁专题调研建筑产业现代化工作。省政协秘书长王启敏带队，市政协主席何希勇陪同调研并出席座谈会，市委常委、副市长汪建中在座谈会作专题汇报，市政协副主席苏虹和部分驻滁省政协委员陪同调研或出席座谈会。

17日 安徽省侨联、滁州学院、滁州市侨联共同主办的“亲情中华追梦中国”中美青年文化交流音乐会在滁州学院音乐厅举行。滁州侨界代表、各界人士和滁州学院师生500多人观看演出。

18日 市委书记李明到苏滁现代产业园调研时强调，要在完成“双过半”的基础上，谋早谋实三季度工作，以打造“严实工程”为引领，大干三季度，取得新突破。市领导许继伟、王图强、杨东坡，中新苏滁(滁州)开发有限公司总裁唐研哲等参加调研。

同日 市人大常委会召开专项工作评议动员大会，市人大常委会主任李耀才作动员讲话，并对该项工作作了具体部署。市人大常委会副主任张尽忠、秦钢昌、朱云霞、傅厚华、沈中林等市五届人大常委会全体组成人员出席会议。张尽忠主持会议。沈中林宣读《滁州市人民代表大会常务委员会工作评议办法》。

同日 滁州市红十字会召开五届二次理事会，报告2014年度市红十字会工作和救灾救助款物的使用情况，聘请市委书记李明和市委副书记、市长张祥安为市红十字会五届理事会名誉会长，聘请市人大常委会副主任朱云霞和市政协副主席孙敏民为市红十字会五届理事会名誉副会长。

18日–19日 市委中心组召开“三严三实”专题理论研讨会，重点围绕“严以修身”开展理论学习研讨。会议集中学习习近平总书记关于“三严三实”有关论述，传达省委书记王学军、代省长李锦斌在省委中心组“三严三实”专题理论学习研讨会上的讲话精神。市委书记李明主持会议并讲话。市领导张祥安、李耀才、何希勇、张裕发、许继伟、章义、王图强、朱诚、李玉平、李树、郭强、马军、潘晓等出席会议。

19日 市委书记李明，市委副书记、市长张祥安会见河北御捷车业有限公司董事长张立平，双方就开展合作进行友好交谈。市领导许继伟、王图强、杨东坡等参加会见。

24日–25日 市委全面深化改革领导小组召开第六次全体（扩大）会议。市委书记、市委全面深化改革领导小组组长李明主持会议并讲话，强调要深刻领会中央和省改革精神，进一步压紧压实责任，从严从实推进各项改革工作，确保圆满完成年度改革任务。市领导张祥安、李耀才、何希勇、许继伟、章义、王图强、朱诚、李玉平、汪建中、李树、沈中林、罗建华、金力、陆峰、杨东坡、童玲等出席会议。

26日 全国双拥办主任会议在河南省郑州市召开。市委副书记、市双拥工委主任许继伟代表滁州市作题为《聚集服务部队能打胜仗，全力支持军事斗争准备》的经验介绍。

同日 滁州开发区规划展示馆建成投入使用。该馆设计面积800平方米，是一座集展示、招商、交流、宣传、教育为一体的多功能、智能化的园区展示馆。

28日 代省长李锦斌在副省长梁卫国，省政协副主席、省政府秘书长邵国荷，省政府副秘书长刘永春，省水利厅厅长纪冰等陪同下，先后来到全椒县荒草二圩和襄河口闸，检查指导防汛工作，看望慰问奋战在防汛一线的干部群众，对下一步防汛工作提出明确要求。市委书记李明，市委副书记、市长张祥安，副市长金力等陪同检查。

同日 市委书记李明，市委副书记、市长张祥安会见中国汽车零部件工业公司执行董事陈康仁，中国宏泰产业市镇发展有限公司董事局主席王建军，并就合作达成一致意见。

29日 市防汛抗旱指挥部召开防汛会商紧急调度会，市委书记李明，市委副书记、市长张祥安召集汪建中、陈兴根、金力、苏虹等市党政军领导，听取省气象局专家和市水利局、气象局、水文局负责人关于防汛形势的汇报，会商下一步防汛抗灾工作，强调各级各部门要进一步强化防大汛、抢大险、抗大灾意识，一切工作都要围绕防汛抗灾这个中心，立即进入"战时"状态，迅速做好各项应急抢险准备，科学决策，精准调度，全力以赴打好防汛抗灾主动仗，确保滁州江河安澜和人民群众生命安全。

同日 南京军区第一集团军副军长李广到滁河堤防杨河段察看了解汛情，探望正在一线奋战防汛的部队官兵。

同日 市政协在滁举行"绿色发展"资政会，邀请市委市政府领导和市直有关部门负责人听取市政协和县（市）、区政协上下联动所作的关于"绿色发展"相关调研报告。市政协主席何希勇主持会议，副主席孙敏民、高迁、查镜波、徐崇华、李庆宁、高潮、苏虹、郑斌，秘书长王捍群出席会议。市领导李明、张祥安、张裕发、章义、王图强、李玉平、汪建中、李树、郭强、马军、潘晓、罗建华、陆峰、杨东坡、童玲，市委党校常务副校长王跃，滁州城市职业学院党委书记高怀忠等应邀出席会议。

29日 中国汽车零部件工业公司（滁州）产业基地暨滁州汽车产业发展基金战略合作协议在滁州开发区签约。滁州开发区与中国汽车零部件工业公司、中国宏泰市镇产业发展有限公司决定共同建设"中国汽车零部件工业公司（滁州）产业基地"项目，包括汽车与零部件行业的研发制造专业园区和汽车服务业综合园区等。其中研发制造专业园区初步规划约2000亩，如期建成后，规划占地面积将增至5000亩；汽车服务业综合园区初步规划约500亩。产业基地一期规划引进总投资规模约50亿元以上。

30日 市委书记李明，市委副书记、市长张祥安在滁会见康佳集团总裁刘丹，双方就深化务实合作进行交流。市政协主席何希勇，市委常委、市委秘书长王图强，副市长杨东坡，滁州开发区管委会主任刘茂松参加会见。

同日 市委副书记、市长张祥安，副市长罗建华、金力等到来安县检查指导防汛抢险工作，重点查看新来河大桥拆除重建工程、三城乡清流河尹西段险情现场、汊河节制闸、万庄电力排涝站等，了解物资储备、汛期值班以及防汛责任落实情况。

是月 全国优秀县委书记表彰会议在北京举行，天长市委书记金维加受到会议表彰，被授予全国优秀县委书记称号。

是月 市政府出台《关于加快发展现代职业教育的实施意见》,明确提出从2015年秋季学期起,对各类中等职业学校全日制正式学籍在校学生全部免除学费,推进全市职业教育发展。

是月 中国科学技术大学青年马克思主义者培养工程实践基地在凤阳县小岗村挂牌。至此,全国已有包括清华大学、北京大学、复旦大学、同济大学等在内的近百所知名大学在小岗村设立大学生假期社会实践教育基地。

7月

1日 滁州市举行纪念中国共产党成立94周年暨“弘扬沈浩精神、践行三严三实”工作交流会,交流全市“三严三实”专题教育和“弘扬沈浩精神,推动三个发展”主题实践活动的典型经验和事迹。市委书记李明出席会议并代表市委向全市各条战线上的广大共产党员和党务工作者、老党员致以诚挚问候和崇高敬意,向当前正奋战在全市防汛抗洪第一线的广大党员干部和人民群众致以亲切慰问。市委常委、市委组织部部长、市委统战部部长朱诚主持会议。会上,滁州经济技术开发区、定远县、市国税局、市政务服务中心作工作经验交流;基层优秀党员代表郝韩兵、付恩丽、潘苗苗、姜维锦作先进事迹发言。

2日 市委书记李明分别到南谯蒿子圩滁河大堤、来安汊河滁河大堤、汪波荡蓄滞洪区、清流河来安段检查指导防汛工作。市委常委、市委秘书长王图强,市政协副主席孙敏民和南谯区、来安县负责人陪同检查。

同日 市委副书记、市长张祥安主持召开市政府第24次常务会议,研究讨论《滁州市黄标车淘汰奖补资金管理办法》《滁州市人民政府进一步完善城乡居民基本养老保险制度实施办法》《滁州市政府性债务管理暂行办法》《滁州市城区医疗卫生设施布点规划(2014-2030年)》《滁州市城区教育设施布点规划(2014-2030年)》等议题。

同日 澳大利亚塔斯马尼亚州北米德兰市市长大卫·唐尼,及澳大利亚国际商会首席执行官麦克·果为团长的澳大利亚国际商会代表团来滁访问。市委副书记、市长张祥安在滁会见代表团一行。此次代表团访滁旨在建立友好协作关系,进一步促进双方在相关领域的交流与合作。代表团邀请滁州市参与“2015澳大利亚墨尔本皇家博览会·中国年”活动。市委常委、常务副市长章义陪同会见。

3日 市委召开反腐败协调领导小组会议,深入学习贯彻中央和省纪委有关文件精神,听取全市反腐败工作情况汇报,研究部署新形势下进一步加强全市反腐败组织协调工作任务。市委书记、市委反腐败协调领导小组组长李明主持会议并讲话。市委常委、市纪委书记李玉平,市委常委、市委政法委书记、市公安局局长马军,副市长陆峰,市中级人民法院院长陈严法,市人民检察院检察长郑光等出席会议。

5日 市委书记李明先后到池河大滩段、女山湖上封闭堤、丰收圩、淮河防汛物资仓库、潘村洼行洪区撤退公路、淮河大堤阚双段等防汛抗洪一线进行实地检查,慰问战斗在防汛一线的广大干部群众和预备役官兵。

同日 “毅行琅琊山、同乐醉城情”2015滁州首届环琅琊山毅行大会吸引来自合肥、南京、亳州、池州、六安等地的千余名毅行爱好者踊跃加入,30个毅行方阵环山绕水行进7.8公里,感受当年“太守”之乐。

7日 省委第五考核组在滁召开2014年度落实党风廉政建设“两个责任”和惩防体系建设暨省管领导班子和领导干部年度考核情况反馈会,省委常委、省纪委书记、省委考核组组长王宾宜代表省委考核组通报滁州市“三项考核”情况。王宾宜强调,滁州当前正处在全面推动“三个发展”、奋力冲刺全省第一方阵的关键时期,希望全市上下认真落实党要管党、从严治党的要求,进一步振奋精神、解放思想,锐意创新、奋力赶超,在新的起点上不断开创美好滁州建设新局面。市委书记李明主持会议。省委组织部副部长、正厅级组织员、省委考核组副组长訾金雷,省纪委常委、秘书长、省委考核组副组长张海林,市领导张祥安、李耀才、何希勇、张裕发、许继伟、章义、王图强、朱诚、李玉平、汪建中、李树、郭强、马军等参加反馈会。

同日 市政府与圣商科技有限公司举行战略合作签约仪式。

市委副书记、市长张祥安，副市长、苏滁现代产业园管委会主任杨东坡，圣商科技公司董事长袁柏贤出席签约仪式。

7日—9日 省委常委、省纪委书记王宾宜到滁州市调研经济社会发展和党风廉政建设情况。王宾宜先后到来安县反腐倡廉教育馆展厅、南京湾商贸物流总部基地项目、安徽盛世高科轨道装备有限公司、金太阳置业投资有限公司、天长市天康集团、天长市汊涧镇长山村美好乡村建设、天长城市规划展示馆、蓝德集团、天长市党风廉政警示教育基地、金佩集团、南谯区滁河大堤、滁宁高教城等地考察调研经济社会发展情况、基层党风廉政建设和反腐败等工作开展情况。市委书记李明，市委副书记、市长张祥安，省纪委常委、秘书长张海林，市委常委、市纪委书记李玉平，副市长金力等陪同调研。

8日 全省农村土地承包经营权确权登记首批颁证仪式在凤阳县小岗村举行。省委副书记、代省长李锦斌出席颁证仪式并向小岗村村民代表、"大包干"带头人关友江以及村民代表袁怀清分别颁发《中华人民共和国农村土地承包经营权证》。副省长梁卫国主持颁证仪式。省政协副主席、省政府秘书长邵国荷，市委书记李明，市委副书记、市长张祥安，省政府副秘书长、省扶贫办主任刘永春，省政府副秘书长叶晓明，省农委主任孙正东，向小岗村村民代表集体颁证。张祥安代表市政府汇报全市农村土地承包经营权确权登记颁证试点工作情况。市委副书记许继伟、副市长金力，全省各市分管副市长、农委主任，85个确权登记颁证试点县政府分管负责人等参加颁证仪式。

同日 市委书记李明在滁会见北汽福田副总裁、北京欧辉客车公司总经理范现军率领的欧辉客车公司领导层一行，并就欧辉客车与滁州市扬子客车合作事宜进行交流。副市长、苏滁现代产业园管委会主任杨东坡陪同会见。

9日 市政府和省交通厅在滁联合召开滁州市高速公路项目建设调度会，市委副书记、市长张祥安，副市长汪建中，省交通厅党组成员、巡视员罗宁出席会议并讲话。全市在建高速4条（滁马高速、宿扬高速、滁淮高速、蚌淮至宁洛高速连接线），建设里程295公里，占全省27%。

同日 滁州市委贯彻中央八项规定深入推进作风建设联席会议在滁召开第二次会议。市委副书记许继伟主持会议并讲话，市领导王图强、朱诚、苏虹出席会议。会议分别听取并讨论《县处级领导班子及其成员贯彻中央八项规定精神深入推进作风建设责任清单（试行）》和《县处级领导班子及其成员贯彻中央八项规定精神深入推进作风建设考核评价办法（试行）》（草案）汇报。

12日—14日 市委书记李明，市委副书记、市长张祥安率领全市招商引资项目观摩检查组，先后到8个县市区和苏滁现代产业园、滁州开发区开展观摩检查活动。观摩检查活动结束后市委、市政府召开全市招商引资项目观摩检查总结暨三季度"双百行动"动员大会。李明强调，抓发展，重点是要抓好招商引资工作。

14日 省金融办主任周建春率省委、省政府第十二督查组到滁专项检查滁州市贯彻落实中央和省重大决策部署情况，并主持召开汇报会。市委副书记、市长张祥安重点汇报全市上半年经济社会发展情况，市委常委、常务副市长章义汇报中央和省重大决策部署落实情况。

15日 市委书记李明，市委副书记、市长张祥安在滁会见中信银行合肥分行行长李刚。市委常委、常务副市长章义参加会见。

同日 市委书记李明在滁会见人民日报社安徽分社社长朱思雄。市领导王图强、李树、郭强等陪同会见。

同日 滁州市社会主义学院在市委党校挂牌成立，市委副书记、市委党校校长许继伟担任学院院长。市领导朱诚、朱云霞，市委党校常务副校长王跃等参加学院成立暨揭牌仪式。

16日 市政府和徽商银行在合肥举行城镇化基金项目签约仪式暨重点项目推进对接会。市委书记李明，市委副书记、市长张祥安，徽商银行总行董事长李宏鸣、行长吴学民见证签约，双方就相关重点项目进行沟通交流、对接推进。市委常委、常务副市长章义代表市政府签约。

同日 全市查处发生在群众身边"四风"和腐败问题专项整治暨纪律审查工作座谈会在市党风廉政教育中心召开，市纪委常委，各县(市)、区纪委书记,市直各单位纪检部门负责人,市纪委机关全体同志参加会议,市委常委、市纪委书记李玉平出席会议并讲话。

17日　市委副书记、市长张祥安赴合肥拜会省体育局领导。省体育局局长冯潮等参加接见并介绍有关体育工作情况。市委常委、常务副市长章义、副市长金力、市政府秘书长杨甫祥等随同拜会。

20日　全市预防青少年儿童溺水工作电视电话会议召开,通报年初以来溺水事故情况,对切实做好防溺水工作进行再部署。市委副书记许继伟出席会议并讲话。副市长金力主持会议。

22日　滁州市第五届人民代表大会第四次会议在滁州大剧院召开。本次会议应到代表392人,因事因病请假36人,实到代表356人,符合法定人数。市人大常委会主任、大会执行主席李耀才主持大会。会议听取市长张祥安所作的市人民政府2015年上半年工作情况和下半年工作安排的报告;以举手表决的方式通过关于设立滁州市第五届人民代表大会法制委员会、财政经济(预算审查)委员会、内务司法委员会、人事代表选举委员会、教育科学文化卫生委员会、城乡建设环境与资源保护委员会、农业与农村委员会、民族宗教侨务外事委员会的决定,并通过各专门委员会组成人员人选。市领导李明、张祥安、何希勇、张裕发、章义、王图强、李玉平、汪建中、李树、马军、潘晓、张尽忠、秦钢昌、朱云霞、傅厚华、沈中林、李金泉、蒋德勤、庆承松、许志才、罗建华、金力、陆峰、杨东坡、童玲、孙敏民、高迁、徐崇华、高潮、郑斌、陈兴根、陈严法、郑光、刘茂松、王跃、张勇、李柱梁、高怀忠担任过市级领导职务的老同志张友道、胡成功、陈维灿、江俊、蒋双甲等及主席团其他成员出席会议。

24日　市党政军领导李明、张祥安、李耀才、何希勇、许继伟、王图强、潘晓、李金泉、杨东坡等带着市委、市政府感谢信,先后到省军区、省武警总队拜访慰问,并分别与省军区司令员于天明,省武警总队司令员金林炎、政委马立克等座谈交流。

同日　市委书记李明,市委副书记、市长张祥安,市政协主席何希勇会见率院士专家团队来滁出席第六届全国运营安全与节能环保的隧道及地下空间学术研讨会的国务院参事、中国土木工程学会秘书长张玉平一行。会见前,市委常委、市委秘书长王图强,副市长罗建华陪同参观市规划馆。

25日　市委书记李明到苏滁现代产业园调研指导工作,实地考察刚投入使用的邻里中心、正在建设的艾贤磁性材料项目和产业园国际商务中心、东升公园项目等,听取苏滁现代产业园工作情况汇报。市领导许继伟、王图强、杨东坡等陪同调研。

25日–26日　第六届全国运营安全与节能环保的隧道及地下空间学术研讨会在滁召开,国内外100多位专家学者聚会滁州,就城市轨道交通网等隧道及地下空间运营安全与节能环保方面的最新研究成果及应用经验进行学术交流。国务院参事、中国土木工程学会秘书长张玉平,中国科学院、中国工程院两院院士孙钧、葛修润、卢耀如、王梦恕、郑颖人、梁文灏,中国土木工程学会副理事长李永盛,国际岩石力学学会主席、中国岩石力学学会理事长冯夏庭,安徽大学校长程桦,中国土木工程学会隧道及地下工程分会名誉理事长郭陕云等参加研讨会。市委书记李明,市委常委、市委秘书长王图强,副市长罗建华应邀出席会议。参会专家分别发表《关于地下工程与隧道节能减排的若干问题探讨》《高铁建设安全与节能技术进展》《极限应变在岩土工程安全分析中的应用》《隧道与地下空间抗震防灾的若干思考》《可再生能源在交通基础设施领域的应用》等17篇学术报告。

26日　市委书记李明来到内城河改造项目现场指导工作。李明书记指出,内城河改造项目是滁城古城提升改造工程,参建各方要高度重视,对施工划分的四个作业段,要单独制定进度计划倒排工期和人员、机械投入的计划,确保工程项目如期完工。市委秘书长王图强等相关人员陪同调研。

27日　市委副书记许继伟到凤阳县调研美好乡村建设工作。许继伟先后到刘府镇赵庄中心村、殷涧镇宋集中心村和红心镇蒋庄中心村走访,强调各地要自觉践行"严实工作法",严字当头、干在实处,围绕自身资源等做大做强村级集体经济,推进"美好乡村"建设,提升"美好乡村"建设和管理水平。

28日 市领导李明、许继伟、王图强、汪建中等一行赴省消防总队拜访慰问，并与省消防总队总队长邹晓宁、副总队长蒋厚美、总工程师薛亚群等座谈交流。

29日 副省长方春明率领省慰问团到三界训练基地看望慰问驻军部队，并致以节日问候。省政协副主席王秀芳，省军区副司令员徐继龙等随团慰问。市委副书记许继伟等陪同慰问。

同日 全省不动产统一登记工作现场会在滁召开。副省长方春明，国土资源部副部长王广华出席会议并讲话。市委书记李明，国家土地督察南京局局长刘天增，国土资源部不动产登记局常务副局长冷宏志，省国土资源厅厅长孙爱民等出席会议。省政府副秘书长刘卫东主持会议。在不动产统一登记窗口，方春明、王广华先后为申领市民颁发全省第一本和第二本不动产权证书。

同日 无锡市人大常委会主任姚建华率团到凤阳县小岗村参观学习，实地感受“大包干”精神和沈浩精神。市人大常委会主任李耀才，副主任张尽忠、秦钢昌、朱云霞、傅厚华，秘书长朱承艺陪同。

同日 2015中国蛋白饮料发展研讨会在滁召开，共同探讨中国蛋白饮料发展现状和未来趋势。

29日–30日 副省长谢广祥来滁调研公共文化服务及第五届中国农民歌会筹备工作。在滁期间，谢广祥实地察看全椒县襄河镇文化站、吴敬梓故居、太平文化广场、农歌会鼓舞表演场地、农歌会晚会表演场地，并主持召开第五届中国农民歌会筹备情况汇报会。会上，李树汇报第五届中国农民歌会筹备情况；省文化厅、省农委、省广播电视台等作有关情况补充汇报。

30日 市委书记李明在市委常委、市委秘书长王图强和市委常委、滁州军分区政委潘晓陪同下先后来到73091部队和滁州军分区走访慰问，并和广大官兵座谈，共叙军民鱼水情谊。滁州军分区司令员李金泉出席座谈会。

31日 滁州市召开纪念建军88周年军政座谈会。市领导李明、张祥安、李耀才、何希勇、许继伟、汪建中，滁州军分区领导李金泉、潘晓、高长林、王贤纯、周锋、赵永学，驻滁部队领导杨华、刘宝权等出席座谈会。市委常委、副市长汪建中主持座谈会。

8月

2日 市委书记李明在凤阳县主持召开定远、明光、琅琊、凤阳等4县（市）、区委主要负责人座谈会，听取对如何科学谋划好滁州市“十三五”规划和做好全市扶贫工作的意见和建议。其间，李明到小岗村调研指导企业发展等工作。市委常委、市委秘书长王图强参加座谈会。

3日 市委书记李明在滁会见安徽中烟工业公司总经理、党组书记王志彬，安徽中烟工业公司原总经理、党组书记朱建华一行。双方就延续良好合作，在创新发展上互惠共赢，进行深入交流。市领导李耀才、何希勇、章义、王图强，滁州开发区管委会主任刘茂松等陪同会见。

同日 市委副书记、市长张祥安主持召开市政府第25次常务会议。会议原则通过《滁州市人民政府促进新能源汽车产业发展和推广应用的实施意见（讨论稿）》《加快电子商务发展的实施意见》《苏滁现代产业园绩效工资实施暂行办法》。会议讨论并原则同意城区派出所警务机制改革意见。

同日 新兴际华集团董事长刘明忠来滁考察投资发展环境，市委副书记、市长张祥安会见刘明忠一行，并就新兴际华目的地项目、应急产业园项目及与滁企业合作等进行对接洽谈。考察团先后察看天大管材、猎豹汽车、全柴动力等企业，参观滁州规划馆、苏滁现代产业园规划馆和邻里中心，参观市经开区园区建设，并到高铁站区实地考察新兴际华目的地项目备选地块。副市长、苏滁现代产业园管委会主任杨东坡等陪同考察。新兴际华集团为国务院国资委监管的中央企业，是集资产管理、资本运营和生产经营于一体的大型国有独资公司，系世界500强企业。

4日–5日 省人大常委会副主任沈卫国率省人大调研组实地走访调研滁州市贯彻落实中发[2015]18号文件精神、加强县乡人大工作和建设情况。省人大调研组两次召开座谈会，听取滁州市及南谯区、明光市县、乡（镇）两级专项工作汇报，广泛征求意见和建议。省人大常委会委员、财经委主任委员、常委会财经工委主任庄立权，市委书记李明，市人大常委会主任李耀才、副主任沈中林等陪同调研。

4日 滁州市委副书记许继伟到天长市冶山镇高巷村调研指导“美好镇村”建设工作，希望镇村两级要继续把此项工作抓牢抓严，紧扣特色，推进完善“美好镇村”建设的各项工作。

5日–6日 副省长、省公安厅厅长李建中来滁调研公安工作。

市委副书记、市长张祥安，市委常委、市委政法委书记、市公安局局长马军，副市长陆峰等陪同调研。

5日–10日 2015年全国少年摔跤锦标赛在凤阳中学体育馆举行。来自全国近90支代表队、千余名运动员角逐少年女子自由式摔跤、少年男子自由式摔跤和少年古典式摔跤的各级别奖项。

6日 全省农业产业化暨现代农业示范区经验交流会在滁召开。副省长梁卫国出席会议并讲话，合肥市、滁州市、芜湖市、蒙城县、宣州区等作大会交流发言。市委书记李明陪同参观，省政府副秘书长刘永春主持交流会，市委副书记、市长张祥安，省农委主任孙正东及省直有关部门、各市分管领导等出席交流会。与会人员在会前参观嘉吉动物蛋白(安徽)有限公司、安徽银鹭食品有限公司、南谯乌衣省级现代农业示范区和全椒国家级示范区荣鸿农业科技园。

同日 安徽卫视大型乡土情怀、农民赛歌节目《中国农民歌会》总决赛上映。市委副书记、市长张祥安，市委常委、宣传部长李树，市委常委、副市长郭强等主办方领导出席总决赛并为获奖者颁奖。

8月5日，省人大常委会副主任沈卫国到苏滁现代产业园调研。

同日 市政协主席何希勇到定远县调研指导美好乡村示范点建设，开展扶贫选派村“五个一”活动。市政协副主席郑斌、滁州城市职业学院党委书记高怀忠等陪同调研。

7日 市委书记李明，市委副书记、市长张祥安在滁会见交通银行安徽省分行党委书记、行长徐斌一行。市委常委、常务副市长章义参加会见。

8日 西涧南路建成通车。西涧南路属滁城西外环，是市区南北交通的主干道，道路全长约3.52公里，机动车道为双向6车道。西涧路的全线贯通可以有效缓解中心城区南北交通压力。

9日 市委书记李明在南谯区主持召开部分县(市)、区委主要负责人座谈会，听取对谋划滁州市“十三五”规划和做好下半年工作的意见建议。滁州经济技术开发区、苏滁现代产业园和天长市、来安县、全椒县、南谯区委(党工委)主要负责人分别作了发言。市委常委、市委秘书长王图强，市政协副主席苏虹，滁州经济技术开发区管委会主任刘茂松参加座谈会。

同日 省防指召开防御13号台风“苏迪罗”视频会议，市委副书记、市长、市防汛抗旱指挥部指挥长张祥安在滁州分会场汇报全市防御13号台风“苏迪罗”的工作部署情况，并在全省会议结束后，安排部署全市防汛防台风各项工作任务。市领导金力、苏虹等出席会议。

11日 全市信息化工作专题座谈会召开，市委副书记、市长张祥安主持并讲话，强调各级各部门要提高认识、理清思路、统筹规划，加快推进信息化建设和信息产业发展。市网信办、市经信委、市商务局、市政务服务中心、市电信公司、市移动公司、市联通公司、市铁塔公司等作情况汇报。市委常委、常务副市长章义，市委常委、市委宣传部部长李树，副市长罗建华，市政协副主席苏虹等参加座谈。

12日　市委副书记、市长张祥安主持召开第五届中国农民歌会筹备工作进展情况汇报会，强调各相关部门要上下动员，全力以赴做好各项筹备工作。市委副书记许继伟，副市长金力、杨东坡等出席会议。

同日　国内首座无合拢段转体特大桥——滁马高速跨沪蓉高铁（合宁客运专线）转体桥在全椒县十字镇安装成功。

13日　中国共产党滁州市第五届委员会第十一次全体（扩大）会议在滁召开。市委书记李明作工作报告并讲话。市领导张祥安、李耀才、何希勇、张裕发、许继伟、章义、王图强、朱诚、李玉平、汪建中、李树、郭强、马军、潘晓等出席会议。

13日-14日　全国双拥模范城检查考评组来滁检查验收滁州市争创全国双拥模范城“五连冠”情况。市委书记李明，市委副书记许继伟，市委常委、副市长汪建中，市委常委、滁州军分区政委潘晓，滁州军分区司令员李金泉出席汇报会或陪同检查。

14日　全市召开滁城限制燃放烟花爆竹管理工作动员大会，贯彻落实《滁城限制燃放烟花爆竹管理规定》，部署依法限放管理工作。市委副书记、市长张祥安出席会议并讲话。市领导马军、陆峰出席会议。

同日　市人大常委会主任李耀才到来安县施官镇及其“选派村”龙山村，实地调研选派干部入村扶贫情况并现场督查乡镇人大建设工作。滁州职业技术学院党委书记张勇等随同调研。

15日　全国、全省安全生产电视电话会议先后召开，市委副书记、市长张祥安在滁州分会场参加会议。会后，张祥安就认真贯彻落实全国、全省安全生产电视电话会议精神，落实安全生产工作各项措施，确保安全生产年度目标任务的实现，确保全市安全生产形势持续稳定作出部署。副市长杨东坡就在全市范围内立即开展危险化学物品安全专项检查督查行动提出要求。

17日　市委书记李明到来安、全椒、南谯、市经济技术开发区等地，实地调研环境整治工作有关情况。李明先后察看合宁高速全椒道口、宁洛高速来安道口、丰乐大道、上海路、洪武路等处环境综合整治情况，现场就相关问题明确工作思路、时间节点、责任单位，召开工作调度会。市委常委、副市长汪建中陪同调研。

同日　全市多元化矛盾纠纷解决推进会暨信访“乡为主”工作现场会在滁召开，市委副书记许继伟出席会议并讲话。市领导马军、秦钢昌、陆峰、高潮等出席。

18日　市委书记李明前往省政府和省发改委，汇报对接滁州市创建国家产城融合示范区重大项目。

同日　市委副书记、市长张祥安实地调研宿扬高速天长段工程、朗越公司、天彩集团、长青集团、醉翁亭酒业、康宁电商产业园、金集镇头墩村美好乡村建设、市区老城改造、千秋印象·唐城等，听取天长市工作情况汇报，强调要认清形势、找准位置，围绕重点、精准发力，奋力冲刺全国百强县，始终保持全省十强县前列，当好全市经济社会发展领头羊。

20日　市委书记李明到北京，前往国家发改委地区司和投资司汇报滁州市产城融合示范区初步规划方案制订情况，拜会中国石油化工集团对接商谈与定远盐化基地建设合作有关事项。

同日　全市“三治三增三提升”、农村垃圾治理专项行动暨“三线三边”工作现场会在明光市召开，市委副书记许继伟出席会议并讲话，强调各地各部门要主动作为，扭住关键，严格问责，大干三季度，实现新突破，以工作实际成效展示美好滁州城乡新形象。市领导汪建中、苏虹陪同调研并出席现场会。

20日-21日　省政协副主席童怀伟到滁专题调研“规范行政执法行为、推进法治政府建设”。市领导张祥安、何希勇、童玲、高潮，滁州开发区管委会主任刘茂松，市政协秘书长王捍群等陪同调研或出席座谈会。

21日　全市企业上市（挂牌）和直接融资工作推进会召开，贯彻落实省政府宁国会议精神，通报工作进展情况，部署下一步工作。市委副书记、市长张祥安出席并讲话，市委常委、常务副市长章义主持会议。

24日　“南工大滁州科教城启动区研发型高科技项目”集中签约仪式在滁州市南谯区举行，南京工业大学所属的9个研发型高科技企业落户南谯工业开发区。市领导李明、张祥安、李耀才、许继伟、王图强、李树、金力、杨东坡、孙敏民和中科院院士、南京工业大学校长黄维等参加签约仪式。

25日 全市计划生育工作推进会议在凤阳县召开。市委副书记、市长张祥安出席会议并强调，计生工作到了迎检的关键时刻，各地要以严的要求，实的作风，正视存在问题，积极补缺补差，跑好冲刺阶段，确保圆满完成全年目标任务。副市长金力主持会议。

26日 全国人大代表、省人大常委会副主任王翠凤率在皖部分全国人大代表来滁，对滁州市“大力发展职业教育、创新职业教育模式”情况进行视察和调研。调研组先后视察滁州职业技术学院、博西华培训中心、长电科技有限公司、猎豹汽车有限公司。省经信委主任牛弩韬、省财政厅厅长罗建国、团省委书记李红等13位全国人大代表随同视察和调研。市委书记李明、市长张祥安、市人大常委会主任李耀才、市人大常委会副主任朱云霞、副市长金力、滁州开发区管委会主任刘茂松、滁州职业技术学院党委书记杨甫祥、滁州职业技术学院院长李柱梁、滁州城市职业学院院长张志华等陪同调研或参加座谈会。

27日 省高院党组书记、院长张坚到滁调研指导工作，实地查看小岗村法庭选址情况，参观大包干纪念馆和沈浩同志先进事迹陈列馆，并到凤阳县法院、来安县水口法庭、来安县法院慰问基层法院干警，召开座谈会，了解全市两级法院执法办案、信息化建设、诉讼服务等方面情况。市委副书记、市长张祥安，市委常委、市委政法委书记、市公安局局长马军，市中级人民法院党组书记、院长陈严法等陪同调研。

27日–28日 市委理论学习中心组召开“三严三实”第二次专题理论学习研讨会，重点围绕“严以律己，严守党的政治纪律和政治规矩，自觉做政治上的明白人”这一专题开展理论学习研讨。市委书记李明主持会议并讲话。市委副书记、市长张祥安传达《中共中央组织部关于在“三严三实”专题教育中联系反面典型深入开展研讨的通知》精神，市领导李玉平、汪建中、李树、马军、金力等分别发言。省委“三严三实”专题教育协调小组联络组副组长韩兴国，协调小组联络组联络员查晓陆参会指导，市领导张祥安、李耀才、何希勇、张裕发、章义、王图强、李玉平、汪建中、李树、郭强、马军及市委中心组其他成员出席会议。

30日 市委书记李明前往国家发改委基础产业司，申请滁宁城际项目实施以及推动部分骨干工程规划建设，对接国家产城融合示范区项目。

31日 滁州市农村重点工作现场推进会在天长市召开。市委副书记许继伟、副市长金力出席会议。

是月 藕塘革命纪念园建成并对外开放。2011年省民政厅批准定远县藕塘烈士陵园迁址重建，新建的纪念园主体建筑有纪念碑、烈士墓区、展示大厅、纪念环道和纪念园办公楼等。

9月

1日 苏滁现代产业园第一小学暨南京市琅琊路小学苏滁分校正式开学。苏滁现代产业园第一小学的前身是原大王镇中心小学，原是一所普通的农村小学。新校区于2013年8月开工建设，总投资6500万元，规划设计36个标准教学班，可同时容纳2000名

5月12日，苏滁现代产业园第一小学与南京市琅琊路小学举行合作办学签约仪式。

在校生。

2日 市委书记李明到滁州经济技术开发区月亮湾创新创业基地、滁州达世汽车配件有限公司、滁州银兴电气有限公司、康迈斯(滁州)机电有限公司等地调研,详细了解企业生产经营、资金状况、产品研发情况和企业下一步发展规划以及需要解决的问题。副市长杨东坡,滁州开发区管委会主任刘茂松等陪同调研。

同日 市委书记李明到滁州学院调研,强调要进一步深化推进校地间合作,搭建吸引人才、集聚人才、培养人才的良好平台,为推动滁州"三个发展"、冲刺全省第一方阵提供坚强有力的人才支撑。市领导许继伟、汪建中、金力,滁州开发区管委会主任刘茂松,滁州学院党委书记庆承松、校长许志才等陪同调研。

4日 市委书记李明到联系点明光市指导市委中心组"三严三实"专题理论学习研讨会,听取研讨发言,征求对滁州市委常委会及市委主要负责人"不严不实"方面的意见建议,并就深入推进"三严三实"专题教育提出具体要求。

同日 北京大学中国考古学研究中心主任、北京大学公众考古与艺术中心主任、北京大学考古文博学院教授、博士研究生导师徐天进教授和安徽省考古研究所副所长宫希成带领英国牛津大学考古学家、汉学家杰西卡·罗森女爵士(Professor Dame Jessica Rawson)、牛津大学科技考古实验室主任　马克·伯拉德(Mark Pollard)教授以及北京大学考古研究中心的专家等7人到凤阳参观考察。徐教授一行先后参观明皇陵、明中都皇故城遗址和凤阳博物馆,对凤阳县的明代高超的石刻艺术以及春秋时期的青铜器艺术表现出浓厚的兴趣,进行仔细的鉴赏与研究,对凤阳县的城市风貌给予高度评价,并表示未来合作的愿望。

5日 市委市政府召开安徽省智能家电产业集聚发展基地规划建设汇报会,市委书记李明主持会议并讲话,强调各级各部门要强化政治责任,树立大局意识,以严的要求、实的作风,确保顺利完成基地建设发展目标任务,集聚产业配套完备、创新优势突出、区域特色明显、规模效益显著的智能家电产业群体,助推"滁州制造"迈向"滁州创造"。市领导何希勇、章义、杨东坡,滁州开发区管委会主任刘茂松等参加会议。滁州开发区智能家电产业基地成为与合肥、芜湖并列的全省三大家电制造基地之一,形成以家电制造为核心,集家电研发、生产、检测、认证于一体的产业集群,产业链上承载家电装备制造、产品研发检测、配件加工、整机制造众多企业,是全省首批14个战略性新兴产业集聚发展基地之一。

6日 省委常委、省委政法委书记,省依法治省领导小组常务副组长徐立全率省检查组来滁检查验收2011年—2015年法治滁州建设和法治宣传教育工作,并就经济社会发展情况进行调研。省检查组先后来到全椒县襄河镇东岗社区、安徽省烟草公司滁州市公司、市公安局、市实验中学、南谯区法治文化公园,实地察看滁州市"六五"普法工作、法治文化建设情况等,听取2011年—2015年法治滁州建设和法治宣传教育工作情况汇报,查看相关台账资料。市领导李明、张祥安、马军、秦钢昌、高潮,市中级人民法院院长陈严法,市人民检察院检察长郑光,滁州开发区管委会主任刘茂松陪同检查、调研或出席汇报会。

7日 全市"三严三实"专题教育推进会暨开展"三个专项行动"部署会在滁召开。市委副书记许继伟出席会议并讲话。市委常委、市委组织部部长朱诚主持会议,市委常委、市纪委书记李玉平出席会议。

7日-9日 滁州市党政代表团到山东省烟台市、滨州市,学习考察两地产业转型升级、工业经济和园区建设、创新驱动、"十三五"规划编制等方面工作。市委书记李明带队,市委常委、常务副市长章义,副市长金力,滁州开发区管委会主任刘茂松等参加考察。

8日 市委副书记许继伟带领市规建委、市经信委等有关部门负责人,现场督查调度滁州市推进绿色发展行动百日会战工作。许继伟先后对恒大绿洲建筑工地、友西搅拌站、庆军停车场扬尘整治、康迈斯厂房和办公楼拆迁现场、机动车限行标志设置、华汇热电厂燃煤锅炉改造和企业蒸汽管道建设、金燕小区摊点整治、卫校占道经营等进行实地调研督查,现场明确任务、时间节点,督促整改。

9日 市委副书记、市长张祥安实地调研滁城学校在建工程，现场调度解决相关问题。张祥安先后到滁州城市职业学院校区和扬子路小学在建工地、龙蟠南苑幼儿园、十一中和第二实验小学、实验幼儿园。张祥安强调，教育基础设施建设是为老百姓办实事、做好事、解难事的民心工程，各有关部门一定要确保校园在建工程施工安全、工程质量，同时积极做好校园周边配套服务设施建设，不断提升教育事业发展水平，努力办好人民满意的教育。市政府秘书长、滁州职业技术学院党委书记杨甫祥，滁州城市职业学院党委书记高怀忠、院长张志华等陪同调研。

同日 市政协主席何希勇出席市中院党组中心组"三严三实"专题教育学习研讨会，强调市中院广大党员干部要立足审判岗位，为滁州"三个发展"和推进依法治市进程作出积极贡献。

10日－11日 省人大代表、铜陵市人大常委会主任徐良平率领在铜省人大代表调研组来滁调研。调研组一行参观凤阳县小岗村大包干纪念馆，考察猎豹汽车有限公司、长电科技有限公司和苏滁现代产业园、滁州城市规划馆等，并先后到南谯区人民法院、滁州市中级人民法院调研法院诉讼工作。市委书记李明，市人大常委会主任李耀才，市委副书记许继伟，市人大常委会副主任秦钢昌、傅厚华、沈中林，副市长杨东坡，滁州中级人民法院院长陈严法，滁州开发区管委会主任刘茂松等陪同调研。

10日－11日 滁州市宣传部门组织主流媒体集中采访活动，邀请人民日报、光明日报、安徽电视台、人民网、新华网、安徽日报、安徽人民广播电台、江苏经济报、南京日报等10家中央及省内外媒体，聚焦滁州市贯彻落实创新发展的做法和取得的新成就、新成果。

12日 在2015年安徽农交会上，省委书记王学军、省长李锦斌等省领导到小岗粮油食品发展有限公司的展台前，与大包干带头人关友江、严金昌以及企业负责人交谈，仔细询问近年来小岗村农业以及特色农产品产业的发展情况。

14日 市委副书记、市长张祥安率市直相关单位负责人到定远县调研经济社会发展情况。市委常委、常务副市长章义，市政协副主席、定远县委书记郑斌，市政府秘书长、滁州职业技术学院党委书记杨甫祥等陪同调研或出席座谈会。

同日 各县（市）、区政协主席座谈会在滁召开。会议传达学习全国地方政协工作经验交流会和全省省辖市政协主席座谈会精神，交流探讨全市政协工作创新做法，研究部署进一步加强政协协商民主建设相关工作。市政协主席何希勇强调，要切实按照中央、省委的决策部署，在市委的坚强领导下，进一步加强人民政协协商民主建设，广泛凝聚各方面的智慧和力量，不断开创政协协商民主新局面。市政协副主席孙敏民、高迁、查镜波、徐崇华、李庆宁、高潮、苏虹，秘书长王捍群出席座谈会。孙敏民主持会议。

15日 第五届中国农民歌会倒计时30天暨"放歌魅力滁州、唱响志愿青春"青年志愿者服务启动仪式在滁举行。市委副书记、市长张祥安，市委常委、市委秘书长王图强出席启动仪式并为志愿者团队授旗。市委常委、副市长郭强主持仪式。张祥安指出，中国农民歌会是经党中央、国务院批准保留的安徽省三大重大节庆活动之一，是立足安徽、面向全国、专为亿万农民打造的国家级公共文化品牌。

16日 滁州市道德讲堂总堂暨滁州市道德模范、身边好人、美德少年现场交流会在滁州卷烟厂举办，市委书记李明出席会议，强调各地各级要按照"三严三实"要求，从自我做起，从身边的事做起，迅速掀起学习宣传道德楷模热潮，不断提升社会文明程度和道德水平，为推动"三个发展"、冲刺全省第一方阵、建设美好滁州提振精气神、汇聚正能量。省委宣传部副部长、省文明办主任贺懋燮，市领导张祥安、王图强、李树、马军、金力，滁州军分区政治部主任周铧等参加活动。滁州市道德讲堂总堂（诚信季）分唱歌曲、授荣誉、诵经典、看短片、讲故事、学模范、谈感悟、作点评八个环节进行。

20日 省政协副主席、省科协主席赵韩和市委书记李明在滁共同会见出席第五届皖台科技论坛的台湾嘉宾。省科协党组书记、常务副主席王洵，省台办主任张永，省科协副主席王海彦；市委副书记、市长张祥安，市政协主席何希勇，副市长罗建华等陪同会见。

同日 省委第一巡视组以电视电话会议形式召开巡视工作动员会。省委第一巡视组组长孟庆银作动员讲话，市委书记李明出席会议并讲话，市委副书记许继伟主持会议，天长市、来安县、定远县三县（市）党委书记分别作表态发言。省委第一巡视组副组长叶莉、王用华、常业军及巡视组全体成员，三县（市）四套班子负责人及相关人员按要求分别出席主、分会场的会议。

21日 由安徽省科学技术协会、安徽省台办和滁州市人民政府、台湾科技产业协会等共同主办的第五届皖台科技论坛在滁州市隆重开幕。省政协副主席、省科协主席赵韩宣布开幕，市委副书记、市长张祥安出席开幕式并致辞。台湾科技产业协会理事长王维绪；省科协党组书记、常务副主席王洵，省台办主任张永，省科协副主席王海彦；市政协主席何希勇等出席开幕式。副市长罗建华主持开幕式。本届论坛以“区域科技经济合作与发展”为主题，设立汽车发展与产业链建设、科技传播、青少年科技三个分论坛，开展项目对接活动，同时举办两岸青少年机器人友谊赛等。开幕式上，滁州市人民政府、市科协、安徽省科学技术馆、滁州学院等与安徽省科协、台湾科技产业协会、台湾文士科普有限公司、明志科技大学签署相关合作协议；滁州开发区、苏滁现代产业园、凤阳经开区、全椒大墅镇、明光市工业园、琅琊区等与三朋友电、华元食品股份有限公司、台湾电浆股份有限公司、台湾宏国电子设备有限公司、华众玻璃制品有限公司、台湾石牛溪农场、真顺五金科技有限公司、湖南长丰汽车内装饰有限公司进行招商签约。

9月23日，市委书记李明调研滁州高教科创城项目。

同日 市委书记李明主持召开市委常委会，传达学习全省加快调结构转方式促升级动员大会精神，研究贯彻落实具体措施。会议强调，全市各级各部门和广大党员干部要深入学习贯彻全省加快调结构转方式促升级动员大会精神，紧密结合滁州实际，全力以赴推进，以“三严三实”要求压紧压实责任，努力做“调转促”工作开路人，争当全省加快调结构转方式促升级行动先锋，为实现“十三五”末“环滁皆美”的目标找准路径、奋勇前进。市领导张祥安、李耀才、何希勇、张裕发、章义、王图强、李玉平、汪建中、李树、马军、潘晓等出席会议。

同日 市委副书记、市长张祥安主持召开市政府第27次常务会议，会议听取并研究市发展改革委关于《滁州市地方政府核准的投资项目目录（2014年修订本）》、市财政局关于《滁州市“政银担”风险补偿基金管理办法》、市管局关于《滁州市市直机关易地交流县处级干部周转房暂行管理办法》、市人社局关于降低全市生育保险费率及工伤保险基准费率、市国土房产局关于73091部队购买政府安置房、滁州经济技术开发区管委会关于博西华公司新老厂合并后有关财务问题等情况汇报。会议对上述议题进行充分讨论，原则同意并提出修改意见。

22日 博西华家用电器有限公司迁建项目举行奠基仪式。市领导李明、张祥安、李耀才、何希勇、章义、杨东坡，滁州开发区管委会主任刘茂松；博西家用电器投资（中国）有限公司董事长兼总裁盖尔克等出席奠基仪式。

23日 六安市委副书记、金寨县委书记潘东旭，协鑫集团董事长朱共山一行来滁考察。市委书记李明会见潘东旭、朱共山一行，市委常委、市委秘书长王图强陪同考察并参加会见。

同日 滁州七彩世界欢乐城"魅力滁州，七彩城南"李肇星论道滁州新发展城南区域价值战略研讨会开幕。外交部原部长李肇星参加会议。

24日 工信部党组成员，国家烟草专卖局党组书记、局长，中国烟草总公司总经理凌成兴来滁调研烟草企业发展和烟草专卖工作。省政府副秘书长、办公厅主任张杰，省烟草专卖局(公司)局长(总经理)冋武，安徽中烟工业有限责任公司总经理王志彬；市领导李明、张祥安、王图强、杨东坡等陪同调研。

同日 市政协召开少数民族特色村建设对口协商会。市政协主席何希勇，副主席孙敏民、李庆宁出席会议，副市长陆峰应邀参加。会议听取市民委关于少数民族特色村建设情况的通报；听取市政协民宗委关于少数民族特色村建设情况的调研报告；与会人员进行协商发言。

同日 中共滁州市委宣传部官方网站和"醉美滁州"新华社党政客户端开通运行。网站内容丰富、形式新颖、涵盖广泛，开设网宣工作、对外宣传、文明创建等10多个主栏目，设置部长信箱、网络发言人平台等板块，搭建宣传全市各级各部门贯彻落实中央、省、市重要精神的有效平台。"醉美滁州"新华社党政客户端是外界了解滁州的窗口，展示滁州形象的舞台。

同日 全国第二届农民跳绳比赛在定远县体育馆举行，本次比赛设青年组、中年组和混龄组等三个组别，分设30秒单摇跳、个人花样跳、8人长绳同步跳等比赛项目。

25日 市政府与河海大学战略合作框架协议签约仪式在河海大学本部闻天馆举行。河海大学党委书记朱拓和市委书记李明出席仪式并分别发表讲话。市委副书记、市长张祥安代表市政府与河海大学校长徐辉签署战略合作框架协议，双方将在滁宁高教科创城建设集科技成果转化、创新创业人才培训、产学研合作为一体的大学科技园。《协议》决定成立滁州市政府和河海大学"校地合作领导小组"和沟通联系机制等。河海大学副校长唐洪武、副书记郭继超、副校长陈星莺，市委常委、市委秘书长王图强，市委常委、宣传部长李树等，共同见证签约。

26日 原滁县地委书记吴炎武病逝。

28日 滁州市城北客运站在琅琊新区开工。该站是城际交通、公交、出租车及社会车辆为一体的综合性城市交通枢纽，是突破老城区交通拥堵瓶颈，缓解老城区交通压力，带动琅琊新区与老城区交通一体化的重大举措。滁州市城北客运站坐落于琅琊新区金山路与世纪大道交叉口东南侧，占地面积约80亩。建成后天长、来安、明光、定远、凤阳等县、市的长途客运更加便捷，缓解滁城明光路、定远路、菱溪路和来安路的交通压力，对加快琅琊新区建设具有一定的推进作用。

同日 滁州市通航无人机科技有限公司领取编号为"91341100MA2MQ04D4R"的滁州市首张载有18位统一社会信用代码的"一照一码"营业执照，标志着全市"三证合一、一照一码"登记制度改革提前进入实质运行阶段。

29日 市政协在定远县召开水资源保护和利用专题协商暨五届十五次常委会。市政协主席何希勇主持会议并作总结讲话，副市长金力，市政协副主席孙敏民、高迁、查镜波、徐崇华、李庆宁、高潮、苏虹、郑斌，市政府秘书长、滁州职业技术学院党委书记杨甫祥，市政协秘书长王捍群等出席会议。会议听取市政协水资源保护和利用课题组《关于滁州市水资源保护和利用情况的调研报告》；听取县(市)、区政协关于水资源保护和利用情况的调研报告；传达全国地方政协工作经验交流会和全省省辖市政协主席座谈会主要精神；审议通过《关于加强我市水资源保护和利用的建议案》；协商通过政协第五届滁州市委员会任免名单；协商通过政协第五届滁州市委员会增补和撤销委员名单。

同日 滁州市古玩城开业。滁州市古玩城位于宋城解放小学对面，南湖四期文化广场。建筑总面积5014平方米，经营范围包括珠宝玉器、古玩杂项、奇石根艺、古典家具、紫砂茶艺、书法绘画、教育培训、花鸟虫鱼、古旧书籍、文房四宝、文化展厅等，与周边商业业态相得益彰、相辅相成。

30日 市领导李明、张祥安、李耀才、何希勇、章义、王图强、朱诚、李玉平、汪建中、李树、马军、潘晓等，到定远县藕塘烈士

9月30日，安徽省首家新加坡模式邻里中心—东升邻里中心开业运营。

陵园纪念碑前，与各界人士代表一起出席向革命烈士敬献花篮仪式。市委书记李明来到纪念碑前，同老战士代表、烈属代表亲切握手，向他们表达问候并致以崇高敬意。市委副书记、市长张祥安主持仪式。在滁的市党政军领导、副市级以上领导、机关单位人员代表、部队官兵代表、学校师生代表、医务人员代表、企业职工代表等社会各界群众代表汇聚到纪念碑前，静静肃立。微微细雨中，苍松翠柏掩映下的藕塘烈士陵园庄严而肃穆。

同日 安徽省首家新加坡模式邻里中心——东升邻里中心在苏滁现代产业园开业运营。东升邻里中心位于东升花园小区东北角，总投资5000万元，面积2.1万平方米，由苏州工业园区邻里中心发展有限公司冠名并提供策划定位、运营管理等服务。

同日 滁州菊花博览园开园。该园占地300亩，种植全国各种茶用、食用、药用等功能性菊花品种，成为全国最大的功能性菊花生产、研发、科普基地，全国最大的菊花种质资源圃，国内知名的菊花休闲观光基地。

是月 来安县党史研究室、来安县新四军历史研究会编写的《红色半塔》一书由中共党史出版社出版。该书搜集众多一手资料，真实记录半塔军民浴血抗战的壮烈事迹。

10月

1日 滁城供水保障与饮用水源保护情况专题汇报会召开，会议听取市环保局、市自来水公司等单位汇报，市委常委、市委秘书长王图强在讲话中要求增强责任意识，依法科学划定水源保护区，加强三大水库的水质监测和风险点排查，及时清理水源保护区内不符合条件的种养户，确保城市供水安全。市领导汪建中、苏虹出席会议。

7日 市委书记李明主持召开市委常委会议，传达学习全省农村基层党建工作会议精神，研究部署全市贯彻意见。市领导张祥安、李耀才、何希勇、许继伟、章义、王图强、朱诚、李玉平、汪建中、李树、郭强、马军、潘晓等出席会议。

9日 市委、市政府召开全市领导干部大会，认真贯彻省委、省政府决策部署，全面落实省“4105”行动计划，号召全市上下解放思想、真抓实干，坚决打赢产业转型升级攻坚战，奋力实现地区生产总值、工业总产值、财政收入、人均地区生产总值“四个翻番”，牢牢站稳第一方阵，坚定不移争先进位，努力争当全省加快调结构转方式促升级排头兵。市委书记李明，市委副书记、市长张祥安分别发表讲话，市领导李耀才、何希勇、王图强、朱诚、李玉平、汪建中、李树、郭强、潘晓等出席会议。市委副书记许继伟，市委常委、常务副市长章义先后主持会议。会议分组讨论《中共滁州市委、滁州市人民政府关于贯彻全省加快调结构转方式促升级行动计划的实施意见》。

10日 市委副书记、市长张祥安率队现场检查指导农歌会筹备工作，实地了解酒店接待、舞台设置、交通管制、安全保卫、节目演出等方面情况，并沿途检查市容环境整治工作。市委常委、市委政法委书记、市公安局局长马军，副市长金力，市政府秘书长、滁州职业技术学院党委书记杨甫祥随同检查。

同日 中国农民歌会官方网站（http://www.zgnmgh.gov.cn/）上线运行，成为宣传农歌会的重要平台，和百姓了解农歌会、参与农歌会的重要途径，展示“环滁皆美”城市形象重要窗口。

12日 市委副书记、市长张

祥安主持召开市政府第28次常务会议，讨论研究《滁州市公务用车制度改革实施方案（讨论稿）》及《滁州市市本级2015—2017年城镇棚户区改造计划》两项议题。

13日 市人大常委会召开全市乡镇人大建设经验交流会，进一步贯彻落实中央18号文件、省委12号文件、全省人大工作会议、市委3号文件精神，总结前段工作，交流成功经验，寻找差距不足，以期更好地推动全市人大工作奋力开创新局面。市人大常委会主任李耀才就相关工作作了部署。市委常委、市委组织部部长朱诚就进一步落实中央和省、市委文件精神提出具体要求。市人大常委会副主任张尽忠、秦钢昌、朱云霞、傅厚华、沈中林，秘书长朱承艺出席会议；沈中林主持会议。市政协副主席、定远县委书记郑斌等4位同志分别作经验交流发言。

13日–14日 副省长谢广祥到滁州市调研经济社会发展情况，并召开座谈会听取工作汇报。谢广祥强调要迅速把思想和行动统一到省委、省政府以战略性新兴产业集聚发展基地建设为突破口、加快调结构转方式促升级的重大决策部署上来，深入谋划并切实做好"调转促"工作。省直有关部门负责人和市领导张祥安、杨东坡，滁州开发区管委会主任刘茂松，市政府秘书长、滁州职业技术学院党委书记杨甫祥等陪同调研。

14日 文化部副部长杨志今到滁调研指导工作，先后参观凤阳县图书馆、县博物馆、明中都

10月9日，市委、市政府召开全市领导干部大会。

城和明皇陵。文化部财务司司长赵雯，文化部公共文化司司长张永新等随同调研。副省长谢广祥、省文化厅厅长袁华，市领导张祥安、金力等陪同调研。

同日 省委常委、宣传部长曹征海到天长、凤阳两县（市）调研"道德信贷"工作。曹征海先后实地走访天长市汊涧镇港士龙服装店、天长市伟业集团、安徽翔宇电缆有限公司，并与创业的"中国好人"徐红云、"滁州好人"汪红云、"天长好人"郎玉明进行交谈，询问他们办理"道德信贷"和创业发展情况。座谈会上，曹征海对滁州市道德信贷工程试点工作取得的成绩给与充分肯定，认为在全省探索出一条新的路子。省直有关部门负责人和市领导李明、李树、郭强等陪同调研。

同日 何必山、陈贵春、王宜国同志先进事迹报告会在滁州大剧院举行。报告会前，市委书记李明会见报告团成员一行。市领导李耀才、何希勇、王图强、朱诚、李玉平，市人大常委会、市政府、市政协其他在职副厅级领导及市委中心组其他成员等出席报告会。

15日 由文化部、农业部和安徽省人民政府主办，安徽省委宣传部、省文化厅、省农委、省文联、安徽广播电视台、滁州市人民政府承办的以"放歌希望田野，出彩中国农民"为主题的第五届中国农民歌会于19时30分在滁州体育馆隆重开幕。第十一届全国人大常委会副委员长陈至立宣布农歌会开幕。省委常委、省委宣传部部长曹征海主持开幕式。文化部党组副书记、副部长杨志今，农业部副部长陈晓华，副省长谢广祥，市长张祥安分别致辞。省领导胡连松、王秀芳、赵韩，省人民检察院党组书记、检察长薛江武，省人大常委会原副主任吴天栋，湖北省高院原院长郑少三，市领导李明、李耀才、何希勇、张裕发、许继伟和市委常委、市人大常委会副主任、副市长、市政协副主席等出席开幕式。应邀出席开幕式的还有：全国十大名村代表、"大包干"带头人代表，省直有关部门代表、南京都市圈有关市领导、苏州市领导、省内有关市领导。杨志今、陈晓华、谢广祥、张

祥安等先后讲话。

同日 滁州市举行投资环境推介暨重点项目集中签约仪式。市领导李明、张祥安、李耀才、何希勇、许继伟、王图强、杨东坡，滁州经济技术开发区党工委书记、管委会主任刘茂松，河北御捷车业有限公司副董事长尹长敬，上海电缆厂董事长周建明，浙江亿帆鑫富药业有限公司董事长程先锋等300余位客商出席签约仪式。副市长杨东坡主持仪式。此次仪式上签约102个项目，总投资达632亿元。其中，1至10亿元项目84个，10至50亿元项目16个，50亿元以上项目2个，项目涵盖先进装备、智能家电、新能源新材料以及现代服务业、现代农业等诸多领域。

同日 市委书记李明在滁会见美国前劳工部长、赵朱木兰基金会主席赵小兰及美国福茂航运集团董事长赵锡成、副董事长赵安吉、美国Breyer Capital公司首席执行官吉姆·布莱尔一行。中国外交学会美大部副主任雒春建，安徽省外办侨务外联处处长赵明，市委副书记、市长张祥安，市委常委、常务副市长章义等参加接见活动。

同日 市政府与省体育局在滁签订战略合作框架协议。市委副书记、市长张祥安，省体育局局长冯潮分别致辞。副市长金力、省体育局副局长陈海军分别代表市政府和省体育局签订框架协议。

同日 第五届全国农民摄影展在滁州美术馆开幕，220余幅精美的摄影作品展示祖国大地的四季风光。

15日–16日 省委统战部副部长、省工商联党组书记徐发成一行到滁调研非公人士年轻一代引导和培养机制有关情况，并与全市部分一代企业家、青年企业家代表进行座谈交流。市政协副主席、市工商联主席查镜波等参加座谈。

17日 滁州某预备役团在团训练基地举行转服现役动员誓师大会。安徽某预备役师政委张兵，师副政委兼某预备役团第一政委、滁州市委副书记许继伟，滁州市委常委、军分区政委潘晓，师参谋长王元德，某预备役团政委徐永红等出席会议，会议由某预备役团团长孙建平主持会议。誓师大会上，王元德宣布转服现役命令；徐永红宣布预备役军官任职命令；举行迎军旗仪式；预备役军官代表表决心。

18日 市委副书记、市长张祥安到南谯区实地调研秋粮收购等工作。张祥安先后到沙河镇市粮食产业园、黄圩粮站收购现场、滁菊博览园、滁河堤防建设工程等。张祥安强调，要严格落实国家相关政策，不断提升服务保障水平，确保粮食颗粒归仓，确保售粮农民“粮出手、钱到手”，真正实现丰产增收。副市长金力，市政府秘书长、滁州职业技术学院党委书记杨甫祥等陪同调研。

19日 市委召开常委会议，传达贯彻全省扶贫表彰暨扶贫日活动电视电话会议精神。市委书记李明主持会议并讲话。市领导张祥安、李耀才、章义、朱诚、李玉平、汪建中、李树、郭强、马军等出席会议。会议指出，扶贫是一项重要的政治任务，要充分认识打好扶贫开发攻坚战是全面建成小康社会的必然要求，关系到全面建成小康社会目标的实现和实现的质量，必须把思想和行动统一到中央和省委决策部署上来，通过开展扶贫攻坚行动，力争实现“三年脱贫、两年巩固”的目标。

20日 新加坡驻沪总领事王首毅到滁考察。市委书记李明会见王首毅一行。市委常委、常务副市长章义，副市长杨东坡，中新苏州工业园区开发集团股份有限公司董事长赵志松，中新苏滁(滁州)开发有限公司总裁唐研哲等陪同会见。王首毅一行先后到苏滁现代产业园规划馆、一站式服务中心、邻里中心、道益科技和1912商业街区等开展实地考察。

同日 全国社会保障基金理事会理事长谢旭人一行到滁考察保障房信托贷款资金使用及项目进展情况。谢旭人一行先后考察滁城南谯路西侧和三里亭人家棚改保障房项目，详细了解项目建设规模、施工进度、工程质量等情况。省委常委、副省长陈树隆，省财政厅厅长罗建国，市委书记李明，市委常委、常务副市长章义，市委常委、副市长汪建中，省住房和城乡建设厅副厅长仲亚平等陪同。

20日–25日 市委副书记、市长张祥安赴台开展经贸考察。张祥安一行先后考察台湾百略医学科技股份有限公司、台达公司、华元食品、总兴机械、宗大建设集团等企业，详细推介滁州优越的招商营商环境，希望更多的台湾企业家到滁州参观考察、投资兴业。市招商局、台办、开发区、苏滁现代产业园等部门负责人陪同考察。

21日 市委召开全市落实党风廉政建设“两个责任”集体谈话会。市委书记李明在会上同各县(市)、区委书记、纪委书记，市直各单位党组(党委)书记、纪检组长(纪委书记)，未设纪检组(纪委)的单位负责纪检工作的同志进行集体谈话，强调要正视存在问题，强化担当意识，严格履行责任，切实落实党风廉政建设党委主体责任和纪委监督责任，坚定不移加强党风廉政建设和反腐败斗争，为保障完成全年目标任务、保障“三个发展”持续推动、保障“调转促”顺利推进、保障冲刺和站稳全省第一方阵营造风清气正的干事环境。市委副书记许继伟主持集体谈话会，市委常委、组织部部长朱诚出席会议，市委常委、市纪委书记李玉平宣读《关于对滁州市治理超限超载监测站、凤阳县渔政渔港渔船监督管理站违纪违法案件实施党风廉政建设责任追究的通报》，并通报各县(市)、区和市直单位落实“两个责任”情况。

22日 市委书记李明主持召开加快调结构转方式促升级工作领导小组会议，听取全市“调转促”重点工程实施方案编制情况汇报，研究部署下一步工作。李明强调，全市上下要进一步解放思想，提高认识，真抓实干，勇于担当，持续不断地掀起“调转促”热潮，确保加快“调转促”各项任务落到实处，取得实效，为“十三五”开好局、起好步奠定坚实基础。市领导章义、汪建中、郭强、罗建华、杨东坡、苏虹等出席会议。

10月20日，市委书记李明会见新加坡驻沪总领事王首毅(左)一行。

同日 省政协副主席赵韩率领省政协调研组到滁专题视察职业高校建设情况。省政协副秘书长李奎，省政协教科文卫体委员会副主任杨玉华随同视察。市政协主席何希勇、副市长金力、滁州职业技术学院院长李柱梁、滁州城市职业学院党委书记高怀忠陪同或参加座谈会。调研组一行先后来到滁州职业技术学院校史馆、实训基地和大学生创业孵化基地及城市职业学院、博西华家用电器公司培训中心等地，详细了解学校的建设管理、教师队伍建设、教育教学就业工作以及学生的学习生活情况，并召开座谈会听取全市职业高校建设情况介绍，进行座谈交流。

26日 滁州市首届环卫工人节文艺慰问演出在滁州大剧院举行。市委书记李明，市人大常委会主任李耀才，市政协主席何希勇，市委常委、市委宣传部部长李树，市政协副主席徐崇华、苏虹等，与来自全市环卫一线的700多名环卫工人和城管执法队员代表一起观看精彩的文艺演出。市委副书记、市长张祥安致辞，市委常委、副市长汪建中主持。演出结束后，李明、张祥安等市领导走上舞台，与优秀环卫工人标兵、全体演职人员握手，祝贺演出成功，并与他们合影留念。

同日 市委召开常委会会议，学习贯彻《中国共产党党组工作条例(试行)》以及新修订的《中国共产党廉洁自律准则》和《中国共产党纪律处分条例》，讨论研究全市贯彻落实举措。市委书记李明主持会议。市领导张祥安、李耀才、何希勇、章义、李玉平、汪建中、李树、郭强、马军、潘晓等出席会议。会议强调，要压实“两个责任”。各级党委要切实履行管党治党主体责任，坚决把纪律和规矩挺在前面。各级纪委要全面履行监督执纪问责的职责，把党规党纪落实到位。各级党员领导干部要认真抓好分管领域《准则》和《条例》的贯彻执行，坚决维护党规党纪的严肃性、权威性。

同日 市政协召开双月协商会，围绕滁州老城区规划建设情况建言献策。市政协主席何希勇主持会议并讲话，市委常委、副市长汪建中出席，市政协副主席高迁、查镜波、徐崇华、李庆宁、高潮、苏虹，秘书长王捍群等参加会议。会议听取市规建委关于滁州老城区规划建设工作情况的通报；听取市政协人资环委、文史委调研组关于滁州老城区规划建设情况的调研报告；与会人员进行协商发言。

同日 滁州开发区荣获“第九届中国食品产业成长之星”称号，并在“优质服务园区”评选中排名第一。

27日 市委书记李明到滁州开发区调研。李明先后到富达机械电子有限公司、开润股份有限公司、金帅洗衣机有限公司、东菱电器有限公司、韩上电器有限公司等企业，详细了解企业生产经营状况，问询企业发展面临的困难、难题，对企业提出的需帮办帮扶事项现场进行调度解决。李明强调，要按照省委、省政府和市委、市政府加快调结构、转方式、促升级决策部署要求，一招不让抓落实，以严的作风、实的举措助推实体经济发展，加快滁州开发区“调转促”步伐，不断开创园区经济社会发展新局面。副市长杨东坡，滁州开发区管委会主任刘茂松等参加调研。

28日 市政协主席何希勇到定远县池河镇池阳回民村调研，看望选派干部，并召开座谈会了解村西道路、村级活动场所建设情况，现场帮助协调解决问题，对下一步发展提出要求。滁州城市职业学院院长张志华，市政协秘书长王捍群等陪同调研。

28日—29日 全省宣传贯彻深化人民防空改革发展实施意见暨基层人防规范化建设工作会议在天长市召开。副省长方春明、省军区参谋长卢信允出席会议并讲话，市委副书记、市长张祥安致辞。国家人防办副局长陈乾，市委常委、常务副市长章义，市委常委、副市长汪建中出席会议。会上，省人防办主任陈硕作工作报告，淮南市政府、天长市政府和合肥市人防办、望江县人防办作了经验交流。会议期间，与会人员实地观摩省人防指挥通信装备展示、天长市人防综合应急指挥中心和永丰镇基层人防规范化建设。

28日—29日 市五届人大常委会第二十次会议在滁召开。市人大常委会主任李耀才主持会议并讲话，副主任张尽忠、秦钢昌、朱云霞、傅厚华、沈中林，秘书长朱承艺出席会议。会议先后表决通过《滁州市人民代表大会及其常务委员会立法程序规定》《滁州市荣誉市民称号授予办法》《滁州市人民代表大会常务委员会任免地方国家机关工作人员办法》等5项决定。会议对国网滁州供电公司、滁州出入境检验检疫局、中央储备粮滁州直属库、市地税局、市人民银行工作开展情况的报告进行满意度测评，结果均为“满意”。会议通过有关人事任免决定，李耀才代表市五届人大常委会向有关同志颁发任命书。新任命人员向宪法作了宣誓。副市长金力、陆峰，市人民检察院检察长郑光等列席会议。

29日—30日 省纪委副书记、省监察厅厅长、省预防腐败局局长李猛一行到滁州及天长市等地进行调研指导。市委书记李明，市委常委、组织部长朱诚，市委常委、市纪委书记李玉平等陪同调研和座谈。

30日 滁州市举行清风大讲堂专题报告会，邀请清华大学廉政与治理研究中心主任、博士生导师任建明教授为全市党员干部作反腐败形势与任务专题报告。市领导李明、张祥安、李耀才、何希勇、章义、王图强、朱诚、汪建中、李树、郭强、马军等出席报告会。市委常委、市纪委书记李玉平主持报告会。

同日 市加快调结构转方式促升级工作领导小组举行第一次全体人员会议，听取讨论十个“调转促”专项方案，研究部署下一步工作。市委书记李明主持会议并讲话；市领导张祥安、许继伟、章义、王图强、朱诚、汪建中、李树、郭强、马军、罗建华、陆峰、杨东坡、苏虹，市政府秘书长、滁州职业技术学院党委书记杨甫祥等出席会议。会议听取讨论并原则通过战略性新兴产业集聚发展等十个“调转促”专项工程实施方案。

同日 市委书记、市规委会主任李明主持召开市规委会2015年第六次主任会议。市领导张祥安、李耀才、章义、汪建中、李树、张尽忠、李庆宁、苏虹等出席会议。会议讨论研究琅琊山景区创建国家5A级旅游景区提升规划、实施方案和市图书馆规划设计方案。

31日 市委理论学习中心组召开“三严三实”专题理论学习研讨会，重点围绕“严以用权，真抓实干，实实在在谋事创业做人，树立忠诚、干净、担当的新形象”开展理论学习研讨。市委书记李明主持会议并讲话。市领导张祥安、李耀才、何希勇、许继伟、章义、王图强、朱诚、李玉平、李树、郭强、马军、潘晓等出席会议。

是月 在北京召开的“2015（第四届）国家城市发展市长论坛”上，滁州开发区荣获“荣耀30年·中国创新力开发区”称号。

11月

3日 省第四届老年人运动会在滁州体育馆举行。副省长梁卫国宣布大赛开幕。省民政厅厅长吴旭军，省体育局局长冯潮，市委书记李明，市委副书记、市长张祥安出席开幕式。省体育局副局长陈海军主持开幕式，张祥安致欢迎辞，副市长陆峰出席开幕式。

5日 博西（滁州）家电产业园启动仪式暨洗碗机工厂奠基仪式在滁举行。市领导李明、张祥安、何希勇、王图强、郭强、杨东坡，滁州开发区管委会主任刘茂松；中国民间商会副会长、苏宁控股集团董事长张近东，德国现代厨房协会中国区总经理蔡泓毅；博西家用电器集团董事会主席兼首席执行官欧腾博博士，博西家用电器投资（中国）有限公司董事长兼总裁盖尔克等出席仪式。博西华家用电器有限公司于1995年12月在滁州成立，是最早在中国建立的家电生产合资企业之一。2015年5月，博西家用电器投资（中国）有限公司与滁州市政府签订《战略合作协议》，决定新建洗碗机工厂，同时决定将位于市中心的老厂整体搬迁到位于滁州开发区的新厂区，建立博西（滁州）家电产业园。

5日–6日 省政协副主席、省政府秘书长邵国荷率调研组到定远县调研小型农田水利工程建管机制改革工作，实地视察蒋集镇大庙泵站串塘工程、张桥镇马塘综合扩建工程、范岗乡小张泵站串塘工程、池河镇水利水产技术服务中心站、池河凯源农业科技公司泵站串塘工程和桑涧镇龙塘泵站串塘工程，并召开座谈会。市政协主席何希勇、市政府副市长金力，市政协副主席、定远县委书记郑斌陪同调研。

6日 中共滁州市人大常委会机关委员会党员大会召开，以无记名投票及差额选举方式选举产生由5名同志组成的中共滁州市人大常委会机关第四届委员会。市人大常委会党组书记、主任李耀才出席会议并讲话；党组副书记、副主任秦钢昌，党组成员、副主任沈中林出席会议；党组成员、秘书长朱承艺主持大会。市人大常委会机关在职工作人员及离退休老同志等近100位中共党员参加大会。

同日 安徽省质量创新品牌升级江淮行高层论坛在滁举办。

7日–8日 省委书记、省人大常委会主任王学军就学习贯彻党的十八届五中全会精神，谋划和推动“十三五”发展，加快推进“调转促”等工作到滁州市进行调研。在滁期间，王学军先后到天长、明光两市城市规划馆和一些美好乡村建设示范村、企业和学校进行走访，听取滁州市经济社会发展以及基层党建、美好乡村建设、党风廉政建设等方面情况汇报，对滁州市经济社会各方面发展所取得的成绩给予充分肯定。

9日 市委召开全市领导干部会议，进一步学习贯彻十八届五中全会和全省领导干部会议精神，传达学习省委书记、省人大常委会主任王学军在滁调研指导工作时的重要讲话精神，部署安排全市贯彻落实工作。市委书记李明主持会议并讲话，强调要认真贯彻中央精神和省委部署，按照王学军书记的指示要求，认真学习领会和贯彻落实五中全会精神，深入谋划滁州市“十三五”发展，全力加快“调转促”步伐，以实际行动回报省委、省政府的关心厚爱。

9日–10日 匈牙利国务秘书、农业部副部长索尔特·考乐乔，匈牙利榆勒市政府副市长伊姆雷·费赫尔、安迪·维拉格以及部分企业家代表组成的19人代表团来滁考察。市委副书记、市长张祥安会见代表团一行。在滁期间，代表团参观琅琊山森林公园、1912文化街区、金春无纺布有限公司、家家爱电器科技有限公司以及滁州韩上电器有限公司。

11日–12日 市政府召开2015年全市现代农业示范区建设现场观摩推进会。市委副书记、市长张祥安和副市长金力率领的各县(市)、区政府负责人及市直相关单位负责人组成的观摩团一行,先后现场观摩琅琊区舜田现代农业园、定远县金山现代农业示范区、凤阳县小岗村省级农业示范区、明光市石坝现代农业示范区、来安县舜山林桥现代农业示范区、天长市大通现代农业示范区、全椒县荣鸿农业科技示范区、南谯区金鹏99生态农业园和菊花博览园等现代农业示范区建设情况。在南谯区召开的总结会议上张祥安强调,要充分认识发展现代农业的重要性,掌握现代农业发展规律,通过强化领导、强化措施和规模效益、科技植入、资本引进、产业融合,进一步推动滁州市现代农业的发展。

13日 市委副书记、市长张祥安在滁会见康佳集团董事局主席兼总裁刘凤喜一行,双方就继续深化合作交流进行友好交谈。市领导何希勇、王图强、杨东坡,滁州开发区管委会主任刘茂松参加会见。

同日 第九届中国(合肥)国际家用电器暨消费电子博览会在合肥滨湖国际会展中心举行。滁州市博西华、康佳电子、扬子空调、东菱凯琴、中认倍佳等30多家家电及电子信息主机企业、配套企业以及家电创新、检测公共服务平台企业参加家博会。省领导王学军、李锦斌、唐承沛、吴存荣、臧世凯、杨振超、童怀伟、邵国荷和工业和信息化部副部长冯飞等,在市领导李明、张祥安、杨东坡,滁州开发区管委会主任刘茂松的陪同下参观滁州馆。滁州市签约项目14个,签约总额47.9亿元,其中,签约投资项目11个,投资总额43.8亿元;签约贸易供需项目3个、签约总额4.1亿元。

11月4日,市委书记李明、市长张祥安会见来滁参加博西(滁州)家电产业园启动暨洗碗机项目开工仪式的博西家用电器集团董事会主席兼首席执行官欧腾博博士一行。

14日 市委、市政府在合肥召开滁州市"十三五"规划建议征求意见座谈会,省委副秘书长陈启涛,省政协常委、提案委副主任韦伟,省水利厅厅长纪冰等省直相关部门负责人应邀参加座谈。市委书记李明主持座谈会。市委副书记、市长张祥安通报滁州市经济社会发展情况及"十三五"规划起草情况。市领导许继伟、章义、王图强、汪建中及市直相关部门负责人参加会议,认真倾听专家们的意见建议。

15日 2015滁州·章广红色文化旅游节(枫叶篇)在南谯区枫业苗木专业合作社广场开幕。市政协主席何希勇宣布开幕,市人大常委会副主任张尽忠,副市长金力等出席开幕式。

16日 滁州市中级人民法院公开审理一起原告不服被告滁州市政府驳回其行政复议申请案件。市人民政府副市长陆峰出庭应诉。这是滁州市建市以来市政府负责人首次出庭应诉行政案件。

17日 市委书记李明到来安县半塔镇邢港村调研基层党建和扶贫工作,主持召开座谈会,与来安县及部分乡镇、村党组织书记进行交流座谈,了解大家的所思、所想、所盼,分析基层党建工作中存在的问题,听取解决问题的意见建议,征求市委在"三严三实"专题教育中存在不严不实问题的意见,研究加强和创新基层党建和扶贫工作的措施。市委常委、市委秘书长王图强,市委常委、市委组织部部长朱诚等陪同调研。

同日 市政协主席何希勇率中共界别市政协委员到凤阳县视察民生工程并召开民情民智座谈会,市政协副主席孙敏民、高迁,秘书长王捍群等参加活动。

同日 定凤明4.5亿元天然气管道项目开工,管道总长约90公里,规划线路自定远起经明光市区至凤阳县城。

18日 安徽省第八届皖江八市群艺(民乐)大赛暨展演在滁

州学院音乐厅成功举办。皖江八市群艺大赛创办于2007年，由芜湖市、马鞍山市、黄山市、铜陵市、安庆市、池州市、宣城市和滁州市共同发起。群艺大赛每年举办一次，活动旨在加强皖江各市的文化交流，充分展示皖江八市群众文化发展成就，打造群众文化活动区域品牌。

19日 省委宣讲团党的十八届五中全会精神报告会在滁州大剧院举行。省委宣讲团成员，省委宣传部副部长，安徽日报社社长、党委书记徐东平作宣讲报告。市委书记李明主持报告会并讲话。市领导何希勇、章义、王图强、李玉平、李树、郭强、马军，老同志蒋双甲等出席报告会。

20日 全市农村基层党建工作会议在滁召开，市委书记李明出席会议并讲话，市委副书记许继伟传达全省农村基层党建工作会议暨优秀县委书记先进事迹报告会精神；天长市、全椒县等五个单位作典型发言。

21日 市委书记李明到全椒县调研“调转促”工作。李明先后到滁州博杰科技有限公司、安徽省科昌机械制造有限公司、大墅镇、旭能光伏、仙迪新能源等乡镇和企业调研。市委常委、市委秘书长王图强等参加调研。

23日 长久实业集团有限公司总裁王昕、副总裁葛贤文到滁考察投资环境，市委书记李明，市委常委、市委秘书长王图强，副市长杨东坡等陪同考察。考察团一行参观恒信工贸公司、兴扬汽车公司、猎豹汽车公司、嘉远电动车公司、苏滁现代产业园规划馆

11月8日，省委书记王学军在天长市天康集团调研。

等，以及滁州开发区、苏滁现代产业园园区建设。

24日 马鞍山市政协主席李群率驻马鞍山省政协委员到滁视察。李群一行先后考察市规划馆、安康电子公司、长电科技、盼盼食品、银鹭食品、金丝楠木博物馆、苏滁现代产业园规划馆等。市政协主席何希勇，副主席徐崇华、苏虹，滁州开发区管委会主任刘茂松，市政协秘书长王捍群等陪同视察。

26日-27日 省人大常委会党组副书记、副主任臧世凯走访看望在滁部分省人大代表，并座谈征求对省人大常委会工作的意见和建议，参观考察天长市汊涧镇长山村美好乡村建设、永丰镇人大代表活动室和天长市城市建设情况等，看望在天长市的省人大代表。省人大常委会秘书长朱读稳，市人大常委会主任李耀才，市委副书记许继伟等陪同走访。

26日-29日 省委副书记李国英到滁州市调研。李国英实地调研滁州经济技术开发区、苏滁现代产业园和凤阳小岗村、农业科技产业园、农业示范区、美好乡村、职业学校、电商物流中心、河流治理现场等，详细了解滁州市经济社会发展和农业农村工作情况，召开座谈会听取基层干部、农村基层党组织和农业龙头企业负责人的意见建议。省委副秘书长李中，市领导李明、张祥安、许继伟、王图强、金力陪同调研或参加座谈会。

27日 全市县（市、区）政协主席、秘书长暨市各民主党派、工商联负责人座谈会在滁召开。市政协主席何希勇主持会议，市政协副主席高迁、徐崇华、李庆宁、高潮、苏虹，秘书长王捍群等出席会议。

27日-28日 全省加强县乡人大工作和建设汇报交流会在滁召开。省人大常委会党组副书记、副主任臧世凯、胡连松分别主持会议，省人大常委会副主任沈卫国、陈先森、宋卫平、王翠凤及秘书长朱读稳；市领导李明、张祥安、李耀才、张尽忠、秦钢昌、朱云

霞、傅厚华、沈中林，以及省人大常委会有关机构负责人和各市及有关县人大常委会负责人出席会议。会议期间，与会人员分别到长城文化创意产业园、安徽猎豹汽车有限公司、中国金丝楠木博物馆、长电科技（滁州）有限公司、安徽银鹭食品有限公司、苏滁现代产业园等地参观考察。

30日 市委书记李明在滁会见新华社安徽分社副社长、总编辑陈先发一行。市委常委、市委秘书长王图强，市委常委、市委宣传部部长李树等陪同会见。

同日 市委副书记、市长张祥安主持召开市政府第30次常务会议，听取并研究市财政局关于明确《滁州市市区城镇土地使用税奖励政策（试行）》执行期限有关情况的汇报，市公管局关于《滁州市公共资源交易监督管理办法》的汇报，市住房公积金管理中心关于《滁州市住房公积金资产证券化融资方案》的汇报，市地震局关于《滁州市地震应急预案》（修订稿）的汇报，市公安局关于《滁州市人民政府进一步推进户籍制度改革的实施意见》的汇报。会议对上述议题进行充分讨论，原则同意并提出修改意见。

同日 市五届人大常委会第二十一次会议闭会。市人大常委会主任李耀才主持会议并讲话；副主任张尽忠、秦钢昌、朱云霞、傅厚华、沈中林，秘书长朱承艺出席会议。会议先后听取和审议市人民政府关于全市服务业发展情况的报告等7项报告或情况说明，表决通过《滁州市人大常委会关于加强市属开发园区财政预算监督工作的决定》《滁州市人大常委会关于建筑施工扬尘污染防治的决定》。会议对市政府关于全市服务业发展情况、关于滁州市贯彻实施《国务院医疗机构管理条例》情况、关于烟花爆竹禁限放工作推进情况、关于加强养犬管理工作推进情况以及贯彻落实《滁州市人大常委会关于滁州市农产品质量安全工作的审议意见》情况的报告进行满意度测评，结果分别为"基本满意"、"基本满意"、"满意"、"不满意"、"基本满意"。市委常委、市委组织部长朱诚，副市长罗建华、金力、陆峰，市中级人民法院院长陈严法，市人民检察院副检察长李传水列席会议或作关于提请决定任命人员的情况介绍等。

是月 全椒县作家李华阳的长篇小说《古城巷》由安徽文艺出版社出版，著名小说家杨小凡为之作序。

是月 由中共滁州市委宣传部、滁州日报社、市文联联合举办的"环滁皆美"摄影大赛评选揭晓，有64幅作品获奖。此次"环滁皆美"摄影大赛分为专业组和业余组两个组别，广大摄影爱好者用镜头展现滁州又好又快发展美、人民幸福生活美、社会文明人文美、城乡秀丽生态美的生动形象。

12月

1日 市委常委会召开会议，传达学习11月26日至29日省委副书记李国英在滁州市调研和座谈时的讲话精神，强调要从战略层面谋划大工业基地问题，要从系统层面谋划对接南京江北新区问题，要从政策层面谋划与毗邻地区拉平看齐问题，要从产业融合层面谋划农产品附加值的提升问题。市委书记李明主持会议并讲话。市领导张祥安、李耀才、何希勇、许继伟、王图强、朱诚、李玉平、汪建中、李树、马军、潘晓等出席会议。

同日 市委副书记、市长张祥安，市政协主席何希勇，市政府副市长金力等赴南京审计学院考察调研。南京审计学院院长晏维龙、副院长尹平等陪同考察。

2日 滁淮高速滁州段全线开工。滁淮高速全长125.06公里，其中，滁州段长100.435公里，是迄今为止滁州市境内造价最高、里程最长的一条高速公路。

同日 安徽省首届农民广场舞大赛在中国农村改革发源地凤阳县小岗村举行，来自全省的350多名农民选手参与角逐。

3日 市委书记李明在滁会见交通银行安徽省分行党委书记、行长任三中，双方就进一步深化沟通交流、加强金融合作进行探讨。市委常委、常务副市长章义陪同会见。

4日 市人防指挥部、滁州学院《协同创新发展协议》签约暨"滁州市防空防灾宣教基地"、"滁州学院大学生创业实习基地"揭牌仪式在滁州学院举行。

同日 由新华网、安徽省互联网信息办公室共同主办的"安徽省政务新媒体综合影响力报告"发布会在合肥举行，滁州市政务新媒体运营互动指数、传播指数等分项指数领先全省，以81.11分位居安徽省地市级第一，排名全省城市政务新媒体榜单榜首。

5日　凤阳县人民政府与安徽省路网交通建设集团有限公司联合举办小岗村农产品深加工产业园PPP项目战略合作签约仪式暨园区产业规划研讨会。来自中国电子工程设计院、清华大学区域经济与城镇化研究所、香港城市规划院、天津市市政工程设计研究院、浦发银行等金融机构以及国内外涉农类著名企业家等有关方面的专家和领导出席签约仪式。

7日　安徽省道德信贷试点工作对接落实会议在天长市召开，省委宣传部、省文明办、省财政厅等六部门，联合发布《关于印发〈安徽省道德信贷试点工作实施方案〉的通知》，滁州市成为全省道德信贷的"试验田"。

8日　市委召开党的群团和统战工作会议，市委书记李明出席会议并讲话，强调各地各级要认真贯彻中央和省委、市委关于做好新形势下党的群团工作和统战工作的新部署、新要求，切实增强责任感和使命感，把思想和行动统一到中央和省委、市委的部署要求上来，进一步加强和改进新形势下党的群团和统战工作，为加快"三个发展"、建设美好滁州凝聚强大力量。市委副书记许继伟主持会议，市领导王图强、朱诚、秦钢昌、金力、孙敏民等参加会议。市总工会、团市委、市妇联分别作交流发言。

10日　市人大常委会主任李耀才率驻滁部分省、市人大代表赴定远县，集中视察该县新型城镇化建设进展情况。视察组先后视察定远县池河镇岱山新村、安徽省东昌农业科技有限公司、县现代农业产业示范园、定远二中新校区、城东新区城中村安置房、定远体育中心及包青天廉政文化公园，并召开座谈会听取县委、县政府的专项工作汇报。市委常委、市纪委书记李玉平，市政协副主席李庆宁，滁州职业技术学院院长李柱梁等省、市人大代表随同视察。

同日　滁州老年大学举行建校20周年座谈会。省委老干部局巡视员、省老年大学协会副会长邱茂叶出席并致辞，市委副书记许继伟讲话。市领导张尽忠、陆峰、高迁，老同志吴国武等出席座谈会。

11日　高思杰先进事迹报告会在滁州大剧院举行。市委副书记许继伟主持报告会并讲话。市领导朱诚、李玉平、李树、张尽忠、秦钢昌、沈中林、罗建华、陆峰、高迁、查镜波、李庆宁等出席报告会。

12日–13日　市委副书记、市长张祥安到全椒县大墅镇刘兴中心村、新兴村调研，走访慰问老党员、种粮大户和残疾人家庭，倾听他们对党和政府工作的意见和建议。同时到旷远国际、国靖家具、神工古典家具、万思养殖场等地调研，并在大墅镇召开座谈会，与县、镇、村干部、企业家代表座谈，详细了解基层干部群众的所思所忧所盼，并对下一步发展提出明确要求。

14日　中国共产党滁州市第五届委员会第十二次全体会议在滁举行。市委书记李明主持会议并讲话。市领导张祥安、李耀才、何希勇、许继伟、章义、王图强、朱诚、李玉平、汪建中、李树、郭强、马军、潘晓及其他市委委员、市委候补委员出席会议。会议深入学习贯彻党的十八届五中全会和省委九届十四次全会精神，听取和讨论李明受市委常委会委托作的工作报告，审议通过

12月14日，中国共产党滁州市第五届委员会第十二次全体会议召开。

《中共滁州市委关于制定国民经济和社会发展第十三个五年规划的建议》和《中国共产党滁州市第五届委员会第十二次全体会议决议》;全会决定递补市委候补委员邓继敢、李中东、汤智、陈素云为市委委员;听取市委常委、市委组织部长、市委统战部长朱诚代表市委常委会作的干部选拔任用工作专题报告,并对2014年12月以来干部选拔任用工作及新选拔任用的领导干部进行民主评议。不是市委委员、市委候补委员的在职市级领导同志,市直各单位主要负责人,各县(市)、区党委和政府主要负责人,部分市五次党代会代表等列席会议。

15日 市委常委会召开会议,传达学习全省扶贫开发工作会议精神,研究部署滁州市贯彻落实工作。市委书记李明主持会议并讲话。市领导张祥安、李耀才、何希勇、许继伟、章义、王图强、朱诚、李玉平、汪建中、李树、郭强、马军、潘晓等出席会议。

同日 安徽康佳同创电器有限公司开具全省首份家电产品电子发票。

16日 滁州市农田水利基本建设暨造林整地现场会在明光召开。市委副书记许继伟出席会议并讲话。市委常委、副市长汪建中主持会议。与会人员先后到石坝镇等地现场参观,了解当地农田水利基本建设和造林整地工作情况。

17日 新加坡道益集团董事长苏益华来滁考察,市委书记李明会见苏益华一行,双方就深入开展合作事宜进行交谈。苏滁现代产业园管委会主任徐保月,中新苏滁(滁州)开发有限公司总裁唐研哲等陪同会见。

18日 滁州市南谯区腰铺镇二郎黄槽坊一处水泥用灰岩矿采矿权在合肥市公共资源交易中心进行现场竞价,最终以2.99亿元成交,创滁州市单宗水泥用灰岩矿采矿权出让最高纪录。省政府副省长方春明、省国土资源厅厅长孙爱民、滁州市副市长刘茂松现场全程观摩并见证矿权成交。

同日 中华全国总工会书记处书记、党组成员赵世洪来滁分别到安徽康佳电子有限公司、安徽盼盼食品有限公司等公司调研。省政协副主席、省总工会主席童怀伟,省总工会党组书记、副主席徐建,市政协主席何希勇,副市长杨东坡等陪同调研。

19日—20日 省委常委、省委组织部长邓向阳到滁州市调研经济社会发展和基层党建工作,先后实地考察安徽省龙利得包装印刷有限公司、全椒县襄河镇河东新村、滁州高教科创城项目、轨道交通装备产业园、安徽创源文化发展有限公司、安徽金禾实业股份有限公司、明光市石坝河现代农业示范区、广大现代物流城明光电商产业园和展示中心、全椒县黄栗树新村、全柴集团等,了解滁州市经济社会发展、基层党建和非公企业党建等工作开展情况。并在明光市主持召开落实基层党建工作责任制座谈会。市委书记李明,市委常委、市委组织部长、市委统战部长朱诚,省委非公经济和社会组织工委专职副书记唐汝平等陪同调研。

20日 市委常委会召开"三严三实"专题民主生活会。省委常委、省委组织部长邓向阳参加并指导。会议通报2014年度市委常委班子民主生活会整改情况。市委书记李明主持会议,并代表市委常委班子作对照检查。常委班子围绕"三严三实"专题教育,广泛征求意见,深入查找班子和个人存在的"不严不实"问题,并深刻剖析问题产生的根源,有针对性地提出务实管用的整改措施,明确今后的努力方向。省纪委常委王忠,省委非公经济和社会组织工委副书记、省委组织部组织指导处处长唐汝平等参加会议。市人大常委会主任李耀才、市政协主席何希勇列席会议。

21日 市委副书记、市长张祥安主持召开市政府第31次常务会议,讨论研究滁州市区居民生活用气实行阶梯价格等议题。会议原则同意滁州市区居民生活用气实行阶梯价格和《滁州市环境监管网格体系建设实施方案》《滁州市人民政府关于划定高污染燃料禁燃区的通告》《滁州市人民政府重大事项决策过错责任追究办法》《滁州市法治政府指标体系》《滁州市行政机关负责人行政诉讼出庭应诉工作规定》等。听取市审计局关于《加强审计工作的意见》,原则同意授予博西华家用电器有限公司康启正和福克斯"滁州市荣誉市民"称号。

22日 滁州市首台工业机器人——多关节机器人在安徽鸿森智能装备股份有限公司下线。

23日 中央改革办专职副

主任陈一新率队来滁督查调研县级公立医院综合改革工作，在定远县召开座谈会。市委书记李明代表市委、市政府作表态发言。市委副书记、市长张祥安主持座谈会。省委常委、常务副省长詹夏来，中央改革办督察局副局长、巡视员于德宝，市领导章义、金力等陪同调研并出席座谈会。

同日 滁州市道德讲堂总堂暨滁州市2015年下半年“滁州好人”现场交流活动在滁举行。省文明办副主任王运慧参加活动并作点评讲话。市领导何希勇、许继伟、李玉平、李树、罗建华、陆峰、高迁等参加活动。

24日 市委、市政府召开2015年企业家座谈会，向40多家滁州重点企业负责人通报滁州市经济社会发展情况，征求他们对市委、市政府工作的意见和建议，与他们共商滁州“十三五”发展大计。市委书记李明主持座谈会。市领导张祥安、李耀才、何希勇、许继伟、王图强、杨东坡、查镜波，滁州开发区管委会主任盛必龙，苏滁现代产业园管委会主任徐保月等出席座谈会。

同日 滁州市第四届“民生杯”乡镇综合文化站文艺调演在滁州大剧院举行。

25日 市委书记李明参加并指导明光市委常委会“三严三实”专题民主生活会，强调明光要认真学习贯彻中央和省委、滁州市委的部署要求，巩固扩大专题民主生活会成果，持之以恒地加强理想信念教育和专题教育，坚定不移地推动经济加快发展，着力改善和保障民生，坚持全面从严管党治党，努力把班子建设好，把任务落实好，实现明光更大发展，确保如期全面建成小康社会。

同日 市委副书记、市长张祥安参加并指导南谯区委常委会“三严三实”专题民主生活会，强调要持续用力抓好专题教育，从严从实加强领导班子建设，高标准、高质量地做好教育实践活动各个环节工作，以良好作风奋力开创发展新局面。

同日 市人大常委会在市政务中心举行滁州市人大常委会代表问政现场会。市人大常委会主任李耀才主持会议并讲话；副主任张尽忠、秦钢昌、朱云霞、傅厚华、沈中林，秘书长朱承艺出席会议。代表问政现场会历时2个半小时，市人大代表提问30次，内容主要涉及“调转促”、市人民政府承诺为民办实事、精准扶贫、城建和物业管理、教育等5个方面。问政形式采取现场询问方式，由代表围绕市委决策、市政府重点工作部署，以群众反映强烈或社会普遍关切的突出问题为问政切入点，由市人民政府各位分管副市长分别回答，或就相关情况作出说明。市委常委、副市长汪建中，副市长罗建华、金力、陆峰、刘茂松，市政府各相关副秘书长及各相关部门主要负责人等，参会听取代表意见并回答代表询问。市人大常委会全体组成人员，部分在滁市人大代表，市人大机关全体干部等参加问政现场会。

26日 滁州市图书馆项目举行开工奠基仪式。滁州市图书馆新馆位于市政务中心北侧，地处城南新区、政务中心核心区，区位优越，可辐射全城。新馆总建筑面积约2.5万平方米，其中市图书馆建筑面积约2万平方米，市文学艺术中心建筑面积约5000平方米。

同日 北斗卫星·可视凤阳项目启动仪式在凤阳宁国现代产业园举行。

27日 市委常委议军会议在滁召开，传达学习省委常委议军会议精神，听取滁州军分区2015年军事工作落实情况暨有关工作建议，研究部署下一步加强滁州市党管武装工作。市委书记、滁州军分区党委第一书记李明主持会议并讲话。市领导张祥安、何希勇、章义、王图强、李玉平、汪建中、李树、郭强、马军，滁州军分区领导李金泉、潘晓等参加会议。

28日 国际玻璃协会主席，中国建材股份公司执行董事、副总裁，凯盛科技集团公司总经理，蚌埠玻璃工业设计研究院院长彭寿来滁考察。市委书记李明，市委副书记、市长张祥安会见彭寿一行，市委常委、市委秘书长王图强，市委常委、副市长郭强和凤阳县委、县政府负责人等陪同会见。

29日 市委召开县（市）、区委书记抓基层党建工作述职评议会议。市委书记李明主持会议并讲话。市领导张祥安、许继伟、章义、王图强、朱诚、李玉平、汪建中、郭强及省委组织部农村组织处和组织指导处负责人出席会议。天长市、明光市、来安县、凤阳县、南谯区、琅琊区等6个县（市）、区委书记分别就履行党建工作第一责任人职责情况认真述职，全椒、定远两县县委书记分别就县委抓基层党建工作情况认真述职。与会市委常委和部分基层代表对需要进一步了解的问题进行现场提问。市委常委，市委党建工作领导小组成员，市委组织部副部长，各县（市）、区委书记、组织部长，40名熟悉了解基层党建工作情况的“两代表一委员”、基层党员干部和群众代表对述职人员进行评议。

29日–30日 市五届人大常委会第二十二次会议在滁召开，市人大常委会主任李耀才主持会议并讲话；副主任朱云霞、傅厚华、沈中林，秘书长朱承艺出席会议。会议表决通过《市人大常委会关于召开市五届人大五次会议的决定》《市人大常委会关于接受常委会部分组成人员辞去常委会组成人员职务的决定》《市人大常委会关于同意2015年市本级地方政府债券资金安排及其预算调整方案的决议》《市人大常委会关于批准滁州市本级2015年地方政府债务限额的决议》。会议对市人民政府关于市本级园区闲置土地清理处置工作情况的报告、关于贯彻落实《市人大常委会关于加强西涧湖饮用水水源保护的决定》情况的报告进行满意度测评，结果分别为：“满意”、“基本满意”；对接受评议的20件重点建议办理情况的满意度测评全部为“基本满意”。副市长罗建华、刘茂松，市中级人民法院院长陈严法，市人民检察院检察长郑光等列席会议。

31日 市委副书记、市长张祥安率市直有关部门负责人到全椒县部分企业开展调研活动，实地了解“调转促”进展情况，征求企业的意见建议。市委常委、滁州军分区政委潘晓等陪同调研。

是月 由四川省甘孜藏族自治州人民政府与安徽省天长市人民政府共同主办的“格桑花牵手茉莉花”——圣洁甘孜走进天长民族文化交流大型文艺演出在天长市体育馆举行。

是月 滁州海关天长通关监管中心获合肥海关批准设立，系全省首家县级海关工作机构。该工作机构的设立极大便利天长市外向型企业就近办理海关业务，促进县域经济发展壮大。

是月 安徽省第二人民医院、凤阳县人民医院医疗联合体到凤阳县大庙镇东陵村为300多名农民群众提供义诊服务。其中省二院专家团中有两位来自古巴的外籍眼科专家胡安·卡罗斯和雷格拉。

市情概览

SHIQING GAILAN

自然理地

【位置境域】 滁州市位于安徽省东部，长江三角洲西部，为全省16个省辖地级市之一，习称“皖东”。市境东部与江苏省接壤，自南向北分别与南京市、扬州市、淮安市、宿迁市为邻，西部自北向南分别与省内蚌埠市、淮南市、合肥市、马鞍山市相依。地理坐标为北纬30°51′-33°13′、东经117°10′-119°13′。市人民政府驻地北距首都北京市约900公里，西距省会合肥市115公里，东距江苏省省会南京市50公里，分别是南京都市圈和合肥经济圈伙伴城市。

2015年，滁州市行政区域总面积13474.1平方公里，约占全省总面积的1/10。全境东西最长处193公里，南北最宽处约150公里。市境最东端在天长市秦栏镇同兴村，最南端在全椒县古河镇再安村，最西端在凤阳县官塘镇尹湾村，最北端在明光市泊岗乡新淮村。

【地形地貌】 全市地貌呈多样性，但以丘陵及岗地为主，平原区所占比例较小。市境丘陵区主要包括全椒县孤山、南谯区南将军山和北将军山、定远县岱山、明光市杏山至来安县半塔的一大片高低丘相连的弧形带状丘陵区和凤阳山、老嘉山两片丘陵区，海拔高度一般在100米以上。丘间台地表面为基岩裸露，或者是含碎石的薄层坡积、残积物，丘坡脚下为粗质岩质风化物。丘陵区土壤多为幼年土壤，土层薄，肥力低，适宜发展林、牧业。

市境岗地（又称台地或阶地）区主要是定远县西北的将军山四周，凤阳县西南部、明光市西北部等地围绕丘陵分布的平台或波状起伏地带，以及天长市西南与江苏省六合县接壤的台地。地表岗冲起伏，地面多为不易透水的黄土母质所覆盖。明光、来安两县（市）境内有新生代玄武岩喷出物，岩石及其风化物的性质与一般岗地不同，其中女山、团山火山口保存完好，具有火山喷出岩的特性。

市境平原区主要分布在滁河、淮河等河流沿岸和高邮湖、女

江淮丘陵地貌

山湖等湖泊的滨湖区，几乎都是圩区，也是粮油棉的主要产区。

菱溪湖公园湿地

【自然资源】 全市土壤分为淋溶、初育、半水成、人为等4个土纲和水稻土、黄棕壤、潮土、灰质土、粗骨土、紫色土、砂礓黑土、黑色石灰土等8个土类，计有20个亚种、65个土属、118个土种。分布划分为五大区域。丘陵区土壤上、中部多为石质土、粗骨土、紫色土和黑碎石土，下部为棕色石灰土、鸡肝土和黄棕壤。丘间谷地多为粘盘黄棕壤、马肝土、黄白土等。岗地区上部为白土和澄板土，中部为黄白土和渗马肝土。冲田多为瘦马肝土。沿淮平原区主要是黄潮土、潮马肝土和小面积的水稻土。南部圩区圩心为高位青泥骨土，高处为中位青泥骨土和泥骨土。西部浅洼平原区是砂礓黑土集中分布区。2015年全市土地利用现状总面积为20284833.50亩。

全市多年平均面降水量为966.4毫米，降水量空间分布表现为自东南向西北递减，受季风影响明显。据实测水文资料计算，多年平均地表径流深约200毫米，地表水资源量27亿立方米。径流量的年际变化大，丰水与枯水年份径流量相差高达10~100倍。由于地质构造等原因，滁州市地下水资源匮乏，其蕴藏量仅约5亿立方米，且多分布于东南部的平原圩区，只能用作人畜饮用的补充水源。全市可资利用的外来水水源，南部地区可通过驷马山引江灌溉工程将长江水提引入滁河，供给南谯区、全椒县、来安县沿滁河北岸地带农业用水和部分工业和人民生活用水。北部地区紧靠淮河，在沿河设站提引淮河水，直接提引淮水的抽水站有门台子、霸王城、东西涧、太平、枣巷、黄湾、老窑等站。女山湖引淮灌溉工程可提引淮河水流量40立方米每秒。天长市可提引高邮湖水补给农业生产用水，该湖通过入江水道可引淮河来水和南水北调来水，水源可靠。

全市有兽类12种，分别为草兔、鼠类、狼、獐、黄鼬、狐狸、野猫、小灵猫、刺猬、猪獾、河麂和蝙蝠，占全省兽类总数的31.3%。其中獐分布于皇甫山、琅琊山等地。全市有两栖、爬行类两栖动物9种，主要种类有中华大蟾蜍、无斑雨蛙、泽蛙、黑斑蛙、金钺蛙、日本林蛙、小弧斑蛙、北方狭口蛙、虎纹蛙（黄狗）、青蛙（金钺蛙）。爬行类11种，有乌龟、鳖、无蹼壁虎、北草蜥、虎斑游蛇、水赤鏈蛇、红点锦蛇、黑眉锦蛇、王锦蛇、乌梢蛇和蝮蛇等。鸟类15目41科166种，其中：留鸟46种、夏候鸟54种、冬侯鸟31种、旅鸟29种、尚有6种未知。区系组成划为东洋界。鸟类中，鹭鸟系本地珍禽，有池鹭、夜鹭、小白鹭、中白鹭、牛背鹭、大白鹭和苍鹭等7种。主要分布于皇甫山自然保护区内的姚洼、弥陀寺、刺洼和张大洼的针阔混交林中；特别是皇甫山自然保护区，每年春末夏初之际，有数万只白色鹭鸟聚集林冠，谓为壮观。蝶类，有蝴蝶、凤蝶、绢蝶等。1998年滁州师范专科学校化生系师生对琅琊山林场蝶类资源进行调查，记录蝴蝶53种，其中中华虎凤蝶是国内特有的珍稀蝶类，属国家一级保护动物。全市国家一级保护动物有金雕、白肩雕、白颈长尾雉等。国家二级保护动物有：鸟类（大天鹅、鸳鸯、灰鹤、苍鹰、赤腹鹰、雀鹰、松雀鹰、燕隼、大绯胸鹦鹉、小鸦鹃、短耳鸮、长耳鸮、红角鸮、雕、斑头鸺、鹰鸮、蓝翅八色鸫、白鹇、白冠长尾雉等）、兽类有小灵猫（香狸）、河麂（羊獐）等、两栖类有虎纹蛙（黄狗）、昆虫类有中华虎凤蝶。省一级保护动物分别为：鸟类：夜鹰、大杜鹃、中杜鹃、小杜鹃、鹰头杜鹃、四声杜鹃、噪鹃、红翅凤头鹃、乌鹃、绿啄木鸟、斑啄木鸟、星头啄木鸟、小星头啄木鸟、姬啄木鸟、金腰燕、家燕、黑枕黄鹂(黄莺)、红嘴蓝鹊、灰喜鹊、寿带、红嘴相思鸟。兽类:狐狸、豹猫(野猫)。省二级保护动物分别为:鸟类:绿翅鸭、绿头鸭、罗纹鸭(野鸭)、环颈雉(野鸡)、鹌鹑、红尾伯劳、牛头伯劳、虎纹伯劳、棕背伯劳、画眉、暗绿绣眼鸟。兽类:黄鼬(黄鼠狼)、狗獾、猪獾。两栖类:黑斑蛙(青蛙)、金线蛙、中华大蟾蜍(癞蛤蟆)。爬行类:龟类所有种,王锦蛇(菜花蛇)、乌梢蛇、黑眉锦蛇、中国水蛇。

全市树种资源丰富,1977年全区乔灌木树种资源调查,有乔灌木414种,包括变种35种,隶属83科187属,竹类有两属17种,占安徽省木本植物科总数的74.1%、属总数的59.6%、种总数的31.4%。其中琅琊山周围20公里范围有树种270多种,草本植物六、七百种。古树名木98株。全市属国家级珍稀树种名录的有:银杏、刺楸、杜仲、鹅掌楸、醉翁榆、琅琊榆、厚朴、榉树等。全市属省级珍稀树种名录的有:金钱松、天竺桂、凹叶厚朴、青檀等。

全市地质构造复杂,成矿条件优越,矿产资源丰富。发现矿种39种,矿床及矿点134处,其中大型矿床12处,中型矿床8处,小型及矿点114处。主要矿种有:黑色金属的铁、钛、锰、钒;有色金属的铜、钼;贵金属的金;燃料矿产石油;冶金辅助原料的耐火粘土、白云岩、硅石、石灰岩,铸型用砂;化工原料非金属矿产的岩盐、钙芒硝、重晶石、钾长石、硼镁矿;建筑材料及其它非金属矿产石膏、瓷石、黄砂、浮石、铸石、凹凸棒石、玻璃石英岩、天然油石、玉石、方解石、彩石及药物矿石麦饭石和矿泉水等。其中硅石、玻璃石英岩、天然油石,凹凸棒石、铸石、岩盐、钙芒硝、石膏、石油等,不仅在安徽省居于首位或唯一的矿产,部分在华东,甚至在全国占有重要的地位,是滁州市的优势矿产。 (衡 贵)

【气候】2015年,滁州市年平均气温15.8℃,较常年偏高0.3℃;冬、春季气温持续偏高,夏季偏低,秋季接近常年。全市年降水量1212毫米,较常年偏多近2成,为2004年以来最多;冬季降水偏少,夏季偏多,春、秋两季正常。入梅和出梅均偏晚,梅雨期偏长,梅雨量偏多。年日照时数1759小时,较常年偏少231小时,为1961年以来最少。

梅雨期暴雨过程多,滁河流域发生洪涝灾害;台风“苏迪罗”掠境,滁城掀起狂风暴雨;夏季气温低,连续两年“凉夏”;秋末出现低温连阴雨,降雪初日早;年初年末雾、霾不断,交通及空气质量受影响;春夏季强对流时有发生,危害总体轻。 (程 晨)

远眺大丰山

历史文化

【建置演变】 滁州市境内早在石器时代即有人类活动,留下众多文化遗存。两千多年前的春秋战国时期,滁地曾是吴楚相争的分野,攻战频繁,先属吴,后属楚,故有“吴头楚尾”之说。秦汉时,地属九江郡(曾为淮南国),东汉九江郡治曾设在阴陵(定远县东北境),那时的建阳、阜陵、东阳、钟离、阴陵、东城、淮陵等县,就包括今之滁州所辖的来安、全椒、天长、凤阳、定远、明光等区域。三国两晋南北朝时期,今滁境南部一带称为“涂中”,在军事、经济、政治、文化上成为南北交融的结合部,建置更迭频繁。东晋曾先后侨置顿丘、南谯郡等。南北朝刘宋元徽元年(473年)设立新昌郡，新昌城（即今滁城）为郡治所在。其后100余年间，又先后设过谯州、南谯州等。

隋开皇三年（583年）改南谯州为滁州。隋末一度废州为县，至唐初复设滁州。此后历经1400多年演变，滁境建置虽代有变迁，但滁州之名一直沿袭，多数时期滁州领全椒、来安等县。

明初置临濠府，后改为凤阳府，辖区广大，曾领九州二十四县，包括今市境及皖北全部和湖北、河南、山东、江苏等部分区域。洪武二十二年（1389年）升滁州为直隶州，领全椒、来安两县，直隶京师，后改隶南京。至清末市境基本维持一府一直隶州格局。康熙六年（1667年）划江南省为苏皖两省，滁境改属安徽省。

民国初年裁撤府州实行省直管县体制，改滁州为滁县。抗日战争时期，中国共产党在市境内创建淮南抗日根据地，成立抗日民主政府。1949年6月成立皖北人民行政公署滁县行政区专员公署，辖滁县、来安、全椒、炳辉、定远、凤阳、嘉山、江浦、盱眙等9县。1956年滁县、宿县两专区合并成立蚌埠专区，1961年撤销蚌埠专区，恢复设立滁县专区；1971年4月，改称滁县地区；1992年12月20日，国务院批准撤销滁县地区，设立省辖地级滁州市。

【历史沿革】 滁州，古往今来为江北重镇，南接金陵，北望中原，历来为兵家必争之战略要地，渡江涉淮的理想之岸，也是山水相间，资源丰饶的鱼米之乡，素有“江淮保障”和“金陵锁钥”之称。先秦文化源远流长，魏晋以后，中原经济文化逐步南移，滁州几度成为南北对峙和交融的前沿地带，演绎过一幕又一幕铁马金戈、改朝换代的史剧，也留下无数英才豪杰风采灿然的华章。历经数次战乱兴替，宋、明时期成就古代滁州经济文化的繁盛与传承。千百年来，滁州的老百姓和志士仁人为实现丰乐安宁的社会理想，生生不息地奋斗。1978年改革开放以来，滁州进入发展繁荣的新时期。

滁州历史可以追溯到原始社会，市境发现多处新石器时代文化遗址。主要有濮家墩遗址、何郢遗址、顿丘遗址、西王遗址、侯家寨遗址、九梓遗址、泊岗遗址等。上古时期大禹治水“导淮”，娶涂山氏为妻，在今凤阳一带有传说故事。商周时期，居住在江淮之间的“淮夷”人以农业为主要生产方式，并在沿河、湖岸建立相对稳定的定居点。商朝与淮夷得关系融洽。西周灭商后，周王派兵东征，同时建立诸侯国屏藩王室，市境建有嬴姓的钟离国（凤阳县临淮关）、高阳氏的椒国（全椒县襄河镇）等。“淮夷”部族经过长期开发和征战，逐步融入中原华夏文明。

春秋时，市境为楚、吴分据。周简王二年（前584年），南方逐渐强大的吴国与中原诸侯在钟离（今凤阳县临淮关镇）会盟，自此吴国有了向北发展的意图。周灵王十三年（前559年），楚国令尹子囊率舟师沿滁河打到吴国的棠（江苏省南京市六合区），当回撤到滁河一处叫“皋舟之隘”的地方（南谯区汪郢与全椒县陈浅之间），被埋伏的吴人打得大败。周敬王二年（前518年），吴国边邑卑梁（今天长市石梁镇）与楚国边邑钟离儿童争桑，致两家相攻，卑梁人被杀，卑梁大夫怒攻钟离被楚王灭。吴王发兵攻楚，一举灭其钟离、居巢。史称“卑梁之衅”。

秦末楚汉相争，项羽兵败垓下，渡过淮水后，经钟离、阴陵、东城、椒陵至乌江挥剑自刎，市境留下虞姬墓、霸王墩等遗迹。东汉时九江郡郡治就设在阴陵（定远县东南境）。三国时，江淮为魏吴争战之地，境内置县多因战乱而废弛。孙吴截涂水（滁河）筑“涂塘”，以水代兵，阻挡南下的曹魏军队。西晋武帝咸宁五年（279年）十一月，镇东大将军、琅琊王司马伷率兵自涂中（滁州市区）出发攻吴。次年二月，吴王孙皓遣使送玺请降。惠帝时发生“八王之乱”，琅琊王司马睿避乱南下建康（南京）途中曾在滁州西南山中“驻跸”，琅琊山因此得名。东晋咸安元年（371年）大司马桓温破前秦王鉴、张蚝军于全椒城内积玉桥。太元四年（379年），兖州刺史谢玄率三万精兵进驻白马塘（天长东北）打败前秦军队，安定江北。在东晋建立前后的数十年间，中原地区士族地主、劳动力和技术大量南迁，推进南方社会经济文化的发展。而与南朝统治中心建康一江之隔的“涂中”在政治、军事、经济、文化上成为南北交融的结合部。东晋统治者采取侨置郡县的办法安置北方南迁移民，造成一些建置的混乱，撤并立州郡县不断，曾先后侨置过顿丘、南谯郡等。南北朝大体以淮河为界，形成南北对峙。

唐大历六年（771年），滁州刺史李幼卿与法琛禅师在琅琊山兴建佛寺，代宗李豫赐名“宝应寺”（今琅琊寺）。建中二年（781年），韦应物出任滁州刺史，写下千古绝唱的《滁州西涧》诗：“独怜幽草涧边生，上有黄鹂深树鸣，春潮带雨晚来急，野渡无人舟自横”。唐朝名臣李德裕两度出任滁州刺史，在州城内建“怀嵩楼”，又名“赞皇楼”（遗址在滁州中学内）。唐中后期，出现番镇割据，土地兼并日益严重，社会矛盾加剧。广明元年（880年）黄巢农民军攻克滁州。唐朝灭亡后，经历50年南北割据的五代十国时期。滁州先置于唐末淮南节度使杨行密建立的吴国统治，后为南方“十国”的南唐政权所辖。五代后周显德三年（956年），赵匡胤袭清流关，败南唐兵马15万人，攻占滁州。北宋统一后江淮地区近百年之间不见干戈，人民生活较为安定。一批贤臣先后任职滁州。至道元年（995年）。王禹偁贬守滁州，善政爱民，深得后来的欧阳修景仰。王欧两人被滁州人称为“二贤”。包拯曾任过定远和天长知县。庆历五年（1045年）著名文学家、史学家、政治家欧阳修任滁州知州，宽简施政，寄情山水，与民同乐，寺僧智仙为其建醉翁亭，欧阳修为此写下留芳百世的散文名篇《醉翁亭记》，他又在丰山之侧建立丰乐亭，并撰《丰乐亭记》。欧阳修知滁是滁州历史上辉煌的一页。《醉翁亭记》使滁之山水天下扬名，欧阳修在滁期间，吸引一大批著名文人士大夫对滁州的关注，或来游、访欧，或诗文唱和，如梅尧臣，苏舜钦、韩琦、富弼、范仲淹以及政见不同的王安石，还有后学门生如曾巩、苏轼等人。曾巩为欧阳修所建“醒心亭”作记。欧阳修逝后，苏轼应滁州知州王诏之请，将《醉翁亭记》《丰乐亭记》写成碑帖，镌刻于石碑上，“欧文苏字”珠联璧合，成为世代瑰宝。

南宋时，江淮一带又成为宋金对垒的前沿，滁州城先后九次被金兵所陷，主战派将领岳飞、韩世忠、张俊、李纲、杨沂中等曾在江淮间给金兵以重创。乾道八年（1172年），辛弃疾出任滁州知州，简赋舒征，收容流亡，修整街市，发展生产，组织民众训练军事，抗御金兵，并向朝廷上策“守江必先守淮”，再收复中原。辛弃疾还在滁州建起一座“繁雄馆”和一座“奠忱楼”，写下充满收复失地之情的《声声慢·滁州旅次登奠枕楼作》等词作。南宋建炎三年（1129年），金兵大举南侵，南宋叛将李成领兵攻打滁州。知州向子伋面临大军压境，誓不投降，率滁军民在琅琊山摩陀岭一带垒石筑寨，抵抗强敌，最终壮烈阵亡。南宋末年，蒙古兵两度攻入滁州。凤阳人姜才成为江淮一带抗元英雄，后在泰州英勇就义。南宋末年，朝廷还有一位刚正不阿的宰相——定远人董槐，为官40年，尽职尽忠，爱国恤民，晚年辞官回乡，品行可佳。

元天历元年（1328年），朱元璋生于濠州钟离县（凤阳县东至明光市西北），至正十二年（1352年）投奔定远人郭子兴领导的农民起义军，至正十五年在滁州建立太阳翊元帅府，至正二十四年自称吴王，至正二十六年称帝，定国号为明。洪武二年（1369年），明太祖朱元璋在凤阳兴建中都城。洪武七年罢建中都城，改设中立府。不久改中立府为凤阳府，府、县同治新城。凤阳府辖区幅员广大，初领九州二十四县，后领五州十三县。洪武二十二年升滁州为直隶州，领来安、全椒二县，市境其他州、县仍为凤阳府辖。明朝建立以后，滁州成为京畿辅地，被誉为“开天首郡”。洪武三年，朱元璋追封已故的郭子兴为滁阳王，在滁州建滁阳王庙祭祀。洪武六年，兵部在滁州设立管理放牧繁殖军马的机构—太仆寺，令江南诸州军民养殖马牛。南京太仆寺一直延续至明末。明朝一些名宦要员任职太仆寺，或往来于中都、滁州、南京之

琅琊山祗园摩崖石刻

间。宋濂扈从太子经滁州游琅琊山。哲学家、教育家王阳明在滁州讲学，收罗戚贤等一批弟子。江南才子文徵明父子都与滁州结下诸多缘分，在滁州留下诗文碑刻。陈琏、胡松为一代名宦。南太仆寺少卿冯若愚在醉翁亭内建"宝宋斋"，保护"欧文苏字"。明朝中后期，海防松弛，倭寇由近海袭扰进而侵犯江淮腹地。抗倭英雄沃田战死天长，被朝廷授予镇远将军，在天长县城建祠祭祀。定远人戚继光组建"戚家军"，征战浙江、福建、广东，彻底解除东南沿海倭患。

康熙六年(1667年)析江南省为江苏、安徽两省，市境改属安徽省。宣统二年(1910年)九月，津浦铁路临淮关至浦口段开始售票载客，为市境近代交通之始。自此，滁州粮食、竹篮、菊花药材等土特产开始销往南北各地。津浦路沿线门台子、临淮关、滁县等城镇有外国资本和民族资本开办火柴厂、面粉厂、烤烟厂等企业。清代以全椒、天长文风为盛。先后出现一批文化世家名人。如天长状元戴兰芬、"工诗文书画"的小说家宣鼎、全椒"一门三鼎甲，四代六尚书"的吴氏宗族。乾隆十四年(1749年)吴敬梓于落魄之中完成惊世骇俗的讽刺小说《儒林外史》，300年来，以各种文本传遍世界。晚清天长女学者王贞仪，博学多才，一生短暂，著述丰厚，同时代学者钱大昕称其为"班昭之后，一人而已"。还有人才辈出的定远方氏，为政、治学以方浚颐、方浚师、方浚益三兄弟成果卓著。全椒贤达薛时雨曾任杭州知府，后弃官讲学，筹款重修醉翁亭。晚清时期，滁州出现吴棠、吕本元、吕增祥等一批治乱世能臣。

辛亥革命，一大批皖东志士仁人为推翻封建统治流血牺牲。汪雨相、武焜南、方绍舟等加入孙中山领导的同盟会，田淑扬、田激扬兄弟先后牺牲。辛亥革命后，袁世凯复辟帝制行径激起全国人民愤怒。柏文蔚在安徽组织讨袁军，任命方绍舟为讨袁军旅长，在定远、寿县一带迎战北洋军。民国3年，孙中山任命方绍舟为讨袁军皖北总司令，全权指挥江淮地区反袁斗争。在反对袁世凯复辟斗争中，皖东大地出现一位女中豪杰，她就是天长人朱剑霞。

全椒县正月十六走太平

1937年12月，日军侵占领滁城，皖东各地先后沦陷。国民党军队在津浦铁路南段和淮河一线进行激烈的阻击战。民众抗日救亡运动风起云涌，人们用大刀、长矛、红缨枪、土枪土炮同侵略者进行殊死搏斗。1938年4月，由鄂豫皖红二十八军等部改编的新四军江北部队挺进皖东敌后抗日，创建皖东抗日根据地，建立抗日民主政府。1939年12月，刘少奇抵达皖东，传达贯彻党的六届六中全会精神，开创华东抗日斗争新局面。1940年3月，新四军第四、第五支队在苏皖支队配合下连续打退国民党顽固派的进攻，取得路西自卫战和半塔保卫战的胜利，创建了皖东抗日根据地。1942年春，皖东抗日根据地改称淮南抗日根据地。淮南根据地是全国19个著名抗日根据地之一。1945年冬，华中解放区成立苏皖边区政府，市境分属华中第三、第四行政区。抗战胜利后，国民党政府发动内战，并重点进攻华东解放区。皖东军民奉命北撤。1948年冬，淮海战役胜利结束后，华东野战军沿津浦铁路挥师南下。1949年1月，皖东全境解放。

1950年代初，全区相继开展反匪反霸斗争、土地改革和镇压反革命运动，社会除旧布新，人民翻身做主。抗美援朝发动各界捐助价值购买10架飞机。“三反”、“五反”运动首次惩治经济犯罪，维护经济秩序，教育干部和工商业者。1953年起，全区贯彻以“一化三改造”（国家社会主义工业化和对农业、手工业、资本主义工商业的社会主义改造）为中心内容的过渡时期总路线。50年代末至70年代中后期，滁县专区先后经历“大跃进”、三年困难时期和“文化大革命”十年动乱，社会经济发展受到严重影响。

1979年初春，凤阳县小岗生产队农民，秘密包干到户，在全国率先实行联产承包责任制，迈开农村改革的第一步。1980年代，滁州改革发展在全国崭露头角，“大包干”改革向城乡各个领域延伸。农业生产以前所未有的速度发展，农村面貌日新月异；以“扬子”“全柴”为代表的工业经济开始崛起，城乡商贸充满活力，交通、邮电等基础设施不断加强，城镇建设和城市化水平得到提升，地域行政中心城市地位日益凸显。1992年12月20日，国务院批准撤消滁县地区，成立省辖地级滁州市，以原滁县地区行政区域范围为新设立的滁州市的行政区域范围，一座新兴的现代化都市渐具雏形。

【民俗文化】 滁州市地理区域和气象物候属于南北过渡地带，千百年间中原人口不断向南方迁徙流动，明清时期官府又从江南等地移民于滁境。在长期的生产、生活中，南北习俗相互融合、演变，逐渐形成滁州人共同的风俗习惯，代代传承相袭。其文化特点是融南北风俗于一体，形式多样而内涵丰富，呈现淳朴、爽朗、随和、刚柔相济的地域特质。沿淮一带民风近于北方，滁河流域生活习惯则趋同于长江两岸。各县民俗同中有别，乡音亦各异。当代民俗在继承传统的基础上多有演化，不少陈旧的习俗被淘汰，20世纪80年代以来民间衣食住行和婚丧嫁娶习俗含有更多的现代生活色彩。

滁人向来好饮食，穿戴以普遍流行的汉族服饰为主，住房有坡顶院落，出行舟车便利。老辈滁人用度节俭，生活朴素。“滁人习性大率偏于保守，安俭朴而甘家食。惟近年铁路交通日渐繁盛，不免沾染奢华之习”（民国《滁县乡土志·风俗》）。在传统的农业、手工业生产和商贸经营中，出于对自然和神灵的崇拜，人们祈求五谷丰登，财源茂盛，形成久远的习俗行规，并相沿成制。当代生产方式和技术不断革新，生产经营条件日益改善，农事习俗和手工业匠规行俗已大多消失或淡化。商业经营中“求财神”的风俗却依然如故。人们在奠基、开业、庆典择日期以及选数字号码时讲究吉利，多选择“8”的，寓意“发”，而忌讳“4”（与死同音）。新时期滁州人生产方式和生活节奏趋同于周边中等城市。

滁人历来重视婚嫁寿庆，其风俗也与周边地区大致相同。有些老人还在世的时候就为自己预备后事，包括造生坟、打寿材、做老衣，预购墓穴等。亲人故去，旧式治丧多达20多个程序。丧俗习俗古今沿袭的总趋势是文明从简，厚养薄葬。如今治丧，因家庭的经济条件和文化素质差异而各取繁简。新中国建立后，婚嫁旧俗渐渐革除。进入21世纪，渐有遵遗嘱将死者骨灰撒于琅琊山中。

滁州地处南北过渡地带的江淮之间，居民多为历史上北南迁徙的移民，南腔北调经过长期同化，虽融为北方方言区江淮官话的范畴，但仍有差别。定远、凤阳、明光等地属于淮河两岸语音方言，天长方言近于扬州，滁州、来安、全椒等地语言基本上归属于南京方言区。当代滁州各地方言更加接近普通话。一些新语汇则普遍流行。

市境民俗活动中影响较大的有农历正月初九琅琊山庙会和全椒县“正月十六走太平”等。

（衡　贵）

“十二五”经济和社会发展

【综合实力加速跃升】 2011年－2015年，全市地区生产总值一年一个新台阶，从“十一五”末的696亿元增至1313亿元，年均增长11.5%，总量前移1位；规上工业增加值连跨四个百亿台阶，从296亿元增至610亿元，年均增长13.5%，总量前移3位；固定资产投资从521亿元增至1450亿元，年均增长22.7%；财政收入从90.5亿元增至230.3亿元，年均增长20.5%，总量前移3位；外贸进出口从9.1亿美元增至20亿美元，年均增长17.1%；实际利用外资从1.2亿美元增至10.3亿美元，年均增长49%，总量前移10位。工业化率由42.9%上升到48.1%，工业对经济增长的贡献率达60.7%。高新技术企业增长3.6倍，产值突破千亿元大关，居全省第三。规上企业增长1.1倍，产值超亿元企业新增138户。14个省级以上开发区主要指标实现翻番，市开发区获批国家级开发区、省级高新区；苏滁产业园一期12平方公里实现"九通一平"，完成投资超百亿。全市经济总量如期如愿冲进全省第一方阵。

【经济结构进一步优化】 三次产业比由21.3:49.2:29.5调整为17.2:53.1:29.7。先进装备、智能家电、绿色食品产值均突破500亿元，高新技术产业产值达1150亿元。全社会研发投入占GDP比重由0.6%上升至1.8%，实现全国科技进步先进市"两连冠"。发明专利申请和授权量均居全省第五。新增国家级技术中心1家、省级43家。获批为省级创新型试点城市。企业、产品、工程、管理等各方面的质量争创活动竞相开展、成果丰硕。生态建设逐步加强，新增造林231万亩，森林覆盖率31.6%，提高11.1个百分点，被评为国家园林城市、中国生态文明价值城市。

【城乡面貌展新姿】 2015年，全市城镇化率达49%，年均提高1.47个百分点。中心城区新增建成区面积40平方公里，滁城南扩东进，新建30多条主干道，改造、打通20多条道路，政务新区、高铁站区、科教园区与市开发区、苏滁产业园有机联为一体；先后实施南湖、清流河、龙池街、内城河等综合整治，完成小街小巷和老旧小区改造150多处，五年完成投资超千亿。各县市加快老城改造、新区拓展和园区提升，累计实施重点城建项目1500多个，完成投资1200多亿元。12个镇入选全国重点镇，秦栏、铜城跻身省宜居小镇。实施128个省级美好乡村中心村建设，定远、凤阳、天长被评为全省美好乡村建设先进县。农村清洁工程实现乡镇全覆盖，来安农村生活垃圾"组合收运"模式被全国推广。市政公用设施投资连续五年位居全省前两位。

【民生工程成效显著】 2011年-2015年的五年，是群众利益获得最多的五年。坚持把民生工程摆在突出位置，民生投入占财政支出比重由76.7%提高到86.6%。城镇居民人均可支配收入从15104元提高到24190元，农村居民人均可支配收入从5915元提高到10130元，年均增长12.3%和14.1%，分别高于全省0.7个、0.6个百分点。建成保障性住房14.5万套。新增城镇就业44万人。城镇五项保险参保人数达166万人次，城乡居民基本养老保险参保率达90%，在全省率先实现新农合大病保险全覆盖。学前三年毛入园率、高中阶段毛入学率分别达89.2%和96.5%，义务教育均衡发展，职教大市建设加快推进。医疗卫生水平稳步提升，每千人拥有床位数3.3张，净增1张。社会福利、社会救助、社会慈善和残疾人事业均有新进展。五年脱贫8.3万人、帮扶困难职工5.4万人次。广泛开展党的群众路线教育实践活动、"三严三实"专题教育及"三民"工程大走访活动，深入一线，帮助群众解决大批生产生活困难。在全省率先运行"阳光信访"信息系统；5个县成为全省平安县，平安村（社区）创建率达90%以上。（褚　志）

城市建设与管理

CHENSHI JIANSHE YU GUANLI

发展综述

【规划设计】 滁州市城乡建设规划设计院(滁州市测勘察绘院)下设2个规划设计室、1个建筑设计室、1个市政设计室、1个测量队和综合办公室。2015年度,全院完成总规设计项目8项、控规项目9项、专项规划项目13项、美好乡村建设规划5项、规划选址论证报告2项、日照分析报告6项、交通影响评估报告3项、规划技术复核报告29项;完成建筑单体设计88项(其中民用建筑65项、工业建筑23项)设计面积32.89万平方米,完成改造建筑单体设计49项;完成道路工程设计46项、桥梁及箱涵项目10项、绿化景观项目30项、其它项目(给水、排水、路灯、挡土墙等)37项;完成竣工图及规划核实测量450万平方米、放验线测量186件、土方及地形测量6.2平方公里、道路测量35.9公里。

与上海规划设计研究院合作编制的《明光市中心城区城市设计》,获2015年度省优秀城乡规划设计(城市规划)二等奖;《凤阳县大溪河镇石塘村美好乡村建设规划》获省优秀城乡规划设计(村镇规划类)三等奖;《滁州市环城西路延伸段道路工程》获省优秀工程勘察设计行业(市政公用工程)三等奖;《君安·阳光地中海小区竣工平面及竣工核实技术报告》获省国土资源科学技术优秀工程三等奖;《滁州碧桂园E区一期组团及F区一期组团竣工测绘》获省优秀城乡规划设计(测绘类)三等奖。

【规建委窗口】 全年办理审批事项5685件,承诺时限办结率100%。建设工程选址、用地咨询岗受理181件:建设工程选址意见书办理41件,选址面积为10316.7亩;建设工程用地规划许可证办理140件,用地面积9875963平方米。建设工程规划咨询岗受理345件,其中建设工程规划许可证副本190件,面积4775861平方米;建设工程规划许可证155件,面积5317020平方米。资质岗受理331件:建筑业资质证书变更148件;注册建筑师、勘察设计工程师执业资格初审24件;注册监理工程师执业资格初审67件;注册监理工程师执业资格初审46件;检测机构资质初审1件;勘察设计企业资质初审20件;工程造价咨询企业资质初审3件;监理企业资质初审6件;招标代理企业资质初审2件;建筑业企业资质许可13件。城建岗受理144件:挖掘城市道路许可办理74件;城市排水许可办理62件;临时占用、拆除、改动、迁移城市照明设施许可办理8件。备案岗受理493件:勘察、设计企业进滁备案办理307件;施工、监理外地企业进滁备案办理70件;档案验收办理116件。施工许可与竣工备案岗受理612件:施工许可证办理175件,许可总面积为4524309.6平方米,总造价684033.1万元;建筑工程质量报监办理140件;建筑工程安全报监办理151件;竣工备案办理146件,备案3058556.39平方米,造价379323.92万元。“三类人员”和特种作业操作资格证受理、审核3570人次,首次申请1542人次,延期申请774人次，变更申请902人次，注销申请50人次，遗失补办14人次，特种作业操作资格证，首次申请208人次，复核申请80人次。

【依法行政】 全年承办行政诉讼案件2起，接受群众来访登记6宗，接访26次500余人次，信访交办函17份，受理并办结行政复议案件5起。被省建设厅确立为“全省住房城乡建设系统首批行政复议工作规范化示范点创建单位”。

【城建档案】 2015年归集城建档案6621卷，发放档案预验收意见书127份。2015年存有视频资料143分钟，数码电子照片4912张，冲印数码照片5201张。归集上门指导服务档案25次。接待咨询、查阅档案232人次，涉及房屋维权、工程评优、审计决算、维修改造等多方面。实施城建档案数字化系统及数字化加工项目，搭建数字化系统平台。

【规划展示馆】 2015年，规划馆接待团队参观159批次2549人，其中接待厅部级领导14批次，客商49批次。社会公众近万人自发前来参观。

【规划协会】 截至2015年，召开59项专家咨询、论证、评审会，组织专家讲座、开发单位座谈会、相关单位交流学习等9 次。开展行业管理承担规划设计单位在滁承接业务登记备案，69家设计单位在滁完成备案工作。协会初步建立城市规划、交通、建筑、园林设计等相关专业的专家库，有全国各地专家549人。

【建筑节能】 2015年开工民用建筑面积590.1万平方米，全市规划区范围内开工工程全部执行新建建筑节能强制性标准，设计执行率100%，施工执行率100%，建制镇范围内节能设计执行率100%，施工执行率99%。

【绿色建筑】 截至2015年全市省级绿色建筑示范项目有：滁州二院城南新院区、中普城市广场、祁仓路公租房小区、屏山苑安置房（一期）、滁州第一人民医院苏滁分院、七彩世界欢乐城等六项，示范面积70万平方米。2015年全市重点领域绿色建筑强制推广全部落实到位，省级示范项目及强制执行绿色建筑面积124.46万平方米。

【建筑产业现代化】 2015年4月和10月，申报2016年安徽省建筑产业现代化综合试点城市连续补助并获批准。摸排适宜项目并初步拟定《滁州市推进建筑产业现代化工作实施意见》《滁州市建筑产业现代化项目和资金管理暂行办法》，以强制性政策为引导，以楼梯等预制部品部件为突破口，加大奖补力度，鼓励政府投资项目及开发项目使用建筑产业现代化技术，推进滁州市建筑产业现代化发展。

【智慧城市】 2015年4月7日滁州市被住房和城乡建设部、科技部确定为智慧城市试点城市，成立以张祥安市长为组长的智慧城市建设工作领导小组。4月29日，市政府与科大讯飞股份有限公司签订战略合作协议，推进智慧城市建设。2015年5月，住房和城乡建设部、科技部、省住房和城乡建设厅、省科技厅、滁州市人民政府联合签署国家智慧城市创建任务书，智慧滁州建设工作启动。

滁州智慧城市建设主要包括信息化基础设施、数据库、公共信息平台、社会服务管理信息化、智慧城管、智慧社区、智慧规划、城市安全、智慧环保、智慧交通、智慧旅游、传统农业智慧提升工程等重点建设项目。

【污水处理设施建设及PPP模式】 第三污水处理厂及配套管网一期PPP项目服务范围为城南片区，规划设计规模15万吨/日，污水收集系统服务面积约45平方公里。其中一期工程5万吨/日，占地约56余亩，投资约1.7亿。采取邀请招标方式确定国信招标集团股份有限公司为本项目的PPP咨询机构。2015年完成项目立项、选址意见书、环评、能评、用地预审、可研、规划方案、用地红线图勘察定界等前期工作。

【海绵城市】 2015年滁州市谋划挑选内城河改造、北湖公园、南湖五期、城南湿地公园等4个具体的试点项目上报省住建厅。争取海绵城市试点市补助资金1000万元。

（张　月）

城市规划

【概况】 2015年6月30日，批准滁州市城乡规划建设委员会“三定”方案，将滁州市城乡建设委员会的职责、滁州市城乡规划局的职责整合，组建滁州市城乡规划建设委员会。设14个内设机构，机关行政编制43人。其中：主任1名，副主任4名，科级领导职数15名。

制定《滁州市园区转型升级实施方案》，成立市园区转型升级工作领导小组。完成《琅琊新区中心片区控制性详细规划（修编）》。编制完成月亮湾创新创业服务中心控规及城市设计（评审稿）、高铁站区一期控规修编及城市设计、二期控规项目三轮成果及会峰公园南部地块控制性详细规划。

【城市总体规划】 2015年9月22日，省政府批复实施《滁州市城市总体规划（2012-2030）》。总规突出五大特色：双圈互动，城乡统筹，产城一体，山水特色，集约发展。滁州定位为皖苏之间新型区域中心城市、全国先进制造业基地和优秀文化旅游城市。滁州市中心城区至2030年规划常住人口120万人，规划建设用地面积120平方公里。

【专项规划编制】 结合城市总规修编，会同有关部门，启动教育、医疗等18个专项规划编制。其中：教育、医疗等专项规划报市政府待批；通信、慢行、消防、人防、养老、公交、城市供排水、城市防洪及路灯照明等专项规划完成规划评审；绿地、体育、商业网点、水系蓝线、环卫、燃气、抗震防灾、环保等专项规划完成中间成果。

【申报国家级产城融合示范区】 完成《滁州市产城融合示范区规划》中间成果，以苏滁现代产业园、明湖地区、滁州高教科创城等片区为核心区域申报国家级产城融合示范区。

【城市风貌特色塑造】 完成《滁州市城市风貌及雕塑规划》规划评审稿，从自然风貌、人文风貌三方面把握滁州城市风貌特点和问题，结合居民认知调查、相关规划和周边城市特色研究，提出滁州城市风貌总体定位，确定城市风貌格局和规划结构。

【规划轨道线网】 完成《滁州市城市轨道交通线网规划》评审稿。远景规划形成以中心城区为中心的放射状线网，由4条线路组成，其中包括2条连接城市组团的内部连接线和2条对接南京的对外连接线，线路全长约160公里。

【“多规合一”试点】 完成《滁州市“多规合一”规划研究》规划成果，提出一套“技术标准”、一张“规划蓝图”、一个“动态项目库”、一个“信息平台”、一套“运行机制”等五大工作要求。

【古城保护】 2015年6月，邀请中国城市规划设计研究院总规划师、中国历史文化名城委员会主任委员张兵来滁州市现场调研、指导。启动滁州市历史文化名城保护规划编制前期工作。

【完成高教科创城总体规划】 完成滁州高教科创城30平方公里总体规划及给排水、交通、竖向等专项规划编制成果。深化编制科教城可研报告。滁宁高教城研发区控制性详细规划经市政府批准实施。研发区四条路网（总长3.17公里、总投入3500万元）建设及配套工程完工；研发区首批9个研发型高科技项目先行启动建设，占地约1265亩、投资60亿元，计划建设光电技术、低碳环保设备、新材料研发生产、交通工程技术开发、创业创意园区等五大子工程，集教学、研发、创意、产学研转化为一体，形成一批综合性创新创业服务平台，为高校科研成果转化、高等人才创业、大学生就业提供支撑，在5年内孵化200家科技型创新企业，带动就业2万人。

【江北水岸科技新城规划】 加强与南京地区的协同发展，强化汊河经开区轨道交通装备、商贸物流等主导产业，通过政企合作，携手华夏幸福基业集团，编制规划方案，谋划打造“江北水岸-科技新城”，承接南京优势资源，打造汊河经开区（汊河镇）产城融合与南京同城化发展。

【产业园区规划】 制定滁州汽车城、健康食品城、家电制造基地三大产业园工作方案及园区范围划定。从规划角度引领、促成汽车城(永强全地形车、上海电缆、广西建汽、军阳汽车)、食品城(莱斯拉慕饮料、李子园饮品、中国农场)、家电制造基地(康佳智能工业园、科技园及东菱电器二期)等项目签约入驻。

【经营性用地督察】 执行"一张图"监管制度,履行放、验线程序,加强建设项目跟踪管理,制定巡查计划,定期巡查建设项目施工过程。现场巡查七彩世界、钻石广场、中旭都市名苑、金鹏玫瑰郡等项目。

【南谯规划编制和报批】 会同滁宁高教科创城管委会委托的南京东南大学城市规划设计研究院有限公司段进教授为主创的设计团队,开展滁州高教科创城概念规划工作,9月和12月分别向市委领导进行汇报,规划理念和总体布局得到认同。结合乌衣(南谯)新区社会经济发展需要,配合南谯区政府按照城乡规划法律法规规定完成滁宁高教城研发区控制性详细规划编制和报批工作,并获市政府批准;完成南谯新区部分地块以及南谯新区三个地块控制性详细规划编制和报批工作,并获市政府批准。 (张 月)

市政建设

【市政设施维修】 维修点式砼病害2200平方米,沥青病害6800平方米,维修车行道、人行道板25600平方米,路缘石13600M;更换窨井、雨水井盖1580块;疏通管道1890千米,窨井清淤15000万余座次, 雨水井清淤18000余座次,处理积水90处,清淤主出水口120处,改造雨水井1120座,维修截污堵头25处,丰收渠砌中水回流挡水墙1处,人工清污机疏通扬子路、九江路、菱溪路、长江路、上海路等路段管道5000米,更换支管3000米,修复长江路与黄山路交口、永乐路、醉翁路塌陷290平方米,清掏城南出水口20处。

【背街小巷改造】 完成五叶巷、古胜小区、新苑小区、家园新村、大成路岔巷、环城工商所巷、垃圾中转站巷、西涧一村、站北巷、定远路58号、白云凤凰一村、公交巷、变电所巷、范岗巷、八里小区、平安社区、北小街巷口、啤酒厂、紫西社区、紫东社区、鑫田房产,小巷道改造工程21条,砼路面硬化12860平方米、沥青路面硬化850平方米、排水改造610米。完成定远路(明光路至东阳桥南侧段,全长580米)道路扩宽工程,增设自行车道。

【完成内城河改造等一系列市政工程】 内城河改造一期工程是市委市政府2015年为民办实事之一。工程位于滁州琅琊区,东起下水关,西至西涧桥,依次跨下水关、三元桥、通济桥、广惠桥、西涧桥,工程概算约5000万元。一期工程主要包括:内城河改造中的截污、清淤、驳岸、游步道等四项建设任务。其中兴建驳岸、游步道长为1.68公里,截污管长为2.5公里,清淤约2万立方米,建设红线最窄处宽约46米,最宽处宽约98米。

兴建同乐路与金陵路交口游园、六中对面游园、西涧路与明光路交口游园、扬子路与上海路交口游园。

兴建清流路文化馆停车场,将原有绿化带拆除,以20厘米级配碎石、30厘米水稳为垫层,面层为20厘米 C30混凝土,面积约600平方米。

清流路(丰乐大道—南谯路)路段为城市道路主干道,为缓解此路段交通压力,2015年在位于清流路侧分带上的博西华厂、苏果超市、清流公园、馨宇家园四处地段开通一个供行人及车辆通过的道口,每处约10米长、2米宽,总计工程量约80平方米。

在清流路(菱溪路—上海路)段两边各增加一条绿道,绿道采用水泥混凝土结构,宽1.5米,总工程约3500平方米。

完成三里亭道路改造工程。包括行车道加铺沥青、人行道路基路面、排水工程、照明工程、标志标线及防护等附属工程,改造车行道7300平方米,人行道9000平方米,下水道1200米。

【易涝点治理】 通过清挖疏通排水管道、增设联排雨水蓖、更换破损或淤堵严实的管道、重新铺设管径更大的排水管道截流等方式,整治花园路与南谯路十字路口、花园路与凤阳路丁字路口、花山路及老城区清流路与丰乐大道交口、凤凰东路(紫薇路-来安路)

市六中对面游园

明光路与西涧路交口游园

交口、凤凰三村与凤凰四村大门口、热电厂宿舍等内涝点。

【排水管网建设维护】 城区管辖范围内五座排涝泵站，汇水面积30.51平方千米。滁州市中心城区排水管渠总长约234.72千米，排水管道覆盖率78%，以能有效应对不低于50年一遇的暴雨的标准建设。内城河地区为截流式合流制，城西区为合流制，城东区及城南区为雨污分流。结合老城区改造，逐步实现老城区内合流制排水系向分流制排水体系的转变，以实现全规划区内雨污分流。

【编制给水、排水专项暨排水防涝规划】 2015年2月14日，省住房城乡建设厅在滁州市组织召开滁州市给水、排水专项暨排水防涝综合规划（以下简称规划）论证会，省住建厅城建处处长蔡新立主持会议，与会专家有省城建设计研究院、省城乡规划原、安徽省建筑大学、合肥市市政设计院等单位的7位专家。市直相关部门市建委、水利局、发改委、环保局、国土资源局、规划局、行政执法局、琅管委、苏滁产业园、经开区、琅琊区、南谯区参加会议。会议听取规划编制单位湖北省城市规划设计研究院关于《规划》成果的汇报。会议原则同意《规划》通过评审。

【应急抢险】 办理行政审批项目81件，查处违法、违章案件16件，发现道路上丢失或损坏的各类井盖120块，并通知各产权单位进行更换维修。严格查处无审批手续私自开挖城市道路的行为，破占道管理率100%。

【无障碍工程】 改造老城区主要道路的盲道约3800平方米，兴建盲道约2600平方米，同时维修丰乐大道、环城路、南谯路等盲道约6000米。

【五防井盖】 建立窨井设施档案，对全市的窨井设施建立查询系统。制定《滁州市城市窨井设施监督管理办法》。完善老城区道路雨水排放条件，减少雨水滞留路面时间，提高排水防涝系统的安全性。将老城区水泥雨水篦更换成镀锌钢格板雨水篦约1200座，安装6000套防坠网，引进德

西涧路(龙蟠大道–清流路)171组,敷设电缆14793米,安装四台箱变,两台监控。

国先进技术与施工工艺针对车行道窨井更换成“五防”(防响、防跳、防盗、防坠落、防位移)井盖约1500套。

【桥梁检测】 清掏桥梁伸缩缝胶条2300米、泄水孔5000座次,维修人行道板400平方,维修桥梁伸缩缝8处,维修桥面350平方米,更换伸缩缝13米。常规定期检测30座桥梁。

【路灯管理】 2015年安装路灯821盏,敷设路灯地埋电缆5.464公里,增设路灯专用箱变及控制柜16台,增设路灯无线监控终端16台,GPRS远程智能终端点257台增加路灯用电功率186.329千瓦。

2015年度滁州市路灯设施基本情况对比统计表

项目 名称	灯盏数(盏)	功率(千瓦)	线路长度(千米)	箱变及控制柜(台)	路灯监控终端(台)
上年度统计数字	32787	6899.178	893.241	289	241
新　增	821	186.329	5.464	6	16
总　计	33608	7085.507	898.705	295	257

【城市亮化提升行动】 开展灯容灯貌整治工作。对花亭路、定远路、三里亭路、凤凰路、东大街、来安路、紫薇路等14条道路及社区进行路灯照明提质改造,改造路灯682组,敷设线路36千米,架设线路2274米。维修路灯盏6500盏次,更换路灯配件6380件,维修落地柜及监控终端100台次,处理和恢复被撞路灯55组。对琅琊路、汽车站游园等处损坏严重的路灯进行更换,累计更换灯杆70组,清洗更换灯具灯罩4500余只,清除小广告7500余处,校正灯杆360根。为农歌会周边安装投光灯32组,灯带2600米。

(张　月)

重点工程

【机构设置】 2015年6月30日,市重点工程建设管理局成立,为市政府直属事业单位,正处级建制,主要是作为政府投资项目的承建或者代建单位,主要承担工程施工管理职责。设7个内设机构,分别是办公室、工程管理一科、工程管理二科、工程管理三科、综合计划科(综合协调科)、工程技术科、财务科。事业编制35名,其中局长1名、副局长3名;科级领导职数9名。纪检(监察)、机关党组织、工会设置及总工程师按有关规定执行。

【西涧南路】 西涧南路起于龙蟠大道,止于清流路,全长约3500米,道路红线宽度50米,双向6车道城市主干道,项目投资约2亿元。全路段含龙蟠河景观桥、会峰路桥、滁州学院连接桥及学院路桥四座桥梁。2013年4月开始分段建设,2015年8月竣工通行。

道路施工单位为安徽水安建设集团公司,监理单位为安徽恒信监理公司,市重点局作为建设单位负责项目建设管理。

分段建设情况:龙蟠大道—花山路长约1700米,含龙蟠河景观桥,投资约7000万元。道路2013年4月开工,2014年4月竣工。桥梁2013年11月开工,2014年10月竣工。

花山路—学院路长约800米,含会峰路桥和滁州学院连接桥,投资约7000万元。道路2013年12月开工,2015年8月竣工。滁州学院连接桥2014年5月开工,2015年3月竣工;会峰路桥2014年10月开工,2015年7月竣工。

学院路—清流路长约1000米,含学院路桥,投资约6000万元。道路及桥梁2014年8月开工,2015年7月竣工。

【世纪大道】 世纪大道(滁定路至菱溪路)全长6100米,道路红线50米,双向六车道,道路全线有跨清流河桥、跨铁路桥及三座小桥,工程造价2.17亿元,中标施工单位为安徽水安建设集团有限公司。2015年7月竣工通车。

【城市公共自行车】 滁州市公共自行车项目由市规建委负责建设,市城管执法局负责监管,实行周督查、月考核。该系统项目由杭州金通公共自行车科技开发公司中标承建和建成后的日常运营管理,系统于2014年12月建设投入运行。建设公共自行车站点93个,投放2240辆自行车。其中:一期项目建设50个站点,投放自行车1300辆;二期项目建设43个站点,投放自行车940辆。至2015年年底,滁州公共自行车售卡17186张,日租骑行量6900余辆次。总计骑行量为141万人次。

【亭阁命名】 制订《滁城亭阁命名工作方案》《滁城亭阁命名专家评选须知》。征集到亭名1142个、楹联111对、亭记4篇,参与亭名网络点赞近4万人次。经亭名办组织专家评选,对43个亭阁评选推荐候选亭名115个。经亭阁命名领导小组复核审查,最终确定43座亭阁名称,命名结果通过报纸、网站向社会公布。(张　月)

建筑业

【概况】 2015年,完成建筑业产值288.26亿元,同比增长8.59%,其中出省外埠产值15.36亿元。资质以上建筑业企业总数384家,其中总承包154家、专业承包140家、劳务分包90家;建筑业从业人员104499人,其中出省外埠从业人员3727人。2015年,晋升一级总承包资质企业1家;晋升二级施工资质企业10家(总承包5家,专业承包5家);晋升甲级监理资质企业2 家。

2015年全市创建市级文明工地(小区)100项,国家AAA级安全文明诚信工地1项。培训建筑业各类工程技术人员及管理人员12883人次。获得2014年度全省行业安全生产目标管理先进单位。获得2014年度人口和计划生育工作“三项重点工作”综合治理先进单位三等奖。获得安徽省第九届“徽匠”建筑技能大赛团体三等奖。

2015年接受工程质量报监1020项,建筑面积953万平方米,工程造价880亿元;办理竣工验收备案工程877项,建筑面积886万平方米,工程造价686.48亿元。报监工程监督率100%,监督工程竣工验收,工程合格率100%。

【建筑勘察】 滁州市建筑勘察设计院下设3个综合建筑设计所、1个市政设计所、1个岩土工程部、总工办、建筑工程施工图设计文件审查中心和综合办公室。2015年度,完成建筑工程设计45个独立项目,完成建筑工程施工图建筑面积50.2万平方米;完成工程勘察项目66项、工程测量项目22项(其中:沉降观测4项),基坑支护6项;完成市政工程设计67项(其中:道路工程设计28项、绿化景观设计31项、美好乡村设计8项),建筑工程施工图设计文件审查中心完成施工图审查项目1021项、建筑面积264万平方米、勘察报告970份。全院勘察、设计、图审等收入实际到帐1726.4万元,为年度目标任务的104%。

2015年度完成的主要公共建筑项目有:滁州市福利中心改扩建项目;南京儿童医院滁州分院扩建工程二期;滁州市图业生态农业开发有限公司农展馆商务中心;安徽交通集团滁州汽运有限公司滁州市城北客运站站房工程;明光市车辆管理中心及考试中心建筑群。完成的工业建筑主要项目有:博西华电气(安徽)有限公司博西华电气二期家电;安徽省柏科洪武汽车零部件再制造有限公司车间等;来安县丝路达制衣有限公司丝路达服装大厦;德轮橡胶有限公司生产车间、办公楼等;昇兴(安徽)包装有限公司厂房、仓库、宿舍楼等。

【建设领域“一卡通”】 2015年,市本级办理务工人员岗位证书9900份;办理实名制工资考勤卡7031张;开设工资支付专户23户;缴存“一卡通”实名制用工工资支付信用保障金4010万元;代发工资逾2亿元。

【建筑市场诚信体系】 2015年对全市所有在建项目工程质量、安全监督及市场行为开展信用评价工作,对建筑业企业信用行为量化评价并运用,全市建筑业企业综合信用得分及全省建筑业企业信用排名均被工程招投标运用。

【工程治理两年行动】 2015年开展专项执法检查及巡查，检查工程项目296项次，依法对检查中发现的各类违法行为下达责令改正通知书161份，立案查处13项工程。同时，两次开展全市建筑市场执法督查。检查县(市、区)在建工程28项，下达执法建议书13份。

【扬尘整治】 2015年检查在建工程项目103项，下发《建筑工程施工扬尘污染整改通知书》80份。建筑扬尘防控基础设施建设，落实厂区主道路硬化、扬尘视频监控设施、材料覆盖，防控建筑工程扬尘污染。

【建设领域清欠】 2015年受理农民工工资拖欠纠纷投诉61起，涉及金额9800万元，涉及务工人数1300人，上访起数较上年下降21.8%，“端午节”、“中秋节、“五一”、“国庆”等节假日及“两会”期间无一例恶性上访事件发生。2016年元旦、春节期间受理农民工工资拖欠纠纷投诉66起，涉及务工人员2047人，投诉金额1769余万元，上访起数较上年同期下降83.9%，全市发生堵路及围堵政府以及工作部门等违法群访事件7起，其中市规建委清欠责任区1起，较上年同期下降96.3%。

【监管信息系统】 推行住宅工程“样板引路”制度、“分户验收”制度、“交叉验收”制度，继续利用“监管通”系统对工程进行质量信用评价，推行建筑工程材料质量过程全监管系统。在天长市、明光市率先启动滁州市预拌混凝土监管系统。筹建滁州市建筑工程质量监管管理系统。

【建筑工程评优】 2015年全市创市优工程“琅琊杯”奖34项。长江商贸城财富广场(西半部)工程被评为“2015年安徽省新技术应用示范工程”。滁州市中普城市广场、全椒县屏山苑安置小区被列入省级绿色建筑示范项目。明光徽商大市场工程被评为“2015年华东片区建设工程质量监督工作年会示范样板工程”。

【执法检查】 2015年组织开展全年建筑节能、工程质量治理两年行动、钢筋专项检查。依据法律法规对项目责任主体进行违规行为行政处罚11起，给予不良记录42起，下发整改意见书599份。2015年处理质量投诉问题200余起，其中省、部级交办件8起，市委、市政府交办件28起。

【工程造价】 建设工程造价管理站为正科级财政拨款公益1类事业单位，负责全市建设工程造价管理工作；在编工作人员7名，正、副站长各1名，专业技术人员7名，其中高级职称2名，中级职称5名，初级1名；增加1名高级职称，已退休3名。造价咨询企业25家，其中甲级5家，甲级分支机构备案5家，乙级15家。2015年帮扶升甲1家，成立1家暂乙级企业。现有注册造价工程师266名，比去年净增34名；造价员1117名，比去年略有增加。全年造价咨询总量290.78亿元，咨询收入6836万元；其中政府投资工程核减8.53亿元。2015年被省厅命名为全省住房城乡建设系统首批学雷锋活动示范点。2015年9月，工程造价人员罗成举，完成安徽省对口支援新疆建设任务，受到皮山县县委、县政府和安徽省驻新疆援建指挥部通报表彰。

【造价管理示范市】 完成290项政府投资竣工结算审计，咨询成果质量优秀比例突破70%，与合同价相比，平均节约资金12.04%。分别对管理机构、建设单位、施工企业以及造价咨询企业等各方主体，开展宣传贯彻《安徽省建设工程造价管理条例》活动。5场宣贯会，近700余人参加。2015年与滁州职业技术学院合作，开展第七届爱心助学捐赠和建立校外实训基地活动，资助36名工程造价专业优秀大学生，7年累计资助21.9万元，资助219名大学生，累计建立17家校外实训基地，张正金等3位造价行业专家，被滁州职业技术学院聘为客座教授。

【工程造价信息化】 2015年争取30万资金，与广联达软件公司共同研发滁州市工程造价管理信息化系统，并在年底通过专家验收；配合省厅完成“三备案”工程造价管理监管系统。该系统通过验收并在全省实施。 (张　月)

公用事业

【住房公积金】 2015年，全年发放住房公积金个人贷款16.86亿元，同比增长45.37%；归集26.23亿元，同比增长21.68%；缴存人数16.07万，增加住房公积金缴存职工23895人；支持销售住房72万平方米，完成销售额29.9亿元。最高缴存额由上年4626元提高到5200元，缴存的房地产企业由2014年13个上升到78个，缴存面达到95%，对9个未建制缴存房地产企业停止贷款合作。

职工连续足额缴存公积金6个月（含）以上，可以申请贷款；连续足额缴交社保满6个月、缴存住房公积金满3个月不足6个月的，自愿补齐缴存期满6个月，也可申请贷款。首套、二套自住房最低首付比例由原30%和60%均下调为20%。合理提高贷款最高限额，将家庭1人、2人以上缴存个人住房贷款30万元、40万元标准，分别增加5万元。将异地贷款政策，由“合肥经济圈5市”，扩大到全国，让所有在滁州市外缴存职工来滁购买自住房享受滁州市缴存职工同等贷款待遇。出台“双拥”贷款政策，现役军人和军队转业干部安置不足6个月，在滁州市购买普通自住房，可视同正常缴存缴存住房公积金，享受相关贷款政策。在全省率先允许支付房租、物业费和大中专在校住宿费提取。

开展间隙资金竞价存储。制定间隙资金竞价存储操作办法，拿出2.3亿间隙资金，通过竞价方式，择优确定存储银行，实现收益同比净增200万元。改进建制缴存政策。出台《滁州市灵活就业人员住房公积金缴存使用管理暂行办法》，准许个体工商户、自由职业者、进城自谋职业的农民申请缴存公积金，办理住房公积金贷款、提取业务。首次向商业银行贷款5000万元，支持住房公积金个人贷款资金需求。成立地方住宅金融服务改革领导小组。

报请管委会批准，修订《滁州市住房公积金个人贷款管理细则》，制定《滁州市住房公积金提取管理细则》等制度。落实贷审分离制度，规范贷款、提取业务的受理、审核、审批和发放流程，建立责任追究制度。加强合作准入管理，调整贷款合作准入“大委托”管理模式，对申请住房公积金个人贷款合作房地产企业的征信、财务状况、项目建设等方面，开展准入独立调查。改进商品房预售阶段担保连带责任机制，房地产企业连带责任保证金一律按不低于预售预期总量20%的2%比例，一次性将保证金交付管理中心专户，以确保保证金符合特定化和移交占有。清理2015年10月以前的保证金，将原按贷款量10%、5%交付比例统一下调为2%，并全部从房地产企业账户划付至专户。加强与商业银行合作管理。督促落实贷审、催缴逾期贷款等责任，及时划付贷款回收资金。健全内部审计稽核制度。开展内部审计，事前、事中和事后内审并举，防控运管风险。

精简提取、贷款等手续资料。完善12329服务热线，开通短信平台，依法公开公积金归集、使用信息和相关政策。开展“四办服务”，即：日常办不完，延时办；延时办不完，错时办；工作日办不了，预约办；难办问题，想办法办。开展3次全系统法规和业务培训，培训干部职工近300人次。（姚　刚）

【供水服务】 2015年，滁州市自来水公司下辖四个水厂，供水能力26万立方米每日。供水区域涵盖滁州城市中心区、经济技术开发区、苏滁产业园、科教园区、琅琊新区、南谯新区等，有主供水管道700多公里，供水80余平方公里，总用户180000余户。

全年售水约4051.3万立方米，比上一年同期（3936.49万立方米）增长2.91%；取得自来水销售收入7201.46万元，比上一年同期（7191.28万元）增长0.15%，供水增幅下降。水质综合合格率99.9%。全年安全生产无事故。

安装DN200以上主供水管道30600米，补充安装消防栓140座。工程涵盖清流路主供水管道下穿清流河、西涧路（会峰路-清流路）、滁州大道、洪武路、兰州路、世纪大道（定远路-菱溪路）、徽州路等。安装庭院管网管道93618米，水表31363只。完成都市名苑、邮电大楼安置房、苏滁蓝白领公寓、左岸香颂等多个小区的庭院管网建设，完成机关北苑、机关南苑、朝阳公寓等处的庭院管网和户表改造，实现南京路清流南苑、创业路清流西苑、凤西路二期和扬子路一期等安置小区顺利通水。完成三水厂自控系统安装、调试，实现三水厂自动化生产。

抢修漏损管道1480余起，其中抢修DN100以上主供水管道702起。维修、保养、更换DN100以上各式阀门180余座，维修保养、更换漏损消防栓210个。有效探测出暗漏点79处，其中较大暗漏点有18处，如明光路及会峰小学前DN600主管暗漏、珠江路DN400主管暗漏、东坡路与南谯路交口DN400主管暗漏、世纪大道两处DN400主管暗漏等，并予以及时修复。

原在服务大厅工作的营业所、财务科、供用水科等分支机构合并成立客户服务中心，开展一站式服务。2015年，滁城实施阶梯水价。完成对现有住宅小区二次供水设备普查登记。

【城市燃气】 2002年7月2日滁州新奥燃气有限公司成立，位于滁州市凤凰路496号，员工281人。专科及以上人员196人，中级以上专业技术人员59人，内设八部一室及三个项目部。主要经营：滁州市范围内的燃气、燃气设备及用具的生产和销售；燃气设备的设计与安装；燃气设备的管理；燃气设备用具的维修；加气站运营管理，汽车加气（CNG、LNG车用加气）。

2015年滁州新奥公司开展"三不伤害"活动、"百日安全赛"活动、"新奥杯"安全知识竞赛、"N+1"隐患排查、客户"三进"安全宣传、全员安全考试、优化兼职安全管理员等，实现安全生产"三个零"的目标。分别被区域、控股、集团评为"安全优秀企业"及安全"四星级企业"。2015年度被滁州市城乡规划建设委员会评为安全生产目标管理先进单位。

2015年度建设全椒加气站一座，改造15公里老铸铁管网，铺设滁东门站到汊河15.5公里的次高压管线。

2015年配合滁州市经信委对滁州市区及下设县区进行工业燃煤锅炉调研，调研178家的工业燃煤企业用能设备、用量信息，配合市经信委编制燃煤锅炉整治报告上报滁州市政府，滁来全三地签订煤改气项目22家，签约气量21350立方/天。相当每天减少CO_2排放量为164.5吨，SO_2排放量为1.5吨，烟尘为1.8吨。

全年巡线员的巡线里程近40万公里，人均负责管网里程82公里，维修维护阀门、设备、调压箱（柜）超2万次，工商户置换作业160多次，发现和处理如老管网泄露、设备故障、用户违规用气等安全隐患600余起。更换各类工商户普通软管161次。全年清洗各类计量仪表615台次，检定150台次，更换G25及以上皮膜表44台、改造老旧流量计9台，整治大马拉小车表计21台次，将表计综合负荷率从去年的22.7%提高到30%。

公司与邮政银行、中国移动开展合作，开通燃气缴费服务，实现银行网点及移动代收费点的燃气充值服务，进行用户满意度调查。

2015年滁州新奥燃气在140多家成员企业中连续五年被新奥能源评为综合业绩"十佳企业"。

（张　月）

市容管理

【公厕修建】 公厕改造工程由市城管执法局负责计划安排、监督检查、组织协调等工作，琅琊、南谯两区具体承办。全年兴建、改建12座公厕并投入使用，其中琅琊区范围7座，分别是天长路、卫校巷、第四中学、新庄居民组、西后街、莲花巷、扬子模具公厕；南谯区范围5座，分别是湖心路小学、小红庙居民组、湖心居民组、八里居民组东侧及西北侧公厕。按《城市公共厕所设计标准（CJJ14—2005）》改造提升，达到二类水冲公厕标准，采取徽派建筑的风格进行设计施工，大道外观与环境相协调。升级改造后的公厕全部符合设施齐全、功能完善、环境整洁、兼顾特殊群体需求等标准。

【农歌会市容保障】 农歌会市容环境组任务为对主次干道、商业网点、菜市场、各驻地宾馆、夜市排档等重点场所的市容市貌整治，负责亮化、绿化和美化，由市城管执法局牵头，成员单位分别为10个市直单位和各区人民政府（管委会）。对市民广场、人民广场和滁州中学3个重点场所周边、4个城市出入口沿线、10个重点酒店周边和城区主次干道实施综合整治。

【"绿色发展"百日会战】 6月中旬起，市委、市政府组织"绿色发展"百日会战，从改善城市面貌入手，市城管局牵头实施餐饮油烟、生活垃圾和渣土车三项整治。一周两督查，一周一报告，城区清除100处垃圾死角；开展渣土运输夜间整治22次，清理城区死角建筑垃圾65处；安排各区排查油烟污染，整改483户油烟污染饭店。

【餐厨垃圾处理项目】 滁州市自2015年初开始谋划城区餐厨垃圾处理工作。借鉴相关城市的成功经验做法，由市城管执法局牵头，拟制《滁州市餐厨垃圾处理项目建设方案》，并经市政府第22次常务会议原则同意。

【建筑渣土运输公司化运营】 1月7日，市政府出台《滁州市城市建筑垃圾处置管理办法》。3月12日，市城管、交通、公安、建设、环保、质检等6部门共同发布《建筑垃圾运输车辆实行公司化运作并实行准入核准制度的通告》，在全市推动渣土运输公司化运营工作。截至2015年12月，全市组建渣土运输公司18家，有专业的渣土运输车辆320台。

【垃圾无害化处置工作】 2015年，生活垃圾填埋场铺设渗滤液导排管660米，大管径雨水导排管100多米，完善雨污分流系统；增修排洪沟，保障场区泄洪排水；修筑粘土坝体，对库区大坝加固U型铺面、坝顶铺设10厘米碎石。考核各县(市)、区生活垃圾无害化处理，指导天长市、明光市、定远县生活垃圾填埋场规范建设运行管理，在安徽省住建厅组织的等级验收评定中，均被评为一级垃圾场。

五一劳动节坚持在劳动一线的环卫工人

【城区城管工作纳入考核排名】 城区城市管理"重心下移"后，管理及执法工作全部交由各区组织实施，市级主要突出对区级管理的督查与考核。市政府研究出台《滁州市城区城市管理考核办法(实行)》。按月对城区城市管理工作实施百分制考核，一月一通报，一月一兑现，运用好考核结果，以考核促工作。

【设立环卫工人节】 组织市首届"环卫工人节"，期间组织五项活动：安排滁州主流媒体组织系列报道，刊发滁州市优秀环卫工人标兵照片和先进事迹；安排环卫工人业绩考核，市城管委授予12名同志"优秀环卫工人标兵"荣誉称号；组织环卫工人体检；各级领导走访慰问特困环卫工人；组织"城市因你而美好"为主题的文艺慰问演出。 (朱广艺)

交通 物流

JIAOTONG WULIU

发展综述

【概况】 截至2015年底,全市公路通车16639公里,其中,国道427公里,省道765公里,县、乡、村道15419公里。公路网密度达125公里/百平方公里。客运企业24家,客运班线616条;公交企业8家,运营线路94条,车辆1133辆;货运企业2180家,营运车辆35553台,其中危货企业29家,车辆1460台;机动车维修企业805家,汽车综合性能检测站7家;出租车企业25家,出租车3192台,其中市直6家,出租车1357台;道路运输从业人员(办理从业资格证)近21.7万人;全年完成客运量0.87亿人,同比增长1.71%;客运周转量38.51亿人公里,同比增长2.34%;货运量2.58亿吨,同比增长1.4%;货运周转量541.25亿吨公里,同比增长2.11%。

【交通固定资产投资】 全市交通运输行业投入102亿元,其中高速公路20亿元,国省道改建16亿元,农村公路6亿元,物流项目25亿元,水运、场站项目5亿元,社会投资交通基础设施及增加客货运输车辆投入近30亿元。

【运输保障】 开展客运市场整治,组织5次运输市场集中整治行动、4次驾培市场专项行动、2次维修市场专项整顿。推进“三小车”整治。注销市直黄标车营运证793本。全年公路客运量8707万人,周转量385065万人公里;公路货运量25805万吨,周转量5224360万吨公里,分别较2014年增长5.64%和3.6%;完成水路货运量2183万吨,周转量425633万吨公里,分别较2014年增长17.73%和15.47%。

【依法行政】 开展《安徽省治超条例》《内河安全管理条例》立法后评估、长途客运线路安全风险评估、公交化运营安全评价。清理规范性文件68件,刊发交通依法行政宣传报道300多篇。定期开展督查,处理交办、反映的100余问题,处理矛盾纠纷8起,化解5起。完善全市交通系统法制工作网络,开展2015年度交通运输行政执法证件审验,审验合格人员1275人,吊销24人,注销23人,34人申领交通行政执法证件。全年组织38次培训,参培人次超2000,完成执法证件、执法标识、工作服饰、执法场所外观形象“四统一”工作。

【治理超载超限】 落实《安徽省治理超限超载车辆处罚条例》,抓建章立制和治超队伍建设,组织实施多项集中整治行动,遏制非法超限超载现象。整治非法改装车辆。开展督查巡查工作。按月开展治超督查巡查,对专项行动和蚌滁淮三地区域联合执法重点督查。全年精检车辆437107台,查处10212台,卸载119237吨。

【安全生产】 强化组织领导,落实安全生产责任制,抓行业安全监督管理,全年组织7次督查,下发交办单4份、通报7次,组织安全隐患排查10余次,排查整治隐患910余处。开展“道路运输平安年”、“道路交通安全夏季百日会战”、“铸安行动”、“122交通安全日”等活动，动态监管道路运输车辆。开展安全生产知识的宣传教育，督促交通运输企业开展全员培训教育，组织安全培训活动20余次，培训4000余人次。2015年度，全市交通运输安全形势稳定，水上交通实现连续28年未发生安全监管责任事故。

【城市公交】 滁州中心城区有公交线路25条，运营车辆476台，线路总长353.9公里，全年行驶2300万公里，年公交客运总量4700万人次，同比增长8.3%。完善修改《关于优先发展城市公交的若干意见》，编制和评审《滁州市公共交通专项规划（2014—2030年）》。优化调整公交线路7条，提高城市公交覆盖率。制定《滁州市公共交通低碳绿色出行实施方案》，购置插电式混合动力新能源公交车120台。推进改造滁州至沙河、三官农工客运班线公交化。

（徐　儒）

公　路

【概况】 全市国省干线公路建设项目25个，其中计划内项目15个，计划外项目10个，均为续建项目，全年实际完成投资18.03亿元。市本级公路建设计划安排建设项目5个，计划投资9.44亿元，资金到位8.24亿元，实际完成投资9.61亿元，占年度计划的102%。

【公路建设】 滁马高速滁州段、蚌淮至宁洛高速连接线竣工通车。全市高速公路通车里程398公里。宿扬高速天长段完成投资总量过半，推进滁淮高速先导段建设，加快合宁高速改扩建及滁天高速前期工作。

104国道滁州至汊河段一、二期工程完工通车。312省道天釜段改建、311省道池河至定远高铁站改线工程建成通车。西涧路、洪武路等市区主干道全线贯通。

全年完成危桥改造民生工程项目66座，完成全市县乡道改建工程项目12个，总里程151公里。

开工建设滁州（汊河）港项目、城北客运站、滁宁公交换乘中心项目。推进汊河集船闸项目前期工作。推进社会融资码头建设。

【公路养护与管理】 完成12项迎国检大中修工程，完成投资2.1亿元。104国道K1027+594-K1093+700段被抽为全国干线公路养护管理检查检测路段，检测合格率100%。完成331省道示范路创建工作。

集中清理整治国省道干线公路用地范围，更新维护公路标牌、标线、护栏等安全设施，提升公路沿线环境。查处四轴以上超限运输车辆。全年开展5次专项行动，精检车辆12442台，查处超限运输车辆4485台，卸载车数4081台，卸载41131吨，处罚602.12万元。

【公路安全管理】 全年举办15期安全生产培训班，培训人员850人次。开展全市公路在建工程安全生产大排查。开展全国第14个安全生产宣传月活动，设立咨询台，制作展板10块，发放安全宣传材料1000多份，制作多条安全宣传横幅。与市交警部门联合，排查2015年全省重点督办公路交通安全隐患点段，整改4处国省干线公路事故隐患点。配合交通部公路研究所现场调研滁宁快通交通安全设施验收条件。

【科技创新】 在北关至滁北冶超站段改造工程中，成立课题组，针对“白加黑”路面反射裂缝问题，采用微裂缝及灌浆和水稳基层柔性化处理两项新技术，在保证工程质量同时，减少“开肠破肚”式的大填大挖，工程提前2个多月完工，节约经费700余万元。同时自主研究的水泥混凝土和水稳填充大粒径碎石基层两项技术也在全市范围推广应用。

（徐　儒）

邮　政

【概况】 2015年5月4日安徽省邮政公司滁州市分公司更名为中国邮政集团公司滁州市分公司，所辖六县（市）邮政局相应更名。更名后进一步明确企业市场主体地位，主要承担邮政普遍服务、特殊服务义务及各类邮政业务经营。企业总资产9786.94万元，全市邮政从业人员1102人，内设机构15个。2015年全市邮政业务收入2.06亿元，同比增长16.98%。

滁州邮政乡邮员徐正传获评“中国好人”、安徽省五一劳动奖

6月30日，全椒县民兵应急分队抢修荒草圩大堤。

6月30日，全椒县武岗镇党员群众自发护堤抢险。

沿河各地组织广大干群上堤值守、抢险。全市堤防一处未破，大小水库一坝未溃，防汛抗洪工作取得胜利。

7月17日，齐顾郑水库大坝发生大面积坝体滑坡，市防指派出专家组，根据省水利专家要求，制定抢险方案。

面对灿虹、苏迪罗、杜娟三次台风，市防指启动应急响应，按照预案明确措施、细化任务，应对有序。

请求调度驷马山拦蓄和翻水站适时开机补水、汉河闸利用潮位差开闸拦蓄、沙河集向城西调水、沿河电灌站提引外水等措施，保障城市供水安全及农业灌溉用水需求，为实现全市粮食产量“十二连丰”奠定基础。

【水利改革创新】 小型水利工程“两证一书”发放早于全省提前完成；各地探索总结的小型水利工程“集体水利站管理、政府购买服务管理、用水合作组织管理、企业参与建设管理、家庭农场自建自管”五种管护模式，被省委改革办作为改革的先进经验在全省宣传推广，并上报国家改革办。定远县作为国家和省级小型水利工程管护创新试点县，探索以小型水利工程产权为担保办理抵押贷款的模式。农业银行定远县分行、安徽定远民丰村镇银行分别向安徽凯源农业科技有限公司等12户企业和个人发放小型水利工程抵押贷款736万元。促成市政府印发《关于完善水利工程管理体制改革的通知》，要求各地足额落实基层水管单位“两费”并构建长效增长机制，夯实水利工程的基础性、公益性地位。2015年各地财政支付水管单位人员经费和维修养护经费总计9630万元，比2014年净增3012万元，其中明光市增加1700万元、凤阳县增加550万元；全椒、南谯、来安三地财政共支付小型水利工程与堤防管护经费820万元，其中全椒320万元、南谯100万元、来安400万元；全椒、南谯两县区白蚁防治攻坚战、堤防险工险段治理落实专项经费，其中全椒县财政支付1700万元，南谯区财政支付滁河、汪郢新河5.2公里堤防白蚁防治灌浆经费370万元。

【水资源管理】 围绕水资源管理“三条红线、四项制度”的落实，论证项目水资源、排查取水许可证发放和延续，对程序不全的用水户补办论证取水手续；督促非农业取水户安装计量设施，在线监控重点用水户，选取三湾、岗王两座中型水库试点安装农业用水在线计量监控设施，开展用水总量按季度、分行业统计上报工作；开展市级38个重要水功能水质监测、按月通报水质状况，动态登记监测入河排污口；建设节水型机关、节水型企业，建设农业节水工程，推进中水回用。组织参加省厅水资源管理业务培训，多次召开全市考核工作座谈交流会找缺找差，对不达标水功能区由市领导进行调度、市效能办进行督查、项目限批，督促县级政府和市直部门对滁城饮用水水源地和来河、白塔河进行综合治理。

【水利工程管理】 推进大中型水库规范化管理，跃进、马厂、官沟三座水分别获得省一、二、三级管理单位，全市有22座水库获得省级管理单位，达标率50%，争取中央维修养护补助资金910万元，每年定期开展工程管理资料互审汇编。国有泵站全年排涝水2.67亿立方、灌溉提水4000万立方。完成全市建设项目涉河、涉水事务和涉水项目的审查与批复。组织开展滁河白蚁危害调查市政府印发《滁州市白蚁防治攻坚战实施方案》。督促指导南谯、全椒、来安成立河道管理机构，加强对内河河道、堤防管理，全椒、南谯落实堤防管养维护专项经费，城西水库结合紧邻滁城的条件配合城建部门对管理区进行环境美化、打造市民休闲锻炼栖息地；沙河集水库、汉河闸利用工程加固的契机，对管理区进行景观规划建设。

【依法行政工作】 出台《市水利局依法行政工作要点》《市水利局行政执法提质增效年活动实施方案》等文件；组织局机关干部及二级机构正科级以上干部参加水法律法规考试、宪法知识考试及依法行政能力在线测试三项考试；开展为期两个月的汛前非法采砂专项打击行动和2015年"两节"期间的"雷霆"专项行动，全市开展联合执法行动36次，出动执法车272车次，执法船169艘次，执法人员1733人次，销毁或拆除封存非法采砂船舶采砂机具147台套、没收采砂机具64台套，取缔非法船舶改装、修造点4处，查处沿岸非法装卸河砂点堆砂场10处；完成权力清单清理工作，保留行政审批、行政处罚、行政征收、行政强制、行政确认、行政规划和其他权力共7大类26项，水利窗口受理行政审批项目全部在规定时限内办结。

【"十二五"水利发展回顾】 五年来重点水利工程建设累计完成投资75亿元（是"十一五"24.2亿元的3.1倍），农村水利建设完成投资40亿元（是"十一五"11.6亿元的3.45倍），城市水生态景观建设投资30多亿元，水利信息化建设投资7000万元，中央补助维修养护资金4442万元。除险加固全市1300座大中小型水库、治理干支流河道和中小河流、改造或重建大型泵站和中型排涝泵站；每一处工程完成都建一处景观，城区水利工程结合城市建设进行水生态与水环境综合治理，建成亲水景观带或湿地公园；先后获批2个国家级水利风景区、3个省级水利风景区；水利工程形象面貌、职工队伍精神面貌焕然一新。118处农村人饮工程供水能力达43万吨/日，自来水实现村村通，让70%农村居民有条件喝上"干净的水"；建成的水利工程景观点、景观带和湿地公园，为城乡居民提供休闲锻炼场所；完成重点水利工程、近6万处农村水利工程，提高城乡防洪减灾、人民生命财产保障能力。　（杨　帆）

除险加固后的汉河闸

电　力

【概述】 全年完成固定资产投资9.59亿元，投产110千伏及以上线路130.35公里，变电容量32.6万千伏安；完成购网电量77.15亿千瓦时，同比增长7.02%；到户售电量72.57亿千瓦时，同比增长7.27%；合并口径线损率6.05%，同比下降0.3个百分点；全口径劳动生产率35.83万元/人·年。

【电网建设】 全年兴建、续建110千伏及以上重点输变电项目15项，竣工投产8项。1000千伏淮上特高压输电线路工程滁州段贯通。500千伏鹭岛变迎峰度夏前建成投运，解决滁州电网电力下受能力不足问题。110千伏双塘、新华、凤凰、襄河等四项输变电工程投运。110千伏风电送出项目3个（大山、章广、西王风电）。兴增城网工程长江110千伏输变电工程提前开工建设，变电容量10万千伏安，线路7公里。

基站应急发电现场

【农网改造】 滁州市2015年农网升级工程投资6.67亿元，兴增配变1181台，容量28.7万千伏安，改建10千伏线路1233.6公里，低压线路740公里。户均容量由2014年的1.2千伏安提高到2千伏安，2015年解决低电压2.7万户，滁州公司配变出口低电压比例下降40%，2016年拟解决低电压2.5万户。建成7个新农村电气化乡镇，85个电气化村，明光新农村电气化县具备省级验收条件。

【营销服务】 实施业扩提速增效，强化“串改并”、“四段式”协同服务，高压业扩电网“五个时限”比承诺时限下降65.9%，平均接电时间同比下降24.6%，业扩时限达标率99.99%。加快推进居配工程建设，全年完成7个安置小区的电力配套工程。建立供电营业厅视频监控制度，实现营业厅视频监控全覆盖。主动服务光伏分布式电源并网，完成50个并网项目，总容量0.84万千瓦。

【500千伏鹭岛变建成】 7月15日，220千伏鹭嘉4V80线路投入运行，500千伏鹭岛变配套220千伏输变电工程4条220千伏线路投运。500千伏鹭岛变为滁州第二座500千伏变电站，一期配套220千伏工程将天宝2C66线路和嘉天2830线路开断形成4条220千伏出线。220千伏配套工程4条线路的投运，在改善滁州地区的220千伏 网架结构的同时，解决滁州电网下受能力不足的难题。

【保电任务】 完成第五届农歌会保电任务。农歌会期间，增设1台1250千伏安专用箱式变压器，架设长2500多米专用电力电缆10条，演出体育馆主会场9个配电柜全部采用双电源供电，累计出动保电人预案118人次，车辆29台次，其中发电车2台次。

【城市线路改造】 城配网投资约5000万元，主要是配网网架建设、老旧设备及用户分界点设备改造，先后完成艺校、窑厂宿舍、市车队等41台配变更换；改造城区配网线路约70公里，完成会峰路、全椒路、明光路配网联络。新能源建设完成4条高速服务区充电桩电源线路计1.84公里，市政改造完成科教园区110千伏线路迁改，洪武路220千伏杆塔迁移，南谯路、会峰路、全椒路等六条道路跨接线整治，清流河二期改造电力杆线迁移及配合市政府内城河改造电力杆线迁移工程。

【风电接入】 完成110千伏风电送出项目3个：大山风电6月18日投运，23台风电机组，装机容量约48.3兆瓦；西王风电9月17日投运，25台风电机组，装机容量约45兆瓦；章光风电3月31日投运，24台风电机组，装机容量约48兆瓦。三项风电送出工程，线路全长72.8千米，全部风机并网后每年为滁州市带来2.8亿千瓦时的清洁能源。

【变电站升级改造】 大修改造220千伏天长变110千伏隔离开关，系统改造1号主变冷却；大修改造220千伏宝桥变220千伏隔离开关，更换110千伏滁县变110千伏隔离开关；更换110千伏来安变1号主变，更换10千伏开关柜；110千伏建阳变增加35千伏消弧线圈；菱溪变增加10千伏消弧线圈；改造110千伏水口变、古河变直流系统。扩建500千伏清流变电站、110千伏半塔变、乌衣变、天平变，改善滁州电网结构。

【推广新型缴费方式】 打造城市“五分钟”缴费圈和农村“村村有缴费点”建设，增强便民缴费服务能力。实时开通95598网站、手机缴费、支付宝、充值卡充值等电子化缴费方式。通过“e滁”网站、公交车载电视、多媒体室外广告、有线电视等形式进行常态宣传。推出“掌上”电力手机客户端服务，用户只要在手机上下载“掌上电力”APP或扫描“掌上电力”二维码，注册并绑定自家的用电户号，即可实现24小时用电查询、交费购电、网点导航、停电公告、信息订阅、在线客服、知识查询等服务。可以查询自己用电阶梯电价的使用情况，以及目前处于阶梯电价的哪一个阶段，可以让用户合理安排用电方式，降低费用支出。（孔令峰）

4月1日，中国移动通信集团副总裁董昕来滁调研。

12月24日，安徽移动党组书记、董事长、总经理钱力在滁州公司调研。

通　信

【电信4G通讯广场开业】 2015年2月8日，滁州4G通讯广场开业。中国电信滁州分公司将清流路原有1、2、3号厅约1800平方米场地重新整合改造为4G通讯广场，集成电信各类业务办理，手机买、修、玩、询等功能及周边产品为一体，具备数码通讯、手机4G、高清视频和智慧家庭等体验功能。引进苹果、三星、小米、华为、OPPO、vivo等多家合作伙伴入驻。

2015年2月14日，中国电信在4G通讯广场召开天翼4G上市新闻发布会，天翼4G正式登陆滁州。滁州百姓可享受到网速100M的天翼4G手机通信服务。

【电信滁州分公司拓展新业务】 推广电信超清电视，在近200个直播频道的基础上上线4K超清电视。截至2015年12月31日，全市电信超清电视用户数突破26万户。

9月9日，中国电信滁州分公司与中国人寿滁州分公司签署战略合作协议，探索异业合作创新共赢的发展模式。

10月1日起，中国电信为手机上网按流量计费的月套餐用户推出套餐内流量当月不清零升级服务，即2015年10月套餐内剩余流量延期结转至11月底前使用，后续月份以此类推。

12月18日，滁州电视台新闻综合频道入驻电信超清电视平台。

中国电信滁州分公司组织全市电信系统256名党员干部面向政企客户单位开展“千户大走访”活动，全年累计走访达4100多人次，走访1046个客户单位，用户反应的问题。

【开展“最美电信人”评选活动】 9月16日，开展“最美电信人”评选活动。评选活动涉及服务的客户经理、装维经理、营业员、运维抢修等多个岗位。分为“最美电信人之客户经理”、“最美电信人

"4G服务站"服务到田间

之装维经理"、"最美电信人之营业人员"、"最美电信人之运维抢修"四个类别,本次评选旨在通过社会监督,提升电信服务质量。

【全市首个"全光网县"建成】 10月26日,全椒县人民政府联合中国电信滁州分公司举办滁州市首个"全光网县"建成揭牌仪式。全椒县城区、镇和行政村光网覆盖率100%,自然村覆盖率85%以上,光速宽带用户平均网速率37兆,百兆以上用户超过3.2万户。

【翼支付"爱心萝卜"义卖活动】 12月12日,为解决明光市泊岗乡今年萝卜大量滞销的问题,中国电信滁州分公司在位于清流公园对面的4G通讯广场举办翼支付"爱心萝卜"义卖活动,电信用户现场刷翼支付付款,花1元即可购买12.5公斤爱心萝卜。当日现场销售2万公斤外,各县电信公司也组织开展翼支付"爱心萝卜"义卖活动,累计帮助种植户销售萝卜8万公斤。

【建成滁州全光纤网络城市】 中国电信滁州分公司全年投资3.2亿元,光网覆盖475个行政村、3568个自然村;有线宽带覆盖全部985个行政村光纤全覆盖。到2015年底,滁州电信互联网出口带宽达到320G,累计可提供百兆光宽带端口近100万个。实现市、县、乡镇、村光网全覆盖。形成光纤宽带用户20M起步、100M成主流的格局。电信用户家庭平均上网速度达40M。 (施华峰)

【联通公司提升服务功能】 2015年联通实现对全市市区、县城、校园、3A及以上景区、高速、普铁、国道和省道的4G连续覆盖,实现乡镇4G覆盖,实现对校园、乡镇、3A及以上景区、高铁、高速的全覆盖和90%行政村的3G覆盖,3G网络广度及深度覆盖进一步增强;扩大宽带接入范围,加快光改进程。

完成固网装移机9213线,固网修障3267次,光缆线路抢修700多次。加强干线维护,在明光城区增加干线维护驻点和抢险队伍;组织明光、全椒、滁州多处施工高风险段落的三盯防护工作。完成铁塔相关资产清查与交割。

【联通客户感知提高】 成立滁州联通客户感知专家团队,从产品设计、业务规则、办理流程、系统支撑四方面开展客户感知体验。主要从线上、线下两个维度体验产品,通过亲身体验、渠道访谈客户、投诉数据挖掘客户服务中存在的问题,并及时处理。

全年不定期向收集投诉热点难点问题,根据投诉处理实际情况制定投诉手册,建立投诉交流平台,建立疑难问题题库等,规范处理流程。按季度开展自有营业厅服务规范大检查,检查内容包含服务指标、基本服务规范、服务维系和服务管理四项指标。按照省《安徽联通营业厅服务规范v1.0》文件要求,对照《营业厅服务质量检查评分表》对各营业厅打分、通报,并限时整改,提升营业厅服务效率和窗口形象。

(张 颖)

【移动公司】 中国移动滁州分公司现有员工1000多人,客户规模超过210万,2014年3月在滁州开通4G网络,2015年实现全省城乡、交通干线以及3A级以上风景区的全覆盖,LTE网络质量在全省排名靠前。

滁州移动公司先后获得全国文明单位、全国通信行业用户满意企业、国家级用户满意企业、全国巾帼文明岗、团中央青年就业创业见习基地、安徽省诚信标兵等荣誉称号。 (吴元一)

环境保护

HUANJING BAOHU

环境质量

【概况】 2015年,滁州市环境质量总体稳定。全面完成“十二五”主要污染物总量减排任务,重点企业自行监测和监督性监测结果公布率、国控污染源自动监控数据传输有效率均达到国家考核要求。组织开展全市环境保护大检查活动,保护合法企业、打击违法企业,全年环境安全形势持续保持稳定,未发生重大环境安全事件。城乡生态环境持续改善,声环境总体处于较好级别。国控、省控河流地表水断面水质总体处在Ⅲ类、Ⅳ类标准,城乡饮用水源水质全部合格。滁州城区PM10平均值为87微克/立方米,较去年下降10微克/立方米,完成省政府下达89微克/立方米考核指标。全椒县省级生态县创建工作通过省环保厅技术评估、考核验收并经会议审议,被省环保厅命名为“安徽省生态县”,全椒县成为全市第一个创建成功的省级生态县。全市新增省级生态乡镇5个、省级生态村8个,市级生态乡镇10个、生态村51个。截至年底,全市有省级生态县1个,国家级生态乡镇2个,省级生态乡镇27个、生态村56个,市级生态乡镇14个、生态村78个。

【水环境质量】 滁州市国控、省控河流地表水断面参加评价的项目指标为21项,各项污染指标平均值的水质类别判别标准执行GB3838-2002《地表水环境质量标准》,水质按Ⅲ类标准评价。长江流域滁河水系中滁河干流对照断面——古河断面水质类别为地表水Ⅳ类水质,水质状况为轻度污染等级;长江流域滁河水系中滁河干流削减断面——汊河断面水质类别为地表水Ⅳ类水质,水质状况为轻度污染等级;长江流域滁河水系中滁河支流清流河对照断面——盈福桥断面水质类别为地表水Ⅳ类水质,水质状况为轻度污染等级;长江流域滁河水系中滁河支流清流河削减断面——乌衣下断面水质类别为地表水Ⅳ类水质,水质状况为轻度污染等级;长江流域滁河水系中滁河支流襄河控制断面——化肥厂下断面水质类别为地表水Ⅳ类水质,水质状况为轻度污染等级;长江流域滁河水系中滁河支流来河控制断面——水口闸断面水质类别为地表水Ⅴ类水质,水质状况为中度污染等级。淮河流域淮河干流——小柳巷断面水质类别为地表水Ⅲ类水质,水质状况为良好;淮河流域池河水系中池河干流控制断面——公路桥断面水质类别为地表水Ⅳ类水质,水质状况为轻度污染等级;淮河流域入江水道水系中白塔河控制断面——化工厂下断面水质类别为地表水Ⅳ类水质,水质状况为轻度污染等级;淮河流域淮河支流——濠河断面水质类别为地表水Ⅳ类水质,水质状况为轻度污染等级;淮河流域池河水系中池河支流——南沙河断面水质类别为地表水Ⅲ类水质,水质状况为良好;淮河流域池河干流控制断面——池河入女山湖上500米断面水质类别为地表水Ⅲ类水质,水质状况为良好。

湖库地表水参加评价的污染指标为22项,各项污染指标的水

市长张祥安在全椒县禁烧一线检查指导秸秆禁烧工作

质类别判别标准执行GB3838-2002《地表水环境质量标准》中Ⅲ类标准。城西水库水质类别为地表水Ⅲ类,水质状况为良好级;女山湖湖中心和船闸断面水质类别均为地表水Ⅲ类水质,水质状况为良好等级;高邮湖水质类别为地表水Ⅲ类,水质状况为良好级;凤阳山水库水质类别为地表水Ⅲ类,水质状况为良好级;沙河水库水质类别为地表水Ⅲ类,水质状况为良好级。

【声环境质量】 滁州城区按不同功能区分布情况布设7个功能区噪声定期监测点,功能区噪声评价标准为GB3096—2008《声环境质量标准》。各功能区昼间和夜间噪声的小时测值和平均值达标。城市道路交通噪声:滁州市城区34条主要交通干道上布设67个道路交通测点,平均等效声级为64.7分贝,低于去年65.9分贝,整体道路交通噪声环境为好等级。城市区域环境噪声:滁州市建成区按500米×500米的网格布设115个测点,等效声级平均值为55.4分贝,符合GB3096-2008《声环境质量标准》中2类区(居住、商业、工业)环境噪声标准。全市115个区域环境噪声测点的等效声级均低于相应功能区的噪声标准限值。

【大气环境质量】 大气监测项目为二氧化硫、二氧化氮、臭氧、一氧化碳、PM10、PM2.5等六项。滁州市市区环境空气质量中二氧化硫平均值为15微克/立方米,符合GB3095-2012《环境空气质量标准》一级标准20微克/立方米的要求;二氧化氮平均值为29微克/立方米,符合GB3095-2012《环境空气质量标准》一级标准40微克/立方米的要求;可吸入颗粒物平均值为87微克/立方米,不符合GB3095-2012《环境空气质量标准》二级标准70微克/立方米的要求;细颗粒物平均值为62微克/立方米,不符合GB3095-2012《环境空气质量标准》二级标准35微克/立方米的要求;一氧化碳平均值为1毫克/立方米,符合GB3095-2012《环境空气质量标准》二级标准4毫克/立方米的要求。

(张小赞)

污染防治

【污染物减排】 滁州市列入"长三角地区重点行业污染限期治理方案"有11家企业23个项目,项目全部按期完成治理建设任务。其中,华汇热电项目提前两个月建成,保证滁州热电厂按期关闭。市政府印发《2015年度滁州市减排计划》,确定全年列入减排计划调度重点减排项目89个,全部建成。加大重点行业脱硫脱硝减排,督促台玻公司、凤玻公司完善中控系统,加强现有全椒海螺、凤阳中都、中联水泥、来安金禾、定远华塑、定远中盐等重点企业脱硫脱硝设施的运行管理。强化污水处理设施运行管理和提标扩建改造,来安县中冶华天污水处理公司提标改造7月建成,10月底天长开发区污水处理厂、天长铜镇污水处理厂主体建成投入试运行,来安半塔污水处理厂、凤阳富春紫光污水处理二期扩建和全椒开发区污水处理在建。列入计划的规模化养殖场减排项目全部完成。按要求完成辖区内35个国控企业自行监测工作,全市国、省、市控企业71家重点污染源安装在线监控设备153套,在线监控的稳定联通率和自动监控数据传输率均在98%以上。

【大气污染防治】 持续加大工业

污染、城市扬尘、机动车污染、燃煤锅炉治理和秸秆综合禁烧污染治理力度。圆满完成南京青奥会、国家公祭日等区域城市空气质量保障任务，全市PM10平均浓度为87微克/立方米，低于年度控制目标2.25%，完成省政府下达的不高于89微克/立方米的目标任务。市政府及相关部门出台《滁州市重点行业大气污染限制治理实施方案》《滁州市挥发性有机污染物整治方案》《滁州市黄标车提前淘汰奖补资金管理办法》《滁州市城区禁止燃放烟花爆竹管理规定》《滁州市关于划定高污染燃料禁燃区的通告》等专项整治方案。2015年确定1253个大气污染治理项目和淘汰2005年前注册营运黄标车的目标任务。 6月至9月，在滁城范围内开展大气污染防治“百日会战行动”。2015年燃煤小锅炉和黄标车两项环保部考核重点项目超额完成，燃煤小锅炉整治项目156个，完成192个，完成率123%，燃煤小锅炉淘汰蒸吨任务为289吨，完成416吨，完成率144%；黄标车淘汰任务4000辆，其中2005年前注册营运黄标车3427辆，完成黄标车淘汰6229辆，其中2005前注册营运黄标车3685辆，完成率分别为155.7%和107.5%；工业二氧化硫治理项目20个，工业氮氧化物治理项目8个，工业粉尘治理项目24个，工业挥发性有机物治理项目48个，加油站油气治理项目71个，重点行业清洁生产审核项目39个、技术改造项目28个，淘汰落后产能项目16个，建筑施工扬尘治理项目217个，非煤矿山整治项目86个，餐饮油烟治理项目914个等均已完成。2015年全市发放机动车环保合格标志122396个，环保标志发放率达到93%。

【秸秆禁烧和综合利用】 全市夏秋两季主要农作物播种面积1091.07万亩，秸秆收集量379.8万吨，秸秆综合利用量315.02万吨，综合利用率达到82.94%，午秋两季秸秆焚烧“零火点”。市政府办制定《关于进一步做好秸秆禁烧和综合利用工作的通知》，编制《禁烧包保责任图》和《综合利用责任图》，建立“全面覆盖、网格负责、分级管理、责任到人”的网格化属地管理体制。印发《农作物秸秆机械化还田实施意见》《农作物秸秆收储中心建设实施意见》，市财政拨付2000万元专项配套奖补资金。推进秸秆综合利用，全市自发建设秸秆收储中心58处，市级考核达标收储点8处，全年新增85马力以上拖拉机925台，加装切碎装置大马力收割机2776台，秸秆旋耕还田机具320台。

市人大督查组现场跟踪督查《关于加强西涧湖饮用水水源保护的决定》贯彻落实情况

【水污染防治】 全年降水pH值范围在4.26~7.35之间，年均值为6.28，在酸雨临界值（pH=5.6）之上；全年酸雨频率为2.9%；酸雨量占总雨量的2.0%。成立市水污染防治工作领导小组，经省主管部门审核，市政府印发《滁州市水污染防治工作方案》，明确“十三五”全市水污染防治工作目标，对境内河流断面、饮用水源、城市黑臭水体、涉水重污染企业等17项治理任务建立问题清单。完成重点流域水污染防治建设任务，加快重点流域水污染防治项目建设，长江流域12个项目完成11个，淮河流域27个项目完成25个，项目完工率超过90%。全市7个水质考核断面水质除来河外全部达标，来河水质目前总体处于Ⅳ至Ⅴ类。实施并完成全市集中式饮用水源保护区划分和饮用水源地环境状况评估，严守饮用水水源安全底线，对全市饮用水源地开展专项执法检查，查处并整改23件环境问题，基本完成西涧湖水源地环境综合整治，出台《滁城集中式饮用水水源突发污染事件应急预案》，凤阳县、天长市完成农村集中式供水工程水源保护区划定工作，全市13个城市集中式饮用水水源地、77个乡镇集中式饮用水源地，水质稳定在Ⅲ类水质以上，处于安全状态。

（张小赞）

生态建设与环境监察

【生态乡镇、村创建】 全椒县成功创建滁州市第一个省级生态县，天长市铜城镇、定远县蒋集镇、全椒县二郎口镇、明光市潘村镇、来安县水口镇成功创建省级生态乡镇，新增凤阳县大庙镇东陵村、天长市铜城镇铜北村和万寿镇忠孝村、全椒县石沛镇大季村和襄河镇邱塘村，来安县水口镇水东村、明光市张八岭镇岭北村和三界镇碾城村等8个省级生态村，命名第二批市级生态镇10个、市级生态村51个。开展连片整治项目和问题村项目监督检查，审查天长市杨村镇小关社区、来安县汊河镇江青圩村问题村整改，验收批复来安县汊河镇江青圩村等问题村项目。组织开展全市土壤环境质量监测国控点位核查工作培训，核查全市120个国控点位。开展女山湖湿地保护区、皇甫山自然保护区两处省级自然保护区环境保护专项执法，坚决取缔女山湖湿地保护区内非法采砂经营活动。

【环境影响评价】 全市受理办结各类建设项目环评文件289件，其中审批建设项目环境影响报告书64件、建设项目环境影响报告表103件、建设项目环境影响登记表122件，完成汊河集船闸、博西华、城北汽车站、市儿童福利院、龙池街改造、龙山小区拆迁安置房、城北汽车站等一批重点项目建设项目环评审批。完成试生产批复75件、建设项目竣工环保验收86件、建设项目工程环保验收145件。6月至12月，按照省环保厅部署，组织对全市2011至2014年的35个省批、899个市批、795个县批建设项目环保“三同时”执行情况进行调研；8月，对2011年以来67家化工行业涉危险废物建设项目进行专项清理，责令整改问题项目10个。全年先后否决化工、电镀、铅电池组装以及影响饮用水源保护项目17个，因批建不符、污染防治措施未落实到位、危废管理不规范等问题，不同意予以试生产或通过验收的项目40个。

农村居民用上清洁的自来水

【核与辐射安全监管】 省环保厅将单独固定式X射线探伤项目、220千伏输变电工程项目环评、验收权限下放至市局。严格按照要求公示项目，全年审批Ⅱ类射线探伤装置项目环评报告表2个，审批Ⅲ类射线装置和Ⅳ、Ⅴ类放射源项目环评登记表25个，环保“三同时”验收项目4个。年度审批11万伏输变电工程10个，验收输变电项目11个；审批移动公司439座移动通信基站环评文件，验收联通公司165座移动通信基站。1月至3月，分类别分辖区组织8期核安全文化宣讲培训班，市管154家持证单位的法人及骨干人员计270余人接受核安全文化宣讲培训。开展辐射环境安全专项执法行动，取得辐射环境安全现场执法检查记录472份，其中，对所有核技术利用单位168家进行2次检查，对32家使用Ⅱ类以上射线装置和使用放射源的单位进行3次以上现场执法检查，在用放射源单位掌控率100%。安全送贮凤阳东盾木业有限公司2枚、滁州安邦聚合高科有限公司4枚闲置放射源，闲置、废弃放射源送贮率100%，全市放射源安全无事故。

6月5日，市人大副主任张尽忠、市政协副主席苏虹为《环境日》纪念邮票揭牌。

【环境监察】 市政府办公室出台《滁州市环境保护大检查工作方案》，全年出动执法人员14013人次，发现存在各类环境违法行为企业563家，其中违法建设项目企业400家、违法排污企业163家，对三旺豆业非法小电镀、刘汉玉塑料颗粒加工厂、凤阳龙兴玻璃有限公司、凤阳凤凰水泥厂等65家环境违法企业实施关闭取缔，实施查封扣押企业20家、停产限产企业5家，与公安、司法机关开展联动执法行动，移送环境违法案件18起，行政拘留19人。开展环境安全、危化品、安全生产月等专项检查，检查排查企业200家。全面开展环境监管网格化工作，根据国务院、省政府统一部署，市政府办印发《滁州市环境监管网格体系建设实施方案》《滁州市环境监管网格化划分方案》，全市划分10个二级网格，124个三级网格，1192个四级网格。2015年，市直受理信访439件，其中省、部级转办信访件70件，市级369件，办结369件，市本级信访量较去年下降22%。2015年度征收排污费2840余万元。

【环境监测】 每月对滁州市、天长市、明光市和凤阳县城市集中式饮用水源地水质开展监测，每两个月对滁州市境内涉重金属企业进行全面监测，每季度对54家国控、省控重点污染源开展监督性监测和在线设备比对监测。完成全市3个养殖基地周边土壤环境质量监测和天长市三个村农村环境质量监测。完成地表（下）水、环境空气、降雨、环境噪音等工作目标任务及指令性监测任务，对110多家建设项目开展环评现状监测、对160多家企业进行“三同时”验收监测、对160多家企业进行在线设备比对验收和比对监测、对410多家企业开展委托性监测，提交各类报告860份。开展标准化建设工作，投入300多万元用于购置监测仪器设备，对实验室进行部分改造，11月市环境监测站通过省环保厅标准化达标验收。编写《2015年度环境质量报告书》《2015年滁州市饮用水源地自查报告》和水环境质量月报、大气环境质量月报、环境质量季报和年报。 （张小赞）

中国共产党

ZHONGGUO GONGCHANDANG

市委工作综述

【学习宣传贯彻党的十八届五中全会精神】 中国共产党第十八届中央委员会第五次全体会议于2015年10月26日至29日在北京召开,会议审议通过《中共中央关于制定国民经济和社会发展第十三个五年规划的建议》和《中国共产党第十八届中央委员会第五次全体会议公报》。10月31日,市委召开理论中心组学习会议,传达学习党的十八届五中全会精神,安排部署全市贯彻落实工作。11月19日,省委宣讲团党的十八届五中全会精神报告会在滁州大剧院举行。省委宣讲团成员,省委宣传部副部长,安徽日报社社长、党委书记徐东平作宣讲报告。11月20日,市委召开学习贯彻党的十八届五中全会精神市委宣讲团动员会。随后,市委组织多个宣讲团赴各县(市)、区开展党的十八届五中全会精神宣讲活动。

【组织开展"三严三实"专题教育】 根据中央和省委统一安排,市委组织开展"三严三实"专题教育。5月7日,市委召开常委会议,传达学习全省"三严三实"专题党课报告会议精神,讨论研究《关于在全市县处级以上领导干部中开展"三严三实"专题教育实施方案》。5月8日,市委召开"三严三实"专题教育党课报告会,李明同志作专题党课报告。6月18日至19日,市委中心组召开"三严三实"专题理论研讨会,围绕"严以修身,加强党性修养,坚定理想信念,把牢思想和行动的'总开关'"开展理论学习研讨。8月7日,市委召开中心组"三严三实"专题理论学习研讨会暨全市"弘扬沈浩精神,推动三个发展"主题实践活动总结会,围绕"弘扬沈浩精神,践行三严三实,大干三季度,实现新突破"进行交流发言。10月30日至31日,市委中心组召开"三严三实"专题理论学习研讨会,围绕"严以用权,真抓实干,实实在在谋事创业做人,树立忠诚、干净、担当的新形象"开展理论学习研讨。12月20日,市委召开"三严三实"专题民主生活会,市委常委围绕遵守政治纪律、政治规矩和组织纪律,修身做人、用权律己、干事创业及落实党风廉政

10月15日,市委2015年第二、三轮巡察工作动员部署暨培训会议召开。

建设"两个责任",开展批评与自我批评。省委常委、组织部长邓向阳参加并指导会议。通过"三严三实"专题教育,市委常委查摆问题197条,市委常委班子共列出整改措施20项72条,明确整改时限、牵头领导和责任单位;全市出台各类制度文件737项,查摆懒政怠政问题561个,制定整改措施759条;整治基层干部不作为乱作为等损害群众利益问题190个,给予党纪政纪处理103人、移送司法机关29人。

4月9日,省委书记张宝顺在琅琊山森林公园调研考察。

【省委主要负责人到滁考察】 1月20日,省委书记、省人大常委会主任张宝顺到定远县走访慰问老党员、困难群众和一线职工。省委常委、省委秘书长唐承沛,省民政厅厅长吴旭军,市领导李明、张祥安、王图强等陪同。

4月9日至10日,省委书记、省人大常委会主任张宝顺先后深入苏滁现代产业园、滁州经济技术开发区、来安县汊河轨道交通装备产业园以及全椒县石沛镇黄栗树村、襄河镇河东新村,调研经济运行和社会发展情况。省委副秘书长、办公厅主任闵光辉,市领导李明、张祥安、许继伟、王图强、李树、马军等陪同。

11月7日至8日,省委书记、省人大常委会主任王学军深入天长市、明光市调研指导经济社会发展。省委副秘书长、办公厅主任闵光辉,市领导李明、张祥安、章义、王图强、朱诚、李玉平等陪同调研。

【省政府主要负责人到滁考察】 4月24日,省委副书记、省长王学军深入全椒县调研经济运行和社会发展工作。副省长梁卫国,省政协副主席、省政府秘书长邵国荷,市领导李明、张祥安、许继伟、章义等陪同调研。

6月28日,省委副书记、代省长李锦斌深入全椒县荒草二圩和襄河口闸检查指导防汛抗洪工作。副省长梁卫国,省政协副主席、省政府秘书长邵国荷,省政府副秘书长刘永春,省水利厅厅长纪冰,市领导李明、张祥安等陪同。

【举办第五届中国农民歌会】 10月15日,由文化部、农业部、安徽省人民政府主办,安徽省委宣传部、省文化厅、省农委、省文联、省广播电视台、滁州市人民政府承办的第五届中国农民歌会在滁开幕。第十一届全国人大常委会副委员长陈至立宣布歌会开幕。省委常委、省委宣传部长曹征海主持开幕式。文化部党组副书记、副部长杨志今,农业部副部长陈晓华,副省长谢广祥,市委副书记、市长张祥安分别致辞。省领导胡连松、王秀芳、赵韩、薛江武,省人大常委会原副主任吴天栋,湖北省高院原院长郑少三,市领导李明、许继伟等出席开幕式。歌会期间,在滁举办全国农民鼓舞展演、第五届全国农民摄影展、滁州投资环境推介暨重点项目集中签约仪式、滁州旅游汇展暨旅游推介会等活动,提升滁州影响力。

【市委重要会议】 2月15日,市委召开五届十次全体会议,投票表决市委常委会提名的部分市政府工作部门正职拟任人选和推荐人选。

8月13日,市委召开五届十一次全体(扩大)会议。李明同志代表市委常委会向全委会作题为《践行"三严三实" 推行"严实工作法"全面确保各项目标任务圆满完成》的工作报告。

12月14日,市委召开五届十二次全体会议。李明代表市委常委会向全委会作题为《确保如期全面建成小康社会 奋力绘就环滁皆美锦绣画卷》的工作报告，朱诚代表市委常委会向全委会作干部选拔任用工作专题报告。会议审议通过《中共滁州市委关于制定国民经济和社会发展第十三个五年规划的建议》和《中国共产党滁州市第五届委员会第十二次全体会议决议》，并对2014年12月以来干部选拔任用工作及新选拔任用的领导干部进行民主评议。

【市委、市政府召开全市领导干部大会】 10月9日，市委、市政府召开全市领导干部大会，认真贯彻省委、省政府决策部署，全面落实省“4105”行动计划，号召全市上下解放思想、真抓实干，坚决打赢产业转型升级攻坚战，奋力实现地区生产总值、工业总产值、财政收入、人均地区生产总值“四个翻番”，牢牢站稳第一方阵，坚定不移争先进位，努力争当全省加快调结构转方式促升级排头兵。李明、张祥安同志分别讲话。许继伟、章义同志先后主持会议。王图强、朱诚、李玉平、汪建中、李树、郭强、潘晓等出席会议。

【组织市党政代表团赴山东学习考察】 9月7日至9日，市委、市政府组织党政代表团，赴山东省烟台市、滨州市考察学习两地产业转型升级、工业经济和园区建设、创新驱动、“十二五”规划编制等方面经验做法。李明、章义同志率队考察，市直有关单位主要负责人参加考察。

【组织开展全市招商引资项目观摩检查活动】 7月12日至14日，市委、市政府组织开展全市招商引资项目观摩检查活动，并召开全市招商引资项目观摩检查总结暨三季度“双百行动”动员大会。活动主要观摩各地新签约、新竣工、新投产的招商引资项目，相互借鉴、相互比较，看出成绩、找到差距，比出动力、传递压力。市委常委、市人大常委会主任、市政协主席，市政府副市长，市直有关单位和各县市区党政主要负责人参加活动。（蒲东诚）

纪律检查

【市纪委召开五届五次全会】 2月28日，中国共产党滁州市第五届纪律检查委员会第五次全体会议举行。会议传达学习十八届中央纪委五次全会、省纪委九届五次全会精神，总结2014年党风廉政建设和反腐败工作，研究部署2015年主要任务，认真评议部分县(市)、区和市直单位党委(党组)主要负责人述廉述责。全会审议通过《围绕“三个发展”，强化监督执纪，坚定不移推进党风廉政建设和反腐败斗争》工作报告和《中国共产党滁州市第五届纪律检查委员会第五次全体会议决议》。

【强化党章意识】 开展“学党章知党规明党纪”和《中国共产党廉洁自律准则》《中国共产党纪律处分条例》两部法规“专题学习月”活动，印发《党章党规党纪汇编》《两项法规学习问答》《百案释纪》7000余册，召开专题解读宣讲活动近百场，组织全市党员参加知识测试。

【落实“两个责任”】 年初，开展对市委主要负责人落实主体责任情况专项评估工作，调阅31份市委常委会碰头会，市委常委会会议纪要，查看424件市委书记评述，组织10个单位负责人座谈评估，邀请13位“两代表一委员”、党风党纪监督员和特约监察员针砭评判。加大责任追究力度，对组织领导党风廉政建设工作不力、落实“一岗双责”不到位导致不正之风和腐败问题发生的地方进行问责。全年追究落实“两个责任”不力问题11个，处理24人，给予党政纪处分11人，释放失责必问、问责必严的强烈信号。

【贯彻中央“八项规定”】 年初，开通“一键通”网络举报平台，建立健全作风建设常态化机制。紧盯重要节点，采取“三个倒查”(公车行驶轨迹倒查、财务报销凭据倒查、商场超市财务清单倒查)，持续开展明察暗访，深挖“隐蔽式”不正之风。全年查处违反中央八项规定精神问题59起，同比增长43.9%；处理236人，同比增长133.7%。市纪委对21起典型问题进行点名道姓通报曝光，推动党风持续向好。

【开展“四风”和腐败问题专项治理】 深入开展严肃查处发生在群众身边的“四风”和腐败问题专

2月28日，滁州市纪委监察局召开五届五次纪委全会。

项治理工作，推动党风廉政建设向基层延伸。9月在天长召开基层正风肃纪专项查处工作现场会，总结推广天长市“两查两护”专项行动和推行农村小微权力清单经验。全年查结“四风”各类问题线索1158件，处理1063人，其中给予党政纪处分617人，移送司法机关72人；分领域、分行业下发通报8期。

【坚决惩治腐败】 围绕遏制腐败蔓延势头，正确把握运用监督执纪“四种形态”。全年谈话函询224件次，澄清问题778件次。对问题较严重的作出党纪处分和组织处理，其中党纪轻处分和组织处理862人，党纪重处分311人。2015年，全市各级纪检监察机关受理信访举报5070件(次)，同比增长20%；立案1316件，同比增长39.7%；处分1284人，同比增长36.7%，其中县处级干部12人；涉嫌犯罪移送司法机关87人，其中县处级干部6人，乡科级干部22人。市纪委直接查办市琅管委党委原书记张有志、市农委原主任程锡蔓、琅琊区政协原主席孙协、全椒县人大原主任许业林、市国土局原总工程师李玉等一批严重违纪违法案件。

【乡镇巡察“全覆盖”】 设立市委巡察暨巡视联络工作办公室，。建立完善上下联动、交叉巡察、边巡边改三项机制和《巡察报告工作规范》等20多项制度。2015年，市委成立14个巡察组，连续开展三轮巡察。完成对全市94个乡镇巡察“全覆盖”，巡察市直单位二级机构2个，移交问题线索680件，立案查处75人，诫勉谈话18人，移送司法机关9人。在全省率先实现乡镇巡察“全覆盖”，为县乡党委换届营造良好环境的做法，得到中央巡视办和省委、省纪委主要负责人的充分肯定。

【推进纪检体制改革】 开展第二轮议事协调机构清理，市纪委监察局参加的议事协调机构数从去年的21个再减少到10个。指导推进县级纪检监察机关内设机构调整，8个县(市、区)的改革方案获省纪委批准，调整后的监督执纪机构数和人员数将分别达到总数的72%和61.2%。

【创新廉政教育模式】 在全省率先开通“一端一微一平台”，及时发布中央和省、市纪委的重大决策部署、重点工作安排和重要案件查办情况，努力做到“一机在手、党纪全有”。截至年末，手机客户端下载和加入微信量超5万人群，门户网站年点击量达150万人次，廉政短信发送做到“每日一条”。举办两期《清风滁州大讲堂》。组织近万名党员干部到市

9月15日，滁州市基层“正风肃纪”专项查处工作现场会召开。

党风廉政教育中心和清流监狱警示教育基地接受警示教育。在《滁州日报》开辟“以案为鉴”专栏，编发《滁州市典型腐败案例剖析读本》，制作《正风肃纪、养德固本，作风建设在身边》系列廉政微电影。

【强化自身建设】 深化“争做守纪模范、争当执纪尖兵”活动，出台纪检监察干部“五严守、十禁止”规定。落实“机关学习会”制度，开展《中国共产党廉洁自律准则》和《中国共产党纪律处分条例》“解读、宣传、讲座、竞赛、手册、会议”等六个专题活动。组织参加中央和省、市级各类培训200余人次，不断强化党性修养，提升业务能力。严格内部监督管理，完善机关内部规章制度15项。

（江　泓）

组织建设

【“三严三实”专题教育】 5月8日，全市组织人事部门牵头召开组织实施“三严三实”专题教育工作部署会。以高质量党课开局，市委书记带头示范，各级党委（党组）书记围绕“三个讲清楚”讲党课，全市262名县级以上党员领导干部按要求作党课报告，逾2万人次聆听报告。谋划“3+1”专题，把习近平总书记系列重要讲话精神作为重中之重，深入开展专题学习研讨。精心组织召开专题民主生活会，市领导及纪检监察机关、组织部门深入联系县市区和部分市直单位，全程指导督导，各地各单位全部按时按要求召开专题民主生活会。采取分类召开座谈会、发放征求意见函、吸纳督查和巡视结果等多种渠道，全市征求意见建议7500多条。强化“四个清单”建设，扎实开展“三个专项行动”，查摆懒政怠政问题552个，制定整改措施739条，查结和销号“四风”和腐败问题线索326个，查处问题176个。强化立规执纪，出台各类制度文件737项。在全市推行以标准要高、作风要实、服务要优、要求要严为主要内容的“严实工作法”，推动“马上就办、想办法办、把事办成”蔚然成风。

【“弘扬沈浩精神”主题实践活动】 4月12日，全市“弘扬沈浩精神，推动三个发展”主题实践活动动员会在凤阳小岗村举行。以“建四型机关”和“争当服务先锋”为主题，推动主题实践活动深入开展。采取交流研讨、培训测试等形式，深化学习教育，660多个市、县直单位集中研讨870多次，近万名党员参加知识测试，两级党校组织22期2300多名党员干部专题学习，全市组织系统开展征文82次1900多篇，选树身边典型312人。深入开展“六照六查六看”，抓好谈心谈话、征求意见、召开生活会、列出问题清单4项工作，结合群众路线教育实践活动“回头看”，全市制定个人整改清单1800余份，列出需要整改的6500余个问题基本得到整改落实。

【干部培养、教育与管理】 突出十八届三中、四中、五中全会和习近平总书记系列重要讲话精神学习培训，1.25万余名学员在线参加专题学习；围绕从严治党、依法行政、调转促等主题，举办党校主体班、专题培训班11期1242人次。坚持“科学发展大讲堂”机制，邀请理论大家、实干名家举办专题讲座7期，培训县级以上领导干部2800余名。委托浙江大学、上海财经大学等高校，举办领导干部能力提升、财政体制改革等专题班5期292人次。扎实推进网络培训，在全省率先完成

2014年度学分申报审核工作，1.25万余名学员全部完成学习任务，省通过率均达100%。运用“微信课堂”开展干部政策法规学习2次，受众400余人次。加强教育培训基地建设，安徽小岗干部学院投入运行。

出台《关于加强和改进优秀年轻干部培养选拔工作的实施意见》，先后选派53名机关和基层优秀年轻干部“双向挂职”，其中县级干部18名；探索选派11名市直机关优秀年轻干部到重点企业挂职，制定《滁州市县科级挂职干部管理考核办法》，建立工作日志制度，确保挂职实效。开展县级后备干部集中调整，差额确定后备干部名单，明确培养方向和措施，分类建立后备干部库，实施动态管理。出台《市直机关公务员公开遴选办法》，规范市直机关公务员转任程序。

完成8个县（市）区、94个市直单位领导班子和885名市管干部年度考核工作，对31个市直单位进行重点考核。坚持“凡提必核”，查核个人有关事项报告16批135人次，责成37名干部补报或说明理由，9名干部因不如实填报被暂缓任用。从严审核干部任用报告事项，3名科级干部任用不予同意，审核备案科级干部211名，5名干部任用因不符合规定不予备案，责令纠正。实行经济责任审计监督全覆盖，对16名县级领导干部进行离任经济责任审计，安排对14名领导干部离任交接，督促5个单位党组（党委）纠正问题22个。开展科级干部“带病提拔”集中倒查，1名科级干部被确定为倒查对象。受理查核举报线索38件次，对2名县级干部进行谈话提醒。扎实做好干部档案专项审核，严把任前档案审查，5名干部因年龄涉嫌涂改造假被暂缓或取消任用。

4月15日，省委副书记、省长李锦斌到苏滁现代产业园调研。

5月13日，省委常委、省纪委书记王宾宜考察苏滁现代产业园

【领导班子和干部队伍建设】 出台《关于贯彻落实<2014—2018年全国党政领导班子建设规划纲要>的实施意见》。圆满完成市人大、政协会议选举工作。对65个市管领导班子进行补充调整，提请研究任用干部361人次，其中提拔使用131人次。采取比选择优方式，面向市直单位选拔任职时间较长、年龄相对较大、表现比较优秀的调研员7名、副调研员10名。实施县级干部交流轮岗，推进重要岗位干部交流轮岗全覆盖工作。稳妥完成9个市政府工作部门、3个直属正县级事业单位机构改革和68名市管干部人事安排工作。持续推进超职数配备干部专项整治、严肃清理领导干部在企业兼职，消化超配干部327名、再清理企业兼职干部9名。

11月7日至8日，省委书记、省人大常委会主任王学军到天长、明光两市调研经济社会发展和基层党建工作。

【推进人才高地建设】 出台《滁州市人才高地建设工程实施方案（暂行）》《关于加快高层次人才引进的若干意见》，制定人才高地建设推进工作实施方案，推进"1+N"人才政策体系建设。加强高层次创新创业人才（团队）的培养，完成第二批20个"221"产业创新团队年度考核，兑现资助资金47.5万元。评审设立第三批市"221"产业创新团队，公开选聘21名创新领军人才担任团队带头人，积聚110名创新创业人才，安徽中益新材料科技有限公司获批安徽省科技创新团队。新建院士工作站2个、博士后科研工作站1个。遴选10名优秀企业家申报省第二批"特支计划"创新创业领军人才，6名被确定为初步人选。强化优秀企业家队伍建设，对120户重点企业主要负责人开展现代企业经营理念和管理培训。将人才工作考核结果纳入年度县域经济和社会发展综合考核、党政领导班子综合考核评价，强化党管人才意识。组织优秀专家休假疗养活动，按要求做好首批5名省"特支计划"领军人才250万专项资金和1名"百人计划"50万资助资金发放工作。

【严抓基层党建责任落实】 组织开展书记抓基层党建工作述职评议考核，严格督促整改落实，13名责任落实不力的乡村书记被调整或处理。建立联席会议制度，推进党员干部联系群众制度落实，县级以上党员干部建立基层联系点2188个，下基层调研6600多人次，帮助解决问题6000多个。制定《滁州市选派、帮扶单位履行职责考核办法（试行）》《滁州市直机关党建工作考核暂行办法》，进一步严明抓基层党建工作责任。

【健全组织体系】 组织开展党组清理规范工作，全市384个党组梳理党组设立、党组成员配备、党组工作规则等三方面20个具体问题，逐步推进整改。推广"支部+协会"模式，加大在专业合作社、种养加工基地、现代农业示范区建立党组织力度。开展"提质增效"、"百日攻坚"行动，全市非公企业党组织组建率提高到98.2%；有专职人员的社会组织党组织组建率达93%以上，专职人员中有党员的100%组建。倒排67个软弱涣散村（社区）党组织开展集中整顿。圆满完成社区"两委"换届，满意率98.08%。

【强化农村骨干队伍建设】 实施村党组织带头人"312"工程，选派百名村党组织书记到省内外强村名村挂职锻炼，在全省率先组织百名村干部参加本科学历教育，全市举办村党组织书记培训班20期2625人次，社区"两委"班子成员培训班13期763人次，非公企业和社会组织培训班33期1639人次。实施大学生村官"215"工程，公开选拔40名大学生村官担任村党组织第一书记，32名大学生村官挂任乡镇长助理。实施"红领行动"，选派1382名党员干部到1037户非公企业、345家社会组织担任党建指导员。

【党员教育管理】 创新建立党员证发放管理使用制度，推进党员管理精细化；出台《党员组织生活会暂行规定》，推进基层党组织生活严肃化规范化；率先开展党员组织关系梳理排查，出台《发展党员编号管理规定》，提高发展党员质量，在全省作经验介绍。选择一县一市一区试点县级党代会年会制，创建首批12个"市级党代表工作室"。加强困难党员党内关怀帮扶，建立"115"关爱机制。

【推进远教电教工作】 在全省首

创以动画形式，制作党建微百科和党建微纪录，滁州先锋网、党建之窗电视栏目连续3届被评为省优秀网站和电视栏目。加强电教片摄制、评审工作，全年共摄制电教片30多部，择优推荐1部参加中组部、16部参加全省观摩交流，9部获得省委组织部表彰。

【提升基层基础保障水平】 改扩建106个200平方米以下村级活动场所，提前1年完成省达标任务。14个省级开发园区和17个产业集群专业镇普遍建成党群活动服务中心。8个县(市)、区村干部年均基本报酬均达到上年度农民人均纯收入1.5倍，达到省要求。在4个县(市)、区开展为符合条件的村干部办理城镇职工养老保险试点。实施发展村级集体经济"123"工程，成立工作机构，制定考核办法，编制"空壳村"三年发展规划，消灭"空壳村"130个。 （武孝力）

宣传教育

【深耕意识形态主业】 坚持不懈推进理论武装，适应形势任务的新变化，坚持用中国特色社会主义凝聚共识，用中国梦汇聚力量，干部群众的"三个自信"更加坚定。把学习宣传贯彻习近平总书记系列重要讲话精神作为重大政治任务，及时传达学习，突出抓好《习近平谈治国理政》《习近平总书记系列重要讲话读本》的学习运用，统筹讲话精神与十八届三

5月28日，李明、张祥安、许继伟等市领导同千余名少儿一起观看第四届"大文化·小舞台"暨庆"六一"文艺汇演。

中、四中、五中全会精神的学习宣传贯彻，组织开展全市"统筹推进'四个全面'聚力推动'三个发展'"宣传教育"八个一"活动、党的十八届五中全会精神学习教育活动、社科知识普及系列活动，开展重大主题宣讲2400余场，受众达40万人次，推动学习贯彻向基层和群众延伸。深入推进学习型党组织建设，草拟市委中心组2015年学习计划，服务市委中心组学习14次，编印《学习参考》12期，选购一批优秀书籍，同时加强对县级中心组学习的指导和督查，每季度印发学习安排，严格落实月报告、季通报制度，开展全市首届学习型党组织示范点评选活动。

修改完善《滁州市社会科学应用对策研究课题管理办法》，49个社科立项课题成功结项，58个社科应用对策研究课题立项，编印《学界建言》6期，为市委决策当好参谋助手。召开全市社科界学习贯彻党的十八届四中全会精神座谈会，组织开展"严实文化"主题征文、"理论工作者谈十八届五中全会精神"等活动，在《滁州日报》推出理论专版，加强理论研究阐释。强化社科组织建设，7个县(市、区)成立社科联，县级社科组织建设走在全省前列，并在全省社科工作会议上作典型发言。

建设"滁州理论在线"微信公众号，打造党员干部理论学习网络阵地，全年发布135期，推送学习资讯800余条。抽调骨干力量，打造"滁州市百姓宣讲团"宣讲队伍，走进机关、企业、乡村和社区，开展对象化、分众化、互动化宣讲。完善市理论宣讲专家库，确定选题近20个，以动态菜单方式向全市发布。

【加强意识形态领域管理】 认真贯彻落实《党委(党组)意识形态工作责任制实施办法》，进一步提高思想认识，强化引导管理，牢牢掌握实施形态工作领导权主动权。下发《关于明确宣传思想文化工作负责同志和相关工作人员的通知》，要求市直各单位认真落

实意识形态工作主体责任，一把手亲自负责，并明确分管领导、具体责任人，确保工作责任落到实处。围绕理论学习、舆论引导、文化发展等主题开展培训班5期，不断提升各级各部门做好宣传思想文化工作的能力和水平。创办内部刊物《滁州宣传》以及市委宣传部官方网站，进一步扩大宣传思想文化工作的影响力。加强舆情信息网络建设，全面准确掌握社会思想动态，全年上报社会舆情信息653篇、编报网络舆情简报快报300多期。严格落实新闻发布制度，放大正面声音，全年举办新闻发布会35场次。聚力打造“储轩平”、“储新平”评论品牌，围绕社会热点问题和群众关切话题，推出高质量高水平，深入浅出、通俗易懂的评论文章，唱响主流声音，全年推出“储轩平”系列文章15篇、“储新平”系列文章11篇。深入开展查堵反制港台反动出版等“扫黄打非”四大专项行动，办理重大案件13起，严厉打击各类非法出版物特别是政治类非法出版物，构建健康文明、积极向上的文化环境。

【强化宣传舆论引导】 始终坚持团结稳定鼓劲、正面宣传为主的舆论导向，有力有序组织开展宣传报道。把握节点，策划开展“聚焦聚力三个发展 奋力冲刺开门红”、“实现双过半 年中看突破”、“大干三季度实现新突破”、“决战决胜四季度 全面超额完成任务”季度主题宣传活动，为推动全市经济社会发展聚力鼓劲。瞄准重点，围绕“三严三实”专题教育、“双创”、第五届中国农民歌会、“调转促”等重点工作，深入宣传报道，营造强大舆论声势。结合好人评选、纪念抗战胜利70周年等，深入发掘身边模范人物的先进事迹，开设“凡人善举”专栏，在重要版面和时段进行集中宣传，并向中央和省级主流媒体推荐宣传，放大榜样力量。制定并规范执行新闻阅评制度，并邀请省直主流媒体权威专家参加阅评，进一步提升市直媒体新闻宣传水平，全年召开新闻阅评会7次，印发新闻阅评6期。新媒体平台的覆盖面持续扩大，“醉美滁州”新华社党政客户端成功运行，“掌上滁州”APP客户端上线公测。“双微”影响力进一步提升，“美好滁州”官方微信传播力、影响力位居全省前列，“中国凤阳”、“美好全椒”、“明光发布”等官方微信均进入全省“县区政务微信榜”十强。“美好滁州”官方微博拥有粉丝9万多，全年发布宣传信息3000多条，粉丝月均浏览量超过90万次。在新华网、省网宣办联合组织开展的2015年度全省城市政务新媒体综合影响力评比中，滁州市政务新媒体以81.11分的综合分位居全省地市级第一，排名榜首。

【网络生态治理】 适应舆论斗争主战场转向互联网的新形势，贯彻网络空间法制化的要求，开展网上宣传，引导网上舆论。开展“醉美滁州·年味”全民拍、“滁州市首届优秀网络文化作品评比展示活动”，征集各类优秀网络文化作品，引导和鼓励优秀网络文化作品创作生产。在E滁网站创新成立滁州市首家商业网站党组织，组建专业网评员、青年网军、核心网评员三支网评队伍，提升网络舆论引导能力。制定《滁州市网络舆论引导专业队伍运行管理实施方案》，加强网络舆论引导，有效化解网络舆情，在大唐电厂项目、会峰阁改名琅琊阁等舆情中发挥积极有效作用。规范全市政务微博微信管理，确保“双微”定位准确、运营规范、发布有序。在E滁网等市重点商业网站先行试点开展“注册实名制和帖文先审后发制”，过滤和管控网络谣言和不良言论。市、县联动，分级分类管好新闻网站、商业网站、政务微博微信、媒体微博微信等，掌控摸排网站、论坛、新媒体2000多家。积极开展打击网络谣言、网络敲诈和有偿删帖等8大专项行动，删除各类有害信息1.8万余条，净化网络环境。

【对外宣传】 坚持“走出去”、“请进来”相结合，加强与主流媒体对接合作，对外宣传实现新突破，2015年，全市在中央级主流媒体发稿370 篇(条)，在省主流媒体发稿3122篇(条)，发稿总数量同比增长15%；新华社安徽分社领导两次到滁州深入采访，采写的深度报道受到各级领导的高度重视；人民日报社安徽分社领导五赴滁州采写的《滁州：两任市委书记落马之后》重头稿件在人民日报整版刊发，省委书记王学军等领导作出重要批示，《中国纪检监察报》头版头条刊发《滁州，走出阴霾迎霞光》稿件，引起强烈反响，被媒体誉为“正风反腐促发展全国样本滁州模式”；中央电视台《新闻联播》报道《第五届中国农民歌会在安徽滁州开幕》、经济日报刊发《梦想，在这里放飞》等一批重要稿件；安徽日报刊发《对接长三角　融合大发展》等7篇头版头条稿件。

主动拜访中宣部新闻局和中央、省级主流媒体以及南京都市圈媒体，争取工作支持，并就加强外宣工作进行深度对接，大力宣传滁州统筹推进“四个全面”、聚力推动“三个发展”的新举措、新成就、新经验，为促进滁州改革发展营造良好的舆论氛围。围绕贯彻落实中央和省委决策部署以及全市经济社会发展成果，策划重大外宣主题，加大外宣供稿力度。积极策划外宣采访活动，邀请各级各类媒体走进滁州，开展“三治三增三提升”、“环滁皆美——创新发展看滁州”集中采访等活动，进一步展示“环滁皆美”的美好形象。由省委宣传部组织开展的2015年度宣传安徽优秀新闻作品评选活动，13篇作品荣获特别奖，其中9篇取材于全省范围，4篇取材地市，滁州独占2篇，位于全省第一。开展“亭好滁州”城市形象宣传，继续与在央视《朝闻天下》《中国新闻》栏目播出《醉美滁州，亭好滁州》城市形象宣传片，在凤凰卫视（欧洲台）播出宣传短片；与安徽日报合作，推出宣传专版，展示经济社会发展亮点，全年推出15个整版、16个半版宣传稿件，形成浓墨重彩、亮点纷呈的宣传效果；加强与南京都市圈媒体合作，全年在南京日报刊发41个整版，在江苏经济报刊发18个整版，在金陵晚报刊发19个半版，提升滁州的周边影响力。

利用举办第五届中国农民歌会、召开合肥经济圈会议等重大活动，抓住各大媒体聚焦滁州的有力契机，进行宣传推介，农歌会期间中央主流媒体刊发农歌会相关稿件8篇（条），在省级媒体发稿40余篇（条），在“双圈”媒体发稿10多篇（条），在港媒发稿3篇。借助全国“两会”召开契机，主动对接人民日报、经济日报等主流媒体，扩大滁州对外宣传，“两会”期间在中央级媒体发稿6篇、在省级媒体发稿20余篇。

【社会主义核心价值观教育实践】 认真贯彻培育践行核心价值观的实施意见，突出全方位覆盖，继续保持宣传推介和培育践行的热度力度。发动市级文明单位广泛开展社会主义核心价值观公益广告宣传，全年在《滁州日报》刊发公益广告150余篇。利用户外广告牌、电子大屏、公交车、出租车、施工围挡等流动展示平台，广泛宣传社会主义核心价值观、中国梦、“三个发展”等内容，让核心价值观无处不在，随处可见。制定《滁州市深入推进培育和践行社会主义核心价值观行动方案》，在全市范围内开展深化宣传普及、爱国主义教育、文明滁州创建、学雷锋志愿服务等十五大行动，各级各部门对照行动方案和任务分工，制定实施细则，各项活动深入开展，全面开花。制定《滁州市推进志愿服务制度化实施方案》《2015年全市志愿服务活动计划》和《滁州市志愿服务考核暂行办法》，规划建设10个三星级志愿服务广场，推动志愿服务常态化，2015年，全市开展志愿服务活动1560多场次，参加人次近16万人，入选“月评江淮志愿服务典型”7个，滁州汽车中心站荣获“安徽省学雷锋活动示范点”，雷锋车队队长方怀成当选全国首届学雷锋标兵、安徽省岗位学雷锋标兵。把社会主义核心价

12月23日，市文明委向滁州市全国文明单位颁发荣誉证书及奖牌。

4月29日，市统计局会同市外宣办、市政府新闻办举办一季度经济运行情况新闻发布会。

值观主题广场（公园）建设作为2015年精神文明创建特色工程之一，并列入年度目标任务考核，市本级人民广场和南湖公园两个主题广场（公园）完成方案设计。

【加强未成年人思想道德教育】 开展基层思想政治工作课题调研，积极组织参加全省第四届企业文化论坛活动，着力深化党员教育“三项活动”，不断加强基层思想政治教育。精心组织开展一系列主题深刻、内容丰富的纪念抗战胜利70周年活动，广泛开展爱国主义教育。组织开展“奋发向上 崇德向善”青少年爱国主义读书教育、“我们的节日”系列活动，引导未成年人进一步了解中华传统文化的深厚内涵，激发爱国热情。出台自建少年宫“奖补政策”，加快乡村学校少年宫建设，截至12月底，全市14所第四批中央投资的乡村学校少年宫全部建成并投入使用，27所自建乡村学校少年宫全部建成，全椒县、天长市、来安县、南谯区实现乡村学校少年宫全覆盖。开展首届滁州市美德少年推荐评选活动，在全市范围内评选首届滁州市美德少年10名，提名奖10名。创新开展“护苗2015·筑牢防火墙”专项行动，为未成年人健康成长营造良好环境。

【推进公民道德建设】 进一步做好道德模范和身边好人选树、宣传、礼遇和帮扶工作，在全社会形成崇尚好人、关爱好人、争当好人的浓厚氛围。全年评选“滁州好人”72人，7人当选“安徽好人”，5人荣登“中国好人榜”，连续三年当选安徽好人、中国好人数量位居全省前列，涌现出了沈浩、朱长海、刘恩连等一批重大先进典型。道德信贷工程被列为全省唯一试点。2015年底，滁州好人馆完成主体工程，预计2016年上半年投入使用。围绕“友善、敬业、诚信、爱国”主题，全年举办26场道德讲堂总堂活动，精心举办滁州市道德讲堂总堂暨道德模范、美德少年和身边好人现场交流活动，市委李明书记出席活动并为获奖者颁奖。制定《滁州市帮扶礼遇道德模范和身边好人实施办法》，在全市范围内开展帮扶礼遇道德模范和身边好人，营造崇德向善的良好氛围。10月14日，省委常委、宣传部长曹征海来滁调研道德信贷工作，并决定在滁州开展全省道德信贷工程试点。12月7日，全省道德信贷试点工作现场会在滁召开，市委常委、宣传部长李树在大会上作经验介绍。“道德信贷工程”和“市民文化乐园试点”项目被评为全省宣传思想文化创新范例，入选数位居全省各地市之首。

【统筹推进城乡环境治理】 结合文明城市创建和“三治三增三提升”行动，开展城市形象百日提升行动，滁城及周边环境显著改善。在巩固“三线三边”前期治理成效的基础上，拓展延伸治理范围，逐步向“三线三边”涉及的集镇所在地、中心村、自然村延伸，向老旧小区、背街小巷、城中村延伸，向交叉区域、薄弱地段、死角盲区延伸，全市共投入资金9亿多元，新增绿化8万多亩，拆除广告标牌3000多块，全市99个乡镇卫生保洁实现全覆盖，城乡人居环境进一步提升。

【不断深化文化体制改革】 深入谋划改革发展思路，制定《滁州市深化文化体制改革实施方案》，明确目标任务和重大举措，提出了14类、60项任务清单并逐步推动落实。全面落实《市委全面深化改革领导小组2015年工作要点改革任务总台账》中深化文化体制改革事项，建立市级国有文化资产监督管理联系会议制度，制定《市演艺集团公司“双效”业绩考核管理暂行办法》《滁州市广播电视台内部资源整合工作计划》等，进一步完善国有文化资产管理体制，积极推进市县两级广播电视台内部资源整合。全面启动“十三五”规划编制工作。

【完善公共文化服务体系】 加快文化基础设施网络建设，形成公共文化服务均等享受、文化发展同步推进的城乡一体化发展格局。加快市级“三馆”建设，推动市级公共文化设施全面达到省考核标准。图书馆新馆于12月下旬开工；市博物馆陈列布展及公共空间设计全部完成，展陈和公共空间装饰工程开工建设；市文化馆经省文化厅评估定为一级馆。县级“两馆一场”建设进展顺利。县级图书馆总分馆建设有序推进，在省文化厅布置的县（市）试点基础上，将南谯区、琅琊区纳入试点范围，县（市）、区图书馆全面实行总分馆制，建成县级分馆92个和14个村级服务点。乡镇综合文化服务中心试点、农民文化乐园试点建设进展顺利。按照“三室二堂一场一廊”建设标准，高位推进市民文化乐园试点建设。创新形式，丰富内容，以“放歌希望田野，出彩中国农民”为主题，第五届中国农民歌会精彩唱响。广泛开展文化惠民消费季、“送欢乐下基层”、文化科技卫生“三下乡”、“中国梦·出彩滁州人”人民广场周周演等活动，极大丰富群众文化生活。

10月14日，文化部副部长杨志今（右二）、安徽省宣传部长曹征海（左一）参观《醉翁亭记》墨韵展。

【打造文艺精品】 学习贯彻《关于繁荣发展社会主义文艺的意见》，进一步整合资源，加强合作，推动文艺精品创作上水平。电视剧《烽火线》入选2016年度全省影视品牌项目，黄梅戏《朱元璋》入选2016年度省委宣传部市“四个一”演艺项目。与长城影视合作拍摄的电视剧《大玉儿传奇》上映播出，启动创作黄梅戏《朱元璋》，推进大型历史文献纪录片《湮没的帝都—明中都纪实》拍摄，指导市演艺集团排演5部系列儿童剧。以农歌会为契机，组织盘龙、云剑、方鸣等知名音乐人创作《幸福花鼓》《老月亮》《出彩中国农民》3首农村题材歌曲，其中《幸福花鼓》和《出彩中国农民》在第五届农歌会主题演出中唱响。启动创作大型油画作品《包拯》和长篇小说《朱元璋》《东进杀伐》等一批重点文学艺术作品。

【发展壮大文化产业】 按照“保基本、强基础、固优势、求进位”的工作思路，推动文化产业持续健康发展，努力实现争先进位。全市民营文化法人单位数约2500个，比2014年底增加600余个，增速超30%。规模文化法人单位数134个，较去年增长25%。7家企业上榜2014年度全省民营文化企业100强，8家企业成为首批省级文化产业电子商务联盟成员单位。龙利得包装在新三板成功挂牌，实现文化企业上市零突破。入选省“861”文化产业项目22个，投资总额121.07亿元，入选数量排名全省第3，其中16个项目完成实际投资额。11个重大项目入选2015年安徽文化重大招商项目。2家文化园区（基地）入选2015年省重点扶持的文化产业园区（基地），入选数并列全省第二。广电类和出版类文化产业园区（基地）创建有进展，长城文化创意产业园正在申报省级影视基地，滁东印刷包装产业园、明光印刷包装产业园正在积极申报省级出版基地。制定出台《推进文化创意和设计服务与相关产业融合发展行动计划》《促进服务业发展行动计划》等相关文件，促进文化与相关产业深入融合发展。长城文化创意产业园建设等6个项目获2015年文化强省资金扶持，扶持资金共计420万元，项目个数、资金数额均居全省前列。定远古城等10个产业项目获得2015年文化强市资金重点支持。

（唐晓伟）

统一战线

【概况】 贯彻中央统战工作会议、《中国共产党统一战线工作条例（试行）》和省委统战工作会议精神。6月16日，市委调整市委统战部领导班子，市委常委、市委组织部部长朱诚任市委统战部部长。8月，市、县两级全面落实由同级党委常委担任统战部部长的政策要求。

全年4次召开统一战线成员深入学习党的十八届四中、五中全会精神以及习近平总书记系列重要讲话精神座谈会，着力引导全市广大统一战线成员在思想上、政治上与党中央保持同心同德、同心同向、同心同行。4月12日，邀请解放军陆军学院思政系汪庆明教授作《中国梦与世界梦相联通》报告，有120多名党外代表人士参加。委托省社会主义学院举办全市50名党外代表人士后备干部参加的学习班，收到良好的政治效果。

市委统战部先后荣获“2015年度全省统战信息宣传工作先进单位”和“2015年全省统战实践创新优秀成果奖”称号。市效能考核一等奖、招商引资三类先进单位、市文明先进单位、市双拥模范单位。

【组织开展非公有制经济人士法纪教育】 全市140家商会协会和1200家会员企业参加教育实践活动。举办以“诚信守法”为主题的“民营企业家大讲堂”，增强全市广大非公有制经济人士对建设有中国特色社会主义的信念、对党和政府的信任、对企业发展的信心。

【召开全市统战部长会议】 7月29日，召开全市统战部长会议，学习贯彻落实中央统战工作会议精神及《中国共产党统一战线工作条例》。举办全市各民主党派负责人、工商联、无党派人士代表学习贯彻落实中央统战工作会议精神及《中国共产党统一战线工作条例》专题学习班。

【发挥好统一战线在协商民主中的重要作用】 进一步加强政党协商，发挥统一战线在协商民主中的重要作用。受市委委托，朱诚主持召开市委制定国民经济和社会发展第十三五规划征求市各民主党派、工商联 、无党派代表人士意见和建议座谈会。

推动《中共滁州市委、滁州市人民政府关于建立健全同市各民主党派、无党派人士的联谊制度的意见》的实施，主动协调、服务市委常委等领导与党外人士联谊交友活动的开展。向市党政领导和党外代表人士呈送联谊交友温馨提示卡。

推进落实对口联系制度，市政府办公室、市委统战部联合印发《关于坚持和完善市政府部门与民主党派工商联对口联系制度的通知》。

【参政议政成果】 市各民主党派积极撰写人大建议、政协提案，共提交人大建议32 件、政协提案220多件，其中团体提案20 件、个人提案200多件，有18篇政协大会发言材料获得市委、市政府主要领导批示。

【推动党外代表人士队伍建设】 会同市委组织部，实施党外县级后备干部队伍建设“135工程”。做好县处级党外干部到市直有关单位挂职锻炼的推荐工作。

【统一战线教育基地挂牌】 成功申报沈浩同志先进事迹陈列馆为“安徽统一战线教育基地”和“安徽社会主义学院实践教学基地”，并协助省委统战部举行了揭牌仪式，两个基地的成立将对全省统一战线夯实思想政治基础发挥重要的作用。

【开展“和谐寺观教堂”创建活动】 市佛教协会成功换届。全市获全国“和谐寺观教堂”先进集体4个，省级“和谐寺观教堂”39个，市级“和谐寺观教堂”43个。

【开展春节走访慰问活动】 2月10日，市政协副主席，市委统战部部长高迁带领部领导班子成员开展“春节”走访慰问活动。高迁一行先后来到定远县桑涧镇青春村、乌衣镇黄圩村、腰铺镇担子社区困难党员、困难群众和部离退休老同志家中，开展春节走访慰问活动，为他们送去党和政府的关怀。

【滁州市社会主义学院成立】 7月15日，滁州市社会主义学院在市委党校挂牌成立。市委副书记、市委党校校长许继伟担任学院院长。滁州市社会主义学院的成立，标志着滁州市党外代表人士教育培训工作进入到一个新的阶段。

【加强滁台交流】 全年安排4个团组、63人赴台参访交流。邀请台方200多人次来滁考察。2015年，全市新增台资项目4个，合同利用台资2.9亿元。推进滁台现代农业与旅游业交流合作、融合发展，滁州农学会与台湾旅游观光协会签署了《共同发展互助合作备忘录》。积极促进滁台两地人文交流。第五届皖台科技论坛、第二届皖台物联网研讨会在滁顺利举办；成功举办滁州首届“台湾美食节”，邀请台农业旅游业参访团来滁考察。

【强化机关建设】 修订市委统战部11项规章制度。开展“学习沈浩精神，打造“六型机关”助推“三个发展”专题教育。扎实开展“三严三实“专题教育。按照部“三严三实”专题教育方案，紧扣教育主题，深化学习教育，突出问题导向，抓好关键动作，以严和实的作风推动专题教育不断深入，取得明显成效。积极做好文明创建工作，组织党员志愿者参加“文明交通执勤劝导”、我为“农歌会”添光彩等活动。认真落实党风廉政建设主体责任和监督责任，健全制度，深化教育，按规矩办事，机关运行规范，风清气正。 （肖莹莹）

人民代表大会

RENMING DAIBIAO DAHUI

常委会工作

【推进经济稳健增长】 坚持把推动发展作为人大第一要务。面对经济下行压力的影响，市人大常委会深入调研，加强对宏观经济运行情况的把握，通过召开经济形势分析会，听取2015年上半年国民经济和社会发展计划执行情况报告，研判经济运行态势，在充分肯定所取得成绩的同时，针对部分指标未达目标进度、部分实体经济经营困难、招商引资难度加大、县域经济发展不平衡等问题，提出要千方百计增加投入，加快创新突破，加强实体经济扶持等六条建议，促进全市经济持续健康发展。重点工程、重大项目是市委市政府主动适应和把握全市经济社会发展新常态，科学谋划经济社会发展的重要抓手。市人大常委会听取和审议市政府2015年城市建设重点项目计划安排情况报告，要求市政府加强领导、服务项目、加快建设、强化要素保障，大力推动重点项目实施。为了支持和促进政府加快重点项目建设，常委会还就有关重点项目融资问题依法作出决议决定，督促市政府进一步强化融资资金安排使用的监督管理，保障重点项目有序推进。市人大常委会围绕市委加快旅游业发展的决策部署，对全市重大旅游项目建设进展情况进行专题调研，建议市政府把旅游业作为战略性支柱产业进行培育，加大引导性资金投入，加强重点旅游景区建设，促进旅游业发展提速、水平提升，着力推动旅游业发展实现新突破。切实加大对《关于加大金融支持力度，扶持中小企业健康发展》的议案督办力度，着力解决中小微企业融资难问题，促进中小微企业健康发展。

【推进经济转型升级】 实施创新驱动是实现全市经济转型升级的关键。市人大常委会通过听取和审议推进创新发展情况工作报告，促进政府及有关部门坚定不移地实施创新驱动核心战略，进一步加快产业结构优化升级，提升企业核心竞争力，更大力度深化科技体制改革，加强知识产权保护，完善人才培养和管理机制，使创新真正成为全市经济发展的主要推动力。发展现代服务业是构建现代产业体系的战略重点和转变经济发展方式的有效抓手。市人大常委会在听取和审议全市服务业发展情况报告时，既充分肯定近年来现代服务业发展取得的成绩，也明确指出在思想认识与实际工作等不同层面存在的差距和不足，要求政府进一步加强对发展现代服务业工作的组织领导和战略谋划，切实明晰加快发展现代服务业的总体思路、主攻方向和有效途径，突出规划引导，强化政策支撑，充分发挥滁州的区位和资源禀赋等优势，努力把现代服务业打造成引领滁州转型发展、绿色崛起的新引擎。

【推进城乡统筹发展】 为保障城市健康有序发展，市人大常委会对市政府落实《关于加强国有建设用地容积率管理的决定》和《关于加强国有建设用地建筑红线管理的决定》情况进行“回头看”，听取和审议市政府落实两个决定情

市人大督查组视察凤阳县防汛应急物资储备基地

况报告，充分肯定取得的显著成绩，要求市政府继续加大落实力度，确保两个决定落实到位，保障建设项目按规划建设，保证城市健康发展。重视“三农”工作，听取和审议滁州市国家农业科技园区总体规划编制情况的报告，依法作出关于同意《安徽省滁州市国家农业科技园区总体规划》的决定，推动强农惠农政策全面落实，鼓励大力发展科技农业，推进农民经济合作组织建设，提升现代农业的规模化和产业化水平。积极支持民族乡村经济发展。深入来安、定远等民族乡村视察调研，推动政府落实民族优惠政策，保障少数民族群众权益，加大对民族乡村扶持力度，推动民族乡村生产生活条件改善，加快民族乡村经济发展。

【实行全口径预决算审查监督】 监督政府工作的重点，就是要为人民管好“钱袋子”。市人大常委会听取和审议2014年市本级财政决算和2015年预算上半年执行情况的报告、市直2014年度预算执行和其他财政收支审计情况的报告，并对审计发现的问题进行跟踪问效。审查批准市本级2014年财政决算，要求市政府深化财税体制改革，优化财政资源配置，防止财政金融风险，推进预算科学化和公开化。稳步推进全口径预决算审查监督，依法作出关于加强市属开发园区财政预算监督工作的决定，理顺开发区财政预算监督体制。

【持续推动大气污染防治、农产品质量安全和饮水安全】 “十二五”期间，全市大气污染防治工作日益紧迫，市委市政府对此十分重视。为推进大气污染防治工作，2013年，常委会依法作出《关于加强大气污染防治的决定》。为了推动《决定》的落实，常委会多措并举，综合运用法定职权，推动解决实际问题。深入调研大气污染防治决定推进情况，听取市政府落实《决定》情况专项工作报告，针对建筑工地扬尘污染影响突出的问题，依法作出了《关于建筑施工扬尘污染防治的决定》，把推进建筑工地扬尘治理作为突破口，加大监督力度，积极回应人民群众和人大代表重大关切问题。持续跟踪督办《关于加强滁城烟花爆竹禁限放建议》的办理工作。燃放烟花爆竹，不仅造成大气污染，浪费资源，同时严重影响广大市民身心健康，人大代表和滁城百姓反映十分强烈。市人大常委会2014年把该建议作为重

市人大常委会副主任朱云霞调研防震减灾工作，实地察看全椒县六镇镇孙家村农居地震安全示范点和地震应急避难场所建设。

9月11日，市人大常委会召开专项工作评议动员会。

点建议进行督办评议，并进行满意度测评，被评为不满意，要求政府继续办理。市政府高度重视，主要领导亲自抓，做了大量艰苦细致的工作，取得显著成效，得到人大代表和广大市民的一致好评。

农产品安全问题涉及人民群众身体健康和生命安全。市人大常委会持续几年督办农产品质量安全源头监管，推动政府加快建设农产品批发市场，进一步加强监管机构和监管体系建设，确保人民群众舌尖上的安全。

西涧湖是滁城主要饮用水源地，关系滁城广大市民的饮水安全。市人大常委会连续两年将西涧湖饮用水水源地保护工作列为重点监督项目，在2014年检查的基础上，2015年继续对《关于加强西涧湖饮用水水源保护的决定》落实情况进行跟踪监督，重点检查存在问题的整改落实情况，督促政府严格执行《决定》，全面落实整改方案，采取有效措施，确保饮水安全，真正让滁城市民喝上干净水、放心水。

【高度重视防震减灾等工作】 防震减灾事关人民群众生命财产安全，事关改革发展稳定大局。市人大常委会听取和审议了我市防震减灾工作情况报告，提出始终坚持“预防为主，防御与救助相结合”的方针，加大投入，增强监测能力，加强抗震设防工作，从源头上杜绝地震安全隐患。

深入调研国务院《医疗机构管理条例》实施情况，要求市政府及有关部门切实加大对基层医疗机构的监督检查力度，严厉打击“黑诊所”以及非法行医活动，确保人民群众就医安全。

高度重视教育公平。市人大常委会认真督办《关于优化教育布局，逐步加大对教育投入》议案，督促政府切实执行全市教育发展规划，优化学校布局，大力推进教育信息化建设，保障教师待遇，推动义务教育均衡发展。

加快城北客运站建设是突破老城区交通拥堵瓶颈，缓解老城区交通压力，带动琅琊区和老城区交通一体化的重大举措。市人大常委会积极督办《关于加快城市汽车站建设》的议案办理工作，要求加强领导、明确责任、加大投入，确保项目建设如期完成。市政府高度重视，高位推进，项目进展顺利。目前，项目已正式开工。

【认真做好信访工作】 全年受理人民群众来信来访178件批，其中来信87件，接待来访91批173人次，交办信访件123件。通过及时交办，加强督办，妥善解决一批事关人民群众切身利益的实际问题。市人大常委会还就棚户区改造等依法作出决议决定，支持政府加快改善人居环境。专题视察民生工程，督促政府加快民生工程建设，建立健全长效管理机制，确保民生工程持久发挥功效。

【扎实推进地方立法工作】 十二届全国人大三次会议通过的新修正的立法法第七十二条规定：设区的市的人民代表大会及其常务委员会根据本市的具体情况和实际需要，可以对城市建设与管理、环境保护、历史文化保护等方面的事项制定地方性法规。常委会党组超前谋划，及时向市委请示汇报，争取市委重视和支持。7月22日召开市五届人大四次会议决定，依法设立市人大法制委员会等八个专门委员会，增设市人大常委会法制工作委员会，作为常委会立法办事机构，为开展地方立法工作提供组织保障。9月24日，省十二届人大常委会第二十三次会议通过关于确定滁州市等三个设区的市开始行使地方立法权的决定，标志着全市进入一个新的法制阶段。为了进一步提升人大立法质量，市人大常委会聘任两名法律专家作为法律顾问，参与常委会立法各项工作。常委会拟定2016年立法计划和本届立法规划，制定有关立法工作制度，立法工作扎实有序向前推进。

【切实加强法律监督】 法律的生命力在于实施。保证法律法规在本行政区域内全面实施是人大常委会的重要职责。针对少数地方乱占耕地、违法违规用地、浪费土地的问题，市人大常委会开展《土地管理法》执法检查，重点检查土地利用总体规划和年度计划执行情况、耕地保护情况、建设用地使用情况，针对查出的问题，提出要进一步增强土地保护的国策意识、积极引导农民依法合理有序流转土地、加大土地用途管制力度、严肃查处土地违法案件，切实保护好耕地，依法保障好发展用地。同时，市人大常委会对2014年出台的《关于市本级园区闲置土地清理处置的决定》落实情况进行再督查，推动政府节约集约用地，提高土地资源利用效率。市政府及有关部门和单位认真落实决定，土地清理处置取得明显成效。全年处置闲置土地23宗，面积1998.5亩。开展《档案法》执法检查，督促政府及相关部门坚持依法治档，加快档案信息化建设，为民众提供方便，为决策提供参考，为经济社会发展提供服务。

【积极推进公正司法】 强化司法监督是人大职责所在。根据常委会类案评议办法，去年市人大常委会对市检察院关于不批捕不起诉案件办理情况进行类案评议，针对案件反馈跟踪监督不到位，少数检察人员程序意识不强，工作不细致，法律文书不规范等问题，提出要切实转变执法理念，不断规范完善流程管理，提高执法办案质量，加大对存疑不捕不诉案件跟踪监督力度等意见，支持和促进司法机关公正司法。组织代表旁听市中院庭审，充分发挥人大代表在司法监督工作中的作用，促进司法公开、公正。

【重视法制宣传教育和规范性文件备案审查】 为加快法治滁州建设，跟踪监督“六五”普法决议贯彻执行，市人大常委会督促“一府两院”深入开展以领导干部为重点、广大市民为主体的宪法法律宣传教育，切实提高人民群众特别是党员干部的宪法意识和法治观念。深入开展“江淮普法行”活动，努力营造良好的法治环境。

全年收到市政府及各县(市、区)人大常委会报备的规范性文件94件，逐件进行备案审查，切实维护法制统一。

【依法做好人事任免工作】 坚持党的领导与人大依法任免相统一，依法行使人事任免权，实现市委人事安排意图，确保地方国家机关正常运转。及时修订任免办法，严格做好任前法律知识考试、供职表态发言、颁发任命书、向宪法宣誓等各个环节工作，不断提高人事任免工作的规范化水平。全年任免47人次，其中决定任命17人，任命11人，决定免去职务10人，免去职务9人。

市人大常委会积极配合全国人大和省人大开展妇女权益保障法、人民防空法、安徽省邮政条例、安徽省物业管理条例、安徽省法治宣传条例等多部法律法规的执法检查、立法调研、立法质量评估和修改征求意见等工作，得到了上级人大的充分肯定。

【创新乡镇人大工作】 市人大常委会把2015年作为全市“乡镇人大建设年”，把乡镇人大建设摆在更加突出的位置，下大力气积极

市人大常委会组织对防震减灾工作进行民主评议

推进。将开展“乡镇人大建设年”活动写入年初常委会向市人民代表大会的工作报告，接受代表监督，列入市委、市人大常委会工作要点，加大推进合力，保障各项规定落实到位。及时出台四个规范性文件。2015年1月即以市委名义转发《中共滁州市人大常委会党组关于进一步加强乡镇人大建设的若干意见》，即市委3号文件，要求全市各级党委高度重视乡镇人大建设，支持乡镇人大依法行使职权，充分发挥基层国家权力机关作用。明确规定乡镇人大主席专职配备，而且还要配备1位专职工作人员，办理具体事项，解决有人办事的问题。明确规定乡镇人大主席团每季度召开一次会议，一年四次讨论、决定乡镇的有关事项，把主席团的职权从人代会期间延伸到闭会期间，使乡镇人大职权行使常态化、正常化，乡镇人大职权得到很好发挥。市人大常委会根据市委的授权出台《滁州市乡镇人民代表大会议事规则》《滁州市乡镇人民代表大会主席团议事规则》和《滁州市乡镇人大主席、副主席职责》等一系列制度，为全市乡镇人大建设的稳健推进制定规范，奠定基础。召开高规格的全市“乡镇人大建设年”活动动员会，对活动进行专题部署。通过培训着力提高乡镇人大干部的素质和能力。加强指导，协调推进。乡镇人大建设取得显著成效，乡镇人大作用进一步发挥。全市乡镇人大主席专职配备基本到位，乡镇人大主席待遇全面落实，乡镇人大专职工作人员配备全部到位。乡镇人代会进一步规范，乡镇人代会质量明显提高；乡镇人大主席、副主席履职意识进一步增强。《中国人大》杂志以《滁州市人大：乡镇人大工作这样“虚”变“实”》为题进行宣传报道，在全国产生较大影响。

【创新预算监督工作】 积极探索预算监督方式，认真开展重点项目绩效监督。市人大常委会成立专题调研组，对工业发展、商贸旅游、文化、住房保障、基础设施等六大类项目资金使用管理绩效情况进行监督评价，涉及资金1.3亿元。通过走访、实地查看、核查资料等方式，对项目支出的绩效管理情况进行专题调研。同时，从预算审查监督专家库中选取6位专家组成绩效评价专家组，重点评价项目投入、项目过程、项目产出、项目效果等情况，并形成评价意见提请常委会审议。市人大常委会在听取和审议市政府关于市本级预算绩效管理工作情况报告时，结合专家组的评价意见，对市政府预算绩效管理工作进行满意度测评，要求市政府高度重视财政绩效管理，提高财政资金使用效益，不仅让人民知道政府花了多少钱，办了什么事，还要让人民知道花钱的效益，让人民满意政府花钱的效果。通过绩效评价监督，促进政府投资的科学化、民主化，进一步提高投资效益。

【创新表决方式】 表决是人大及其常委会集体表达意志和行使权力最关键的环节，民主与否，关系到人大及其常委会会议质量的高低。为充分发扬民主，有效保证常委会组成人员真实意愿的表达，提高常委会会议决策的现代化水平和工作效率，市人大常委会高度重视电子表决系统建设，把使用电子表决器作为加强人大自身建设的重要内容加以推进。年底前完成了常委会电子表决系统建设并投入使用。12月29日，在市人大常委会第二十二次会议上，出席会议的常委会组成人员首次使用电子表决系统，对会议议程（草案）及有关事项等进行表决，保证了常委会组成人员表决活动的公平、公正和民主。使用

市人大调研组赴明光市检查指导省属嘉山地震台

电子表决器虽然是人大工作迈出的一小步，却是发扬民主迈出的一大步。

【在全省率先开展对垂直管理部门工作评议】 2015年常委会制定《滁州市人大常委会工作评议办法》，对国网滁州供电公司、滁州出入境检验检疫局、中央储备粮滁州直属库、市地税局、市人民银行等五个垂直管理部门进行工作评议，并进行满意度测评，测评结果抄报市委和省级主管部门，促进垂直管理部门依法行政，提高服务水平，服务地方发展。

（张　丽）

重要会议

【市五届人大四次会议】 7月22日至24日，滁州市第五届人民代表大会第四次会议召开。会议听取市政府上半年工作情况及下半年工作安排的报告，表决通过关于设立市五届人大法制委员会、财政经济（预算审查）委员会、内务司法委员会、人事代表选举委员会、教育科学文化卫生委员会、城乡建设环境与资源保护委员会、农业与农村委员会、民族宗教侨务外事委员会的决定，通过市五届人大各专门委员会组成人员人选。

【全市乡镇人大经验交流会】 10月13日，市人大常委会在滁召开全市乡镇人大建设经验交流会，进一步贯彻落实中央18号文件、省委12号文件、全省人大工作会议、

7月22日，市人大常委会主任李耀才在五届人大五次会议开幕式上作《市人大常委会工作报告》。

市委3号文件精神，总结前段工作，交流成功经验，寻找差距不足，以期更好地推动全市人大工作奋力开创新局面。

市人大常委会主任李耀才对全市2015年以来认真贯彻落实市委3号文件精神和市人大常委会“两规则一职责”要求、积极开展乡镇人大建设年活动所取得的成绩，给予了充分肯定，并就相关工作作了部署。市委常委、市委组织部部长朱诚代表市委对近年来全市各县(市、区)委、人大常委会、组织部门的工作表示肯定，并就进一步落实中央和省、市委文件精神提出了五项具体要求。就全面贯彻中央、省委、市委部署，切实加强和改进新形势下全市县乡人大工作，更好地发挥基层国家权力机关作用，李耀才强调，一定要深刻认识人民代表大会制度这一国家根本政治制度，进一步增强做好人大工作的政治责任感；一定要深刻理解基层国家权力机关的独特地位和作用，进一步强化履行好县乡人大职责的思想和工作基础；一定要深刻把握县乡人大工作面临的新要求新任务，在新起点上奋力开创全市人大工作新局面。市人大常委会副主任张尽忠、秦钢昌、朱云霞、傅厚华、沈中林，秘书长朱承艺出席会议；沈中林主持会议并就落实本次会议精神提出三点要求。市人大常委会人选工委主任蔡锦洲传达了全省人大工作会议精神。会上，市政协副主席、定远县委书记郑斌等4位同志，分别作了经验交流发言。

【全市人大工作会议】 11月21日，全市人大工作会议在滁召开。市委书记李明出席会议并强调，要深入学习贯彻党的十八大、十八届三中、四中、五中全会和习近平总书记系列重要讲话精神，全面贯彻落实中央和省委一系列部署要求，毫不动摇地坚持、维护和完善人民代表大会制度，不断推动我市人大工作再上新台阶。 市委副书记、市长张祥安，市人大常委会主任李耀才出席会

2月26日，市委常委、常务副市长章义到市人力资源市场调研指导工作。

析当前经济发展形势，部署下一步重点工作。

7月9日，市政府和省交通厅在滁联合召开滁州市高速公路项目建设调度会，协调处理全市高速公路建设中存在的问题。市委副书记、市长张祥安，副市长汪建中，省交通厅党组成员、巡视员罗宁出席会议并讲话。宿扬高速天长段计划今年主体贯通，滁淮高速计划今年9-10月份全线开工，合宁高速改扩建工程计划今年底或明年一季度开工。

7月15日，市政府召开全市公务用车制度改革工作会议，传达省公务用车制度改革动员会精神，部署全市公车改革工作。全市将在8月8日前完成公车改革实施方案的上报工作，10月底前完成市直机关和参公事业单位公车改革任务，12月底前完成县（市、区）和乡镇公务用车制度改革。

8月11日，市政府召开信息化工作专题座谈会，市委副书记、市长张祥安主持并讲话。市网信办、市经信委、市商务局、市政务服务中心、市电信公司、市移动公司、市联通公司、市铁塔公司等作有关工作情况汇报。

8月25日，全市计划生育工作推进会议在凤阳县召开。市委副书记、市长张祥安出席会议并强调，各地要以严的要求，实的作风，正视存在问题，积极补缺补差，跑好冲刺阶段，确保圆满完成全年目标任务。

9月21日，由安徽省科学技术协会、安徽省台办和滁州市人民政府、台湾科技产业协会等共同主办的第五届皖台科技论坛在滁州市隆重开幕。省政协副主席、省科协主席赵韩宣布开幕，市委副书记、市长张祥安出席开幕式并致辞。台湾科技产业协会理事长王维绪；省科协党组书记、常务副主席王洵，省台办主任张永，省科协副主席王海彦；市政协主席何希勇等出席开幕式。副市长罗建华主持开幕式。本届论坛以“区域科技经济合作与发展”为主题，设立汽车发展与产业链建设、科技传播、青少年科技三个分论坛，开展项目对接活动，同时举办两岸青少年机器人友谊赛等。

10月17日，市政府在滁召开全市44个县干招商小组工作调度会。市委副书记、市长张祥安强调，各地各级要进一步增强招商引资责任感和紧迫感，坚持县干招商小组制度，通过灵活机动的招商机制，不断挖掘高质量项目线索，坚决完成既定的招商引资任务，推动我市更好更快发展。

11月11日至12日，市政府召开2015年全市现代农业示范区建设现场观摩推进会。市委副书记、市长张祥安和副市长金力率领的各县（市）、区政府负责人及市直相关单位负责人组成的观摩团一行，先后现场观摩琅琊区舜田现代农业园、定远县金山现代农业示范区、凤阳县小岗村省级农业示范区、明光市石坝现代农业示范区、来安县舜山林桥现代农业示范区、天长市大通现代农业示范区、全椒县荣鸿农业科技示范区、南谯区金鹏99生态农业园和菊花博览园等现代农业示范区建设情况，并在南谯区召开总结会议。

12月21日，市政府安委会总结全年安全生产工作，分析研究当前形势，安排部署下步工作。会上讨论《滁州市生产经营单位安全生产分类分级监督管理办法》。

【市政府常务会议】 1月5日，市委副书记、市长张祥安主持召开市政府第19次常务会议，讨论研究市发改委关于《滁州市2014年国民经济和社会发展计划执行情况与2015年计划草案》编制情况的汇报；市财政局关于《滁州市2014年预算执行情况和2015年预算草案》《2015年市本级政府预算草案》编制情况的汇报；市招标局关于滁州市深化公共资源交易管理工作改革方案的汇报；市政务服务中心关于《滁州市市场主体准入“三证合一”登记实施办法（试行）》制定情况的汇报；市工商局关于《滁州市放宽市场主体住所（经营场所）登记管理暂行规定（草案）》制定情况的汇报；市邮政管理局《关于加快滁州市快递业发展的意见》六项议题。

3月16日，张祥安主持召开市政府第20次常务会议，讨论研究公立医院价格改革实施方案等议题。

4月14日，张祥安主持召开市政府第21次常务会议，讨论研究贯彻落实计量发展规划工作方案、市政府文件清理工作、《滁州市政府投资项目邀请招标监督管理暂行办法》及设立城市发展基金有关情况的汇报、关于规范社区居委会出具证明或盖章事项的指导意见等5项议题。

5月13日，张祥安主持召开市政府第22次常务会议，讨论研究加快发展现代职业教育实施意见等议题。会议听取并研究市教育体育局关于《滁州市人民政府关于加快发展现代职业教育的实施意见（讨论稿）》的汇报，市财政局关于《滁州市市直企业国有资本收益收取管理暂行办法》的汇报，市城管执法局关于滁州市餐厨垃圾处理项目建设方案的汇报，市发展改革委关于《滁州市农村公共设施建设管理办法》的汇报，市法制办关于《滁州市行政执法权向乡镇延伸试点工作方案》的汇报。

5月22日，张祥安市长代表市政府与博西华公司签订战略合作协议。

6月8日，张祥安主持召开市政府第23次常务会议，研究讨论《滁州市第八轮流程再造工作实施方案》《滁州市2015年县域经济和社会发展目标管理责任制考核办法》及《滁州市2015年省级及以上开发区考核办法》《滁州市人民政府关于深入推进商事登记制度改革的实施意见》《滁州市未成年人社会保护工作实施方案》《关于进一步完善房屋征收（迁）政策的建议》5项议题。

7月2日，张祥安主持召开市政府第24次常务会议，研究讨论市政府办公室关于2015年度上半年工作情况和下半年工作安排（讨论稿）、关于加快黄标车及老旧车淘汰工作方案、《滁州市黄标车淘汰奖补资金管理办法》《滁州市人民政府进一步完善城乡居民基本养老保险制度实施办法》《滁州市政府性债务管理暂行办法》《滁州市城区医疗卫生设施布点规划（2014–2030年）》《滁州市城区教育设施布点规划（2014–2030年）》等7项议题。

8月3日，张祥安主持召开市政府第25次常务会议。会议原则通过《滁州市人民政府促进新能源汽车产业发展和推广应用的实施意见（讨论稿）》《加快电子商务发展的实施意见》《苏滁现代产业园绩效工资实施暂行办法》。会议还讨论并原则同意城区派出所警务机制改革意见。

8月17日，张祥安主持召开市政府第26次常务会议。会议先后听取并研究市法制办关于《滁州市人民政府重大事项决策程序实施细则（草案）》及其配套文件的汇报，市房管局关于《滁州市市直单位办公用房管理办法》（讨论稿）的汇报，市林业园林局关于《滁州市林业贷款专项担保基金管理办法》（讨论稿）的汇报，市住房公积金管理中心关于《滁州市地方住宅金融服务改革试点工作方案》的汇报，对上述议题进行了充分讨论，原则同意并提出

10月15日,第五届中国农民歌会全国农民摄影大展在滁州美术馆开幕,市委副书记、市长张祥安致词。

修改意见。与会人员还集体学习国务院《不动产登记暂行条例》。

9月21日,张祥安主持召开市政府第27次常务会议,会议听取并研究市发展改革委关于《滁州市地方政府核准的投资项目目录(2014年修订本)》、市财政局关于《滁州市"政银担"风险补偿基金管理办法》、市管局关于《滁州市市直机关易地交流县处级干部周转房暂行管理办法》、市人社局关于降低生育保险费率及工伤保险基准费率、市国土房产局关于73091部队购买政府安置房、滁州经济技术开发区管委会关于博西华公司新老厂合并后有关财务问题等情况汇报。

10月12日,张祥安主持召开市政府第28次常务会议,讨论研究《滁州市公务用车制度改革实施方案(讨论稿)》及《滁州市市本级2015—2017年城镇棚户区改造计划》两项议题。会议强调,公务用车制度改革是中央全面深化改革的重要组成部分,要摸清、吃透政策精神,把公车改革作为一项政治任务,进一步统一思想、高度重视,借鉴周边地区的有效做法和经验,全面落实公务用车制度改革方案,积极稳妥实施好改革。会议原则同意《滁州市市本级2015—2017年城镇棚户区改造计划》。

11月16日,张祥安主持召开市政府第29次常务会议,会议听取并研究市规建委关于《滁州市推进新型城镇化试点实施方案》的汇报,市民政局关于滁州市贯彻《国务院社会救助暂行办法》实施意见的汇报,南谯区政府关于《滁宁高教城研发区控制性详细规划草案》的汇报,滁州开发区管委会关于批准《滁州开发区绩效工资实施暂行办法(试行)》请示的汇报,苏滁现代产业园管委会关于御捷新能源汽车项目有关情况的汇报。

11月30日,张祥安主持召开市政府第30次常务会议,会议先后听取并研究市财政局关于明确《滁州市市区城镇土地使用税奖励政策(试行)》执行期限有关情况的汇报,市公管局关于《滁州市公共资源交易监督管理办法》的汇报,市住房公积金管理中心关于《滁州市住房公积金资产证券化融资方案》的汇报,市地震局关于《滁州市地震应急预案》(修订稿)的汇报,市公安局关于《滁州市人民政府进一步推进户籍制度改革的实施意见》的汇报。

12月21日,张祥安主持召开市政府第31次常务会议,讨论研究滁州市区居民生活用气实行阶梯价格等议题。会议原则同意滁州市区居民生活用气实行阶梯价格和《滁州市环境监管网格体系建设实施方案》《滁州市人民政府关于划定高污染燃料禁燃区的通告》《滁州市人民政府重大事项决策过错责任追究办法》《滁州市法治政府指标体系》《滁州市行政机关负责人行政诉讼出庭应诉工作规定》。在听取市审计局关于《加强审计工作的意见》汇报时,会议强调,要深入贯彻中央和省关于加强审计工作的最新文件精神,将《意见》进一步修改完善后,提请市委常委会研究。会议原则同意授予博西华家用电器有限公司康启正和福克斯二人"滁州市荣誉市民"称号,要求有关部门提请市人大常委会审议决定。

(冯德超)

政府办工作综述

【抓好作风建设】 深入开展"三严三实"专题教育和弘扬沈浩精神主题实践活动。严格按照中央和省、市的总体部署,结合自身实际,统筹安排,精心组织,扎实推进,保障专题教育活动有序开展。周密部署,统筹推进。成立由办公室主要负责同志为组长的领导小组,下设办公室,研究制定实施意见,对专题教育和实践活动的总体要求、基本原则、重点内容、保障措施等方面作出了明确安排。制定专题教育学习计划,创新提出"四结合六查找",梳理出班子不严不实问题6条、个人不实不严问题64条,确保教育实践活动高标准推进。狠抓学习,增强实效。汇编《办公室业务知识百题》学习手册,开展办公室业务知识和党的基础理论知识测试、科长讲堂、深入选派村和帮扶企业解决实际问题等活动,丰富学习形式,营造学习氛围。围绕工作职责、法律法规、业务知识等内容创新开展党员干部业务知识大讲座13次,用身边人、讲身边事、学实用经,突出学有所用、学有所获,着力提高履职能力,提升党员干部的综合素质。集中研讨,扎实整改。按照市委关于做好学习教育的有关要求,先后组织召开3次党组中心组专题研讨会。同时,广泛征求市直各部门、各单位和县(市、区)政府对市政府办公室在践行"三严三实"方面的意见建议,建立整改台账,并逐条制定整改措施,明确整改时限,做到"边学、边查、边改",保障专题教育不虚、不空、不走过场。

8月9日,市委副书记、市长张祥安、副市长金力深入市气象台检查指导台风"苏迪罗"防御工作。

【强化班子建设】 严格执行民主集中制的各项规定,始终坚持以大局为重,牢固树立一盘棋的思想,精心维护班子团结,工作上分工不分家,重大事项集体讨论,民主决策。注重干部队伍建设,加强干部管理和培养,积极选派干部参加各种学习培训,结合办公室工作特点对年轻干部交任务、压担子,切实提高办公室干部能力素质。坚持正确的用人导向,严格干部选拔任用程序,积极向组织推荐优秀干部,全年配合市委组织部推荐重用2名县级干部到相应领导岗位任职,完成4名正科级领导干部提拔和13名科级以下提拔任职,队伍活力明显增强。

【夯实党建基础】 着力加强基层党组织建设,充分发挥战斗堡垒作用,按照党建责任制考核标准,进一步明确目标任务,细化工作措施,靠实工作责任,确保党建工作时时有人抓,事事有人管,件件有落实。办公室根据实际情况,对10个党支部、1个党总支和政府办机关党委进行改选和补选,加强党建工作力量。严格党员教育管理,认真做好发展党员工作,全年发展党员5人、预备党员转正7人,培养入党积极分子14人。认真做好老干部工作,积极开展健康体检、党建联谊活动。重视发挥好各驻外机构在流动党员管理方面的作用,扎实开展好党总支所属各支部书记抓基层党建工作述职评议活动。

【加强综合协调】 围绕重点工作,主动协调联络,搞好配套联动,增强工作合力,确保政府工作高效运转。组织有关部门先后就"十三五"规划纲要起草、战略性新兴产业集聚发展、深入推进行政审批制度改革、农村综合改革和精准扶贫等一系列事关全局的重点工作和热点难点问题,做了大量的组织协调工作,确保市委、市政府各项决策的顺利实施,有力促进转型跨越发展。在横向协调中,主动加强与市委、人大、政协办公室之间的联络协调,及时交流情况、沟通信息、衔接工作。

【加大督查督办】 紧紧围绕项目建设、深化改革、精准扶贫、招商引资、社会管理、为民实事等方面的重大决策部署，加大督查落实力度。全年办理省人大代表建议4件，省政协委员提案4件，办理市人大议案3件、代表建议141件，政协提案408件，所有议案、建议和提案均全部办结并作了书面反馈，满意率和基本满意率达98%以上。督查督办全年市政府常务会议、市长办公会议和市政府专题会议的107项议定事项，形成会议议定事项督查专报11期，确保"事事有回音"。以市长热线服务中心为平台，整合市政府各部门公用企事业单位政务服务热线电话26个，把网络问政、市长信箱等网上留言办理统一纳入市长热线服务中心统一对外受理，极大地方便了群众反映问题，赢得了群众普遍好评。全年接听受理群众各类来电15.4万件，办结率达100%；办理省长热线电话交办件40件;受理各类网络留言约3400件，其中人民网省长留言、人民网市长留言、中安在线市长留言、市长信箱等办结率均达100%；编发《市长热线电话、网络留言办理情况通报》11期、《市长热线简报——各类留言办理情况》3期、《市长热线市民诉求情况分析》2期。

【强化政务信息服务】 注重提高政务信息服务水平，紧扣经济社会发展中的重点、热点、难点问题，敏锐捕捉信息，精心筛选信息，把各项政策落实情况、重点工作推进情况及基层群众的呼声及时反馈给领导，使政务信息真正成为政府领导了解基层、了解社情民意的主渠道。全年上报政务信息1200条，被省政府办公厅采用86条，被国办采用1条。完善政府信息公开工作定期考核通报制度，对三公经费、工程招投标、征地拆迁、民生资金、政府审计等重点领域信息进行即时公开，较好地回应群众关切、解读社会热点、引导社会舆论。

【加强应急值守】 扎实推进市应急指挥中心建设，各县（市）应急指挥平台均建成投入使用，琅琊、南谯区应急指挥平台建设稳步推进。完善应急预案体系，指导部门开展应急演练15余次，坚持24小时应急值守，协助市政府领导及其相关部门处置突发事件达150余起，向省政府应急办报送突发事件信息共计45件，其中较大突发事件6件，敏感事件9件，对较大或较敏感事件续报12件，无一例迟报、漏报。编发《滁州应急管理工作》6期，总结交流各地、各部门经验做法。及时分解下达省政府考核滁州市的应急管理工作任务，组织各县市区和市直相关部门，对照考核细则补缺补差，全力以赴做好迎检工作，力争"应急管理"指标进入全省前列。

【注重调查研究】 根据《2015年调查研究提升年活动方案》要求，围绕中心工作和群众关心的热点难点问题，坚持研究在领导决策之前、参谋在领导思考之中，把主要精力放在全局性大事要事的研究、谋划上，放在参与市政府重大决策、重点工作部署上，积极开展调查研究，供领导决策参考。市政府办公室完成调研报告30余篇，多篇调研报告被多家刊物采用，其中《新型城镇化的试验田——苏滁现代产业园推进农民市民化的实践和探索》被《安徽工作》和《决策》等刊物采用，较好地发挥"智囊团"和"思想库"的作用。（冯德超）

依法行政

【概况】 根据党的十八届四中全会精神，并结合中共中央、国务院《法治政府建设实施纲要（2015—2020年）》的新要求，制发《滁州市法治政府指标体系》。做到基本目标与具体指标相结合、制度建设与工作实效相结合、软性指标与硬性要求相结合、上级要求与地方特色相结合，为全市各级各部门推进依法行政提供参考和对照标准。

组织推进政府部门依法行政。2014年度市政府依法行政工作在全省专项考核中位列第一名，连续四年在全省位于第一方阵。

2月，制发《滁州市2015年依法行政工作要点》，确定六大方面约30项年度重点工作。4月，印发2015年度依法行政考核方案，并坚持每季度考核通报。5月，市政府通报表彰2014年度县、市、区依法行政考核结果。

6月30日，市编委正式批复，设立滁州市人民政府法制办公室，挂市政府研究室牌子，为市政府工作部门。设5个内设机构：综合科、依法行政指导科（立法科）、法制监督科（合法性审查科）、复议应诉办公室、发展研究科，机关行政编制12名。

开展全市行政复议决定书评比工作，各县（市）、区法制办以及市直各部门推荐上报37份行政复议决定书认真评选，评出一等奖1份、二等奖2份、三等奖5份。

【推进依法行政创建】 制定《滁州市依法行政先进单位评定和管理办法》，将先进单位创建制度化、规范化、常态化。按照每两年评定一次的要求组织开展第二批先进单位创建。10月，召开全市依法行政暨先进单位创建推进会，交流创建工作经验，分析依法行政工作面临的形势，专题指导创建工作，组织现场观摩第一批上报参评省依法行政先进单位的台账资料。全市22个市直部门、49个县（市、区）直部门、15个乡镇政府申请参加创建，部分县（市）完成第二批先进单位的评定工作。

【开展“行政执法提质增效年”活动】 继续坚持每年一个法制工作主题，推进依法行政整体水平。2015年主题为“行政执法提质增效年”活动。本次活动着力点在于“十项举措”，即以现场监督重点执法活动、试点行政执法体制改革、加强违规执法惩戒力度、跟踪督办司法建议、健全行政调解工作机制、制定“两法衔接”案件移送标准、强化法制监督制度落实、评价重大行政决策实施情况、推进行政应诉制度落实、评查行政执法案卷等十项举措为抓手，进一步规范执法行为。

【现场监督执法】 建立市政府特邀行政执法监督员现场监督重点执法活动制度。在2014年开展执法监督员定点联系企业工作的基础上，拓宽监督渠道，提升监督实效，出台《滁州市人民政府特邀行政执法监督员现场监督重点执法活动工作制度》，安排执法监督员全程现场监督执法机关部分年度重点执法活动。全年监督员现场监督市公安局基层办案场所检查、市交通局非法改装车辆整治、市人社局劳动保障法规执行等8个行政执法机关的专项执法活动，开展现场执法监督16次，发现问题3个，提出合理化建议9个。

【行政执法权向乡镇延伸试点】 滁州市作为省政府法制办行政执法重点联系单位，承担通过委托执法、派驻执法等方式，在县以下开展行政执法工作的试点任务。市政府法制办及时制定工作方案，选取来安县、定远县、天长市三地开展试点工作。期间，通过实地调研、召开座谈会等方式，详细了解各地行政执法现状，如何将行政执法权向乡镇延伸以及采取何种执法方式等问题，详细听取基层法制办和市直涉及的城乡建设、环境保护、劳动保障、农林水利等部门的意见和建议，采取“横向整合力量，纵向委托到位”的改革方式，在三地各选择两个镇，按照“成熟一项、委托一项”的原则下放执法权。各地现均成立乡镇综合行政执法机构，首批121名执法人员取得省政府法制办授予的乡镇综合行政执法资格。

【落实行政执法情况通报制度】 对在日常行政执法监督、不良执法行为档案管理、两法衔接、法院司法建议、行政复议案件办理、行政执法案卷评查、规范性文件备案中发现的行政执法机关违法违规行为，市政府法制办定期制发《行政执法情况通报》，指出问题，限期整改。针对行政执法监督活动中发现的问题3次实名通报。

【推行不良执法行为档案管理制度】 为使不良执法行为档案管理工作更加规范化，在总结一年多实践情况的基础上，出台《关于进一步做好行政执法人员不良执法行为档案管理工作的通知》，统一文书报送格式，重申报送纪律，明确报送要求，强化结果运用。全年25名执法人员记入不良执法档案，警示执法机关和执法人员，约束执法人员的执法行为。

【完善行政裁量权基准制度】 落实省政府关于建立行政处罚自由裁量权基准制度要求，结合以往细化、量化结果，再次提出细化、量化自由裁量权要求。截至年底前，有27个市直行政执法机关报送执行自由裁量权基准制度的材料。

【建立完善重大决策1+X制度】 组织实施重大行政决策实施情况后评价。制发《滁州市重大事项决策程序实施细则》，明确重大决策事项目录，绘制重大决策事项流程图，附《重大事项公众参与办法》《重大事项听证办法》《重大事项专家论证办法》《重大事项合法性审查办法》等4个配套办法，把公众参与、专家论证、风险评估、合法性审查、集体讨论决定确定为重大行政决策必经程序，建立起政府重大决策“1+X”制度。为落实决策责任，市政府制定《重大事项决策过错责任追究暂行办法》，建立决策终身责任追究制和责任倒查机制，并明确决策各环节的责任。连续第五年组织开展后评价工作，对2013年实施的《滁州市人民政府关于加快汽车产业发展的指导意见》进行效果评价。

【行政执法案卷评查】 随机抽取市地税、文化、水利、规划建设、质监、国土房产等6个执法任务较重的部门，在2014年度办结的48卷行政执法案卷进行集中评查，并就2014年度案卷评查中发现问题较多的单位整改情况进行“回头看”。评查组邀请市政府特邀行政执法监督员、市直有关单位业务骨干参加，采用一卷一表的形式，逐一评查、记录。对被评查案卷中存在的18个执法问题采取“一对一”方式进行反馈，并以书面形式进行通报。

【行政复议能力建设】 严格行政复议案件流程管理，就立案、审查、审议、结案、归档（公开）、回访（督办）六个工作节点细化工作流程，做到程序完整、阶段明确、责任明晰、措施到位。继续推行行政复议决定书网上公开，在门户网站上向社会公开行政复议决定书23件。畅通行政复议渠道，收到行政复议申请56件，立案49件，其中，维持14件，终止9件，撤销1件，驳回7件，责令履行1件，不予受理13件，告知2件。代理市政府出庭应诉案件9件。在已审结和以市政府为被申请人的行政复议案件中，当事人不服提起行政诉讼的3件，经市政府法制办应诉和答辩均全部胜诉。出台《滁州市行政机关负责人行政诉讼出庭应诉工作规定》，明确提出8种行政机关负责人必须出庭的情形，规定出庭应诉负责人庭前、庭中、庭后应当履行的职责和义务。

【法制信息宣传质量提升】 编发依法行政简报18期，市政府法制办网站发布各类法制信息1821条，省政府法制办采用815条，国务院法制办采用14条，信息采用量居全省第二。省依法行政简报第1期、第2期和第8期都介绍滁州市政府法制工作经验，其中，第1期简报以“滁州市依法行政工作通过‘六强化’实现‘六提升’”为题专期介绍滁州市2014年工作；第2期简报以“滁州市十措并举提升行政执法质量”为题介绍滁州市2015年开展的行政执法提质增效年活动，充分肯定全市去年工作成绩和今年的工作部署；第8期简报以“出庭要出声，应诉不应付”为题专刊登载市政府陆峰副市长的出庭应诉体会。在《滁州日报》开设专栏宣传全市“十二五”期间法治政府建设成效，在《滁州日报》开设“‘十二五’法治政府建设”专栏5期，开展“深入推进依法行政，加快建设法治政府”主题征文活动，收到投稿226篇，评出优秀征文48篇。开展依法行政工作案例征集、依法行政能力在线测试等活动。

【政府立法工作启动】 不断规范政府抽象行政行为 根据滁州市被赋予立法权后的要求，市政府法制办面向各地各部门和社会广泛征集政府规章立法项目建议，整理筛选征集到的建议，拟定2016年度政府立法计划。严格规范性文件制定程序，落实规范性文件制定过程中的征求意见、合法性审查等制度，以及实施后的解读和释义制度，加强部门规范性文件起草阶段等规范化工作指导。全年审核拟以市政府名义印发文件60件、前置审查部门规范性文件12件。向省政府和市人大报送备案规范性文件40件，无一件被撤销或责令修改；备案审查各县（市、区）政府和市直部门报送的规范性文件66件。分别清理市委、市政府2008年至2014年期间的267件和1300余件文件、会议纪要，并负责合法性审查。

【依法处理涉法事务】 为政府决策当好参谋，全年市政府法制办办理涉法事务150余件，其中审查重大协议21件，出具法律意见18份。全程参与霞客色纺债务危机处理、烟花爆竹限制燃放、委托（派驻）执法等面广、难度大的重点工作研究处理。全程配合市编办开展行政权力清单和责任清单制度建设工作，初审2000余个权力事项的合法性，提出建议118

条，聘请专家论证初审权力事项。专项审核涉企收费清单中的保证金（抵押金）项目，并参与复核。先后三次审核行政审批关联中介服务项目，经清理，27个部门114项行政审批服务前置中介服务项目，保留93项，取消21项。

（杨　君）

机关事务管理

【概况】 市直机关事务管理局顺应机关后勤服务向管理、服务型转变的新形势，认真贯彻作风建设的新要求，紧紧围绕市委、市政府中心工作，服务全市"三个发展"，较好地完成了各项工作任务。圆满完成全市公务用车制度改革任务，在公共机构节能、办公用房管理、机关办公区及机关小区管理等工作上均有新进展、新突破。

【公务用车制度改革】 承担市公车改革办公室统筹协调等工作。统计全市公车改革数据及时准确，受到省公车改革办肯定。牵头起草《滁州市公务用车制度改革实施方案》等5项方案，一次性通过省公车改革办审核。牵头组织市直参改单位、县（市、区）方案审批工作，完成市直机关涉改车辆移交封存以及市直机关公务用车管理服务平台组建。至12月31日，完成市直机关公务用车制度改革任务；拟定《滁州市市直机关定向化保障车辆使用暂行管理办法》等6项管理制度，从制度层面规范公车改革后市直机关定向化保障车辆管理使用等工作。

【公共机构节能获奖】 通过组织召开全市节约型公共机构示范单位创建工作现场会、开展公共机构节能宣传周活动、开展市政务中心二期光伏节能项目改造、机关食堂两家餐饮公司实行能耗考核管理，努力实施节能降耗。市政务中心水、电、天然气等费用年均下降5-10%，获国家发改委、财政部、国管局联合授予的"公共机构节能示范单位"称号。

【机关办公用房管理】 强化制度建设，起草《滁州市市直单位办公用房管理办法》。严格办公用房维修改造审批，严禁超标准装修和超面积改造。做好办公用房清理整改工作，全覆盖核查所有市直单位办公用房。做好市直单位办公用房调整工作，腾空原市体育局等20多家单位办公用房14390平方米，并在1个月时间内全部调整搬迁到位。

【机关小区管理】 完成机关南、北大院等老旧小区维修改造工作，包括自来水一户一表改造、供电线路及路灯整治、监控及楼道灯安装、地下排水改造、路面"白改黑"等项目，小区面貌焕然一新。完成机关小区沿街房屋拆迁，并做好场地和道路绿化工作。4月，中直机关事务管理局到滁考察机关小区管理工作。

制定《市管局值班巡查考勤制度》。强化服务合同管理。及时梳理到期合同，完成市政务服务中心等项目招标，中标价较上期下降13.7%。以合同为约束，加强对物业公司、设备维保单位的考核奖惩。统筹做好维修工作。市政务中心、政务服务中心全年完成维修230余处。

【后勤保障能力提升】 做好食品安全工作。每日检查餐厅卫生、消毒、食品保存等情况；引入军供企业为食堂提供大米和食用油，坚持食品索证制度；邀请专家培训餐厅服务人员；定期开展就餐满意度测评，完成会议保障。全年承接各类会议1400余场，参会人员7.5万人次。保障合肥经济圈城市党政领导第六次会商会议、中国农民歌会等重要会议活动。按季度反馈各单位财务支出情况，保证各单位事业发展与刚性支出；严格"三公"经费管理；认真实施行政单位财务制度改革，配合审计部门审计相关代管单位；严格财务审批，重新设计报销封面，改进报销流程，有效加强财务支出管理。提升机关幼儿园软硬件建设，提高教师整体素质；突出抓好教职工和幼儿安全培训。机关卫生所开展社区居民公共卫生服务，为行动不便的离退休干部和社区居民提供上门送医送药。

（马　健）

人民政协

RENMIN ZHENGXIE

常委会工作

【思想建设】 深入学习贯彻中共十八大，十八届三中、四中、五中全会和习近平总书记系列重要讲话精神，巩固团结奋斗的共同思想政治基础。认真学习贯彻省、市委重要会议精神，深刻把握中央治国理政新思想新要求，不断增强中国特色社会主义道路自信、理论自信、制度自信，进一步明确政协工作前进方向。扩大主席会议、党组中心组学习会参会范围，为市各民主党派负责人、各界别召集人和无党派代表人士学习政策理论创造机会、搭建平台。集中学习《习近平总书记在庆祝人民政协成立65周年大会上的重要讲话》《中共中央关于加强社会主义协商民主建设的意见》、全国地方政协工作经验交流会和全省省辖市政协主席座谈会精神，指导县（市）、区政协各参加单位认真开展学习。扎实开展“三严三实”专题教育和“弘扬沈浩精神推动三个发展”主题实践活动，带领市政协各参加单位和广大政协委员深入学习，把思想和行动统一到市委决策部署上来。

【建言献策】 将“推进绿色发展”确定为资政会议题，重点选择“低碳绿色产业发展”、“改善生态及居民生活环境”、“城乡园林绿化提升”课题，深入调查研究，形成11篇专题调研报告。召开“绿色发展”资政会暨五届十四次常委会议，审议通过《关于推动滁州“绿色发展”的建议案》。将“水资源保护利用”作为专题常委会议协商的重点议题，深入基层一线进行调研，召开五届十五次常委会议，审议通过《关于加强我市水资源保护和利用的建议案》。组织委员深入一线，分别就城管体制改革、法院执行工作、“营改增”实施情况、森林增长工程、少数民族特色村建设、农业综合开发等课题开展调研视察，形成20份调研视察报告，为促进相关领域的改革发展献计出力。

【民主协商】 五届三次会议期

10月27日，市政协主席何希勇到市开发区联系帮扶企业——安徽康佳电子有限公司开展调研帮扶工作。

间，通过听取报告、大会发言、分组讨论、集体视察等形式，组织全体委员围绕“一府两院”工作报告及全市经济社会发展的重大问题议政建言。全年召开常委会议6次，邀请市政府通报全市经济社会发展情况和政协提案、建议案办理情况，就事关发展大局的重点工作进行协商研究，并将常委会议与视察相结合，进一步增强协商议政的针对性。就市区亭阁命名、乡村文化服务体系建设、城乡养老服务体系建设、滁城老城区规划建设、装备制造业转型升级等，召开5次双月协商会，促进一批热点难点问题的解决。完善市政协专门委员会与市党政部门对口协商联系制度，不断推进对口协商的规范化和常态化。坚持重点提案主席、副主席牵头督办、承办“大户”集中督办、热点提案现场督办、提案办理“回头看”等有效做法，积极探索提案办理协商的新形式。利用政协界别的特色和优势，把委员的聪明才智集中到所熟悉的领域，聚集到群众关注的问题，增强履职的针对性和时效性。

【拓宽民主监督渠道】 注重发挥特约监督员民主监督作用，反映群众诉求，提出意见建议，维护群众利益。推荐市政协委员担任政风行风监督员、执法执纪监督员、人民陪审员、人民监督员，组织委员参与全市作风评议、政府目标管理考核，有效发挥监督作用。继续开展政协提案办理民主评议活动，在提案办理任务重，所承担提案涉及人民群众关注的热点、难点问题的承担单位中，随机抽取8家单位，进行提案办理民主评议。市政协邀请34名来自不同界别的委员组成评议小组，对每一件提案办理情况从组织领导、书面答复、办理效果、反馈意见等方面进行认真核查，并通过民主评议会进行无记名投票，评选出优秀出版单位，建议市委、市政府在年度效能考核中给予加分奖励。

【发挥委员主体作用】 重视委员队伍建设，召开新委员、新常委、新驻会人员座谈会，集中学习习近平总书记系列重要讲话精神和人民政协理论知识，不断强化委员主体意识。坚持邀请市政府领导通报经济社会发展情况、提案办理情况，坚持开展与政府对口部门联系协商，坚持将政协重大活动、重要会议及时向委员传递，为委员知情明政创造条件。组织无言参加有关调研视察活动，鼓励工大委员在建设美好滁州实践中施展才华、建功立业。

【制度建设】 认真贯彻落实《中共中央关于加强社会主义协商民主建设的意见》，参与市委制定出台《关于加强社会主义协商民主建设的实施意见》，着力构建满足政协工作需要的制度体系。在联系委员、党派、界别工作机制上，出台《关于进一步密切市政协与委员联系的意见》《市政协党组联系市各民主党派工商联制度》《市政协领导联系界别制度》《关于加强和改进界别活动的意见》等；在规范履职形式方面，制订出台《市政协提案办理民主评议暂行办法》《市政协“社情民意”工作制度》《重要信息“直通车”制度》《市政协委员约商市领导制度》等。这些制度的出台和完善，拓宽社情民意反映渠道，实现联系委员常态化、委员活动制度化、政协工作规范化。

【机关自身建设】 巩固深化党的群众路线教育实践活动成果，扎实开展“三严三实”专题教育和

8月18日，市政协副主席徐崇华带队调研长兴电源有限公司。

"弘扬沈浩精神、推动三个发展"主题实践活动，提出建设"五讲"机关，切实把改进作风密切联系群众的各项要求落到实处。

（王　磊）

重要会议

市政协主席何希勇主持市政协五届三次会议

【市政协五届三次会议】　1月14日至18日，中国人民政治协商会议第五届滁州市委员会第三次会议在滁召开。大会的主要任务是：深入贯彻落实党的十八大和十八届三中、四中全会和习近平总书记系列重要讲话精神，以及省委九届十次全会精神，贯彻落实市委五届九次全会提出的各项任务；列席市五届人大三次会议，听取并讨论市人民政府工作报告，法院、检察院工作报告和其他报告；听取和审议市政协常务委员会工作报告和提案工作情况报告；审议有关决议；补选市政协领导成员。总结过去、谋划未来，研究和讨论事关我市改革发展稳定的重大事项。会上，11位委员作了大会口头发言，围绕加强老城区保护、企业转型升级、文化产业发展、新型城镇化建设、提高社会救助水平等问题建言献策。

【政协主席会议】　1月12日，市政协召开五届三十三次主席会议，研究市政协五届十次常委会议召开的时间、地点、议程和日程（草案），听取市委组织部、市委统战部关于人事事项（草案）的说明；协商关于同意杨东坡同志辞去五届市政协副主席职务的决定（草案）；协商增补和免去委员名单（草案）。

2月6日，市政协召开理论学习中心组学习会议暨五届三十六次主席会议，传达学习《中共中央关于加强社会主义协商民主建设的意见》精神，中纪委、省纪委全会精神，省政协十一届三次会议精神，研究讨论《滁州市2015年重点民主协商活动计划》《政协滁州市委员会2015年重点工作分解表》《2015年市政协委员视察工作计划》《市政协2015年"社情民意大讲堂"活动计划》《市政协领导领衔督办重点提案分解表》等议题。

5月28日，市政协召开五届三十九次主席会议，听取市政协民宗委视察创建和谐寺观教堂情况的报告、经济委视察"营改增"实施情况的报告、人资环委视察森林增长工程情况的报告；研究《市政协关于加强宣传信息工作的意见》和《关于建立市政协重要信息"直通车"制度的意见》。

9月22日，市政协召开五届四十三次主席会议，研究市政协常委视察日程，审议水资源保护和利用调研报告及建议案和市政协民宗委关于少数民族特色村建设情况调研报告，协商进行人事任免事项。

10月23日，市政协召开五届四十四次主席会议，听取市发改委通报"十三五"规划编制情况，审议市政协人资环委、文史委关于滁州老城区规划建设情况调研报告，审议市政协提案委关于琅琊山风景区资源保护情况调研报告，审议市政协经济委视察农业综合开发情况的报告，审议市政协教科文卫体委视察公共卫生应急综合能力建设情况的报告；研究市政协五届四次会议大会发言选题。

12月17日，市政协召开五届四十六次主席会议，研究市政协五届十六次常委会议议程和日程（草案），决定于2015年12月21日召开市政协五届十六次常委会议；会议审议通过市政协五届四次会议有关文件材料；会议审议市政协经济委关于加快装备制造业转型升级调研报告（讨论稿）；会议研究市政协常委会工作报告和提案工作报告（草案）。市委常委、组织部长朱诚到会对有关人事事项进行说明。

【双月专题协商会议】 4月27日，市政协召开首次双月专题协商会议，就“亭阁命名”进行协商。市政协主席何希勇主持会议，市委常委、副市长汪建中出席，市政协副主席孙敏民、查镜波、徐崇华、高迁、李庆宁、高潮、苏虹，市政协秘书长王捍群等参加会议。何希勇针对滁城市区建成的52座暂无名字的仿古亭阁，要求认真做好亭阁命名工作，弘扬滁州传统的亭文化，提升城市文化品位，树立滁州文明开放形象，进而增强滁州的软实力和竞争力。8月26日，市政协双月协商会，围绕“城乡养老服务体系建设”建言献策。市政协主席何希勇主持会议，副市长童玲出席等参加会议。10月26日，市政协召开双月协商会，围绕滁州老城区规划建设情况建言献策，会议听取市规建委关于滁州老城区规划建设工作情况的通报；听取市政协人资环委、文史委调研组关于滁州老城区规划建设情况的调研报告；与会人员进行协商发言。12月22日，市政协双月协商会，围绕“加快装备制造业转型升级”建言献策。市政协主席何希勇出席会议并讲话。副市长杨东坡出席，市政协副主席高迁、查镜波、徐崇华、苏虹，滁州经济技术开发区管委会主任盛必龙，苏滁现代产业园管委会主任徐保月，市政协秘书长王捍群等参加会议。会议听取市经信委关于滁州市加快装备制造业转型升级发展工作情况的通报，听取市政协经济委关于加快滁州市装备制造业转型升级的调研报告，与会人员进行协商发言。

2016年1月17日，市政协召开五届十七次常委会议。

【水资源保护和利用专题协商会】 9月29日，市政协在定远县召开水资源保护和利用专题协商暨五届十五次常委会。市政协主席何希勇主持会议并作总结讲话，副市长金力，市政协副主席孙敏民、高迁、查镜波、徐崇华、李庆宁、高潮、苏虹、郑斌，市政府秘书长、滁州职业技术学院党委书记杨甫祥，市政协秘书长王捍群等出席会议。会议听取市政协水资源保护和利用课题组《关于滁州市水资源保护和利用情况的调研报告》，听取县（市）、区政协关于水资源保护和利用情况的调研报告，审议通过《关于加强我市水资源保护和利用的建议案》。

【“绿色发展”资政会】 6月29日，市政协在滁举行“绿色发展”资政会，邀请市委市政府领导和市直有关部门负责人听取市政协和县(市)、区政协上下联动所作的关于“绿色发展”相关调研报告。市政协主席何希勇主持会议，副主席孙敏民、高迁、查镜波、徐崇

8月14日，市政协调研滁城饮用水源地保护情况。

9月28日，市政协组织开展对全椒县水资源利用情况调研视察。

华、李庆宁、高潮、苏虹、郑斌，秘书长王捍群出席会议。市领导李明、张祥安、张裕发、章义、王图强、李玉平、汪建中、李树、郭强、马军、潘晓、罗建华、陆峰、杨东坡、童玲，市委党校常务副校长王跃，滁州城市职业学院党委书记高怀忠等应邀出席会议。

【政协五届三次会议1号提案办理情况座谈会】 8月13日，市政协组织政协委员专题调研政协五届三次会议1号提案办理情况，并召开座谈会。市政协主席何希勇，市领导李树、金力出席座谈会，市政协副主席李庆宁主持座谈会。1号提案《加强琅琊山国家森林公园森林风景资源保护的建议》提出，要以《国家级森林公园管理办法》为指导，确立科学而明晰的工作思路；摸清家底，编撰《琅琊山国家级森林公园森林风景资源与生物多样性图谱》；杜绝各种有害于园区风景资源与生物多样性保护的建设与经营行为；加强园区文物古迹的调查，建立文物古迹档案，加强文物古迹保护。座谈会上，琅琊山管委会、市文广新局、市林业和园林局等单位先后汇报相关工作进展和1号提案办理情况。

【全民健身界别协商会】 8月28日，市政协召开全民健身实施计划落实情况界别协商会，围绕全民健身实施计划落实情况建言献策。市政协主席何希勇出席会议并讲话。会议提出，全民健身是一项社会系统工程，需要方方面面的共同努力，形成政府主导、部门协同、全社会共同参与的发展格局。会议听取市教育体育局关于《滁州市全民健身实施计划(2011—2015年)》贯彻落实情况的通报；听取市政协教科文卫体委关于全民健身实施计划贯彻落实情况的调研报告；市直有关部门负责人、参会委员发言。副市长金力，市政协副主席孙敏民、李庆宁、秘书长王捍群等参加会议。孙敏民主持会议。

【少数民族特色村建设对口协商会】 9月24日，市政协召开少数民族特色村建设对口协商会。市政协主席何希勇，副主席孙敏民、李庆宁出席会议，副市长陆峰应邀参加。会议听取市民委关于全市少数民族特色村建设情况的通报；听取市政协民宗委关于少数民族特色村建设情况的调研报告；与会人员进行协商发言。会议强调，少数民族乡村建设事关全面建成小康社会目标的实现，任重而道远。要真正提高认识，重视起来、行动起来，按照党中央和国务院的部署和要求，实施好差别化扶持政策，支持少数民族

8月28日，市政协召开界别协商会。

9月29日，市政协召开专题协商会暨五届十五次常委会议。

地区加快经济社会发展。

【《南滁会景编》整理工作座谈会】 5月30日，市政协召开《南滁会景编》整理工作座谈会，市政协主席何希勇出席并讲话。何希勇指出，挖掘滁州历史文化资源，有利于留住城市的“根”与“魂”。省地方志办公室主任朱文根等8名专家学者在会上作学术发言，副市长金力和市政协副主席孙敏民、查镜波、苏虹，滁州学院党委副书记倪阳，市政协秘书长王捍群等出席会议。《南滁会景编》于明嘉靖十六年首编成书，是唐宋名家和明前期先贤们在滁州积累的宝贵文化遗存，是滁州历史文化重要组成部分。 （王　磊）

专门委员会工作

【民生事业调研视察】 市政协相关专委会选择乡村文化建设、城乡养老服务体系建设、全民健身实施计划落实、公共卫生应急综合能力建设等议题，组织委员开展调研视察活动，提出一系列意见建议，引起政府及有关部门重视，一些问题已经解决或正在积极解决之中。不断拓宽民主监督渠道。注重发挥特约监督员民主监督作用，反映群众诉求，提出意见建议，维护群众利益。

召开民情民智座谈会，广泛收集社情民意信息，及时向市委、市政府报送民主党派、工商联和各界委员们提出的意见建议，有效推动相关民生问题的解决。

【提案办理】 截至2015年9月，审查立案委员提案404件。与市委、市政府督查室协调配合，协商确定提案承办单位和协办单位，确保提案交办准确到位。加强重点提案遴选和督办，选择涉及全市经济社会发展重点和民生热点的7件重点提案，由市政协主席、副主席领衔督办。在市委、市政府的高度重视和各承办部门的共同努力下，所有委员提案全部办复。经过提案办理民主评议，市规建委、市交通运输局、市商务局、市质监局、琅琊山管委会、市工商局、市食药监局、市城管局等八家被评议单位达到优秀等级。

【社情民意】 开通“社情民意直通车”，编发《社情民意专报》，由市政协主要负责同志亲自送书记、市长阅批，促进有关问题快速有效解决。继续开展社情民意大讲堂活动，全年共计开展16次，收集委员关于民生保障等方面的社情民意信息160余条，编报《社情民意信息》30期，《社情民意专

8月14日，市政协调研水资源保护与利用工作。

7月9日，市政协召开气候资源开发利用和保护座谈会。

报》10期，省、市领导作出批示40多篇次。

【团结联谊】 坚持把团结和民主贯穿于政协工作的始终，充分激发、广泛调动社会各界人士的智慧与力量，积极投身全市经济社会发展伟大事业。发挥各民主党派、工商联、有关人民团体和无党派人士的重要作用。通过上门走访、委员约商、召开座谈会等形式，不断加强与各民主党派、工商联、有关人民团体的联系。密切与海外人士、港澳台侨、民族宗教界人士的联系联络。坚持高举爱国主义和社会主义旗帜，充分发挥人民政协联系广泛的优势，不断活跃海外联络与联谊工作。

【文史工作】 开展应用型文史研究，围绕中心城区亭阁命名、滁州老城区规划建设、历史文化街区和传统村落保护发展等专题开展调研。专门成立亭阁命名领导组织，开展公开征集亭名、楹联活动，引起社会广泛关注和参与。经过严格的评审程序，最终确定50座市区亭阁的名字，结束滁城大量新建亭阁无名的状况。通过组织整理现存唯一的滁州古代地方艺文总集——明代文献《南滁会景编》，挖掘历史文化资源，为恢复古建、发展旅游等提供历史人文依据。向全国300多个城市赠阅《皖东文史》，为扩大滁州知名度、弘扬滁州历史文化献计出力。 （王 磊）

党务政务

ZHENXIE CHUZHOUSHI WEIYUANHUI

机构编制

【概况】 市本级行政机构数64个，党政群机关行政编制1572名（不含政法机关专项编制），实有人员1467人。市本级事业单位机构数304个，事业编制6784名，实有人员9450人。

【完成市政府职能转变和机构改革】 根据省、市成立推进职能转变协调小组相关文件要求，6月25日，市编办牵头组织协调成立行政审批改革组等9个专题组和4个功能组，统筹研究重要领域和关键环节的重大改革措施，协调推动解决改革中遇到的重点难点问题。按照要求，基本完成市政府职能转变和机构调整工作。

【审核各县(市)、区政府机构改革方案】 市委、市政府主要负责同志审核各县(市、区)政府机构改革方案，并分别批示，要求县级政府机构设置要做到整体规范、大致统一。经市、县反复沟通协调，按照“纵向基本对应、横向相对一致”的要求，统筹规范县级政府机构设置。3月2日，批复改革方案。强化改革工作指导调度，确保县级政府机构改革按时完成。市直各涉改部门及直属事业单位“三定”方案6月30日印发执行。不久，基本完成机构挂牌、班子配备、人财物划转、职能调整、职责落实到位的机构改革“五到位”目标任务。

【牵头行政审批制度改革】 6月，市编办会同市政府法制办、市政务服务中心及时印发工作通知，组织相关部门对照国务院、省政府要求取消和调整行政审批事项。9月10日，市政府印发《滁州市人民政府关于衔接落实国务院和省政府取消和调整行政审批项目等事项的通知》(滁政〔2015〕70号)、《滁州市人民政府关于衔接落实国务院和省政府取消非行政许可审批事项的通知》(滁政〔2015〕71号)。本届政府以来，对应取消行政审批项目52项，相应承接35项，相应将134项工商登记前置审批事项改为后置审批、保留34项工商登记前置审批事项，国务院、省政府取消和调整的行政审批事项全部衔接落实到位。

【构建市、县、乡三级政府权力清单和责任清单制度体系】 根据省政府《关于建立市县政府权力清单和责任清单制度的通知》，滁州市作为安徽省权力清单制度建设联系点市，紧随全面深化行政审批制度改革的步伐，完成权力清单和责任清单制度建设。纳入清理范围的52家单位，3家“零报告”，其他49家申报行政权力事项5336项，经审核确认，保留1998项，减少3338项，精简62.6%。其中行政审批事项从243项减少到152项，精简37.4%。2月28日前，市、县两级均按序时进度全面公布权力清单和责任清单。

4月中旬，根据省政府《关于建立乡镇政府权力清单和责任清单制度的通知》要求，市编办及时加大乡镇政府“两个清单”工作的指导力度，加快推进乡镇政府“两个清单”审核工作。4月底，省编办郭本纯副主任(主持工作)专程到天长市调研乡镇政府“两个清单”工作开展情况,并肯定全市先行开展乡镇政府“两个清单”制度建设中好的做法和取得的成效。6月18日,在天长市召开现场推进会,统筹指导全市所有县(市、区)的乡镇政府“两个清单”工作,全面提质提效。6月30日,全市乡镇政府行政权力清单和责任清单按序时进度全面公布。7月2日,安徽日报报道天长市秦栏镇“两单”建设情况。

【完成事业单位类别批复工作】 根据省编办工作安排,经市编委领导同意,全市按照2013年市直事业单位分类报备方案,按时完成类别批复工作,各县(市)、区同步完成。（朱洪波）

政策研究

【概况】 全年完成重大调研课题17个,在省以上报刊发表调研文章10多篇,参与起草市领导讲话、重要文件50多篇(件),参加市委重要会议的会务工作40多人次,编辑市委机关刊物《滁州工作》12期100多万字。

【起草文稿】 起草市委重要会议文稿,如几次市委全体(扩大)会议报告、市党代会报告、市五届三至九次全会报告、全市城区工作千人大会报告、市委常委会工作要点、市委班子述职述廉报告、向中央领导和部委的情况汇报、向省委的工作报告、美好乡村建设实施意见、农业农村工作实施意见等;市委主要负责人重要讲话,如在省委常委扩大会上发言、在省委学习贯彻十八大精神培训班上的发言、城乡建设动员大会讲话、全市农村工作会议讲话、全市工业大会讲话、多篇在常委扩大会上讲话、多次省经济工作会议发言、多次全省在滁现场会发言。重大专题谋划,美丽中国滁州区域实现模式探索、国家农村综合改革试验区申报、苏滁经济带建设、滁州经济升级版打造等等;重大专题调研,“调转促”专题调研、发展壮大村级集体经济、乡镇分类考核、加快镇域经济发展与崛起等等;主要负责人接受对外约稿和采访材料,如新华网、人民网、安徽日报、江淮杂志、安徽调研等媒体约稿。

【开展调查研究】 完成重大调研课题17个,紧紧围绕市委领导关注的重要课题开展调研,先后完成“调转促”专题调研、城乡统筹发展、现代服务业发展、党的建设、壮大村级集体经济、房地产市场、国有林场改革调研、美丽中国滁州区域实现模式探索、国家农村综合改革试验区申报、苏滁经济带建设、滁州经济升级版打造、新增“引领新常态、谋划十三五”专题调研、美好乡村建设考察报告、农村留守儿童教育现状、党建研究课题调研等数十篇较高质量的调查报告,为市委提供决策依据。

【办好《滁州工作》】 坚《滁州工作》是市委、市政府机关刊物,发行量大、影响面广,编辑部始终坚持精品意识,严把稿件选用关,建立集体讨论稿件制度,严把稿件编辑关,坚持主编审定稿件制度、三次校对制度,确保刊物质量。先后开设领导论坛、工作研究、调查报告等16个栏目,力求栏目思想新、观念新、时效性强,具有可读性,全年出版12期100多万字。坚持每年派人参加全国党刊年会,学习和借鉴外地办刊经验,《滁州工作》再一次被评为“全国城市优秀党刊”。

【服务和参与市委“三严三实”专题教育实践活动】 服务和参与市委“三严三实”专题教育实践活动,制定专题教育实践活动实施方案,与市委办公室一起共同开展“三严三实”专题教育实践活动,对照检查材料、整改方案、专题民主生活会情况报告,同时我室也认真按照“三严三实”专题教育实践活动的总要求,以“三严三实”为标尺,以为民务实清廉为主题,以焦裕禄和沈浩精神为镜子,扎实抓好各个环节学教活动,使广大党员干部真正经历一次触及灵魂的精神洗礼。

【参与全市深化改革工作】 滁州市成立市委全面深化改革领导小组,组建市委改革办,设在政研室。服务和参与市委改革办工作,印发《中共滁州市委关于贯彻党的十八届三中全会精神全面深化改革的意见》和《意见》分解方案,谋划顶层设计。研究审议《滁州市农村综合改革试点方案》《滁州市农村土地承包经营权确权登记颁证试点工作实施方案》《滁州市农村集体经济组织产权制度改革试点工作实施方案》《深化文化体制改革实施方案》《关于进一步推进人力资源开发若干意见》《农村公共设施建设管理办法》《滁州市深化公共资源交易管理工作改革方案》《加快引进高层次创新创业人才的若干意见》及配套三个办法等重点改革方案和政策。

（白文波）

市直党建

【开展系列主题实践活动】 坚持以学习强认识、以先进树标杆、以督查促落实，于3月至7月组织市直102家单位深入推进学习教育、查摆问题、整改提高三个环节，在《滁州日报》《皖东晨刊》《新滁周报》刊发学习心得64篇，评出典型集体和典型个人60个，展出优秀微征言2期53篇，开展督查调研3次。做好与“三严三实”专题教育衔接，开展“晒清单、抓整改、促发展”“弘扬沈浩精神，践行三严三实，助力三个发展”向国庆献礼成果展、“严实工作法”典型案例征集和选登等活动。

【党建宣传引领】 把学习好、宣传好、贯彻好党的十八届三中、四中全会和习近平总书记系列重要讲话精神作为重中之重，组织市直基层党组织深入学习党的十八届五中全会、省委九届十三次全会和市委五届十一次全会精神。举办培训班6期，培训市直党员、干部8200余人次，开辟宣传专栏5个，发放宣传手册2300余本，帮助市直基层党组织订阅党刊11种，计3697份。重新修订信息员管理办法，组建238名党建信息员队伍，实施信息员素质提升工程，确保党建信息报送及时，信息质量稳步提高。开展纪念建党94周年系列活动，与市委宣传部、市委组织部联合举办《永远的丰碑》主题演唱会。

【基层党组织建设】 严把党员发展、党组织换届两个“关口”，加强分类指导换届选举工作的，选齐配强党务干部，优化组织结构，建立健全机关党组织。成立机关党委5个，党总支1个，23家单位的基层党组织完成换届工作。严格发展程序，严把发展质量，坚持向基层一线倾斜，发展新党员85人，培养入党积极分子220人。深入开展党建制度规范化建设，指导督促市直单位因地制宜建立党员活动室98个，开展党小组集中学习研讨2600余次，上报学习心得体会文章980篇。建立健全党建工作考评体系，进一步修改完善市直党建工作《考核办法》和《评分细则》，将党建工作考核纳入市效能考核范围，并组织实施。推动落实党内关怀、帮扶机制，组织市直基层党组织走访慰问困难党员、老党员170人，陪同市领导走访慰问特困党员14户，发放慰问金174000元。

【党风廉政建设】 贯彻落实《建立健全惩治和预防腐败体系2013-2017年工作规划》，指导市直基层党组织把党风廉政建设工作摆上重要议事日程。推进新修订的《中国共产党纪律处分条例》和《中国共产党廉洁自律准则》的学用工作，面向基层党组织负责人举办廉政培训班1期，发放学习手册200余本。开展查处发生在群众身边的“四风”和腐败问题专项工作，抓住春节、端午、中秋、国庆等重要时间节点，明察暗访市直部门执行八项规定情况10余次，收集、上报发生在群众身边的“四风”和腐败问题16条，查处违纪党员3人。

【精神文明创建】 围绕“三个倡导”，大力弘扬“严实文化”，组织开展“践行核心价值 聚力三个发展”、迎七一志愿者在行动、“喜迎农歌会 文明添风采”志愿服务、交通安全课进机关、“结对子 种文化”送演出进社区等系列活动。举办以“爱岗敬业”为主题的市直机关“道德讲堂”总堂活动，推荐市“岗位学雷锋标兵”和“市学雷锋示范点”、志愿服务“四个十佳”候选对象各1个。

【群团工作】 坚持以党建带群建，建立健全相关工作机制，推动市直单位新成立工会组织10个，关工委组织6个。开展送文化进社区、金秋助学、阳光就业、寻找最美家庭等活动，推进理想信念教育、弘扬互助精神、培育良好家风。倡导树立科学、健康、文明的生活观念，组织参加市直机关第七届趣味运动会、市第四届“畅游琅琊·品味山水”、庆“三八”羽毛球比赛、廉政书画展、“醉翁亭杯”第二届滁州市硬笔书法大赛等活谈调度会，约谈调度信访形势迟迟得不到扭转、信访事项办结化解推动不力以及重点信访人管控缺位等10余个地区和基层部门等。

【信访信息"百日会战"】 按照"业务归口、分级负责、应录尽录、及时规范"的录入原则，确定专人专岗的录入方向和督查指导队伍，细化自查标准和补录要素，明确整改验收、总结交流和建章立制时限，完善过程调度、考核评价指标，压实各级责任。将"百日会战"与越级走访治理结合，从实体和程序上逐案解剖；与规范信访业务结合，录入事项开展"回头看"；与推进诉访分离结合，纳入公检法部门录入涉法涉诉未息诉未罢访事项及法律条款、文书摘要、模板，实现信息共享、互联互通；与信访统计工作结合，促进全市信访数据更加科学、客观、真实。

【做好敏感期间信访稳定】 全市围绕信访信息零报告、每日访情研判、过程督查督办等，立足积极主动和管用稳妥，按照组织领导到位、谋划安排到位、责任落实到位、问责问效到位的总体要求，认真做好国家和省"两会"、"9·3"抗战胜利阅兵、"10·1"国庆长假、第五届中国农民歌会等重大敏感期间的信访维稳工作，有效确保全市经济社会大局巩固。特别是"9·3"阅兵及"10·1"国庆长假期间，均实现"零"进京非访。

（林红娟）

老干部工作

【组织离退休干部学习】 进一步加强离退休干部思想政治和党支部建设。依托老年大学、老干部活动中心、离退休干部党支部等平台，通过理论研讨、辅导报告、微信订阅等多种形式，组织离退休干部学习讨论、座谈交流党的十八届三中、四中、五中全会和习近平总书记系列重要讲话，引导他们领会精神要义。市老年大学开办时事政治班，学习研讨"四个全面"的战略部署，做到入心入脑。组织"五老"报告团、文艺节目进学校社区宣讲表演等多种渠道加强宣传。

【政治待遇落实】 坚持走访慰问、重大事项通报等各项制度，修订完善市领导联系老干部信息。市领导带队慰问离退休老同志，看望生病住院老干部。组织老同志参观考察滁城、全椒和明光经济社会发展，举办经济社会发展情况通报会，征求老同志对滁州发展的意见建议。抗战胜利70周年之际，各级领导带头为全市274名抗战时期参加革命工作的离休干部颁发纪念章。加大离休干部党报党刊督查力度，向市厅级老同志免费赠送《滁州日报》和《皖东晨刊》162份，市直机关退休干部《开心老年》征订做到全覆盖。

【生活待遇落实】 及时调整老干部有关待遇，不断巩固"三个机制"成果，保障离休干部"两费"落实。提高25位抗战时期参加工作离休干部的医疗待遇。履行市直老干部健康检查服务保障职能，完成市直离退休干部和市厅级退休干部体检。针对市直特困离退休干部（遗孀），及时启动帮扶工作。

【开展"四个延伸"】 为老干部提供"全方位、零距离"服务，真正做到老干部急时有人助、难时有人帮、病时有人管，全市老干部部门走访老同志1000多人次。搭

1月23日，市委召开市厅级老干部经济形势通报会。

建老干部献策建言平台，鼓励老同志畅所欲言，为推动“三个发展”献智出力。收集老同志们意见、建议7大类152条，整理后，编辑多期《老干部建言》，受到市领导称赞。制定完善市直单位老干部工作互查互学活动方案和县（市、区）老干部工作目标考核工作方案，推动全市老干部工作再上台阶。“口述历史”活动由市县向乡镇延伸。联合市档案局在离退休干部中开展口述历史档案征集活动，全市采访离退休干部百余人，形成口述历史档案100多篇。

【关心下一代成长】 在全市开展以“践行核心价值观，凝聚正能量”为主题的“中华魂”读书和“党是阳光我是苗”少幼儿书画大赛等活动。实施“春苗营养厨房”计划，组织“护苗2015·筑牢防火墙”专项行动，青少年儿童防溺水宣传警示教育成果明显。爱心助学成效显著，全市各级关工委共募集爱心善款840.24万元，发放助学金890.27万元，资助学生4773名。南谯区关工委陈学志等获中关工委和省表彰，1人入选参加全省“双先”事迹报告团。

【老年活动场所逐步扩大】 市委市政府将老年大学外立面改造工程列入2015年为民办的十件实事之一，按照维修改造工程方案确定的设计、预算编制、招标、施工、检查验收、工程决算等流程，加快推进工程建设进度，项目完工，装修一新、古色古香的外观与南湖景致相映成趣，受到老同志们的一致赞许。原滁州广播电视大学教学楼划给市委老干部局，作为老年教育的活动场所，市委市政府计划在城南新区规划选址再新建一处老年活动中心和老年大学，规划选址结束。

【丰富老同志精神文化生活】 召开全市老年教育工作会议，全市老年教育“十二五”发展规划收官，市老年大学立足政治建校，不断提升老年教育质量，科学合理设置课程，突出地方文化和重点课程，加大宣传力度，成功举办20周年校庆和抗战70周年系列活动以及校际交流、教学成果展示等活动。2015年秋季，设8个系、48个专业、116个班级，学员近5000人次。

【老同志活动开展稳步推进】 组织离退休干部参加形式多样的活动，开展诗歌朗诵、文艺调演、歌唱比赛等，丰富老同志们精神文化生活。全市第26届老干部象棋、围棋比赛圆满落幕，组队赴黄山参加全省第24届老干部象棋、围棋比赛取得优异成绩。 （李　强）

档案与党史研究

【组建市档案局（市档案馆、市委党史研究室）】 2月，根据市委决定，市档案局（市档案馆）与市委党史研究室职责合并，组建市档案局（市档案馆、市委党史研究室）。中共滁州市委办公室、滁州市人民政府办公室印发《滁州市档案局（市档案馆、市委党史研究室）主要职责内设机构和人员编制规定》，组建的市档案局一个机构，三块牌子，为市委、市政府直属事业单位，由市委管理，正处级建制，设办公室、监督指导科、档案管理科、党史编研科（《滁州党史资料》编辑部）、法规宣教科（行政审批服务科）、整理编目科6个内设机构。市档案局（馆、室）不等不靠，紧密围绕年度工作目标任务，平稳有序推进全市档案、党史工作。

【迎接省档案行政执法督查】 市被列为全省档案行政执法督查重点市。市档案局以政府办名义出台《关于认真做好迎接省档案执法检查工作的通知》，要求全市各地、各单位对照督查内容和工作要求进行自查。市档案局以市人大执法检查组“一法一条例”贯彻实施情况检查（8月10日）和省档案局档案行政执法督查（9月14日）为契机，加强和改进档案行政执法工作。

【档案接收规范管理建设】 全年接收市委办等单位档案1046卷、16472件；整理录入档案600余卷，目录约2万条；《琅琊山志》等书籍、照片进行扫描刻录和数字化加工。加强档案库房安全保卫，开展防火、防汛专项检查。市法院、市人行档案室晋升省特级，皖东公证处、定远公证处档案室晋升省二级。重点推动全市乡镇财政所档案规范化管理，培训全市110多家乡镇财政所人员，天长市石梁镇、大通镇等四家财政所和南谯区大柳镇等两家财政所完成省一级验收。印发《关于在机构改革中加强档案管理工作的意见》，规范指导全市机构改革单位的档案处置工作，业务指导市国调队等20余家单位，重点加强乡镇财政所会计档案、人社部门医保档案和民政档案业务指导力度，并根据专业档案业务建设需求，到开发区管委会、南门社区医院开展专门培训。

【党史编研】 推进《中国共产党滁州历史》第二卷（1949—1978年）编纂工作。印发《中国共产党滁州历史》第二卷（1949—1978）编撰工作方案，召开全市党史二卷本编写工作推进暨培训会议，初步完成档案资料征集工作，查阅、收集文献档案资料3500余份，撰写初稿约20万字。

完成《滁州农业大包干》编辑出版工作，收集文献资料35份、回忆录8篇，撰写专题资料4篇，《滁州农业大包干》一书（约35万字）编辑出版完成。编印完成《中共滁县地委文献选编》（1967—1971年），完成2015年度中共滁州市委大事记的记录整理。

【纪念抗战胜利70周年宣传活动】 滁州日报社《皖东晨刊》联合打造《就恋这一方热土——皖东革命遗址巡览》和《皖东抗日根据地的共产党人》两个专栏，连载25期，重温皖东儿女浴血抗战的历史。《皖东晨刊》开展“抗战口述历史”档案征集活动。以“铭记历史、缅怀先烈、珍爱和平、开辟未来”为主题，开展第六个“全市领导干部党史教育日”活动纪念抗战胜利70周年。举办纪念抗日战争胜利70周年图片展，宣传英雄的皖东军民抗战重要事件和英雄人物。在安徽电视台、安徽人民广播电台、滁州人民广播电台介绍刘少奇、罗炳辉等在皖东抗战情况和滁州老兵抗战故事。开展新四军、八路军老战士“口述历史”档案资料征集和史料抢救工作。成立市档案局老战士“口述历史”档案资料征集和史料抢救工作小组，精心谋划制定工作方案。采访征集李成、杨铎等一批新四军老战士的资料，计文字资料10万字、图片资料200幅、音像资料约3000多分钟。赴浙江宁波采访滁州明光籍抗战烈士吴继光将军之女吴志浩，征集吴继光将军历史档案资料。

【挖掘档案党史社会文化功能】 开展“档案——与你相伴”6月9日“国际档案日”主题宣传，在市人民广场设立流动档案馆，现场接受市民查档、咨询。2015年接待来馆查档调阅3851人次，调阅档案5568卷、件，为下放知青、民师和职工的工龄、人员安置、编史修志等提供有力支撑。全国中小学档案教育社会实践基地、爱国主义教育基地、科普教育基地接待单位和个人来馆参观2000余人，基地功能得到有效发挥。开展滁州“城市面貌”系列拍摄，全景拍摄琅琊山庙会、上水关、下水关、古马路、广惠桥、老滁城东西大街、南大桥、清流河沿岸等，整理照片900余幅。开展大扬子实物、声像等档案资料征集，重点开展原扬子集团的奖牌、奖杯、《扬子集团志》、老照片等档案的征集接收，约请扬子集团创始人、离退休干部、获省部级表彰的劳模以及扬子走出的企业家，制作扬子“口述历史”纪录片。 （刘江淮）

党校教育

【概况】 围绕市委中心工作，举办全市领导干部“调转促”专题班、学习贯彻党的十八届三中、四中、五中全会及习近平总书记系列讲话精神等各级各类培训班近100期，培训人数超过10000人次。公开发表理论文章30余篇，其中在国家级二类期刊发表2篇，在省级刊物发表近20篇。完成全省党校系统重点科研课题4项，7个市级科研课题顺利结项。争取省领导圈定课题1项。修订出台强化内部管理的规章制度7项。

【办学质量评估位列全省第二】 9月23日，省辖市市委党校、行政学院办学质量评估委员会下文通报，滁州市委党校（行政学院）在2014年度办学质量考评中得分117，全省排名第二，优秀等次。滁州市委党校办学质量进入第一方阵。

【研究生教育位列全省第一】 11月30日，省委党校反馈2014—2015学年研究生教育优秀办学单位评比情况，滁州市委党校得分104.5，全省排名第一。12月25日，副校长姜小平代表滁州市委党校赴省委党校接受“优秀办学单位”表彰。

【全省党校研究生教育现场会在滁召开】 10月20日，全省党校系统在职研究生教育工作现场会在滁州市委党校召开。滁州市委党校在会上作先进典型经验交流发言，在该校发展史上尚属首例。

【注重科研资政】 编辑《送阅件》8期，其中《关于我市开展第八轮行政审批流程再造的调研报告》《倡导“严实工作法”》《把抓好党建作为最大政绩》《创新规模经营形式，推动农业转型发展》等4篇调研报告获得市委市政府主要领导的肯定批示。《我省农村土地确权问题研究》作为省领导圈定课题顺利结项。《正视农村土地确权问题》《发挥农民工在大众创业中的积极作用》等2篇理论文章全文刊发在《学习时报》等核心期刊。

【拓展培训市场】 重点打造以“小岗村”、苏滁现代产业园等异地教学活动为特色的对外培训工作，先后与浙江大学、省内外烟草集团、国税地税系统、银行系统联合举办培训班35期，培训4500余人次，创历史之最。

【加强干部队伍建设】 2名副校长职级明确为正县级，提拔2人到副县级领导岗位任职。全年35人次参加中央党校、浙江大学、省委党校举办的各级各类交流研讨活动，1人赴南京航空航天大学攻读博士学位。 （计克勇）

外事 侨务

【概况】 市政府外事办公室（市政府侨务办公室、市归国华侨联合会）是市政府工作部门，履行市委外事工作领导小组办事机构的职责。办公室下设综合科、外事科、侨务科等3个内设机构，机关行政编制人员9名，其中正处级领导干部1名，副处级领导干部1名，副处级非领导干部1名，科级干部5名，科员1名。（其中2015年选调1名工作人员）。

【健全“大外事”机制】 3月23日，召开市委外事工作领导小组会议，在全省率先出台《滁州市委外事工作领导小组工作规则（试行）》，明确市委外事工作领导小组是市级外事工作议事机构，全市外事工作统筹协调和归口管理。调整充实市直机关16个部门为市委外事领导小组成员单位，并组建外事联络员队伍。领导小组办公室（市外办）根据工作需要定期或不定期召开相关成员单位会议，具体抓好日常外事综合协调工作。

【出台《滁州市荣誉市民称号授予办法》】 为表彰在本市经济社会发展和对外交流合作等方面作出突出贡献的市外人士，市外（侨）办牵头起草《滁州市荣誉市民称号授予办法 》，经市人大常委会审议通过。截至年底，受理2例申请报告。

【完善因公出入国（境）管理】 年初，市委外事领导小组研究制定2015年因公出国（境）计划及审核原则，严格出国计划报批、审核，严格因事定人、量化管理，实行出国信息公开制度，建立健全出访成果共享机制。全市因公出访44批72人次，较上年增长4.3%；党政机关事业单位37批58人次，较上年增长9.4%。自组团9 批32人次，较上年下降11.1%，其中市级团组4批19人

8月27日，由安徽省侨联主办、滁州市侨联协办的“安徽省侨联纪念抗日战争暨世界反法西斯战争胜利70周年图片展”在市人民广场展出。

10月15日，市委书记李明会见美国前劳工部长、赵朱木兰基金会主席赵小兰(左)一行。

次，企事业单位团组5批13人次；参加上级部门组团35批40人次，较上年增长21.2%。因公出访团组主要前往美国、俄罗斯、意大利、德国、土耳其、西班牙、英国、澳大利亚、新西兰、印度、新加坡、日本、韩国、香港等国家和地区执行经贸交流、项目洽谈、友好交流合作和业务培训等公务活动。

【深化对外文化交流】 与省侨联、滁州学院共同举办"亲情中华·追梦中国"中美青年文化交流音乐会主题活动，邀请美国青年学生与滁州学院师生共同举办中美文化交流音乐会，促进两国青年学生沟通交流，传播中华文化。选派2名中学语文教师赴菲律宾从事华文教学工作。组织全市中小学生和侨属学生子女参加"第十六届世界华人学生作文大赛"征文活动，选送344篇作文，其中6篇获一等奖，27篇获二等奖，41篇获三等奖，获中国侨联"第十五届世界华人学生作文大赛"组织奖。

【拓展友城】 围绕滁州的主导产业和资源优势，在北美、欧洲等国家和地区积极拓展友城关系，提升滁州外向度。市政府主要领导率团出访意大利、德国、土耳其三国，与意大利拉奎拉市正式签署建立友好城市关系协议书，与德国皮尔马森市签署友好交流合作意向书，与土耳其孔亚市开展友好交往，与美国田纳西州孟菲斯市建立联系，并陆续启动相关领域交流合作。

【建立服务型组织】 成立"滁州市留学生及家属联谊会"，建立"留学人员信息库"和"海外大家庭微信群"，为全市的新生代侨界人士提供服务，并逐步将优秀人才列入市人才储备库。成立"法律援助中心工作站"和"法律顾问委员会"，为侨界贫困群众提供专业法律服务，更好地维护华人华侨和归侨侨眷合法权益。市侨联被中国侨联表彰为"2011-2015年全国侨联系统维权工作先进单位"，被省侨联表彰为"全省侨联系统工作创新先进单位"。

【举办华侨与抗战图片展】 8月27日，与省侨联在我市人民广场联合举办"纪念抗日战争暨世界反法西斯战争胜利70周年图片展"，组织全市外事侨务系统干部和各界代表200余人参观展览，宏扬爱国正能量。

【优化礼宾服务】 全年接待重要外宾、华人华侨等访滁团组37批160多人次。重要来宾有：美国前劳工部长赵小兰女士，新加坡驻沪总领事王首毅先生，匈牙利国务秘书、农业部副部长索尔特·考乐乔及榆勒市政府副市长伊姆雷·费赫尔，博西家用电器集团董事会主席兼首席执行官欧腾博博士，伊莱克斯集团北美分部副总裁雅克布·伯勒斯先生，美国食品安全专家检查组弗朗西斯科博士，澳大利亚商会代表团、肯尼亚农村可持续发展和环保研修代表团、北美Intelligrated公司全球供应链副总裁马库斯先生等。根据来访团组的目的、人员构成等，认真做好沟通联系，研究接待方案，精心安排好各项活动，向外宾全面展示对外开放、锐意进取的滁州新形象，宣传滁州区位优势和资源优势，提升滁州国际知名度和美誉度。 （黄莉萍）

政务服务

【概况】 全年办理各类审批服务

事项116万件，比上年增加7.4%，日均办理4600余件，其中即办件88.9万件，占76.6%，集中收取税费逾114亿元；全市主动公开政府信息22.7万条，其中重点信息9.9万条，占43.6%。各项指标任务全面完成并居全省前列。

全省第一份“三证合一”营业执照（包括“一照一码”）和全省第一份不动产登记证在滁州颁发，政务服务中心以97分（全省第一）通过全省服务业标准化建设试点项目验收，并获“安徽省标准化建设示范单位”称号，获2015年全国行政服务大厅典型案例展示 “百优”称号。

10月26日，省人大常委会委员、财政经济委员会主任委员庄立权到市政务服务中心调研。

【调整行政审批项目】 根据国务院、省政府取消和下放行政审批事项情况，结合实际做好衔接落实工作，及时组织相关部门按照省政府提出的“四个一律”、“两个全程”（国务院、省政府取消的项目，我市有对应项目的一律取消；下放到市级的项目，一律做好承接落实工作；下放到市级以下的项目，一律做到应放尽放；取消和下放的项目，一律在第一时间衔接落实）制度要求，加强全程监管，全程服务。截至目前，承接35项（市级单独承接28项、市县共同承接7项），应取消行政审批项目52项，将134项工商登记前置审批事项改为后置审批，取消非行政许可审批等权力事项25项，将10项行政权力调整为政府内部审批事项。推进市级审批服务项目向县级下放，下放审批服务事项33项。

【降低商事登记门槛】 推进商事制度改革，降低商事主体准入门槛，实行注册资本金认缴制，放宽经营场所的限制，推行“先照后证”，落实“三证合一”，并不断优化服务行为，促进市场创业热情和创业力度大幅提升。实施商事登记制度以来，全市新登记注册市场主体逾3万户（企业近10000户，个体工商户逾2万户，农民专业合作社1200户），带动就业岗位超12万个。2月5日，颁发第一份“三证合一”营业执照以来，市本级颁发“三证合一”营业执照1217份，注册资金46亿元，9月28日实行“一照一码”后，截至年底，统一换发“一照一码”营业执照2163户，其中新登记注册659户，注册资金44.6亿元。

【推进“网上政务超市”】 推进以建设“网上政务超市”为主题的第八轮流程再造活动，运用大数据库等现代信息技术手段，打破部门间的数据壁垒，依托市电子政务外网和市政府门户网站，建设市县两级标准统一、资源共享、业务协同的市“网上政务超市”平台，形成以“实体大厅为主、网上大厅为补”的政务服务新格局，实现政府权力运行和政务服务数据电子化、流程标准化、办理网络化、信息公开化、监督实时化。

【提升政务服务水平】 先后有气象、质监、民政等20多个窗口赴江苏、浙江、湖北等地学习，34个窗口重新修订对标赶超计划，明确对标赶超目标，规划赶超路线图。24个窗口在对标赶超过程中新出台改革创新举措80余条，改革成果进一步巩固，一些接地气、可操作的改革举措不断实施，促进中心服务水平不断提升。2015年中心接待省内外38批次300余人考察交流，各窗口进一步看到本窗口的工作亮点和在全国全省工作位次，更看到存在的差距和不足，进一步强化创优争先的意识，增强对标赶超信心。

【推进政务服务标准化建设】 逐

8月20日，省政协副主席童怀伟到市政务服务中心调研。

一梳理窗口审批服务项目，逐一梳理每个审批项目的服务依据和流程，逐一梳理项目办理的环节和时限，逐一梳理项目收费和标准，在保证科学、合法的基础上，最大程度突出“实用、易用”原则。7月9日，省标准化评估验收专家组验收市政务服务标准化，最终以全省最高分97分通过验收，获“安徽省标准化建设示范单位”称号。

【加强政务服务体系化建设】 全市8个县(市、区)全部建立政务服务中心，111个乡镇(街道)全部建成为民服务中心，1049个行政村(社区)建立综合服务中心或为民服务代理点，形成以市中心为龙头、县中心为纽带、乡镇中心及村代理点为补充的综合政务服务体系。各县市区根据经济社会发展需要，计划建设被撤并乡镇为民服务分中心62个，建成61个，正在建设1个。

【重点领域信息公开】 制定《2015年滁州市政务公开工作要点》(滁政务〔2015〕18号)和《滁州市政务公开办公室关于分解落实2015年全市重点领域信息公开工作任务的通知》，细化重点领域信息公开内容，信同步调整息公开组配目录。着力推进行政权力清单、财政资金、公共资源配置、重大建设项目、公共服务、国有企业、环境保护、食品药品安全等重点领域信息公开。

4月9日，市委副书记许继伟到市政务服务中心调研。

【“三公”经费信息公开】 2月6日，市直89家部门财政预算及“三公”经费预算信息在市政府信息公开网及门户网站同步公开，公开部门拓展到省垂直相关部门。信息公开项目全面细化，政府收支分类科目列示到款级科目，教育、医疗卫生、社会保障和就业、农林水事务、住房保障等5类支出细化到项级。“三公”经费信息除公开因公出国(境)费、公务用车购置及运行费、公务接待费等“三公”经费信息外，附加“三公”经费支出的解释说明等材料。

【推进权力公开透明运行和行政决策公开】 印制《滁州市人民政府办公室关于建立重要政策解读机制的通知》和《滁州市人民政府关于印发滁州市重大事项决策程序实施细则的通知》，规范重大决策事项的目录、流程、公众参与办法、听证办法、专家论证办法、合法性审查办法等，推进决策公开、执行公开、管理公开、服务公开、结果公开。市政务公开网添加“重大事项决策”专栏，将重大事项决策的决策机制、决策信息、民意征集情况向社会全面公开；新设“市级政府权力清单与责任清单”专栏，全市45个职能部门统一晒出政权力清单、责任清单、行政权力流程图、廉政风险点情况表。（许福华）

地方志工作

【《滁州年鉴》(2015)出版】 年初，召开《滁州年鉴》(2015)组稿和培训会，以会代训，对组稿质量提出具体要求。年鉴资料做到应收尽收。通过调整《滁州年鉴》编写大纲，精心编辑，并在装帧设计上有所改进，着力打造精品年鉴。

【公开出版《滁州大事记》(2014)】 明确责任，安排专人负责大事要事的收集工作，边收集边整理边核对，确保按序时进度完成《滁州大事记》(2014)编辑工作。6月，《滁州大事记》(2014)由安徽人民出版社公开出版发行。

【加强对县市区志鉴工作指导】 按照省地方志办公室统一部署，多次赴定远、凤阳两县，督促指导加快二轮县志编修出版进度。10月，续修《凤阳县志》和《定远县志》正式出版，从而保证全市二轮志书工作在全省处于先进行列。会同天长市地方志办公室赴铜城镇和国有大圹圩农场指导镇志和企业志编写工作，指导帮助天康集团完成《安徽天康集团志》出版。

【编纂地情丛书】 留住乡愁记忆，扎实推进地情人文研究和地情丛书出版工作。2015年，公开出版发行《历史名人与滁州》《滁州农业大包干》(第一卷)两本书。

【完成市地情人文研究会换届选举】 组建研究会新的领导班子和办事机构。广泛收集地情人文资料，编辑出版《人文滁州》辑刊第八、第九期。

【参与文化建设工程】 参与市博物馆公共空间布展专家论证和滁城城南新区村落历史与现状课题调研，为建设“环滁皆美家园”建言献策。在全市开展读志用志活动，进一步发挥志鉴资政育人作用。（褚　志）

军事警务

JUNSHI JINGWU

军分区

【概况】 2015年，滁州军分区党委坚持以强军目标为统领，始终坚持正风肃纪、积极备战、夯实基础、稳中求进。班子平稳过渡，工作有序推进，官兵积极向上，各项任务圆满完成，部队全面建设保持稳定和发展的良好势头。

【思想政治建设】 学习贯彻习主席系列重要讲话精神，突出抓好习主席在全军政工会、军委改革会议上的重要讲话精神，以及深化国防和军队改革重要论述的学习，武装头脑、铸牢军魂。扎实开展“学习践行强军目标、做新一代革命军人”主题教育和“安心干事业、尽心务打赢”专题教育，引导官兵自觉接受“四场大考”。坚持把思想政治教育贯穿民兵整组、战备训练全过程，编印《民兵政治教育10课》教材，受到省军区充分肯定。严肃政治纪律和政治规矩，认真清理郭、徐流毒造成的危害。组织开展“八个专项清理整治”，新规新矩逐步确立。严肃查纠部队发生的倾向性问题，部队风气进一步纯正，官兵职工精神面貌焕然一新，积极性、创造性得到充分调动。重视加强新闻舆论工作，军分区政治部被省军区表彰为“先进政治机关”和“新闻舆论工作先进单位”。

7月28日，明光市举行建军88周年和抗日战争胜利70周年纪念活动，向女山湖镇抗战老兵樊庭好献上鲜花和500元慰问金。

【军事斗争准备】 贯彻原南京军区、省军区党委1号文件精神，聚焦强军目标，狠抓军事工作落实。扎实开展民兵整组训练，分批组织全市159名专武干部和3398人的民兵应急分队集中驻训；现役官兵每人完成两个枪种实弹射击和手榴弹实投，全年消耗普通弹6万余发、手榴弹300枚。组织战场勘察，重点勘察全市12个三级以上重要防卫目标，核实点位坐标、搞清目标性质。修订完善防卫和国防动员方案计划，更新保鲜作战和动员潜力数据库。配套完善各类应急应战装备保障器材，提升应急战备水平。成功组织市带县国防动员指挥演练，提升国动委系统组织战时动员指挥能力。出色完成滁河流域抗洪抢险任务，受到地方政府和人民群众的一致好评；同步参加省军区“江淮—2015”三级指挥机构带实兵检验性演习，首长机关组织指挥和民兵应急分队遂行任务能力得到加强。军分区参谋长王贤纯被省军区表彰为“优秀参谋长”，全椒县人武部被省军区表彰为“军事训练先进单位”。

【党委班子和干部队伍建设】 坚持按照“三严三实”要求和“五好干部”标准强班子带队伍。以整风整改为重点，扎实开展“三严三实”专题教育整顿活动，作风建设进一步加强，两级党委班子政治坚定、团结和谐、注重实干、作风过硬。加强民主集中制建设，召开“两级书记座谈会”，强化党委主体责任，提升党建水平。南谯区人武部党委被省军区表彰为“先进旅团级单位党委”。严格领导干部过双重组织生活制度，坚持每月第一周交班后召开党小组会，领导干部带头参加并汇报思想、接受监督；召开纪委书记培训会，加强纪检干部队伍建设，强化纪委监督责任；加大兵员征集、物资采购、工程建设、经费管理等监督力度，两级党委领导公正用权、严格自律、以上率下得到一致认可。开展干部工作大检查，加强干部队伍教育管理，规范干部选拔任用，端正选人用人导向。以省军区“师旅单位部门领导和团单位主官考核”和军分区“副团以下干部普考”为牵引，组织指挥技能强化训练，干部队伍能力素质进一步提升。重视关心爱护干部，帮助解决实际困难，营造相信组织、依靠组织的良好氛围。

2月10日，市委副书记、市长张祥安率市委、市政府慰问组赴驻滁73091部队看望慰问部队官兵。

【基层建设和安全工作】 坚持把工作着力点进一步向基层武装工作聚焦，基层建设稳中有进，加大挂钩帮带力度，两级领导经常深入基层调研指导，及时帮助理清思路、寻找对策，关键时候，到一线加强调控督导。开展基层武装机构规范化建设达标活动，全市144个基层武装部全部实现达标。注重加强专武干部队伍建设，规范选拔任用程序，选送优秀专武干部到省、市委党校学习培训，提升开展工作的能力素质。加强全市工作的统筹和指导，实行两级机关视频大交班制度。采取统一计划、分级实施的方法，考评考核9个团级单位、144个基层武装部、全体现役官兵和专武干部，促进基层工作落实。坚决贯彻依法从严治军要求，始终坚持底线思维，实施正规化管理，采取不打招呼检查的办法，发现问题、通报问题、整改问题。组织开展“学条令、正秩序、树形象”整训活动，利用交班会、视频会议等时机，实施常态化安全教育，不断增强官兵职工条令意识、法规意识、安全意识。突出重点部位管控和重要岗位人员政治考核，落实形势分析、风险评估、军地协作等制度，规范值班室、兵器室配备枪弹管理，确保安全工作无死角、无漏洞。机关公勤队被表彰为“先进公勤队”。

【后勤建设】 全市投入85万余元，建设后勤战备库室和作战室，补充各类相关物资器材；全年抓好后勤保障群队编、建、训，结合国动委演练检验能力；与工商银行协调开通军分区自助银行，方便官兵生活。全面开展财务工作大清查和固定资产、空余房地产清理清查活动，较好地解决老营区清房、地块移交及新营区工程款尾款结算等历史遗留问题。注重加强基础设施建设，市国防动员训练基地完成一期工程建设。干休所住房改造和特种通信站建设完成，已搬迁入住。严格落实物资集中采购和油料代储代供，提升经费物资保障效益。天长市人武部被省军区表彰为“后勤管理先进单位”。

【军民融合发展】 突出抓好党管武装工作，落实党委议军、任前谈话、新任县处级干部军训等制度，强化各级党管武装的职责意识。完成市“党管武装、政府履行国防动员和后备力量建设责任目标管理绩效考核”。做好拥军支训工作，“联合行动—2015B”演习期间，明光、定远、南谯、天长等单位，为演训部队做好交通、治安、用水、供电、物品采购等保障。原南京军区和省军区主要首长予以充分肯定，并转发滁州市开展拥军支训的经验做法。南谯区委书记杨德义被原南京军区表彰为“国防先锋”。深化全民国防教育，在《滁州日报》开辟“皖东儿女军旅荣誉榜”，组织全民国防教育日系列活动。广泛开展“三送”活动，走访慰问作战部队基层营连主官和部分烈士家庭。注重发挥桥梁纽带作用，推动实施军地“三个一百工程”项目，协调做好随军家属就业安置、技能培训和军人子女入学入托工作；持续开展扶贫参建和结对助学活动，参与美丽乡村建设，产生良好的社会反响。完成“全国双拥模范城”考评验收工作，考评结果位于全省前列。

【开展主题教育和专题教育】 3月初，集中6天时间，扎实开展“学习践行强军目标、做新一代革命军人”主题教育，围绕总政下发4个专题教育提纲，分区领导为部队上大课；组织观看录像片《信仰》《断刀》《被贪欲吞噬的灵魂》等录像片，组织分区机关、琅琊、南谯人武部和军分区干休所官兵到34旅参观见学，到藕塘烈士陵园瞻仰烈士事迹，开展强军目标讨论辨析，强化官兵职工战斗精神。

8月底，通过视频系统同步参加省军区组织的“安心干事业 尽心务打赢“专题教育，教育过程中，政委潘晓代表军分区作交流发言，政治部主任周铧到省军区作先进事迹报告，军分区结合实际开展经验交流、讨论辨析等活动，进一步稳定官兵职工思想。

密切关注国内外形势发展变化、敌情社情舆情动向和官兵思想反映，结合重大节日、敏感时节，利用视频交班、集中学习等时机认真开展形势政策、保密和“四反”警示教育。10月，专门组织中国人民抗日战争暨世界反法西斯战争胜利70周年等相关文件精神的学习；11月，采取集中学习和专家解答的方式，突出抓好十八届五中全会精神的学习。

【双拥共建】 2015年滁州军分区贯彻落实滁发[2014]8号文件要求，充分发挥强梁纽带作用，协调滁州军地有关单位，做好三界地区演训部队服务保障工作。演习部队在滁州演训期间，市委市政府相关领导第一时间前去慰问，及时帮助解决用水、用电等各种生活困难。协调驻地政府和相关部门先后12次走访慰问演训部队，慰问资金40余万元；9月，西藏军区山地52旅在三界演习期间，军分区专门送上1万元的慰问品。6月，“联合行动—2015B”演习期间，滁州市委市政府专门召开双拥工委会议部署演习保障工作，市委、市政府和军分区领导4次走访演习部队，及时帮助演习部队解决用水、用电和副食品供应等各种困难。根据省军区要求，军分区编写《演训部队服务指南》，定远、明光、南谯三个县市区的一线乡镇制作《拥军联系卡》，张贴安民告示，为演习部队提供方便，受到演习部队的高度评价。围绕保障“联合行动—2015B”演训活动市拥军支训做法得到军区、省军区主要领导的高度肯定，电报被省军区转发。

【扶贫帮困】 协调地方党委政府开展“三送”活动，组织各人武部走访慰问辖区内77户作战部队营连主官，走访慰问辖区困难群众45户，赠送慰问款4万元；协助市双拥办开展好“三个一百”工程，帮助解决随军家属就业安置和军人子女入学工作，13名军人子女解决入学问题，培训11名军人家属，帮助解决军人的后顾之忧。

【协助做好双拥模范城创建活动】 配合市双拥办做好“全国双拥模范城”评选检查验收工作，配合市双拥办做好双拥工作相关视频和文件资料准备，在宁洛、合宁高速路口，制作2副大型双拥宣传牌，在市内各主要路口制作、悬挂双拥宣传标语、电子屏1900余块。省双拥考评组在滁州考评验收期间，军分区主要首长全程陪同，政委潘晓代表驻滁部队向省考评组作补充汇报发言，完成评选检查验收工作。

【捐资助学】 继续开展“情系贫困学子、爱心助学圆梦”活动，按照师职干部结对3名、团职干部结对2名、营以下结对1名学生的标准，发动全体干部参与捐资助学活动。军分区官兵捐资11.6万元，与116名贫困学生结成助学对子，资助他们完成学业。

【国防教育】 紧贴时代发展，拓展方法手段，把广播、电视、报刊、网络和信息平台有机结合起来，实行立体式全方位国防教育；3月份，在《滁州日报》开设“皖东子女军旅荣誉榜”，宣传滁州籍官兵立功受奖情况；参加省委宣传部、省国教委联合组办的“强军杯”国防公益广告征集活动，其中3件作品获三等奖、3件作品获优秀奖，军分区获组织奖；在《滁州日报》、滁州广播电视台开设国防教育专栏，多渠道、多形式宣讲国防知识。

完成第15个全民国防教育日主题宣传活动，国防教育日期间，组织专场国防势报告会，协调市电信公司和移动公司向全市用户发送30万条国防公益短信；制作国防宣传展板16块，在城区各主要路段设立国防教育宣传牌20块；在滁州市人民广场、滁州职业技术学院分别举行一次国防教育图片展暨签名活动，广大青年学生和全市3000多名群众参加活动，进一步增强全民国防意识。

【严格战备值班秩序】 落实节假日战备教育、战备检查、战备执勤、战备值班等制度。建立完善战备值班专用视频系统、两级值班室画面实时显示系统。组织机关干部在“春节”、“五一”、“十一”节前进行作战值班业务培训，开展“情报战备值班加强月”活动。2月，专门召开军地情报信息支援协作联席会议，健全军地情报协调机制，其经验作法在《军区要讯》刊载。全年战备值班和情报报告处理无一例差错。

【组织开展全市专武干部集训】 按照军分区年度军事训练计划，1月27日至2月14日，分两期，在定远县国防动员训练基地组织全市159名专武干部集训。重点突出民兵工作业务知识，强化基本技能的训练，进行业务理论、56式半自动步枪分解结合、手榴弹投远和3000米跑等考核内容，军分区领导多次亲临基地检查指导集训队工作，陈兴根司令员、赵宁元政委分别就国家安全形势和习主席关于强军目标重要指示精神理论辅导，王贤纯参谋长全程跟队指导。整个集训组织严密，秩序正规，参训人员学习认真、训练刻苦、成效明显，达到预期的效果。

【国防动员指挥演练】 结合市县两级国动委“八办”会议，国防动员指挥演练理论辅导和信息平台操作训练，协调市政府专门投入330多万元，用于市国防动员指挥信息系统建设，5月，组织市县两级国动委进行业务集训和想定作业，6月，利用2天时间，按照“战时谁指挥，演练就由谁参加”的要求，组织1412人参加实案演练，演练后，认真反思，查找不足，总结提高。此次演练，大家加班加点、不辞辛苦、团结协作，连续2周没有白天、黑夜，经常加班到凌晨3、4点，演练成功圆满，受到上级首长机关的肯定。

【召开全市国动委成员单位领导会议】 4月29日，召开市国动委“八办”主任会议，市国动委主任、市长张祥安，军分区党委常委，市国动委各办公室主任、联络员以及各县(市)、区国动委领导和“八办”人员，全市设1个主会场8个分会场，159人参加会议。会议主要内容：进一步落实《南京战区国防动员机制与军队指挥体制机制、国家应急管理机制衔接指导意见》，进一步规范办公秩序，明确职责分工，提高快速精确动员能力。

【扎实开展民兵整组工作】 按照“重抓三类力量、增建新型队伍、规范基层建设”的思路，抓整组工作。加大担负地面防卫任务的民兵分队向重要目标附近调整、军兵种民兵分队向部队驻地周边集中、民兵支援保障分队向城镇和企事业单位拓展、行业系统组建民兵支援保障分队、应急分队在人员相对集中城镇编组的力度，提高民兵支援保障队伍专业对口率，全年调整30支基干民兵队伍编组地域，民兵队伍结构布局更加科学合理。

【兵员征集】 市征兵工作领导小组及时召开全市兵员征集工作大会，提出“退兵比例不超1%、责任退兵没有1例、违规违纪不出1

例”的目标，广泛宣传、层层发动，按照相关要求程序，完成全市兵员征集任务，无一例责任退兵。

【组织指挥抗洪抢险】 5月，先后与驻军部队和市、县两级防指对接，及时通报情况，预测预判全市防汛形势和辖区内河、湖、堤、水库等主要险工险段，补充防汛物资，检修冲锋舟等装备器材。在6月滁河南谯段、全椒段和定远池河镇出现重大险情后，在抓好自身力量的运用同时，及时协调驻军部队，投入到抗洪一线，出动民兵分队360多人，冲锋舟6艘，连续奋战，有效排除险情。

【保证部队过境】 7月20日至8月25日，军区“联合行动-2015B”战役实兵演习在三界地区展开。为确保演训部队顺利过境，主动协调市县两级国动委，建立24小时保畅通值班制度，全程调控过境保障行动，专门制作战区军事交通图、辖区交通图、部队机动情况图和机动计划表、保障需求表、通信联络表。

出动交警800余人次、警车90余台次，动员民兵应急分队900余人次，民兵医疗救护分队300余人次、救护车20余台次，民兵车辆维修分队400余人次、抢修车60余台次；完成进出26批次过境部队畅通任务。

【推进国防动员训练基地建设】 5月，国防动员训练基地开工建设。在此期间分区首长非常重视并多次和地方政府协调解决施工前和施工中存在的问题，并邀请南京设计院到现场勘察，根据现地情况及时更改施工图纸，确保达到预期的效果。 （曹国平）

预备役

【概况】 滁州预备役炮兵团紧紧围绕党在新形势下的强军目标，组织完成4个季度首长机关训练、新任预备役军官和“四会教练员”集训、专业骨干集训和多炮种实弹战术演练等任务，并首次完成首长机关网上指挥对抗演练、全团成建制快速动员演练、夜间实弹射击，提高能打胜仗能力。注重加强基础设施建设，改善官兵居住条件，开展营区绿化亮化工程。强化部队安全管理，组织“依法治军从严治军”专项整治，及时消除各类安全隐患苗头，确保团队安全稳定。广泛开展双拥共建活动，扩大团队影响。团党委被省军区表彰为“先进旅团级单位党委”。

【注重思想政治建设】 结合部队面临的形势任务，及时召开团党委扩大会传达学习上级党委扩大会议精神，政委陈太华做工作报告，团长孙建平部署，滁州市委副书记、团第一政委孔晓宏围绕新年度团队全面建设做重要指示。深入开展“学习践行强军目标，做新一代革命军人”主题教育、“三严三实”专题教育和民主集中制专题学习培训，结合团队实际制定《党委常委会议事规则》，着力提高党委贯彻民主集中制质量和科学决策、民主决策、依法决策的能力水平。全年在军区《政工简报》发表政研信息稿件1篇，央视《新闻直播间》《朝闻天下》、军区政工网发表视频新闻各1条，《人民前线》头版头条1篇、新闻报道9篇，《东海民兵》稿件1篇，《中国国防报》稿件2篇，官兵集体意识、大局意识和思想认识得提高。 （刘 斌）

【抓实兵员组织整顿】 4月，采取逐连过方式组织建制连队集中点验。通过调整，全团预备役官兵中转退军人比例、专业对口率和党团员比例都大幅度提升。明光

1月29日，召开滁州预备役团党委扩大会议。

预备营接受师整营拉动点验，人员、装备出动率达到规定水平。为配合滁州军分区“皖东-2015”国防动员演练，6月12日至13日，全椒预备役营按照快速动员集结、召开动员大会、组织机动展开等形式，组织整营成建制拉动。10月17日，团在滁东训练基地召开全团成建制快速动员誓师大会，滁州市委副书记、团第一政委许继伟作动员，预备役师政委张兵和参谋长王元德到会指导，检验团组织整顿效果。（杨德岗）

10月17日，安徽陆军预备役炮兵团召开全团转服现役动员誓师大会。

【实战化训练】 3月，军区考核团首长机关基础性课目，综合成绩优秀。4月，在滁东训练基地组织预备役军官和“四会”教练员集训，集训重点是培养预任军官军事素养，强化“四会”教练员教学组训能力，帮助教练员理清教学思路、提高教学水平、增强教学效果。5月，围绕“学理论、练技能、教方法、强素质”的目标，着力提高炮兵专业骨干技能，与滁州市水利局在沙河集水库组织抗洪抢险救灾骨干训练，为遂行任务培养一批骨干力量。7月，团首长机关采取自主对抗、分步实施，回合裁决、综合评估的方法，组织红蓝网上对抗演练，探索预备役炮兵部队首长机关网上对抗训练的方法路子，起到示范引领作用，预备役师师长朱学山、参谋长王元德带各团团长、参谋长到会观摩指导。9月，按照基地集中训练、实兵实装远程机动、昼夜间实弹射击等方式，组织多炮种实弹战术演练，取得首发命中、首群覆盖的好成绩，中央电视台重点宣传演练活动。11月，严密组织基层营连主官和编制1/3的预任军官练将练官考核，通过考核，进一步强化营连主官和预任军官军事素质，夯实组训能力基础。（杨德岗）

【部队安全管理】 系统组织“依法治军从严治军”专项整治活动，从严纠治条令法规不清楚、军容军姿不严整、办公秩序不正规等问题，开展行业风气整治和专项保密清查检查等专项工作；结合“稳思想、严纪律、纠隐患、保安全”和“暑期百日安全无事故”活动，采取个人对照检查、部门自查自纠、团检查验收的方法，组织安全常识教育，加强季节性事故防范；开展“拉网式”隐患排查及“回头看”活动，及时消除各类安全隐患苗头。注重加大安全设施投入力度，先后安装门禁指纹录入系统、更新视频监控系统、改造整治车场硬件设施、更换办公楼老旧线路。（王崇文）

【清理对外有偿服务】 5月至11月，团按照上级清理有偿服务通知要求，专题召开党委会，成立清理工作领导小组，制定实施计划，明确责任分工。全团14名门面房租赁户采取面谈、打电话、发短信等形式沟通协调，集中清理对外有偿服务项目。在讲清政策法规，争取支持、理解的基础上，对个别拒不主动清理、搬迁的租赁户采取强制清退措施，确保团清理对外有偿服务工作高标准完成。（王　海）

【开展双拥共建活动】 参加地方双拥共建活动，组织官兵参加市百万亩森林增长工程义务植树活动，植树400余株；出动100余人次参与全椒县“走太平”和定远县藕塘民俗文化节现场秩序维护；出资5万元援建施集镇孙岗村村村通公路800米；协调第一人民医院、中西医结合医院组成医疗小分队开展“义诊进社区进军营”活动，为社区居民、官兵家属免费义诊体检，受到群众和官兵的一致好评；组织新锐私立学校新生1000余人军训6天，提高学生的国防观念和纪律意识；与滁州市第九中学开展结对助学活动，资助14名贫困学生2.1万元，扩大

团队影响。 （钱杨华）

消 防

【概况】 市消防部队在全省消防部队冬训考核中取得团体总分第一名，保持“四连冠”；在全省消防部队实战化训练比武考核中取得团体总分第一名，1人获全省个人综合成绩第二名，并被评为全省“训练能手”；在全省政府专职消防员比武竞赛中取得团体总分第五名；在全省政府消防工作考核中取得优秀等次；在全省夏季消防检查工作评比中取得第二名。消防支队被省公安厅评为公安现役部队“支队级好班子”；在全省消防部队综合工作考评中获得第二名并被评为全省先进支队，市政府专题表彰；获全省部队训练工作综合成绩第一名并被评为全省训练工作先进单位；被评为全省消防部队安全工作先进单位和给养核算管理先进单位；支队防火监督处被评为全国执法质量达标先进单位；凤阳大队被评为全省标兵大队，天长中队、来安中队被评为全省标兵中队。拍摄的廉政教育片《底线》被公安部消防局评为三等奖；廉政作品《风画》被省公安厅纪委评为三等奖。1人记个人三等功，7人被评为全省优秀人民警察，2人被省公安厅评为优秀领导干部。张俊、张少涛2人在全省“小革新小发明小创造”被评为“装备革新技术能手”；张俊被公安部消防局评为全国“士官优秀人才”三等奖。

【防火重点单位】 全市1180家消防安全重点单位。有高层建筑921幢，泰鑫中环国际广场98.4米；地下建筑63处，碧桂园D区一期地下停车场10.9万平方米；重大危险源58处，瑞兴化工厂总储量10000立方米；易燃易爆场所284处，西气东输定远分输压气站3.1万平方米；人员聚集场所767家，滁州学院38万平方米；公众聚集场所364家，世贸广场全球家居博览中心9.8万平方米；公共娱乐场所176处，天地洗浴休闲中心11600平方米；大跨度厂房77处，滁州宇航物流跨度168米、69980平方米。

【队伍管理】 组织学习习近平总书记系列重要讲话精神，扎实开展“三严三实”、“学习强军目标、做新一代革命军人”等专题教育，培育有灵魂、有本事、有血性、有品德的新一代革命军人；制定并落实《滁州市消防部队廉政约谈制度》等一系列制度，强力推进“三清”、“五超”整治纠治，推动阳光执法、定期述职述廉、审验分离等机制的落实；部署开展安全“五无”创建和安全工作百日竞赛活动，全年未发生一起安全事故和违法违纪案件。出台《爱心基金管理规定》，推进“千名春蕾爱心助学工程”和“爱心圆梦大学工程”，帮助本地15名学生走进大学校园，帮助本地36名困难学生走出家庭继续就读；开展扶贫帮困活动，向贫困地区捐款捐物20余万元。

【警营文化】 提倡“书香气”，拒绝“烟酒味”，发动官兵广泛开展读书、评书、鉴书活动。制订《滁州市消防部队警营文化建设提档升级标准》，设计推出具有滁州特色的消防文化LOGO。推动“一队一品”警营文化建设，建设诸如凤阳大队非物质文化遗产传承基地、凤阳花鼓、南谯大队消防主题文化公园、来安廉政文化等各具特色的品牌。推动以“家文化”、“福文化”、“德文化”为代表的传统文化与消防警营文化的有机融合。建成队史馆、室内综合训练室、荣誉室、政工之家、3D电影院等警营文化设施，为官兵营造拴心留人的环境。

【部队战力】 围绕“拉得出、冲得上、打得赢”总体目标，紧盯“仗怎么打兵就怎么练”总体思路。坚持“月考”制度，实行末位集训制，进一步提升部队整体训练水平。开展“优秀带兵人”、“灭火救援尖兵”、“业务技术能手”评选活动，选拔尖兵、树立标兵。坚持每战必评，定期举办典型战例研讨，完善灭火救援预案，有针对性地进行熟悉演练。全市开展支队级随机拉动演练15次，大中队级拉动演练525次，六熟悉1030次；全部队接警出动1662次，扑救火灾1069起，参加抢险救援593起，出动警力11305人次，出动车辆2064辆次，抢救疏散遇险人员1573人，抢救财产价值近3亿元。

【执法服务】 派员蹲点帮扶琅琊区开发区、苏滁产业园区重点项目和金鹏99广场、苏宁广场、博西华电器、永强汽车、七彩世界等

7月18日，市文联组织滁州书画院的书画家送书画进军营。

大型项目。深入200余家重点企业开展帮办活动，为30个政府重点项目开辟“绿色通道”，实行即报即审制度。出台十条便民服务措施，规范项目审批机制，实施一次性告知、一站式审批、一周公布等多项提速增效新举措。全年审核工程340个，验收工程338个，设计备案656个，竣工验收备案686个，开业前检查555个。

【隐患整治】 相继部署开展“守护平安春季防火行动”、夏季消防安全检查等8个专项行动，采取“交叉互查”、“联合督查”、“零点夜查”和常规检查等方法，对福利机构、“城中村”、商业综合体、车站、集贸市场、易燃易爆场所、在建工地、古建筑、公众聚集场所、劳动密集型企业等10大类场所分别开展专项排查整治。全市出动24754人次，检查单位12282家，发现火灾隐患15951处，督促整改14574处，临时查封150家，责令三停90家，罚款389万余元，拘留47人。全市挂牌督办的重大火灾隐患单位省级3家、市级20家、县(市区)级27家全部完成整改并销案。

【消防宣传】 开设“96119”火灾隐患举报平台，发动群众举报火灾隐患。推动各地利用户外视频、LED显示频、楼宇电视广泛开展消防常识宣传。投入5万元在37个频道定期播出消防公益宣传提示字幕，深入企事业单位组织开展500余次消防安全知识讲座。建立滁州消防官方网站、官方微信、微博等宣传方式开展全方位宣传，关注人数达到2.5万人、粉丝达到5万人。联合市教体局发起“小手拉大手”行动，推动消防进军训进家庭活动。组织开展滁州市119宣传周暨冬春火灾防控系列主题宣传活动，全民消防安全意识得到进一步提高。

【营房建设】 占地30亩、建筑1.5万平方米、投资3200万元的支队特勤消防站完成图纸设计；占地15亩、建筑4200平方米、投资1600万的天长市综合应急救援消防站投入执勤；占地12.5亩、建筑4500平方米、投资1068万元的苏滁现代产业园消防站完工；占地33亩、建筑8500平方米、投资2840万元、特勤消防站标准的定远城东新区消防站完成立项。

【消防装备】 购置城市主站、举高喷射、登高平台、大功率水罐等各类消防车辆16台及防护、救生、通讯等各类器材装备4021件(套)；来安、定远、南谯等3个县区购置乡镇专职消防车19台；定远购置68米登高平台消防车1台。全市各类消防执勤车87辆，其中灭火消防车39辆，登高消防车7辆(最高53米)，高喷消防车8辆，抢险救援消防车17辆，专勤消防车9辆，战勤保障消防车7辆，一次性投入灭火剂量水为392.6吨、泡沫35.3吨。

(徐　鹏　刘全贵)

武　警

【概况】 市支队被武警部队评为“连续23年预防事故案件工作先进单位”，凤阳县中队、天长市中队和来安县中队分别被总队评为“执勤先进单位”，来安县中队、天长市中队和明光市中队分别被总队评为“基层建设先进中队”，来安县中队副中队长余峰获第十八届“中国武警十大忠诚卫士”提名奖、安徽青年“五四”奖章。取得总队基层“四会”政治教员比武竞赛团体第二名，个人第二、第五名。全年122名个人立功受奖。

开展“新一代革命军人样子”大讨论和寻找“身边最美强军典

8月5日，副省长、省公安厅厅长、省武警总队第一政委李建中率工作组，到滁州高铁站和滁州北站检查调研联勤武装巡逻勤务，看望慰问一线执勤官兵。

型”活动，广大官兵争做“四有”革命军人行动更加自觉。狠抓一线教员队伍能力素质，深入开展“三帮一带”和密切内部关系大讨论活动，先后举办基层保卫委员、思想骨干、板报员、教歌员和新闻报道员培训，每月完善《兵情日志》，刊发《学习小报》，促进官兵思想稳定。

【执勤训练】 组织开展“执勤警示季”和“执勤安全教育整顿”活动，观摩全椒县中队正规化执勤试点，扎实开展正规化执勤等级评定，执勤秩序进一步正规，天长市中队、凤阳县中队、来安县中队被总队评为正规化执勤优秀中队；严密组织 “卫士-15”演习、预提指挥士官培训，广泛开展群众性基础性练兵活动，先后组织4期勤训轮换、1期狙击手集训，抓好特勤排常态驻训，渐近落实“七个一”，部队训练水平逐步提高，来安中队中队长皮振恒在总队组织的大中队军政主官考核比武中，取得个人总分第6名，凤阳中队士官冯英男在总队二季度军事考核中，取得狙击手个人第10名，直属中队排长杨日红被评为“十佳训练标兵干部”。天长、来安和凤阳中队被总队评为“正规化执勤优秀单位”。

【基层建设】 编印《基层政治工作实用手册》，先后组织5批党委机关蹲点帮建、当兵蹲连，持续用力抓好经常性工作落实，先后投入170万元完善基层设施建设，完成机关和三个中队实体墙改造，来安中队搬迁，彻底改变基层硬件建设不平衡的状况。常态推行“分层竞争、首尾升降”，推动基层全面建、整体上。天长、来安和明光中队被总队评为先进中队，定远中队被评为奋进中队。

【城市武装巡逻】 1月1日至12月31日，每逢重大节日和敏感期，支队每天出动8名官兵，累计940余人次，协同公安民警担负城区主要街道武装巡逻任务。

【临时勤务】 全年动用兵力1400余人次，先后完成琅琊山庙会、全椒“走太平”、全椒“涉恶庭审”、武警总部军师职理论轮训班途经吴庄收费站休整保障、第五届中国农民歌会安全警戒和重大节日、敏感期联勤武装巡逻任务以及武装押解等各类临时性勤务78起。1月14日至19日，直属中队每天出动10名官兵，完成市“两会”安全保卫任务；2月21日至3月9日，直属中队每天出动14名官兵，完成火车站春运执勤任务；2月27日，直属中队、滁州市中队出动60名官兵，完成 “琅琊山庙会”安全保卫任务；3月6日，直属中队、全椒县中队出动50名官兵，完成全椒“走太平”民俗活动安全保卫任务；4月8日，直属中队出动20名兵力，完成全椒县法院涉恶庭审安全警戒任务；8月31日至9月6日，直属中队每天出动10名兵力，完成“抗战70周年阅兵”城市武装巡逻任务；7月21日至22日，直属中队每天出动10名兵力，完成滁州市“人代会”安全警戒任务；10月15日，直属、勤务、滁州市中队出动100名兵力，完成第五届“农歌会”安保任务。 （李玉俊）

人民防空

【概况】 全年建成人防工程18项，82669平方米，完成年度计划110.2%。市人防工作在全省人防系统2015年度综合目标管理考核中排名稳居全省第一方阵。完成0806工程建设;被国家人防办表彰为2015年度通讯报道先进单位;被安徽省档案局审核认定为“机关档案工作目标管理省一级单位”;获全省人防学法用法依法行政知识竞赛团体一等奖;获2015年度市道德讲堂“优秀组织单位”和“优秀宣讲员”称号;被市全民健身工作委员会确定2015年度“全民健身示范单位”。

【全省基础人防规范化建设会议在滁召开】 10月28日至29日,全省宣传贯彻深化人民防空改革发展实施意见暨基层人防规范化建设工作会议在天长市召开。天长市政府作经验交流。会议期间,与会人员实地观摩天长市人防综合应急指挥中心和永丰镇基层人防规范化建设。

副省长方春明、省军区参谋长卢信允出席会议并讲话,滁州市委副书记、市长张祥安致辞。国家人防办副局长陈乾,市委常委、常务副市长章义,市委常委、副市长汪建中出席会议。

【扎实做好人防准备】 4月,首次开展全市人防系统“准军事化”训练,12项训练内容,参训人员达60多人;6月,市国动委组织开展战时国防动员指挥演练,完成国动委演练任务,受到市国动委的通报表彰;7月,滁宁人防机动指挥通信系统首次联动演练在滁州展开,实现双方互联互通;8月,省办在滁开展首次防空袭试点演练,市领导汪建中和军分区参谋长王贤纯现场指挥,其成果在全省推广;9月,组织开展全市统一防空警报试鸣及演练活动,省办领导首次莅临指导活动。

【完成跨区机动综合训练和分片轮训任务】 5月20日至26日,赴陕西省西安市开展人防机动指挥通信系统跨区综合训练。在全省人防系统跨区支援的不定时、不定点的考核中完成任务,获跨区域演练总分第一名。9月29日,市人防办完成“皖盾安庆—2015”皖中片人防机动指挥通信跨区支援联合演练工作的任务,实现跨区机动综合演练和分片轮训的效果。

【加强预警报知体系建设】 加大全市防空警报报知系统维护管理,按照年度警报器5%增速的要求,市本级增加5台电声警报器,优质通过防空警报试鸣检验。

【人防工程审批管理】 《滁州市城市地下空间暨人防工程综合利用规划》通过省人防办和住建厅组织的专家评审;完成《滁城地下空间暨人防工程综合利用专题调研情况报告》等3项调研报告;推进人防权利清单信息公开;完成13项人防权利清单梳理,并在信息公开网、市人防网主动公开;加强人防工程维护管理,自建人防工程安全隐患排查,做到人防工程安全无隐患。 (卜 磊)

群众团体

QUNZHONG TUANTI

工 会

【概况】 滁州市总工会将农民工入会和服务作为2015年工作重点，通过建立行业性、区域性工会联合会等方式推进快递、建筑、餐饮、劳务派遣等领域农民工集中入会，把包括农民工在内广大职工组织到工会中来。截至年底，全市基层工会组织8203家，会员54.5万人。全椒县襄河镇、天长经济开发区和铜城镇等3家建立乡镇(园区)总工会。

围绕“调转促”，在各类企业、重点行业开展劳动竞赛活动，营造创新创造氛围。全市参赛人数3.3万人次，开展“比技术、比服务、比贡献，争创工人先锋号”、“三比一创”活动，参赛班组达4586个，参赛职工10.2万人，开展小发明、小创造1.1万项，收集合理化建议13.5万条。全市涌现出6名全国劳模和先进工作者，3个省级劳模创新工作室、3个省“先进集体”、4名省“先进个人”、4个省“工人先锋号”、7项省重大合理化建议和技术改进成果项目。1个科研项目被评为“全省十大职工优秀技术创新成果”。表彰城市窗口优质服务提升行动，评出10个“优秀组织单位”，10个“优秀示范窗口”，评选10个最美农民工提名奖，10个“滁州市最美农民工”。全椒梅志平被评为“安徽省最美农民工”。表彰60个“滁州市模范职工之家”、60个“滁州市模范职工小家”、53名“滁州市优秀工会工作者”、50名“滁州市优秀工会积极分子”、14家乡镇(街道)工会“滁州市‘六好’乡镇(街道)工会”称号。

市总工会被评为全国工会财务工作先进单位、全国工会经审工作先进集体、全国工会职工互助保障先进单位、省职工法律知识竞赛活动“优秀组织单位”、工会经费收缴增幅全省第一、首届省职工运动会优秀组织奖、体育道德风尚奖和突出贡献奖。市总工会目标绩效考核、信访、计生、综治、农民歌会保障等多项工作受到市委、市政府表彰。

【赵世洪等到滁调研】 12月18日，中华全国总工会书记处书记、党组成员赵世洪到滁调研。省政协副主席、省总工会主席童怀伟，省总工会党组书记、副主席徐建，市政协主席何希勇，副市长杨东坡等陪同调研。赵世洪来到安徽康佳电子有限公司和安徽盼盼食品有限公司，走进产品展厅、生产车间、职工之家超市、电子阅览室，同企业负责人和一线员工交流，详细了解企业生产经营和职工生产、生活条件、工资待遇和劳动保障、工会工作等方面情况，对企业生产形势给予肯定，希望企业加快科技创新步伐，不断发展壮大，让职工共享发展成果。

【省总工会来滁调研】 5月14日至15日，省总工会副主席李素萍等来滁，对市总工会财务及帮扶资金使用管理工作进行专项督查，到全椒县开展帮扶工作调研。6月10日至11日，省总工会组织部在定远县总工会、定远县炉桥镇工会、定远县凯源农业示范园，全椒县总工会、全椒县襄河镇工会开展工会组织工作调研，指导安徽凯源粮贸集团有限公司发展农民工集中入会事宜。7月30日至31日，省工会总副主席李素萍等来滁，对市总工会、博西华家用电器有限公司、安徽猎豹有限公司农民工入会工作进行督查调研。11月17至18日，省总工会副主席阮怀楼到滁州市就智能家电产业聚集发展基地企业工会进行专题调研，听取开发区智能家电产业聚集发展基地相关情况介绍以及市总工会和开发区5家企业工会工作情况汇报，走进3家企业进行检查指导，征求对上级工会意见和建议。市政府副市长杨东坡，市总工会主席崇敬等陪同调研。8月20日，省政协副主席、省总工会主席童怀伟深入滁州市总工会就困难职工帮扶中心帮扶资金来源、管理使用，农民工帮扶和服务进行调研。市政协主席何希勇陪同。童怀伟听取市总工作情况汇报，肯定滁州工会工作，希望滁州市将农民工入会和服务工作抓好、做实、见成效，吸引更多返乡农民工在本土就业，支持地方经济建设。

【全省北片工会星级帮扶中心和帮扶服务示范站验收汇报会在滁召开】 12月4日，安徽省北片工会星级帮扶中心和帮扶服务示范站验收汇报会议在滁州召开。会议对申报全省工会五星级困难职工帮扶中心南谯区总工会和申报安徽省帮扶服务示范站全椒达诺乳业职工帮扶工作站进行现场检查验收，市总工会主席崇敬在会上就滁州帮扶中心和帮扶工作站建设情况做典型发言。南谯区和琅琊区困难职工帮扶中心被评为全省“五星级困难职工帮扶中心”，9个职工帮扶(服务)工作站被评为全省工会帮扶服务示范站。省总工会副主席李素萍参加验收。

【市政府与市总工会召开第五次联席会议】 12月21日，市政府与市总工会召开第五次联席会议。市总工会通报2015年重点工作完成情况和2016年工作思路，会议讨论市总工会提请会议研究解决的4个问题。市长张祥安主持会议，市委常委、副市长汪建中、郭强，副市长罗建华、金力、陆峰、杨东坡、刘茂松，市政府秘书长焦义朝，市总工会领导班子全体成员出席会议。会议对市总工会工作给予肯定，对滁州工会“十三五”工作提出要求。会议听取市总工会提请市政府协调解决四个问题情况介绍，原则同意推进非公企业职工公积金缴存扩面提标、专项帮扶资金年度财政预算增加至100万元、市总工会购置市海事局大楼改成职工活动中心、市困难职工帮扶中心加挂市职工服务中心牌子等问题。市直相关部门负责出席会议，市总工会各部室负责人列席会议。

【评选推荐全国劳模、先进工作者】 按照全国劳模评选相关程序和要求，滁州市李国全、赵玉龙、赵宽、潘苗苗、贾永金和韩明道等6人被评为2015年全国劳动模范和先进工作者。4月28日，6人出席在北京召开庆祝“五一国际劳动节”暨2015年全国劳动模范和先进工作者表彰大会，受到习近平等党和国家领导人接见。4月30日，出席安徽省庆祝“五一”暨欢迎全国劳动模范和先进工作者大会，受到省领导接见。4月30日，市委书记李明、市长张祥安、市委副书记许继伟、常务副市长章义、市委常委、副市长王图强与全国和省、市劳模、先进工作者和先进集体代表及相关部门负责人70多人座谈，畅谈滁州发展，共话滁州美好未来。

搞好劳模服务工作。为全市健在全国劳模、先进工作者43人建立健全档案。推荐6名省部级

8月20日，天长市供电公司职工检查高邮湖风力发电情况。

以上劳模参加市2015春节团拜会。为6名新当选全国劳模发放奖金6万元，为84名80岁以上省部级劳模发放高龄补贴5.28万元，为4名省五一劳动奖章获得者发放奖8000元。发放全国劳模“三金”、省部级劳模“两金”167.49万元和2016年全国劳模、部级劳模春节慰问金27.5万元。推荐14名全国劳模参加疗休养，组织10名农民工劳模疗休养。为15名省部级劳模做好劳模认证、办证工作。

【选树劳模创新工作室】 选树“贾永金劳模创新工作室”、“潘苗苗劳模创新工作室”、“周福红劳模创新工作室”为省级劳模创新工作室，每个工作室给予10000元创建专项经费支持；命名“马昌云劳模创新工作室”等20个劳模创新工作室为滁州市劳模创新工作室，每个工作室给予3000元创建专项经费支持。

【召开市总工会五届四次全委(扩大)会议】 2月12日，滁州市总工会召开五届四次全委(扩大)会议。会议回顾2014年全市工会工作，部署2015年全市工会工作；为10个“滁州市劳模创新示范工作室”授牌；替补选举市总工会五届常委、委员。市委副秘书长朱荣出席会议并讲话。滁州市总工会五届委员会委员、经审委员、市直有关产业局工会主任、企事业单位工会主席、市劳模创新示范工作室代表、市总工会机关部室负责人百余人参加会议。

【市直职工文体协会换届】 4月11日，滁州市市直职工文体协会召开三届一次大会，选举产生新一届理事会。推举市总工会党组书记、主席崇敬为名誉会长。滁州市总工会党组成员、市总经费审查委员会主任王继亮当选协会会长。

【市私企工会联合会一届十二次全委会召开】 10月30日，滁州市私营企业工会联合会召开一届十二次全委会，选举市总工会党组成员、财务部部长李腾飞为滁州市私营企业工会联合会主席。

【开展“中国梦”主题系列活动】 4月30日，举办《中国梦·劳动美》2015庆“五一”专场文艺演出，来自全市各行各业千余名职工和劳模代表观看演出。市委书记李明、市长张祥安、市委副书记许继伟、常务副市长章义、市委常委、副市长王图强出席并观看演出。特邀全国劳动模范潘苗苗走进滁州市窗口服务行业道德讲堂开展劳模先进事迹宣读活动，全年宣传劳模事迹4次，300多名工会干部职工参与。会同市委宣传部对15名劳模“劳动者的一天”进行专题采访，在滁州日报刊登。举办“铭记历史·圆梦中华”为主题，纪念抗日战争胜利70周年广场纳凉晚会。组织职工参加第二届“中国梦·劳动美·幸福路”全国职工微电影大赛。市总工会选送《护佑生命》微电影获比赛“优秀影片奖”。

【开展社会主义核心价值观教育】 开展“三严三实”主题教育，组织全市各级工会学习宣传中共十八大、十八届三中、四中、五中全会和习近平总书记在庆祝“五一”国际劳动节暨表彰全国劳动模范和先进工作者大会上讲话精神，贯彻中央、省市委群团工作会议精神，提高职工对“四个全面”和“五个发展”思想认识，坚定走中国特色社会主义工会发展道路自信心。在窗口服务行业开展道德讲堂总堂活动，全年举办11期讲堂活动，48个行业单位、大企业1100名职工参加讲堂活动。举行以“弘扬雷锋精神，建设美好滁州”为主题“滁州市学雷锋志愿服务月活动启动仪式，表彰“学雷锋活动示范点”和“岗位学雷锋标兵”，为10个学雷锋志愿服务支队，8个全国文明单位志愿服务队授旗。3月份在窗口服务行业开展“践行核心价值，聚力三个发展”学雷锋主题教育实践活动月活动，市直21家窗口行业2000名职工志愿者参与志愿服务活动；开展“我为歌会做奉献，我为滁州添风采”系列志愿服务活动。组织市直300多名职工志愿者开展市容环境提升集中志愿服务行动，市直20家窗口服务行业志愿者开展为期五天“平安出行，文明礼让”文明交通劝导志愿服务活动。成立“滁州市职工志愿服务支队”和“职工志愿服务分队”，全市有6500名职工志愿者。与市文明办等部门联合开展第四届滁州道德模范评选表彰和首届滁州市美德少年推荐评选活动。

【承办“两节”送温暖】 牵头承办

"两节"送温暖办公室各项工作。工会系统筹集送温暖资金928.01万元,发放送温暖资金897.78万元,向1.3万名困难职工群众开展"两节"送温暖活动。

【领导干部结对帮扶困难职工】春节前,市委书记李明、市长张祥安以及市几大班子领导,分别到特困职工和劳模家中走访慰问,市直单位有88名负责人走进特困职工家中走访慰问。据统计,2015年市几个班子领导和市直各单位负责人为244名特困职工家庭送去慰问金19.1万元和价值1.85万元慰问品。

【对市直困难职工"十送"活动】市总工会为市直887名困难职工建立档案,开展"十送"活动,即:一送"两节"慰问金,每名困难职工发放1000元慰问金;二送医疗救助(纳入医疗帮扶范围);三送助学救助(纳入金秋助学范围);四送一份平安(把符合条件困难职工纳入职工互助保障范围)。为624困难职工每人办理两份一年期100元在职职工意外伤害互助保障,为260名女职工办理两份2年期72元女性特殊疾病保险;五送岗位(免费开展职业介绍);六送技能(设立困难职工技能培训资金10万元);七送心理关怀(设立心理咨询热线12351,设置心理咨询室);八送解难帮扶(对临时发生困难职工开展及时救助);九送法律知识(赠送市总工会编印法律援助手册);十送一份祝福(发一封慰问信)。

市委书记李明在"五一"劳动节看望慰问劳动一线环卫工人

【基层帮扶站(点)建设】推进职工帮扶服务站标准化规范化建设,构建救助、维权、服务三位一体帮扶机制。开展工会帮扶工作站升级达标活动,南谯区和琅琊区困难职工帮扶中心被评为全省"五星级县(区)困难职工帮扶中心";滁州市经济技术开发区职工帮扶(服务)站等9个职工帮扶(服务)工作站被评为全省工会帮扶服务示范站;选树10个"滁州市基层工会帮扶服务示范站"。2015年,全市建职工(帮扶)服务工作站321家,其中新建7家。

【开展精准扶贫】"五一"前和"国庆"后,两次开展医疗救助活动。全市医疗救助1574人,帮扶金额384.06万元;给15名患癌职工提供救助,帮扶救助金1.2万元。救助1名尿毒症和1名急性白血病患者,分别给予救助金2万元。救助5户计生困难户,帮扶救助金0.25万元。帮扶选派村2万元。连续第18年开展金秋助学活动,对在校就读困难职工和农民工子女给予帮扶。据统计,全市筹集助学资金238.2万元,资助困难职工和农民工子女上学913人。全市资助困难农民工子女358人,发放助学款98.8万元。扩大职工互助保障覆盖面,滁州代办处全年保额达206.5万元,参保职工3.5万人,为247名出险职工理赔79.1万元。

【实施就业扶贫】举办下岗失业人员转岗技能培训、困难职工家庭高校毕业生职业技能培训、农民工就业技能培训、下岗失业女职工家政服务员培训,全市职业技能培训3795人,获人社部门颁发职业技能证书1608人,其他部门颁发证书422人,中高级职业证书10人。开展工会就业援助月和"春风行动",全市提供免费就业服务15.1万人,发放宣传资料19.96万份,成功介绍就业3.27万人,组织参加职业技能培训1620人,接受就业创业咨询10.5

万人。实现就业人数同比增长25%。开展民营企业招聘周活动，重点组织引导困难职工家庭高校毕业生等各类人才到民营企业就业。全市参加招聘周活动企业1185家，提供岗位5820个。其中民营企业提供岗位3005个，适合高校毕业生就业岗位数1980个，达成就业意向863人，高校毕业生签约310人，农村进城务工人员225人，就业困难人员签约105人。

【加强民主管理】 截至年底，滁州市企事业单位建立工会8203家，职代会建制7677家，建制率93%，国有、集体企业、事业单位全覆盖，25人以上非公企业建制率95%以上；实行厂务公开7860家，建制率95%；全市建立职工董事制度企业697家，有702名工会主席和职工代表成为职工董事；建立职工监事制度企业629个，有952名工会主席、副主席、职工代表成为职工监事。命名27家企事业单位为“滁州市厂务公开民主管理示范单位”，32家企事业单位为“滁州市厂务公开民主管理先进单位”。参与滁州热电厂改制工作，指导热电厂规范职代会程序，通过职工安置方案。

【基层工会组建和农民工工作】 加强基层工会组建力度，开展“农民工入会集中行动”，通过召开市总工会常委(扩大)会、组织部长会议、农民工专项行动座谈会、劳务派遣单位组建工会专项行动、“农民工入会集中行动月”等，在全市开展“农民工入会集中行动”，指导基层组建工会，截至9月底，全市新增工会386家，发展会员55480人，其中农民工会员47313人。全市录入22万名农民工会员数据。开展农民工技能培训调研，在8个县(区)市和市经济技术开发区，对不同类型企业1000名农民工进行调研座谈，征求对农民工培训工作意见。

【开展“最美农民工”评选】 在全市开展寻找“最美农民工”活动，评选出10个最美农民工提名奖，10个“滁州市最美农民工”，全椒安徽省科昌机械制造股份有限公司设计员梅志平被评为“安徽省最美农民工”，被授予省“五一“劳动奖章。市总工会被评为2015年度全省农民工入会工作先进集体，并被省总工会授予“五一”劳动奖状。

【文明行业创建】 围绕“多城联创”开展城市窗口优质服务提升行动。表彰10个“优秀组织单位”、10个“优秀示范窗口”。开展滁州市直城市窗口督查考评，五个督查考评小组21次深入158个(次)城市服务窗口开展优质服务提升工作和“门前三包”创建督查。开展“滁州市窗口服务之星”评选表彰活动。在全市窗口服务行业中评选表彰20个“市窗口服务之星”。与琅琊区北门公共服务中心东后街公共服务站开展文明共建、文化共享“结对子、种文化”活动，送文艺节目、送电影、送健康义诊、送法进社区活动。动员市直窗口服务行业、产业工会和大企业工会在工会干部和职工中开展“限放”宣传，印制1000份《“遵守限放规定，做文明守法职工”倡议书》，在两区总工会和市直各产业局工会职工中进行“限放”宣传；组织工会志愿者在人民广场现场向市民散发“限放”宣传资料；到北门中心东后街社区新兴花园小区宣传。借助单位工作网站、QQ工作群等网络平台和LED屏，进行限放宣传。

【提升职工素质工程】 采取“输出去、请进来、送下去”方式，分层次开展工会干部培训工作，全年投入培训经费36.6万元，培训工会干部3856人。全市选树1个全国职工书屋示范点，4个安徽省职工书屋示范点，10个安徽省职工书吧示范点。新建60个滁州市职工书屋，每个书屋配送总价值1万元图书和乒乓球桌。

【女职工工作】 4月28日，召开市总工会女职委五届二次全委(扩大)会议，总结2014年工作，研究部署2015年任务。表彰全国、省“五一”巾帼标兵岗(标兵)、安徽省女职工工作先进集体；命名表彰首批11个单位滁州市女职工“阳光家园”，全市建女职工“阳光家园”21家。开展女职工“关爱行动”，救助患重病困难女职工11人，其中单亲女职工4名，发放帮扶资金5万元。联合市妇联在全市企业中开展寻找最美家庭活动，选树表彰吴小妹等10户滁州市“最美家庭”。在8个县(区)、市工会和市经济技术开发区35家企业、700名女职工中开展“全面二孩”政策与女职工权益保障落实情况专题调研。开展第七届“知识之光点亮孩子的眼睛，爱心之火温暖他们的世界”为留守儿童免费订阅报刊活动，组织市直31家单位捐款17万元。

【开展“六五”普法】 结合“江淮普法行”和“送法进企业、普法进园区”，在全市工会系统开展“学习宪法、尊法守法”主题活动，举行世界艾滋病日主题普法宣传、全国交通安全日交通法规宣传、“12.4”国家宪法日法律宣传活动。开展以“增强全民法治观念，建设平安和谐滁州”为主题综治（平安建设）集中宣传日活动。按照“菜单式”普法模式，走进市直多家企业进行法治宣传和授课。投入2万元聘请法律顾问，投入13万余元聘请9名专职工资集体协商指导员。开展中央专项彩票公益金法律援助，全年开展职工法律援助案件33件，其中涉及农民工案件24件，占案件总数72.7%，帮助38位受援人挽回经济损失237.2万元。全市登记、变更办理102份法人资格证。组队参加省职工法律知识竞赛活动。

【推动集体合同制度】 推动企业依法普遍建立集体合同制度，工会和企业开展集体协商要约行动，促进企业建立和谐劳动关系，3月，市总工会牵头，滁州市协调劳动关系三方四家联合在全市开展2015年工资集体协商“春季要约”活动。全市1043家企业工会发出工资集体协商要约书1043份，覆盖职工89941人；回应要约企业844家，覆盖职工68902人；签订工资集体专项合同836份，覆盖职工68210人，签订率达80%。

【“安康杯”竞赛和安全生产】 全市“安康杯”竞赛提质扩面。2015年全市参赛单位1445个、参赛班组9039个、参赛职工118290人，分别比2014年增加29%、42%、36%。涌现出1个全国“安康杯”竞赛组织工作优秀单位、2个全国“安康杯”竞赛优胜单位、7个安徽省“安康杯”竞赛优胜单位。历时一个月，在8个县（区）市、市直企业开展非公企业“安康杯”竞赛调研。在全市开展2015年夏季“送清凉”活动，省总工会副主席李素萍带4万元慰问款，来滁州开展“送清凉”活动；组织工行、农行、中行、建行四家银行在主城区26个营业网点对环卫工开展“爱心纳凉点 夏日送清凉”活动。市总工会和8个县（区）市总工会自筹资金24.5万余元，向在高温一线职工送去防暑降温物品，慰问135个行业和企事业单位，覆盖职工85000人，其中农民工16500人。开展“安全生产月”活动。与市安监局等联合举办“安全生产月”咨询日活动，举办全市新《安全生产法》知识竞赛，12支代表队参加比赛。滁州经济技术开发区所属20多个企业20000名职工参加“安康杯”、新《安全生产法》知识竞赛。全市300多家企事业单位举办“安康杯”知识竞赛和新《安全生产法》知识竞赛。

【组团参加首届全省职工运动会】 组织全市职工参加首届安徽省职工运动会。经过层层选拔，从全市187支代表队，3868名职工中，选出13个单项参赛选手，参加首届安徽省职工运动会，承办在滁州举行省职工运动会钓鱼比赛。在参与甲组十三个参赛项目中，分别取得自行车女子团体第一、男子团体第二、女子、男子个人第二、第四和第六好成绩，取得乒乓球男子团体第二、扑克牌（掼蛋）第四、第六，跳绳4人接力第八、桥牌个人第八、登山第七、全健排舞双人第七、围棋个人第七、篮球第八、钓鱼个人第六、男子羽毛球个人第六、羽毛球女子团体第八成绩。（张付林）

共青团

【强化理论学习】 教育共青团员恪守信念、自觉奉献，在思想行动上与党中央保持一致，把学习习总书记关于青年和共青团工作重要讲话精神、党的群团工作会议精神作为政治任务和中心工作，强调学以致用。市级举办专题读书班、学习交流会、报告会、分享会10场次，各基层团组织组织学习会、培训班120场次，撰写学习心得260篇，覆盖全市各级团组织负责人和青年骨干。参与滁州市党的群团工作文件起草，为省委党的群团工作文件起草提供建议，市、县团组织开展专题调研56次，征集意见150条，归纳为10个方面40条，形成8000余字意见稿，为共青团发展献言献策。

【培育社会主义核心价值观】 以

6月17日晚，由安徽省侨联、滁州学院、滁州市侨联共同主办的"亲情中华追梦中国"中美青年文化交流音乐会在滁州学院音乐厅举行。

"中国梦"为主题，开展清明祭奠、五四"双争"、"六一"少儿汇演、"七一"听党话、"十一"国旗下讲话、纪念世界反法西斯胜利70周年等活动，市级开展青少年"红色皖东——寻访抗战记忆"、青年医护比赛、"感恩 成长"18岁成人宣誓仪式等活动，各基层团组织开展追思先烈、重温入团誓词、志愿服务、结对帮扶等活动450场次。巩固学校及少先队思想教育主阵地，开展"红领巾相约中国梦"、"核心价值观记心中"、"各族少年儿童手拉手"、"大文化 小舞台"、"四进四信"、"彩虹人生——奋斗的青春最美丽"分享会等活动，全市20万少先队员学生参加。

【强化舆论引导】 推动全市共青团网站、微博、微信、手机报、青年之声等新媒体一体化建设。2015年，全市组建19581人青年网络文明志愿者队伍、2280人团属网络宣传员队伍，发布各类共青团信息4300多条、微博3400条、微信240期、手机报70期，影响团员青年近10万人。以青少年感兴趣话题、时政要闻、重要活动，在微博、微信进行互动、同频发声65次，集中拉练10次，形成同期发布、共同影响共青团宣传体系。重视"青年之声"互动平台建设，建成各类组织40个，发展成员1553人、专家1223人，针对工作热点、难题设置话题，专家回答率116.7%，好评率超过300%。

【培育先进典型】 经团市委推荐，王春祥被评为全国农村青年致富带头人、戴忠为全国优秀共青团员、禹强云为全国优秀少先队辅导员、江垚为全国优秀少先队员，王志、时志军、陈功亮、阚绪良等青年创业事迹在央视七套致富经栏目专题播出。开展全市"两红两优"、优秀少先队员、辅导员等评选表彰活动，选树一批先进集体和先进个人。

【开展青年创新创业创优行动】 举办首届滁州市青年创新创业大赛、"变废为宝、从我做起"青少年科学调查体验活动，承办安徽青少年科技发明大赛滁州初赛，推荐优秀项目参加省创业比赛。以大学生村官、农村青年致富带头人、返乡大学生和青年电商为主体，争取资源和政策，推进青年创业体系建设。2015年，争取青年创业贷款7000多万元，争取青年创业贴息、扶持资金100万元。举办3期大学生创业意识培训班、37期创业金融培训、10场创业座谈会，扶持600名农村青年致富领头雁。开展青年岗位能手评选，推动企业开展岗位技能竞赛、技术比武等活动，引导青年立足岗位创优。联合市安监局开展市级青年安全生产示范岗评选、青年安全生产示范岗微视频创作大赛，为青年职工普及安全知识、提升安全意识。

【开展青年志愿服务和生态环保行动】 坚持社会化动员，常规服务及专业服务相结合，开展"学雷锋月"、国际志愿者日、春运"暖冬行动"、共青团联系青年农村服务月专题志愿服务，服务第五届中国农民歌会、安徽省第四届老年人运动会，参与全市"三线三边"整治、秸秆禁烧、防汛救灾等，青年志愿者成为社会和谐、传播文明先锋队。

以"保护母亲河、美丽中国梦"为主题，新建市级"青年林"基地1个、县级基地5个，新增"青年林"600亩。指导全市各乡镇全部建立生态环保志愿服务队，开展植绿护绿、卫生清理活动。举办"绿色滁州、青春力量"青年徒步交友活动，联合市环保局开设环保讲座、发放环保宣传资料、开展集中环保行动，引导青少年把生态理念付诸实际行动。

【推进青年文明号创建】 开展滁州市青年文明号优秀典型评选，新增徽商银行丰乐路支行、中石化滁全路加油站两家国家级青年文明号，市招标采购交易中心等五家省级青年文明号。

【服务青年就业】 依托政府部门、社会机构，全年开展就业意识、技能提高等培训45场次，4500名城乡青年参加。新增青年见习基地3个、岗位56个，累计为752名青年提供见习。举办琅琊山庙会招聘会、滁州职业技术学院专场招聘会，180家企业参加，为万名青年提供就业服务。在农民工集中返乡期间，设置就业宣传点10个，面对面宣传滁州就业政策和环境。

【关爱青少年】 开展2015年度滁州市希望工程爱心圆梦大学行动，全市资助贫困大学新生240名。成立"共青团影院"3家，建成红领巾校外体验、少年邮局等少年儿童校外活动基地15个，开展第二季微心愿征集认领、自护体验等活动，通过打造"爱心学堂"、"爱心观影"、"爱心跳蚤市场"、"四点半课堂"、"亲情陪伴一小时"品牌项目，为全市务工人员子女和留守儿童送去爱心和温暖。

【维护青少年合法权益】 成立滁州市青少年维权专家队伍，组建近百名专兼职社会工作者队伍，成立"滁州阳光青少年成长中心"、"滁州青年社会工作者协会"等社会关爱机构。开展青少年法制宣传月、青春自护、禁毒公益快闪、流浪儿童回校园、关爱服刑在教人员未成年子女活动，召开滁州市2015年预防青少年违法犯罪暨未成年人保护工作会议，开展共青团与人大代表、政协委员面对面活动，深化优秀青少年维权岗创建，推进12355青少年服务台建设，关心、爱护各类青少年群体。

【加强基层服务型团组织建设】 市、县团领导机关人员及8万名团员成为注册志愿者，建成33个青少年综合服务平台，评出13个市级示范性平台，团工作基础扎实。新建非公团组织60家、市直团组织5家，全市18个街道（社区）全部建立共建委员会，通过菜单式指导、行业共建、活动促建形式，提升组织活力。开展"百县千乡"分类示范创建活动，团天长市委成为全国示范县。

【团干部队伍建设】 开展"团干部如何健康成长"大讨论活动，坚持菜单式管理、项目化开展，全市各级团组织开展上党课、座谈分享、调研宣讲、廉政及革命教育、开门讨论、组织生活会等会议活动近千场次，撰写学习心得80篇，征求意见240条，形成制度性措施40条。加强团干部教育培训，将团干部培训纳入市委组织部专题培训班次设置计划，市级分别举办团干部、少先队辅导员培训班，全市举办各类团干部培训班46场次，培训2518人次，培训覆盖率100%。

【推报2015年度全国先进集体和先进个人】 推报2015年度全国优秀少先队员江垚，滁州市第五中学八（1）中队中队长、班长，她勤奋好学，积极进取，团结向上，是老师心目中品学兼优好学生，父母眼中乖孩子，也是同学们学习好榜样。她时刻记住自己是一名少年先锋队队员，时刻以队章作为自己行为准则，努力成为一

参加第五届皖台科技论坛仿生机器人比赛的台湾学生与滁州职业技术学院的青年志愿者合影

名优秀少先队员。推报2015年度全国优秀少先队辅导员禹强云，1995年开始从事少先队辅导员工作，2010年任全椒县实验小学少先队辅导员，2011年任全椒县少先队总辅导员，2012年当选为安徽省滁州市少先队总辅委员会秘书长，在同事眼中，他充满自信、富有朝气；在队员们眼中，他是值得尊敬老师、也是亲密朋友。他把孩子们信任当作荣耀，把培育祖国栋梁事业当作舞台，力求让每一位队员在少先队组织中都能快乐成长。推报2015年度全国农村青年致富带头人王春祥，龙岗芡实合作社理事长，2010年9月成立天长市龙腾芡实有限公司，建成龙岗芡实大市场，总资产超2000万元。合作社采取大市场+公司+农户生产经营方式，形成一整套种植、加工技术，建立稳定销售网络，拥有社员121人，带动450个农户直接推动2046人从事芡实产业。2013年，合作社承包水面5万亩种植芡实，实现年交易额2.5亿元，营业收入8132.47万元，从事芡实产业农民人均纯收入36000元。注册“天龙牌”、“芙蓉岗”、“湖珠牌”商标，通过无公害农产品绿色食品产品论证，被评为全国“一村一品”示范村、国家级示范社。推报全国优秀共青团员戴忠，定远县第二中学学生，认真履行团员义务，发挥团员模范作用，提高个人思想素质，自觉学习实践社会主义核心价值观，参加学校各项活动，遵守学校各种规章制度，待人有礼，为人正直，尊敬师长，团结同学，始终保持着积极乐观人生态度。制定相应学习计划并采用灵活学习方法学习，努力学习科学知识，又关心时事，课外生活丰富健康。推报2015年度命名“国家级青年文明号”：徽商银行滁州丰乐路支行、中石化滁州分公司滁全路加油站、滁州市新奥燃气客服部。（田增清）

妇联

【概况】 2015年，全市各级妇联，统筹城乡妇女发展，维护妇女儿童权益，优化妇女儿童发展环境。贴近群众宣传法律，走进庙会、集市、广场、社区、妇女之家、学校、企业等开展法律知识宣传、各类培训、讲座32场次，解答群众疑难问题，受益群众30000余人。发挥法规政策性别平等评估机制，对《滁州市临时救助实施办法》《滁州市政府关于贯彻落实〈社会救助暂行办法〉的实施意见》等规范性文件提出2条建议，均被采纳。聚焦实事，参与土地确权登记颁证工作，各县市区妇联均被列入领导小组成员单位，跟踪服务土地确权中妇女土地权益维护，调解协调登记中妇女土地权益受侵害问题，维护妇女合法土地权益。完善反家暴妇女庇护中心、反家暴报警中心、家庭暴力伤情鉴定中心建设，发挥法律援助中心、基层维权站点、家庭暴力人身保护令办公室作用，为遭受家暴妇女提供倾诉、情绪安抚、紧急庇护、法律援助、家事调解、后续救助等服务。做好信访接待工作，接待来信来访978人次，做到件件有回音，让当事人满意而回。

利用网络、微博宣传“两个规划”，提高知晓率。针对人事调整带来机构人员变化，调整补充妇儿工委成员和联络员，做到不缺人、不缺岗。联合市统计局做好“两个规划”监测统计工作，推进“两个规划”贯彻落实，确保中期目标达标。召开妇儿工委全体成员单位会议，了解“两个规划”实施进展，到县市区督查“两个规划”贯彻执行情况，推动“两个规划”中期目标任务落实。

以社区换届为契机，推进妇联主席进社区“两委”和兼职副主席配备工作。186个社区妇联完成换届，123人进社区党组织，135人进居民委员会，54人担任社区正职。兼职副主席配备率100%。加强机关妇女组织建设，在15家市直单位新建妇委会。在巩固现有妇女组织基础上，以兴趣爱好为纽带，在妇女群众较多老年大学、老年文化艺术学校建立妇女工作委员会。

【办好“妇女之家”】 以村、社区“妇女之家”为主阵地，向机关、企业、部队拓展，抓住“三八”、“五一”、“七一”等不同节点设计开展各种主题活动，全年以“文明、创业、奉献、树德”四个主题，每季度一主题，长效开展寻找“最美家庭”活动。全市各级命名4100户“最美家庭”。许洪涛家庭被授予全国“最美家庭”提名奖，郑孝伟等4户家庭得到省级表彰，市级表彰41户。

展示家庭风采，做活家庭文

章，通过树、讲、展、晒等方式展示家庭风采。滁州妇女网推出“最美家庭”专栏，市县电视台拍摄并播放宣传片，《人民日报》《安徽日报》《滁州日报》《皖东晨刊》等媒体都进行专题报道，宣传“最美家庭”及家庭成员典型事迹。基层以妇女之家为阵地，开设光荣榜，展示群众身边“最美家庭”。讲故事，联合市文明办举办“讲最美家庭故事，倡文明和谐风尚”活动，来自八个县市区及市直演讲者分别讲述12个发生在身边“最美家庭”感人故事，树立家庭文明新风尚。展作品，举办“树家庭正气，倡廉政家风”廉政文化进家庭书画展，展示来自市直机关、老年大学、老年艺术大学、市民家庭以廉政建设为内容书法、绘画、摄影、剪纸等近百幅作品，倡导家庭树立以廉为荣良好家风，以家庭文明廉洁，促进社会和谐。晒幸福，举办“中国梦·出彩滁州人”家庭篇人民广场周周演活动，家庭演，家庭乐，展示家庭风采，弘扬家庭美德，树立家庭风尚。

组合开展母子共访抗战足迹、庆“六一”艺术展演、爱国主义读书教育等活动，以志愿服务活动为抓手，倡扬社会文明。开展“践行雷锋精神·巾帼志愿者在行动”、“邻里守望·姐妹互助”等志愿服务，组织巾帼志愿者开展义诊、关爱老人、文明交通劝导、绿化环境等志愿活动，弘扬奉献精神。

【推动女性创业致富】 开展“春风送岗位乡镇行”，举办招聘会，在乡镇街道设立招聘会分会场，将妇女接到企业参观了解工作岗位，提供就业岗位30000多个。开展妇女创业贷款政策宣传活动，明光、凤阳为241名妇女提供1820万妇女创业贷款。依托省妇联徽姑娘品牌链，实施“皖嫂”家政服务、“徽姑娘”农家乐、女子专业合作社等30个项目，开发草鸡蛋、绿豆、粉丝等特色土产以及草莓、葡萄采摘、垂钓等旅游项目，带动周边妇女居家灵活就业。发掘2个具有本地特色手工编织项目，帮助布鞋、剪纸等产品实现网上销售。剪纸、手工编织饰品等亮相全省徽姑娘手工编织产品展示会。

举办创业就业培训班，创新培训方式、内容，利用发达互联网技术，联合物流企业举办电商创业培训班，培训妇女30名，培训班以理论和实操相结合，讲解电子商务基础知识，教授开办淘宝店铺等方面技能。培训班结束，30名学员网上店铺全部开办成功，并有多名学员店铺交易成功下单。联合市残联举办手工编织培训班，培训妇女学员40名，专门邀请手工编织行家里手现场讲解示范、手把手教，学员现场同步实训。培训结束，每名学员都能独立完成产品编织，创业就业能力增强。组织月嫂、家政、养老护理、育婴员等多种服务培训13期，培训609人。在册登记家政服务人员600人，推荐上岗就业1018人次。

【开展“三堂三进”活动】 联合市教体局在全市开展家庭教育“三堂三进”（简称“三堂三进”）活动。邀请中国科技大学、滁州日报社、滁州学院、滁州城市职业技术学院等11名专家、教授和名师，发挥市级总堂优质资源作用，采取市县联动方式，在全市开展皖东父母大课堂进校园、幸福家庭大学堂进妇女之家、科学家教大讲堂进演播厅活动，举办20场讲座，4000人聆听。在滁州交通音乐广播电台FM105.4频道开设家教空中课堂，每周三早7:30首播、下午5:00重播，传播儿童健康、道德情操、心理素养、智力体能等科学家教理念及方法。

【参与“千万亩森林增长工程”】 动员妇女群众参与“植绿、护绿、爱绿、兴绿”行动，在全市建设完成规模以上“巾帼林”基地8个，总面积2340亩，带动妇女绿色发展。组织妇女参与“畅游琅琊 品味山水”活动，倡导低碳出行。开展低碳家庭创建行动，创建6个低碳社区和300户低碳家庭。以“三治三增三提升”、“四庭四好”创建为抓手，举办培训班，发放倡议书，组织妇女和家庭开展家庭内外、屋前屋后环境卫生清理，建设美化家园。

【联合举办“同享快乐阳光、爱中健康成长”活动】 结对帮扶，联合滁州人寿举办“同享快乐阳光、爱中健康成长”活动，开展一名志愿者+一名留守儿童+一对一服务“十个一”活动，关爱100名留守儿童。启动第七届爱心报刊捐赠活动，为留守儿童募集17万余元爱心款，免费订阅报刊。解困助困，开展送温暖活动，慰问困难人员1200人，发放慰问金130万元。举办健康知识讲座，开展儿童少年眼健康关爱工程“江淮行”公益活动，为300名儿童免费开展眼疾筛查活动。做好“两癌”项目筛查，为91名妇女发放77.6万元救助金。举行关爱女孩捐资助学活动，实施全国“诺美助学创业基金”、“关爱妇女儿童，众创智美生活”公益项目，60名大、中学生获得75000元助学金和30000元物资，帮助她们继续学业。

【举办少儿演讲比赛】 5月20日，联合市文明办、团市委举行主题为“心中有祖国，心中有他人”全市少儿演讲大赛。来自各县、市、区和市直17名中、小学生选手进行角逐，最终决出小学组、中学组特等奖和一、二、三等奖。推荐4位选手参加省妇联、团省委、省文明办、省演讲学会4家联合主办“心中有祖国，心中有他人”全省少儿演讲大赛，有2名选手分别获得小学组、中学组二等奖，1名获得中学组三等奖。滁州市代表队获得总分第四好成绩，滁州市被授予“优秀组织奖”。

【举办“弘扬沈浩精神，推动三个发展”演讲比赛】 7月8日，联合市选派办、选聘办举行全市女选派干部、女大学生村官“弘扬沈浩精神，推动三个发展”主题实践活动演讲比赛。来自8个县市区11名女选派干部、女大学生村官紧扣主题，展示女选派干部、女大学生村官扎根基层、敢于奉献青春风采。比赛最终决出一等奖1名、二等奖2名、三等奖3名。

【全市妇女干部培训班开班】 8月25日至27日，举办全市妇女干部培训班，培训市妇联第五届常委、执委、市直有关单位副县级女干部或妇委会主任、各县市（区）科级女干部、妇联兼职副主席或常（执）委等80人。11月25日至27日，举办全市基层妇女干部培训班，培训县市（区）妇联分管组织工作副主席、组宣部长、部分乡镇、街道妇联主席、村妇代会主任和社区妇联主席等113人，邀请专家授课，打造高素质妇女干部队伍。选送优秀妇联干部20余名赴京、赴省参加培训，提升妇女干部能力。 （储兆芳）

工商联

【概况】 全年新增会员990个，总数12828个，超额完成会员发展8%目标；新成立滁州经开区工商联（总商会）、市民办教育协会等6个商协会，商协会数141个（乡镇、街道商会85个），覆盖率78.7%；天长市工商联、来安县工商联被全国工商联授予“五好”县级工商联，琅琊区工商联、全椒县工商联被省工商联授予全省“五好”县级工商联；民营企业信息直报点、民营企业社会责任调研、“五好”县级工商联创建和会员组织建设、上规模民营企业经营情况调查和百强排序、宣传信息等六项工作被省工商联通报表彰，三次在全省大会上做典型发言；会员企业蓝德集团、天康集团、天大企业集团入围中国民营企业制造业500强，分别位列第352位、376位、488位，安徽鲲鹏装备模具制造有限公司负责人宗海啸获省工商联科技创新企业家奖，会员部部长胡大林被省委组织部、省工商联授予“全省工商联系统先进工作者”。

【开展服务民营经济“金融大篷车”活动】 2月10日，市工商联、皖东农商银行联合举办服务民营经济“金融大篷车”活动启动。省工商联副主席耿学梅，副市长杨东坡，市政协副主席、市委统战部部长高迁等出席；滁州市五金机电商会、台州商会、汽车协会、金鹏商圈、门窗协会、墙体协会等商协会负责人和200名小微企业家参加活动。市政协副主席、滁州市工商联主席查镜波主持会议。“金融大篷车”是市工商联为服务小微企业融资，推进银企对接，引导金融资源向小微企业倾斜，扩大金融服务受众面，搭建服务于民营经济融资平台。全年举办四期金融大篷车活动，即：金鹏99广场启动仪式、中洲国际商城夏季“金融大篷车”、“金融大篷车”南谯行和“金融大篷车”居然之家专场，取得示范带动效应。

【举办商协会联席会议】 3月31日，市工商联组织第一季度全市商会协会联席会议，各商会协会会长、秘书长等参加会议。自建立商会协会联席会议制度以来，市工商联每季度举办一次联席活动，组织商会协会学习交流、相互走访、外出考察、招商引资，全年组织四期。

【多渠道开展用工服务】 4月21日，与有关部门联合组织以“帮人才就业、促民企发展”为主题民营企业招聘周，新江玻璃、兴扬汽车等100多家民营企业参加招聘活动。8月18日至9月18日，开展“民营企业招聘月”活动，发挥民营企业在就业中作用，为企业招贤纳士，促进高校毕业生求职就业；全年累计组织873家（次）企业参加招聘活动，签订就业意向协议10755人，签订职业技能培训意向2170人。

【民办教育协会成立】 5月25日，滁州市民办教育协会成立大会暨第一次会员代表大会召开，市政协副主席、市工商联主席查镜波，市政协副主席、市委统战部部长高迁，市工商联、市教育局、市民政局及各会员单位负责人出席成立大会。会议审议通过协会章程及会费缴纳办法，选举产生第一届协会领导班子，滁州市新蓝天培训学校校长徐广谊当选为协会会长。

【五届五次执委（扩大）会议召开】 6月12日，市工商联（总商会）召开五届五次执委（扩大）会议。市政府副市长杨东坡讲话，市政协副主席、市工商联主席查镜波作工作报告。夏广北、刘江华、刘保成当选为市工商联五届副主席，曹红宇、刘观中、刘凤淮当选市工商联五届常委。

【完成第三方评估工作】 对《安徽省人民政府关于金融服务“三农”和实体经济发展的意见》《安徽省人民政府关于全面深化农村金融综合改革的意见》两个文件贯彻落实情况开展第三方评估，采取抽样问卷调查、召开座谈会、企业监测平台调查、实地走访、发函通知相关单位自查等形式，就两个文件贯彻落实总体情况、存在问题及原因分析、推动政策落实意见和建议等方面进行调研。全市发放并收回有效调查问卷90份，走访涉农企业、金融机构6家，召开村镇银行、小贷公司、担保公司、中小微企业及市直相关部门座谈会3次，市涉农小微企业监测点参加在线问卷调研。

【民营企业家走上党校讲台】 7月21日，市工商联邀请安徽省工商联副主席、安徽珍珠水泥集团股份有限公司董事长高允连和滁州市工商联副主席、凤阳金星化肥集团董事长周远达在滁州市委党校给非公企业党建指导员及业务骨干授课，两位企业家谈创业与发展、谈机遇与挑战、谈党建在企业发展中核心引领作用，与会人员受益匪浅。

【携手非公企业开展拥军慰问活动】 7月31日，市工商联携金鹏集团、申通科技、兴扬汽车赴滁州军分区开展拥军慰问活动。市政协副主席、市工商联主席查镜波、市工商联副主席夏晨辰及民营企业家代表向部队官兵送去节日祝福和六万元慰问金。市委常委、滁州军分区政委潘晓，滁州军分区司令员李金泉等部队领导出席活动。

【举办文化产业政策对接会】 8月12日，由市工商联和市委宣传部文产办联合举办文化产业政策对接会在市工商联会议室召开，安徽阳光夏子绿色包装、安徽中远文化传媒、安徽华力包装、滁州鑫彩纸业等十多家企业参加对接会。会议由市工商联副主席夏晨辰主持，市委宣传部文产办主任吴晓健介绍文化产业界定和滁州文化产业现状，重点对国家及省市文化产业相关政策进行解读，针对与会企业现状提出发展建议。

【南谯工业开发区商会成立】 8月18日，滁州市南谯工业开发区商会成立大会在工业开发区管委会召开，滁州市政协副主席、市工商联主席查镜波出席并讲话，南谯区委常委、副区长曹迎春，南谯工业开发区管委会、区工商联等相关单位负责人参加成立大会。会议审议通过商会章程及会费缴纳办法，选举产生第一届商会领导班子，安徽奥特佳科技发展有限公司董事长钱永贵当选会长。

【“百强排序”入围数全省第三】 9月6日，省工商联、省经信委、省商务厅、省地税局、省统计局、省工商局、省国税局七部门联合召开“2015安徽省民营企业百强排序”新闻发布会，揭晓2014年度安徽省上规模民营企业经营情况调研及百强排序活动结果，滁州有22家民企（不重复计算）入围营收百强、纳税百强、进出口百强，居芜湖（42家）、合肥（33家）

之后，入围数全省第三。

【“五好”县级工商联创建成果丰硕】 6月，天长市工商联、来安县工商联被全国工商联授予“五好”县级工商联；12月，琅琊区工商联、全椒县工商联被省工商联授予全省“五好”县级工商联。截至年底，滁州市有国家级“五好”县级工商联2个、省级“五好”县级工商联2个，在全省工商联组织工作会议暨“五好”县级工商联创建工作推进会上，滁州作为全省唯一地级市代表在会上做典型发言。

【组织“创业导师进校园”】 10月14日，由市委统战部、市工商联、市人社局、市职业技术学院联合举办“创业导师进校园”启动仪式暨创业成果分享会在滁州市职业技术学院举行。市工商联邀请企业家走进滁州市职业技术学院，与100多名即将赴村任职大学生村官、200多名有创业意向大学生分享创业经历、传授成功经验；开展创业导师带徒结对帮扶活动，组织10名创业成功民营企业家结对帮扶20名创业大学生，指导创业；举行大学生创业实训基地挂牌仪式，选择4家民营企业挂牌，作为大学生创业实训基地。

【滁州经开区工商联(总商会)成立】 10月28日，滁州经开区工商联(总商会)成立大会暨第一次会员代表大会召开，市政协副主席、市工商联主席查镜波，市经开区管委会主任刘茂松等领导出席，园区内100余名会员代表参加会议。会议选举安徽康佳同创电器有限公司总经理于海为滁州经开区工商联(总商会)首届(主席)会长，选举潘金钟等14人为副主席、副会长、秘书长。

【举办“非公企业家大讲堂”】 10月29日，市工商联在市委党校举办“滁州市非公企业家大讲堂”，邀请市人民检察院副检察长、市反贪污贿赂局局长李传水，市工商联副主席、市经信委总经济师刘保成，市国家税务局所得税科科长陶玉龙，讲解税务知识、解读经济政策、宣讲典型案例，全市非公企业家150人参加。

【非公企业商事调解中心成立】 12月22日，滁州市非公有制企业商事调解中心揭牌仪式在滁州市中级人民法院举行，市政协副主席、市工商联主席查镜波，市中院党组书记、院长陈严法为“滁州市非公有制企业商事调解中心”揭牌。市中院党组副书记、副院长胡爱军，市工商联秘书长王从河等参加揭牌仪式。 (谈秀锦)

科　协

【概况】 全年争取中国科协、财政部基层科普行动计划项目资金45万元。市科协被评为中国科协海智计划工作先进单位、全国科普日优秀组织单位、全国科普日特色活动组织单位，连续第四年获青少年科技创新全国、全省基层赛事优秀组织单位等称号，省科协领导12次到滁州调研指导工作，并转发滁州市1份文件至全省科协系统学习借鉴，借鉴滁州信息月工作通报制度做法，滁州市全年信息采用量位居全省第一。

开展科技扶贫工作。支持老科协申报在凤阳、定远组织实施“小母牛”助贫项目，项目总投资419万元全部收回，采取循环使用方式，使1300多户贫困农民脱贫致富。至年底，南谯区180万元“小母牛”扶贫项目落户大柳。

加强基层组织建设。成立6家企业、园区、高校科协组织，探索非公党建、社团党建工作新模式，成立滁州第一家学会党支部

1月10日，张祥安市长为获得第三届青少年科技创新市长奖的学生颁发证书。

—滁菊协会党支部。

【市科协第五次代表大会召开】 2月13至14日，市科协第五次代表大会在滁州召开，市委书记李明、省科协党组书记、常务副主席王洵出席会议并讲话。市领导张祥安、李耀才、何希勇、孔晓宏、章义、王图强、朱诚、汪建中、马军、朱云霞、罗建华、孙敏民等出席开幕式，市委书记李明在大会开幕式上讲话。选举产生新一届班子成员。

【办好全省青少年科技创新大赛】 3月28日至30日，2015年安徽省青少年科技创新大赛在滁州市举办。经过两天展览问辩、封闭问辩、专家点评等环节，最终评选出各个奖项。滁州市申报参赛作品61件（10件作品省里未开始评选），其中44件获奖：青少年竞赛项目一等奖4个，二等奖10个，三等奖13个；科技辅导员竞赛项目一等奖2个，二等奖5个，三等奖2个；科幻画一等奖4个，二等奖2个，三等奖2个。14家省内外主流媒体对大赛进行宣传报道。来自全省18支代表队，700余人参赛。滁州及省内近万人前来观摩，滁州也成为全省唯一一个两次承办该赛事地级市。

【承办第五届皖台科技论坛】 9月20日至22日，第五届皖台科技论坛在滁州成功举办。论坛开幕式上，签署4个相关合作协议；签约8个招商投资项目，签约资金达15亿元人民币。省政协副主席、省科协主席赵韩、市委书记李明、市长张祥安等出席开幕式并讲话。本届论坛以“区域科技经济合作与发展”为主题，设立汽车发展与产业链建设、科技传播、青少年科技三个分论坛，举办两岸青少年机器人友谊赛等，来自海峡两岸350名专家、嘉宾参加论坛。

【推动市科技馆布展】 1月23日，市委书记、市规委会主任李明主持召开市规委会2015年第一次主任会议。通过市科技馆布展概念性方案。11月25日，组织开展项目布展招标，中标单位深化布展方案，组织进场施工，有望在2016年10月开馆。

【实施创新助力工程】 争取市委、市政府印发《滁州市百名科技专家助力百家企业行动方案》，邀请省内14位专家来滁召开创新助力对接会，得到省科协20万元资金支持。从省市学会、市内外高校聘请100位具有副高以上职称或博士学位专家，与滁州部分企业开展结对助力服务活动。组织各类专家128人次到122家企业，解决企业技术难题50多项，为企业增加效益达2360万元。滁州成为安徽省科协第二个“创新驱动助力示范市”，获20万元专项资金。省科协与滁州市政府签订《关于实施创新驱动发展战略 建设创新型滁州》合作协议。组织5件创新科技成果参加中国首届创新科技成果交流会。

【开展海智基地工作】 发挥全国第38家、全省第5家海智基地作用，与中国旅美协会等16家海外科技团体、132位海智专家建立联系，建立“海智专家库”、“企业技术难题库”、“企业人才-项目需求库”，引进电子血压计制造等5个海智项目，正在跟踪天然吡嗪项目等6个海智项目。据统计，有428位科技工作者到150多家企业帮扶项目89项，新增产值4600万元、利税480万元。由于工作突出，得到中国科协、省科协30万元资金支持。

【开展青少年科技创新和“百名农业专家进百村”活动】 1月10日，滁州市第三届青少年科技创新市长奖暨第六届青少年科技创新大赛在滁举行。市长张祥安为10名市长奖获奖者颁奖。全市各地均开展创新大赛和县市（区）市长奖评选活动。全市青少年在全国、全省大赛中不断突破。在2015年第30届全国青少年科技创新大赛中，获全国二等奖2项，三等项3项，创滁州在全国创新大赛获奖数新高，少儿科幻画项目实现在全国获奖零突破。组织参加“北斗杯”全国青少年科技创新大赛，获奖86项（全国200项），获奖率占全国43%；3名老师被评为“十佳科技教师”。全年开展科普大篷车巡展17场，“百名专家进乡村学堂讲科普”12场。组织滁州中学、全椒中学、凤阳二中33名学生参加在江苏、辽宁、北京高校科学营活动。全椒县、天长市、凤阳县科协以流动科技馆为平台，组织13万多名中小学参观体验。来安县科技馆全年接待青少年学生16000人次。

组织109名农业、林业、畜牧、水产等方面专家，到110个村开展技术帮扶和培训活动，帮助解决技术难题65项，推广新品种31项，1643名农民从中受益。

【科普信息化建设】 形成滁州科普大篷车电视专栏、滁州科普网、滁州科协微信公众平台、滁州科普手机报、滁州科普报、科普画廊等“六位一体”科普宣传格局。播放电视栏目104期，发布微信283条、手机报42期，印发科普报12期，受众人数97528人。（柏春艳）

残　联

【概况】 全年持续实施贫困残疾人救助与康复民生工程。救助贫困残疾人6.2万人，发放救助资金6500万元。贫困白内障患者免费复明手术1200例，超额完成540例，贫困精神残疾人药费补助发放资金530万元，救助精神残疾5300人，超额完成20名。贫困残疾儿童抢救性康复项目救助各类残疾儿童773人，超额完成85名。

接待残疾人来信来访37件次，为残疾人提供法律援助服务案件18件，提供咨询服务230次。

【落实惠残政策】 2015年，贯彻落实国务院“关于推进残疾人小康进程的意见”（国发〔2015〕）7号文件）和省委省政府办公厅“关于促进残疾人家庭增收加快实现小康步伐的意见”（皖办发〔2014〕25号文件），滁州市委、市政府办公室于2015年8月20日出台《关于做好促进残疾人家庭增收加快实现小康步伐工作的通知》（滁办字〔2015〕68号），对保障残疾人基本生活、保障残疾人基本医疗康复需求、保障残疾人受教育权利、保障残疾人养老权利、保障残疾人就业权益、鼓励对残疾人事业捐赠和强化工作保障等方面作详细部署和安排，明确相关责任单位。理事长、专职委员、助理员培训率100%。开展残疾人专项调查，对全市0-35周岁残疾青少年14959人进行摸底；持证残疾人100324人，非持证残疾儿童320人，发放残疾证10034件，对康复脱残及死亡残疾人注销残疾证8315件。2月24日，市政府会议决定，将“建设市残疾人综合服务中心”纳入2015年为民办“十件实事”项目，12月28日，市残疾人综合服务中心挂牌。

【发放残疾人康复辅具】 完成低视力患者助视器验配298人，成人助听器验配27人；完成盲人定向行走培训453人，为精神病患者提供住院救助121人；免费发放轮椅940辆，电动轮椅车代步车16辆，辅助器具793件；为下肢残疾人安装假肢104人、特殊假肢9人、上臂假肢8人、成人矫形器35人；智障儿童康复194人，孤独症儿童康复83人，脑瘫儿童康复128人，聋儿人工耳蜗植入手术16人、助听器验配17人，聋儿语训106人，适配儿童假肢矫形器87人，适配辅具142人。

【促进残疾人教育就业】 资助520名残疾学生，其中初中残疾学生262人，高中和中专残疾学生258人，发放资金38.9万元；扶助多形式就业，其中：就业培训1000人，农村实用技术培训800人，举办首届残疾人手工编织培训班、首期残疾人电子商务培训班，80多名残疾学员全部通过结业考试；举办第11期全市盲人保健按摩班，32名盲人学员通过考试获得国家颁发职业资格证书。个体就业1000人，阳光大棚70个，超比例安置残疾人170人，“阳光家园”居家托养 685人。

【残疾人事迹报道与文体活动】 会同市委宣传部制定《滁州市残联宣传报道残疾人事业奖励暂行办法》。与滁州日报社签订长期合作协议，每月推出《残联之窗》专栏，全年刊登各类稿件200篇，中央电视台《朝闻天下》栏目以《有梦有未来，残疾人夫妻的创业路》为题报道全椒县一对脑瘫残疾人夫妻自强不息、创业不止事迹，人民日报专题报道全椒县获“全国自强模范”称号山林独臂“守护神”韩明道先进事迹；会同市文明委联合举办“铭记历史，圆梦中华”滁州市第十四届文化志愿服务纪念抗战胜利70周年广场纳凉晚会残疾人专场文艺演出；选拔聋人运动员陆雅婷代表安徽省参加全国第九届残疾人运动会暨第六届特殊奥林匹克运动会。

【省残联理事长张纯和等来滁调研】 11月13日，省残联理事长张纯和率领检查组到明光市听取滁州市政府残工委关于滁州市残疾人事业“十二五”发展纲要执行情况和年度民生工程实施情况汇报，并实地进行检查。滁州市政府副市长陆峰，明光市副市长何玉忠，滁州市残联理事长窦少峰参加汇报会和检查。10月15日，安徽省残联理事长张纯和、省残联宣文处处长高青琳、省残联机关党委副书记张福海，利用参加第五届中国农民歌会前夕短暂时间，调研滁州市残联及残疾人工作。（杨书明）

红十字会

【基层组织建设】 2015年，红十字会把基层组织建设作为2015年工作重点。8月21日全市红十字会基层组织建设推进会在来安县召开。省红十字会副会长孙齐云、秘书长曹芦松，市委常委、宣传部长、市红十字会会长李树以及各县、市(区)政府分管负责人、基层组织代表等参加会议。参会人员参观来安县实验小学红十字会、来安县新安镇红十字会以及来安县家宁医院红十字爱心基金会等基层组织。要求各县、市(区)在2015年底前在学校、乡镇、医疗机构全部建立红十字会基层组织，实现红十字会服务向基层延伸。截至年底，全市建立红十字会基层组织623个，其中学校红十字会组织413个，乡镇街道红十字会组织85个，医疗机构红十字会组织125个。来安县、天长市、全椒县、定远县、明光市等实现中小学红十字会组织全覆盖。来安县、全椒县、定远县、凤阳县等地实现乡镇街道红十字会组织全覆盖。滁州市红十字会基层组织建设走在全省前列。

【开展"红十字博爱送万家"活动】 "红十字博爱送万家"活动是中国红十字会系统依托"两节"送温暖活动而打造公益品牌。在2015年"博爱送万家"活动中，市红十字会注重把无偿献血志愿者、造血干细胞捐样志愿者、实现捐献遗体器官志愿者等与红十字核心业务领域紧密相关特困志愿者作为重点帮扶慰问对象，增加社会救助工作针对性，实现社会救助精准化。2015年市红十字会用于开展"博爱送万家"活动款物价值25 万元。

【社会救助实现品牌化】 市红十字会整合各类救助资源，实现社会救助工作品牌化运作，聚力打造"博爱在皖东"救助品牌。上半年投入6万元，救助滁州职业技术学院、滁州城市职业学院、滁州学院140名在校困难大学生，提升"博爱在皖东"救助品牌，充实品牌建设内涵。借力"小天使"、"天使阳光"公益品牌。全年接受11名白血病患儿申请国家彩票公益金"小天使"项目，为10名白血病患儿争取31万元专项资金，提升大病救助工作社会影响力。

【开展防汛救灾工作】 2015年夏季，滁河流域发生特大洪灾，部分县、市(区)发生严重内涝灾害。市红十字会在灾情发生后即开展抗洪救灾工作，启动应急预案，向全市红十字会系统发出关于加强防汛救灾工作通知。通知要求各县、市(区)要在当地党委、政府指挥下，安排专人负责，深入灾区一线实地查灾，加强与各地救灾部门联络，掌握第一手灾情数据，第一时间上报各地受灾情况；安排专人向省红十字会报灾，请求支援救灾款物；组织备灾仓库现有物资进行先期救援。7月2日，市红十字会组织省红十字会紧急下拨帐篷等物资连同市红十字会备灾仓库筹集应急包、防汛家庭包、救护包等价值5.15万元物资紧急送往南谯区、全椒县防汛救灾一线，支持两地救灾工作。7月8日第二批价值16.59万元净水设备、帐篷防汛物资紧急驰援凤阳和明光灾区。

【琅琊山景区红十字救护站建成】 琅琊山景区红十字救护站项目是市红十字会争取省红十字会应急核心项目专项资金资助建设全省八个景区红十字救护站之一，旨在加强风景区应急救援能力，保障景区游客生命安全，宣传红十字应急救护知识和技能，弘扬"人道、博爱、奉献"红十字精神。救护站位于市第一人民医院西院区内，项目投入资金20万元，其中省红十字会补助10万元，市财政配套10万元。救护站建成使用后，对于加强琅琊山景区应急救护体系建设及处置突发公共事件和意外伤害事故能力，保障景区游客和群众生命健康安全，提升琅琊山景区对外服务水平，创建省级文明城市有重要意义。

【实施总会生命健康项目】 红十字生命健康安全教育项目由中国红十字会总会发起，与各省级红十字会联合实施，项目资金来源于国家彩票公益金，旨在普及应急救护知识及技能，提高群众防灾、减灾能力。市红十字会于2014年9月提出项目申报，经中国红十字会总会、省红十字会评估考核，于2015年6月获批在南谯区实施，这也是滁州市首次实施生命健康安全教育项目。项目内容包括群众性救护培训、应急疏散演练、学校安全教育与体验、亲子讲座和主题宣传5项活动。实施时限为6个月，项目经费15万元。为把该项目实施好，真正使群众受益，市红十字会和南谯区两级红十字会克服困难，按照项目要求，在南谯区龙蟠小区、龙蟠小学开展社区居民、教师、在校学生和家长自救互救技能培训及普及，提高面对突发事件和意外伤害时紧急应对能力和校园安全防护。（张宏清）

文 联

【中国农民歌会歌曲征选】 组织"三农"歌曲创作。市文联力邀知名音乐人盘龙、方鸣、云剑等创作新歌《幸福花鼓》《出彩中国农民》《老月亮》等，充满农味、乡恋和滁州风情，其中《幸福花鼓》和《出彩中国农民》在第五届中国农民歌会主题演出作为压轴曲和开场曲演唱。组织"我最喜爱的10首乡村歌曲"推选。结合专家组推选与人民网群众投票，历经三轮推选，最终《在希望的田野上》《天堂》等歌曲以每首十万以上网络票数入选。推选结果在中国农民歌会演出中公布。承办全国农民摄影大展，展出选自全国31个省、市、自治区200幅优秀作品，其中包括反映滁州农民农村生活部分作品。展览紧扣农村发展现实，用朴素影像记录农村生活。

11月18日，市文联组织百名艺术家到基层采风。

【开展主题创作】 参与全市纪念抗战胜利70周年主题活动，组织开展诗词楹联征集展示和"铭记历史 缅怀先烈——纪念抗战胜利70周年"征文活动。市美协多幅美术作品入选省美协举办全省纪念抗战胜利70周年美术作品展。市曲协会员围绕主题创作表演淮河琴书《将军与儿童》入选第二届安徽鼓书大赛，并获表演三等奖。组织"环滁皆美"主题创作。落实"宣传思想文化工作八大工程"中文艺精品创作工程创作任务；组织举办全市"环滁皆美"征文评选活动；承办"中国梦·滁州美"滁州市首届微电影大赛；并与市委宣传部、滁州日报社联合举办"环滁皆美"摄影大赛；与琅管委合办琅琊山风景区"四时之景"摄影大赛。并承担为省政府办公楼创作艺术作品任务，以不同形式描绘滁州自然、人文之美，反映滁州经济社会发展和城乡生活。

【举办展览比赛】 进行迎新春网络作品展、第三届滁州民俗文化摄影展、庆"七一"网络美术展、迎"八一"网络美术展等网络形式展览；"滁州市迎春书画展"、滁州市首届优秀楷书作品展、首届滁州中国山水画作品展、安徽省油画作品展。其中，安徽省油画展汇聚全省油画作品168件，是滁州市首次承办省级油画展览；滁州·蚌埠书法联展、滁州·马鞍山美术联展等联展推动文化交流与发展；笔墨家山——朱荣贤作品展、"从传统中走来"陶树军山水画展、大道至简——袁少厚书法小品展，展示艺术家山水情怀和浓重笔墨；举办全市第四届歌手大赛和全市青少年钢琴大赛，展示风采，促进交流。

【开展文艺惠民活动】 市文联“十团百场千人万户”送春联活动到天长、南谯等地开展10场100余人次送春联活动;文艺采风活动组织200人次,深入南谯、全椒、来安、定远、明光等地。其中,市音协采集柳巷当地民歌,促进地方文化传承发展;“八一”期间到当地驻军、消防、人武部,开展9场60余人次不同形式书画拥军活动;艺术进校园活动中,市剧协为龙蟠小学开展戏曲入门课程;滁州文艺大讲堂邀请省音协主席、著名作曲家盘龙、著名书法家张德林,著名诗人、评论家何冰凌等举办文学、音乐、书法等讲习班10场。

【文艺图书出版】 完成《滁州散文选》征稿。编辑《醉翁亭文学》2015年第一期至四期,出版南谯增刊一期75万字。由俞凤斌主编的《腰铺记忆》、宫开理文集《齐天大圣上访》、李华阳襄河乡土小说系列之《古城巷》、蒋柏桢诗文选《胸怀祖国》、江树人《往事悠悠》、夏锡生文集《枫林拾叶》、袁广山长篇小说《生命的记忆》、王强诗作《阳光下着》、王道琼散文集《怀念是春天的草》、采长林散文集《采长林文集》、汪坤编著《滁州琅琊山古亭诗文集》,展示地域文化,反映滁州风貌。全椒整合资源,出版《笔峰文丛》图书一套10册。

【美术馆对外开放】 经过筹备,完善美术馆场馆建设,并在第五届中国农民歌会期间,以全新面貌迎接各方宾朋。发挥美术馆作用,注重学术性、多样性,全年在馆举办展览13项,涉及美术、书法、摄影等多个门类,举办滁州文艺大讲堂——文学讲习班等讲座座谈活动。市美术馆成为提升滁州形象,展示创作成果,开展群众文艺活动场所。

【《醉翁亭记》碑帖收集展览】 为传扬中华艺术精粹,扩大滁州旅游对外宣传,打造醉翁亭经典特色文化景区,根据市政府意见,经市文联牵头,通过购买、复制,并联系当代书法名家书写,基本完成历代书法名家书写《醉翁亭记》书法作品征集。《醉翁亭记》墨迹馆于第五届农歌会期间对外展出。该展览将成为宣传滁州历史传统文化重要名片。

【文艺工作成果】 市文联在省文联组织2014“我们的沃土我们的梦”千名文学艺术家下基层采风创作活动中获“组织奖”。滁州市有获金奖作品2件,铜奖(三等奖)3件,优秀奖13件。市音协在2015年全国音乐考级中,滁州考区考级人数突破1500人,连续三年位列全省第三。全年在书法、美术、摄影国家级展览中有30人50人次获奖入展。其中,常道淮、戴武入展四年一度全国第十一届书法篆刻作品展。姜明、刘恒昌、娄建国等画家多次入展中美协展览。在省书协“2013-2014年优秀市书协”评比中,滁州市书协入选7个受表彰市书协行列。在省首届艺术品平价月消费活动中,市美协获优秀组织奖。在第七届安徽曲艺节中,滁州获节目类一等奖1个,表演类一等奖1个、二等奖2个,市曲艺家协会获组织奖。市曲艺家协会还获得第二届安徽省“鼓书”曲艺大赛组织奖。在省第17届戏曲小梅花大赛滁州获表演(集体)奖。 (陆卫东)

综治与司法

ZONGZHI YU SIFA

社会治安综合整治

【概况】 扎实做好"9·3"阅兵、第五届"农歌会"等敏感时期维稳工作。建立武警、公安联合巡逻机制，开展反恐应急演练26次，整治安全隐患80处。

信访"乡为主"做法被《安徽信息》转发推广。社区矫正信息监管应用"滁州模式"在全省推广，全省社区矫正工作现场会在来安县召开。12月11日，《法制日报》头版刊登《滁州以乡镇为主筑牢矛盾化解"三道防线"》文章。全市政法工作被国家级媒体宣传739篇，省级媒体宣传2370篇。

深入推进"三严三实"专题教育，巩固党的群众路线教育实践活动成果。开展"学习沈浩精神、打造四型机关"、廉洁司法教育、岗位练兵等活动，围绕作风建设大力提升政法队伍正规化、专业化、职业化水平。全市政法系统222个集体、521名个人受到国家、省、市级表彰，涌现出全国模范法官刘学讲、全国"三八红旗手"徐雪梅、全国检察业务能手杨松、"二级英模"鲁贤志等一批先进典型人物。

【服务发展作用明显】 市中院、市建委等部门坚持运用法治思维、法治方法妥善处置滁州霞客企业系列破产重整、第五大道、城市职业学院等一批历史遗留问题。全市法院受理各类案件53168件，审结48884件，同比增长36%和37%，1起案件入选最高法院典型案例。检察院批准逮捕刑事犯罪嫌疑人1497人，提起公诉2992人，2起案件被评为全国检察机关精品案件。市公安局依法妥善处置一批堵门、堵路等以"非访方式"维权事件，并以案释法，加强宣传，初步扭转"遇事就闹"的不良局面。市司法局推动政府法律顾问全覆盖，组织律师参与接访2230人（次）。

【化解社会矛盾】 市"两办"出台《关于健全完善多元化矛盾纠纷解决机制的意见》和《重大不稳定问题清单管理考评办法》。开展治理信访突出问题系列专项活动，"阳光信访"率先与全省系统实现无缝对接。人民调解工作扎实推进，医疗纠纷实现"恶性事件、出警次数、赔偿金额、专业医闹""四个"减少。全年，13名市级领导开展接（约）访活动51次，创建"无访乡镇（街道）"59个，进京非访批次人次同比分别下降25.9%和16.1%。

【治安形势明显好转】 依法打击违法犯罪活动，破刑事案件4715起，14起命案全部告破，每十万人命案数0.3起，远低于全国0.7起的平均值；扎实开展为期三个月的"飓风行动"，打掉恶势力团伙40个，黄赌警情下降幅度全省第一，打击成效全省第一；破获非法集资、金融诈骗、传销等涉众型经济犯罪案件293起，涉案金额近5亿元。推进治安防控体系建设，建成各类治安探头3.8万个，配备专职治安辅助力量6996人。道路交通、火灾、工矿商贸事故同比下降19.44%、12.52%和45.45%。城区烟花爆竹限放工作得到群众普遍好评。各县"三小车"整治工作成效明显。明光市群众安全感满意度排名上升幅度较大。凤阳县矿山私采滥开行为得到遏制。定远县申报平安县通过省综治办检查验收。

【依法治市进程加快】 以司法责任制为重点，落实司法体制改革措施。市中院稳妥实施立案登记制改革，推进审判权运行机制改革，规范建设诉讼服务中心。市检察院"两法衔接"工作走在全省前列，推进检务公开大厅建设，选任26名市级人民监督员。市公安局全面实施城区派出所整合和刑侦运行模式改革，推行行政审批延时服务、车驾管业务进社区等便民措施。市司法局开展"以案释法基层行"活动，全国司法厅(局)基层处长在滁开展教学实践活动。市民政局完成第三届居委会换届选举工作。天长市、来安县被表彰为全国法治县(市、区)创建先进单位。 (肖莹莹)

公 安

【概况】 2015年，市公安局强化"七个意识"，扭住"五个重点"，以提升群众安全感满意度为目标，以全面深化公安改革为动力，以大力推进"四项建设"为支撑，全力维护全市社会大局、治安局势、公共安全管理形势、公安队伍"四个稳定"，为实现滁州"三个发展"，建设"美好滁州"创造安全稳定的社会环境、公平正义的法治环境和优质高效的服务环境。

市公安局下辖正科级以上单位54个(不含各县、市公安局)，其中正县级1个、副县级8个、正科级45个。市公安局(不含各县、市公安局)1352人(含公务员、工勤人员)。

2015年度获省部级以上表彰单位和个人

单位(个人)	奖 励 名 称
滁州市公安局国保支队杨杰	全国优秀军转干部(人社部)
滁州市公安局技侦支队	集体一等功
凤阳县公安局小岗村派出所科员陈昂	个人一等功
凤阳县公安局交警大队黄泥铺中队科员蔡保权	个人一等功
定远县公安局交管大队副大队长陈昶	个人二等功
全椒县公安局十字派出所副所长常永国	全省公安机关2014年度十大"爱民模范"
定远县公安局东城派出所副所长储光	全省公安机关2014年度"全省杰出人民警察"
滁州市公安局南谯分局大柳派出所教导员尚广飞	全省公安机关2014年度"全省杰出人民警察"
来安县公安局独山派出所所长陈春辉	全省公安机关2014年度"全省杰出人民警察"
天长市公安局天长派出所所长倪新兵	全省公安机关2014年度"全省杰出人民警察"
滁州市公安局琅琊分局责任区刑警二队指导员郭伟	全省公安机关2014年度"全省杰出人民警察"
滁州市公安局开发区分局治安大队副大队长张镇镇	全省公安机关2014年度"全省杰出人民警察"

【打击刑事犯罪】 1月至11月，全市立各类刑事案件14819起，破获各类刑事案件4080起。全市摧毁各类犯罪团伙33个，瓦解成员140人，抓获各类违法犯罪人员3358人。刑事拘留1999人，逮捕952人，移送起诉2100人。

【查处治安案件】 1月至11月，全市受理治安案件28519起，查处28721起，结案13665起。查处违法人员2006人次，查处单位7家。

【扎实开展刑侦工作】 全市现发13起命案全部告破，现行命案破案率100%。侦破4起命案积案。积极部署开展"飓风行动"，重拳打击群众反映强烈、危害一方的各类黑恶犯罪，上报省厅涉黑涉恶类摸排线索11条，打掉黑社会组织2个、恶势力团伙15个。以关注民生为切入点，组织开展打击多发性侵财类犯罪专项行动，共破获侵财类案件2655起，抓获犯罪嫌疑人1409人，打掉多发性侵财团伙50余个，抓获团伙成员480余人。抓获各类网上逃犯971名，其中抓获跨省在逃人员212人，同比上升19%；抓获历年网上在逃人员75人，同比上升47%；抓获故意杀人逃犯34人，同比上升70%。

【严厉打击涉众型经济犯罪】 全年受案416起，立案379起，破案293起，抓获违法犯罪嫌疑人177名；捣毁传销窝点400余处，清查传销人员2000余人，破获特大组织领导传销活动案4起。其中，成功侦办"公安部7.25专案"、林某森等人组织领导传销活动案、何某高非法吸收公众存款案、"3.24""4.21"妨害信用卡管理案、戴某桂等人制售假酒案、张某留等人制售假烟案、陈某职务侵占案等多起大要案件。

【打击毒品犯罪】 全市破获毒品刑事案件179起，同比增长12.8%，缴获各类毒品5.3公斤，铲除罂粟15700余株，缉毒破案数创新高。其中侦破7起省部级毒品目标案件；查处吸毒人员733名，同比增长9.6%；强制隔离戒毒130名，同比增长96.1%。

【整治社会治安】 部署开展“打击食品药品犯罪利剑行动”、“打击环境污染犯罪蓝天清水行动”、“打击整治涉网治安违法犯罪断链行动”、“扫黄禁赌飓风行动”和缉枪治爆、校园及周边安全等一系列专项整治行动。期间，立枪爆刑事案件6起、食药品类刑事案件12起、环境污染类刑事案件6起、烟草案件8起；立涉黄涉赌刑事案件340起，采取刑事强制措施470人，查处黄赌治安案件337起，治安处罚1356人，销毁非法赌博游戏机3600余台；“飓风行动”期间，全市黄赌警情大幅下降，下降幅度全省第一，三起重点案件被省厅挂牌督办。

【落实“一村一警”】 将“一村一警”作为“一把手”工程来抓，结合全市农村地区发展实际情况，制定《工作手册》《工作方案》等规范性文件，明确“村警”的工作时间、工作方法、目标任务、工作职责、工作纪律等主要职责范围、具体措施。365名机关民警充实到基层派出所。

出入境管理情况

项目			数量
办理出国护照	小计		70580人次
	其中	因私出国护照	37700人次
		往来港澳通行证	27310人次
		赴港澳定居	14人次
		往来台湾通行证	5544人次
		出入境通行证	12人次
办理境外人员证件	小计		294次
	其中	外国人签证	13人次
		外国人停留证件	233人次
		外国人停留证件	9人次
		外国人永久居留	0人次
		台湾居民签注	39人次
办理临时入境（按住宿登记）	小计		3501人次
	其中	外国人	2426人次
		台湾居民	714人次
		港澳居民	228人次
		华侨	133人次

特种行业管理情况

行业		数量
旅馆业	小计	1859
	星级宾馆	29
	城市家庭式旅馆	567
	酒店式公寓	45
	留宿洗浴场所	121
	其他旅馆	1097
旧货业	小计	202
	废旧金属收购点	171
	典当行	20
	拍卖业	11
刻字业	小计	43
	印章刻制企业	28
	公章刻制企业	15
印刷业		140
机动车修理业		187

人口及变动情况

项目	数量		
年末总户数（户）	1422689		
年末总人口（人）	4490553		
	性别	男性	2332390
		女性	2158163
	年龄	0-17岁	784967
		18-34岁	1143608
		35-59岁	1735413
		60岁及以上	826565
	城镇人口		1194521
本年度人口变动（人）	出生	53641	
		男性	28334
		女性	25307
	死亡	16492	
		男性	10053
		女性	6439
	迁入迁出	省内迁入	13601
		省外迁入	6969
		迁往省内	13982
		迁往省外	11788

2015年年末车辆管理统计

总计			370536
汽车	合计		241713
	载客	小计	188976
		大型	3565
		中型	1378
		小型	182093
		微型	1940
	载货	小计	50816
		重型	23422
		中型	1956
		轻型	25378
		微型	60
	其他	小计	1921
		三轮汽车	115
		低速货车	100
		另有其他	1706
摩托车	合计		119096
	普通		118567
	轻便		529
挂车	合计		9727
	重型		9722
	中型		4
	轻型		1

2015年年末驾驶员管理统计

名称	性别	数量	
驾驶员	男性	513623	648143
	女性	134520	
备注	其中:汽车驾驶员576030人,摩托车驾驶员72113人。全市共有机动车驾驶员培训学校39所。		

居民身份证统计情况

项目	数量		
申领居民身份证(张)	55589		
	其中	年满16周岁	26708
		加入中国籍	0
		其他	28881
换领、补领居民身份证(张)	159330		
	其中	证件有效期满	9985
		户口迁移变动	6837
		丢失、损坏	126282
		变更登记内容	15658
		刑满释放、解除劳教	10
		其他	558
销毁居民身份证(张)	18393		
	其中	死亡	6446
		其他	11947
实有持证人数(张)	3883545		

【强化道路交通安全】 完成元旦、“春节”、“五一”“国庆”交通安保,先后成功处置多次大雾、冰雪等恶劣天气,保障高速公路、国省道等主要道路的安全畅通。开展城区交通秩序系列整治、“百日行动”专项整治、城区“渣土车”违法行为整治行动、“三小车”综合整治、城市和农村道路交通秩序提升行动、严禁酒后驾驶等100余次道路交通安全专项整治。1月至11月,全市发生立案道路交通事故405起,死亡96人,受伤320人,直接经济损失4880241元;与去年同期相比,事故起数下降23.87%,死亡人数下降43.86%,受伤人数下降23.63%,经济损失上升36.84%。全市发生一次死亡3人以上较大事故2起,造成8人死亡、9人受伤,比去年同期减少2起。

【抓实抓细消防安全】 采取“交叉互查”、“联合督查”、“零点夜查”和常规检查等方法,重点组织开展劳动密集型企业、易燃易爆场所、养老福利机构、寄宿制学校和幼儿园、宾馆饭店和医院等行业系统专项等排查整治,发现火灾隐患15224处,督促整改13880处,临时查封145处,责令三停84家,全市挂牌督办的重大火灾隐患单位省级3家、市级20家、县(市区)级27家全部完成整改并销案。

【强化危爆物品安全】 开展枪爆、内保单位安全大检查,整改问题隐患17处。扎实推进滁州城区烟花爆竹限制燃放工作,突出开展重点地区整治工作，会同安监等部门开展联合执法活动，开展专项清查整治统一行动9次，挂牌危爆物品重点乡（镇、街道）6个，排查涉爆单位38家、涉爆人员328人，停产停业整顿爆破作业单位7家，吊销爆破作业人员资格30人收缴炸药14公斤、雷管14枚、烟花爆竹796箱。

【道路交通事故】 1月2日19时38分，李孟胜（男，1978年11月出生，住定远县张桥镇）驾驶皖M55715重型仓栅式货车沿S311线由北向南行驶至43公里处时与由刘磊（男，30—33岁之间）驾驶的由南向北方向行驶的皖M5c787小型面包车（车内8人）相撞，造成皖M5c787小型面包车内4人死亡、4人受伤的重特大交通事故。

1月2日15时05分，王远志（贵州省贵阳市人）驾驶苏ARZ491号小型客车（核载5人，实载7人），行驶至来安县境内国道104线1083公里加560米处，该车冲出路外发生翻滚，造成车上乘坐人4人当场死亡、2人受伤。

附：重大刑事案例

菱溪湖公园“2015.7.18”凶杀案。7月18日上午9时许，琅琊分局扬子路派出所接群众报警称，菱溪湖公园一处绿化带里疑似发现一具尸体。接警后，该分局迅速组织警力现场处置及周边警戒。经现场勘察发现，在菱溪湖公园内下沉广场附近绿化带里埋有一具女尸。案发后，市、区两级公安机关抽调精干警力成立“7.18”命案专案组。要求市局新闻中心指导琅琊分局迅速在互联网等媒体发布新闻通稿，及时消除群众恐慌，遏制网络谣言滋生。7月18日23时许，专案组通过群众提供线索及失踪人员核查发现疑似受害人的相关情况，经视频研判及DNA样本比对结果最终确定被害女子马某某（女，21岁，琅琊区人）身份信息，通过排查其关系人，锁定犯罪嫌疑人郭某有重大作案嫌疑。7月19日晚20时30分，专案组民警在滁州市某职工宿舍将犯罪嫌疑人郭某抓获。经查，7月12日晚，犯罪嫌疑人郭某（男，18岁，南谯区人）在菱溪湖公园下沉广场处因琐事和受害人马某某发生争执后，将其掐死并就地掩埋。

定远县“2015.7.27”杀人抛尸案。7月27日上午7时许，定远县公安局接到群众报警称：在该县永康镇河北村三岔河桥下发现一具无名男尸。接报后，该局立即组织侦技人员赶赴现场勘查，发现死者头部被塑料编织袋套住，身体有多处锐器伤。定远县公安局迅速启动命案侦破机制，成立“7.27”杀人抛尸案专案组，全力开展案件侦破工作。专案组民警以案发现场为中心，呈放射状向周边区域辐射，按照“村不漏户、户不漏人”的原则开展摸排。发布悬赏通告，发动广大群众积极提供线索。专案组民警冒着近40度的高温，夜以继日地开展工作。7月31日下午16时许，死者身份被查清，系凤阳县武店镇村民陆某某（男，43岁）。8月1日上午10时许，专案组民警在蚌埠市经开区一建筑工地内将犯罪嫌疑人马家和（男，凤阳县人）抓获。犯罪嫌疑人马某某怀疑被害人陆某某与自己的妻子有染。7月25日晚，马某某从蚌埠返回凤阳，发现陆某某正在自己家中，遂用镰刀在自家门口将受害人砍杀，随后将其尸体用编织袋套住头部和上身，装上自家三轮车，连夜抛在定远县永康镇境内。

“2015.3.24”信用卡诈骗案。3月24日，人民银行滁州支行向南谯经侦大队报案称，在徽商银行开户的十余张银行卡交易异常，可能涉嫌犯罪。南谯分局及市局经侦支队领导高度重视，组成由经侦支队、市局特战队、网侦支队等参加的专案组。专案组结合银行视频和犯罪嫌疑人办卡的轨迹数据分析研判，锁定专门办理银行卡的犯罪嫌疑人孙某。4月2日，专案组民警果断出击，在明光市将孙某及其马仔张某等8人抓获。随后专案组转战江苏、上海、福建等地，分别于4月4日、4月17日在江苏昆山、福建厦门将孙某的上线官某生、官某春抓获。5月22日在广州市天河区将贩卖身份证的河南人宋清松抓获。此案抓获犯罪嫌疑人11人，扣押身份证近4000张，银行卡800余张，手机20余部，电脑6台及大量电话卡、U盾等涉案物品。

（胡信根）

审判

【概况】 全市法院受理各类案件53168件，审结48884件，同比分别增长36%和37%;其中市中院受理各类案件5324件,审结4801件,同比分别增长25%和24%。全市法院93个集体、124名干警受到国家、省、市级表彰。市中院在全省法院系统综合考核中名列第三、审判质效在全省二类城市中排名第一。

【刑事审判】 突出打击严重刑事犯罪,组织精干力量,依法审理刘连浩等22人团伙犯罪、赵龙等20人的黑社会性质犯罪案件。一年来,全市法院审理一审刑事案件2392件,判处罪犯2618人,较好维护社会稳定。重视涉众经济犯罪的审判,依法审理非法吸收公众存款、集资诈骗、传销等案件。依法严惩贪污、受贿等职务犯罪,审结案件147件。完善减刑、假释庭审公开和公示制度,严格适用条件,审结减刑假释案件373件。强化未成年人司法保护,坚持寓教于审,坚持法定条件,对86名未成年人犯罪情况实行封存。

【民事审判】 认真贯彻落实省、市委的部署,注重发挥审判职能,围绕服务"三个发展"、"调转促"、推进城镇化建设,相继出台《意见》,增强司法服务的有效性。在市委的坚强领导下,妥善审结滁州霞客环保色纺有限公司系列破产重整案,涉案三家公司重整成功,有效化解金融风险。依法审结买卖、担保、股权转让等商事案件11366件,较好发挥司法的引导作用。依法审结农村土地承包经营权、宅基地使用权转让、入股、抵押等案件438件,促进农村经济健康发展。凤阳法院为农村土地确权工作建言献策,得到省政府主要领导的肯定。重视知识产权的依法保护,积极支持企业培育品牌,全年审结著作权、商标权案件33件。

【行政审判】 认真贯彻落实新行政诉讼法,依法审结行政案件367件,同比增长91%。完善市中院与市政府法制部门的联动机制,建立两级法院与行政执法部门联席会议制度,推进行政机关负责人出庭应诉,妥善化解行政争议。

【执行工作】 突出解决"执行难"问题,进一步加大执行力度,开展"执行百日会战"、集中打击拒执行为等专项活动,对468名拒不执行法院生效判决的被执行人实行司法拘留;强化失信者曝光,通过公布失信被执行人名单,督促473人主动履行义务。全年执结案件1.09万件,实际执行到位资金18.7亿元。以成立申诉信访局为契机,推进诉、访分离,完善涉诉信访导入、纠错、退出机制,开展涉诉信访专项化解行动,探索律师代理申诉、参与信访化解,保障人民群众合法合理诉求。全市法院办理群众来信来访1574件,在案件大幅度上升的情况下,信访案件同比下降30%。

【司法便民】 健全班子成员基层联系点制度,积极开展带案下访、基层走访、窗口接访等活动,听民意、解民忧。注重抓好法官工作室的规范,专门出台《意见》,推进法官工作室建设。全市123个法官工作室提供法律咨询5000余次,妥善化解矛盾纠纷2680件。重视人民法庭建设,全市29个法庭均设立诉讼服务站,全年直接立案2363件,大大方便当事人立案。全省法院"两庭"会议在滁州市召开,滁州法院的做法在会上进行交流。注重抓好司法救助与法律援助的衔接,与市司法局共同制定《办法》进行规范,并加大诉讼费缓减免力度,让经济困难的当事人都能打得起官司。2015年,全市法院为当事人缓减免诉讼费134万元,提供司法救助资金281万元。

突出诉讼服务中心规范化,制定相关《意见》,强力推进诉讼服务中心建设。开通诉讼服务网、声讯服务热线,实现诉讼服务大厅与网上平台同步运转。建立申请事项督促提示和诉讼信息推送机制,开通律师自助立案通道,建立在滁律师民商事诉讼文书电子送达渠道,方便当事人及其代理人参与诉讼。推进诉讼档案电子化,方便当事人查询案件。市中院通过档案管理省特级认证。创新诉前委托鉴定,制定《管理规定》,规范诉前委托鉴定,缩短案件审理周期。引入保险公司参与诉讼保全担保,扩大担保主体,较好解决当事人诉讼保全难的问题。

【司法公开】 大力加强审判流程公开、裁判文书公开、执行信息公开"三大平台"建设,全面落实立案、庭审、执行、听证、文书和审务"六大公开"。 全面开通法院官网、微博和微信，实施“双千三百”工程，通过举办法院公众开放日、召开新闻发布会，及时主动向社会公开法院信息。推进典型案件庭审直播，完成网络直播2216次，实现直播常态化。加强裁判文书上网工作，裁判文书上网率居全省法院前列。积极扩大司法民主，制定《人民陪审员管理办法》，建立人民陪审员信息库，探索专家参与陪审，全市普通程序案件陪审率达97%。

【作风建设】 深入开展“三严三实”专题教育，组织开展“学习沈浩精神、打造四型机关”、向邹碧华同志学习等活动，定期召开思想政治工作联席会议，开展常态化谈心谈话活动，凝聚队伍建设正能量。充分发挥全市首届“十大优秀法官”、“十大办案标兵”的典型引领作用，集中开展专项表彰活动，激励法官创先争优。与市委宣传部联合出台法院文化建设意见，着力打造具有滁州特色的法院文化。通过举办“三严三实”专题征文、组织法官向宪法宣誓等，进一步强化队伍向心力。

【立案登记制改革】 注重抓好改革前的调研，针对发现的问题，及时向市委专题汇报，提前做好改革的应对工作。制定《关于规范立案工作的暂行规定》，细化工作流程，实行“一次性”告知，提高立案工作效率。建立“日报告、周分析、月总结”制度，成立督查组对立案情况进行现场督查，并邀请社会各界代表监督立案工作，确保各项制度落实到位，全面保障当事人诉权。自立案登记制实施以来，全市立案登记渠道畅通、秩序井然、运行平稳。

【审判权运行机制改革】 作为全省法院审判权运行机制改革试点单位，市中院制定“1+16”总体方案和配套措施，并同步指导全椒法院的试点工作。出台《暂行规定》，明确责任，规范主审法官和合议庭办案；明确院庭长编入合议庭办案，不再签发本人未参审案件的裁判文书。推进审判委员会转型，严格限缩审委会讨论案件范围，初步实现审委会由讨论个案向宏观指导的转变。强化法官审判权监督，建立院庭长审判管理权力清单，就法官业绩评价，瑕疵案错案认定，违法审判责任追究，制定相关管理《办法》，促进法官公正高效办案。

【多元化纠纷解决机制改革】 及时向市委政法委汇报，主动与相关部门沟通，制定“1+15”规定，健全多元化纠纷解决机制。成立诉调对接中心，与相关部门加强对接，合力化解矛盾纠纷。市中院与市工商联成立非公有制企业商事调解中心，加强非公有制企业商事纠纷诉调对接。天长法院引入商会会员进入纠纷调处中心，来安法院与司法局联合成立诉调对接中心，定远法院在交警大队设立调解室，明光法院联合交通事故处理中心建立“绿色通道”，让群众解决纠纷有更多的选择，使大量纠纷妥善化解在诉前。 （吕　昊）

检　察

【服务滁州经济发展】 制定《充分发挥检察职能作用服务加快调结构转方式促升级的意见》，受到市委主要领导批示肯定，并印发全市。完善“两法衔接”机制，监督行政执法机关移送刑事犯罪案件25件；建成市检察院行贿犯罪档案查询中心，提供行贿犯罪档案查询9410次；批准逮捕破坏市场经济秩序犯罪109人，提起公诉181人。办理的“999宝藏网”侵犯著作权系列案，被中国外商投资企业协会评为“2014—2015年特殊贡献案例”。

【打造民生检察】 开展查办发生在群众身边、侵害民生民利贪污贿赂犯罪专项工作，查办社会保障、征地拆迁、教育卫生等民生领域国家工作人员贪污贿赂犯罪71人，挽回直接经济损失1040万元。开展破坏环境资源和危害食品药品安全犯罪专项立案监督工作。在做好柯俊颐等人污染环境案公诉工作的同时，依法督促环保部门追回污染事故造成的经济损失259万元，该案被国家环保部、中国法学会评为“生态环境法治保障制度创新提名案例”。

【推进平安滁州建设】 依法批准逮捕各类刑事犯罪嫌疑人1497人，提起公诉2992人，依法不批准逮捕639人，不起诉124人。依法妥善办理凤阳“全能神”邪教组织破坏法律实施案、全椒“11·05”

系列涉黑案、南谯特大组织领导传销案等一批重大敏感复杂案件。从重从快批捕、起诉毒品案件犯罪嫌疑人196人。对未成年人刑事案件落实专人办理、合适成年人到场、犯罪记录封存等制度。

【查办和预防职务犯罪】 全年立案侦查职务犯罪案件130件156人，其中贪污贿赂犯罪大案73件、重特大渎职侵权犯罪案件20件。根据省检察院指定管辖，成功查办省商务厅原党组书记、厅长曹勇（正厅级）滥用职权、受贿案、宿州市原市委常委、组织部长蒋昌盛（副厅级）受贿案。查处凤阳县公安民警周波、任海洋在矿山联合执法中受贿百万元以上大案，其中单笔受贿数额周波高达100万元、任海洋达50万元。深化打击行贿犯罪专项行动，依法对28名行贿人追究刑事责任。

开展以“明法慎行、廉洁从业”为主题的五大专题预防，强化调查分析，为地方党委强化主体责任提供参考意见，全市有8份惩治和预防职务犯罪年度报告、9份专项预防调查报告受到地方党委、人大领导批示肯定，其中《凤阳县矿山执法领域职务犯罪预防调查》被评为全省检察机关“十大精品预防项目”。微讲座《认清职务犯罪危害加强职务犯罪预防》，在全省检察机关评选中获得“一等奖”。

开展“科技反贪、智慧反贪、法治反贪、一体反贪”研训活动，加强侦查信息平台管理和应用，全市两级院侦查指挥视频系统与省检察院互联互通，建成全省检察机关首家基层电子证据司法鉴定中心，2名干警被评为全省检察机关电子数据取证业务标兵。

【刑事诉讼监督】 开展刑事拘留措施专项监督，监督立案12件，监督撤案22件，追加逮捕6人，追加起诉32人，提出书面纠正违法意见89件次。对认为确有错误的裁判提请和提出抗诉19件。

【刑事执行监督】 “市检察院天长看守所案件专案组”荣获全省检察机关专项检察活动先进集体。对全市3352名社区矫正人员依法开展检察监督，书面纠正违法行为147件次。对不需要继续羁押的90名犯罪嫌疑人提出变更强制措施检察建议，并全部被办案机关采纳。积极探索财产刑执行检察监督，受到最高人民检察院肯定。明光市检察院驻看守所检察室被评为全国检察机关“一级规范化检察室”。

【民事行政诉讼监督】 提请和提出抗诉17件，提出再审检察建议8件；对裁判正确的，耐心释法说理，成功息诉、和解34件。对13件民事执行案件提出检察建议。2件案件被确定为全省检察机关民事执行类和督促履职类检察监督案件典型案例，法律文书同时被评为全省优秀法律文书。

【推进涉法涉诉信访改革】 妥善办理来信来访347件，推进网上信访平台和视频接访系统建设，健全检察长接访、下访巡访、业务专家接访、心理疏导、司法救助等制度，开展邀请律师等第三方参与化解工作，落实刑事申诉案件公开审查、反向审视等制度。

【人民监督员制度改革】 会同市司法局开展人民监督员选任改革试点工作，选任出滁州市市级人民监督员26名。开展人民监督员监督范围和监督程序试点工作，落实监督事项告知制度，建立职务犯罪案件台账供人民监督员查阅，邀请参与案件跟踪回访、执法检查，对拟不起诉职务犯罪案件开展监督评议，监督情形从7种扩大到11种。

【阳光检察建设】 依托全国检察机关统一案件信息公开系统，累计公开程序性信息5035件、公开法律文书1654份。打造检察机关“一站式”为民服务平台，推进检察门户网站、微博、微信和新闻客户端建设，集中开展检察开放日活动。

【推进司法规范化建设】 按照“见人见事见案件”的要求，对全市两级院办理的4111件案件进行评查，对发现的问题“点名道姓”通报，列出问题清单，建立整改台账，实行销号管理。修订检察工作考评办法，建立指定居所监视居住执法监督员制度，落实保障律师执业权利、查封扣押处置涉案款物规定，执行讯问同步录音录像制度。

【基层基础建设】 继续开展基层检察院“抓特色、创品牌、育典型”

活动，2个集体被评为全省先进基层检察院。定远县检察院被省检察院推荐参评全国先进基层检察院；天长市检察院被评为“全国文明单位”，并被记集体“二等功”。市检察院被评为全国检察机关检务保障先进集体，定远县检察院被评为首届全国检察机关“科技强检示范院”。 （宋金友）

司法行政

【概况】 全市司法行政系统贯彻落实市委政法工作会议精神和全省司法行政工作会议精神。组织开展“三严三实”专题学习活动，扎实开展“四型”机关创建，加强干部教育培训。举办各类培训11场次，参训人员560多人次。突出加强律师行业党的建设，发挥党组织的政治核心作用。

【拓展法律顾问】 会同市法制办建立政府法律顾问律师人才库，报请市政府出台《滁州市人民政府办公室关于普遍建立政府法律顾问制度的意见》，推动将法律顾问制度向一线执法部门延伸。拓展法律服务领域，推荐3名律师担任市委法律顾问、2名律师担任市人大常委会法律顾问。全市174个政府部门、执法单位聘请法律顾问，实现市、县、乡（镇）三级政府法律顾问全覆盖。健全律师陪同领导接待信访、参与化解涉法信访制度，与市中院建立律师代理申诉机制。引导律师、公证人员参与重大项目法律论证、纠纷处理，主动对接企业提供专业服务，为“调转促”提供全程法律服务保障。召开全市律师工作会议，加强法律服务行为监管。理顺律师协会领导体制，会长由执业律师担任。全市律师办理各类案件9243件。

【公证服务】 组织开展“公证服务提升年”主题实践活动。完善首问责任制、公开服务承诺、一次性告知和限时办结等规章制度。完善违法违规执业惩戒制度，畅通投诉渠道，做到件件有结果。以推进标准化建设为抓手，进一步规范公证办理程序，健全质量管理机制，提升服务窗口形象，标准化办证实现全覆盖。完成公证机构档案管理达标工作。滁州市皖东公证处、定远县公证处通过公证档案目标管理省二级验收。来安县公证处、明光市公证处、凤阳县公证处、天长市公证处申报公证档案目标管理省三级验收。2015年全市办理公证事项17604件，同比增长25%。

【司法鉴定】 邀请市政协副主席高潮及部分政协委员调研司法鉴定工作。组织季度巡查司法鉴定所。天辉司法鉴定所通过省三级管理标准验收。全市司法鉴定办理案件2369件，同比增长46.23%；业务收费158.03万元，同比增长约31.43%；法庭质证5件，采信率100%。

【基层法律服务】 以提高基层法律服务水平为抓手，进一步推进基层法律服务规范化建设。6月召开全市第二次基层法律服务工作者代表大会，成立第二届基层法律服务理事会。严格执业核准许可，完善基础法律服务工作者准入机制。以“严把职业资格准入，规范基层法律服务执业环境为重点”，完成年度基层法律服务年检注册工作。开展基层法律服务执业检查，检查整改基层法律服务机构建设、队伍建设、内部管理和服务监督四个方面21条内容。全市通过年检注册的基层法律服务所49家，基层法律服务工作者179人，代理诉讼事务2858件，非诉讼事务1933件，调解纠

10月28日，市司法局在全市选聘26名人民监督员。

纷4157件,办理法律援助案件1444件。

【司法考试】 做好网上报名信息确认,周密组织考生参加考试,滁州市参加国家司法考试网上报名资格确认382人,40人申领办理法律职业资格,24人申领办理应届大学生法律职业资格,93人办理通过国家法律职业资格备案。

【公共法律服务体系建设】 制定《全市司法行政综合服务中心建设实施意见》,指导各地依托法律援助中心建设司法行政综合服务中心。完善乡镇(街道)司法行政服务站建设,规范推进村(社区)司法行政工作室建设。完成“12348”服务热线平台基础建设,整合资源,为群众提供综合性、“一站式”便捷化服务。推进公共法律服务信息化平台建设,制定《公共法律服务信息化平台建设方案》,与市网信办协调,争取将公共法律服务平台建设纳入社会管理信息化建设内容,完成数据对接。全市6个县(市)、区完成司法行政综合服务中心建设,村(社区)司法行政工作室实现全覆盖。2015年,市法律服务中心窗口接待群众来访、来电22588人次。

【基层调解组织建设】 开展人民调解工作专题调研,完成《关于完善村(社区)人民调解机制建设情况的调研报告》。加强基层人民调解组织规范化建设,乡镇(街道)调解组织规范化建设达标率达到100%。加强“三调联动”,深化“人民调解防护网工程”。完善“警民联调”、“诉调对接”工作机制,在公安派出所建立“警民联调室”,在法院诉服中心设立人民调解工作室(窗口)。推进专业性行业性矛盾化解,建立行业性专业性人民调解组织125个,建立医疗纠纷医学、药学、法学等人民调解专家库25个,医疗纠纷调解组织实现全覆盖。2015年,全市共排查调处矛盾纠纷45492件,调解成功率达96.7%。

【安置帮教基地建设】 健全和完善安置帮教工作机制,在乡、镇街道成立108个安置帮教工作室,在1221个村(居)建立安置帮教工作站。凤阳县司法局与共青团凤阳县委建立“阳光关爱行动”长效机制,天长市成立“进监帮教团”,来安县建立“送岗进监”长效机制。12月,组织各县(市、区)8家企业前往合肥监狱开展“送岗进监”活动,与合肥监狱56名即将刑满释放人员签订用工协议。加强衔接管理,落实帮教政策,实行“一人一档”、“一帮一结对”帮扶。先后建立教育基地130个、公益劳动基地284个,教育培训基地12个、安置基地61个,爱国主义教育基地29个,全年安置人员2327人,落实责任田1213人,落实低保政策41人,对44人给予一次性救助,落实减免税政策231人,妥善安置30名“三无”人员。

【司法所建设】 强化对省、市示范司法所的动态管理。组织开展省级示范司法所巡查,全市22个司法所被评为省级示范所。全椒县“十字司法所”被评为全国先进司法所,2人被评为全国模范司法所长。理顺司法所与法律服务所管理关系,实现司法所与基层法律服务所全部分离。

【法律援助】 推动政府出台《关于扩大法律援助事项范围和调整法律援助对象经济困难标准的通知》,进一步扩大法律援助事项范围。在驻滁团级建制部队建立法律援助工作站。开展农民工维权讨薪专项行动。召开全市法律援助工作推进会,加强刑事法律援助工作。市法院诉讼服务中心法律援助工作站全部设立运行,律师在市看守所值班实现常态化。健全法律援助协作机制。选派2名律师赴内蒙古开展为期一年的中国法律援助“1+1”志愿行动。选派1名律师驻小岗村提供法律志愿服务,受到省委组织部部长邓向阳批示肯定。2015年全年受理各类法律援助案件5787件,较去年同期增长7%,其中刑事案件1215件,占案件总量的21%,较去年提高2.3%,万人获得法律援助案件数量(12.8件)和刑事案件比例均高于全省平均水平。

【社区矫正】 基础保障工作。将“加强社区(村)矫正工作站、矫正机构队伍建设,完善政法部门间社区矫正协调配合机制”列为2015年司法行政工作深化改革重点任务。坚持和完善党委政府统一领导,司法行政机关牵头组织,职能部门协调配合,社会各界广泛参与的社区矫正体制机制。建立了定期会议、信息互通、共管共商、联合处置等领导和协调机制。全面完成县级社区矫正中心、乡镇及村社区矫正工作站建设,统一功能设置和工作制度,建立登记分流、接收解矫、系统监管、教育矫治、帮困扶助“五位一体”的工作格局。坚持“职业化、专业化、社会化”的发展方向,加强社区矫正队伍建设。按照市级专职不少于3人、县级专职不少于2人、司法所专职不少于1人的标准,市、县两级配备专职人员33人,全市108个司法所共配备159名专职社区矫正工作人员。通过政府购买服务、基层特岗和基层法律服务工作者转岗等形式,建立一支135人的社会工作者队伍和3500人的志愿者队伍。2015年全省社区矫正年中工作推进会在滁召开,全椒县、天长市、琅琊区被省司法厅授予全省社区矫正示范县(市、区)称号。社区矫正信息化监管应用“滁州模式”在全省推广应用,相关改革任务圆满完成。

【提升教育矫正质量】 推动把社区矫正工作纳入综治考核范围,落实到基层平安建设责任体系。开展“社区矫正质量提升年”活动,推进执法规范化。开展脱管在逃社区服刑人员查找追捕专项行动,集中对全市社区服刑人员进行点验,实现社区服刑人员脱管漏管“双零”指标。深入开展“黄丝带帮教行动”,制定社区服刑人员专项帮困扶助计划,建立工作站3个,资助4名社区服刑人员未成年子女。在2015年全省社区矫正“岗位大练兵”活动中获得业务考试第三名和知识竞赛三等奖,3名同志被省司法厅授予”业务能手”称号。

【信息化建设与应用工作】 推进信息系统综合建设应用。完成信息系统安全等保升级,更新网闸、CA认证网关等信息设备。完善司法行政外网网上服务功能,启动内网安全并入外网连接工作,对政法网电话进行改造升级,提升全系统“数字司法”水平。

【法治宣传教育】 依法治理工作机制建设。及时调整充实依法治市领导小组成员单位,出台学习贯彻十八届四中全会精神深入开展法治宣传教育的实施意见,细化2015年重要工作目标任务,推动“谁执法、谁普法”责任制落实。将法治建设和法制宣传教育纳入各单位年度绩效目标考核,建立媒体公益普法、律师以案释法、领导干部学法用法等制度,不断健全法治宣传教育常态化工作机制。

以“法律六进”、“江淮普法行”等活动为载体,不断丰富法治宣传形式。结合全国“十大行政不作为”典型案例,组织律师、执法人员开展“以案释法基层行”活动,在全市进行巡回法治讲座,培训领导干部和行政执法人员2200多人。加强青少年法治教育,在全市中小学开展“学习宪法、尊法守法 ”百场宪法知识讲座。充分利用电视、普法网、微博和QQ群等媒体作用,不断扩大法治宣传覆盖面。2015年全市共开展法治讲座95场,开展法治宣传咨询活动133场次,制作普法电视专题片5部,刊发法治建设专版10期。

【“六五”普法检查验收】 按照省司法厅“六五”普法和法治建设检查验收工作要求和验收标准,召开全市会议进行专题研究部署,组织督查指导,推动“六五”普法规划和法治建设纲要全面落实。2015年7月,组成5个检查组,完成全市“六五”普法规划实施考核验收,并以检查验收为契机,对五年来法治宣传教育和法治建设工作进行全面梳理,查遗补缺,总结经验,展开调研,为谋划2016年法治宣传教育工作和制定“七五”普法规划奠定基础。2015年9月,省委常委、省委政法委书记徐立全、省司法厅厅长洪禹侯率省检查组对2011—2015年法治滁州建设和法治宣传教育工作进行检查验收,对相关工作给予充分肯定。

【法治文化建设】 把法治文化阵地建设与基层公共文化服务设施结合起来,积极搭建法治文化平台。全市新建、扩建法治文化公园3个、法治广场(长廊)2个,着力推进农村法治文化一条街建设。发挥新闻媒体等作用,多渠道传播法治信息。拍摄法治宣传电视专题片5部,在《滁州日报》开辟“法治滁州”专版,通过滁州普法网、司法行政网、手机微信发布法治宣传信息590多条,印制法治宣传册1100册。举办广场夏季纳凉晚会,开展百场法治电影、百场法治演出进乡村活动,在丰富群众文化生活的同时,宣传培育法治精神。

【法制保障】 完善人民监督员制度。按照省司法厅部署，将“完善人民监督员制度”作为2015年度司法行政系统深化改革重点任务。成立工作领导小组，制定《滁州市人民监督员选任管理方式改革工作实施方案》和《滁州市人民监督员初任培训工作方案》，与市检察院、市中院密切合作，从规范人民监督员选任秩序，建立人民监督员培训制度，规范案件监督三个方面入手，找准着力点，圆满完成工作任务。2015年，经公告、资格审查、公示等聘任程序，全市确定26名人民监督员，并分两批就制度简介、监督范围、监督程序和监督员义务等内容进行任前培训。对两起案件进行监督，均取得良好效果。

【双向联系】 紧紧围绕省司法厅《关于进一步建立健全“双向定点联系”长效机制的意见》，找准双向联系工作的结合点和切入点，扩大合作领域，健全双向联系沟通交流机制。在庐江监狱和合肥监狱建立滁州籍服刑人员档案，设立法律援助工作站，组织送法进监、进监帮教、就业推介和阳光救助活动，指派律师担任监狱法律顾问，聘请监狱干警担任法制副校长和社区矫正指导员。与警官学院协作，邀请省警官学院法律事务教研室主任宋志洁来滁为全市基层司法行政工作业务培训班授课。 （戴 雯）

2015年全市法律援助工作报表(一)

截止日期:2015年12月31日

	法律援助机构				同级财政拨款		法律援助业务				
	已建法律援助工作站(个)	已建法律援助村居联系点(个)	实有人数(含管理机构)(人)	其中 法律援助律师数(人)	同级财政拨款(万元)	同比(%)	办理案件数(件)	受援人总数(人次)	接待总人次	挽回经济损失或取得利益(万元)	其中 为农民工讨薪(万元)
市本级	32	0	8	1	30	0	536	536	2183	756.15	423.5
天长市	42	185	7	2	22	0	876	1190	3466	620	351
明光市	32	153	6	2	5	66%	711	711	3454	716.8	561.2
来安县	27	142	5	2	10	0	651	1297	1217	459.5	214.7
全椒县	32	132	5	1	16.31	0	667	667	2584	643.7	605.7
定远县	35	276	5	3	24	433%	751	751	2830	4250	1200
凤阳县	41	225	5	3	27	35%	803	803	3940	683.2	360
琅琊区	19	64	2	0	8.58	0	352	352	1542	459.4	15.8
南谯区	21	89	4	2	9	0	440	440	1017	389	100
总计	281	1266	47	16	151.89	23%	5787	6747.00%	22233	8977.95	3831.9

2015年全市法律援助工作报表(二)

截止日期:2015年12月31日

	办案总量情况			刑事案件比例			律所律师办案比例			诉讼案件比例		
	2014年办案数(件)	2015年办案数(件)	同比(%)	刑事案件数(件)	案件总数(件)	占比(%)	律所律师办案数(件)	案件总数(件)	占比(%)	诉讼案件数(件)	已结案件总数(件)	占比(%)
市本级	524	536	2.30%	250	536	46.60%	491	536	92%	398	487	81.70%
天长市	805	876	8.82%	160	876	18.30%	293	876	33.40%	404	709	57.00%
明光市	681	711	4.40%	149	711	21.00%	271	711	38.10%	353	417	84.70%
来安县	528	651	23.30%	33	651	5.10%	326	651	50.00%	97	329	29.50%
全椒县	634	667	5.20%	145	667	21.70%	438	667	65.70%	185	431	42.90%
定远县	722	751	4%	160	751	21.30%	372	751	49.50%	563	699	80.50%
凤阳县	722	803	11.20%	149	803	18.60%	331	803	41.20%	565	681	83.00%
琅琊区	349	352	0.80%	78	352	22.20%	135	352	38.40%	186	267	70.00%
南谯区	437	440	0.70%	92	440	21%	220	440	50.00%	209	345	60.60%
总计	5402	5787	7.10%	1216	5787	21.00%	2877	5787	50%	2960	4365	68%

2015年全市司法所建设工作报表

截止日期: 2015年12至31日

	司法所建设		司法所工作情况										表彰情况	
					代表基层政府处理社会纠纷		法制宣传		依法治理					
	建所总数(个)	司法所工作人员(个)	摸排纠纷线索(次)	参与调解疑难、复杂民间纠纷(次)	处理件数(件)	成功件数(件)	宣传法律(次)	受教育面(人次)	为基层政府提法律建议(条)	基层政府采纳建议(条)	制定规范性文件(件)	指导制定村规民约(件)	集体(个)	个人(人)
天长市	15	50	2550	473	570	569	328	76311	76	76	36	9	4	6
明光市	17	30	1182	255	210	192	313	78460	74	66	65	54	2	3
来安县	12	22	630	418	225	217	184	91580	158	155	16	28	3	4
全椒县	10	53	975	296	543	520	235	41182	83	74	74	11	3	4
定远县	22	32	3667	876	883	845	472	138845	184	165	142	157	0	0
凤阳县	16	32	1388	325	162	151	93	28600	25	25	8	24	3	0
琅琊区	8	16	412	158	168	146	64	6820	16	13	5	2	2	2
南谯区	9	23	37	114	32	32	179	41500	18	18	12	60	0	0
合计	109	258	10841	2915	2793	2672	1868	503298	634	592	358	345	17	19

2015年全市人民调解工作报表

截止日期： 2015年12至31日

	调解组织(个)					调解员(人)	调解纠纷(件)					排查预防纠纷(件)					
	总数	其中															
		村居调委会	乡镇、街道调委会	企事业单位调委会	社会团体和其他组织调委会		调解纠纷	调解成功	履行	达成书面协议	司法确认	排查纠纷	预防纠纷	防止群体性械斗	防止群体性上访	防止民转刑	防止民间纠纷引起自杀
天长市	232	176	15	31	10	1688	7153	7153	7153	511	1	7120	7120	3	23	9	3
明光市	174	149	17	5	3	971	1935	1797	1742	353	1	936	939	0	51	2	0
来安县	157	138	12	0	6	960	7821	7512	6986	823	10	493	358	2	53	18	9
全椒县	137	115	10	2	10	859	6358	6313	5773	120	10	580	337	2	27	5	0
定远县	280	256	22	0	2	1362	11117	10633	9710	663	2	1891	1864	3	92	45	1
凤阳县	283	239	15	8	21	1276	8762	8437	7789	599	0	630	684	1	32	7	0
琅琊区	68	52	8	0	8	342	1057	889	756	372	0	968	972	0	9	0	2
南谯区	95	80	9	3	3	565	1289	1264	1264	545	0	1056	980	0	0	0	0
合计	1426	1205	108	49	63	8023	45492	43998	41173	3986	24	13674	13254	11	287	86	15

2015年度全市基层法律服务工作报表

截止日期:2015年12至31日

	法律服务所建设			工作情况									管理情况			
													表彰		查处	
	乡镇总数(个)	法律服务所(个)	基层法律工作者(人)	担任法律顾问(家)	办理法律援助案件(件)	代理诉讼事务(件)	代理非诉讼事务(件)	调解纠纷(件)	解答法律询问(人次)	参与司法行政工作(件)	其他(件)	业务收费(万元)	集体(个)	个人(人)	集体(个)	个人(人)
天长市	15	17	56	157	482	730	1248	3081	4188	380	8	389.5	4	6	0	0
明光市	17	8	24	21	71	200	233	356	886	113	0	22.20	0	0	0	0
来安县	12	3	19	33	30	453	41	135	3300	31	113	47.1	0	0	0	0
全椒县	10	2	8	33	48	126	150	51	1465	48	29	18.75	0	1	0	0
定远县	22	4	15	18	30	135	23	110	330	13	0	33.00	0	0	0	0
凤阳县	15	9	35	106	374	685	349	332	2062	301	267	102.30	0	0	0	0
琅琊区	8	2	9	9	214	352	10	53	1700	16	51	34.94	0	0	0	0
南谯区	9	4	13	105	132	156	52	132	270	450	35	36.50	0	0	0	0
合计	108	49	179	482	1381	2837	2106	4250	14201	1352	503	684.29	4	7	0	0

2015年全市律师工作报表

截止日期:2015年12月31日

单位	律师机构			律师人员情况						律师业务情况							参与接访情况			
	现有律师事务所	其中		律师总数	其中				担任人大代表政协委员	办理各类案件	与去年同期相比	其中法律援助案件	担任法律顾问总数	其中政府法律顾问	业务收入(万元)	与去年同期相比	参与接访群体性事件数	接访化解纠纷件数	引导仲裁诉讼行政复议件数	信访法律援助件数
		合伙所	个人所		专职律师	兼职律师	公职律师	法援律师												
市本级	7	7		73	62	3	7	1		1767	-20.1%	295	223	32	1135.87	23.1%	3	9	7	8
天长市	8	6	2	62	59		1	2	1	1381	-11.1%	293	225	49	592.95	43.9%		4	3	5
明光市	5	3	2	24	19		2	3	2	658	-21.5%	271	95	36	203.74	25.6%	4	5	3	29
来安县	4	3	1	17	14		1	2	1	598	176.9%	326	68	11	217.95	131.2%		10	6	5
全椒县	4	4		25	25				1	762	17.2%	423	105	20	309.35	17.6%	8	13	4	33
定远县	5	3	2	40	33		4	3		903	40.0%	351	63	30	211.30	32.5%	9	7	5	32
凤阳县	5	4	1	34	30	1		3	1	1152	39.1%	243	48	21	259.80	40.4%	5	4	3	6
琅琊区	2	2		12	11	1				362	-1.4%	98	50	5	217.94	46.5%			2	2
南谯区	3	3		36	34		2			1660	-13.2%	220	75	14	795.24	30.0%	5	13	16	16
合计	43	35	8	323	287	5	15	16	9	9243	-0.2%	2520	952	218	3944.14	33.3%	34	65	49	136

2015年全市公证工作报表

截止日期:2015年12月31日

项目/单位	办证数(件)											公证收费(万元)	与上年同期相比(%)
	总计	同比(%)	国内公证						涉外公证	涉港澳公证	办理公证法律援助		
			总计	合同协议类	继承类	现场监督类	强制执行类	保全证据类					
皖东公证处	5458	16.50%	639	133	418	28	0	60	1423	133	25	269.980	14.68%
天长市公证处	4310	23.40%	1827	1470	219	31	0	107	398	15	53	169.910	18.40%
明光市公证处	1580	58.63%	482	154	275	7	0	46	162	0	12	70.443	37.13%
来安县公证处	2119	65.80%	281	147	117	1	1	15	127	13	22	88.653	37.50%
全椒县公证处	1247	40.11%	262	64	168	0	0	30	0	0	0	66.016	41.00%
定远县公证处	1528	7.08%	836	289	157	364	0	26	0	0	5	61.600	0.03%
凤阳县公证处	1362	16.30%	880	270	314	2	200	94	261	0	53	65.160	20.22%
合　计	17604	24.61%	5207	2527	1668	433	201	378	2371	161	170	791.762	19.28%

经济综合管理

JINGJI ZONGHE GUANLI

发展改革

【强化经济运行管理】 建立经济预测预警联席会议机制，密切关注宏观形势和国家政策动向。牵头起草《滁州市人民政府关于贯彻落实省政府充分发挥投资关键作用深入推进项目工作意见的通知》(滁政电〔2015〕5号)、《滁州市人民政府关于印发滁州市地方政府核准的投资项目目录(2014年修订本)的通知》(滁政〔2015〕82号)等政策文件，促进全市经济平稳运行。扎实开展“十三五”规划编制及相关重大问题研究，经过多轮修改完善，提交市“两会”审议通过。综合交通、能源、服务业等32个市级专项规划编制加快推进。

【推进重大项目建设】 新开工投资500万元以上项目2000个，增长29%，其中亿元以上项目340个。新竣工亿元以上项目310个，新投产德威新材料、华汇热电联产等亿元以上项目206个，总投资426.9亿元。全市465个列入省政府调度的重大项目完成投资600亿元以上，居全省第5位。获批国家四批专项建设基金项目64个，争取资金32亿元，均居全省第一方阵。谋划储备“十三五”重点项目1500个，总投资1.2万亿元；初步列入2016年省调转促项目库项目323个，总投资2890亿元。滁马高速滁州段、蚌淮至宁洛高速连接线通车，江巷水库获批立项，滁宁轻轨列入皖江城际铁路网规划近期建设项目范围，合宁高铁规划路线经过滁州，定远、明光列入合肥至连云港高铁路线，合宁高速“四改八”可研报告获批等。

【推进调结构转方式促升级】 研究制定《关于贯彻全省加快调结构转方式促升级行动计划的实施意见》(滁发〔2015〕6号)，明确提出奋力实现地区生产总值、工业总产值、财政收入、人均地区生产总值“四个翻番”。新增国家级高新技术企业49家，总数达175家，居全省第5位，预计实现高新技术产业产值1150亿元，增长15%，市高新技术创业服务中心获批为国家级科技企业孵化器。服务业提速提质，实现增加值增速11%以上，对经济增长贡献率达32.2%，提高4.4个百分点。新增3家省级现代服务业集聚区，总数达8家，居全省第四位。滁州经开区智能家电产业获批为首批省级战略性新兴产业集聚发展基地，争取专项资金1.6亿元。

【扎实推进重点领域改革】 统筹协调经济体制和行政体制改革领导小组40项改革任务，牵头推进13项改革任务，配合完成28项任务。深化行政审批制度改革，建立涉企收费清单动态管理机制，经动态调整后市级涉企收费清单项目总数由133项减少为102项，全市减轻企业负担约5500万元。深化投资体制改革。推进实施基础设施建设PPP模式，42个项目PPP总投资565.47亿元，其中列入国家发改委发布的PPP项目12个，进入省基础设施首批项目3个，向社会推介的项目27个。全面深化价格改革。合理疏导非居民用天然气价格，2次调整滁城工商业用气价格，年降低工商业用户天然气使用成本7600万元左右。稳步推进居民生活用气价格改革，顺利召开滁州市区居民生活用气实行阶梯价格听证会，广泛听取社会各界意见和建议。

【全面深化区域合作】 深度融入南京都市圈，谋划申报国家级产城融合示范区，南京琅琊路小学苏滁分校建成并投入使用，南京儿童医院滁州分院二期加快建设，南京鼓楼医院苏滁分院开工建设。成功举办合肥经济圈第六次会商会议，加速与合肥一体化进程，促进定远、凤阳、明光等皖北区域发展振兴。苏滁现代产业园纳入国务院苏州工业园开放创新综合试验，全市在省政府开发区转型升级考核中进入第一方阵。

【强化价格管控】 强化价格监测预警，上报价格监测数据2万余条，编报《价格监测分析》61期。强化价费政策监管，公布全市涉企经营服务性收费目录和进出口环节收费清单。加强教育、物业、停车收费监管。强化专项监督检查，重点开展涉企收费清单制度落实情况、商业银行收费、市级公立医院医疗服务和药品价格改革政策落实情况等重点和专项检查。认真做好价格投诉举报工作。强化价格基础工作，扎实开展涉案、涉纪、涉税、价格鉴定，较好完成农本调查任务，审慎开展成本认证及监审工作。 （李振国）

国土资源管理

【概况】 全年争取各类建设用地指标6.85万亩，较去年增长41.24%。申报建设用地5.04万亩。全市供应土地975宗，面积3.95万亩；公开出让512宗，面积2.07万亩，总成交价款101.61亿元。完成耕地1066.3公顷，占完成总任务的105.3%，确保2015年度耕地保有量继续保持全省第一方阵。2015年度全市71万亩高标准基本农田建建设项目，按照省国土厅要求完成项目主体工程建设，综合排名全省第五。全市缴存矿山地质恢复保证金1856万元，位居全省前列。全市征收矿山资源补偿费2906万元，居全省第二位。全市完成采矿权出让3个，成交价款7.8亿元。

【棚户区及老旧小区改造】 主要集中在内城河以南沿岸和西涧北路周边地块，全年完成1562户，占任务的108%。同时，积极争取国开行棚户区改造贷款17.67亿元，为全市棚户区改造提供资金保障。

提前完成新兴花园、凤凰新二村、刨花板厂宿舍、银花西区等4个老旧小区改造任务，改造面积约30万平方米，财政投资约836万元。

【清理闲置土地】 全市收回闲置土地7105亩，签订补充开发协议重新约定开竣工时间1281亩，调整使用398亩，收取闲置费1.26亿元、违约金1.55亿元。完成市本级园区闲置土地清理处置工作，并于12月29日一次性通过市人大第22次常委会的审议，评议结果为满意。

【推进不动产统一登记工作】 2015年1月，全市率先在全省启动不动产统一登记工作，完成国土、房产两大职能局合并，成立不动产登记局和不动产登记中心。7月29日，全省不动产统一登记工作现场会在滁州市召开，市、县两级同步颁发安徽省第一

副省长方春明在滁州市政务服务中心颁发全省第一本不动产登记证

批不动产权证，滁州市成为继国家试点四川省泸州市后全国第2个实现不动产统一登记全覆盖的地级市。同时，作为国土资源部确定的18个不动产登记信息平台联系点，全市率先实现与国土部不动产登记信息平台无缝对接、数据共享，此项工作走在全国先进行列。2015年，全市颁发不动产权证26222本，不动产权证明26915份，合计53137本（份）。

【推进农村“三权”发证工作】 省级试点凤阳县完成集体土地确权登记发证外业调查和内业资料整理，全县建库工作基本完成。市级试点天长市完成全市农村集体土地确权登记发证外业调查和内业资料整理，建库工作基本结束。同时，非试点县（市区）全面开展前期调查研究和问题梳理，部分县市启动权籍调查和测绘工作。（陈 义）

工商行政管理

【概况】 全市新增民营企业6713户，个体工商户1.92万户，农民专业合作社699户，家庭农场1135家，个改企1099户。截至2015年年底，全市共有民营企业33455户，占企业总数的77.58%；个体工商户126397户；农民专业合作社5071户；家庭农场3792家。

【推进商事制度改革】 注册资本改革有效落实，除现行法律、行政法规以及国务院明确规定保留行业外，其他一律实行认缴制；简化住所（经营场所）登记，出台市场主体住所登记规定，探索实行一照多址、一址多照等便民举措。实现放宽住所注册登记135户，其中园区企业占85%；积极推进“三证合一、一照一码”改革，于9月28日发出全市首张“三证合一、一照一码”营业执照，比国务院规定的10月1日提前进入实质运行阶段，标志着全市商事制度改革走在全国前列。全市发放“一照一码”营业执照4200余份。继续深化“先照后证”登记制度改革，2178户市场主体完成“先照后证”的设立、变更登记；全面实行属地登记管理和不含行政区划企业名称核准全程电子化，节省申请人时间、精力和相关成本。

【整治市场秩序】 开展打传“皖剑-2015”专项行动，有效遏制传销活动蔓延势头。捣毁传销窝点172个、授课点30余个，打掉传销犯罪团伙15个，破获特大组织领导传销活动案件4起，抓获并刑事拘留涉嫌传销犯罪嫌疑人139人，教育遣返1000余人。开展“无传销城市”创建活动，天长市、明光市经考核，被认定为全省首批无传销城市。采取“五查、五进”等办法，对全市直销企业分支机构、服务网点、专卖店等，全部建立健全服务网点档案，实施经常性经营有效监管。积极开展以“四个专项行动”为主线的“扫黄打非”集中整治活动。检查中小学144所、医院11所、网吧175户、印刷企业和复印社37户、图书游商和摊点314个、音响批发经营户161家、相关新闻单位7家、记者站2处，查获无刊号小报167份、盗版图书310本，收缴非法小广告500余张，没收并销毁非法卫星地面接收设施80套，取缔黑网吧5户、无照印刷户2户；查处违法违章案件4起，涉案金额3.6万元。大力开展打击侵犯知识产权和制售假冒伪劣商品专项行动，全市立案 430件，结案410 件，案值320万元，罚没款348万元，超额完成全年任务。其中：查处商标侵权案件210件，案值 23万元，罚没款 35万元；查处假冒伪劣商品案件846件，案值 297 万元，罚没款315万元。以宣传贯彻新《广告法》为契机，加强各类媒体广告监管，全市抽查监测广告4820条，其中违法广告326条次，责令改正违法广告286条次。开展旅游市场、银行、房地产等行业格式合同专项整治工作，检查合同403份，约谈企业14家，下达整改通知17份。完善拍卖企业监管机制，引导企业行为自律诚信经营，受理拍卖会备案99件，成交额1.6亿元，拍卖备案率100%。紧扣农时，适时组织开展“红盾护农”农资市场专项整治，把住商品质量关。

【实施商标品牌战略】 全年新增注册商标1500件。其中，安徽蓝德集团股份有限公司的“蓝德”、安徽天马泵阀集团有限公司的“华河及图”2件商标被国家工商总局商标局认定为中国驰名商标；天长市鸿运服饰有限公司的“丰丰及图”、安徽天彩电缆集团有限公司的“传辉及字母”等49件商标通过省工商局审查认定为安徽省著名商标(新认定23件、再认定26件);安徽万邦特种电缆有限公司的“锦万邦”、全椒县程家市王记麻油厂的“程家市及图”等73件商标被认定为滁州知名商标。全市有效注册商标总件数突破10000件,其中中国驰名商标10件;安徽省著名商标142件。全市共有专营广告经营单位1600余户,广告经营额达3.5亿元。积极拓宽中小企业融资渠道,通过办理股权出质、商标质押和动产抵押等方式,助企融资65.55亿元。办理商标质押件数和贷款金额位居全省第一。

【开展消保维权】 围绕“携手共治,畅享消费”主题,开展“3.15”国际消费者权益日纪念活动,在广场、大型商场等地,设立法律宣传台、真假商品展示台,宣传维权知识,解答群众咨询。与《滁州日报》、滁州广播电视台等媒体合作,开辟特刊专版,介绍维权工作,曝光典型案例,发布消费警示。12315中心规范化和“五进”消费维权示范站点建设全面深化,累计建立“一会两站”1004个、“五进”消费维权服务站476个,覆盖率分别达到96%和98%以上。全市12315受理各类申诉举报咨询3958件,解决率98%,为消费者挽回直接经济损失641万余元。全年办理诉转案23件。针对汽车销售服务领域消费投诉增多的情况,及时行政约谈28家企业负责人,督促企业加强自律,提升服务水平。

附:十大制假售假典型案例

郭某凤销售商标侵权强化木地板案。个体工商户郭某凤于2015年8月应温州装饰材料市场永华地板经营部要求,代为生产“永华·佰纳”强化木地板,包装上突出使用“永华·佰纳”字样。至案发时,生产1434包3074平方米,尚剩余标注“永华·佰纳”字样的外包装4400个。滁州市工商局没收标注“永华·佰纳”字样的强化木地板1434包、标注“永华·佰纳”字样的外包装4400个,处以76850元罚款。

安徽泾县恒强电力安装有限公司销售不合格电缆案。2015年9月,明光市市场监督管理局对安徽泾县恒强电力安装有限公司在明光市场上销售的电缆,依法进行质量监测,确定为不合格产品。经调查,当事人销售的上述电缆共240米,违法所得1200元,案值33600元。明光市市场监督管理局没收违法所得1200元,罚款33600元的处罚。

定远县卡乐秀油墨涂料有限公司伪造商品产地案。2015年2月,定远县市场监督管理局在定远县炉桥镇盐化工业园检查发现定远县卡乐秀油墨涂料有限公司生产的涂料外包装标签上,标注有“卡乐秀油墨涂料有限公司,公司地址:合肥市临泉路和煦园小区北门27栋102号门面房,工厂地址:合肥市双凤开发区金福路010号”字样,该行为属违反《产品质量法》。截止案发,当事人生产卡乐秀油墨涂料42桶,销售40桶,剩余2桶未销售,违法所得2000元。定远县市场监管局对当事人处没收剩余产品和违法所得2000元、罚款8000元的处罚。

定远县大众汽车出租有限责任公司商业贿赂案。定远县大众汽车出租有限责任公司在未取得保险兼业代理资格的情况下,于2013年度分别在中国太保定远支公司投保63台出租车,在国元保险定远支公司投保23台出租车;于2014年度在中国财保定远支公司投保36台出租车。分别从上述三家保险公司,以现金结算的方式收取手续费用合计91733元。在每年底,该公司法定代表人宋某某将上述收取的保险手续费用,按股份比例以现金方式分发给公司各股东,当场销毁保单手续费清单,不按规定计入财务帐目。该公司的行为是以行贿手段销售或者购买商品的违法行为。定远县市场监管局依法对该公司处没收违法所得91733元,罚款10万元的处罚。

明光市安液液化气有限公司经销不合格液化气案。2015年4月,明光市市场监督管理局依法对当事人经销的液化气进行质量监测,确定为不合格产品。经查,2015年4月10日,明光市安液液化气有限公司从江苏购进2.5吨石油液化气,货值金额9750元,非法获利750元。至立案调查时,其库存的2.2吨液化气已经售完。明光市市场监督管理局对当事人作出没收违法所得750元、罚款19250元的行政处罚。

余某“米兰”注册商标侵权案。2015年3月,全椒县市场监督管理局依据江西新余市仙女进行审计，并延伸调查324个村的1056户农村危房改造家庭，对50个安居工程项目的建设管理情况进行检查。审计发现安居工程招标问题案件线索2起，涉及资金1.88亿元，虚报冒领补助资金问题案件线索4起，涉及资金13.3万元。

【建立基础数据库】 2015年，市局先后建立被审计对象数据库、政府投资审计项目数据库、政府投资协审中介数据库、审计人才（内审人才）库、审计专家库和特约审计员队伍，进一步夯实工作基础，增强审计合力。

【依法审计】 提请市政府出台《滁州市人民政府关于加强审计工作的意见》《滁州市政府投资建设项目审计监督暂行办法》《滁州市人民政府办公室关于进一步加强审计查出问题整改工作的通知》，市政府办、市委办印发《关于推进"四个全覆盖"强化对权力运行制约和监督的实施意见》及《关于推进领导干部履行经济责任审计监督全覆盖的工作实施方案》的通知。对局机关现有的办法、制度进行全面梳理，新建及修订各项办法、制度15项；聘请法律顾问，建立法律顾问制度。

【开展"争先进位工程"活动】 根据安徽省审计厅关于在全省审计机关组织开展"争先进位工程"活动的通知要求，扎实开展"争先进位工程"活动，制定《滁州市审计局推进"三会、四提、五变"专题工作方案》，安徽省审计厅以《审计情况通报》全文刊发。通过举办专题讲座、专题征文、经验交流、先进人物评选等丰富活动形式，全市审计机关有4人入选安徽省审计厅"好人榜"。《滁州信息》（第49期）专题报道《滁州市审计局开展"三会、四提、五变"专题活动，促进党建和审计业务工作联动发展》。安徽省审计厅戴克柱厅长批示将此做法在《安徽审计简报》刊发，供全省审计机关参考学习。滁州市审计局审计信息工作在全省审计机关考评获第一名，"争先进位工程"考评获省审计厅表彰为先进集体。 （吕 钢）

质量技术监督

【质量品牌提升行动】 率先承办安徽省质量品牌升级江淮行（滁州）首发式。成功举办安徽质量创新品牌升级江淮行高层论坛。邀请武汉大学质量发展战略研究院院长、博士生导师程虹教授为全市部分领导干部作质量品牌提升方面的专题讲座。先后在市直和8个县市区及经开区开展首席质量官培训工作，做到全市1320家规模以上企业全覆盖。组织全市56家企业负责人及9县市区政府分管领导赴武汉大学质量院参加质量战略创新高级研修班学习。

【标准化工作】 《白桃栽培技术规程》等7个项目被确定为2015年安徽省地方标准项目。滁州市主导制定的《蜂场建设规范》等5项工业和农业类省级地方标准以及2项国家标准、行业标准发布、实施。"现代农业园综合标准化"等3项农业标准化示范区建设项目，顺利完成阶段性工作任务。滁州市人民政府政务服务中心被确定为安徽省服务业标准化试点评估示范单位；组织全市服务标准化示范单位（滁州和明光政务服务中心）申报国家级社会管理和公共服务类标准化试点，并向国家标准委进行重点推荐。滁州市技术监督检测中心、明光市公共资源交易中心、天长市锦春大酒店有限公司3家单位被确定为2015年度全省级社会管理和公共服务类服务标准化试点单位。

【计量管理】 以市政府名义印发《滁州市人民政府办公室关于贯彻落实计量发展规划的实施意见》。在能源计量方面检查全市重点用能企业（全年耗煤3000吨以上）53家，帮助企业配齐计量器具，为节能减排打下坚实基础。开展加油机、电能表、民用水表等计量器具专项监督抽查。评选20家"计量诚信单位"，强检计量器具检定覆盖率达95%，合格率达97%。

【检验能力提升】 完成气相色谱仪检定装置电导率仪检定装置等14项社会公用计量标准考核工作；新建音速喷嘴法气体流量标准装置等10项最高社会公用计量标准；新增塑料编织袋等15项检验项目，其中电子电气产品中卤素测定项目填补省内空白；完成冷冻研磨机、按键寿命试验机等40种国家质检中心检验设备

11月6日，安徽省质量品牌升级江淮行首发式在滁州举行，副省长花建慧、市委书记李明、市长张祥安、省质监局局长朱琳等出席。

的招标采购。

【特种设备安全监察】 全年加大特种设备安全执法力度，连续8年无一起特种设备安全事故发生，连续4年被市政府评为安全生产先进单位。针对电梯安全等社会热点，查处37起电梯行政违法案件。在办理关于电梯安全的政协提案中，被评为优秀提案办理单位。进一步加强特种设备安全宣传力度，将“进校区”活动延伸到“进社区”和“进厂区”，提高全社会特种设备安全意识。2015年，全市特种设备使用登记率达96%、人员持证上岗率均达到98%，定期检验率达到97%。

（何　磊）

食品药品监督

【概况】 全市有药品生产企业10家，药包材生产企业13家，医疗器械生产企业21家，药品批发企业16家，零售药店1000余家；获证食品生产企业467家，小作坊336家；食品经营单位28500余家，其中食用农产品市场171家，农产品批发市场 12家；持证餐饮服务单位8000余家（学校食堂383家），基本实现 “一户一量化、一户一建档”。

全市上报ADR病例报告4080例，比去年增加54.4%，达到百万人口1038例，没有死亡病例和群发性不良事件报告。

【完成“六统一”工作】 深化食品药品监管体制改革，全面推进基层监管机构“六统一”：即统一印制使用食品药品监管局（所）文头；统一刻制使用食品药品监管局（所）印章；统一印制使用食品药品监管执法文书；统一制作悬挂食品药品监管标识标牌；统一制作装备食品药品监管执法服装；统一对挂牌后的基层局所干部进行重新任命。全市6县2区全部完成食品药品监管“六统一”工作，凸显食品药品监管的专业性、技术性和特殊重要性。

【签订食品药品安全目标管理责任书】 由市政府和各县、市、区政府签订食品药品安全目标管理责任书，将食品药品安全工作纳入市政府对各县、市、区政府目标管理绩效考核，要求各地、各部门突出“一大两小三重点”（大市场，小作坊、小餐饮，重点区域、重点品种、重点时间），加大食品药品整治打击力度，严处重处违法违规行为，以“零容忍”的举措惩治食品安全违法犯罪。

【创建食品安全示范县】 天长市和全椒县作为全省第一批示范县创建试点单位，均形成创建工作有人抓、有人管、有人落实具体事项的工作格局。同时，两地成立以政府主要领导为组长的创建工作领导小组，将创建工作任务分解落实到各部门、各镇（街），先后投入300余万元，并配齐配强监管人员，着力规范食品药品市场秩序，提升食品药品监管能力。在全省第一批23个食品安全示范县创建试点单位验收中，全椒县和天长市分别以全省第4名和第7名的成绩双双通过验收。

【创建小餐饮示范店】 市局把小餐饮整治规范作为工作的重中之重，争取到各县市区政府每年拨付100万元专项资金，用于小餐饮食品安全示范街和小餐饮食品安全示范店的创建工作。严格执行小餐饮整规创建标准，按照所、县（市）、区局、市局三级验收程序层层筛选，三级验收合格后再向社会公示，接受群众监督，确保

9月29日，市纪委书记李玉平到安徽盼盼食品有限公司调研。

交公安机关立案侦查，此案也被国家食品药品总局列入挂牌督办。全椒县查处的运输不符合食品安全标准的冷冻牛肉案，查获冷冻牛肉28.4吨，移交公安机关立案侦查。天长市查处的戴某利用网店销售假冒五粮春、洋河蓝色经典、口子窖等品牌白酒案，案值200余万元。明光查处的华某以猪肉冒充牛肉销售案件，查扣假牛腿28根，移交公安机关办理。

“示范店”货真价实。全市成功创建小餐饮食品安全示范街16条，示范店1600家，培训1500余家小餐饮示范店的4500多名从业人员。12月22日至23日，省局在滁州市召开全省小餐饮食品安全示范创建工作推进会。会议现场观摩来安县水口镇杏味街小餐饮食品安全示范街、示范店；全椒县万利街小餐饮食品安全示范街、示范店。

【创建小作坊示范户】 按照“实施集中生产加工基地建设，采取统一监管，加大政策扶持力度，从根本上确保小作坊食品安全”这一思路，以“明、清、责、严、创”的五字要求为抓手，强力深化食品生产小作坊治理整顿工作。全市完成豆生产小作坊示范户120余家。

【“明厨亮灶”工程】 市局成立“明厨亮灶”工作领导小组，将“明厨亮灶”工程纳入市局年度工作重点，年初即召开工作会进行专题部署，8月20日，在定远县召开“明厨亮灶”工作现场观摩交流会，传达全省现场会议精神，对下一步工作进行再部署。天长市、定远县、全椒县、来安县、明光市、来安县均已建成专业的视频远程监控中心，凤阳县也即将建设完成，全市“明厨亮灶”工程覆盖餐饮服务单位500余家，天长、定远实现对学校食堂的全覆盖。

【食品药品市场专项整治】 以食品加工小作坊、校园及周边、农村食品市场等为重点场所，以大桶水、豆制品、肉及肉制品、白酒等为重点品种，全面开展专项整治。全市查处食品药品安全违法案件近800起，移交司法机关7起，其中国家食品药品监督管理局挂牌督办2起，省局挂牌督办1起，公安部挂牌督办6起，1起案件入评全国食品药品优秀案例。整治中依法关停2家水厂，强制退出、取缔1家无证生产经营“大桶水”地下作坊。较典型的案件有：凤阳县查处的陈某制售假酒案，涉案货值300万元，移

【药品零售企业专项整治】 全市检查药品零售企业1100余家次，覆盖率达100%，警告、责令整改573家次，集体约谈药品零售企业负责人120余家，对8家企业进行立案查处，对药品经营管理混乱，严重违反GSP有关规定的1家零售药店责令停止药品经营，并吊销其《药品经营许可证》和收回其GSP认证证书。药品网络远程监督管理平台投入运行，所有药品零售企业全部入网，药品购存销实现网络化管理。

【食品生产企业风险分级监管】 启动全市食品（含保健食品、食品添加剂）生产企业风险分级监管工作，将食品生产企业计算风险等级划分为5个等级，根据食品的风险、企业生产过程控制水平及企业质量安全信用记录三个方面，通过食品风险等级分值和企业现场评价分值进行综合动态评判，对于信用差的食品生产企业，提高风险等级，增加监督检查频次；对于信用好的企业，降低风险等级，并在食品生产许可中简化

12月23日，全省小餐饮食品安全示范创建工作推进会在滁州市召开

“安全用药月”启动仪式

程序或免于现场审核；对于发生重大食品安全事故、自查报告制度等不落实的企业将直接降为差级。引导企业树立守信激励、失信惩戒的诚信意识。至12月底，全市464家食品生产企业全部纳入风险分级管理范围，其中风险等级为R1的142家，风险等级为R2的176家，风险等级为R3的141家，风险等级为R4的5家。

【风险隐患排查】 市局制定食品各环节隐患排查工作方案，列出安全风险隐患清单，明确风险隐患点及监管责任人，肉制品、乳制品、白酒、豆制品、食用植物油、食品添加剂等八大类食品及区域性、特色性食品为排查重点，以食品生产企业、食品生产加工小作坊、农贸市场、学校食堂为主要对象，按类型、按行业、按区域进行分类排查，并及时提出相应的监管措施和治理计划，对可以在短时期完成整改的，立即采取有效措施消除风险隐患。排查食品生产企业298家次，食品生产小作坊432家次，学校食堂383家，发现问题隐患242处，均依法进行处置。

【校园及其周边食品安全监管】 严格落实校园及周边食品经营者主体责任，与学校食堂及周边食品经营者签署《食品店食品安全承诺书》《餐饮店食品安全承诺书》《食品摊贩食品安全承诺书》，督促经营者自觉遵守食品安全相关制度规定。全面核查学校周边食品经营者、餐饮服务单位等经营主体资格，严格主体准入，坚决查处取缔无证无照经营，清理规范不符合经营条件标准和相关要求的经营主体。取缔无照食品经营户14户，立案查处食品案件120件，查扣过期“五无”小食品860多袋。 （刘言涛　蒋　楠）

公共资源交易管理

【概况】 2月28日，市政府以两办名义印发《滁州市深化公共资源交易管理工作改革方案》，明确滁州市公共资源交易监管体制实行“一委一局一中心”的综合管理模式，原机构更名为市公共资源交易监督管理委员会、市公共资源交易监督管理局、市公共资源交易中心，市纪委向市公管局派驻纪检组，增设监察室。3月26日，市公管局启用新公章。全面深化公共资源交易管理改革，出台《滁州市深化公共资源交易管理工作改革方案》，落实完成十四项改革任务，获得省建设工程信用体系改革和省级市县一体化公共资源交易平台建设两项省级试点。市国土房产局派员进驻市交易中心。土地交易的标前文件审查、公告发布、资格审查、招拍挂、标后质疑投诉等全过程统一在市公共资源交易中心进行，实现土地出让管办分离。全年完成公共资源交易项目6177项，交易额211.8亿元，节资增效31.96亿元。市本级完成招标采购2079项，总额112.6亿元，节资增效10.4亿。其中建设工程招投标781项，节资率16.72%；政府采购1094项，节资率11.99%；产权交易76项，增值率22.49%；土地挂牌出让128宗，成交价61.82亿元。

【出台监管办法】 完善管理制度和运行服务机制，征求市发改委等十三家市直相关单位及八个县市区的意见，经法制办审核及市政府第30次常务会议研究通过，12月4日以市政府名义出台《滁州市公共资源交易监督管理办法》。

【整合交易平台】 撤消琅琊、南谯两区设立的交易中心，两区的建设工程和政府采购等公共资源交易全部进入市交易中心交易。印发《关于琅琊南谯两区公共资源项目进入市公共资源交易中心交易的通知》，明确两区进场交易项目限额标准、交易流程和标后监管等事项。据统计，自两区项目进场以来，受理琅琊区项目93个，南谯区项目 143个。

【出台交易目录】 进一步细化建设工程、政府采购、土地招拍挂、产权交易、公益事业、特许经营等公共资源交易内容，将涉诉公共资源、农村产权等交易纳入平台，明确进场交易范围和标准，通过征求市发改委等十七家市直相关单位及八个县市区的意见，经市法制办审核，市政府第30次常务会议讨论通过。12月7日，以市政府名义印发《滁州市公共资源交易目录》，基本实现"公共资源交易进平台、平台之外无交易"。

【开展综合执法】 与市城乡规划建设委员会、市财政局、市水利局、市交通局签订行政执法委托书，组织参加行政执法培训、考试，7人取得公共资源交易管理行政执法资格。出台《违法违规案件联合调查管理办法》《标后联合执法检查办法》，加强对内城河改造、清流河综合治理、市儿童医院专家楼及食堂等重点工程项目标后督查。2015年办理各类投诉案件66起，查处各类违法违规案件61件，处罚投标企业113家，处罚个人2人，有力地维护全市公共资源交易市场秩序。

【推进交易电子化】 进一步扩大滁州市政府采购网上竞价范围，30万元以下通用类货物采购全面推行网上竞价。全年累计发布网上竞价项目260个，节约率6.36%，节约109万元，与网上电商价格基本持平。与淘宝对接，建立网上竞拍平台，将公车、固定资产拍卖等项目纳入淘宝平台竞拍。

【强化信用体系建设】 2015年市公管局坚持以信用引导市场，以市场"倒逼"信用的原则，简化信用评标办法，督促施工企业尽快完善信用平台资料。7月，在全省建筑工程招标投标应用信用评价结果现场会上，滁州市作典型经验交流发言。9月，省住建厅将滁州市列为省建设工程信用体系改革试点市。年底全市建筑企业已全部纳入省信用平台管理。建立完善信用管理信息库，全市统一实行"红名单"与"黑名单"管理，所有信息均录入信用管理信息库，一律公开，不搞下不为例，建立健全全市统一的守信激励和失信惩戒机制，与省级信用信息数据实时交换共享，推进信用体系建设，加快形成行业自律监督、社会舆论监督、行政监督三位一体的立体监督模式。

【完善公共资源交易相关制度】 制定《滁州市政府投资项目邀请招标监管办法》，严格邀请招标审批程序，规范审批流程；与市审计局联合出台《滁州市政府投资建设项目工程量清单及控制价审核暂行办法》，规范工程量清单和控制价审核工作；出台《滁州市2015年向社会力量购买服务指导目录》，规范政府购买服务行为；出台《滁州市农村产权交易规程(试行)》，规范全市农村产权交易行为，推动城乡生产要素流动，优化农业资源配置；制定《小额零星建设工程项目采购与管理规定》《单一来源采购方式管理办法》《滁州市公共资源监督管理局对外交流合作办法(暂行)》等，提高公共资源交易监管水平；组织编制和修

3月2日，全市深化公共资源交易管理改革会议召开。

订滁州市公共资源交易文件示范文本15个，进一步规范全市公共资源交易行为，提升公共资源交易标准化水平，推进市县一体化工作；修订出台《滁州市公共资源交易公开招标流程》《公共资源交易开标现场管理规定》《公共资源交易评标现场管理规定》等。

【不断提高服务质量】 创新完善社会化代理机制，2015年面向全国公开征集代理机构，通过组织培训、考评，现有39家建设工程、27家政府采购招标代理机构合格在滁开展业务。规范评标专家管理，全市统一使用安徽省综合评标专家库。简化投标企业信息登记程序，保障投标企业在全市注册登记的所有程序均可在电子平台上操作，无须携带原件现场办理，全年完成12000余家企业备案。取消电子平台使用费、交易服务费等，减轻企业投标资金压力，提高项目交易竞争性，每年可减少涉企收费约400万元。

（李小宇）

安全生产监督

【概况】 全年发生各类生产安全事故864起，死亡191 人，伤365人，直接经济损失1415.44万元。同比事故起数减少140起、下降13.94%，死亡人数减少8人、下降4.02%，受伤人数减少102人、下降21.84%，直接经济损失减少176.05万元、下降11.06%。死亡人数占省下达全市全年控制指标201人的95.02%。，低于进度目标4.98个百分点。发生较大道路交通事故3起，死亡12人，占省下达指标6起的50%，低于进度目标50个百分点。全市未发生一次死亡10人以上的重特大生产安全事故。各类事故中，发生道路交通事故502起，其中生产经营性道路交通事故160起，死亡97人；同比事故起数下降7.51%，死亡人数占省下达控制指标98人的98.98%；工矿商贸事故6起，死亡6人，同比起数减少5起、下降45.45%，死亡人数减少6人，下降50%；生产经营性火灾事故350起，无亡人，同比事故起数减少31起、下降8.14%，死亡人数减少2人、下降100%；铁路交通事故3起，死亡3人，同比持平；农机行业生产安全事故3起，死亡1人，同比起数增加3起，死亡人数增加1人。危险化学品、烟花爆竹、旅游、农电、水上交通、教育、质监等行业没有发生生产安全亡人事故。

【健全完善安全生产责任体系】 根据新修订的《中华人民共和国安全生产法》以及市政府机构职能的重新调整，市政府及时修订出台《滁州市人民政府安委会成员单位安全生产工作职责规定》，进一步明确细化各行业领域的监管职责。市政府安委会办公室制定下发《全市安全生产工作要点》以及《2015年全市安全生产控制指标的通知》，及时将省下达全市的责任目标细化分解到县市区政府和有关安委会成员单位。市政府与8个县市区政府和13个安委会成员单位分别签订安全生产目标管理责任书。各县市区政府和安委会成员单位也及时将目标和责任分解落实到基层和企业，层层签订目标管理责任书。市领导多次带队深入重点企业和工业园区开展安全生产调研和督查检查，发现问题及时责令相关单位限期解决。全市111个乡镇（街道）、932个有工矿企业的行政村、1164家规上企业均建立安全生产责任制度，“五级五覆盖”、“五落实五到位”覆盖面100%。

【重点领域专项整治】 持续加大

非煤矿山整合,全年关闭矿山企业23家,超额完成省局下达的21家关闭任务。通过近三年努力,关闭矿山88家,从根本上解决“小、散、乱”现象。继续推进定远、来安两个省级危险化学品重点县安全生产攻坚活动并完成中期考核。加大对涉及“两重点一重大”(重点监管危险化工工艺、重点监管危险化学品,重大危险源)危化品生产经营单位的检查力度,严厉查处超许可范围经营、证照过期经营等违法行为。制定《滁州市烟花爆竹经营安全专项治理实施方案》,对照烟花爆竹零售点“两关闭”、“三严禁”和烟花爆竹批发企业“六严禁”要求进行系统督查检查。关闭零售点263家,查处违反“三严禁”零售点181家,吊销许可证17家,停业整顿44家,没收烟花爆竹产品2566箱,经济处罚1.2万元,查处违反“六严禁”烟花爆竹批发企业2家,停产整顿2家。督促2家烟花爆竹批发公司回收、取缔已配送的烟花爆竹制品5800余箱,打击群众举报非法、违法经营烟花爆竹单位14家,收缴非法烟花爆竹制品200余箱。

配合公路部门对猎豹汽车仓库与省道312接口、碧桂园东西小区与滁宁快通接口处、天长312省道与惠民物流公司搭建平交路口、凤阳307省道李二庄搭接平交路口、101省道定远与凤阳交界处搭接平交路口进行前期交通安全评估;对4处重点整治的公路交通事故多发点实行隐患挂牌督办(省级督办1处,市级督办1处,县级督办2处),全部完成整改并验收销号。开展打击非法改装车辆专项行动1次,开展蚌滁淮区域联动9次,对重点领域实施暗查暗访62次;检查车辆37.65万台次,查处车辆9322辆,卸载货物10.9万余吨,查处非法改装车辆459辆,责令企业停业整顿18户次,打击各类交通运输非法违法行为750余次,超限率控制在1%以内,非法超限超载现象将得到有效遏制。

坚决纠正施工企业现场“三违”等行为。全年检查在建项目612项次,下达安全隐患整改通知352份,责令停工整改80项。对安全生产存在违法违规行为的企业进行查处,全年累计对60家施工、监理企业及相关责任人进行通报批评,对28家企业记不良行为记录,暂停3家企业在滁投标资格,将1家施工单位列入“黑名单”并清除出滁州建筑市场。加强对违法充装、超期不检、报废气瓶继续使用等行为进行巡查,严厉打击“大罐倒小罐”非法充装行为。全市打击非法违法经营点2个,责令停业整顿5家,没收倒气用枪4支,没收倒装设备2套,对存在安全隐患的4家液化石油气销售点下达整改通知书。深入开展以养老院、商业综合体、车站、易燃易爆场所等人员密集场所为重点的消防安全检查。全年累计检查单位(场所)11715家,临时查封145处,责令三停84家,罚款36.4万元,拘留43人。

【组织开展“工作场所职业卫生监督执法年”活动】 全年新增申报企业300家,累计申报企业2165家,超额完成省局下达的申报任务。全年检查企业1702家,下达执法文书1431份,发现问题或隐患5794项,备案职业卫生现状评价企业38家,开展职业卫生定期检测企业80家。

【安全生产宣传教育】 制定下发《2015年全市安全生产教育培训计划》,分行业、分区域、分批次开展安全生产教育培训。全年举办培训班87期、培训企业“三项岗位”人员7279人、安全监管人员222人、农民工及班组长5000余人。积极开展送安全生产法律法规和安全常识进学校、进机关、进企业、进社区、进乡村活动。组织公安、消防、交管和教育等部门在校园举办安全知识讲座,开展消防演练等宣教活动。积极开展集中宣讲、谈心对话、宣传咨询日、驾驶员安全宣誓、警示教育、知识竞赛、应急演练、安全隐患攻坚、青安岗在行动以及“安全生产皖东行”等活动。设立宣传点200余个,发放宣传咨询资料5000余份,展出展板100余块、制作宣传标语200余条,开展警示教育活动80余场次,2多万人受到安全教育。滁州市被国务院安委会办公室授予“2015年全国安全生产月活动先进单位”称号。

【查处安全生产事故】 全市查处生产安全事故10起,其中较大事故3起,一般亡人事故7起,共追究刑事责任2人、党纪处分2人、政纪处分3人,行政处罚243.46万元。坚持将较大事故调查处理结果在市政府门户网站以及市安监局网站上及时公布，主动接受群众监督，回应社会关切。严格执行一般事故查处挂牌督办制度，对县市区发生的3起工矿商贸一般事故和2起道路交通一般事故实施挂牌督办并按期摘牌销号，规定期限内事故结案率100%。（彭　飞）

海　关

【概况】 2015年，全市外贸总值达20.5亿美元，进出口总值位居全省第七，同比增长15%。进口阴极铜3.5亿美元，增长18.9%，占同期进口总值的57.4%，是滁州市进口值最大的商品。全年有8家企业实现出口超过3000万美元。全年加工贸易进出口总值4.5亿美元，增长25.8%，占全市进出口总值的22%。加工贸易备案金额达10.9亿美元，剧增1.1倍，对滁州市外贸未来的增长打下坚实的基础。

【蓝德集团获批设立自用型保税仓库】 6月1日，安徽蓝德集团股份有限公司自用型保税仓库（下称保税仓库）申请获合肥海关批准，标志该保税仓库正式进入建设阶段。保税仓库是全市首家经批准建立的自用型保税仓库，也是全市第二家海关监管保税仓库。自用型保税仓库具有缩短企业进口资金占用、缩短进口原料采购时间、缓解税收压力、提高物流水平等优势。按照蓝德集团现有进出口量，预计年进出口量达3亿美元，纳税约3亿人民币。

【全市入选2014年度中国外贸百强城市】 根据海关总署综合统计司及《中国海关》杂志社权威发布，滁州市与省内马鞍山、铜陵、合肥、芜湖、蚌埠、安庆等市共同入选2014年度中国外贸百强城市，排名由2014年度的第92位上升至第76位。中国外贸百强市评选是根据城市的水平竞争力、结构竞争力、效益竞争力、发展竞争力和潜力竞争力五项指标综合评定的。

【“海关高级认证企业”实现零突破】 博西华家用电器有限公司成功获批海关高级认证管理资质，成为全市首家海关高级认证企业。（王宏龙　陈子琪）

农业与农村

NONGYE YU NONGCUN

发展综述

【概况】 2015年，全市粮食总产达到83.4亿斤，比上年增长3.5%，实现“十二年丰”。生猪存、出栏分别为185.2万头和338.1万头。牛存、出栏分别为14.2万头和12.4万头，羊存、出栏分别为38.60万只和65.2万只。家禽存、出栏分别为2629.0万只和6706.0万只。肉蛋奶总产达52.5万吨，畜牧产值122亿元。全市水产养殖总面积77786公顷，同比增长0.26%，水产品总产量34.7735万吨，同比增长4.1%，全市渔业经济总产值811928万元，同比增长6%。

全市新增农民专业合作社600个，总量达5090个。组织创建7家省级示范社和19家市级示范社。新增家庭农场900家，总量达3000家。其中，市级示范家庭农场139家、省级示范家庭农场55家。全市有世界500强企业3家、国字号企业13家、省级59家、市级237家，规上企业337家。现有省级农业产业化示范区4家、国家农业产业化示范基地1家。全市农产品加工业产值650亿元，同比增长16%。年纳税超千万元企业11家，其中养元饮品2015年产值23亿元，纳税3.9亿元。全市拥有中国名牌农产品2个，省名牌农产品40个。全市新增安徽省著名商标8个，新认证无公害农产品21个、无公害产地15个。“滁州贡菊”获地理标志证明商标，“女山湖大闸蟹”获国家地理标志保护产品。全市有效期内累计认证无公害农产品达607个，无公害农产品产地170个，新获得绿色食品标志使用权产品20个，总数达216个，绿色食品有效监控面积新增20万亩，总面积达250万亩。有7家企业11个产品获得有机食品标志有效使用权。协助农业部来滁开展5次农产品质量安全抽检,共抽检130多个畜禽产品和40份水产品，合格率都达到98%以上。协助省农委在滁开展农产品质量安全抽检3次，共抽取蔬菜样品204个，合格率均达98%以上。全市在已建市县级农业物联网综合服务平台6个、应用示范点50个的基础上，新增9个应用示范点，应用示范点达到59个。 （苏长军）

【创建现代农业示范区】 全市在建示范园区103家，其中国家级1家（全椒县）、省级6家、市级15家、县级21家、乡镇级60家。明光潘村洼、琅琊都市示范区通过第四批省级示范区申报评选。全市市级以上示范区高标准基本农田新增3万亩，总面积达84万亩，比重达50%。全市市级以上示范区内新增472家新型经营主体，总数达4267家。市级以上示范区新增设施面积1.3万亩，总量达5.5万亩，增长23%。新增各类大中型机械1634台套，增长8.5%。机械化率达到88.4%。

【培育新型职业农民】 全市培育任务2240人，其中全椒县、来安县、定远县3个部级项目县承担1400名培育任务，南谯区、天长市、明光市、凤阳县4个省级项目县、市、区承担840人。至年底，全市各地培训工作全面完成。

【核发农村能源产品生产经营许

可证】 全年办理核发明光市欧柯莱太阳能有限公司、滁州市宇阳太阳能产品制造有限公司、明光市金洋太阳能有限公司农村能源产品生产经营许可证3份。（阮树松）

【农村土地承包经营权确权登记颁证试点】 7月8日，全省农村土地承包经营权确权登记首批颁证启动仪式在凤阳县举行。全市除凤阳县外的其余7个县（市）、区2015年全部纳入全省试点，试点涉及72万户、国土"二调"耕地面积907万亩。

【农村集体产权制度改革深入推进】 2015年6月，天长市被农业部批准为全省唯一的国家"集体资产股份合作制改革"试点市。全市8个农村集体产权制度改革试点村通过市级验收，完成试点任务。（陈　超）

种植业

【概况】 全年粮食种植面积1096.5万亩，比上年增长1.08%。油料种植面积105.4万亩，比上年减少3.08%，总产19.65万吨，比上年减少2.04%；棉花种植面积12.6万亩，比上年减少0.14%，总产0.96万吨，比上年增加2.36%。全市建立省级水稻、小麦、玉米粮食绿色增产示范片、示范村、示范家庭农场30个，示范面积23.4万亩。示范推广超级稻230万亩和优质粳稻105万亩。全市建成粮食万亩高产创建示范片71个，其中小麦20个、水稻45个、玉米3个、大豆等杂粮3个。全市土地流转面积达211.6万亩，约占总耕地面积的35%，其中500亩以上连片流转达到88.3万亩。全市从事粮食生产的大户和家庭农场达5200多个，成立各类涉农社会化组织近2700多个。全市建立95个耕地质量长期定位监测点，65个土壤墒情监测点。

【粮食生产稳定增长】 全市夏粮面积426.97万亩，亩产363.43公斤，总产155.17万吨，秋粮面积669.5万亩，亩产433.03公斤，总产289.9万吨，均实现"三增"，粮食生产再创历史新高。

【开展粮食绿色增产模式攻关】 全市以30个粮食绿色增产模式攻关示范片、村、场和71个粮食万亩高产创建示范片为重点，着力落实"三推"、"三节"技术，示范推广优质粳稻105万亩、优质专用小麦372.9万亩，推广测土配方施肥技术1197.2万亩次，推广应用配方肥25.29万吨、703.4万亩次，全市化肥利用率平均提高3.18个百分点建有专业化防治组织761个，从业人员1.4万人，机械总装备1.86万台，日作业能力40多万亩。

【育秧工厂建设】 新建成标准化育秧工厂119座，全市育秧工厂建设有力促进种粮大户、家庭农场等新型农业经营主体规模化发展，实现种子良种化、育秧标准化、供秧商品化、插秧机械化，提高农业生产的科技含量，示范带动全市水稻机械化生产水平提升。（黄福建）

【加强生态农业建设】 全市累计认定无公害农产品产地159个、认证无公害农产品649个。全年产排污系数监测共采集淋溶水样品18次324个，径流水样品7次126个，降雨样品46次46个，灌溉水2次4个，土壤样2次18个，籽粒样2次18个，秸秆样2次18个；地膜残留系数监测点采集残膜14个。全市穿龙薯蓣

8月5日，明光市在苏巷镇举行农村土地承包经营权确权登记首批颁证仪式。

（山药）9921公顷、明党参714公顷、栝楼554公顷。做好土壤重金属加密普查工作，在工矿企业周边、污水灌区及一般农区设立1092个采样点。

【扎实推进土肥水工作】 全市推广测土配方施肥技术1197.2万亩次，推广应用配方肥25.29万吨、703.4万亩次；开展测土配方施肥整县整乡整村整建制推进面积524.2万亩次；装备测土配方施肥触摸屏查询系统151台，掌上专家系统48台。采购发放秸秆腐熟剂3099.94吨，实际推广应用155万亩，涉及87个乡镇；实施秸秆腐熟剂品种效果田间试验28个，核心示范区68个，面积7.3万亩，布置效果监测点35个；开展宣传培训212场次，专题讲座49期，印发技术明白纸28.05万份，培训农民3.55万人次。

【耕地质量定位监测】 全市初步筛选确立65个市级耕地地力监测点，累计采集土样4802个，化验分析52602项次；采集植株样899个，分析测试3164项次；在土壤墒情定位监测中，累计监测农田土壤墒情1000多个点次，提交墒情报告100多篇，上报发布土壤墒情23期，上报监测时降雨量21次；在肥料市场行情监测中，全市建立肥料市场行情信息采集点22个，上报肥料市场行情信息12期。开展3414试验20个，对比校正试验64个，肥料利用率试验22个，中微量元素试验19个，新型肥料试验示范45个；完成5家企业、26个产品的肥料登记资料审查和现场考核工作。 （江　平）

【农作物良种覆盖率、优质率持续上升】 通过开展农作物新品种引进试验示范工作，结合粮食丰产工程和粮食生产三大行动（水稻产业提升行动、小麦高产攻关、玉米振兴计划）及油菜高产创建等一系列项目的实施，使得全市良种覆盖率持续稳步上升。全市水稻良种覆盖率达99.41%，超计划98.4%的1.03%；玉米良种覆盖率达99.18%，超计划98.4%的0.79%；小麦良种覆盖率达到99.63%，超计划 98.5%的1.15%；油菜良种覆盖率达99.29%，超计划98.4%的0.9%。

通过不断强化农作物品种管理、种子质量管理和良种繁殖基地的建设及种子质量的源头管理，使得全市良种优质率稳步提高。全市水稻良种优质率达到98.43%，超计划94.5%的4.16%；玉米良种优质率达到98.76%，超计划98%的0.78%；小麦良种优质率达到99.23%，超计划98.2%的1.05%；油菜良种优质率达到98.81%，超计划96.2%的3.75%。

【抓好农作物新品种试验示范点建设】 全市实际建设并抓好24个农作物新品种试验，超计划15个示范点的60%。其中：水稻点11个，超计划7个点的57.1%；玉米点4个，超计划3个点的33.3 %；小麦点8个，超计划4个点的100%；油菜点1个，完成计划任务。 （朱有龙）

蔬菜产销

【概况】 2015年，全市蔬菜种植47056公顷，比上年同期增加902公顷，增幅2.0%，产量145.4万吨，比上年同期增加3.2万吨，增幅2.3%。全市年度蔬菜平均检测合格率98%，辖区未发生一起蔬菜生产质量安全事件。

【创建蔬菜标准园】 全市累计完成9个国家级蔬菜标准园和11个省级蔬菜标准园创建。其中，2015年新增创建2个国家级蔬菜标准园（南谯区和来安县各1个），新增创建3个省级蔬菜（食用菌）标准园（南谯区、定远县和凤阳县各1个），为进一步推进全市蔬菜生产标准化创建工作，起到良好的示范带动作用。

【举办全市蔬菜标准园建设经验交流暨现场观摩会】 11月20日，滁州市蔬菜标准园建设经验交流暨现场观摩会在天长市天翔蔬菜专业合作社成功举办。市、县（市、区）农委分管领导、菜办主任，部分乡镇农技站长及蔬菜企业、基地负责人计70人参加会议。

【推进产品直销试点】 南谯区腰铺镇2个农业专业合作社，结合蔬菜基地标准化创建和产品产销实际，在滁城城南新区新建2个“菜篮子”产品社区直供直销店和1个净菜供应服务部，促农增收，便民惠民，受到群众好评。

（周　勇）

畜牧业

【重大动物疫病防控】 全市落实动物防疫工作经费425.21万元，县级疫苗配套经费181.1776万元；领购猪口蹄疫O型苗360万毫升、猪口蹄疫合成肽疫苗250万毫升、牛羊口蹄疫苗150万毫升、口蹄疫A型苗1万毫升，高致病性禽流感H5N1型苗941万毫升、高致病性禽流感H5二价苗1230万毫升、高致病性禽流感H5+H9苗680万毫升，高致病性猪蓝耳病灭活苗130万毫升、高致病性猪蓝耳病弱毒疫苗300万头份，猪瘟细胞苗390万头份，小反刍兽疫苗45万头份；免疫家禽高致病性禽流感7124.2万羽，猪O型口蹄疫462.17万头，牛、羊口蹄疫O型-亚洲I型分别为32.10万头、121.21万只，猪高致病性猪蓝耳病452.41 万头，猪瘟454.17万头，羊小反刍兽疫64.18万头，鸡新城疫4317.74万羽，做到应免尽免。

【完成生猪定点屠宰职能划转】 根据滁州市政府办公室下发的《关于加快推进畜禽屠宰监管职能划转的通知》，2015年元旦前，市政府效能办和督查室开展畜禽屠宰监管职能划转专项督查督办。年底前，全市生猪定点屠宰监管职能移交工作全面完成。

【皖东牛通过国家鉴定】 2015年3月，国家畜禽遗传资源委员会对凤阳县南部丘陵山区黄牛进行认定，命名该黄牛种群为“皖东牛”。2015年4月17日，农业部发布第2231号公告，“皖东牛”由国家畜禽遗传资源委员会颁发畜禽配套系证书。

【安徽绿健种猪有限公司晋级国家生猪核心育种场】 根据《〈全国生猪遗传改良计划（2009-2020）〉实施方案》，农业部组织专家对2015年国家生猪核心育种场申报企业进行形式审查和现场评审。8月19日，农业部办公厅关于公布2015年国家生猪核心育种场名单（农办牧［2015］23号），安徽绿健种猪有限公司被正式确定为国家生猪核心育种场。

【天长市周氏羊业院士工作站成立】 12月23日，天长市周氏羊业院士工作站揭牌仪式在大通镇周氏羊业有限公司举行。该院士工作站由中国工程院院士、“中国细羊毛之父”刘守仁院士担任，将致力于肉羊新品种培育、健康养殖和产品开发等方面研究，为实现肉羊产业跨越式的发展发挥作用。

【出台动物防疫疫苗管理办法】 2015年4月，市农委、市财政局联合制定出台《滁州市重大动物疫病免疫疫苗及资金管理暂行办法》。重大动物疫病免疫疫苗和资金管理坚持“政府采购、统一调拨，据实申报、逐级供应，冷链储运、规范使用，定期核查、严格监管”的原则。

【病死畜禽无害化处理机制】 2015年2月，滁州市人民政府办公室印发《滁州市建立病死畜禽无害化处理机制实施方案的通知》（滁政办秘[2015]17号）。主要是定远、凤阳、明光等3个生猪调出大县（市）和家禽年饲养量在5000万只以上的来安县要建立专业无害化处理场，所有规模养殖场户都要通过自建设施或委托处理纳入无害化处理体系。

【畜禽地方良种进入省级保护】 9月29日，安徽省农业委员会关于公布第一批省级畜禽遗传资源保种场和保护区的公告（第42号）。定远猪、江淮水牛、皖东牛、天长三黄鸡等4个地方优良畜禽品种名列其中。

【来安县创建国家级出口禽类示范区】 10月22日，国家质量监督检验检疫总局关于公布2015年国家级出口食品农产品质量安全示范区名单的公告（2015年第127号）。来安县肉鸡、草鸡等禽类产品名列其中，成为全省第一个国家级出口禽类示范区。

【农业部监督抽样畜产品】 根据皖农质函［2015］74号文件精神，农业部食品质量监督检验测试中心（上海）先后于1月、5月、8月和11月4次来滁州市场开展畜产品抽样监测，全年抽样120个畜产品样品，并带回上海检测。检测结果全部合格。 （朱五星）

水产业

【概况】 全市池塘养殖面积

池塘高效循环流水养殖及工程建设观摩会

赴湖州考察学习鲈鱼、青虾养殖技术

24662公顷，同比增长1.7%，水库养殖面积31196公顷，同比减少0.6%，湖泊养殖面积19516公顷，与上年基本持平。水产品总产量中主要增长的品种为草鱼、鲫鱼、鲢鱼、鳙鱼、泥鳅、河蟹及克氏原螯虾。按养殖水域分，主要是池塘养殖产量178829吨，同比增长8.8%，湖泊养殖产量63495吨，同比增长1.6%，水库养殖产量66964吨，同比增长0.35%。全市苗种生产企业育出各类鱼苗109.75亿尾，同比增加9%。全市渔业经济总产值811928万元，同比增长6%。其中，渔业产值636578万元、同比增长5%；渔业工业和建筑业产值122800万元、同比增长3.4%；渔业流通和服务业产值52550万元、同比增长3.4%。

【开展水产健康规模养殖示范基地创建活动】 全市建成市级以上水产健康养殖示范基地(场)达到100个，其中部级34个，核心示范区面积25万多亩，占全市水产养殖面积21.6%。全市建成渔业经济合作组织227个，开发经营水面67.62万亩，占全市水产养殖面积58.3%。

【水产种子工程建设】 全市建成市级以上水产良种场14个，其中国家级原种场1个，省级水产良种场6家，初步形成四大家鱼、河蟹、小龙虾和鳜鱼等水产原良种规模生产基地。鱼苗产量达到109亿尾。

【开展休闲渔业示范基地创建活动】 全市从事垂钓、农家乐和休闲观光为主题的休闲渔业基地达到89家，其中国家休闲渔业示范基地2家，省级5家，市级9家，经营水面4.5万亩，经营产值达到1.3亿元。 （苏长军）

【开展渔船船用产品质量监督整治行动】 全年开展渔船船用产品检查34次，检查船用产品生产企业3家、经销产品企业1家，救生衣9753件，消防设备3174件，查处伪劣救生设施17件；检查新建渔船40艘，发整改通知书1份，已整改完毕。 （马明发）

【做好抽检测报工作】 组织技术人员分别对全椒、来安、定远、南谯及滁州市水产研究所等地14家渔业生产企业开展水产品质量安全抽检，共计抽检草鱼、鲢、鳙、鲫鱼等38个样品。安排水生动物重大疫病GCRV监测抽检，监测采样送检任务的20个样品，送至江苏省水生动物疫病预防控制中心检测，检测结果全部合格。全市共设7个监测区，37个监测点，测报人员27名，全年完成水产养殖病害测报、预测预报各7次，监测的养殖品种12个，含鱼类8种、甲壳类3种、爬行类1种，测报面积5.6万亩，较去年增加6千亩，增长12%。

【开展现代渔业科技培训】 举办“克氏螯虾生态养殖及病害防控技术培训班”、“水产生态健康养殖技术培训班”及“全市现代渔业科技培训”3期现代渔业科技培训班，共培训技术人员、渔农民200多人次，发放技术资料2000多份。

【建立池塘低碳高效循环流水养鱼试验示范点】 首次在滁州市建立2个池塘低碳高效循环流水养鱼模式试验示范点，试验品种草鱼的产量达到150千克/立方米，取得一定的经济、社会和生态效益。

【实施渔业增殖放流】 在淮河明光柳巷段、滁州市西涧湖等地增殖放流活动，共计放流鱼种220万尾，包括滁州鲫140万尾、赤眼鳟20万尾、细鳞斜颌鲴20万尾、鲢鱼20万尾、鳙鱼20万尾。

（水产站）

林 业

【概况】 2015年市园林绿化管理局划归市林业局，市林业局更名为滁州市林业和园林局，机关科室进行调整，撤销产业科，成立政策法规科。全市现有35个国有林场，是安徽最大的国有林场群（个数占全省1/4，面积占全省1/3）。境内有琅琊山、皇甫山、韭山、神山等4个国家级森林公园，白鹭岛、南屏山、老嘉山、龙窝寺、红琊山等5家省级森林公园，皇甫山、女山湖2个自然保护区，女山湖、红草湖、池杉湖3个湿地公园。全市现存古树名木231株，名木5株，国家一级古树37株，国家二级古树22株，国家三级古树90株，古树群1处77株。

全市森林面积640.6万亩，森林覆盖率达31.6%，活立木总蓄积达1670万立方米。全市现有规模以上森工企业49家，省级林业龙头企业27家，市级龙头企业97家，建成森林旅游人家280家，实现森林旅游总产值13.8亿元。林业产业总产值297亿元，据全省第四位。

【森林增长位列全省第三】 全市完成新增造林25.88万亩，是省计划19.88万亩的130%，造林保存率达100%。创建省级森林城市4个、省级森林城镇10个、森林村庄53个、森林长廊152.8公里，均超额完成省下达的任务。结合百万亩森林增长工程建设，完成“三线三边”绿化提升各项任务。森林增长综合考评由2014年的全省13位跃居全省第三。

【绿化攻坚行动提质提标】 启动中央公园等80余个绿化项目建设，新增绿地面积310万立方米；圆满完成590万立方米绿地的日常养护工作，完成城区内280万立方米的道路绿化带卫生下划至各区管理。实施“两治两增一提升”，即“治脏”、“治乱”、“增绿”、“增彩”、“提升出入口”等一系列行动，为农歌会增光添彩。全市各节点处摆放鲜花约2.2万余立方米，在公园、道路交口栽植宿根花卉约8.5万立方米，对城市主要桥梁、重要道路灯杆进行立体绿化美化，促进城市绿化提质提标。

【推进林业经济快速发展】 贯彻安徽省人民政府办公厅关于加快木本油料产业发展的实施意见，创新经营主体和经营模式，大力支持发展木本油料林、特色经果林、生物质能源林和珍贵乡土树种林苗两用林。全年争取中央和省级资金3.14亿元，全市新增苗木花卉面积6万余亩，培育各类新型林业经营主体1702个，经营面积53.28万亩；林下经济面积79.83万亩，国有林场森林采伐市场化率达到80%以上。

【深化林业改革】 启动国有林场改革试点。市政府成立国有林场改革工作领导小组，制定《滁州市国有林场改革实施方案》和《滁州市直属国有林场改革实施方案》上报省林业厅审核待批复。拓宽林业融资渠道。与邮储银行滁州分行联合出台《关于联合开展林权抵押贷款业务的通知》，编制滁州市林权抵押贷款项目实施方案；市政府安排1000万元设立贷

明光市3400公顷原生态黄寨牧场

款风险基金，并出台《滁州市林业贷款专项担保基金管理办法(试行)》。全市受理林权抵押贷款117宗，抵押面积30741亩，抵押金额 7806.5万元。

【保护森林资源】 全年采伐蓄积量23.96万立方米，低于年采伐限额40.5万立方米；通过开展“爱鸟周”、“雷霆行动”等，全市查处野生动物案件21起，其中刑事案件6起，有效地打击破坏野生动物资源的违法犯罪活动；组建4支省地共建专业森林消防队伍，8支地方自建森林消防队伍和35支以国有林场为基础的半专业森林消防队伍，总人数892人，各地、各国有林场建立防火物资储备库，森林防火水平大幅提升。2015年全市发生一般性森林火灾3起，未发生重大森林火灾和人员伤亡事故；集中力量开展林权争议区松材线虫病治理，在凤阳县召开飞机施药防治美国白蛾现场会，切实做好美国白蛾防控工作。

（陈　伟）

农业机械

【概况】 年末，全市农机总动力达到690万千瓦，增长20万千瓦；大中型拖拉机达27000台，增长1400台。全市耕种收主要农作物农机化作业水平提高到80%，比去年提高0.5个百分点。组织春季、“三夏”、“三秋”等重要农时农机化生产，全年完成机耕作业面积1166万亩、机播576万亩、机收985万亩，均超额完成任务。全年新增插秧机1448台，实现机插秧面积252万亩，率先完成全省水稻机插秧目标任务。滁州市农机安全生产荣获全省先进单位，平安农机创建全省第一。农业部安排省农机局开展的全国平安农机创建示范市、县、乡标准化建设工作座谈会在天长市召开。

【落实购机补贴政策】 全年争取中央农机购置补贴资金1.52亿元，比去年增加427.6万元，受益农户8594户，拉动农户投入超过4亿元。争取市本级财政支持秸秆还田机械奖补、烘干、秸秆收储、农机富民工程项目等资金1559万元；各县市区地方财政投入2075.3万元，均创历史新高。

【建设农机化示范大院】 新建13个市级农机化示范大院，争取市财政奖补资金130万元。农机化示范大院建设有效解决农机“安家难”、“看病难”的困境。

【抓好秸秆还田工作】 全市各地农机部门发挥国家农机购置补贴政策的导向性作用，加大对秸秆还田相关机具的补贴力度，加强机具保障供应。引导农机手加速推进老旧农业机械报废更新，并对秸秆机械化还田涉及的相关机具给予叠加补贴。成立秸秆禁烧和综合利用领导小组，出台《滁州市人民政府办公室关于做好2015年农作物秸秆机械化还田工作的通知》(滁政办秘[2015]38号)。市级投入财力1210万元(其中300万元用于秸秆收储奖补)，县级配套4000万元以上，用于85马力以上拖拉机、大马力联合收割机和秸秆粉碎还田机等秸秆机械化还田相关机具的叠加补贴，补贴额度为国补的30%。

【举办全市水稻育插秧机械化技术培训班】 3月30日，举办全市水稻育插秧机械化技术培训班。县市区种粮大户、农机合作组织、机插秧专业合作社技术人员，近200人参加本次培训。

【召开稻麦连作机械化技术及秸秆综合利用等系列现场会】 6月1日，全市稻麦连作机械化技术及秸秆综合利用现场会在定远县连江镇召开，省推广总站组织全省地市农机专家现场观摩，全市农机大户200多人现场观摩秸秆还田、秸秆捡拾打捆、水稻机插秧作业演示，同时参观连江镇秸秆收储中心建设。

8月10日，全市水稻中后期病虫防控暨植保机械演示现场会在南谯区腰铺镇姑塘村现代农业示范园召开，为水田高效植保机械化技术及装备推广应用起到示范引导作用，实现机艺深度融合。

10月20日，全市秋种暨秸秆机械化还田现场会在明光市召开，现场演示玉米机收、秸秆还田、深松作业、水稻秸秆还田及小麦种植等农机新技术。

（郭绪堂）

美丽村镇

【农村危房改造】 按照省下达

的2015年度农村危房改造计划，确定需实施农村危房改造17300户，截至2015年12月31日完成17728户，完成率105.1%。其中，完成2015年度全市民生工程农村危房改造任务户数8500户。

【渔民上岸安居工程】“十二五”期间省住房和城乡建设厅等五部门下达全市渔民上岸安居工程任务4239户，根据符合享受政策的现有渔民实际情况，确定符合安置条件共3403户，投入资金10379万元，所有任务户数的渔民全部完成安置。

【农村生活垃圾治理】在全市八个县、市、区推进农村垃圾治理工作。来安县、天长市、全椒县实现农村垃圾治理覆盖到自然村，并通过省级联合验收。

【美好乡村建设】2015年度美好乡村建设工作启动以来，村镇通过发动群众参与、选好编制单位、做好技术指导、把好质量审查和加强督查调度等措施，完成2015年度45个美好乡村重点示范村的规划编制工作。

【小城镇规划建设】“十二五”期间，小城镇规划建设方面投入资金1000余万元，完成全市88个乡镇的总体规划修编、控制性详细规划编制或修编，出台《滁州市镇规划编制技术导则（试行）》以及“丰乐杯”小城镇建设先进镇（乡）考核评比等重点工作，并成功申请国家级传统村落1个，省级传统村落2个，中国历史文化名村1个。

【推进新型城镇化】根据全省总体方案部署，会同市发改委、市委改革办等相关部门成立试点实施方案起草小组，开展全市推进新型城镇化实施方案编制工作。试点实施方案经过4次书面征求意见、2次座谈会讨论，省新型城镇化推进办公室对试点实施方案征求意见稿进行审查，并提出修改意见。11月16日，经市长办公会研究同意，该方案正式下达各县市区。

【民房规划建设管理】2015年度受理居民建房和提前收储审核申报26件，办理个人信访和群访案件8起。（美农办）

江淮分水岭综合治理开发

【概况】全市江淮分水岭综合治理开发项目包括12个示范片项目，40个植树造林和结构调整小项目，总投资5432.31万元，年底全部完成项目建设任务。

【推进小型水利工程建设】全市

2015年农业综合开发扶持的产业化经营项目（安徽菊泰滁菊草本科技有限公司）生产基地滁菊采摘现场

分水岭地区29个省级重点乡镇累计新挖和整修大塘23面、小型水利工程16处,新增蓄水120万方,新增或改善灌溉面积1.2万亩,解决或改善4928人饮水困难和安全饮水问题。

【重点培育特色产业】 南谯区章广镇"枫、玫、桃"三园由发展规划变成现实美景,枫树产业园向周边辐射4000亩,章广枫树种植已达11000亩。11月15日,章广镇成功举办枫叶节,吸引3万游人参观购物。来安县舜山镇林桥苗木生产基地,该村90%的农民从事苗木种植或经营,90%的耕地用于发展苗木生产,农民90%的收入来自于苗木。

1月16日,水利部副部长矫勇到滁指导农村安全饮水工程建设。

花木生产规模近万亩,品种230多个,从事园艺和农技的专业人员300余人,花木销售网点15个,产品遍销全国各地,成为皖东地区最大的花木生产基地。2015年,年交易花木量近近万株,年交易额超过1亿元。

(曹　阳)

工业经济和园区建设

GONGYE JINGJI HE YUANQU JIANSHE

工业发展综述

【概况】 2015年全市规模工业累计完成产值2528.7亿元，同比增长11.1%。全市规模工业累计实现增加值613.7亿元，居全省第5位；增速11.1%，比全省平均水平高2.5个百分点，居全省第2位。截至12月末，全市规模工业企业单位1391家，居全省第4位，比上年末净增122家。全市规模以上工业企业综合效益指数315.57%，高于全省平均水平16.78个百分点，居全省第6位。规模工业企业实现利润总额257亿元，同比增长7.4%，高于全省3.2个百分点；利税总额379.5亿元，同比增长9.5%，增速居全省第4位，高于全省5.2个百分点；工业产销率达到98.2%，同比上升0.2个百分点，高于全省平均水平0.8个百分点。与此同时，规模工业亏损企业亏损额大幅下降，截至12月末，规模以上工业企业亏损企业亏损额4.0亿元，同比下降11.8%，好于全省平均水平（上涨28.7%）。

【实施“十百千”工程】 全市实施“十百千”工程，促进大企业上台阶、中企业上水平、小企业上规模，亿元以上企业成为拉动工业增长主力军。全年工业总产值超亿元企业达到482家，其中：过百亿元的企业实现零的突破，康佳电子产值超百亿；过50亿元的企业有2家，分别是博西华家电有限公司蓝德集团；过10亿元的有32家。亿元以上企业数占全市规模工业企业的比重为34.7%，实现总产值2124.7亿元，增长14.3%，比全市平均水平高3.2个百分点，对全市规模工业的贡献率为105.2%，拉动规模工业增长11.7个百分点。

【狠抓项目建设】 实施“千亿技改·千企升级”行动，全年完成百个亿元竣工项目111个，达产项目102个，新开工项目104个；完成工业固定资产投资710亿元，其中技术改造投资334亿元。争取省财政专项资金2201万元，支持养元饮品年产20万吨植物蛋白饮料等34个重点项目。扎实推进滁州汽车城工程，全年实现新签约项目30个，总投资158亿元。猎豹汽车新款CS10批量生

9月22日，博西华家用电器有限公司举办搬迁项目建设奠基仪式。

产，嘉远电动车当年签约、当年投产，北汽欧辉与扬子客车成功合作，生产电动大巴。扎实推进新型化工硅基材料基地工程，全年实现新签约项目24个，总投资达50.6亿元。推进产业合作，央企合作全年新签约项目34个，投资规模321.2亿元；新开工项目22个，投资规模225.4亿元，当年实际完成投资231.33亿元，继续保持全省前五。民企合作项目开工率和累计完成投资位列全省前列。南京都市圈和合肥都市圈的产业合作稳步推进。

【加强科技创新】 2015年新增省级技术中心13家，市级技术中心21家。全市拥有各级企业技术中心221家，其中：国家级2家，省级69家，市级150家。开展品牌创建活动，滁州市博西华家用电器有限公司多门冰箱等6家企业7种产品获批为首批“安徽工业精品”，15个产品获批为省级新产品。实施创新型企业培育计划，康佳电子获批为省级创新型企业。开展智能制造应用。安徽全柴动力股份有限公司大中型农业装备用柴油机智能化工厂获批为国家首批智能制造专项。推广应用工业机器人，全市应用超8000小时机器人有216台；推荐安徽康佳电子有限公司彩电智能制造试点示范、安徽中家智锐科技有限公司智能家电云服务平台试点示范等。组织开展部、省级两化融合贯标试点。2家企业获得部级贯标试点，11家企业获得省级贯标试点。开展两化融合自评估工作。

【发展民营经济】 新增私营企业6700多户、个体工商户1.8万户，分别增长24%和45%。民企入围全省百强数连续两年居全省第三，蓝德、天康、天大进入全国民营制造业500强。天长市万寿镇等4个乡镇被认定为第四批安徽省产业集群专业镇，全市省产业集群专业镇数量达到17个。成立市中小微企业金融服务中心。滁州市中小企业服务中心等2家中小企业服务机构被认定为第五批安徽省中小企业公共服务示范平台，全市拥有国家级示范平台1个，省级示范平台5个；拥有省级专精特新中小企业40家、市级专精特新中小企业109家，居全省前列。 （余　飞）

支柱产业

【概况】 2015年全市六大支柱产业有企业1221家，累计实现增加值554.9亿元，同比增长11.9%，比全市平均增速高0.8个百分点，其中，先进装备产业、智能家电产业和新型化工产业同比分别增长16.1%、11.3%、11.9%。三大产业

6月29日，中国汽车零部件工业公司（滁州）产业基地项目正式签约。

5月6日，安徽椰牛饮品项目开工建设。

对规模以上工业的贡献率分别达到50.5%、17.9%和10.3%，分别拉动全市规模工业增长5.6、2和1.1个百分点。六大支柱产业全年实现工业总产值2293.9亿元，占全市规模工业90.7%，其中先进装备产业产值突破900亿元，达到916.7亿元；农副产品深加工产业产值509亿元；智能家电产业产值444.7亿元；新型化工、硅基材料产业产值分别达到224.8亿元和150.3亿元。

【智能家电】 建成博西华年产130万台高端节能冰箱、康佳电子300万片导光板、坂田电气100万台洗衣机和30万台空调、韩上电器100万台冰箱和60万台洗衣机、扬子空调R290冷媒替代技改等项目。滁州经济技术开发区荣获国家家电及装备制造业基地、家电设计与制造基地、全省首批战略性新兴产业集聚发展基地等称号。

【汽车及先进装备制造】 建成安徽猎豹15万辆皮卡及SUV整车升级改造、浩淼安防年产700台涡喷消防车、永强汽车1.2万台全天候应急罐车和特种车项目一期、蓝德集团750KV立塔式高压交联电缆技术改造、全柴动力3.5万吨消失模缸盖、悦达实业多缸小缸径柴油发动机及变速箱等项目。

【绿色食品】 建成盼盼食品、雀巢银鹭、滁州养元饮品、东鹏特饮、嘉吉动物蛋白深加工、雅客、蜡笔小新、巧妈妈、嘉美制罐等品牌食品级配套企业，滁州经济技术开发区荣获国家龙业产业化示范基地。

【新型化工】 建成华塑盐化一期、中普石油200万吨重油裂解制烯烃及下游产品综合深加工、泉盛化工24万吨合成氨、华纳化工5万吨氯化聚乙烯等项目。

【硅基材料】 建成德力玻璃3.5万吨高档玻璃器皿、鑫民玻璃5.5万吨玻璃制品、联塑侨裕2000平方米硅酸钙板、意德丽塔3000万只高档玻璃酒具等项目。凤阳县荣获“国家日用玻璃制造基地”称号。

【新能源】 累计实施风电、生物质发电、锂离子电池等各类新能源项目26个，完成投资81亿元，风电装机总量占全省三分之二。天康20亿AH标准纳米动力及储能电池、伯恩太阳能36万套（台）太阳能集热装置等重大项目顺利实施。 （余 飞）

投资合作与利用外资

【概况】 全市通过招商引进市外亿元以上项目690个，实现到位资金800亿元，同比增长14%。其中境内省外项目实现到位资金666.2亿元，全省排名第5位，增幅18.2%，全省排名第2位。全市新签约亿元以上项目超400个，总投资1086.8亿元，同比增长12.7%。其中5亿元-10亿元44个，10亿元-15亿元11个，15亿元以上12个。全市新开工亿元以上项目283个，总投资679亿元。2015年，全市新投产亿元以上项目214个，总投资430亿元。

【高位推进重大项目】 2015年，市领导累计外出开展招商高位推进90余批次，地方或单位主要领导外出招商100多批次。全年44个招商小组外出拜访客商4435天，在滁接待客商近1218批次，累计上报签约项目146个。其中1亿元-5亿元109个，5亿元-10亿元9个，10亿元-20亿元8个，20亿元以上4个；开工建设项目85个；投产项目34个。全年新签约世界五百强投资项目3个，国内五百强投资项目9个，上市公司投资项目17个，高新技术企业项目8个、外资项目6个。

【突出六大产业招商】 全年六大产业招商引资416亿元，占全市总量的52%，其中先进装备产业占17.6%，农副产品深加工产业占13.7%，智能家电产业占8.3%，新型化工产业占68%，新能源产业占4.4%，硅基材料产业占1.2%。全年重点围绕汽车城、健康食品城、家电制造基地等，着力引进总投资16亿元的北斗二代GAPS系统（一期），总投资15亿元的东菱家电零部件中心库，总投资10.6亿元的双向拉伸聚丙烯薄膜，总投资10亿元的中利光伏（一期），总投资6.5亿元的双林家电配件，总投资6亿元的嘉远电动汽车，总投资5亿元的南工大方圆环球光电，总投资3.8亿元的李子园奶制品，总投资3.6亿元的博西华洗碗机（一期）等一批投资规模较大、集聚效应较强、外向度较高的项目。

（许兴业）

滁州经济技术开发区

【概况】 2015年，滁州经济技术开发区实际管理面积83平方公里，建成面积55平方公里，形成城南、城东城北、示范区、高铁站前区四大经济板块，聚集以博西华、康佳、长电、扬子空调、立讯精密、东菱凯琴等为代表的智能家电及电子信息，以猎豹汽车、永强汽车、天大石油管材、达世汽配等为代表的汽车及先进装备制造，以雀巢银鹭、养元、盼盼、东鹏、雅客、蜡笔小新等为代表的绿色食品等三大主导产业。同时以德威、天大铜业、博特金属复合材料等为代表的新能源新材料产业蓬勃发展。开发区拥有各类企业2560多家，其中工业企业约700家，规上企业160家，亿元以上企业50多家，10亿元以上企业10家。2015年实现地区生产总值171.8亿元，增长15%；完成市口径财政收入23.08亿元，增长22%；规模工业增加值101.4亿元，增长20%；固定资产投资178.9亿元，增长20.3%；完成进出口总额6.35亿美元，利用外资累计完成2.79亿美元，增长16%。获新华社主导评比的“中国十大创新力开发区”和商务部国际商报社评选的“国家级经开区相对竞争优势30强”。

【主导产业】 智能家电及电子信息、汽车及先进装备、绿色食品三大主导产业分别实现规上产值247.4亿元、85.8亿元、72.3亿元。其中智能家电产业获批全省首批战略性新兴产业集聚发展基地，绿色食品产业获批“中国食品产业成长之星”。新兴产业发展迅速，2015年实现战略性新兴产业产值156亿元，同比增长40.4%，占全市37%。

【园区项目建设】 全年签约引进亿元以上项目64个，协议总投资220.8亿元，完成招商引资到位资金130亿元以上，增长20%以上。全年开工亿元招商项目28个，其中10亿元以上项目3个。实施亿元以上重大项目61个，天大铜业、华汇热电等32个亿元项目竣工投产。滁州市首家公用型保税仓库——康佳电子保税仓投入运营，康佳电子、博西电器等12家企业超千万美元。新引进外资项目5个，协议引进外资21.4亿元。

【科技创新】 全年实现规模以上高新技术产业产值263.2亿元，占规上工业产值57.9%，同比增长35.7%；获批省级以上新产品、高新技术产品60件，申请专利1289件，授权专利628件，其中发明专利53件。新增高新技术企业10家，扬子空调、康佳电子分别获批2015年度国家“两化”融合管理体系贯标和贯标试点企业，康佳电子、康佳同创入选安徽省百强高新技术企业。创新平台加快建设。2015年新增省级技术中心7家，市级工程技术研究中心5家，累计达到95家。创新政策不断完善。2015年制定《鼓励企业转型升级创新发展暂行办法》，出台高含金量的支持企业发展8条意见，每年安排8000万的创新专项资金，鼓励企业加快技术改造，实施机器换人、两化融合。指导70多家企业申请市级以上财政扶持项目102项，争取资金7900多万元；兑现78家企业2014年创新奖励资金1278万元。

【园区基础建设】 全年建设基础设施及配套项目62个，其中新

12月25日，滁州开发区管委会与九三学社安徽省委组织赴上海与科研院所、金融机构、高校开展对接。

11月13日，滁州开发区组团参加第九届(合肥)家博会，图为省委书记王学军、省长李锦斌视察滁州馆。

6月12日，全市省级以上开发区推广“严实”工作法现场会在滁州开发区召开。

建47个、续建15个，建成55个，完成投资12.5亿元。新建成安置房20万平方米，完善配套回迁10.5万平方米；新建成道路17条，新增通车里程22公里，累计220公里。绿色食品产业园、汽车及先进装备产业园、电子商务产业园、智能家电基地、月亮湾创新创业基地等“三园两基地”快速推进。

【帮办帮扶】 全年帮助61个在建项目、168户企业解决问题500多条。将化解企业融资难作为帮扶的重点内容，与建设银行滁州分行合作开展助保贷业务，22家企业纳入资金池，累计提供贷款2000万元。大力扶持企业发展，依法兑现各项招商引资政策资金3.3亿元。积极鼓励企业发行债券和上市融资，培育嘉美印铁、富达电子等上市后备企业20余家，开润股份完成上市申报。同创公司资产规模达到125亿元，落实融资到位资金24.4亿元，小微企业集合债、私募债先后获批。批准项目用地近千亩，另有近2000亩土地上报省厅待批。

【推广实施“严实工作法”】 按照中共滁州市委“严字当头、干在实处、聚焦发展、推动工作”的要求，滁州经济技术开发区在全市首创“严实工作法”。6月12日，全市省级以上开发区推广实施“严实工作法”现场会在滁召开。滁州经济技术开发区围绕学习践行“三严三实”，重点介绍“严实工作法”具体做法和取得的工作成效。滁州经济技术开发区经济运行局、建设局、城北新区办事处先进经验在园区推广。

【社会民生】 按照《滁州经济技术开发区三年民生工程计划(2014–2016)》，实施民生工程22项，完成14项。开展“送岗位、送政策、进社区”活动，解决失地农民就业难问题。加强社区居民精神文化建设，城北新区办事处宋郢社区作为滁州市三个市民文化乐园试点之一，投入120多万元，丰富居民文化生活，广受好评。制定滁州经济技术开发区城乡居民医疗救助管理办法，2015年救助253人，救助金额达81.5万元，有效缓解因病致贫等家庭困难。全面提升村居干部待遇，人均月增资1000元，有效提升基层工作人员积极性。 (蔡军部)

苏滁现代产业园

【概况】 全年完成固定资产投资、招商引资到位资金、财政收

9月27日，三邺科技重工集团华东特种车辆产业园项目正式签约。

5月29日，滁州电商产业园首批入园企业正式签约。

4月23日，猎豹汽车新产品在滁州开发区下线。

入、外贸进出口总额分别为22亿元、28亿元、1.5亿元和580万美元，较上年分别增长35.1%、43%、134.8%和108.6%。

邀请新闻媒体、网友代表等来园区参观，介绍园区规划建设、招商引资等重大成果，全年接待国内外媒体来园采访报道200余人次，在人民网、光明网、新华网等国家级网络媒体及《安徽信息》《安徽日报》等市级以上刊物刊发信息、新闻101篇。

【招商及项目建设】 全年亿元以上工业项目新签约22个、新开工15个、新投产10个，全面完成“201510”工业项目建设任务。成功引进南京嘉远电动车项目，成为滁州首家落户的新能源汽车企业，并用了短短三个月时间实现整车下线。引进香港友斯克模塑、艾贤新材料等项目，建成投产安徽省首家新加坡投资企业——道益精密科技、首家园区美国投资企业——派罗特克新材料、首家园区台资企业——尚钧医疗科技，开工建设园区首家日资企业——贵和新材料。截至年底，园区新兴项目占比达40%，成为全市产业转型升级的新亮点。全年外出招商30多次，接待客商50多批次，挖掘有价值的招商线索49个，促成大禹防水、晶润玻璃、名邦医疗、泰瑞德电力等9个项目签约落地。新加坡欣阳科技、柯迪制冷等项目先后开工建设，胜华波汽配、环泰新材料等重大项目竣工投产，博大精工和胜华波汽配项目完成规上企业申报，全年有6家企业上升为规上企业，实现园区规上企业“零突破”，预计规上工业产值达到1.5亿元，规上工业增加值超过4000万元，限上贸易企业销售收入达到4.1亿元。

【安徽省首家新加坡模式邻里中心开业运营】 9月30日上午，安徽省首家新加坡模式邻里中心——东升邻里中心在苏滁现代产业园正式开业运营。东升邻里中心位于东升花园小区东北角，总投资5000万元，面积2.1万平方米。东升邻里中心集购物餐饮、教育培训、休闲娱乐等12项居住配套功能于一体，拥有安徽省首家金融超市、滁州市首家社区大卖场——吴江大润发和首家民众联络所。除设置12项基础功能外，东升邻里中心还建设社区卫生服务中心、图书馆、党工团活动室等社区服务载体，旨在推进社区商业、社区管理、社区服务和社区组织建设“四位一体”新模式。

【南京琅琊路小学苏滁分校挂牌招生】 9月1日，苏滁现代产业园第一小学暨南京市琅琊路小学苏滁分校正式开学。经过滁州和南京两地的高位推进，5月苏滁现代产业园第一小学与南京琅琊路小学正式签署联合办学协议，双方在品牌、教学、科研等层面开展广泛合作。这是苏滁现代产业园第一小学与南京琅琊路小学签署合作办学协议之后的第一个学期，标志着滁宁教育一体化迈出坚实的一步。

【推进重点工程建设】 国际商务中心、南京鼓楼医院苏滁分院、跨清流河琅狮大桥三大重点工程按照序时进度稳步推进。国际商务中心7月开工，裙房实现封顶，主楼建至六层。南京鼓楼医院完成主体工程招标，11月底施工单位进场建设。清流河琅狮大桥于12月3日正式开工建设，将实现园区与城南政务新区的无缝对接。

5月10日，省委常委、合肥市委书记吴存荣调研苏滁现代产业园。

5月25日，苏州市人大常委会主任杜国玲率苏州市人大常委会代表团考察苏滁现代产业园。

【基础设施建设】 开工建设滁州大道、兰州路、苏滁大道等续建的9.5公里道路，基础设施由产业片区向城市片区延伸。园区主要路段路灯及交通信号灯配套工程全面完成。二期安置房南地块主体结构封顶，附属工程加快推进，北地块完成桩基及正负零施工。全面梳理园区原有水系，开工建设河道6.6公里。采用先进的格宾石笼技术建设生态河道，实现水路畅通。开工建设东升公园，完成土方、溢流堰、堆坡造型等工程施工。完成中新大道、常州路、大王郢路、锦州路四条道路和东升花园、蓝白领公寓等住宅小区的绿化建设，全年新增绿化面积17万平方米，园区绿色生态工程初展形象，有力提升园区的建设品质。

【完善“一站式”中心功能】 健全窗口设置，职能窗口增至14个，完善“一表制”收费功能，受理办件3850项；完成协同审批服务平台软件设计，实现与市政务服务中心审批网络无缝对接。

【创新园区管理机制】 引进中新苏州和乔物业服务有限公司，成立苏滁城市物业管理有限公司，以政府购买服务的方式，实行道路保洁、绿化管养、路灯照明、地下管沟管线、公园、广场、停车场等城市管理工作一体化运作，整合政府部门环卫、路政、城管等职能，优化管理效能。推行“四位一体”基层管理模式。在苏州邻里中心“三位一体”基础上，实现“四位一体”，即社区商业、社区管理、社区服务、社区基层组织建设“四位一体”运营。

【提升服务保障】 全力扶持企业发展，保障园区建设、民生工程等重点，财政支出1.9亿元，增长1.66倍。做大做强融资平台，落实国际商务中心、鼓楼医院苏滁分院等重点项目融资7.4亿元，争取国家资本金项目贷款4200万元。做好用地保障，完成土地供应29宗，供地面积2401.41亩。完成园区首宗商业用地——黄山路商住用地出让，有力支持中新苏滁（滁州）开发有限公司经营业务拓展，推动合作共建。加速推进电力保障，在已建成220千伏明珠变电所基础上，开工建设110千伏长江变电站。加快高压管线下地建设，实施电力管线改造。完成与市人力资源市场联网工作，落实企业用工1200余人，切实解决企业用工难问题。

（余一瑞）

商 贸

SHANGMAO

国内贸易

【概况】 全年完成社会消费品零售总额总量实现457亿元，列全省第7位，增幅12.5%，列全省第5位。全年净增限上企业31户，累计达861户，列全省第3位。

中垦流通滁州农产品物流园获批全国农产品跨区域基础设施建设试点项目，明光市获批全国电子商务进农村综合示范试点县（市）。天长市、凤阳县列为省流通体系建设试点县。

【发展电子商务】 出台《加快电子商务发展的实施意见》，每年安排1000万元电子商务发展专项资金扶持电商发展。全市规划建设9个电子商务产业园区，定远、明光、天长、来安率先建立4个农村淘宝县级服务中心，共建立240个村级服务站并投入运营，建设数量和速度位居全省前列。安徽瑞飞科技荣获“2015中国电子商务百强”和“2015中国电子商务跨境电商百强”称号；深圳每天惠集团在滁州设立华东区域总部。全市电子商务企业及个人网店累计超过12000家，中小企业电子商务应用普及率超过30%。全市30家重点电子商务企业电子商务交易额突破40亿元，网络零售总额超过10亿元。

【服务业集聚发展】 全市新增明光市电子商务产业园、滁州市天长路中央商务区和滁州市电子商务产业园等3个省级服务业集聚区，全市在文化创意、文具制造、中央商务、电子商务、商贸物流等诸多领域已累计获批8个省级服务业集聚区，集聚区数量列全省第4位。滁州1912、天下滁房、环南湖商业街被评为省级商业特色街。

【项目建设加速】 先后建成4个物流园，滁总物流和益民物流低碳物流园成功创建4A级物流园区，其中益民低碳物流园区被评为全国首个低碳物流园区。苏宁广场开工建设，1912商业街区、金鹏99城市广场、世贸广场、中普广场、汊河城乡一体化工程等城市综合体建成投入运营。

【修编城区商业网点规划】 按照全市统一安排，通过招投标方式确定由上海复旦建筑设计研究院修编滁州市城市商业网点布展规划（2014—2030年）。 （王德海）

对外贸易

【概况】 全年外贸进出口总额实现20.5亿美元，总量列全省第7位。全年利用外商直接投资10.58亿美元，列全省第5位，同比增长14.6%，列全省第3位。全年组织90家企业参加华交会、广交会等，实现意向成交额1.8亿美元，设电子、玩具、家电、医疗用品、装饰礼品、餐厨、羽绒纺织、玻璃工艺品等展位104个，接待客商近万名。建成安徽康佳公司公用型保税仓库，安徽蓝德集团股份有限公司自用型保税仓库获批。博西华家用电器有限公司成功获批海关高级认证管理资质，成为全市首家海关高级认证企业。来安县成为全省首个国家级出口禽类产品质量安全示范区。

【入选中国外贸百强城市】 参见P217【全市入选2014年度中国外贸百强城市】条目)

【成立县级海关工作机构】 滁州海关天长通关监管中心获合肥海关批准设立,系全省首家县级海关工作机构。该工作机构的设立极大便利了天长市广大外向型企业就近办理海关业务,是支持县域经济发展壮大的新探索。

【市政府与博西家电公司签订战略合作协议】 5月22日,滁州市政府与博西家用电器投资(中国)有限公司签订战略合作协议。根据协议,博西家电"十三五"期间将在滁新增投资15亿元,并建立博西(滁州)家电产业园,将其打造成博西家电全球领先的生产基地之一。 (王德海)

供销合作经济

【概况】 全系统实现年销售总额125.04亿元,较去年同期增长20%;完成利润总额2.3亿元,较去年同期增长15%;所有者权益16亿元,较去年同期增长10%。开放办社新增亿元合作企业2个。加强社有资产管理,保证社有资产保值增值,年实现收益180万元。新建和改造基层社10个,新增综合服务社105个,新建配送中心1个,新增庄稼医院科技服务点21个。

【大力推动市社综合改革】 6月24日,市委、市政府召开全面深化改革领导小组第六次全体(扩大)会议,邀请安徽省供销社监事会主任韩永生对《中共中央、国务院关于深化供销合作社综合改革的决定》(以下简称《决定》)进行政策解读。市委书记李明、市长张祥安相继对全市供销社综合改革工作做出重要批示,要求供销社综合改革纳入全市改革大盘,全面部署,加强督查,确保改革取得实效。6月和10月分别在天长、凤阳召开全市供销社工作会议,对全系统改革发展任务进行部署和督查。

【"新网工程"建设】 全年全系统"新网工程"建设新增经营网点240 个,覆盖全市85%以上的乡镇。 新增销售超亿元商贸流通企业5家,改造批发市场1家,完成省社任务。2015年争取到农业综合开发供销合作总社项目一个,中央财政资金将支持90万元。市社对全市2013、2014年度全市供销社系统争取的各级财政涉农资金795万元39个项目,从项目申报审批、资金拨付使用、项目绩效等方面进行自查自纠。定远县社的3个市级"新网工程"示范网点建设前期工作进展顺利,西卅店镇综合农贸市场建设进入实质性操作阶段。"一网多用、双向流通"功能不断强化。凤阳县社按照示范网点建设要求,帮助基础条件较好、有特色的凤凰岭合作社新建的农资超市、白云林业合作社的花卉苗木基地和凤网电子商务中心进行完善提高,符合示范网点要求。

【推进社会化服务】 全市供销社系统依托各自优势,努力拓展为农服务领域,取得良好的社会和经济效益。凤阳县供销社积极推广土地托管服务,组织13家专业合作社,为农民和各类新型农业经营主体提供农资供应、配方施肥、农机作业、统防统治、收储加工等系列化服务,建立综合为农服务中心1处,300亩以上的示范种植基地6处,服务农户3000多户,服务面积达10万亩,累计助农增收5000多万元。天长市社参股企业华易超市为全市249家加盟连锁店提供日用消费品配送,年购销额9000多万元。南谯区社为珠龙镇葡萄种植户提供政策咨询,帮助种植户共同成立合作社,争取政策扶持。新增庄稼医院科级服务站点18家,完成省社任务。

【电子商务发展走出新路】 全市供销社系统积极探索利用较为完整的经营服务网络与"互联网+"相结合,将线下与线上统筹起来,为供销社服务三农发展开拓新渠道。天长市供销社投资控股安徽康宁电商产业服务科技有限公司,通过自建平台和借助淘宝、阿里巴巴、京东等公共服务平台资源,在每个行政村设电子商务网上供销综合服务站,在每个镇(街道、社区)设贸易中心和配送中心,在天长市建设电子商务产业园运营中心和农村电子商务人才培训中心,通过打造线上线下无缝连接、产销对接、全面覆盖的综合网络服务平台,为城乡居民提供代购、代售、订票缴费等便民服务及电子政务服务等多项服务内容,既促进农民生活服务城镇化、供销社网点资源一体化,又促进农产品生产订单化、农业发展网络化。天长市运营中心——康宁电子商务产业园初步建成,建设面积18000平米,其中35平米独立办公室40间,仓储区域9000平米,人才公寓400套,职工餐厅、会议室、洽谈室、培训室、创业咖啡等公共服务设施完善。凤阳县依托企业成立凤网电子商务有限公司,开通凤阳馆,完成与淘宝网和1号店的对接,并完成全县8个乡镇站点建设,为农民提供2千余次的代购车票、代缴费用和代售等便民服务,计900万元。

【加强对农村金融服务的探索】全市社通过参股小贷公司、农村商业银行、发展资金互助社等形式积极开展农村金融服务,为农村合作经济组织提供金融支持,帮助解决农民融资难的问题。凤阳县成立凤阳东陵农民专业合作社资金互助社、小溪河镇燃灯社区黄张资金互助合作社等2家农民资金合作机构。2015年3月26日,由天长市供销社参股领办元通农民资金互助社正式挂牌,合作社拥有社员221人,入股资金285余万元。8月16日,天长市社参股金集镇农民资金互助社开业,天长市社系统年内有望再发展乡镇资金互助社1家。

【推进基层社新建和改造工作】全市供销系统着力加强基层社的恢复重建步伐。来安县汊河中心供销社投资50万元对原有商厦进行改造装修,经营场地达到“三亮一白”,新建综合超市、服装超市,集销售、仓储和办公为一体。全椒县供销社依托社有企业成立全市第一家基层社有限公司——全椒县襄河供销社有限公司,天长市供销社在大通镇成立元通农业专业合作社,同时成立大通供销合作社;凤阳县供销社依托社有企业带动、采用先建后返模式重建基层社,完成二铺、临淮、门台三处基层供销社重建。全年全市供销社系统新建或改造基层社 24 家,完成省社任务。

【发展综合服务社】全市供销社结合实际和美好乡村建设,大力发展综合服务社,继续参与全市美好乡村建设工作,做到全市48个美好乡村中心村中供销社基层组织或网点全覆盖。来安县社积极探索并利用原有服务网点进行改造,恢复发展新的自身经营网点,包括双塘村在内的6个示范村在选定店址后进行规范整改。定远县和南谯区供销社创新思路想办法,推动综合服务社建设。全年全市供销社系统新建综合服务社37家。（方永远　谢雅玮）

粮油购销

【概况】全年粮食收购总量365万吨,小麦125万吨,稻谷240万吨;其中政策性粮食收购量198万吨,小麦收购53万吨,稻谷收购145万吨;政策性粮食收购量居全省第一,占全省政策性收购总量1/4。其中政策性收购小麦、稻谷分别占全省的13.4%、35%。2015年,全市粮食工作综合目标考核再次被省粮食局评为全省先进单位,位居全省第二;粮食收购工作位居全省第一、国有企业经济效益位居全省第一,粮食流通监督检查、粮食产业化工业位居全省第二。

【粮食安全责任制】以市政府名义出台《滁州市人民政府关于建立健全保障粮食安全市县长责任体系的的实施意见》(滁政〔2015〕83号)和《考核办法》(滁政办秘〔2015〕173号),首次明确将粮食安全责任制落实情况纳入市政府综合目标考核,全市粮食流通管理体制改革迈出历史性的一步。

【宏观调控储备】全面完成新增储备任务,并按规定完成储备粮油的轮换。建立90个三级价格测报网络,确定29个粮油应急供应企业和159个应急供应点。成功申报2015年政策性应急供应(军供)设施改造重点支持市,争取省财政补助资金150万元,维修改造滁州市军粮供应站区域军粮综合保障中心,确保2016年6月建成并投入使用。

【粮安工程建设】2014年至2015年争取国家、省危仓老库改造资金1.8亿元,总投资4亿多元对全市的危仓老库实施全面维修改造。全市“粮安工程”重点维修、改造升级、恢复重建三类项目建设完成仓容125.55万吨,其中

10月18日，市长张祥安到滁州国家粮食储备中转库调研秋粮收购工作。

9月6日，全省“六五”普法验收第一检查组到市烟草专卖局(公司)检查指导普法工作。

恢复重建项目竣工仓容62万吨，维修项目竣工仓容62.9万吨，改造升级0.65万吨，占任务的96%。

【粮食产业】 先后与宿州家乡味营养早餐、淮北汉享、徽香昱原、滁州汉革食品等企业联系协作，共同推进“放心粮油”和“主食厨房”工程。培育建成应急配送中心2家、放心粮油示范店增加到43家，“主食厨房”加工企业5家、主食加工配送中心4家、主食厨房直营店22家，主食厨房销售店18个。粮油加工业在逆势中总产值突破250亿元大关，占目标任务233亿元的108%，稳居全省前列。

【“法治粮食”建设】 圆满完成全国粮食清仓查库工作，开展“打造诚信粮企，共铸诚信滁州”倡议活动，被省局《安徽粮食简报》刊发并向全省推介。扎实开展政策性粮食库存检查、粮食收购联合巡查和“飞行检查”，全年开展粮食收购专项监督检查累计次数278次，出动人员1269人次，被检查对象达到1832个次，罚款35.09万元。迅速妥善处理定远民生米业公司拖欠售粮款事件，及时回应社会关切，维护农民利益。积极申报全省粮食行业廉政文化进机关标兵单位，在全省粮食系统率先建成廉政教育中心，得到市纪委和省粮食局充分肯定。

(陈　蕾)

烟草专卖

【概况】 全年销售卷烟13.48万箱。其中，销售省产卷烟7.22万箱，占53.54%；实现利税9.84亿元，同比增长22.04%，上缴税收6.38亿元，同比增长38.7%。

全市烟草系统始终坚持“履行责任、奉献社会”的企业使命，积极投身地方经济和精神文明建设。全年通过捐赠爱心报刊、亲情帮扶零售户、慰问困难党员和群众等形式，捐赠50余万元。同时，市局(公司)连续4年向“市见义勇为基金会”进行捐赠，每次金额10万元。

【狠抓市场监管】 充分发挥政法烟草和烟草行政联合会议机制作用，坚持“查堵、整治、保网”多措并举，开展“两对照三联系”作风整顿活动，组织“决战2015”和“专卖护航攻坚战”等专项整治行动，全年查获各类案件1063起，查获违规卷烟1.49万条，查获5万元以上案件10起，其中，1起100万元案件、1起300万元案件被列入省级督办，1起300万元案件被列入部级督办，涉烟案件追刑39人。同时，2014年被省公安厅和省局督办的2起案件顺利结案。

【争创依法行政示范单位】 9月6日，作为全市唯一企业代表，接受并顺利通过全省“六五”普法验收第一检查组的检查验收。

【推进精益管理】 持续坚持“人人是管家、事事要精算”理念，以推标准体系构建、推流程规范设计、推监督控制考核、推整改完善提高为抓手，开展技术攻关，鼓励科技创新，自主研发相关运用平台，实现精益管理在企业运行的全覆盖，在实现“减员增效、降本增效、去繁增效”目标上取得积极成效。 （武　磊）

食盐专卖

【概况】 全年实现汇总利润总额445万元。实现营业收入18058万元。非盐销售9875万元。全年食盐销售29421吨，小包装18229吨，多品种盐6847吨。全年销售额实现9875万元，其中统采商品销售3535万元。

【规范盐业市场秩序】 进一步净化皖苏边界地区食盐市场，提升食盐安全监管水平，加强对节假日期间食盐市场的安全监管，加强“两类”用盐管理。利用“3.15”消费者权益日、“5.15”碘缺乏病防治日和“食品安全宣传日”为重要节点，做好对消费者的释疑解惑工作，普及碘缺乏病防治和食盐安全知识，确保食盐安全和盐业市场的稳定。全年发放宣传材料39220份，出动9598人次；出动车次3041次；行程149530公里，检查涉盐经营户32422户。查获盐业违法案件129起，没收私盐31.8527吨，罚款人民币9740元。 （戚　靖）

出入境检验检疫

【概况】 全年检验检疫出入境货物12982批，货值41752万美元，批次量在全省系统分支机构中居于首位，金额位居第四。其中，出境货物12420批，货值36620万美元；入境货物562批，货值5133万美元。签发检验检疫证单证书13988份。其中，出境签发证单13325份，入境签发证单663份。为辖区企业减免进口国关税618万美元；减免检验检疫收费超过250万元。

【业务改革稳中求进】 扩大传统高风险产品快速验放试点范围，将辖区多种出口商品纳入快速验放范畴。除涉及“安卫环”的出口商品外，基本达到“即报即放”全覆盖。现有电子监管企业109家，占全省电子监管企业数的四分之一。从2015年2月开始对符合条件的报检企业实施无纸化报检制度，5月开始实施无纸化通关。截至12月底批准21家企业开展无纸化报检，受理报检4450批；出具无纸化通关单共2877份，其中进口74份，出口2803份。

【做好政策宣传】 采取“一品一企一策”的方式，有针对性地进行帮扶。收集整理检验检疫业务相关政策法规和国外技术性贸易措施，深入辖区8个县（市、区）为进出口企业进行培训宣贯，安排3次规模较大的优惠原产地证宣贯培训，基本覆盖辖区所有外贸企业，受众人数约150人次。

【严把质量安全关】 全年输非商品不合格检出率居全省前列，多次在进口货物包装中截获繁殖快、对人体和环境危害大的黄色小蕈甲、切叶蚁和一年蓬等有害生物。全年检出进出口工业品批次不合格率为0.57%；进出口食品化妆品批次不合格率为1%。

【创建两个国家级示范区】 协助来安县出口禽类产品质量安全示范区先后顺利通过省级和国家级示范区的验收，全力帮扶嘉吉动物蛋白（安徽）有限公司积极应对美国官方兽医卫生监管体系审核，为实现对美注册奠定基础。加速推进天长市创建国家级出口工业产品质量安全示范区的进程，总局专家组现场验收考核，12月顺利通过，与此同时积极帮扶示范区龙头企业——安徽长兴玩具有限公司申报“全国出口玩具质量示范企业”。

【下放行政审批事项】 主动承接省局下放的行政审批事项，确保下放的行政审批事项能够接得住。自行政审批事项下放以来，共完成1家竹木草制品企业注册工作,4家食品包装容器生产企业备案审核工作,4家危化品包装容器代码发放工作,5家竹木草制品企业换证复查工作。

【推进窗口标准化建设】 继续从“窗口服务措施”、“业务流程管理”和“综合业务管理”三个方面入手,持续深入的推进窗口标准化建设工作,全面提升通关工作质量、服务质量和国检形象。充分利用便利化新政策简化业务流程,在给企业“减负”的同时提高工作效率和通关速度,让企业切实体会到政策红利。　(石玲玲)

旅 游

LUYOU

旅游资源开发

【概况】 全市接待入境旅游者10.11万人次、旅游外汇收入2974.65万美元，同比分别增长11.84%、11.26%，增幅排名分别由上年度全省第14位、第15位前移到第5位、第13位；接待国内游客1687.23万人次、国内旅游收入135.67亿元，同比分别增长17.35%和21.93%，国内旅游收入增幅排名由上年度全省第12位前移到第10位；实现旅游业总收入137.51亿元，同比增长21.78%，增幅排名由上年度全省第14位上升到第10位。截至2015年底，全市A级旅游景区总数已达24个（其中4A级4个、3A级13个、2A级7个）。

【景区建设】 全市现有旅游景区对照国家《旅游景区质量等级的划分与评定》（GB/T17775-2003）标准，全力开展综合软硬件提升行动。琅琊山风景区完成内外主要道路和管网建设、醉翁亭核心景区综合整治提升等系列重点工程，全力推进5A级创建行动，整体面貌得到全面提升。市旅游局积极支持和配合琅琊山风景区5A级创建工作，做好业务指导和帮扶服务。景区获评首批安徽省研学旅行基地、首批“中国森林氧吧”。凤阳小岗村乡村旅游区全面完成景区综合软硬件提升工程，游客服务中心、交通集乘中心、大包干纪念馆、沈浩同志先进事迹陈列馆等全新开放和运营。来安白鹭岛生态旅游度假区获评省级旅游度假区。天长市红草湖湿地公园成功打造了“千秋爱河”水上游览景观带，并全面进入三期项目建设。天长市汊涧镇结合美好乡村建设，完善釜山生态旅游度假区游客服务中心、停车场、环线道路、旅游公厕、指示标识等基础设施和服务功能，积极发展乡村休闲旅游业。来安景华生态文化园利用交通区位优势，以南京为核心客源地，按照4A级目标，积极打造集乡村休闲、民俗文化、地方美食等为一体的新型乡村休闲旅游景区，并于年内积极申报全省首批特色文化主题酒店。滁州1912文化商业街区、明光八岭湖生态旅游区被评定为国家3A级旅游景区。定远县花园湖公园未能通过复核被取消 2A级旅游景区资格。

【推动乡村旅游发展】 全市各地和旅游等相关部门高度重视发展乡村旅游业，认真贯彻实施全省“3311”乡村旅游富民工程，积极推进乡村休闲旅游产品开发，推动乡村旅游标准化建设和服务质量提升，开展系列乡村旅游品牌创建，促进乡村旅游创新发展、绿色发展和健康发展。在2015年全国乡村旅游“千千万万”品牌评选活动中，凤阳县小溪河镇小岗村、来安县汊河镇相官村、南谯区大柳镇曲亭村、南谯区乌衣镇黄圩村、全椒县石沛镇黄栗树村等5个村被评为“中国乡村旅游模范村”；滁州（南谯）金鹏生态农庄、滁州（南谯）图业生态园、来安景华生态文化园、全椒金水湾生态园等4家单位被评为“中国乡村旅游模范户”；滁州（南谯）图业生态园、（南谯）潘园生态农庄、（琅琊）西湖湾休闲农庄、来安百诚海德生态园、古泉山水农家饭庄、景华农业生态旅游度假村、小李庄农家乐、明光古月农耕文化园、全椒金水湾生态园、夏庄生态农庄、天长金银山庄度假村、天然居乡村生态度假村、中南生态农庄、凤阳藤茶山庄等14家单位被评为"中国乡村旅游金牌农家乐";琅琊区的苑秀东、曹秀林、高义海、殷文瑞,南谯区的刘绪香、孙元武、王兴林、于冰冰、周言明、陈兴峰,定远县的杨二社,凤阳县的訾庆顺、宋言志、钟承志,来安县的翟彪、徐晓伟、陈顺成、李永超、费学海、曹本清,明光市的胡广俊、冯雪刚、刘如涛,全椒县的许运龙、殷从海,天长市的张开军、徐弘、杨林森、于国民、杨玉洲、刘先国等31人被评为"中国乡村旅游致富带头人"。

2015年,来安县半塔镇、南谯区大柳镇、定远县藕塘镇等3个乡镇被重新评为"安徽省优秀旅游乡镇"。天长市金集镇、南谯区章广镇和天长市的汊涧镇长山村、万寿镇汊河村、金集镇井亭村等5个镇(村)分别被评定为"安徽省特色景观旅游名镇(名村)"。南谯区大柳镇曲亭村、乌衣镇黄圩村、天长市金集镇益民村、明光市三界镇梅郢村、全椒县石沛镇黄栗树村、凤阳县小溪河镇小岗村、大庙镇东陵村、来安县半塔镇罗庄村、半塔镇半塔村、汊河镇相官村、舜山镇林桥村、定远县池河镇岱山新村、西卅店镇金山新村、连江镇岳庄新村、严桥乡岗中新村等15个村被评定为首批"安徽省乡村旅游示范村"。滁州(琅琊)西湖湾休闲农庄被评为省级"休闲农业与旅游示范点"。滁州(南谯)皇甫山白鹭大酒店、来安古泉山水农家饭庄和凤阳滕茶山庄、小岗村培训中心农家乐4家单位被评安徽省五星级农家乐。天长中南生态农庄、长山生态农家乐休闲中心和来安五彩山庄农家乐、张富山大酒店4家单位被评定为安徽省四星级农家乐,另有23家单位被评定为三星级及以下安徽省星级农家乐。

(俞礼同)

【农歌会旅游推介】 作为第五届中国农民歌会的重要组成部分,由市旅游局主办的全市旅游汇展暨旅游推介活动取得圆满成功,市几大班子主要领导、省旅游局和南京市旅游委负责人亲临现场指导并给予较好评价。10月15日上午,在市人民广场举办大型滁州旅游汇展,通过展馆展台和LED屏集中展示滁州旅游资源和产品、皖东名人录、地方旅游摄影大赛优秀作品,现场推介滁州旅游产品和"文化探源、生态休闲、农家欢乐"地方特色旅游线路,全市有200余家景区(点)、乡村旅游点,80余家旅游商品企业参展,汇展接待外地旅行商70多家,社会各界参观者约10万人次,销售旅游商品200万余元。

【旅游基础设施建设】 制作景区道路标识牌。在出入滁州市境各主要路口及县、乡(村)旅游景点新增建设高标准旅游标识牌121块,在入滁主要通道设置大型旅游导览图,基本完成全市重点旅游景区、旅游饭店(农家乐)、旅游乡镇和旅游示范村的标识牌"通达工程"。

实施厕所革命。加大投入,提升景区旅游厕所建设标准和管理水平,制定三年工作计划。按照国家、省标准要求,全市2015年计划新建、改扩建标准化旅游厕所26个全部如期完成。

实施智慧旅游工程。"滁州旅游"手机APP、微信公众平台成功上线,在高铁站、重点景区、大型商场、星级饭店安装20台智慧旅

10月16日,第十一届全国人大常委会副委员长、全国妇联原主席陈至立考察琅琊山。

琅琊山北大门

识、通往景区的道路等旅游基础设施和公共服务设施建设、管理方面存在的问题，旅游主管部门及其工作人员依法履行职责过程中存在的问题进行监督。10月29日，召开旅游服务质量社会监督员会议，向被聘为“全国旅游服务质量社会监督员”的10名同志颁发聘书。 （俞礼同）

【旅游安全与应急管理】 全市旅游行业牢固树立“安全是旅游第一生命线”的思想观念，高度重视旅游安全生产工作。市、县旅游部门认真贯彻执行《旅游法》《安全生产法》等法律法规和上级指示精神，精心制定年度旅游安全工作方案，加强旅游安全知识宣传教育和技能培训，分类签订年度旅游安全生产目标责任书，扎实开展了旅游安全隐患排查整治、旅游安全领域“打非治违”、黄金周和小长假等特殊时段旅游安全专项检查、暑期汛期旅游景区防溺水检查、旅游餐饮卫生安全、旅行社用(包)车行为规范、旅行社规范经营与安全生产抽查、旅游安全突发事件应急预案演练等一系列专项检查整治行动，坚决防范和遏制各类安全隐患，确保旅游安全工作万无一失，取得显著的工作成效。省政府假日安全专项督查组、全省旅游安全督查组先后数次来滁检查，均对滁州市旅游安全工作给予充分肯定。

2015年度，全市未发生任何旅游安全事故，连续多年实现全市旅游安全生产零事故、零伤亡的管理目标，被省旅游局授予“2015年度全省旅游安全目标管理考核先进单位”，全省排名第4位，比上年度前进10位。被市政府评为“2015年度市安全生产工作先进单位”。市旅游局管理科武玉柱被评为全省首届“旅游安全监管工作先进个人”，受到省旅游局通报表彰；南谯区旅游局王体明撰写的《关于旅游安全的几点思考和对策》被省安监局《安全金点子——我为安全生产建言献策》一书收录。

【旅游教育培训】 年内，市、县旅游部门认真制定全行业教育培训工作方案和措施计划，加大经费投入，通过多种形式，大力开展各类旅游教育培训活动，促进从业队伍的整体素质、服务质量和文明形象不断提升，取得良好成效。全市开展旅游教育培训达1600人次以上，其中，市旅游局共组织举办2次全市导游人员年审培训班、1次导游人员岗前培训班、1次旅游法规知识竞赛、1次全市旅游服务礼仪培训班、1次星级饭店“徽菜”创新大赛暨乡村旅游美食大赛和观摩学习、1次全市旅游统计业务培训、1次全市入境旅游抽样调查业务培训、2次旅游安全生产宣教培训，参训人数1166人次以上。市旅游局组织地方旅游部门、各类旅游企业、相关旅游乡镇(村)等管理人员和一线从业人员参加国家、省相关部门举办的各类学习教育和培训、考试、竞赛等活动达15次以上，参训人数484人次。

红三环大酒店荣获全市星级饭店“徽菜”创新大赛一等奖，并代表滁州市参加全省星级饭店“徽”菜创新大赛荣获最佳组织奖、团体三等奖，滁州市红三环大酒店厨师长徐宁、厨师杨培全被授予“滁州市技术能手”称号和“滁州市劳动竞赛先进个人”称号，并颁发“滁州市五一劳动奖章”；市旅游局管理科孙丹丹撰写的《提高执法水平推进依法治旅》和明光市旅游局杨建撰写的《加快法制建设促进旅游发展》分别获得市政府“深入推进法治建设，加快建设法治政府”征文活动优秀奖和三等奖；安徽颐和假期国际旅行社谭庆龙参加滁州市第二届“讲述身边好人故事”比赛荣获优秀奖。

【倡导文明旅游】 2015年，市旅游局与市文明办联合制定《“醉美滁州文明旅游”主题活动方案》，持续开展文明旅游“四进”公益宣传、文明旅游引导志愿服务、大学生“文明旅游背包行”、文明旅游承诺提议、文明旅游工作创先争优、文明旅游知识宣传、文明旅游推介等系列活动，努力营造“讲文明、重品行”和“诚信友爱、热情好客”的滁州人文旅游环境，提升公民文明旅游素质，塑造“环滁皆美”旅游形象。市旅游局网站设立“文明旅游 为美好滁州加分”专栏，发布文明旅游活动信息，传播文明旅游知识。旅游景区、旅行社、星级饭店、旅游客运、星级农家乐等旅游服务单位的经营场所摆放文明旅游宣传品，通过单位视频或LED屏播放《文明消费品质旅游》《旅游安全文明伴我行》宣传片、提示语等。各县级旅游部门利用网站和广电等媒体、印发小折页等多种形式加强安全旅游、诚信旅游和文明旅游宣传引导。

市旅游局相继举办全市旅游服务礼仪培训班和文明旅游专题在线培训活动，有500余名旅游从业参训，提升旅游从业人员的文明意识和服务能力。市旅游局在市县旅游部门、旅游院校、和旅游企业中首批招募热心旅游公益的63名人员成立“滁州市旅游志愿服务队”，深入街道、社区、公园、景区等场所开展文明旅游宣传引导、不文明行为劝阻、环境卫生保洁等活动，参加“学雷锋活动日”、“中国旅游日”、“安全宣传咨询日”、“公民道德宣传日”、“国际志愿者日”以及第五届中国农民歌会等系列主题宣传，受到市领导和省、市文明办的表扬。市旅游局加大文明旅游工作投入，制作文明旅游志愿服务队队旗及绶带、数十个“文明旅游、安全旅游”宣传展架、近两万份宣传彩页和提袋。

凤阳县小岗村乡村旅游区、安徽省皇甫山国家森林公园、全椒县吴敬梓纪念馆、来安县皖东烈士陵园、来安县景华生态文化园、滁州君家酒店、滁州国际酒店、滁州市红三环大酒店、天长市假日大酒店、滁州市春秋旅行社有限责任公司、滁州市光大旅行社有限公司、天长市中南旅游有限公司等12家旅游企业荣获2015年“安徽省文明旅游工作先进单位提名奖”。

【参与“三线三边”整治与滁城“限放”管理】 市旅游局是全市“三线三边”综合整治工作景区环境整治工作组长单位，聚力抓全市24个旅游景区环境整治工作，提升景区环境综合管理水平，推进全市旅游景区环境美化工作成效显著。同时，市局负责督查指导天长市“三线三边”综合整治工作，全年实地督查指导15次，天长市“三线三边”综合整治工作在2015年全市“三线三边”综合整治工作考核排名第一。

2015年9月起，按照市政府“限放办”责任分工，市旅游局认真贯彻《滁城限制燃放烟花爆竹管理规定》，牵头负责滁城所有星级饭店单位的限制燃放烟花爆竹管理，与琅琊和南谯两区旅游局、滁城各旅游星级饭店以及消费者层级签订“限放”管理责任书、承诺书，统一“限放”宣传品和宣传形式，持续加大限放宣传力度，各项工作成效显著，数次受到市政府“限放办”通报表扬。（钱朝阳）

琅琊山风景区

【概况】 全年接待游客65万人

丰乐亭

醉翁亭内的欧梅

次；实现门票收入1470万元（2015年6月，琅琊山森林公园对滁州全市市民免费开放，门票收入有所下降）。

【通过住建部执法检查组复查验收】 针对住建部执法检查组对琅琊山风景名胜区执法检查指出存在的问题，制定《住建部对琅琊山风景名胜区执法检查问题整改方案》，并以市政府名义印发相关部门，落实整改任务。先后完成高尔夫项目查处、整治工作，占用农田、林地的复耕、复绿工作，风景区徽志及界桩、界碑设置工作，采石场关闭及整治复绿工作。7月20日，通过住建部执法检查组复查验收。

【编制项目规划】 先后编制《龙尾山景区详细规划》《凤凰湖景区详细规划》《丰乐亭景区详细规划》。年底前，《龙尾山景区详细规划》通过住建部批准；《凤凰湖景区详细规划》《丰乐亭景区详细规划》初稿上报省住建厅审查。此外，依据《风景名胜区条例》和《琅琊山风景名胜区总体规划（2007-2020年）》，完成琅琊山风景名胜区范围勘界工作，明确界线范围。

【推进景区基础建设】 投资2600万元完成醉翁亭核心景区综合整治项目和提升工程。投资450万完成欧阳修纪念馆布展工程。完成深秀湖景区综合整治提升工程，整治范围约3万平方米，对仿古建筑进行维修、提升景观绿化、完善基础服务设施等。南天门景区提升项目完成概念性方案设计；完成琅琊古道延伸段建设。在保留原有琅琊古道特色基础上，重新铺筑路面和带状车辙石，增设护栏、块石挡土墙及路灯等设施。完成东大门供排水项目，接入滁州学院污水管网；建立闭路监控系统，建设信息化监控中心，在主要景点、重要路段添置监控设施，完成52个监控点安装；启动生态或仿生态游步道，完成一棵松至南天门游步道和丰乐亭景区怡丰亭至山顶的登山游步道建设工作。

【强化景区管理服务】 全年以景区公司化运营为契机，按照5A创建要求，制定《风景区工作人员管理制度总则》《工作人员行为准则》《旅游投诉处理制度》等制度；聘请专业培训公司通过专项培训、以会代训、督查培训、轮岗培训等多种形式开展员工培训，提升服务质量；大力整治景区安全秩序及各类非法、违规经营等行为；通过购买服务方式引进行业内具有国家一级资质的物业公司负责风景区的物业保洁工作，景区环境卫生得到有效改善。

【推广琅琊山风景区品牌】 以“四时主题活动”为主线，串联自媒体营销、新闻宣传、自驾游产品打造、旅游市场开拓等全方位推广宣传琅琊山风景区。琅琊山摄影大赛、琅琊山《醉翁亭记》景区课堂、琅琊山毅行等活动和热播剧《琅琊榜》借势营销行动，都取得良好的效果，琅琊山风景区品牌影响力、知誉度大幅提升。

【野生动植物保护】 牢固树立尊重自然、保护自然的生态文明理念，推动野生动植物保护事业持续健康发展。运用电子屏每天循环播放活动主题“保护野生动植物，建设和谐美丽家园”，在景区入口处摆放宣传标语警示牌，在官方微博上发布等。成功入选全国首批37个“中国森林氧吧”。

【举办首届环琅琊山毅行大会】 7月5日上午，“毅行琅琊山，同乐醉城情”2015滁州首届环琅琊山毅行大会在滁州成功举办，活动吸引来自合肥、南京、亳州、六安、池州以及滁州等一千多名毅行爱好者参加，30个方阵队，开启一场7.8公里的欢乐毅行体验，穿越琅琊山，相逢“欧阳修”，与太守同乐。

【琅琊山被省旅游局授予首批研学旅行基地】 安徽省旅游局《关于授予安徽省首批研学旅行基地的通知》（皖旅办[2015]105号。在10个研学旅行基地中，滁州市的琅琊山景区被列为山水人文研学类。

【琅琊山庙会】 2月27日，农历正月初九，以“欢乐、祥和、安全、有序”为主题的2015年琅琊山庙会成功举办。庙会总接待人数约3万人次，参加庙会的人次约10万人次，由于当天中到大雨，参加庙会人数是近5年庙会人流量最少的一次。 （戎宝平）

深秀湖景点

财政 税收

CAIZHENG SHUISHOU

财 政

【概况】 2015年，全市财政收入完成230.3亿元，增长13.1%，增幅高于全省平均增幅3.6个百分点。其中地方收入完成143.7亿元，增长16.3%。财政收入总量位列全省第4位，较上年前进1位；增幅位列全省第2位，较上年前进4位。地方收入总量继续保持全省第3位，增幅位列全省第1位，较上年前进9位。全市税收收入完成183.2亿元，增长8.8%，占财政收入79.5%，同比降低3.2个百分点。财政收入占GDP比重为17.5%，同比提高0.3个百分点。县级财政总收入完成154.07亿元，增长12%。6个县(市、区)财政总收入进入全省前40，其中天长市财政收入完成37.55亿元，在全省县(市、区)排名第6位。

【强化财政资金统筹】 按月分析、考核支出进度，集中财力保障各项法定支出、民生支出和重点项目支出需求。全市财政支出完成302.6亿元，同比增长12.8%。教育、医疗卫生、社会保障和就业等13类民生支出完成262.5亿元，占比86.6%，较上年提高0.9个百分点。其中教科文、社会保障和就业、医疗卫生、农林水事务支出分别为58.2亿元、37.5亿元、36.2亿元、53.8亿元，较上年分别增长18%、25.9%、13.7%、9.3%。以行政经费为主的一般公共服务支出下降21.6%。规范并足额拨付94.7亿元，保障“美好滁州”重点项目建设。

【贯彻积极财政政策】 牵头制定“1+2”市级扶持产业发展政策体系。经调研延长土地使用税奖补政策，促进企业集约用地。加快“调转促”等相关产业扶持政策制定，出台政银担风险补偿基金、小微企业续贷过桥资金等一系列管理暂行办法。全市9家国有融资担保机构注册资本金增加到25.7亿元，增加担保1003笔，担保贷款45.7亿元。支持开展“税融通”贷款，引导金融机构加大信贷投放；安排续贷过桥资金2.06亿元，扶持企业32户，周转金额2.7亿元；建立政银担风险补偿基金0.3亿元，为504户企业提供政银担业务贷款担保24.5亿元。全市累计减免小微企业税收1.7亿元，当年因降率和调整缴费基数减收社会保险费0.5亿元。制定涉企收费清单，严格规范涉企收费，市级涉企收费项目由133项减少到102项，年减轻企业负担0.6亿元。及时兑现各类涉企优惠政策，拨付营改增试点政策扶持资金2678.99万元。通过调研提请市政府将《滁州市市区城镇土地使用税奖励政策》执行期限延长到2017年底。落实出口退税审批权下放政策，及时兑现外贸促进政策，全市出口退税完成11.5亿元，增长47.1%。多渠道筹集资金94.7亿元，争取上级资金11.6亿元，保障国省干线公路改造、棚户区改造、清流河环境整治等重点项目建设。拨付4亿元，支持市开发区、苏滁现代产业园基础设施建设，促进园区发展。

【保障民生投入】 全市民生支出262.5亿元，占财政支出总量的86.6%，同比提高0.9个百分点。

全市33项民生工程累计拨付到位资金69.3亿元，各项补贴、保险类项目按政策要求序时补助发放到位；工程和培训类通报项目全部完成年度任务。安排资金2.6亿元，改善办学条件，开工建设55所标准化学校，开工建设幼儿园29所，落实提高高职院校生均财政拨款、免除中等职业教育全日制正式学籍在校生学费政策。拨付各类就业补助资金2亿元，发放小额贷款0.6亿元，支持困难群体就业创业。启动实施机关事业单位养老保险制度改革，提高城乡居民基础养老金、企业退休人员养老金和城乡低保标准。拨付0.9亿元，落实老村干、老民师等"老字号"群体生活补助政策。拨付6.5亿元，建成保障性住房2万套，改造农村危房 1.7万户。统筹安排3.1亿元，支持内城河改造等为民"十件实事"。

【加大农业投入】 全市投入美好乡村财政专项资金3.03亿元，整合涉农资金10.4亿元，吸引社会资金 8.3亿元，推进中心村规划建设和自然村环境整治及新村建设。拨付3.9亿元，治理滁河和加固大中型水库等；投入6.1亿元，建设81万亩高标准农田。统筹安排0.8亿元，支持农民专业合作社、龙头企业、家庭农场等新型农业经营主体发展。争取上级资金1.2亿元，县级配套0.2亿元，开展政策性农业保险，为农业生产经营保驾护航。通过"一卡通"发放涉农补贴20.3亿元，惠及农民347万人次；投入1.4亿元，推进"一事一议"财政奖补，完工项目1073个，受益群众292.3万人。

【提升财政管理水平】 加大政府性基金预算、国有资本经营预算与一般公共预算的统筹力度，将政府性基金预算结余较多项目调入一般公共预算使用，将地方教育附加等8项基金改列一般公共预算。首次试点开展预算公开评审，选择部分项目试点编制跨年度滚动预算，提高预算编制的透明度和科学性。扩大预决算信息公开范围，全市各级部门预决算信息功能科目公开到项级，并按支出经济分类科目细化公开。公开政府采购预算。修订完善政府采购目录，优化政府采购流程，推进政府购买服务，提高政府采购效率和规范化程度。完成国库集中支付电子化改革，提升财政资金安全性及运行效率。制定出台《滁州市市直企业国有资本收益收取管理暂行办法》，强化国有资本经营收益管理。完成地方政府存量债务清理甄别工作，修订出台《滁州市政府性债务管理暂行办法》。全市争取地方政府存量债务置换债券71.1亿元、增加债券资金12.1亿元，全年节约政府融资成本约2.5亿元。

【财政队伍建设】 制定出台《滁州市财政局内部控制基本制度》，构建事前防范、事中控制、事后监督和纠正的动态过程和机制；继续坚持"市对县、县对所"的财政帮联工作，局县级领导干部基层联系点调研走访，走访32户，帮助协调解决问题16个，接访16次，带案下访1次，化解信访积案数5个；坚持开展预算部门会商，全市各级财政部门就预算收入目标完成、财税库银横向联网、企业税源调研等多方开展会商计4725余次，并按照会商结果逐件予以落实；坚持巡查工作承包责任制，按周通报巡查结果；建立重要政策文件解读机制，组织各县（市、区）分管财政领导、财政财务人员、乡镇财政所长，开展多形式、多层次、多专题学习培训活动；修订出台局机关考勤办法、帮联帮扶、考勤办法、巡查制度等9项规章制度，规范机关内部管理。

（魏震生）

2月10日，市财税系统组织参加经典诵读展演。

国家税务

【概述】 2015年组织税收收入89.38亿元，同比增长9.1%，收入总量实现“六连增”，全省排名第6，增幅排名第6。

公开税务行政审批清单，推行税收执法责任制，落实“六五”普法规划，开展税法“六进”活动。

【税种管理】 强化上线“营改增”行业的税收管理，做好两期农产品增值税进项税额核定扣除试点扩围，增值税发票系统升级版，营改增企业全年实现入库税款2.47亿元。

【纳税服务】 落实《全国县级税务机关纳税服务规范》，开展“便民办税春风行动”，推行以“一体化”办税平台为主体的网上办税系统，走访各类纳税人19100户，征集意见2100条，全部落实到位。成立纳税人权益保护委员会和纳税咨询专家服务团队，组织专题培训53期，培训纳税人1600人次。推行“国税发票网上领购、邮政EMS免费送达”服务。推出手机办税APP软件平台，构建“互联网+纳税服务”新格局。

【税收征管】 推行征收管理规范，深化国、地税协作，实现“一次进户、各税通查、成果共享”。成立金税三期推广领导小组，抽调骨干人员集中办公，确保金税三期工程上线。全年对680户纳税人开展评估，评估补税4790.47万元，其中核减增值税进项留抵税额9901.64 万元，调整应纳税所得额6885.93万元。与地税部门、工商部技术监督部门对接，推进“三证合一，一照一码”工作，通过《滁州日报》等载体向纳税人宣传三证合一政策及办税指南。强化欠税管理，2015年度，清理欠税2.03亿元。

【国际税收管理】 开展2015年非居民税收风险核查，加强非居民收入分析工作，联系市外汇管理局，取得外管信息717条，核查管理漏洞。双向比对综合征管软件和外汇管理部门提供的数据，确定全市涉及59户扣缴义务人，205户非居民企业。全市国税系统征收（扣缴）入库非居民税收收入5226万元，增幅15.88%，非居民税收总量位居全省第4 位，增幅居全省第2位。

12月17日，市国税局召开争创“第四届全国文明单位”冲刺动员大会。

【税务稽查】 发挥稽查“拳头”作用，推进稽查作业标准化、环节监控全程化。全年立案检查138户，组织自查82户，入库查补税款4023.11万元。

开展中小企业信用担保机构、打击黄金交易虚开票等专项检查行动，组织80户企业进行自查，查补税款54万元，滞纳金3万元。受理举报案件48件，查补税款1099.95万元。落实税收“黑名单”制度，在各级媒体曝光税收违法案件43起。

打击发票违法犯罪，检查264户企业，查处发票违法企业221户，查处违法发票2829份，涉及金额10501.37万元，查补税款655.26万元，加收滞纳金30.07万元，罚款12.37万元，移送公安机关1户，查获犯罪嫌疑人4人。

【信息化建设】 搭建并安排专人保障金三集中办公环境，开展网络安全知识培训，增配办公设备，编写数据清洗后台脚本近两万条。

开展全市网络安全检查，及时更新360安全企业版，对市级各系统定期进行数据备份，加强数据安全和网络安全管理。

【税务文化】 组织开展岗位练兵和技能培训，在全系统开展“五才展示”活动。建设国税文化展厅，成立“蓝青亭”文学社，拍摄微电影《寻找最美》，在全市微电影大赛中荣获二等奖。参加滁州文明城市创建和志愿服务活动，先后对定远县冉周村、九梓村和琅琊区清流社区等共建单位及困难职工捐助电脑及办公设备。（毛玉庭）

地方税务

【概况】 2015年，全市地税系统实现税费收入逆势增长，组织税费收入138.44亿元，增长10.0%，增收12.63亿元，完成全年预算收入目标。

组织地税收入96.47亿元，收入总量位列全省第三，同比前移1位；增长9.8%，增幅位列全省第二，同比前移8位；增收8.61亿元，增量位列全省第三，同比前移6位。组织社保基金费收入41.94亿元，增长10.5%。收入总量位列全省第六，同比前移1位；增幅位列全省第七，同比前移1位；增收3.99亿元，增量位列全省第五，同比前移1位。组织预算收入96.03亿元，收入总量占财政总收入的41.7%；收入增量10.43亿元，占财政收入增量的39.1%；地税收入占税收收入的比重为51.3%，同比上升0.46个百分点。收入总量由四进三、增量由九进三、增幅由十进二。

组织全面和专项调查5次，实地调查税源企业4763户次，对全市纳税100万元以上企业实施案头分析，对843个亿元以上项目涉税信息进行调查摸底。开展欠税因素分析，实行欠税清理情况月报告，依法运用清欠“组合拳”。统筹推进交叉检查、专项整治和重点税源检查，组织纳税人自查1086户，比上年增长近3倍，自查补税1.02亿元，增长11.75%；立案检查94户，查结101户；全年查补地方税费1.96亿元，入库1.93亿元，同比增长8.5%。开展打击发票违法犯罪活动，查获违法、违规发票223份，查补税款等491.37万元。对缴费单位实行ABC分类管理，运用定量分析为主的分析方法，推动社保费分析质量跻身全省前列；同时，改社会灵活就业人员社保费代征为直接征收，并与市人社局形成《会议纪要》，为规范征收管理创造有利条件。

【服务发展大局】 开展盐资源税从价计征专题调研，就调整税负、体现级差收入、促进资源节约利用提出意见建议。深化行政审批制度改革，取消行政审批事项10项，非行政许可审批事项全部取消，对保留的审批项目进行流程再造，全部前移至办税窗口，并加强事中事后监管。落实兑现国家对小微企业、企业改制重组、个人住房转让、高新技术企业等税收优惠以及失业保险费减免政策，减轻纳税人、缴费人负担，减免地方税费13.88亿元，支持“调转促”和大众创业、万众创新。推动税银合作、征信互认，与国税局联合向金融部门推送B级以上纳税人信息，为办理贷款纳税人开具信用等级和税收缴纳证明，办理“税融通”业务32笔，为中小企业融资7975万元，缓解企业融资难融资贵，把纳税人的纳税信用转换成企业的有形资产。

【推进依法治税】 建立健全领导干部学法制度。各县（市、区）局依托依法行政工作领导小组办公室，全面建立法制工作机构，使税收法制有专人负责。基层分局共配备专兼职税收法制员78名，审核具体行政行为24189件。加强税收执法考核，深化执法管理信息系统应用，对管理服务、征收监控、税务稽查、法制执行4大系列13类，共计20个考核指标28种过错行为进行考核，通过实施动态监控，及时纠错，从源头上降低执法风险。健全行政纠纷调解机制，解决税务行政争议，严格按照《行政复议法》及其实施条例和《税务行政复议规则》要求，加强对下级地税机关行政执法活动的监督，切实维护纳税人合法权益和税收权益；落实税收“黑名单”制度，主动曝光2起重大税收违法案件，推进联合惩戒失信纳税人工作，促进社会信用体系建设。市局办结2起行政复议案件；明光市局的1起行政诉讼案件，在市中级人民法院获得二审胜诉。统筹实施税收执法督查，对问题单位“点对点”下发处理意见书、督查情况通报，严格责任追究；推进经济责任审计，对3个县（市）局长开展任期经济责任审计，以“两权”监督为主线，实行财务收支审计和税收征管审计并重，力求公正、全面、客观地评价领导干部履职情况；强化基建项目审计。

10月29日至30日，省局到滁州督导“三严三实”专题教育及中央八项规定等落实情况。

【优化纳税服务】 精简规范6大类112个办税事项，推行免填单，当场办结事项由过去的49项增加到91项；限时办结事项由原来的63项减少为21项，减少66.67%；纳税人报送资料、办税环节、办税次数、办税时间等平均减少30%以上，当场办结率达88%以上。成立办税服务分局，实现整体进驻政务服务中心，集中受理纳税人办税事项；全市地税系统实现城区集约化办税服务厅创建省级先进单位全覆盖。编印《税法辑要》（续三），通过印发宣传资料、税讯通、税企QQ群等全方位、多形式宣传税收政策。突出涉税热点办好纳税人学堂，累计举办45场次，培训企业纳税人8007户次。通过门户网站及时回复纳税人咨询、建议141条次；开展纳税人满意度调查，纳税人满意及基本满意率达99.8%。调整、充实信息公开网各功能模块，规范发布信息，累计发布信息4775条。开展“便民办税春风行动”。深化“一对一”服务活动，帮扶省、市局领导联系重点税源企业等纳税人；实行值班长带班制度，在窗口增设“办税服务导税台”、“小微企业税收服务”、“营改增”、“企业登记注册三证合一”等服务平台，畅通特殊业务办理。

【增强征管质效】 全开展数据清洗，组织全员培训，抓好上线运维，如期实现金三系统上线运行。天长、南谯积极做好小双轨运行试点工作。开展“征管基础提升年”活动，全市税务登记信息完整率99.21%，高于考核标准4.21个百分点；税务登记信息差错率为0.15%，低于考核标准4.85个百分点；财务报表采集率96.91%，高于考核标准6.91个百分点。举办行业风险应对辅导，探索开展集中复核评估，推送评估应对627户，评估税款1.08亿元。落实国地税合作规范，深化国地税合作，推进纳税人信息比对、共管户核定等事项；共同评定A级纳税信用等级294户。联合国土部门开展“以地控税”，核增土地面积1260万平方米，增收0.23亿元。推进综合治税平台升级，深化第三方涉税信息应用，全年获取36个部门185863条信息，增收3.07亿元。定远、全椒县局强化合作，在国税办税服务厅设立窗口。

【细化税政管理】 推进实施“营改增”。对拟移交的4大行业1.5万余户纳税人信息按行业、经济性质和年度纳税额等情况进行整理；开展营业税“百日清理专项行动”和“攻坚行动”，清理入库营业税及其它地方税4.32亿元。加强税种管理。以年收入12万元以上个人所得税自行纳税申报为抓手加强个人所得税管理，全市2118人申报，同比增长20.8%，补缴税款191.68万元。加强企业所得税汇算清缴管理，累计汇缴5358户，补缴税款1.84亿元，同比增长15.6%。落实城镇土地使用税等级范围调整和标准提高政策措施，同比增收3.7亿元，增长54%。加强耕契两税征管，健全房产办证、土地成交等基础信息台账，定期向国土房产部门收集土地“招拍挂”、房屋交易、耕地占用审批信息，增收1.49亿元。推行并完善涉税鉴证服务外包工作。完成土地增值税清算项目66个、企业所得税汇算清缴审核124户，增收0.98亿元。　（尤　李）

金融业

JINRONGYE

融资管理

【概况】 金融机构本外币贷款余额1208.98亿元、居全省第四，贷款增量163.58亿元、居全省第五，全省排位均较上年上升1位，超额完成省、市全年贷款增量目标任务；同比增速15.65%，居全省第六；余额存贷比72.28%，居全省第七；新增存贷比65.3%，居全省第六。贷款增量排名全市前三名为农商行系统41.66亿元、农业发展银行28.20亿元、农业银行17.37亿元,其他依次为建设银行16.59亿元、徽商银行12.73亿元、工商银行10.12亿元、邮储银行8.46亿元、中国银行8.01亿元、交通银行7.12亿元、兴业银行4.75亿元、中信银行4.07亿元。贷款增量区域分布，市本级60.72亿元，天长市31.63亿元，明光市18.66亿元，凤阳县15.14亿元，来安县14.20亿元，全椒县13.25亿元（已剔除农发行全椒县支行中储粮直属库政策性存量贷款31.9亿元划转至市分行营业部因素），定远县9.98亿元。

【融资总量】 社会融资总量528.5亿元，较上年多增9亿元，超额完成全年社会融资目标任务。其中：市内外银行贷款新增238亿元；市内银行表外融资145亿元；债券股票、信托租赁、典当小贷融资145.6亿元。全市存款余额1672.7亿元、居全省第六，存款增量250.5亿元、居全省第四、较上年同期多增113.1亿元，增速达17.6%；贷款余额1209亿元、居全省第四，贷款增量163.6亿元、居全省第五、较上年同期多增21亿元，增速达15.7%、居全省第六，超过全省贷款平均增速0.47个百分点，超额完成省、市下达的贷款增量目标任务，贷款余额、贷款增量全省排位均较上年上升一位。

【企业上市】 首发上市新增1户报会在审、3户辅导备案、5户上市签约企业；“新三板”挂牌企业新增5户，总数达8家，天秦小贷为全省首家挂牌小贷公司；区域股权市场新增12户挂牌企业，总数达23家，后备企业达113户。

【融资规模】 实现直接融资

8月27日，市金融办召开企业上市推进会。

44.17亿元(含股票融资及再融资21.93亿元，债券融资22.24亿元)。其中,市城投中票和私募中票融资18亿元,全柴动力定增6.83亿元,滁宁公司短融2亿元,5户“新三板”企业定增1.38亿元，天长“江淮之星”小微企业私募债0.64亿元。

【融资担保】 全市9家国有融资担保机构总注册资本19.39亿元;在保余额65.96亿元,同比增长40.46%;当年累计担保69.17亿元,同比增长35.88%;在保户数1272户,同比增长35.2%;当年累计担保户数1300户,同比增长40.38%;担保代偿余额2.07亿元;全市平均放大倍数4.5倍。新型“政银担”试点合作加快推进,全市“4321”模式放款504户24.5亿元,居全省第三位,有力支持小微企业和“三农”发展。

【小贷公司试点】 全市24家小额贷款公司总注册资本20.5亿元;贷款余额23.1亿元、较年初增加1.2亿元;当年累计贷款投放33.4亿元,其中90%为信用和保证贷款,86%投向“小个农”。(李定智)

银行业监管

【概况】 截至12月末,全市银行业资产、负债总额分别达到1944.7亿元、1886.54万亿元，同比增长13.84%和13.92%;利润总额20.84亿元，同比增长8.43%;各项贷款余额1208.98亿元,增量为163.58亿元,增幅15.59%;各项存款余额1625.16亿元，增幅17.17%;不良贷款额为35.51亿元,不良率2.94%,较年初降低0.12个百分点。

【防控重点领域风险】 截至年末,辖内及异地银行业金融机构对全市17家融资平台贷款余额87.77亿元,比年初减少3.38亿元。严格“双名单”管理制度,结合宏观调控政策、信贷政策,截至12月末,全市房地产贷款余额311.94亿元,较年初增加53.48亿元,增幅20.70%。其中房地产开发贷款余额23.9亿元,较年初增加1.20亿元,增幅仅5.29%,低于各类贷款平均增幅10.3个百分点;个人住房按揭贷款余额242.23亿元,较年初增加32.02亿元,增幅15.23%。“霞客系”信用风险自2014年2月暴露,协调银行与企业共同化解债务危机,依法稳妥处置有关问题,力求最大程度维护银行债权和滁州金融稳定,滁州霞客和滁州安兴重整计划方案已获法院裁定批准,普通债权清偿率分别为70.0%和42.3%、抵押债权清偿率为100%;滁州安邦重整计划方案已提交法院等待裁定。

【小微企业和“三农”服务】 小微企业贷款426.38亿元,比年初增加49.93亿元,增幅13.27%,低于同期各项贷款增幅2.32个百分点。小微企业贷款户数33343户,比上年同期增加2480户;小微企业申贷获得率97.23%,比上年同期增加0.24个百分点。辖内4家农村中小金融机构涉农贷款增速低于各项贷款平均增速,约谈相关机构高管人员,督促其持续加大涉农贷款投放力度,提高涉农贷款占比。各农村中小金融机构涉农贷款余额323.99亿元,较年初增加41.50亿元，增幅41.69%,低于各项贷款平均增速0.39个百分点。

【提升金融监管水平】 运用EAST系统为现场检查提供线索和方向,进一步提高现场检查的

9月1日,滁州银监分局组织开展银行业金融知识宣传服务月活动。

精确性和有效性。截至年末，先后组织检查组69个，工作量2614人天，检查机构182个，印发检查意见书74份，提出监管意见736条。对3家机构和3个个人处以罚款共计85万元，警告处分2人次，责成机构处理355人，罚款金额21.1万元。（应育嵘）

人民银行

【概况】 下辖6个县（市）支行，内设16个科室，全辖共计281人，其中中心支行机关131人。截至12月末，实现净利润22034万元，实现中收14229万元，效益总量提升。存款业截至12月末，本外币各项存款余额156.97亿元（不含理财），较上年末增长6.67亿元。其中：人民币各项存款较上年末新增5.33亿元，人民币储蓄存款较上年新增8.7亿元。信贷投放截至12月末，本外币贷款余额122.35亿元，较上年增长7.98亿元。其中：人民币个人贷款新增8.6亿元，全省排名第三，其中卡分期全省系统内第一。

【调整优化】 全行表内本外币贷款账面不良余额5383.61万元，较年初减少9.32万元。全行整体不良率为0.44%，低于省分行要求的0.50%的控制目标。其中，公司贷款不良率为0.30%，中小企业贷款不良率为2.14%，个人零售贷款不良率为0.10%，微型企业贷款不良率为13.14%，信用卡不良率为1.69%。做好长电科技、博西华、华塑、卷烟材料厂等重点客户的金融支持工作。支持城市基础设施建设，滁宁公司、污水处理厂、滁州市城投等企业的信贷支持工作。天扬高速8亿元项目获批并实现投放1.24亿元。积极做好滁州市第二污水处理厂二期工程、江巷水库PPP项目、定远美好镇村项目、滁州市城际公共交通有限公司项目对接与跟进工作，成功获批市住房公积金管理中心授信项目，在支持好地方民生工程发展的同时，促进金融业务稳定健康地发展。

【普惠金融】 推动新型农业经营主体金融服务提质扩面。会同市农委出台新型农业经营主体主办行制度，提升服务水平，全市1804户专业大户、农民合作社、农业产业化龙头企业等新型农业经营主体获得信贷支持，累计发放贷款35.8亿元。成功申报定远县为全国农村土地承包经营权抵押贷款试点县，指导定远县政府制定试点工作方案，指导凤阳县继续开展农村土地经营权抵押贷款试点。运用支农再贷款工具，推动法人金融机构发放农房抵押贷款2607万元。

【外汇管理】 2015年辖区涉外经济总体发展稳中有升，跨境外汇收支总额位居全省第六。2015年，滁州市跨境外汇收支总额185178万美元，同比增长13.17%，顺差78284万美元；银行结售汇总额128523万美元，同比增长2.74%，顺差54073万美元。（龚　亮）

农业发展银行

【概况】 全年累放各类贷款66.73亿元，各项贷款余额190.29亿元，居全省第二位；日均低成本存款23.26亿元，比年初增加4.71亿元，居全省第六位；实现账面利润1.96亿元，同比减少0.94亿元，居全省第三位；资产利润率1.19%，成本收入比15.68%；新增不良贷款2450万元，不良率0.13%。

中国农业发展银行滁州分行营业部

【保障粮棉油收购资金】 全年累计审批各类粮油收储贷款73.19亿元，累计发放各类粮油收储贷款54.96亿元，同比少投放14.17亿元，其中：粮油储备贷款2.5亿元、调控粮油贷款49.41亿元、粮油购销贷款3.05亿元；支持企业购进粮食63.53亿斤、油脂0.31亿斤，分别同比少收9.57亿、1.44亿斤。

【基础设施建设贷款】 全年新增审批项目7个，金额19.25亿元；已评估待审批项目9个，金额46.55亿元；已受理待评估项目2个，金额15.13亿元；项目库培育项目3个，金额59.8亿元。累计投放农业农村基础设施建设贷款11.76亿元，同比多投放5.23亿元；支持土地整治、农民安置房、水利建设项目6个。 （汪　治）

国有商业银行

【农业银行滁州分行】 年末，新增人民币各项存款11.08亿元，余额达173亿元。日均核心存款增长14.62亿元，同比多增9.51亿元，完成省分行计划的124%。理财日均余额25.1亿元，较年初增加11.3亿元，增幅达82%。新增人民币贷款17.51亿元，余额达88亿元，贷款增量创历史新高。新增贷款四大行份额33%，排名第一，同比分别提升6个百分点和1个位次。系统排名第5位，同比提升2个位次。实现中间业务收入1.05亿元；拨备前利润2.82亿元，同比增加0.32亿元。

县域存贷款增量份额实现“双提升”，涉农贷款增速达25%。服务“三农”实现新突破，保证保险、农机购置、合作社贷款、农田水利设施抵押贷款取得零的突破。政府增信合作实现新进展，准入8家政策性担保公司，“金担通”业务全覆盖，发放贷款3050万元。支持家庭农场30户、专业大户29户，新投放贷款1860万元。打通服务三农“最后一公里”，净增“惠农通”有效服务点380个、惠农卡3000张。新完成县域物理网点改造5家、自助银行建设7家。

年末新增个人贵宾客户9210户，日均金融资产增加20.63亿元，产品交叉销售率145%。A+级以上优质法人客户贷款增加7.1亿元，大中型法人客户贷款增加4.72亿元。新增现金管理客户647户、第三方存管6137户、代理保险业务收入838万元，分别完成计划的539%、292%和118%。代理天长、明光农商行企业年金1131万元，成功营销安徽科技学院校园一卡通项目和全省首笔代理管库业务。新增借记卡26.32万张、信用卡有效客户8487户。新注册个人电子银行客户14.86万户、企业电子银行有效客户430户，新增“E商管家”2户，K码支付3.59万户。网络金融分流率82%。全行内控评价一类行，信贷风险评价A级，党风廉政建设全省系统考核第一，执行外汇管理连续两年获评A级。顺利实现BoEing四期和国库集中支付项目系统上线。（郭　兵）

【工商银行滁州分行】 年末，本外币全部存款比年初增加11.44亿元；各项贷款，比年初增加10.56亿元；实现中间业务收入1.4亿元。不良贷款余额及不良率占比控制水平居全省系统前列。四个季度综合排名在全省二级分行中均居第一方阵。荣获第四届“全国文明单位”、第十四届“全国职工职业道德建设先进单位”、第九届总行级“文明单位”荣誉称号。

深化大数据的推广运用。通过数据挖掘技术精准定位客户，提高精准营销效率。全年共完成9944项目精准营销贷记卡、工银e支付目标客户营销等精准营销活动6项。深入推进自助渠道建设，2015年新建离行式自助银行5个。深化全面的系统的信用风险管理，按“三位一体”要求，突出信贷经营的风险导向，针对潜在风险客户、违约贷款客户、不良贷款客户等三类客户，逐户分析制定有效化解预案。研究新常态下内控案防工作面临的新情况，调整案防工作牵头职能，开展“一加强两遏制”专项检查和现金业务专项整治等活动，深化员工行为动态排查管理，内控评价继续保持一级行。落实安全目标管理责任制，安全目标评估获评优秀，全行保持安全稳定运营。 （李春燕）

【建设银行滁州分行】 年末，建行滁州市分行一般性存款余额173.27亿元，居全省建行系统第9位；新增20.02亿元，居全省建行系统第6位。各项贷款余额

146.23亿元,居全省建行系统第3位。各项贷款新增16.57亿元,居全省建行系统第4位。中间业务收入1.36亿元,居全省建行系统内第6位。全年向地方贡献税收6023万元。累计投放贷款68.41亿元,信贷贷款投向主要集中在制造业、融资平台、公路、教育等与地方经济发展密切相关的行业和领域。德轮橡胶股份有限公司、安徽天大铜业有限公司、安徽胜华波汽车电器有限公司、安徽开润股份有限公司等制造行业企业累计投放14.91亿元;滁州市城市建设投资有限公司、滁州市同创建设投资有限责任公司、滁州市南谯城乡建设投资发展有限公司、天长市交通建设投资有限责任公司、滁州皇庆圩现代农业开发有限公司等政府融资平台累计投放5.95亿元;安徽滁宁高速公路开发有限公司投放贷款2.5亿元;天长市职业教育中心、定远县第二中学、滁州职业技术学院等教育行业客户累计投放1.85亿元。持续加大个人住房贷款投放力度,推进个贷办理由点到面,全市所有网点均能受理个贷业务,为12个综合性支行配备个贷营销调查的客户经理。全年个人住房贷款累计发放14.27亿元,净新增8.03亿元,个贷余额55.4亿元。在市政务中心设置公积金服务一站式窗口的银行,为客户办理个人住房公积金贷款提供优质高效的服务。

创新运用"4321比例再担保"、税易贷、产业集群镇小企业贷款等特色金融产品来解决小企业融资难问题。4月,与滁州市信用担保有限公司合作,成功发放全省建行系统首笔比例再担保贷款。至年底,与七家担保公司签订4321比例再担保协议,对37户小微企业发放比例再担保贷款2.19亿元。利用省建行推出安徽省产业集群专业镇中小企业专项贷款机遇,联系滁州市信用担保有限公司及凤阳县经信委,赴凤阳县大庙镇调研考察石英砂加工企业,简化贷款流程,现场研讨贷款方案,5个工作日内向凤阳县两家石英砂生产企业发放900万元专项贷款。至年底,全行小企业贷款余额179504万元,小企业信贷客户324户,小企业贷款余额及贷款客户均居全省建行系统第三位。

不断加强渠道建设,优化网点布局,推进网点转型,加快电子银行和自助渠道建设,网点分布日趋合理,硬件配置、服务功能逐步完善,形成柜台服务、电子银行、自助设备、专业理财等互为补充的服务网络,为客户提供方便、快捷的金融服务。新设明光明珠路支行和滁州龙蟠路支行相继开业。全年新增离行式自助银行3个, 12月底,有28个自离行式自助银行、128台自助设备为客户提供全天候服务,有效扩大和延伸建行服务范围。 (王少兵)

【中国银行滁州分行】 截至12月末,实现净利润22034万元,实现中收14229万元,效益总量提升。本外币各项存款余额156.97亿元(不含理财),较上年末增长6.67亿元。其中:人民币各项存款较上年末新增5.33亿元,人民币储蓄存款较上年新增8.7亿元。本外币贷款余额122.35亿元,较上年增长7.98亿元。其中:人民币个人贷款新增8.6亿元,全省排名第3,其中卡分期全省系统内第1。

加强对政策形势的前瞻研判,加大不良资产清收处置力度,对市场、行业、客户风险的识别把握能力明显增强。对存量不良客户、逾期授信客户、潜在不良客户和已核销呆账客户建立管理清单,对存量不良和潜在不良大户制定清收责任制分工明细表,落实资产质量管控和不良清收化解三级负责制,一户一策,责任到人,每半月进行全行通报。截至12月末,全行表内本外币贷款账面不良余额5383.61万元,较年初减少9.32万元。全行整体不良率为0.44%,低于省分行要求的0.50%的控制目标。其中,公司贷款不良率为0.30%,中小企业贷款不良率为2.14%,个人零售贷款不良率为0.10%,微型企业贷款不良率为13.14%,信用卡不良率为1.69%。

做好长电科技、博西华、华塑、卷烟材料厂等重点客户的金融支持工作。积极支持城市基础设施建设,继续做好滁宁公司、污水处理厂、滁州市城投等企业的信贷支持工作。天扬高速8亿元项目获批并实现投放1.24亿元。加强与城东工业园、城北工业园、中新苏滁工业园、科教园区及高铁站区的沟通联系,为实体经济建设提供有力的资金保障。根据中总行2015年信贷指引,积极做好滁州市第二污水处理厂二期工程、江巷水库PPP项目、定远美好镇村项目、滁州市城际公共交通有限公司项目对接与跟进工作，成功获批市住房公积金管理中心授信项目，在支持好地方民生工程发展的同时，促进金融业务稳定健康地发展。加大对中小企业贷款的支持力度，在可持续发展和有效控制风险的前提下，加强对中小企业融资力度，确保实现“两个不低于”目标。（田　雯）

保险业

【概况】 年末，全市保费收入37.42亿元，上年同比增长19%。其中，财产保险保费收入15.86亿元，同比增长11.6%；人身保险保费收入21.56亿元，同比增长21.4%。2015年处理各类赔案102348件，支付保险赔款（满期给付）13.56亿元，同比增长12.8%，其中，财产险赔款8.48亿元，人身险赔款和满期给付5.08亿元。2015年缴纳营业税、个人所得税等10710.1万元，同比增长28.6%，代扣代缴各项税款8540.36万元，同比增长9%，保险从业人员8690人，同比增加2767人。

发挥寿险业保单借款功能，不完全统计，2015年保单借款2.18亿元，其中，中国人寿1、8亿元；太平人寿2432万元；太保人寿1048万元。为“三农”服务农村小额人身保险，为34.4万农民提供76.9亿多元的风险保障，支付赔款621.45万元，2151名遭受意外的农民获得保险赔偿；农业险支付种植业赔款9362.26万元，支付养殖业赔款590.45万元。其它各类责任险保费收入4801.19万元；安全生产责任险保费收入92.38万元；环境污染责任险65.22万元；承保城镇居民大病保险655822人；承保新农合大病保险3515279人。

【反保险欺诈专项行动】 围绕安徽保监局、省公安厅“安宁2015”反保险欺诈专项行动部署，协调配合滁州公安经侦部门的行动，积极开展反保险欺诈工作，在“安宁行动”威慑下，保险当事人放弃索赔“疑似保险欺诈”案件85件，涉案金额近400万元。

【健全纠纷解决机制】 依法、公正、高效、妥善化解保险纠纷，维护各方当事人合法权益，做好信访投诉工作。成立“12345”市长热线服务工作领导小组，建立投诉案件督办和通报制度，妥善处理投诉事项。对接“12315”，探索维权新渠道，首批滁州市“12315”保险消费者维权联络站成立。

（陈建国）

教 育

JIAOYU

中等及以下教育

【概况】 2015年,全市中等及以下各类教育机构1103所,在校学生60.8万人。其中,中等职业教育学校22所,在校学生6.30万人;普通高中(含完全中学、十二年一贯制学校)55所,在校学生7.75万人;初中(含九年一贯制学校)211所,在校学生12.53万人;小学262所,在校学生23.98万人;特殊教育学校5所,在校学生1101人;幼儿园548所,在园幼儿10.17万人。全市中等及以下教育机构专任教师3.6万人,其中,中等职业学校教师2255人,高中教师5428人,初中教师10660人,小学教师14288人,特殊教育学校教师91人,幼儿园教师3155人。

【保障义务教育经费】 全市义务教育经费保障机制改革资金总额为3.83亿元,其中,公用经费2.81亿元,免费教科书0.4亿元,寄宿制贫困生生活费补助0.087亿元,校舍维修改造资金0.53亿元。全市上半年发放家庭经济困难义务教育阶段寄宿生补助费429万元,下半年发放补助费442万元,全年受益学生7243人。2015年3月印发《滁州市教育体育局关于滁州市学生资助和义务教育经费保障机制改革工作信息网上公示的实施意见》(滁教体资助〔2015〕2号),文件明确义务教育经费保障机制改革工作信息网上公示内容、主体、时间和方式。通过公开,增加透明度,便于群众监督,促进义教经费使用和管理规范性。

【学生资助标准提高】 全市中职学校发放助学金704.1万元、国家免学费4462.59万元。普高发放助学金3213.2万元。完成高校新生入学资助552人,资助金额34万元。孤儿实现从小学到高中全覆盖资助。完成6232人生源地信用助学贷款,贷款合同金额4693.6万元。全市学生资助惠及34593名学生。落实普高、中职家庭经济困难学生助学金由每人每年1500元提高到每人每年2000元,中职学校家庭经济困难学生三年全部免学费提标扩面工作。全面宣讲国家和学校校内资助政策和申请流程,有436个学校,130266名学生参与活动。以“国家资助,助我飞翔”为主题,在全市开展“千名教师大走访”活动,有124个学校,4486名教师参加走访,走访23080户家庭,其中家庭经济困难12105户。在全市33项民生工程项目民意调查中,高校、中职和普通高中家庭经济困难学生资助工作群众知晓度和满意度综合排名第4名。印发《滁州市人民政府办公室关于印发建立经济困难家庭学生资助工作统筹机制试点方案的通知》,在全省率先开展学生资助工作统筹机制试点工作,统筹资金150.1万元,惠及经济困难家庭学生523名。印发《滁州市人民政府关于加快发展现代职业教育的实施意见》,对各类中等职业学校全日制正式学籍在校学生全部免除学费。

【统筹指导基础教育工作】 全市学前三年毛入园率89.16%,在全省领先。小学、初中学龄人口入学率继续保持在99%以上,辍学率控制在1%以内。高中阶段教

2015年教师节前夕，市委书记李明与南京琅琊路小学苏滁分校青年教师交谈。

育毛入学率96.53%。与市发展改革委、市财政局联合印发《关于实施第二期学前教育三年行动计划的通知》，全面推进全市第二期学前教育三年行动计划。制定实施《滁城幼儿园布局调整及危房改造工程实施方案》，计划新增10所幼儿园，改造10所幼儿园，打造10所优质幼儿园。打造10所优质幼儿园任务已超额完成（共打造11所），完成2015年滁州市政府为民办十件实事任务。城区3所省级一类幼儿园举办分园，按照省一类园标准共打造4所优质园：易景凯旋城幼儿园（实验幼儿园分园）、滨湖小区幼儿园（第一幼儿园分园）、第二幼儿园（龙蟠南苑分园）、第二幼儿园（东方分园）。9月，省一类园这4所分园开园招生。通过评估认定7所幼儿园为“滁州市一类幼儿园”：滁州市博世幼儿园、滁州市未来之星幼儿园、冰心浩然国际幼儿园、蓝天京华幼儿园、小不点幼儿园、龙蟠幼儿园、冰心天安幼儿园。完成二期全国学前教育管理信息系统中学前教育机构信息、办学条件信息、幼儿学籍信息数据采集、录入、审核、上报工作。出台《2015年滁城义务教育阶段学校学区调整方案》，促进城区义务教育均衡发展。研究制订《滁城2015年义务教育阶段学校招生工作指导意见》，督促各地按政策平稳完成义务教育阶段招生工作。印发《关于做好2015年初中学业考试和高中阶段招生工作的通知》，下放中招招生管理权限，全市普通高中招生取消“三限”政策，全面取消择校生。遴选优秀作品参加全省首届“娃娃乐”故事会活动，《胖嫂》获省一等奖。组织开展全市普通中小学2014-2015学年度“优秀学生”、“优秀学生干部”、“先进班集体”评选及表彰活动，表彰市级优秀学生555人，市级优秀学生干部159人，市级先进班集体75个。举办全市中小学班主任基本功大赛，推荐1名优秀选手参加长三角地区中小学班主任基本功大赛。

【加快发展现代职业教育】 出台《滁州市人民政府关于加快发展现代职业教育的实施意见》。实施市机电工程学校新校区建设。天长职教中心、明光职高和来安职高示范校建设通过省级验收。2015年，全市争取中央及省财政资金2400万元用于中职学校实训基地建设，来安职高、定远职教中心建成汽修专业实训基地。组织参加全省中职技能大赛，获团体总分第3名，迈入全省第一方阵。全市中职学校对口高考本科报名人数883人，考上本科院校人数285人，录取率32%，比上年增加300%。参加全省第四届中职学校田径运动会，获13枚金牌、9枚银牌、5枚铜牌，打破3项5人次赛会纪录，以总分315分（超过第二名高达186分）取得金牌总数、奖牌总数、男子团体总分、女子团体总分和代表队团体总分5个全省第一名历史最好成绩。从2015年秋季学期起，对各类中等职业学校全日制正式学籍在校学生全部免除学费，惠及城市学生1805人，免除学费455.7万元。

【学校体育艺术教育彰显特色】 成立市校园足球领导小组、修建上百所校园5人制足球场地。成功申报15所国家级校园足球特色学校。创建市级手球特色学校20所。滁州一小和明光市女山湖小学被国家体育总局命名为“国家级手球传统学校”，凤阳工小被命名为“中国手球协会手球传统学校”，代表中国参加世界小学生手球比赛，获得第5名。承办安徽省第七届中小学音乐教师基本功比赛。学生邹凤仪书法作品入选教育部主办“人教墨香”全国中小学生书法展。

【校外教育蓬勃开展】 开展皖东父母大课堂全年计109场次，公益讲座辐射人群涵盖家长、学生、教师，范围涉及妇联、学校、街道社区、家庭，8万余人从中受益。举办滁州市第四届“大文化·小舞台”少年儿童文化艺术广场暨“庆六一”汇报展演活动。举办第六届科技辅导员培训、航空航海锦标赛及科技进校园活动。2月，国家级青少年示范性综合实践基地项目建设启动，综合实践基地具备室内综合实践区、室外劳动实践区、综合训练区、生活区等基本功能区，可容纳1000名学生集中食宿，是开展学工、学农、生命安全教育等综合实践教育活动公益性场所。

【教育教学研究成果】 支持和推进首届名师工作室，评选出第二批6个名师工作室。在2014年“实验校”基础上，新授牌2个学科“实验校”和1个综合性“校本课程建设研究实验校”。心理健康教育示范校建设作为新型教研工作，进入全省前列。2015年完成5所学校省示范校评估和推荐。滁州实验中学被教育部评为“首批全国中小学心理健康教育特色学校”。组织县、市(区)“晒课”和“优课”评选活动，在部、省级“优课”评选中，获教育部“优课”28节、省“优课”84节；组织开展小学语文、小学科学、小学信息技术、小学综合、中学英语、中学历史、中学地理、中学化学、中学生物、特殊教育等10个学科论文评选和推荐工作。在全省评选中，有74篇论文获奖，一等奖4篇、二等奖18篇、三等奖52篇；组织幼儿园语言、幼儿园科学活动、小学社会、小学音乐、小学美术、初中语文、初中英语、初中信息技术、高中数学、高中历史、高中地理、高中物理、高中化学、高中生物、高中通用技术优质课评选和推荐。在全省评选中有44名教师获奖，一等奖11人、二等奖8人、三等奖25人；组织省、市小学英语故事展示和比赛活动，获省特等奖1名，一等奖8名，二等奖21名；在青少年科技创新大赛中，有35名学生获省级奖项。一等奖7人、二等奖12人、三等奖16人。因成绩突出，有10名学生获第四届滁州市青少年科技创新市长奖，9名教师获滁州市“十佳”科技辅导员称号；在省级高中数学、物理、化学、生物竞赛中，有406名高中生获奖。二等奖113名、三等奖293名；在“安徽省幼儿园第六届‘六月儿童科学乐’活动”中，凤阳县示范幼儿园作品《保卫钓鱼岛》和滁州市实验幼儿园作品《绿色家园》获一等奖，滁州市冰心幼儿园作品《建设美好家园》获二等奖，滁州市教体局教研室获优秀组织奖；在2015年课题研究工作中，有15项省级课题结题，72项市级课题结题。

【教师队伍建设】 在全市范围内推行教师资格定期注册制度，打破教师资格终身制，实行5年一注册，考核不合格将被取消教师资格。全市有703所公办学校纳入试点，31346名教师申请注册。以师德表现、年度考核和培训情况为依据，对申请注册教师严格把关，最终有30592人注册合格，738人因部分条件不达标暂缓注册，另外还有8人不在注册范围。为提高农村教师队伍整体素质，解决农村师资总量不足和结构不合理等问题，安徽省从2009年制定方案，公开招募高校毕业生到国家扶贫开发工作重点县、市(区)和国家连片特殊困难地区大别山区县及县城以下(不含城

4月29日，第二届田家炳中学年会在滁州市举行。

国务院第八批取消和调整行政审批项目等事项的通知》要求，取消“国家二级裁判员审批”项目。按照《安徽省人民政府关于衔接落实国务院取消非行政许可审批事项的通知》要求，将“全市性体育竞赛批准登记”项目调整为内部审批事项。全年接待群众现场咨询300余人次，接受电话咨询200余次。全年办结各类项目48件，其中民办学校正式设立1件，校车使用许可32件，教育网站申请13件，高职、高专院校章程修改核准2件，实现办结率100%。办理滁城就业创业安家补助申请人员学历审核认定，审核通过5300余件学历证书。（于晓曼）

安徽科技学院

【概况】 安徽科技学院座落于中国农村改革发源地——凤阳县，学校始建于1950年，1965年开始举办本科教育。经过66年建设与发展，学校有18个教学院部，67个本科专业，涵盖工、经、管、理、文、法、农、医等学科门类，形成以新兴工科和优势农科为重点，多学科相互支撑、协调发展应用型学科专业体系。有全日制本科生、专业硕士研究生16600余人，累计为国家和地方经济社会发展输送8万余名毕业生。

2015年办学规模继续扩大，调整新设资源与环境学院、建筑学院、信息与网络工程学院、电气与电子工程学院，获批建筑电气与智能化等3个本科专业，硕士招生领域由2014年5个增至10个。获批省级质量工程项目12大类44个项目，立项校级质量工程项目19大类178项；完成全校57个本科专业人才培养方案制订工作。独立设置创新创业教育学院，成立创新创业教育教研室。中外合作国际班在籍学生总数365人。毕业生初次就业率90.8%，继续位居省属高校前列。全年获省部级以上科研项目59项，年度资助经费总额2085万元；18个校级重点学科获立项建设。引进博士17名、硕士30名，评聘教授8名、副教授18名；获批高校领军人才引进与培育计划项目25项，其中获批二类领军人才1名、省学术技术带头人及后备人选各1名。学校有18个教学院部，67个本科专业，涵盖工、经、管、理、文、法、农、医等学科门类，形成以新兴工科和优势农科为重点，多学科相互支撑、协调发展应用型学科专业体系。有全日制本科生、专业硕士研究生16600余人。制定《安徽科技学院章程》和《安徽科技学院综合改革方案（2015-2020年）》；修订完善绩效工资改革方案；学生公寓等14个单体项目实现主体结构封顶。整合办公用房和实验用房资源，为33名具有教授职称专职教师安排相对独立工作室，为每位教师安排办公场所；召开思政研究会年会暨社科联成立大会，全面推行以宿舍为单元本科生导师制，健全学风建设考评机制和“奖、助、贷、勤、补”为一体学生资助体系，校基层团组织获团中央表彰。

11月20日，中共安徽科技学院第二次代表大会2015年年会暨安徽科技学院八届四次教代会、九届四次工代会闭幕。

【市委书记李明来校调研指导】 2015年8月，市委书记李明在市委常委、常务副市长章义，副市长罗建华、金力，苏滁现代产业园党工委书记徐保月等陪同下到安徽科技学院调研指导工作。李明对学校悠久办学历史、深厚办学积淀、以及蓬勃发展良好态势给予肯定，希望双方发挥校地合作优势，通过在相关领域专项合作，以点带面，建立有效体制机制，为双方全方位合作打下坚实基础。市委市政府将在高层次人才队伍建设、科技创新等方面给予安徽科技学院支持，为该校发展提供优

8月2日，市委书记李明到安徽科技学院调研指导工作

质服务。

【中都鼓韵专场演出获好评】 2015年12月，由安徽科技学院原创打造凤阳花鼓主题演出——《中都鼓韵》在滁州大剧院开演。主题演出坚守安徽科技学院创作主体地位，凸显青年创造与创意，全景式展现安徽凤阳独有精神文化特质，向外界传递安徽科技学院60余年艰辛历程，展示新时代奋进姿态，演出取得成功。滁州市政协主席何希勇，市委常委、宣传部长李树，市人民政府副市长金力等应邀出席展演。

【获评安徽省第一届教育系统文明单位】 2013年6月，学校根据《中共安徽省委教育工委关于开展教育系统文明单位评选工作的通知》（皖教工委函〔2013〕111号）要求，以培育和践行社会主义核心价值观为重点，开展精神文明创建活动。2014年初，经省委教育工委组织专家评审，该校获批为安徽省第一届教育系统文明单位立项建设学校。2015年7月，全省首届教育系统文明单位检查验收专家组对安徽科技学院文明单位创建工作进行检查验收，获评“安徽省第一届教育系统文明单位”。 （卢星辰）

滁州学院

【概况】 滁州学院有会峰、琅琊两个校区，校园占地面积102.28万平方米，建筑面积38.23万平方米。教学仪器设备总值3.1亿元，建有各类实验室25个和校内实习实训中心19个，校外实习实训基地186个。固定资产总值近9亿元。图书馆纸质藏书114万册，电子图书92万册。有16个教学院（部），开设55个本科专业。全日制在校生17461人。现有教职工1120人，专任教师770人，其中具有副高以上专业技术职务人员246人，硕士以上学位人员687人。

学校蝉联“全国文明单位”、第十届“安徽省文明单位”，获批“安徽省首届教育系统文明单位”。开展抗战胜利70周年系列纪念活动。《传承国家非遗凤阳花鼓的实践与探索》获得第八届全国高校校园文化建设优秀成果二等奖。学校获得暑期“三下乡”社会实践活动“全国优秀单位”称号。

【制定滁州学院章程】 按照《高等学校章程制定暂行办法》程序要求，完成《滁州学院章程》制定、申报核准和发布工作。加强章程学习、宣传和实践，依据章程，制（修）订规章制度28个。新校徽正式启用，篆字“滁”寓意“山、水、人”，“滁”字下方“U”是University缩写，“1950”字样表明学校创办时间。校徽呈芯片形制，凸显学校办学定位和特色。修订《中共滁州学院委员会工作规则》和《滁州学院校长工作规则》。制定《滁州学院学术委员会章程》，成立学校第四届学术委员会。

【推进地方应用型高水平大学建设】 以地方应用型高水平大学建设统领学校各项工作，加强对项目建设组织领导，制定《关于建设地方应用型高水平大学的意见》，按照“动态管理、竞争择优、统筹兼顾、开放合作”和“整体设计、全面推进、重点突破、培育特色”建设思路，加快推进地方应用型高水平大学建设。细化项目建设目标任务，编制子项目、重点建设专业、创新平台年度建设任务书。完善项目建设和管理制度。加强项目建设检查，将工作落实情况纳入目标管理，项目年度建设任务完成。总结“十二五”，谋划和做好“十三五”规划编制工作。

【“科技工作推进年”活动】 召开第二次科技工作大会，与滁州市人民政府签订战略合作框架协议，启动“科技工作推进年”。获批各级各类纵向项目84项，其中，国家自然科学基金3项、国家社会科学基金1项、省部级项目42项。获批国家专利83项，其中，国家授权发明专利16项；获省部级科学技术奖3项，市厅级科学技术奖1项。科研到账经费1602万元。签订产学研合同102项，承担11项滁州市相关部门“十三五”发展规划编制任务。获批安徽省热敏性物料加工工程技术研究中心，并依托该中心获批设立安徽省博士后科研工作站；成立安徽省高分辨率对地观测系统数据产品与应用软件研发中心、物联网与大数据技术研发中心等研发机构；获批安徽省高校智库项目、滁州市高纯特种气体工程技术研究中心。

【创新创业】 学校学科专业向应用型转变，推动人才培养模式、课程和实践教学改革，开展创新创业教育，加强资源条件建设，增强学生社会责任感、创新精神和实践能力。举办首届教师实践技能大赛，提高教师创新创业教学和实践能力。学校获首届中国“互联网+”大学生创新创业大赛国家级铜奖1项，省级金、银、铜奖各1项、优秀奖2项；获“全国高等学校创业教育研究与实践先进单位”；获得国家级大学生创新创业训练计划项目38项。学生团队获得中美青年创客大赛全国特别奖。4名学生荣获全省首届“双创之星”及提名奖。学生在省级以上学科竞赛中获奖327项。

【“本科教学工程”建设】 新增车辆工程、电气工程及其自动化、软件工程、数字媒体艺术等四个应用型本科专业，本科专业总数达到50个，其中工科专业21个，学科专业结构优化。专业内涵建设加强，立项食品质量与安全、测绘工程、通信工程、商务英语、自动化、金融工程等6个校级重点建设专业。获批省级“本科教学工程”建设项目157项。“单一师专升本院校应用型学科专业转型调整路径的实践与研究”获安徽省教学成果一等奖。推进产教融合、校企合作、协同育人。新建校企合作班5个，学生参与暑期实践教学小学期比例达42.28%。开通100门网络通识选修课程，立项建设省级示范慕课课程8门，与企业联合开发专业特色课程10门和“双师同堂教学”课程5门。“三贴近、三进入”、“三个融合”、“工学交替、双创融通”等人才培养模式以及“双师同堂教学”、“双导师制”等教学模式与方法运用，提升学生专业实践能力和综合素质。

5月26日，滁州学院与滁州市邮政局签订全面合作框架协议。

【应用型师资队伍建设】 实施“博士化工程”，推进“双百”、“双证”和“青蓝”，建设首批教师社会实践基地，加强“双能型”师资队伍建设。柔性引进国家“千人计划”人选1名（同为安徽省高校二类领军人才）、三类领军人才1名，引进博士学位教师13名。6名教师晋升教授职称，获批省学术技术带头人及后备人选2名，选派教师攻读博士学位17名、赴企业挂职锻炼103名，评选“双能型”教师91名，建设教师社会实践基地17个。获批高校优秀拔尖人才培育资助项目22项。获批安徽省本科高校理工类教师应用能力提升计划培训项目。“食品低温加工关键技术研发与应用创新团队”入选省第八批“115”产业创新团队，获批滁州市第三批“221”产业创新团队1个。百名教授博士进企业，15名教师入选滁州市百名科技专家，1位教师入选滁州市第七批农业科技特派员。

【招生就业】　招生结构优化，4800名计划全部为本科招生。录取普通本科4239人、专升本220人、中职对口招生341人。文史类专业录取最低分高出省控线6分，理工类高出4分，投档分排名较上年均提高1000余名次。音体美专业省内生源稳定在全省同类高校前列。本科新生报到率98.46%。成人高等学历教育录取新生2303人。推进职业生涯规划教育，加强就业宣传，拓宽就业渠道，强化就业指导和服务。新增实习就业基地47个。举办综合型就业供需洽谈会1场、区域性专场招聘会4场、专场宣讲会183场，提供就业岗位13586个。2015届毕业生4222人，年终就业率95.67%，毕业生就业地域85%以上在长三角，应用型专业对口率保持在80%以上；考取硕士研究生253人，赴国（境）外高校深造25人，考取专升本158人，考取特岗教师31人，被录用为大学生村官9人，参加西部计划7人，自主创业42人。

【开放办学】　成立港澳台事务办公室。学校领导率团访问台湾地区5所高校。承办2015年皖台物联网研讨会，"皖台物联网中心"成立在学校揭牌。与台湾清华大学签署联合培养访问学者计划备忘录；与台湾程曦集团共建"物联网与大数据技术研发中心"。选派76名师生赴台湾有关高校参加学术研讨、访学、科研合作、专业实践教学和短期研修。邀请台湾高校知名教授来校讲学。与马来西亚博特拉大学签署交换生协议，与马来西亚城市理工大学签署"6+7课程"工商管理硕士研究生项目协议。新增英国斯旺西大学、加拿大汉博学院、康尼斯托加学院3所教师进修学校。2013级2+2视觉传达设计专业10名学生赴韩学习。选派58名师生赴美国、英国、加拿大等高校讲学、访学、游学、专业课程研修等。完成6名韩国留学生来校学习任务。接待德国希尔德斯海姆大学，美国哈佛大学、耶鲁大学、国际音乐学院等来访39人次。

【综合改革】　制定《滁州学院关于加快推进地方应用型高水平大学建设综合改革方案》，以评价为切入点，以重点领域和关键环节为突破口，建立健全激励约束机制，调动各单位和全校师生员工主动性和创造性，发挥财力、物力资源使用效益。实施目标管理和绩效工资，向二级单位下达任期和年度目标责任书，建立与质量、效率、责任、分配相一致考核指标体系，将绩效工资与二级单位目标任务和教职工岗位工作完成情况挂钩，推进管理体制和机制深度变革。　（王亚斌）

滁州职业技术学院

【概况】　滁州职业技术学院成立于2002年，由原滁州技工学校、滁州建筑工程学校等6所中职学校合并组建而成，是滁州市人民政府举办全日制综合性普通高等职业院校。学院占地面积1000余亩，建筑面积约31万平方米，教职工673人，全日制在校学生13140人。学院设有机电工程系、土木工程系、信息工程系、经济贸易系、食品与环境工程系、传媒工程系、汽车工程系、基础部、技师学院等9个教学单位，开设机电一体化、建筑工程技术、软件技术等专业45个。建有各类实验实训室102个，校外实习就业基地96个，教学仪器设备总值1.2亿元。

学院发展得到上级部门支持和肯定。2011年学院被安徽省教育厅评为"安徽省普通高校大学生创新创业教育示范校"。2012年，大学生创业孵化基地获批省级（AA级）大学生创业孵化基地。2013年5月，中共中央政治局委员、国务院副总理刘延东视察学院，对学院人才培养工作给予肯定，并对学院提出"将来要争取成为全国的示范典型"要求与期望。2015年，学院以优秀等次通过省示范性高职院校建设项目验收和人才培养工作个性评估，并被立项为安徽省首批"地方技能型高水平大学"建设单位。

【专业建设】　2015年，学院申报电子产品质量检测、汽车制造与装配技术、工业机器人技术等三个新专业，开设招生专业45个，其中有28个专业与滁州市智能家电、先进装备等六大支柱产业结构相吻合。建有中央财政扶持提升专业服务产业能力专业2个，省级特色专业、综合改革试点专业14个，上述专业在校生6891人，占总在校生68.4%。

【教学改革】 学院围绕高素质技能型人才培养目标，推进教育教学改革。完善专业人才培养方案，推进人才培养模式改革。加强教学质量工程与高校振兴计划项目建设。全年共获得省级质量工程建设项目立项18项，高校振兴计划项目中学院立项地方高水平大学1项，重大教学改革研究项目3项，教学成果二等奖1项，三等奖3项，实现教学成果奖上突破。

【实习实训条件建设】 学院加强实习实训建设，建有专业实训中心10个，省级示范性实训基地2个，省级人才培养创新实验区1个，各类实验实训室102个，校外实习就业基地96个，多媒体教室73间，教学机房37个，教学仪器设备总值1.2亿元。

【师资队伍建设】 2015年学院有6人晋升教授、15人晋升副教授，1人晋升高级实验师。张健、张信群两名教授被评为三级教授，实现学院三级教授零突破。共立项省高校学科（专业）拔尖人才学术资助重点项目1项、省优秀中青年骨干人才国内外访学研修重点项目3项、高校优秀青年人才支持计划重点项目10项，是学院人才项目成果丰硕一年。推荐15名教职工报考在职研究生，攻读硕士、博士学位，提升学历结构。选派500人次教师参加各类进修培训。其中，5人国内访学，4人赴海外培训，64人参加各类短期培训，155人赴企业锻炼。1人获省级岗位学雷锋标兵，3人获省级思想政治教育教学研究成果奖。

【科研与社会服务】 学院科研工作取得进展，全年教职工申报立项各类科研课题77项，校企合作横向课题5项，发表论文306篇，授权职务发明专利61项。2015年，学院加大社会服务力度，稳定成人招生规模。全年各类成人教育招生767人，使得成人教育在校生达2583人。全年各类培训10409人次，各类技能等级鉴定7441人次。并组织2015年滁州市职称晋升计算机水平考试。

【招生与就业创业】 2015年学院招生工作取得突破，自主招生完成计划1120人，五年制高职完成计划650人，统招2980个计划全部完成，各类全日制学生报到4936人（含五年转段），学院全日制在校生13140人。学院2015届毕业生就业率达96.07%。2015年3月，省教育厅对2014年度全省高校毕业生就业动态监测工作评审，滁州职业技术学院在全省高职高专中位列第四名。学院创业孵化基地有20个创业项目在运作，70余人在园内创业。在2015年第十届安徽省大学生职业规划设计大赛暨大学生创业大赛总决赛中，学院陈爽、陈慧、宋宇三位同学分别获“安徽省大学生创业之星（银奖）”和职业规划之星银奖，学院获得“最佳组织奖”称号。在省教育厅公布2015年安徽省“双创之星”名单中，学院两名学生上榜。机电工程系13级机电一体化专业徐超获安徽省“创新之星”称号。汽车工程系2010级计算机辅助设计与制造专业毕业生储昭源获省“创业之星”称号，并被省教育厅评为2015年安徽省“创新创业典型人物 ”。院长助理、招生就业处处长穆松获全国“首席职业指导师”称号，全国高校仅有12人获此殊荣。

【校园文化活动】 鼓励学生社团建设，统筹开展各类活动。全年开展主题团日活动231次，参与人数10429余人次。有1名团干被授予“全省优秀团干部”称号，有2个支部、2名团干、3名团员受到团市委表彰。在团中央举办全国高校践行社会主义核心价值观“示范团支部”和“百佳团支书”评选中，机电系13机电1班团支部和团支部书记赵蕴阳经过校级、市级、省级层层选拔，分别获“全国践行社会主义核心价值观示范团支部”和“全国百佳团支书”称号。2015年学院足球队在全国大学生校园足球赛南区比赛中，以三胜一平一负成绩获高职高专组第九名，健美操队在全国首届高职院校健美操锦标赛上获5项三等奖。运动竞赛走向全国舞台，实现学院在全国性体育单项比赛首次进入前八。（章树英　张　磊）

滁州城市职业学院

【概况】 滁州城市职业学院有凤阳和滁州两个校区，占地面积652,626平方米，总建筑面积168,449 平方米；在建新校区规划用地1127亩，一期工程建筑总面积24万平方米；全日制在校学生

5977人,教职工374人,其中专职教师277人。设有学前教育系、城市管理系、护理系、医学技术系、基础部和艺术学校6个教学单位。开设市场营销、应用化工技术、会计、电子商务、初等教育、护理、助产、医学检验技术、康复治疗技术、药学、医疗美容技术、早期教育、高铁动车乘务、学前教育、应用艺术设计、音乐表演、旅游服务与管理、酒店等18个专业,涵盖教育、旅游管理、市场营销、护理、医学技术、艺术设计、药学、财务会计等8个大类,囊括师范类、卫生类和城市服务类三大专业群。建有校内实验实训基地137个(实验实训室71个),校外稳定实习实训基地46个。实验实训室建筑面积7168平方米,实验实训设备1932台套,大型设备13台套,设备总值1177.53万元。馆藏纸质图书27.74万册,电子图书6400GB,各类中文期刊杂志474种。拥有省级普通话测试站1个,国家中级职业技能鉴定站2个。

推荐7名教师晋升或评转高级职称、40名教师晋升或评转中级职称。教师参加各类培训59人次,其中国家级培训13人次,省级培训28人次,其他培训16人次,派出国内访问学者2名。院级立项课题20项,争取省级立项课题3项。教职工发表论文98篇,其中三类以上期刊27篇,出版专著1部,参编各类教材14本,其中规划教材3本,编印校本教材4本。有1035名学生参加5个工种等级鉴定,其中高职生628人,通过率100%;为校内外人员测试普通话4242人次,有2677人获得二级乙等以上证书;有105名师范生参加教师资格考试,104人通过,获证率99.05%。

学院有361名学生参加全国大学生英语竞赛,2名学生获安徽赛区非英语专业高职高专组一等奖,5名学生获二等奖,11名学生获三等奖;参加第六届安徽省高等学校师范生教学技能竞赛,2名学生获理科组一等奖,4名学生获二等奖;3名学生获全省大学生职业生涯规划设计大赛决赛就业组金奖,3名学生获创业组团队银奖;参加安徽省第六届科普创意大赛,有758人656份作品参赛,人数和作品数在全省所有高校名列第四,获优秀组织奖;在全省暑期三下乡活动中,获调研三等奖一项,优秀团队一个;在安徽省中、高职护理技能大赛中,护理系5名学生获三等奖。

【增设3个特色专业】 2015年,学院申报医疗美容技术、早期教育、高铁动车乘务等3个新专业。建有省级特色专业3个,中央财政支持专业1个,省级精品资源共享课程1门,院级精品课程11门。报到各类新生3022人,比上年增加800人。2015年高职毕业生就业率达95.66%。

(王 华)

安徽电大滁州分校

【概况】 2015年,在职职工54人(其中聘用人员10人),校内教师31名(其中副高职称6名、中级职称18名、初级职称7名;拥有硕士学位8人、硕士在读12人),建档外聘兼职教师63人(其中正高职称2名,副高职称17名、中级职称44名),相对稳定兼职教师40人。设有党办校办、教学处、教务处、技术服务处、行政处、网教办,继教办、招生办等8个业务部门和纪委、工会,2个在职职工党支部,一个退休职工党支部。下辖来安、天长、明光、凤阳、定远等五个县级工作站。2015年完成两个在职职工党支部换届,支委全部年轻化。学校投入30万元开展校本培训30多人次,送出去培训、考察30人次,职工素质日渐提升。

2015年10月学校完成搬迁扩容任务(搬迁至滁州市凤凰东路371号)。新校区占地面积21505.34平方米,比老校区扩大5倍,新校舍面积10406.2平方米,是老校2倍。投入400万元,对原一职高老校区维修和改造,加大对教学条件、硬件设施、信息化建设力度和数字化学习资源引进力度,建有独立IP地址和域名计算机校园网,校园网出口宽带为两条100M电信光纤;校内每个接入终端为100M接入电信网。建有多媒体计算机网络机房9间共630台电脑、18间标准化多媒体教室,1个240座多媒体报告大厅(兼职工影院)、2个多功能会议室和1个教工之家。办学功能得到完善。

【学历教育基础扎实】 2015年学校开设有法学、会计学、土木工程等23个本专科专业,新增道路桥梁工程施工与管理专科。在全国电大招生滑坡大背景下,开放教开展多部门应急合作提出意见和建议。

【省局调研来安环境气象试点项目】 5月21日，省气象局党组成员、副局长汪克付带领科技与预报处、观测与网络处负责人到来安调研环境气象站试点工作，与项目建设相关人员进行座谈。市政府副秘书长薛玉仓、来安县委副书记邓继敢及滁州市局负责人陪同调研。座谈会上，在听取市气象局负责人关于来安环境气象试点项目建设情况汇报后，汪克付副局长对试点项目意义作深刻剖析，就存在问题解决方案提出指导性意见和建议。调研组还实地查看项目平台使用和林桥站点建设运行情况。

【防灾减灾日在线访谈受欢迎】 5月12日，市气象局与滁州市政府门户网站联合举办"加快推进气象现代化建设 努力提高气象防灾减灾能力"在线访谈。在一个多小时访谈节目中，市局负责人等详细介绍气象现代化建设背景、内涵、要求和目标，回顾近年来气象局在现代化建设和防灾减灾方面所做工作和取得成绩，就社会公众关心热点话题与网友进行互动交流。

【于波局长指导滁州防汛气象服务】 为做好滁河防汛抗洪气象服务，6月29日省气象局通过视频会商系统指导滁州市局气象服务工作。省局党组书记、局长于波，省局党组成员、副局长胡雯，省局党组成员、副局长汪克付在省气象台听取市气象局负责人关于前期天气实况、雨情、水情、防汛险情和气象服务工作情况汇报，在滁指导工作省局气象服务指导组汇报滁河流域汛情及应对未来降水相关建议，于波对滁州市局及省局指导组工作、及时服务给予肯定，于波强调，要加强监测预警，提高各类气象资料应用能力；要提高预报准确率，做好重点区域精细化服务；要切实加强预警信息发布，多渠道加大受灾地区信息覆盖面。

10月21日，皖东强对流中心建设准备工作座谈会召开。

【省局气象专家参加研究部署滁州防汛抗洪】 6月29日，市委书记李明在市防汛抗旱指挥部组织召开防汛抗洪紧急会议，会议由市长张祥安主持，军分区司令员陈兴根，副市长汪建中，副市长金力，省气象台总工程师、正研级高工叶金印，市防汛抗旱指挥部全体成员参加会议。市水利局负责人就滁州市当前汛情等有关情况作汇报；市气象局负责人汇报滁州市降水实况和气象服务；省气象局叶金印总工汇报未来天气演变趋势，降水时间、雨强及落区，就做好未来降水防范工作提出建议。市委书记李明对省气象局安排气象服务指导组前来滁州指导防汛气象服务表示感谢，对滁州防汛抗洪工作进行安排部署。

【启动Ⅲ级应急响应】 6月26日20时到28日08时，滁州市出现强降水天气，全市平均降水114毫米，100毫米以上站点113个，6个站点超200毫米，最大全椒二郎232.6毫米。全市48座大中型水库中25座超讯限水位。滁河、襄河均超警戒水位，襄河已爆破启用荒草二圩、荒草三圩蓄洪区。降水影响范围之广，持续时间之长，累积雨量之多超过同期。为做好此次强降水气象服务工作，市气象局26日20点，响应省气象局重大气象灾害(暴雨)Ⅳ级应急响应命令，27日21点将应急响应提升为Ⅲ级，全局动员，周密部署。26日23时30分，市气象台发布暴雨蓝色预警信号；27日7时发布雷电黄色预警信号；7时30分将暴雨蓝色预警信号提升为黄色，9时50分提升为橙色，12时30分提升为红色；降水期间，制作重要天气信息专报5期；每3小时滚动发布雨情和未来天气趋势，发布预警、雨情等各种气象短信33条，累计发送32399人次；24小时和市防办保持沟通，汇报雨情及天气趋势。27日16时，市气象局负责人和省气象台负责人通过视屏连线进行专题会商；18时到市防洪排涝指挥部向副市长汪建中作专题汇报；19时到市防汛抗旱指挥部向市长张祥安汇报雨情；21时15分，在市气象台召开汛期气象服务领导小组会议，传达李明书记、张祥安市长指示精神，总结前期服务工作，对未来降水服务、灾情调查进行安排部署。会议要求，要严肃纪律，强化监督，汛期领导小组成员全部到岗，各司其职，通力合作。预报预警要再精细更及时，主动向两个指挥部滚动发布雨情和未来天气，做好灾情收集和信息上报工作。

【省局气象服务指导组和滁州市防指进行联合会商】 6月26到6月29日，滁州市出现强降水天气，累计降水超过同期。各地防汛任务艰巨，特别是滁河流域防洪形势严峻。滁河干流全椒段超保证水位；南谯、来安段均超警戒水位。为做好滁河沿线防汛抗洪服务工作，6月29日，省局气象服务指导组在市气象局负责人陪同下，前往滁州市防汛抗旱指挥部参加防汛联合会商。省局气象服务指导组对近期降水情况、历史统计分析特征和未来一周降水预报及可能影响情况进行专题汇报。市防指对省气象局安排气象服务指导组来滁州指导防汛气象服务工作表示感谢，对滁州市局提供及时主动、优质高效气象服务给予赞扬，要求各单位要关注气象部门预报预测意见，加强会商和部门联动，采取有效措施，做好未来降水天气防范工作。

【市政府印发全面推进气象现代化实施方案】 滁州市人民政府印发《滁州市全面推进气象现代化实施方案》(以下简称《方案》)，要求各县(市、区)政府，市政府各有关部门认真组织实施，全面推进气象现代化。《方案》要求，通过皖东强对流天气监测预警中心、江淮分水岭人工增雨基地、皖北国家级农业气象示范基地等12项重点项目建设，到2020年，全市建成适应需求、结构完善、功能先进、保障有力现代气象业务体系。《方案》强调，各级政府要加强对气象现代化工作组织领导；完善公共财政保障机制，加大政策支持和财政投入；将气象现代化建设作为地方重点工作，纳入政府绩效考评，并由气象部门牵头督查考核。

【马来西亚气象专家来滁考察】 6月24日，马来西亚人工影响天气专家MOHD KHAIRI BIN DERAMAN先生在省人影办负责人陪同下到滁州市局考察调研人影业务工作。市气象局负责人、分管负责人及相关业务人员与马方专家等进行座谈。市气象局从滁州市概况、滁州市人影作业需求、人影设施建设、取得成绩及工作计划五个方面进行详细介绍，就马方专家感兴趣问题进行解答。马方专家参观全椒县八波村人影标准化作业点，现场观摩火箭发射操作流程。

【联合举办首届气象行业职业技能竞赛】 市气象局、市总工会、市人力资源和社会保障局联合下发《关于举办滁州市首届气象行业职业技能(天气预报技术)竞赛的通知》。通知要求3家单位联合成立竞赛组织委员会，负责制定具体竞赛实施方案及组织筹备等工作。本次竞赛全市在岗预报业务人员均可报名参加，获得竞赛第一名选手将按程序向市总工会申报滁州市"五一劳动奖章"；获得竞赛第二名选手报请市人力资源和社会保障局授予"滁州市技术能手"称号。

【中学生气象科普作品创作竞赛】 为落实《2015年安徽省中学生气象科普作品创作竞赛通知》要求，市气象局与市科协、市教育局联合发文，要求全市各中学参与，有针对性地在相关学校开展赛前培训，讲授气象科普知识。全市18所初中学校参加此项活动，收到气象科普作品228件。参赛作品以气象科普知识、气象防灾减灾和应对气候变化为重点，主题鲜明，内容丰富，形式多样。7月3日，由市气象局、市科学技术协会、市教育体育局、市电视台和学院8名专家组成评审委员会，对大赛参赛作品进行集中评审。经过专家评委严格评选后，8件作品因切合主题、创意新颖，既富有科学性、又不乏趣味性，最终脱颖而出，被推荐到省局参加2015年安徽省中学生气象科普作品创作竞赛。

【省市合作加快推进滁州市气象现代化建设】 9月11日，省气象局与滁州市政府召开局市合作加快推进气象现代化联席会议。省气象局党组书记、局长于波，滁州市委副书记、市长张祥安出席会议并讲话，省气象局党组成员、副局长胡雯参加，滁州市政府副市长金力主持会议，省气象局办公室、减灾处、观测处、预报处、计财处负责人，滁州市政府相关部门单位负责人，市气象局领导班子及内设机构负责人参加会议。

市气象局负责人汇报开展局市合作以来，围绕皖东强对流天气监测预警工程、气象为农服务工程和气候资源开发利用工程等重点项目，合作共建各项工作取得进展。将推进气象工作法治化，全面推进气象现代化工作，发挥气象在滁州"聚焦聚力'三个发展'、冲刺全省第一方阵"进程中保障作用。省气象局预报处、计财处以及滁州市财政局、水利局就落实现代化合作协议作交流发言。于波表示，省气象局将继续对滁州气象现代化工作政策保障、资金投入、技术支持以及人才支撑，以更好地深入推进滁州气象现代化工作，全面深化与滁州市政府合作。张祥安就实现局市合作共同推进滁州气象现代化目标任务提出意见，要加快重点建设项目推进，在土地划拨、规划设计、项目审批和资金筹措等方面给予支持。此前，于波与滁州市委书记李明就推进皖东强对流天气监测预警中心建设有关事宜进行交流。

【省局地面观测标准化检查组来滁检查指导】 9月14日，省局地面观测标准化专项检查组一行，在市局分管负责人和业务科陪同下，到滁州国家基本气象站开展地面气象观测标准化专项检查。检查组严格按照《2015年全国地面气象观测业务专项检查手册》《安徽省场室标准化整改实施细则》《地面观测业务专项检查工作注意事项》和《地面气象观测场规范化图册》要求，对业务制度、应急保障、观测设备、仪器装备库房、气象探测环境保护、业务软件和业务平台运行等方面进行逐项检查核实，现场查看值班室、机房、观测场标准化情况。省局检查组对基本站地面气象观测业务标准化工作给予肯定，就检查出来问题提出整改意见。市局分管领导表示将按"标准化"要求，着手整改，对自身存在问题改正，为迎接全国地面气象观测标准化专项检查做好准备。

【国家局观测司来滁调研】 9月22日，国家气象局观测司和省观网处领导，在市气象局负责人陪同下，到滁州国家基本气象站对综合气象观测一体化工作开展情况进行调研。市基本站就一年来开展一体化工作情况、存在问题和不足做简要汇报。期间，调研组还了解滁州基本站场、室标准化改造情况，参观市装备保障中心装备库房。

【召开国突平台应用工作会】 10月21日，滁州市突发事件预警信息发布平台应用工作会议在市气象局召开。市政府应急办牵头，有15家市直单位突发事件预警信息发布负责人和信息管理人员参会。市气象局负责人介绍国家突发事件预警信息发布系统平台建设背景意义，以及滁州市突发事件预警信息发布系统进展情况。市政府应急办负责人就市级国家突发事件预警信息发布运行工作提出意见。要求提高思想认识，做好预警信息发布工作；要发挥平台效益，做好国突平台应用工作。市应急办带领参会人员学习《国家突发事件预警信息发布系统运行管理办法》、研讨《滁州市突发事件预警信息发布系统运行管理办法》，市气象台对国家突发公共事件预警信息发布系统进行操作演示，讲解相关注意事项，对设区市气象防灾减灾工作指数部门内容进行详细介绍。各参会人员就系统使用、业务运行情况以及存在问题进行互动交流，确保滁州市突发公共事件预警信息发布系统工作有序运转。

【省局防雷综合治理执法检查组来滁检查指导】 11月20至22日，省局防雷综合治理执法检查组到滁州，对市局、明光、来安、天长防雷社会管理和防雷技术服务情况进行检查。检查组在听取市气象局关于防雷综合治理情况汇报后，根据气发函[2015]9号文件精神，严格按照皖气办发[2015]41号文件要求，对行政审批（流程、指南、告知单、许可文书）、政事企分开、权力事项公开和监督、涉企收费清单、单位和人员资质、服务价格登记证更新等内容进行全面细致检查。省局检查组对滁州市局防雷综合治理工作给予肯定，对防雷综合治理工作中存在不足给出整改建议。

【与南信大开展局院合作】 12月30日，滁州市气象局与南京信息工程大学大气物理学院签订《南京信息工程大学教学实习基地共建协议》《南京信息工程大学大气物理学院滁州市气象局产学研合作协议》。双方商定将滁州市气象局作为南京信息工程大学大气物理学院产、学、研基地，开展科学实验和研究、科研成果转化及人才培养等，联合开展国家、省部级科研项目申报，共同开展科学研究活动。重点在天气雷达等高端设备资源共享，在滁州国家基本观测站部署一部X波段天气雷达，联合开展信息采集、分析、处理、应用数据方面共享，加强合作研究和开发应用。（程　晨）

防震减灾

【全市防震减灾工作再获佳绩】 2015年，滁州市防震减灾工作在全省、全国防震减灾工作考核中再获全省第一名、全国先进单位殊荣。这是滁州市防震减灾工作连续七年获全省第一、先后五年获全国先进好成绩。

【中国地震局局长陈建民来滁调研】 5月24日，中国地震局党组书记、局长陈建民，中国地震局办公室主任唐豹、地震监测预报司司长孙建中等，在安徽省地震局局长张鹏，副局长姚大全、刘欣等陪同下，来滁州市调研防震减灾工作。市委副书记、市长张祥安，副市长罗建华陪同调研。陈建民等领导先后到市地震台、市地震监测台网中心等了解滁州市防震减灾工作开展情况，并召开座谈会听取工作汇报。张祥安代表市委、市政府对陈建民等来滁州调研指导工作表示欢迎，并简要介绍滁州市市情和近年来经济社会发展情况。陈建民要求，地震系统干部职工要牢固树立"宁可有备无震，不能有震无备"理念，干一行、爱一行，做全国先进集体和先进典型代表。

【市人大调研并评议市防震减灾工作】 3月24日至25日，市人大常委会副主任朱云霞率领市人大教科文卫工委工作人员及部分市人大常委会委员对滁州市防震减灾工作情况进行专题调研。调研组实地察看市直、全椒县、凤阳县和明光市地震安全示范社区、农居地震安全示范点、应急避难场所、群测群防宏观观测点、地震监测台站、应急指挥中心及地震科普馆，听取市地震局局长冉家政和全椒县、凤阳县、明光市政府分管负责人工作汇报。市人大对滁州市防震减灾工作取得全省第一、全国领先好成绩给予肯定，对下一步防震减灾工作提出要求，并依据《滁州市人大常委会听取和审议专项工作报告暂行办法》，组织全体市人大常委会委员对滁州市防震减灾工作进行民主评议。

【举行地震应急"市县联动"实战演练】 7月8日，市地震局组织全市地震系统干部职工开展野外实战应急演练。此次实战演练模拟明光市某地发生4.8级地震，演练设置演练准备、演练集结、演练实施、演练点评和演练疏散五个环节，演练科目有架设车载流动测震台、生命探测仪操作方法演示、应急救援破拆工具使用介绍等。野外演练结束后，市、县（市、区）地震部门就"地震来了如何应对？"为题，分别进行桌面推演。市地震局负责人进行实战演练和桌面推演总结点评。

【全省市县地震台站工作现场交流会在滁召开】 9月29日，安徽省地震局召集全省市县地震部门分管地震台站负责人和地震台站业务人员100多人，在滁州市召开全省地震台站工作现场经验交流会，省地震局巡视员姚大全、监测预报处处长凌学书、震害防预处处长余华扬、预报中心主任刘庆忠等到会并讲话。市政府副市长罗建华参加会议并致辞。滁州市地震局、合肥市地震局、凤阳县地震办公室、泗县地震台分别在大会上作经验交流发言，参会代表们还现场考察全椒县地震台、应急指挥中心、群测群防站点。

【建立健全"三网一员"机制】

5月24日，中国地震局局长陈建民在滁州市地震应急指挥中心检查防震减灾工作。

2015年，市地震局把群测群防工作作为全年业务工作重点。2至3月，市地震局负责人带队，科室负责人参加，利用两个多月时间，驱车行程一万多公里，横穿全市100多个乡镇，跑遍全市150个新老宏观观测网点，采取“地毯式”、“消耗制”办法，按照省局“四有”标准要求，重新布点，经过重新确定地震宏观观测网点布局合理，观测项目齐全，观测效果好。举办全市宏观观测员业务培训班集中培训，请省局专家授课。统一制牌、授牌、挂牌，市地震局为104个宏观观测点统一制作铜牌并授牌，便于群众发现宏观异常，在第一时间报告，扩大观测面。市地震局组织人员编写一本“地震前兆异常汇编”书籍，印发给观测员和群众，宣传地震知识。制定出台《滁州市群测群防工作管理办法》《滁州市地震群测群防工作考核办法》和《滁州市地震群测群防宏观观测员工作职责》3个管理文件，加强群测群防工作管理。

【天长发生3.0级地震】 2015年5月17日10时11分天长市发生3.0级地震。地震发生后，市地震局启动地震应急预案，第一时间召集全局人员开展震情会商工作，立即向市委市政府、省地震局报告震情，结合省局会商意见编发地震特报，在《皖东晨刊》、滁州广播电视台，通过媒体记者采访方式，向社会发布省局专家会商意见，有效维护社会稳定。

（陈传慧）

地质勘探

【概况】 811地质队系华东冶金地质勘查局所属省直事业单位，为滁州境内唯一一家国有地勘单位。2015年年底有职工735人，其中在职276人，退休职工459人，拥有固体矿产勘查甲级、物探乙级、钻（坑）探乙级、化探丙级、水工环地质调查丙级、测绘丙级资质。建队以来，先后探明滁州铜矿、凤阳县中家山铅锌多金属矿、毛山金矿、凤阳县老黎山和观星台石英岩矿、南谯区二郎石灰岩矿等大中型矿床。先后获得“安徽省厂务公开先进单位”、“全国厂务公开先进单位”和“国土资源部矿业权实地核查先进集体”等荣誉称号，当前已发展成为集地质找矿、工程勘察与基础施工、安全评价与教育培训、机械加工、商业贸易、建筑施工等为一体的综合性地勘单位。2015年5个项目取得省地质勘查基金：南谯区观塘庵绢云母矿普查、南谯区庄子许绢云母矿普查、全椒县杨石凹石灰岩矿普查、凤阳县石门山石英岩花岗岩矿普查、凤阳县老青山矿区外围石英岩矿普查。

【国家项目申报】 凤阳县中家山外围普查项目完成野外验收；凤阳县安子集金银多金属矿普查项目及滁州花山一带、八里店一带、全椒马厂一带铜金矿普查项目完成地质填图10平方千米，槽探1359.94立方米，钻探8415.81米，取得较好的找矿成果，其中凤阳县安子集金银多金属矿普查发现金矿点一处、银矿点一处、铅锌金银多金属矿点一处；安徽省张八岭构造带（北部）金多金属矿调查评价项目及三幅矿调项目开展矿点检查和资料整理研究工作。

【矿石资源编制】 2013年10月编制完成《安徽省天长市谕兴文庄建筑石料用玄武岩矿普查地质报告》。在拟设采矿权范围内查明111b+122b类资源储量4600万吨。其中，111b类基础储量1619万吨，122b类资源储量2981万吨。矿石自然类型：致密块状橄榄玄武岩；矿石工业类型：建筑石料用玄武岩矿。

2013年12月编制完成《安徽省滁州市腰铺镇二郎黄槽坊水泥用石灰岩矿详查报告》，在矿区范围内露采基准面+20m标高以上累计查明332+333+2M22类水泥用石灰岩矿资源储量2818万吨。矿石自然类型为隐晶质、微晶质灰岩；矿石工业类型为水泥石灰岩矿石。

2014年3月编制完成《安徽省来安县磁山南坡建筑石料用玄武岩矿普查地质报告》，在拟设矿区范围内查明111b+122b类资源储量2862万吨。其中：动用111b类基础储量1863万吨；保有122b类资源储量999万吨。矿石自然类型：致密块状橄榄玄武岩；矿石工业类型：建筑石料用玄武岩矿。

2014年11月编制完成《来安县独山家友玄武岩矿普查地质报告》，在拟设矿区范围内累计查明111b+333类资源储量1066万吨，其中：111b类基础储量167万吨；333类资源储量899万吨。矿石自然类型：致密块状橄榄玄武岩；矿石工业类型：建筑石料用玄武岩矿。

2014年12月编制完成《安徽省凤阳县观星台玻璃用石英岩矿普查地质报告》，在探矿权内+80m标高以上估算333类石英岩矿资源量4576万吨。矿石自然类型：块状石英岩；矿石工业类型：玻璃用石英岩矿。同时编制完成《安徽省凤阳县老黎山玻璃用石英岩矿普查地质报告》，在探矿权内+80m标高以上估算333类石英岩矿资源量5890万吨。矿石自然类型：块状石英岩；矿石工业类型：玻璃用石英岩矿。

2015年8月编制完成《安徽省滁州市徐家洼绢云母矿勘探报告》，在矿区内控制、推测331+332+333类绢云母矿矿石资源储量755万吨。矿石自然类型为沉积变质作用形成的石英绢云母片岩和绢云母片岩；矿石工业类型为涂料原料、工业填料型绢云母矿。

（肖　波）

文化 传媒

WENHUA CHUANMEI

群众文化

【成功举办第五届中国农民歌会】（内容参见特载“第五届中国农民歌会”）

【市图书馆新馆开工建设】 市图书馆选址在市政务中心北侧，龙蟠河公园南侧，中都大道东侧、南谯路西侧，项目总规划用地约为140亩，其中市图书馆用地约40亩，配套公园用地约80亩，儿童科技文化体验中心用地约20亩。市图书馆建筑面积约2.5万平方米，包括图书馆和文学艺术中心两部分，图书馆建筑面积约2万平方米，文学艺术中心建筑面积约5000平方米，项目总投资约2.3亿元；配套公园预估投资约0.4亿元。项目年初启动，由省新华发行集团具体策划规划设计方案。3月，省新华发行集团邀请同济大学建筑设计研究院有限公司、上海京钰建筑设计有限公司、上海经纬建筑规划设计研究院有限公司、中外建工程设计与顾问有限公司等4家知名设计单位参与项目设计方案招投标，分别编制规划设计方案，报市委、市政府领导比选；在两轮比选基础上，选定由台湾设计师周欣宇领衔的上海京钰建筑设计有限公司的设计方案为中标方案，进行深化设计。9月，召开市图书馆功能布局设计研讨会，对市图书馆设计方案，特别是内部功能布局进行讨论，对设计方案进行进一步的修改完善。10月30日，市规委会研究并原则通过市图书馆规划设计方案。11月3日，市政府召开专题会议，研究推进市图书馆建设，明确各相关部门职责分工及时间节点安排。12月26日，市图书馆举行开工奠基仪式。

【市博物馆布展】 滁州市博物馆位于市政务新区，总面积19747平方米(其中地上建筑面积13755平方米，地下建筑面积5992平方米)，建筑主体为地上三层、地下一层，已竣工，可达二级馆标准。

2015年“民生杯”全市文艺调演

馆内陈列展览区4000平方米，包括滁州自然展厅1300平方米，滁州历史文化陈列展厅(古代史和近现代史)2700平方米。2015年，博物馆先后完成公共空间设计、展陈深化设计与施工一体化招标、安防设计施工一体化招标，8月与北京天图设计工程有限公司签订施工合同。截至年底，公共空间装修工程完成57%。

公共文化场馆免费开放，图为南谯区少年儿童在区文化馆学习科技知识。

【基层公共文化服务中心建设】 在2015年全市新建的45个美好乡村中全部规划建设农民文化乐园，18个省级农民文化乐园试点建成开放，各县(市、区)主动创建县(市)级试点24个。瞄准全省示范高度，选点花园社区、滁阳社区和宋郢社区开展市民文化乐园建设试点工作。宋郢社区市民文化乐园建成试运行，文化活动丰富多彩，深受市民喜爱，市民文化乐园为滁州首创，被省委宣传部命名为全省20个宣传文化工作创新案例之一。同时，在开展2个省级乡镇综合文化服务中心试点工作的基础上，提标扩面，试点建设8个市级乡镇综合文化服务中心。

【办好文化惠民五件实事】 开展送戏进千村送欢乐下基层活动。全年政府采购送戏进村文艺演出1087场，超额完成每个行政村送一场正规演出的任务。天长市、全椒县文广新局被评为全省“送戏进万村”工作优秀单位。

推动群众文化活动丰富活跃。组织开展2015年春节文化惠民活动，举办花灯展演、广场舞展演、闹元宵猜灯迷、文化惠民成果展、免费看电影、看黄梅戏、儿童剧和音乐会等系列文化活动。举办第二届“中国梦·出彩滁州人”人民广场周周演活动，15场演出，观众逾10万人次，真正做到“文化为民、文化惠民、文化乐民”。主办安徽省第八届皖江八市群艺(民乐)大赛，来自八个市的民乐代表队参赛，吸引包括人民网、新华网在内的多家知名新闻媒体的关注，有力地提升滁州文化的影响力、传播力、凝聚力。各县(市)、区组织开展大量各具特色的群众文化活动。

认真做好公共文化场馆免费开放和达标升级。全市8个公共图书馆，9个文化馆，98个文化站，7个博物馆实行零门槛、无障碍免费开放。各级文化场馆丰富服务内容、拓展服务载体，创新服务形式，推进公共文化服务数字化建设等方面创新创造，用功用力，提升文化服务效能和水平，提高群众满意度。积极参加第四次全国文化馆评估定级工作，以评促建，以评促改，以评促发展。经省里评审，市文化馆、琅琊区文化馆等6家文化馆被初评为一级馆，2家被评为二级馆。

认真开展农村电影免费放映。全年放映农村电影13100场，超额完成任务。

抓好农家书屋免费开放。创新开展“两培两创”农家书屋提升工程。创建省市农家书屋示范点。6月，举办全市农家书屋管理员实训班，通过专家授课、实地观摩、工作交流、典型发言等环节，让参训学员学有所得，取得较好成效。《中国新闻出版报》对此在要闻版进行长篇报道。

【文化市场管理】 规范行政审批工作。做好省下放行政审批项目的承接工作，将所有审批项目纳入中心窗口办理，录入权力清单项目库。评选、表彰全市十佳案卷办理单位。加大执法办案力度，加强市场监管，严厉查处违规经营行为，全市各级文化执法部门先后开展“两节”期间文化市场安全生产暨专项整治、中高考考试月专项保障行动等文化广电新闻出版专项行动。据不完全统计，全市文化市场综合执法机构在各类文化市场检查中出动执法人员41991人次，执法车辆4300台次，检查各类文化经营场所18545家次，其中检查网吧9712家次；检查游戏游艺、歌舞娱乐场所5807家次，暂扣各类游戏主机20台、主板6块；检查出版物市场、店档摊点、印刷复制企业2837家次，收缴非法图书2500余册，非法报纸300余份，儿童彩票1200余张，仿真人民币1000余张、儿童口袋书、粗口书500余本，盗版及淫秽色情光盘1000余张；检查广电市场121家次，收缴非法卫星电视地面接收设施120余套；检查演出市场62家次；检查互联网文化经营单位6家次。

（杨园园）

滁州日报

【概况】 2015年，滁州日报社以十八大、十八届四中、五中全会精神和市委五届八次、九次全会精神为指导，贯彻“高举旗帜、围绕大局、服务人民、改革创新”要求，以团结稳定鼓劲正面宣传为主线，突出重点、展现亮点、引导热点，坚持三贴近，深化走转改，唱响主旋律，打好主动仗，激发干部职工团结奋进力量，为滁州“聚焦聚力三个发展，冲刺全省第一方阵”提供舆论支持、营造强大舆论氛围。

【贯彻十八届四中、五中全会精神宣传报道】 开设《贯彻落实十八届四中全会精神》和《深入学习贯彻党的十八届五中全会精神》等专栏，报道各地各部门学习会议精神，齐心协力开创美好滁州建设新局面举措和成效。年初重点围绕“开门红”，开设《聚焦聚力三个发展奋力实现开门红》栏目，刊发相关稿件50多篇；二季度开设《晒晒成绩单》栏目，组织刊发稿件26篇；三季度开设《大干三季度实现新突破——县、市（区）领导访谈》和《大干三季度——成果盘点》等栏目，组织刊发稿件50篇；四季度开设《决战决胜四季度全面超额完成目标任务》栏目，组织刊发稿件30篇，全面反映落实全会精神“聚力三个发展、冲刺全省第一方阵”举措、进展和成效。

【“三严三实”专题教育宣传】 加强对专题教育活动宣传报道和舆论引导，开设《践行“三严三实”要求聚焦忠诚干净担当》等专栏，大力宣传中央和省、市委专题教育重要精神和决策部署，工作进展和实际成效，推动“三严三实”专题教育开展，营造良好舆论氛围。开设《学习经开区严实工作法大力践行“三严三实”要求》《严实工作法案例选登》等栏目，总结提炼各地各部门在专题教育活动中形成新认识、新经验和新做法，使“三严三实”专题教育成为新常态下推动发展、解决问题重要动力，促进滁州各项工作任务落实。

【“弘扬沈浩精神、推动‘三个发展’”主题实践活动宣传】 紧跟活动进展，精心统筹谋划，突出重点、展示亮点，三报一网整体联动，形成声势，为主题实践活动营造浓厚舆论氛围。突出宣传重点，开设《弘扬沈浩精神推动三个发展》专栏，刊发各地、各部门动态消息和活动进展；突出活动成效，三报一网通过开设专栏专题专版、推出系列报道、配发评论等多种方式，对专题教育活动进行宣传。滁州日报社还开设《培育和践行社会主义核心价值观——劳动者的一天》专栏，班子成员带领编辑记者深入基层、一线进行体验式采访，宣传先进典型，为主题实践活动营造舆论氛围。

【推动“三个发展”建设美好滁州宣传报道】 开设《统筹推进四个全面战略布局不断开创三个发展新的局面》《深入贯彻全会精神狠抓“四个全面”落实》《弘扬沈浩精神推动三个发展》等栏目，对各地各部门围绕“四个全面”、推进“三个发展”所采取措施、取得成效进行宣传，组织刊发一组系列评论员文章5篇，起到舆论引领作用。

【全面深化改革和“调转促”宣传报道】 开设《全面深化改革进行时》《稳增长调结构促发展》《调结构、转方式促升级》《奋力实现四个翻番——争当全省调转促排头兵》《先人一步胜人一筹——企业家谈调转促》《加快调转促争当排头兵——县市委书记访谈》《调转促十大重点工程》等一系列专栏，组织刊发动态报道、专访等稿件80多篇，推动全市“调转促”工作。

南谯区民生工程文化墙

【重点工程和重点工作宣传报道】 围绕年初“两会”确定十大工程和为民要办十件实事，分别开设《聚焦十大工程》和《办好十件实事造福滁州人民》两个专栏，向读者介绍“十大工程”和“十件实事”报道工作进展情况，满足人民群众对党委政府工作知情权，提高人民群众对市委市政府工作满意度。围绕加快推进“绿色行动”，开设《打响绿色发展百日会战》栏目，组织刊发稿件30篇；围绕招商引资和项目建设，开设《聚焦聚力三个发展奋力推进项目建设》《聚焦招商引资双百行动》《奋力冲刺第一方阵》等栏目，组织发稿百余篇。

【第五届中国农民歌会宣传报道】 会前侧重宣传铺垫。滁州日报在报头位置设置倒计时牌，开设《放歌希望田野唱响魅力滁州——喜迎第五届中国农民歌会》《期盼迎接祝愿——各界人士畅通农歌会》专栏和《喜迎农歌会当好东道主》新闻专版；《皖东晨刊》开设“喜迎农歌会专版”。会中浓墨重彩全方位报道。晨刊在农歌会举办当天出版24个版《农歌会特刊》，对前四届农歌会盛况进行全面回顾，对本届农歌会精彩看点提前预告，一刊在手，歌会情况全掌握。10月16日、18日出版报纸分别对农歌会15日、16日举办各项活动进行浓墨重彩现场报道，图文并茂。会后做好思考回顾，通过开设《农歌会成果综述》专栏，盘点农歌会成果。农歌会期间，刊发有关农歌会各类文字稿件近百篇，图片60幅；推出农歌会主题新闻专版18个。期间被中央及省市报刊网站刊用稿件、图片100余篇（幅）。滁州新闻网开设“第五届中国农民歌会专题”。

【“大众创业，万众创新”宣传报道】 遵照李明书记2015年6月1日关于挖掘扬子精神对当下“大众创业，万众创新”借鉴意义批示，滁州日报社经过策划，6月7日在《滁州日报》头版发表署名为储轩平《“双创”正当时滁州再出发》文章，结合滁州发展鼓励大众创业、万众创新。6月10日，推出8个版“扬子人”特刊。滁州日报开设《“双创”正当时滁州再出发》，晨刊开设《“双创”正当时滁州再出发——我的创业故事》新闻专栏，组织刊发“双创”先进典型人物通讯20篇，集中报道一批当年从扬子集团走出来“双创”精英，宣传滁州创业创新典型，在滁州再次掀起“双创”热潮，让“双创”为滁州经济社会发展注入新活力。

【“环滁皆美”宣传】 市委五届十一次全会首次提出建设“环滁皆美”新滁州，根据市委宣传部部署，在一版开设“环滁皆美系列谈”，先后刊发“储宣平”和署名文章10多篇。在一版策划“新城脉动——聚焦苏滁现代产业园系列报道”，组织刊发稿件8篇。

【城市管理工作宣传】 开展“三治三增”活动宣传报道。办好《打好“三治三增”硬仗 提升百姓“幸福指数”》和《推进“三线三边”环境整治 深化滁州美好乡村建设》等栏目，报道滁州在城市管理、“三治三增”、文明创建、“三线三边”环境治理等方面工作动态和先进典型。

【社会主义核心价值观宣传】 办好《培育和践行社会主义核心价值观——滁州行动》《培育和践行社会主义核心价值观——百姓故事》等栏目，宣传社会主义核心价值观，为推动滁州形成崇德向善、遵德守礼社会风尚，建设美好滁州凝聚起强大精神力量。

【开展好“走基层”活动】 开设《精彩故事——记者走基层》等栏目，展示十八届四中全会、中央农村工作会议、市委五届九次全会及市“两会”精神在各地落实情况，真实反映基层群众心声和期盼。为推动“走转改”进行，开展“体验式采访”活动。报社领导成员带队，对11位全国、全省劳模“跟班作业”，从早到晚实录劳模精彩瞬间和有故事性情节以及细节。整组稿件鲜活生动，现场感强烈，受到读者好评。

【推出“掌上滁州”移动客户端】 12月19日，“掌上滁州”移动客户端上线，这标志着滁州日报社拥有迄今为止所有新媒体。这是滁州第一款移动阅读、移动应用手机终端平台。该平台定位于本土化、可视化、工具化，设有“新闻”“数字报”“便民”“爆料投稿”“网络发言人”“论坛”等栏目，集新闻资讯、公众信息、政民互动、生活查询等服务。上线后，利用文字、图片、音视频等立体化传播手段，以新闻信息为核心产品、舆论引导为根本任务、便民服务为延伸功能，打造权威新兴主流媒体。

【创办《南京新闻》周刊】 根据市委书记李明要求，从2015年起，滁州日报社创办《南京新闻》周刊，传播南京地区深化改革、加快发展动态、举措、政策、成就，尤其关注江北开发一举一动，给滁州提供全面、权威、准确有关南京方面信息，为滁州深度融合都市圈提供信息和新闻支持。

【开设《合肥经济圈》专刊】 根据滁州融合合肥经济圈需要，在借鉴创办《南京新闻》经验基础上，滁州日报社开设《合肥经济圈》专刊，报道合肥经济圈合肥、淮南、桐城、滁州等4市发展动向、战略举措、成功经验和各方面信息，成为滁州融入经济圈一个平台和窗口。

【《滁州在线》更名改版】 经省互联网信息办公室批准同意，由市委宣传部主办、滁州日报社承办重点新闻网站“滁州在线”更名为“滁州网”(域名仍为www.chuzhou.cn)。更名、改版后滁州网于2015年2月10日上线，进行试运行。更名后 “滁州网”进行硬件、软件升级和改版。注重媒体融合和服务互动功能，致力于打造一个功能更为齐全新媒体平台，在首页展示《滁州日报》《皖东晨刊》《西涧周刊》《滁州网》各媒体官方微信、微博以及手机报、数字报媒体平台，为市民提供服务。设有天气、交通违章、机票预订、火车查询、公积金等信息查询服务功能；西涧论坛提前改版上线运行，更加方便网民互动交流。滁州网日访问量已达8万左右。在2015年全国地市网站联盟第8次会议上，滁州网获得最具品牌价值网站称号。

【网络问政】 滁州网围绕市委市政府中心工作开展系列在线访谈，每月邀请一名市直单位负责人在线访谈，每季度邀请一名分管市领导走进网络直播间。网络发言人平台开通后，注册用户6.04万人。市直单位、县、市（区）共105家单位上线，网民发帖量15000条，部门回复处理13900条，回复率90%。网络发言人平台建立，受到中宣部新闻局肯定。

【推进传统媒体与新兴媒体融合】 实施4个“1+1”工程。日报+官方微博，晨刊+微信公众账号，网站+手机报，晨刊+微信公众账号。实现在“内容”方面融合，借助新媒体平台、渠道，尽可能“攻城略地”，占领和扩大舆论阵地。树立“内容制胜、渠道为王”理念，实现内容与渠道有机融合。

【发挥评论旗帜作用】 围绕市委市政府中心工作和重大活动宣传，主动配发系列评论文章。如两会期间，刊发多篇评论员文章和署名评论文章；围绕“协调‘四个全面’、推动‘三个发展’”、“弘扬沈浩精神、推动三个发展”主题教育实践活动、“三严三实”主题教育等，组织刊发系列评论员文章。

打造“储轩平”、“储新平”评论品牌，围绕中心工作、热点问题，抓住关键节点，推出高质量、高水平，深入浅出、通俗易懂“储轩平”、“储新平”评论文章。围绕扬子精神发扬光大和“大众创业、万众创新”主题，推出15篇“储轩平”和11篇“储新平”文章，引起社会关注和好评。

滁州日报社利用《西涧潮时评》《琅琊快语》《街谈巷议》等评论专栏和“言论”专版，针对市委市政府中心工作和读者关心新闻事件，组织刊发评论文章。

【扎实推进“走转改”】　建立和完善各项规章制度，刚性推进“走转改”，出台记者联系点制度、重点工程跟踪采访制度和改进新闻报道方式等系列规章，用制度保障“走转改”活动推进。搭建活动平台，在一版要闻版和二版综合新闻版推出“记者走基层”子栏目：如《真实声音真情记录——新春走基层》《走转改——一线见闻》《走转改——新闻现场》《行进中国·精彩故事——记者天天在基层》等，刊发记者采写大量不同内容、不同主题、不同角度一线新闻。建立激励机制，定期开展现场好新闻和采访笔记评选活动，对获奖人员奖励表彰。领导带头示范，引领“走转改”，班子成员经常带领采编人员到基层一线，驻点采访，共同采写稿件。

【打造《市长热线晨刊联动》专栏】　皖东晨刊和市长热线办公室合作，打造《市长热线晨刊联动》专栏，保留晨刊原有“热线出击”、“热线点击”、“你问政我跑腿”等专栏，安排成立热线记者小组，每天轮流值守市长热线晨刊席座，采集筛选信息后第一时间进行采访报道，热线信息相关部门处理后第一时间有回音报道。搭起一座市民读者与政府部门之间连心桥，受到领导、市民和读者关注。　（阚道平）

广播电视

【概述】　2015年，市广播电视台以中国共产党十八届三中、四中、五中全会和习近平总书记系列重要讲话精神为引领，以深化改革为主线，以创新创造为突破口，解放思想，开拓进取，提升新闻宣传水平，强化舆论引导；拓宽经营渠道，增强发展后劲；加强内部管理，优化发展环境，完成各项工作任务。

【深化对外宣传】　2015年，市广播电视台围绕市委、市政府中心工作，加强选题策划，对接省台，实施外宣突破工程，提升对外宣传效果。全年在中央电视台发稿10条，在中央人民广播电台发稿30条，在安徽卫视《安徽新闻联播》发稿438条，在安徽人民广播电台发稿315条，包含多篇有影响力稿件，完成年初制定各项目标任务。

【开展专题教育宣传】　按照市委部署，市广播电视台制订详细宣传方案，在滁州新闻联播开辟《弘扬沈浩精神推动“三个发展”》《践行“三严三实”》等专栏，报道领导走访蹲点以及各地各单位开展活动情况等新闻，深挖先进典型和创新做法，向上级媒体供稿，提升宣传效果，营造舆论氛围，全年播发相关稿件200篇。

【农歌会宣传】　第五届中国农民歌会在滁州唱响，市广播电视台举全台之力，做好宣传和报道工作。5月，制定报道方案，有针对性进行会前、会中、会后报道，农歌会宣传取得可喜宣传效果，在中央台发稿两条，在安徽台发稿十多条。《滁州新闻联播》《全市新闻联播》《天天360》开设“喜迎农歌会”专栏，发稿60条，《警方热线》播发专题2期。

【《政风行风热线》改版】　按照市委、市政府和市效能办要求，《政风行风热线》栏目在征求上线单位和观众、听众意见基础上，参照外地经验，于2015年5月1日起改版。改版后，上线单位由52家精简为30家，上线频率由每周5次调整为每周2次，加大问题追踪督办力度。经过半年实践，观众和听众参与度提高，问题解决力度加大，栏目改版达到预期效果。

【推进主题实践活动】　按照时间节点，推进“弘扬沈浩精神，推动三个发展”和“弘扬沈浩精神，建设模范部门”主题实践活动，将活动与本单位实际工作结合起来，在活动中推动各项工作整改和落实，优化办事流程，提升工作效率。

【抓好“三严三实”专题教育】　根据“三严三实”专题教育工作要求和部署，制定方案，动员和部署，分阶段专题研讨，制定问题整改清单，召开专题民主生活会，对照问题清单整改，完成各阶段工作任务。

【开办文产频道】　2015年1月1日，文产频道开办，做好节目审查、编排工作，播出节目4273小时，其中电视剧1960集、动画片1130集，科教、专题、纪录片等1176集，播出公益广告及宣传片300小时。

【十佳的哥的姐评选】 通过宣传发动，在市直相关部门密切配合下，12月31日，10位“十佳的哥的姐”和二十位文明出租车驾驶员脱颖而出。通过“十佳的哥的姐”及文明出租车评选活动，展示全市出租车行业良好形象，推动出租车行业发展。

【开展爱心送考】 2015年6月，举办第十届绿丝带爱心护考社会公益活动，由交通音乐广播主播们携手交广雷锋车队100多名司机在两天高考时间里为莘莘学子铺设一条条畅通无阻高考路，提升交通广播品牌知名度和社会影响力。

【主持人选拔】 2015年5月，举办“爱上星主播，广播新声代”主持人选拔大赛，全国多个地区100多名选手报名参赛，，经过一个月激烈角逐，15名选手脱颖而出，大赛取得成功。

【透明广播直播室开播】 2015年，滁州台致力于打造“看得见的广播”，经过多方调研，选择在1912文化商业街区建设透明直播室，7月开通，通过“零距离收听全透明接触”，提升广播品牌节目和主持人亲和力，增强广播媒体感染力。

【强化舆论监督】 2015年，《政风行风热线》《效能观察》《天天360》3个栏目围绕市委、市政府中心工作，以群众诉求为导向，以舆论监督为抓手，以解决问题为目标，聚力资源整合，实现栏目间平台共享、话题共通、结果共用，打造更加有力舆论监督平台，推动相关工作落实。全年3个栏目对900多个问题进行跟踪或监督，绝大部分问题得到解决和答复。

【《滁州警方》栏目改版】 7月3日，《滁州警方》栏目改版后复播，改版后《滁州警方》启用新演播室，增加女主持人，从原来坐播改成站播，肢体语言更加丰富，主持形式发生改变，主持风格亲民。节目内容更多是以案说法，注重法制服务；压缩领导会议新闻，将更多镜头对准基层民警，推出10个先进典型，增强节目可视性。

【开办《滁州全接触》栏目】 2015年，滁州广播电视台经过市场调研和论证，成功开办一档大型民生服务类栏目《滁州全接触》，8月18日与观众见面，受到观众好评和上级领导肯定。《滁州全接触》以“新闻性、评论性、时效性”为指导思想，在求精求深求新上下功夫，栏目突破电视新闻一般模式，以服务民生为根本，捕捉社会热点，对老百姓最关心话题进行采访报道。栏目播出后，收视群体扩大，收视率增长。 （黄启田）

文物保护

【琅琊山摩崖石刻及碑刻保护】 3月协助省文物保护中心编制国保单位琅琊山摩崖石刻及碑刻保护规划文本，对位于琅琊寺、醉翁亭、丰乐亭三大区域内近400余方（块）石刻及碑刻地理位置进行GPS定位、拍摄、测量、现有状况及周边环境作详细采集，规划文本完成，待报国家文物局审批。

【老城区历史建筑勘察】 为配合市规建委制定老城区改造规划，打造滁州历史文化街区，争创省级历史文化名城，邀请省文物专家对老城区历史建筑进行勘察，收集原关岳庙拆迁古建筑材料。

【内河改造工程沿线文保单位修缮方案获批】 根据市规建委建议，邀请省文物专家对内城河改造工程沿线省级文物保护单位——上水关、广惠桥、下水关，市级文物保护单位三元桥加固修缮方案进行评审，提出修缮中要尊重历史信息、保持现状风格及修改意见。该工程设计方案获省文物局批准。

【获省年度文物宣传信息工作先进单位】 由于高度重视文物宣传信息工作及时准确发布文物工作信息，在全省文博系统文物宣传信息工作中表现突出，市文物管理所被省文物局评为2014至2015年度文物宣传信息工作先进单位。

【前郢遗址全面挖掘】 为配合滁阳路建设，省考古研究所于7月对前郢遗址进行全面挖掘。该遗址为一台形遗址，高出周围地面约2—3米，平面呈不规则形状，总面积约10000平方米。该遗址发掘过程中采用无人机航拍技术，拍摄发掘现场全景、正摄影像等结合数字成像建模软件,可建立拍摄物体三围模型。

【文物普查工作进展快】 根据国家文物局普查平台数据统计,截止2015年8月10日,滁州市平台申报可移动文物数字为4885件(套),已采集文物4719件(套),实际数量7177件,登录平台文物4308件(套),实际数量6691件,完成登录96.60%。

【举办文博系统讲解员大赛】 11月6日滁州市文博系统讲解员大赛在琅琊区文化馆举行,来自全椒吴敬梓纪念馆宋君玲和怀文素、琅琊区硕冉获得大赛一等奖,代表滁州市参加全省讲解员大赛。

【鉴宝江淮行——走进琅琊】 11月7日大型文化公益惠民活动"鉴宝江淮行——走进琅琊"在琅琊区文化馆举行。国家文物进出境审核安徽管理处七位专家为藏友现场义务鉴宝,提醒藏友在学习相关知识前提下正确收藏、理性收藏。

【召开市博物馆展陈设计方案专家论证会】 11月12日,在合肥召开市博物馆展陈深化设计方案省级专家论证会,省文物局、省博物院等6名专家应邀出席。专家对方案内容结构、展示形式、方法运用、色彩展示等方面提出相应建议和修改意见,要求设计方要分章节、分单元归纳,尽可能避免方案内容在施工过程中出现较大结构变动。 (张 辉)

卫生 体育

WEISHENG TIYU

卫生发展综述

【概况】 滁州市拥有各级各类医疗卫生机构1655个，其中三甲医院2个，公立二级综合医院9个，公立二级中医医院6个，民营二级综合医院8个，卫生监督所9个，疾控中心8个，妇幼保健所9个，采供血机构1个，乡镇卫生院100个，社区卫生服务机构119个，村卫生室1046个，计划生育技术服务机构111个。在岗职工21703人，其中技术人员15644人（执业医师4572人，执业助理医师1562人，注册护士6413人）；拥有床位15980张。

2015年，全市医改工作在全国公立医院综合改革示范县工作座谈会上做交流发言，在安徽省卫生工作综合考评中获优秀奖。计划生育工作获丰硕成果，滁州市本级、南谯区受到安徽省政府表彰，天长市、来安县、定远县、琅琊区分别受到安徽省计生工作领导小组表彰。新型农村合作医疗参合率位列安徽省第一方阵，新农合付费总额控制做法在全省新农合工作会议上作经验介绍。滁州市卫生计生委获“安徽省卫生计生系统依法行政示范单位”称号。琅琊区成功申报国家级“老龄健康服务能力建设示范区”，成为滁州市唯一、安徽省3个、全国20个入选行政区。天长市妇幼保健工作受到国家卫计委表彰，获“妇幼保健先进集体”称号，成功创建“国家妇幼健康优质服务示范市”。规范处置明光市第二中学结核病疫情和全椒县发热伴血小板减少综合征聚集性疫情2起突发公共卫生事件，无突发公共卫生事件迟报、缓报、漏报以及次生、衍生事件发生。

2015年，滁州市累计无偿献血16940人次，献血量26665.78单位。成分输血占临床供血比例99.3%。

【市委书记李明调研南京儿童医院滁州分院】 2月14日，市委书记李明在南京儿童医院滁州分院调研，副市长李树，滁州职业技术学院院长李柱梁，市卫生局局长张文金等随同调研。李明强调，南京儿童医院滁州分院项目建设对于提升全市医疗卫生事业尤其是儿童医疗卫生事业发展水平具有重要意义，各级各部门要明确任务责任、时间节点，加快项目建设进度，确保扩建项目年底前基本投入使用。要把这一扩建项目建设作为2015年市政府投资项目一号工程，列入相关工作计划，展开各项工作调度。就南京儿童医院滁州分院扩建项目涉及到施工设计、土地、建设资金、环评等具体问题，李明要求，各级各部门要通力协作、相互配合，明确时间节点，落实工作任务、责任，力争3月下旬项目开工建设，2015年底前基本投入使用。对项目建设过程中涉及相关规费，能减免全部减免。审计等部门要做好跟踪审计等工作，确保把资金管好用好，防止和杜绝各类问题发生。李明还走访看望南京儿童医院滁州分院医务人员，听取南京儿童医院滁州分院扩建项目进展有关情况汇报。

5月17日，市委书记李明到南京儿童医院滁州分院调研，副市长金力陪同调研。李明等来到医院扩建项目一期工程现场，查看工程施工情况，了解工程进度。听取医院运营情况和二期工程扩建中存在问题和建议。市财政局、市勘察设计院、市环保局、市重点局、市规建委、市审计局、市人防、市消防支队、市供电公司、市自来水公司、市公管局等有关部门围绕全力以赴支持二期工程加快建设作表态发言。李明强调，各有关部门要始终把服务群众作为工作着眼点，把群众所思所想、所忧所盼放在心上，把群众事情办得更好更实。要围绕时间节点，明确工作职责，落实工作任务，想方设法破解建设难题，全力以赴加快工程建设，力争6月底完成施工图设计，8月底前开工建设，2016年年底前这座集门诊、急诊、医技、外科手术、住院病房和行政办公等功能为一体综合大楼投入使用。要同南京有关方面加强沟通联系，打破行政区域壁垒，加快推进药品跨区域使用，让滁城患儿早日用上南京儿童医院自制药品。要加快医务人员队伍培训，既要完善硬件设施，也要提升诊疗服务水平，确保滁城群众能真正享受到和南京同等医疗卫生服务。

【安徽省临床路径座谈会在天长市召开】 3月11日，安徽省卫生和计划生育委员会在天长市召开全省中医临床路径管理工作座谈会，省中医药管理局局长董明培到会。安徽省三级中医院和试点县中医院院长、医务科长、临床科室负责人等近50人参加座谈。

9月22日，安徽省卫生和计划生育委员会再次在天长召开全省县级医院临床路径管理试点工作总结推广会，省卫计委主任于德志、省卫计委副主任武琼宇、省卫计委医政医管处处长陈建中、省卫计委基卫处处长夏北海等到会。

【安徽省村医签约服务和县级医院临床路径管理培训班在天长市举办】 5月10日，安徽省卫生和计划生育委员会在天长举办村医签约服务和县级医院临床路径管理培训班，县域医共体首批试点县卫生局局长、新农合中心主任、县域医共体牵头单位（县级医院）负责人、村医签约服务试点县卫生局局长、新农合中心主任、合肥、阜阳、芜湖、滁州、池州、亳州、安庆、淮北、六安、宣城、黄山、铜陵市卫生计生委基层卫生科科长参会。

【安徽省预防医学会妇幼卫生专业委员会在天长市召开】 6月25日，安徽省预防医学会妇幼卫生专业委员会2015年年会暨学术交流会在滁州天长市召开，省妇幼卫生专委会委员、交流论文作者及省、市、县三级会员单位专业技术骨干等200余人参加会议。

【滁州市医疗服务满意度在全省排名第一】 2015年，滁州市医疗纠纷发生数较上年下降31%，医疗纠纷调解成功率99%，较上年提高4%。16家公立医院综合满意度均为91%以上，分别比2013年、2014年提高6个和3个百分点。滁州市一院和市中西医结合医院在省卫计委开展全省53所三级公立医院群众满意度测评中，每次排名均在前十位。在安徽省卫生工作年度综合考评中滁州市医疗服务群众满意度位列第一名。

【建立医联体（医共体）】 滁州市建立2个城市医联体、15个县域医共体。2个城市医联体分别由滁州市第一人民医院和滁州市中西医结合医院组建，琅琊区和南谯区纳入2个城市医联体；15个县域医共体，其中，天长市、定远县和明光市作为首批省级县域医共体试点县，组建6个医共体；第二批试点县中，凤阳县、来安县和全椒县组建9个医共体。

【明光市人民医院加入安徽省儿童医疗联合体】 11月12日，明光市人民医院加入安徽省儿童医疗联合体启动暨挂牌仪式，在医院八楼会议室举行。安徽省卫计委政策法规处处长谢瑞谨，安徽省儿童医院院长、安徽省儿童医疗联合体管委会主任金玉莲，滁州市卫生和计划生育委员会副主任宋延举、明光市人民政府副市长赵帮恚参加仪式并致辞。

【依法行政和综合监督执法】 查处滁州市各级各类医疗机构164户次，罚没款50余万元，吊销医师执业证书26人次。向公安机关移送涉嫌非法行医犯罪案件10起，其中3人获刑。10例处罚案卷参加安徽省评查，平均总分安徽省排名第二，其中2例案卷，被评为安徽省优秀案卷；1例处罚案

8月27日，市委书记李明调研南京儿童医院滁州分院工程建设情况。

卷被选送参加国家案卷评查。

【整合卫生和计划生育部门】 2015年2月，原滁州市卫生局和市人口和计划生育委员会整合为滁州市卫生和计划生育委员会，核定行政编制33人，领导干部职数一正四副，内设14个职能科室，纪检（监察）、机关党委组织及工会设置按有关规定执行。3月，组建南谯区卫生和计划生育委员会。4月，分别组建凤阳县卫生和计划生育委员会、琅琊区卫生和计划生育委员会。5月，组建定远县卫生和计划生育委员会。6月，分别组建来安县卫生和计划生育委员会、全椒县卫生和计划生育委员会。8月，组建明光市卫生和计划生育委员会。9月，组建天长市卫生和计划生育委员会。

【滁州市卫生和计划生育委员会融合办公】 2015年4月中旬，原滁州市卫生局、原滁州市人口和计划生育委员会分别从琅琊东路296号、滁州市政务中心搬迁至清流西路246号原国土局办公楼。

（何采楠）

医疗机构与医疗水平

【南京市儿童医院滁州分院扩建项目二期工程开工】 8月28日，南京市儿童医院滁州分院在院内奠基开工。该工程计划总投资2.3亿元，包括滁州市全科医生临床培养基地、市妇幼保健院业务用房。工程总建筑面积46150.8平方米，其中门诊楼8067.4平方米，住院楼27367.4平方米，地下室10716平方米。地上11层、地下1层，合同工期790天。市人大副主任朱云霞，市政府副市长金力，市政协副主席高迁，市卫计委主任张文金，市第一人民医院院长刘家珍，南京市儿童医院书记金福年，市重点局、市消防支队、市交通局、市公管局、市地震局、市人防办、市自来水公司等市直单位代表，市儿童医院医护人员代表以及设计、施工、监理、审计单位代表出席开工典礼。

【南京鼓楼医院对口支援全椒县人民医院医疗技术】 2015年6月，南京鼓楼医院心脏科对口支援全椒县人民医院心内科医疗技术，全国著名冠脉介入专家、南京鼓楼医院心内科行政主任、博士生导师、南京心血管学会主任委员、享受国家政府特殊津贴徐标教授每周在县人民医院开展冠状动脉造影及支架术，为数十例患者行冠状动脉造影及支架术。

【安徽中医药大学附属滁州中西医结合医院签约揭牌】 12月31日，安徽中医药大学副校长彭代银等14人赴滁州市，参加“安徽中医药大学附属滁州中西医结合医院签约揭牌仪式”。市政府副市长金力，市卫生和计划生育委员会负责人参加。

【南谯区建成“滁州城南医院”】 南谯区卫生和计划生育委员会在乌衣镇碧桂园引进民间资本，按照二级综合医院标准，投资改建滁州城南医院。项目总投资1.5亿元，其中固定资产投入1.2亿元，流动资金0.3亿元。设置科室15个，专业技术人员200人，病床100张，大中型医疗设备11台套。服务范围辐射20公里，服务人口15万人。资金来源由该院自筹解决。该院2015年8月动工改建，11月底前建成，12月16日投入使用。

【滁州市妇幼保健院开工建设】 滁州市妇幼保健院建设项目，总

12月31日，金力副市长与彭代银副校长共同为"安徽中医药大学附属滁州中西医结合医院"进行揭牌。

面积5000平方米，中央预算内投资1300万元，市级配套投资900万元，该项目于2015年7月开工建设，2016年底完成主体工程施工，2017年投入使用。

【整合组建滁州市一院】　2015年8月14日，滁州市委市政府研究决定，将原滁州市第一人民医院、原滁州市第二人民医院整合为"滁州市第一人民医院"（保留市肿瘤医院牌子），正处级财政拨款事业单位，领导职数5名，纪委、工会设置按有关规定执行。医院占地面积572亩，其中新院区400亩（含休闲公园260亩）；总建筑面积29.8万平方米，其中新院区12万平方米。在市区鼓楼街设原市一院住院部，西大街设原市二院住院部，环城路设原市一院门诊部，醉翁路设附属市儿童医院，琅琊山风景区设西院区，市一院城南新院区基本建成。现有编制床位2018张，42个临床专科，15个医技科室，3个市级诊疗中心和3个体检机构。在岗职工2561人，其中正高级技术职称40人，副高级技术职称148人，中级技术职称485人，安徽医科大学正、副兼职教授21名，硕士研究生导师5名，"江淮名医"5人，博士、硕士学位81人。

【新建滁州市第二人民医院】　2015年8月11日，滁州市委、市政府研究决定，将原滁州市一院所属传染病院区和精神病院区剥离出来，组建滁州市第二人民医院，加挂市传染病医院、市精神病医院两块牌子。正处级财政拨款事业单位，领导职数5名，纪委、工会设置按有关规定执行。8月11日，市委组织部下发《关于成立滁州市第一人民医院（市肿瘤医院）等单位党委的通知》（组字［2015］9号），成立中国共产党滁州市第二人民医院（市传染病医院、市精神病医院）委员会。医院占地面积32293平方米，医疗用房建筑面积18250平方米，开设床位300张。职工128人，其中，主任医师3人、副主任医师7人、副主任护师2人。

【滁州市委保健办成立】　2010年滁州市委成立第一届市委保健委员会，委员会下设办公室。2011年，市委常委会会议和市编委会议研究，成立市保健委员会办公室，为滁州市卫生局下属财政全额拨款事业单位，正科级建制，定编3名，办公室主任由市卫生局局长兼任，副主任1名。2015年，编制人员全部到位，正式开展工作，制定《滁州市干部保健工作规则》《中共滁州市委保健委员会主要职责》《市委保健委员会办公室主要职责》。确定滁州市第一人民医院、滁州市中西医结合医院为保健基地医院，组建保健医生专家库。

【滁州市精神卫生中心成立】　11月20日，滁州市卫生和计划生育委员会批准成立滁州市精神卫生中心，挂靠在滁州市第二人民医院。

【江淮名医评选】　滁州市第一人民医院黎敬锋、叶丽萍当选第二届安徽省"江淮名医"。"江淮名医"实行任期制，每届任期3年，动态管理，每3年评选一次，可以连任，任期内考核不合格者则取消称号和相关待遇。此次安徽省评选出100位名医。

【乡镇卫生院优秀骨干医师认定】　2015年8月4日，安徽省卫生计生委授予99名同志为安徽省第二届"乡镇卫生院优秀骨干医师"称号，滁州市共8名同志获此称号，分别是明光市潘村医院外科主治医师方建武、定远县青山卫生院内科主治医师卢军、全椒县古河镇中心卫生院外科主治医师司开明、南谯区施集镇卫生院花山分院外科主治医师杨龙军、凤阳县临淮关镇卫生院中医内科副主任中医师徐波、来安县水口镇中心卫生院外科主治医师徐晓峰、天长市仁和镇中心卫生院外科主治医师雍诚、天长市界牌卫生院外科主治医师薛明月。

【评选双百优、双十佳医生护士】 2015年,安徽省委宣传部、省卫生计生委、省总工会、团省委、省妇联、安徽广播电视台6部门联合开展"致敬白衣天使·精彩故事——双百优双十佳医生护士"评选活动,滁州市第二人民医院曹文生、滁州市第一人民医院黎敬锋、全椒县中医院胡太柱、来安县半塔镇红旗村卫生室刘恒福、南谯区章广镇卫生院杨龙军等5人获得全省"双百优"医生称号;滁州市第一人民医院张玉惠、李敏、滁州市中西医结合医院杨勇、定远县总医院张庆萍、凤阳县人民医院孙春艳、明光市人民医院张正芳等6人获得全省"双百优"护士称号。其中,滁州市第二人民医院曹文生获安徽省"双十佳"医生称号。

2015年全市医疗卫生机构、床位、人员数表

机构分类	机构个数	已报机构	编制床位数	实有床位数	编制人数	在岗职工												
						合计	卫生技术人员									其他技术人员	管理人员	工勤技能人员
							小计	执业(助理)医师		注册护士	药师(士)	技师(士)		其他				
									执业医师				检验师		见习医师			
总计	1655	1655	15066	15980	18003	21703	15644	6134	4572	6413	777	891	586	1429	326	684	525	1435
一、医院	61	61	10626	11669	7999	11593	9787	3097	2824	4937	508	574	364	671	299	402	341	1063
综合医院	50	50	7689	8680	5833	8327	6993	2140	1951	3630	331	416	262	476	223	273	270	791
中医医院	6	6	1905	2052	1746	1875	1634	553	511	763	116	101	61	101	50	77	37	127
中西医结合医院	1	1	560	500	420	732	656	253	250	322	42	28	22	11	6	18	17	41
专科医院	4	4	472	437	0	659	504	151	112	222	19	29	19	83	20	34	17	104
妇产(科)医院	1	1	0	60	0	56	36	7	6	25	1	3	1	0	0	0	4	16
康复医院	2	2	450	355	0	567	440	135	98	183	17	22	16	83	20	34	13	80
其他专科医院	1	1	22	22	0	36	28	9	8	14	1	4	2	0	0	0	0	8
二、基层医疗卫生机构	1449	1449	4173	4031	8600	8664	4706	2482	1377	1266	239	214	130	505	22	165	101	277
社区卫生服务中心(站)	119	119	474	474	702	1024	891	381	289	337	47	40	25	86	4	46	35	52
社区卫生服务中心	20	20	474	474	562	556	477	199	149	175	34	34	23	35	3	25	14	40
社区卫生服务站	99	99	0	0	140	468	414	182	140	162	13	6	2	51	1	21	21	12
卫生院	100	100	3699	3557	4016	3428	3029	1490	845	849	186	172	104	332	15	118	66	215
乡镇卫生院	100	100	3699	3557	4016	3428	3029	1490	845	849	186	172	104	332	15	118	66	215
中心卫生院	37	37	2092	2079	2138	1934	1717	825	491	499	114	102	57	177	6	61	33	123
乡卫生院	63	63	1607	1478	1878	1494	1312	665	354	350	72	70	47	155	9	57	33	92
村卫生室	1046	1046		0	3854	3854	439	418	106	21	0	0	0	0	0	0	0	0
门诊部	7	7	0	0	8	62	53	27	25	15	3	2	1	6	3	1	0	8
中医门诊部	2	2	0	0	0	14	14	9	9	2	2	0	0	1	0	0	0	0

机构分类	机构个数	已报机构	编制床位数	实有床位数	编制人数	在岗职工												
						合计	卫生技术人员									其他技术人员	管理人员	工勤技能人员
							小计	执业(助理)医师		注册护士	药师(士)	技师(士)		其他				
									执业医师				检验师		见习医师			
专科门诊部	5	5	0	0	8	48	39	18	16	13	1	2	1	5	3	1	0	8
诊所、卫生所、医务室	177	177	0	0	20	296	294	166	112	44	3	0	0	81	0	0	0	2
诊所	126	126	0	0	20	220	218	138	99	43	2	0	0	35	0	0	0	2
卫生所、医务室	51	51	0	0	0	76	76	28	13	1	1	0	0	46	0	0	0	0
三、专业公共卫生机构	139	139	267	280	1284	1348	1099	530	349	203	28	98	87	240	5	77	77	95
疾病预防控制中心	8	8	0	0	286	252	184	112	97	7	3	42	42	20	0	16	16	36
省辖市(地区)属	1	1	0	0	103	78	52	33	33	3	1	15	15	0	0	7	6	13
地辖市属	3	3	0	0	65	53	42	21	16	2	0	12	12	7	0	4	2	5
县属	4	4	0	0	118	121	90	58	48	2	2	15	15	13	0	5	8	18
专科疾病防治院(所、站)	2	2	160	160	37	24	11	4	2	0	0	3	3	4	0	0	2	11
专科疾病防治所(站、中心)	2	2	160	160	37	24	11	4	2	0	0	3	3	4	0	0	2	11
皮肤病与性病防治所(中心)	1	1	150	150	27	16	6	2	1	0	0	1	1	3	0	0	1	9
血吸虫病防治所(站、中心)	1	1	10	10	10	8	5	2	1	0	0	2	2	1	0	0	1	2
妇幼保健院(所、站)	8	8	107	120	176	256	212	100	77	69	8	23	18	12	3	23	1	20
省辖市(地区)属	1	1	0	0	45	31	23	14	11	1	0	2	2	6	0	8	0	0
地辖市属	3	3	40	70	51	65	56	31	27	12	3	7	6	3	2	3	0	6
县属	4	4	67	50	80	160	133	55	39	56	5	14	10	3	1	12	1	14
妇幼保健院	1	1	35	50	20	89	79	27	24	40	1	8	4	3	1	8	0	2
妇幼保健所	6	6	72	70	144	146	121	65	49	27	6	14	13	9	2	15	1	9
妇幼保健站	1	1	0	0	12	21	12	8	4	2	1	1	1	0	0	0	0	9
采供血机构	1	1	0	0	25	49	39	2	0	25	0	12	12	0	0	4	1	5
卫生监督所(中心)	9	9	0	0	172	159	148	0	0	0	0	0	0	148	0	2	0	9
省辖市(地区)属	1	1	0	0	40	35	34	0	0	0	0	0	0	34	0	0	0	1
地辖市属	4	4	0	0	56	52	47	0	0	0	0	0	0	47	0	0	0	5
县属	4	4	0	0	76	72	67	0	0	0	0	0	0	67	0	2	0	3
计划生育技术服务机构	111	111	0	0	588	608	505	312	173	102	17	18	12	56	2	32	57	14
四、其他卫生机构	6	6	0	0	120	98	52	25	22	7	2	5	5	13	0	40	6	0
医学在职培训机构	1	1	0	0	8	3	3	0	0	1	2	0	0	0	0	0	0	0
其他	5	5	0	0	112	95	49	25	22	6	0	5	5	13	0	40	6	0

公共卫生与妇幼保健

【基本公共卫生服务】 全市建立城乡居民健康档案321.2万份，其中电子健康档案320.2万份，电子化建档率达到80.6%；免疫规划以县为单位接种率达95%以上；传染病疫情报告率100%，报告及时率100%，突发公共卫生事件相关信息报告率100%；34.4万例高血压、7.2万例糖尿病、9525例重型精神病人和33.9万65岁以上老年人得到规范健康管理。

【新型农村合作医疗】 2015年，全市参合人数351.5万人，平均参合率101.72%，筹集农民个人参合资金3.51亿元,新农合基金规模达到14亿元。累计受益623万人，累计补偿13.5亿元。新农合门诊统筹开通率100%。截止2015年10月，大病保险累计补偿人次达3805人次，医疗总费用为32727.6万元，其中新农合基本医疗补偿14325万元，大病保险补偿3102万元。

【妇幼保健】 全年免费婚前医学检查70829人，婚检率91.32 %，疾病检出率10.86%，对检查出7695 例影响婚育疾病和异常情况进行医学指导。对31209名农村孕产妇进行分娩补助，补助金额936.27万元。对31933名农村育龄妇女发放叶酸122194瓶。对乙肝表面抗原阳性孕产妇所生1524名新生儿免费接种乙肝免疫球蛋白，接种率99.93%。孕产妇保健覆盖率94.32%，系统管理率87.05%。无孕产妇死亡。新生儿疾病筛查率87.79%，新生儿遗传代谢病筛查率96.87%，确诊遗传代谢病30例，均转诊和治疗。7岁儿童保健覆盖率92.34%，3岁以下儿童系统管理率86.85%，0至6岁儿童保健覆盖率达80%以上。

7月1日，滁州市中西医结合医院与江苏省中医院正式签约，建立战略同盟合作关系。

【农村妇女“两癌”检查项目】 定远县和全椒县是滁州市筛查项目县。全椒县宫颈癌检查15431人，乳腺癌检查1056人；定远县宫颈癌检查16094人，乳腺癌检查2000人。 （何采楠）

疾病预防与控制

【传染病疫情防治】 2015年，滁州市未发生甲类传染病等较大传染病疫情，未发生人感染H7N9禽流感、埃博拉出血热、中东呼吸综合征等传染病新疫情。法定传染病发病率174.11/10万、死亡率0.126/10万，均低于全省指标，乙类传染病发病率58.88/10万，低于国家300/10万要求。

【实现消除疟疾阶段性目标】 2015年，滁州市无本地感染疟疾病例，6例输入性疟疾病例均得到跟踪调查和规范治疗。来安、全椒、天长为全市首批消除疟疾县（市），经省、市考评专家组联合考评，三县（市）全部实现消除疟疾目标。

【结核病防治】 9月10日，滁州市举办“十二五”结核病防治规划评估暨结核病耐药性基线调查启动会，推进《滁州市结核病防治规划（2011-2015年）》实施。10月下旬，滁州市疾控中心完成对肺结核耐药性基线调查点（凤阳县、明光市、来安县）启动验收和首轮督导工作。11月16至18日，安徽省结防所邹铮副所长率省督导组对滁州市肺结核耐药性基线调查点明光市和凤阳县进行督导。

【开展世界艾滋病日等主题日宣传活动】 12月1日是第28个“世界艾滋病日”。宣传主题是：行动起来，向“零”艾滋迈进，副标题为“合力抗艾，共担责任，共享未来”。滁州市防艾委组织市卫计委、市妇联、市团委、市总工会、市红十字会、市直各医疗卫生机构和琅琊区各社区卫生服务中心等单位，在人民广场举办大型艾滋病防治现场咨询活动。

3月24日，是第20个世界防治结核病日。3月23日，滁州市卫计委组织滁州市疾控中心、南谯区疾控中心在腰铺镇街道开展“你我共同参与，依法防控结核——发现、治疗并治愈每一位患者”结核病防治主题宣传活动。市疾控与市妇联、南谯区妇联联合，在龙蟠街道开展妇女健康知识讲座，为40多名妇女干部讲解结核病防治、健康生活方式、计划免疫等知识。

4月26日是第8个“全国疟疾日”，宣传主题为“消除疟疾，谨防境外输入”。4月24日，滁州市卫生计生委组织市疾控中心开展疟疾宣传咨询及健康知识讲座。自制宣传展板，发放疟疾防治核心信息彩页，解答市民提出问题等。截止年底，无本地感染疟疾病例，疟疾报告病例以境外输入为主。

10月8日，是第18个“全国高血压日”。宣传日主题为“知晓您的血压”。滁州市开展系列宣传活动：大屏幕播放滚动字幕、制作防治高血压知识展板、印制1000份宣传资料、义务为群众量血压、现场发放预防和控制高血压宣传材料等，接受群众咨询100余人次。

10月10日是第24个“全国精神卫生日”。宣传主题为“心理健康，社会和谐”。10月10日，滁州市卫生计生委组织市疾控中心和滁州市精神病院专家在市中心繁华地段，开展系列宣传咨询活动，号召全社会参与精神卫生工作，推动形成理解、接纳、关爱精神障碍患者社会氛围，保护和促进公众心理健康。

【地方病防治】　疟疾病人规范治疗率100%；持续保持消除碘缺乏病状态；持续保持血吸病传播阻断标准；麻风病现症病人规范治疗率100%。免疫规划常规免疫疫苗报告接种率以乡镇、街道为单位达95%以上。8个县、市（区）启动全民健康生活方式行动；天长市、定远县分别创建成安徽省慢病综合防控示范区。建立健全慢病基础信息管理系统，人均每日食盐摄入量为11.3克，成年人吸烟率降低22.8%，在所有学校和医疗卫生机构100%控烟，经常参加体育锻炼人数比例达37.9%，成人肥胖率控制在13.3%，儿童青少年肥胖率为17.7%。

【明光市第二中学发生肺结核聚集性疫情】　3月24日至4月22日，明光市第二中学发生肺结核聚集性疫情，累计报告学生肺结核确诊病例17例。8月14日，明光市终结一般突发公共卫生事件应急响应，现场处置工作基本结束，进入常态监测状态。此次疫情处置过程中，未造成师生和家长们恐慌，疫情处置过程和结果得到上级部门肯定。　（何采楠）

医疗卫生体制改革

【城市公立医院改革全面启动】　4月1日，滁州市城市公立医院实施取消药品加成、调整医疗服务价格和药品耗材带量采购“三同步”改革。城市公立医院药品平均降价率约15%，单品种药品最高让利33%，群众看病费用自付比，较改革前降低18%左右，三级公立医院和二级公立医院出院患者平均住院天数分别缩2.2天和1.4天。12月23日，中央改革办专职副主任陈一新等来滁州检查督导，肯定滁州市“医改工作起步早、抓得实、成效好”。

【市人大调研《医疗机构管理条例》实施情况】　9月24日，市人大副主任朱云霞率调研组12人对滁州市《医疗机构管理条例》贯彻实施情况进行专题调研。调研组到市直及南谯、琅琊两区，实地察看市公立医院、民营医院、社区卫生中心和私人诊所，组织召开座谈会，听取滁州市卫生计生委实施《医疗机构管理条例》情况汇报。市人民政府副市长金力、市政府法制办相关负责人参加调研和座谈。

【国家卫生计生委体改司考察滁州医改】　9月21日，国家卫计委体改司到天长市考察医改工作，安徽省卫计委政策法规处副处长郭德春等陪同。

10月14日，国家卫计委赴天长调研医改工作。安徽省卫计委副主任高俊文、安徽卫计委政策法规处处长谢瑞瑾等陪同。

11月29日，国家卫计委体改司公立医院改革组、医科院卫生政策研究中心研究员等6人赴天长作医改基线调查。

【市政协视察公共卫生应急综合能力建设】 10月13日，市政协副主席孙敏民等对滁州市、明光市公共卫生应急综合能力建设工作进行视察。市卫计委主任张文金，明光市政协主席汤道义、副市长于晓波等陪同。视察组先后视察明光市疾控中心、明光市人民医院、滁州市疾控中心应急物资储备、实验室检验能力、急性传染病应急处置流程等情况。

（何采楠）

体 育

【概况】 2015年，滁州体育工作在市县两级机构改革人员整合变化情况下稳步推进，在改革中创新，在创新中提升，完成全年工作目标任务。农体工程实现行政村全覆盖，学校体育场地正常向社会开放，城区建成15分钟健身圈，体育场馆免费或低收费开放成为常态，竞技体育获“2015年度安徽省优秀后备人才输送奖”，2011至2015年省、市《全民健身实施计划》完成既定任务，呈现体育事业与体育产业、群众体育与竞技体育协调发展局面。

全年销售体育彩票2.01亿元，完成省局年度销售任务119%，比2014年增长22%。

【全民健身活动】 全年开展全民健身系列活动7400余场（开展百人以上群体活动437场），县级及以上全民健身运动会实现全覆盖，参加健身活动人数181万余人次，占全市人口40%以上。先后举办滁州市直机关第八届趣味运动会、庆“七一”市直单位全民健身系列比赛、首届环琅琊山毅行大会、第四届畅游琅琊品味山水健身系列活动等。承办2015年首届全国运动舞蹈大赛（滁州站）、安徽省第四届老年人运动会、全省职工运动会钓鱼比赛活动。开展全民健身示范单位、体育示范乡镇创建活动，评选优秀体育社团、优秀社会体育指导员。

【竞技体育】 参加2015年全省竞技体育常规比赛，全市401人参加17个项目比赛，获得63枚金牌，25枚银牌，27枚铜牌，位列全省第七位，比上届提升1位，创历史最好水平。加强国家高水平体育后备人才基地和省级单项后备人才基地管理，向省优秀运动队和省体校输送体育后备人才22人，排名全省第六，市教体局获“2015年度安徽省优秀体育后备人才输送奖”。

【青少年体育】 开展校园足球示范学校创建工作，挂牌成立15所全国足球特色学校。推进青少年阳光体育活动，举办滁州市第八届小学生手球锦标赛、第五届中学生手球锦标赛和首届小学生校园足球特色学校五人制足球比赛等。推进省级体育传统项目学校、体育特色学校创建工作，命名市级体育传统项目学校3所、体育特色学校4所、青少年体育俱乐部2家。勇夺全省第四届中职学校田径运动会金牌总数、奖牌总数、男子团体、女子团体和团体总分五项第一名。受国家体育总局指派，凤阳工小男子手球队代表中国参加2015年国际青少年手球比赛，晋级十六强。

【公共体育设施建设】 全年完成省计划农体工程129个，自建57个，计186个，实现957个行政村农体工程全覆盖。建设8个乡镇健身广场、25个全民健身苑、7个社区体育俱乐部和68个省级示范晨晚练点，总投资逾千万元。对农体工程进行维护保养，农体工程完好率100%。定远县完成“四个一”建设（体育场、体育馆、全民健身馆、游泳馆）。滁州市体育馆等市、县体育场馆常年免费或低收费向社会开放。

【健身指导】 2015年市本级及南谯区、天长市、明光市、定远县、来安县建成国民体质监测站。开展国民体质监测，市本级常规监测1046人，各县、市（区）每年监测500人以上，为监测人群提供运动处方和科学健身指导服务。按照年初省计划，2015年全市应培训二级社会指导员计划140名，实际培训并注册175名，完成计划125%。培训并注册483名三级社会体育指导员。

（刘秀武）

社会与民生

SHEHUI YU MINSHENG

社会保障

【社会救助】 2015年,全市发放农村低保金29957万元,累计人均月补差179元,年人均保障标准2880元,12月份保障农村低保户76783户139125人;发放城市低保金23250万元,累计人均月补差372元,月人均保障标准475元,12月份保障城市低保户29989户48437人;发放医疗救助金8352万元,救助27.5951万人次;临时救助14655户次,支出救助金2445万元;救助艾滋病特困对象312人,发放救助金60.66万元。市政府下发《滁州市人民政府办公室关于统一全市城乡最低生活保障标准的通知》,规定从2015年1月起,将全市城市居民最低生活保障标准提高到每人每月475元、农村居民最低生活保障标准提高到每人每月220元,城乡低保标准分别比2014年增长10%和12%。市政府出台《滁州市人民政府办公室关于印发〈滁州市临时救助实施办法〉的通知》,临时救助标准由城市低保的6倍提高到10倍。全市113个乡镇、街道(直管社区)建立统一的"社会救助服务窗口"。滁州市被民政部、财政部认定为"全国救急难试点单位"。出台《滁州市城乡居民医疗救助实施办法》,对低保户救助比例不低于70%,对特困供养对象救助比例不低于80%。对重特大疾病救助降低起付线,提高封顶线。对农村五保户、孤儿、城市三无人员进行全额资助,资助参合参保人员20.64万人。

【养老服务】 各地参照上年度当地人均消费性支出的60%确定"五保"供养标准,全市年平均分散、集中"五保"供养标准分别达到2962元、4137元,比2014年增长15%以上, 2.7万"五保"对象的生活得到保障。全市建立城乡一体、普惠制80周岁以上高龄老人津贴制度,全年发放高龄津贴4215万元,10.84万老人收益。全市建设农村幸福院180个,市政府将50个居家养老服务中心(站)建设列入市政府2015年工作任务。全市发放居家养老服务补贴656.9万元。投资1.1亿元的市福利中心改扩建项目纳入市委、市政府"2015年为民办实事"十个项目之一,总用地面积47亩(其中新增22亩),总建筑面积约2.5万平方米,新建示范性老年公寓550张床位、儿童福利中心150张床位和医疗康复中心。全市78个农村敬老院转型为农村养老服务中心,占敬老院总数63%,比上年提高28%。

【未成年人社会保护】 2014年滁州市被民政部确定为全国未成年人社会保护试点地区,市政府出台《滁州市未成年人社会保护试点工作实施方案》,将"滁州市流浪未成年人救助保护中心"更名为"滁州市未成年人社会保护中心"。全市救助11694人次,投入资金1130.28万元。为1664名孤儿及事实无人抚养儿童发放孤儿基本生活费1211.19万元。将全市孤儿全部纳入医疗救助范围,提高救助比例。全市新增12个慈善超市。以市慈善协会为基地,开展情暖万家救助困难群众、学校旱厕改水厕等专项救助活动，天长市李宏祥被评选为最具爱心慈善行为楷模。

【减灾救灾】 全市发放救济款1178.62万元，救济粮103万斤，棉被2930床、棉衣1330件，11.3万受灾困难群众得到不同程度的救助。制定《滁州市民政局救灾应急工作规程》，修订完善灾害救助应急预案，勘察设定紧急转移安置点219个。为全椒、定远、凤阳多灾易灾县配备专用救灾应急车辆。明光等地遭遇冰雹袭击、洪涝灾害、台风袭击，造成117.55万人受灾，紧急转移安置70008人，集中安置543人。滁州市申报省级以上综合减灾示范社区23个，“琅琊区胜利社区、南谯区银花东村社区、明光市黄郢社区、天长市忠孝村社区、李坡村社区”5个社区被评为“全国综合减灾示范社区”，18个社区被评为“全省综合减灾示范社区”，综合减灾示范社区创建工作在全省排名第一。

（高维富）

民政事务管理

【社会组织管理】 全市登记各类社会组织1436个，其中社会团体821个、民办非企业单位613个，非公募性基金会2个。市本级登记社会组织263个，其中社团222个、民非单位39个，非公募性基金会2个。全市新登记社团51个、民非单位67个，直接登记的社会组织33个（市本级社团31个，民非单位2个）。制定《滁州市社会组织行为规范和活动准则》，严格执行重大事项报告制度，做好社会团体会费票据的核发。对长期不开展活动、不按期换届、无银行账户、无专职工作人员、财务方面不规范及党政机关干部、党政机关（离）退休领导干部不符合规定在社会组织兼职问题，逐一下发《限期整改通知书》，责令其限期整改，给予18家社会组织撤销登记的处罚，并在报纸上进行公告。

【基层政权和社区建设】 按照先社区党组织委员会、后社区居民委员会顺序进行社区“两委”换届工作。9月28日，社区居委会换届工作圆满完成。全市城市社区211个，186个社区居委会参加第三次统一换届选举，完成率100%。全市173个社区居委会实现直选，直选率为93.0%。94个社区落实观察员制度，占社区总数50.5%。直选率和落实观察员制度的比例均高于省指标（80%和20%）的要求。

【婚姻登记管理】 全市8个县（市）、区中有明光市、南谯区、来安县、全椒县等4个县（市）、区婚姻登记处被国家民政部评为国家3A级婚姻登记机关，达标率50%。全市8个婚姻登记机构全部完成1994年以来历史档案补录和数据导入工作，完成率100%。

【老龄事业】 建立城乡一体、普惠制高龄津贴制度，覆盖80周岁以上老人10.84万人，全年发放高龄津贴4215万元。通过认真组织评选、推荐和确认，向省老龄办推荐全国“优秀敬老志愿者”7名和“敬老志愿服务模范单位”1个，全市7人受表彰。在全市组织各乡镇（街道）老龄工作部门入户上门看望慰问百岁老人“祝福百岁老人”活动。10月31日至11月6日，“安徽国寿”杯安徽省第四届老年人运动会由滁州市承办，运动会设立柔力球、健身球等11项竞赛项目，省直和各市32个代表团、1000多名运动员参赛，滁州市运动员获得3个团体一等奖和5

社区居民委员会换届选举大会

个团体二等奖、个人获得17个一等奖和7个二等奖。截至12月底，全市共有11.3万人购买老年人意外伤害综合保险，覆盖率16.8%，增强老年人养老保障安全线。

【福彩销售】 滁州市福利彩票销售4.27亿元，首次突破4亿元大关。同比增量3176万元，同比增幅8.03%，福体彩市场份额达68%；销售总量位居全省第六，同比增量位居全省第四，同比增幅全省第五，福体彩市场份额位列全省第三，任务完成率142%。

【殡葬管理】 扩大惠民殡葬覆盖范围，全椒县、定远县、明光市出台全民惠民殡葬政策，补助标准在两区800元/人标准基础上提升到1000元/人，免除四项基本殡葬服务费用，惠民殡葬政策受益人数达8192人。

【清明节祭扫】 提前进行清明节工作部署，强化各级职责和任务落实，保证"文明低碳祭扫、节俭平安清明"目标的实现。全市各公墓（不含民间散墓）接待群众祭扫近110万人次，机动车流量近11万辆，工作人员保障近2.1万人次。 （高维富）

双拥工作

【优抚】 各类重点优抚对象35297人，年总定补抚恤金约14811.13万元。其中：伤残人员2465人，残疾抚恤金约3596.97万元；"三属"人员628人，死亡抚恤金约672.69万元；在乡复员军人1995人，定补金约2434.93万元。带病回乡退伍军人12071人，定补金约5291.46万元；全市老党员882人，中央和省级补助经费约101.24万元；各类参战参试退役人员2436人，定补金约1011.31万元；60周岁农村籍退役士兵14758人，老年生活补助经费约1472.18万元；烈士子女944人，生活补助费约230.35万。

【群众优待】 全市享受优待的优抚对象8602户，优待金5415.81万元，户均6296元。其中优待军属3503户，优待金3583.69万元，户均10231元；优待烈属309户，优待金154.4万元，户均4997元；优待残疾军人479户，优待金162.98万元，户均3403元；优待在乡复员军人1638户，优待金808.22万元，户均4939元；优待退伍军人2673户，优待金706.55万元，户均2699元。优待金由2013年度的全市平均8689元提高到2014年度的全市平均9839元，增幅26%。

【公祭烈士】 9月30日，市委市政府几大班子成员及琅琊区、定远县在藕塘烈士陵园举行国家公祭，与此同时南谯区国家公祭在皇甫山烈士陵园举行，全椒县国家公祭在周岗烈士陵园举行，来安县国家公祭在皖东烈士陵园举行，凤阳县国家公祭在凤阳烈士陵园举行，天长市国家公祭在天长烈士陵园举行，明光市国家公祭在严集烈士陵园举行，全市参加9月30日烈士纪念活动3360人。

全市普查登记零散烈士墓穴3439座，纪念建筑设施51个，规划零散烈士集中安葬点13个（包括5个烈士陵园），完成零散烈士墓集中安葬3439个，完成零散烈士墓总数的100%。

【退役军人安置】 接收2014年冬季退役士兵1952人，其中2年义务兵1081人，在部队选择自主就业655人，回地方自谋职业153人，符合政府安排工作条件的"四类人员"63人。全市参加教育培训1771人，参加培训的退役士兵毕业率99.9%，职业资格证书获取率99.8%，提供就业服务1456人，经过教育培训的退役士兵就业率82.2%。联合组织开展退役士兵就业招聘周活动，全市组织专场招聘会14场，印发政策宣传品4000余份，签订就业协议150余人。开展校企合作，为退役士兵自主创业提供便利条件。向正大饲料、全柴集团等各骨干企业及昆山、南京等周边城市用工单位推荐就业1000余人。

【协助解决驻军与驻训官兵困难】 驻军12名随军家属按照属地、对口安置的原则全部办理工作随调并已安置到位。随军未就业家属生活困难补助金标准每人每月提高50元，市本级为215名随军未就业家属发放生活困难补助金122.5万元。优先安排驻军70名军人子女入学入托，免费择校全部进入省、市重点学校就读。积极帮助驻滁部队协调落实训练场土地置换、弹药库异地新建、军人安居房建设等重大项目。

为保障南京军区三界训练基地演习任务，市委、市政府先后6次组织协调会，协调相关单位出资2500余万元，为驻滁部队、演训基地解决供水、通信和有线电视等多项困难。投入1000多人次、200多车次，确保部队安全顺畅到达营地。为部队官兵送去生猪、矿泉水、副食品折合人民币120余万元。连续五年开展“三百项目工程”，驻滁部队官兵帮扶驻地百名困难学生，帮扶资金约12万元；市直机关百个支部帮扶百名军人困难家庭，每个家庭1000元，帮扶资金10万元；市财政拿出30万元，为百名军嫂提供就业技能培训。加大双拥结对力度，市廉政教育基地、市规划馆、滁州长电科技、康佳电子等接待10多批驻滁部队的专题教育、参观学习。驻滁部队积极开展形式多样的兴学助教、扶贫帮困献爱心活动，建成扶贫点7个，帮扶贫困户85户，对抗日老战士进行送医送药慰问。（高维富）

人口控制

【低生育水平保持稳定】 深化“村为主”工作机制，严格控制政策外生育，特别是多孩出生。全市出生人口政策符合率达92.76%，高于上年0.23个百分点；长效节育手术落实率108.74%，较上年提高2个百分点；综合避孕节育率90.63%，同比提高1个百分点；政策外多孩出生较上年减少163人。全市出生人口自然增长率为5.54‰，低生育水平保持稳定，全面完成省政府下达的目标任务。

【性别比偏高势头得到遏制】 打造新型宣传阵地人口文化园8个、农村幸福生活e站7个。强化孕情监测，全市二多孩早孕发现率52.47%，较上年提高近4个百分点。加强医疗卫生机构管理，建立住院分娩出生性别统计制度，全市住院分娩出生实名登记通报率达100%。全市查处“两非”案件112件，其中大要案15件。全市总性别比为116，比省控制目标低2.79；二多孩性别比为136.9，较上年下降12.6。

【计生民生工程全面推进】 全市享受国家政策的奖扶对象19200人，享受市级扩面政策的奖扶对象26405人。计生特殊困难家庭关怀扶助工作全面展开，全市有计生特殊困难家庭1468户2464人，对符合条件的全部纳入城乡低保，并按最高标准代缴养老保险、医疗保险等。

【流动人口计生服务管理不断升级】 全市接收省内、省际协查信息近8万条，反馈及时率均达99%以上。开展“6+X”模式的卫生计生基本公共服务均等化试点。加强流动人口区域协作，与流入地较为集中的12个城市建立双向协作关系，服务23.4万人，发放电子《婚育证明》36.2万份。与南京市协调建立流动人口服务管理考核评估机制。

【计生优质服务水平稳步提升】 强化县站、乡所、村室功能发挥，加强人员培训和管理，稳步提升服务能力。琅琊区积极创建省级优质服务先进县，至此全市实现“创优”工作全覆盖。切实抓好免费孕前优生健康检查，实现城乡居民全覆盖。严把检验质控关，确保检查质量。全年完成孕优健康检查41682人，超省目标任务5.1%；全市出生缺陷发生率4.12‰，较上年下降0.2个千分点。

【安徽省流动人口计划生育区域协作工作座谈会在全椒县召开】

5月28日，全市民族工作会议召开。

9月2日，安徽省流动人口计划生育区域协作工作座谈会在全椒县召开。省卫生计生委党组副书记、副主任杨武到会。全省各市卫计委分管主任及计划生育流动管理科科长，广德、宿松、霍邱县卫计委（人口计生委）分管主任参会。会议讨论《安徽省流动人口计划生育区域协作工作规划（征求意见稿）》及流动人口计划生育区域协作乐清市工作站计划生育协会联合会成立大会等有关事宜。

【宁滁“8+11”区域协作】 4月21日，在滁州市卫生计生委召开宁滁“8+11”流动人口计划生育区域协作会议。江苏和安徽两省卫计委流动处长，南京、滁州两市和南京市11个区、滁州市8个县（市、区）流管工作负责人参加。会议议题是加快建立“统筹管理、信息共享、区域协作、双向考核、服务均等”流动人口计划生育服务管理工作新机制，深化两地流动人口计划生育工作“一盘棋”格局。

【群众满意度逐年提高】 充分发挥全国“十二五”婚育新风进万家活动示范市引领作用，强化依法行政、便民维权、服务关怀活动，在市长热线、政风行风热线、12356阳光计生热线上群众投诉越来越少，统计部门调查显示全市计划生育群众满意度稳步提高。 （何采南）

民　族

【推动民族聚居地发展】 开展2013-2014年度省民委委员单位帮扶项目图片资料收集整理汇总上报。走访慰问少数民族困难群众25户，每户送去慰问金400元。市民族宗教工作领导小组制定下发《关于开展少数民族和民族聚居地区“共同发展”提升行动联合攻坚的方案》，建立和完善工作机制，对4个发展相对落后的民族村实行帮扶，建立相应制度和机制。

【民族事务管理】 继续做好少数民族流动人口服务与管理工作，市少数民族服务站化解各类矛盾纠纷16起；继续推进全椒县江海社区、凤阳县楼西社区两个省级民族团结进步示范社区创建工作。做好民族成分变更审核审批和高考加分政策。在全椒县举办全市少数民族实用技术（水产养殖）培训班，邀请市水产专家作专题辅导讲座。从事水产养殖的大户、专业合作社、专业技术协会负责人共60多人参加培训。在定远县举办全市少数民族蔬菜大棚种植技术培训班，培训学员60人。

【积极争取少数民族发展资金项目】 开展2014年省、市少数民族发展资金项目进展情况监督检查。会同市财政局、审计局，做好2015年度市级少数民族发展资金项目评审，确定8个项目，经市政府同意后下发相关县市区。申报2016年度省少数民族补助费项目，申报生产发展类项目2个、社会事业类项目2个争取资金52万元。争取省少数民族发展资金391万元。其中，少数民族特色村寨保护与发展项目2个共150万元由省民委直接下达，滁州市分配241万元。

【宣传民族团结政策】 开展民族团结进步宣传月活动，悬挂标语横幅300多幅，通过电子屏、电视、报纸、网站、广播等媒介宣传，召开会议，组织广场宣传、文艺演出等形式，积极培养全市各族群众中华民族共同体意识。滁州市1名全国民族团结进步模范个人受邀参加全国少数民族参观团，受到国家领导人接见，并参加“9.3”天安门广场纪念中国人民抗日战争暨世界反法西斯战争胜利70周年阅兵观礼活动。 （罗雷鸣）

宗　教

【概况】 2015年，滁州市民族宗教工作被评为“全省民族团结进步模范集体”，受到省政府表彰；在全省民族宗教系统考评中取得第二名。市民族宗教工作领导小组制定下发《关于开展少数民族和民族聚居地区“共同发展”提升行动联合攻坚的方案》，建立和完善领导包保和民委委员单位帮扶民族村等工作机制，确定市委、市人大、市政府、市政协4名领导和12个市民委委员单位，对4个发展相对落后的民族村实行包保帮扶，各县市区建立相应的制度和机制，做到对全市民族村帮扶全覆盖，确保少数民族和民族聚居地区到

6月28日，市佛教协会第三次代表会议召开。

2020年与全市同步全面建成小康社会。

【宗教数据库建设】 按照国家宗教局和省宗教局统一部署要求，组织全市宗教部门人员参加省宗教局组织的专项培训使用工作。对全市各地宗教基本信息情况进行更新。全市603个宗教活动场所，524名宗教教职人员、28个宗教爱国团体基本信息进行进一步核实更新，全面完成全市宗教基础信息库数据更新工作。

【宗教慈善活动】 每年9月第3周为宗教慈善周活动。为抓好宗教慈善周活动，转发省局文件通知，要求各地宗教局和市级宗教爱国团体结合本地、本宗教工作实际，制定宗教慈善周工作方案，指导好爱国宗教团体和宗教活动场所开展好“宗教慈善周”工作。2015年全市宗教慈善周活动共募捐54.4万元。为关爱老人、救助困难学生及帮助困难群众，发挥宗教的积极作用。

（罗雷鸣）

县(市)区

XIAN (SHI) QU

南谯区

【概况】 全年实现地区生产总值80.5亿元，同比增长10%；财政收入15.82亿元；同比增长13.5%；固定资产投资108.4亿元，同比增长25.4%；规范以上工业增加值43.2亿元，同比增长11.1%；农牧渔业总产值25.2亿元，同比增加5.3%；社会消费品零售总额27.2亿元，同比增长12.5%；全社会固定资产投资108.4亿元，同比增长25.4%；外贸进出口总额4416万美元，同比增长25.8%；城乡居民可支配收入18663元，同比增长10.5%；其中城镇居民可支配收入26897元，同比增长10%；农村居民可支配收入10529元，同比增长11%。全年招商引资新签约亿元以上项目50个，新建、续建亿元以上项目49个。其中新开工亿元以上项目25个、新投产亿元以上项目20个；招商引资实际到位资金65亿元，占滁州市下达任务55亿元的118.2%。

【工业转型成效显著】 推动机械制造、家电配套、新型建材、非金属矿加工等主导产业升级改造，大力发展战略性新兴产业，重点扶持奥特佳、天达汽配、恒昌机械、中联水泥等13个成长性好的规模工业企业；瑞科特电气、绿能科技、浦珠模塑等11个亿元以上项目开工建设；章广风力发电、格锐矿业等7个亿元项目竣工投产；全区规模企业数由年初的124家发展到130家，其中战略性产业企业达到13家；新增7家国家级高新技术企业、3个省级民营科级型企业、4个市级企业工程技术研究中心，筹建全市第一家民营科技孵化器；申请发明专利260余件，授权55件。积极培育扶持电子商务、商贸物流、金融服务等新兴业态，大力推动大雄食品城转型发展电商业态，成功引入北京恩源“互联网+”项目，现已入驻电商10家，发展前景广阔。想方设法引导企业在“新三板”、主板（中小企业版和创业版）挂牌上市，继尚善生物科技股份有限公司、滁州志成农业股份有限公司在上海股交中心成功上市后，新增索爱玻璃、鑫彩纸业、健颐源蜂业3家在安徽省股交中心挂牌。全年净增限上商贸企业10家，总数达到91家，限上重点服务业企业达43家，服务业增加值18亿元，同比增长11.5%。

【现代农业特色鲜明】 大力扶持西部山丘区特色产业。初步形成以珠龙镇草莓、葡萄，大柳镇滁菊、香菇，施集镇滁菊、茶业、草坪及章广镇枫园、玫瑰园、桃园、养殖园为代表的“百里特色产业带”。现代农业示范区建设快速推进。乌衣省级现代农业示范区被命为全省示范区现场会观摩点，腰铺、珠龙农业示范园成功申报市级代农业示范区，打造17公里滁河景观带。菊花博览园建成开园，成为假日旅游新亮点；章广现代农业示范园成功创建省级现代农业示范区，举办章广红色文化旅游节（枫叶篇），吸引众多商家与游客，章广镇被评为省级特色景观旅游名镇、省级现代林业示范区。积极推进农业科技化生产、规范化种养、机械化作业、产业化经营，加

8月6日，全省农业产业化暨现代农业示范区经济交流会在滁州市召开，与会人员观摩乌衣省级现代农业示范区。

快发展现代农业。新增土地流转面积2.5万亩，总数达到23.5万亩，重点培育农业合作社、家庭农场等新型农业经营主体100家，农产品加工龙头企业86家，其中省市级龙头企业19家。建立各类标准化示范基地22万亩，发展无公害、绿色食品分别达到63个、21个。

【重点项目聚力引进】 全力推进滁州高教科创城建设，紧紧扭住南工大滁州科教城、河海大学国家大学科技园、南理工两院校一中心、皇庆湖湿地公园、远望特种影视文化产业园、碧桂园欧洲城、富力新型社区等一批牵动性大、配套性强的大项目，并取得积极进展；南工大滁州科教城项目启动区建成3.17公里的四条市政道路，首批签约的9个研发型高科技项目规划编制完成，全力推进开工前的各项准备工作。碧桂园欧洲城项目一期南片、北片区基本竣工；二期562亩商住、学校等开发建设有序推进。富力新型社区项目578亩首开当年招商，当年签约，当年开工。远望特种影视创新文化产业园4D动感球幕剧场单体项目开工建设。皇庆湖系集水利、城市防洪、滁河治理、景观和建设用地开发为一身的工程项目。年底，大坝土方工程已完成，水库项目已经水利部批准，相关配套工程正在抓紧施工。围绕滁州高教科创城，开展招校引资工作，南理工学院协作单位四川众旺科技公司，计划投资10亿元新建用于军工的含氟高分子复合材料项目已签约，并施工建设。同时，南理工的2个学院项目与南京科技职业学院初步达成合作意向，南京审计大学也在积极对接中。

【城乡建设持续提升】 理顺城区改造和建设体制机制，投入5000万元，实施10个改造建设项目。安宁路公共照明、老城区绿化提升、双庙路下水道和主干道弱电下地等工程完工；金容宫路改造主体完成，沿街外立面改造一期启动735户；大小停车场主体工程基本完工。锦绣湖小区三期竣工交付使用、四期主体已完工，居住条件改善。实施南谯新城供水保障工程，建成沿洪武路输水管道，接通市三水厂水源，实现新城安全供水。投入4530万元，完善各类管网53.7公里，完善供电、通信等市政公共设施；新增和提升绿地65万平方米。投资2600万元，建成洪武路连接线，使其全线贯通至高铁站。实施富力地产配套路网、六期路网二标段，总投资3.7亿元，使12.6公里的拓展区一期“两纵两横”路网竣工通车，基本实现大循环与小循环顺畅联通。马滁扬高速公路在洪武路设立道口，将南谯新城带入高速时代。开展小城镇建设竞赛活动。投资9650万元，在8个镇政府驻地实施硬化、绿化、亮化、美化工程，完工项目69个，正在实施8个，集镇功能配套设施进一步完善。完成县乡道路改造24.9公里，改造农村公路危桥6座。推进美好乡村建设，投资9230万元，重点实施珠龙镇北关和广卫、乌衣镇汪郢、施集镇李集、章广镇常山等5个中心村建设。其中，结合古清流关旅游开发，着力将北关村打造成为省内一流、全国有影响的生态文化村。“三线三边”环境进一步整治，加强已建成美好乡村中心村的长效管护和农村垃圾收集处理工作，改善农村保洁方式，扩大农村保洁覆盖面。进一步优化生态环境，完成造林1.55万亩，与省下达计划的143%，森林覆盖率达39.2%，居全市第一。成功创建全国绿化模范县、安徽省森林城市，乌衣镇、沙河镇获省级森林城镇称号。完成秸秆机械化还田55万亩，秸秆禁烧零火点。

【民生工程等社会事业全面推进】 投入3.75亿元，实施31项民生工程。发放涉农补贴1.5亿元。加强就业困难群众援助，新增城镇就业3582人，新增转移农村富余劳动力3224人，城镇登记失业率3.3%，养老、医疗、工伤、生育、失业五项社会保险超额完成全年目标任务。城乡低保标准进一步提高，城市低保最高标准上调至475元/人/月，农村低保最高标准上调至2640元/人/年。新开工建设保障房705套。完成沙(河)黄(泥岗)水厂和乌衣、腰铺供水管网工程，解决农村2万人饮水安全问题。

社会事业有新的发展。教育投入4.39亿元。第二实验小学、苏滁产业园大王小学新建工程和湖心路小学一期扩建工程交付使用，新增3所标准化公办幼儿园。推进文化惠民工程，区文化馆、图书馆和镇综合文化站等公共文化场馆全部免费开放，建成4个农民文化乐园。7月25日，南谯区法治文化公园暨“江淮普法行”启动仪式在清流公园举行。深化医药卫生体制改革，乡镇卫生院和社区卫生服务中心全面实行财政经费定项补助，完成施集镇孙岗村等23个村卫生室改造。红十字会代表安徽省在全国基层红十字会工作会议上作经验介绍。探索医养结合模式，完成珠龙养老服务中心建设。电子政务网络安全管理工作全市领先，区政府门户网站获中国政府网站优秀奖、省政府网站绩效考评优秀奖。区机关事务管理局获“国家级第二批节约型公共机构示范单位”称号。

9月30日，中国滁州菊花博览园举行开园仪式。

11月15日，章广文化旅游节(枫叶篇)开幕。

【滁州高教科创城列入国家专项建设资金支持目录】 南谯区滁州高教科创城项目获得国家发改委认可，列入2015年度国家第四批专项建设基金支持目录。国家发改委第四批6亿资本金项目已经批复，首批下拨1.3亿元基金；6200万元的棚户区改造项目已获批复。该项目总投资60亿元，计划建设光电技术、低碳环保设备、新材料研发生产、交通工程技术开发、创业创意园区等五大子工程，最终集教学、研发、创意、产学研转化为一体，形成一批综合性创新创业服务平台，为高校科研成果转化、高等人才创业、大学生就业提供有效支撑，力争到2020年，培育产业技术创新团队50个以上，引进高端研发与产业人才500人，孵化、育成中小型创新企业100家，形成研发项目超1000项，申请专利超500项，转化专利技术100余项，创造产值300亿元，带动社会投资120亿元，带动就业2万人。滁州高教科创城工程还引发很多高校的高度关注和合作意向，继南工大之后，南京理工大学、河海大学、南京审计大学等院校，均表达强烈的合作意向，有的已经签约，有的即将签约。

（汪宗文）

琅琊区

【概况】 全年实现地区生产总值78.8亿元，增长9.7%，规上工业增加值16.8亿元，增长11.1%，固定资产投资67.8亿元，增长21.2%，财政收入12.75亿元，增长11.4%，其中地方收入8.2亿元，增长22.2%，社会消费品零售总额70.5亿元，增长12.6%，外贸进出口3927万美元，实际利用外商直接投资1965万美元。预计城镇、农村居民人均可支配收入分别达到31380元和10910元，同口径增长9.5%、10.5%。各项指标又有新增长，经济发展又有新突破。

全年实施千万元以上产业提升项目30次，累计投资12.2亿元。安徽猎豹汽车内饰件、琿源生物质锅炉和洛柯恩空压机等项目成功入驻，金春股份成功实现“新三板”挂牌，霞客色纺顺利重组，华融工业园即将竣工。全年新增省级两化融合企业1户，新认定国家高新技术企业1家。共实施技术改造项目10项，完成技改投资4.6亿元。申请各类专利194件，专利授权140件。战略性新兴产业实现产值4.6亿元，增长39.8%，增幅位于全市第二。

全年新增限上商贸企业13家，总数达86家。天长路中央商务区获批“省级服务业集聚区”，滁州1912文化商业街区获批3A级景区，白云集团荣获“全国商贸流通服务业先进集体”称号。中垦流通·滁州国际农产品物流园开园试营，滁州古玩城成功运营。安徽云伙计当年交易额37.5亿元，创达电子商务创业园开展线上销售经营户120多家，电商企业已达200余户，交易额超40亿元。

琅琊区民生工程读书吧免费开放

全力推动“双百”行动，组建3个县干招商小组和6个驻外招商分局。全年取得有价值线索80个，新签约亿元以上项目31个，其中凯洲苏兴、百仕照明等4家企业为战略性新兴产业。全年实际到位资金43.5亿元，占市下达任务的103.6%。

坚持经济工作项目化，项目工作责任化，列入省“861”计划的17个项目，累计完成投资27亿元，完成全年投资任务的178%。列入市“双百”行动的5个新开工、5个新竣工、4个新达产亿元项目全部如期完成。新开工亿元以上项目22个，新投产亿元以上项目22个。项目转化率在全市排位靠前。

全年民生支出11亿元，占财政总支出的84.3%。全年新增城镇就业6937人，新增个体工商户1071户，新注册私营企业867个。新增低收入家庭住房补贴120户，完成危房改造100户。救助残疾人、孤儿和事实无人抚养儿童等社会弱势群体。获批国家级“老龄健康服务能力建设试点区”。

【新区功能日趋完善】 完成新区控规修编工作。琅琊新区4平方公里核心区基础设施基本建成，累计开工项目71个，完工61个，完成总投入51亿元；出让土地813亩，已建待建的商住开发面积约115万平方米，交付使用51万平方米；入驻单位10个，入住人口近万人。银山路北延段项目建设顺利完成，区法院审判法庭主体竣工，城北汽车客运中心和二小北校区启动建设，盛苑景城、益林铭府等新出让地块开工建设。成为滁城首个以商贸物流业为主导的省级服务业集聚区和现代生活居住区。

【老城改造步伐加快】 完成内城河一期和西涧北路等12个地块、1905户、约21万平方米的房屋征收(迁)任务，惠及棚户区居民1450户，实现"区为主"房屋征收首战告捷。文德街、公管巷综合改造基本竣工。

【琅琊经济开发区建设快速推进】 琅琊经济开发区建成面积5.2平方公里，入驻企业80家，建成投产75家，其中规模以上企业达31家，产值超亿元企业4家。形成食品、新材料、电气装备、汽车及零部件等新兴产业，成为全区工业经济发展"主战场"。

【为民办十件实事取得成效】 完成内城河改造征收房屋近1200户；北湖小区、凤凰新二村、新兴花园3个老旧小区改造如期竣工；异地重建的扬子路小学具备春季开学条件，新办的4所小区配套幼儿园开园招生；区妇幼保健所异地选址重建，白云社区公共服务中心提前建成；西门鼓楼和琅琊古道社区老年人日间照料中心投入使用；三官社区农村饮用自来水工程顺利接通，惠及居民万余户；滁定路综合整治绿化提升一期工程提前竣工；琅琊经济开发区企业职工服务中心建成使用；新建、改造公厕7座。 （胥俊鹏）

天长市

【概况】 全年实现地区生产总值291.3亿元，同比增长10.7%；规模工业增加值201.6亿元，增长12.2%；固定资产投资292.4亿元，增长9.8%；社会消费品零售总额71亿元，增长12.2%；财政收入37.55亿元，增长10.2%；外贸进出口总额9.18亿美元，增长5.5%，高于全国平均水平13.5个百分点；城镇居民人均可支配收入24750元，增长10%；农村居民人均可支配收入14300元，增长12%。

出台"30条"推动工业经济发展、"18条"优化金融环境政策措施，兑现各项奖扶资金9700多万元。较2014年新增贷款近60亿元。新增1家新三板挂牌企业，3家企业进入新三板挂牌上市程序，5家企业完成股改，禾益化学进入创业板上市辅导期，鑫发铝业签订中小板上市辅导协议。全省县级首家海关机构——滁州海关天长通关监管中心获批设立，蓝德集团自用型保税仓库获批，顺利通过出口玩具国家级产品质量安全示范区创建考核现场验收。全年工业用电量增长9.8%，高出滁州市平均水平5.7个百分点，位居滁州第一。

谋划编排重大项目238个，总投资1512亿元；重点推进打造国家级仪器仪表电缆制造基地等十大项目；获批国家投资和省补助项目资金2亿元，争取专项建设基金获批资本金2.5亿元，位列滁州市各县市区前列。全年实施总投资190亿元的工业投资项目230个，完成投资83亿元，列入滁州市重点调度的18个亿元项目提前竣工投产；新增规模以上企业53家，亿元以上企业14家，10亿元以上企业2家；规上战略性新兴产业企业总数达70家，占滁州市的41%，实现产值212亿元，增长18%，首次荣获中国新能源产业百强县称号；新增高新技术企业16家，总数达51家，实现产值535亿元，增长10%；新增院士工作站1家，总数达4家；新增省级企业技术中心5家，总数达18家；新增省级专精特新企业6家，总数达13家；新增中国驰名商标2件，总数达5件。新增限上企业11家，服务业增加值67.7亿元，增长11.1%。新增现代农业示范区3家，永丰现代农业示范区、圣丰生态农业园分别入选滁州十大精品示范区、滁州十大重点工程；新增规模以上农产品加工企业7家，农民专业合作社21家，注册登记家庭农场129家，土地流转面积4.5万亩，农业"三品"11个。

全年引进亿元以上项目56个，亿元以上项目到位资金126亿元，实现工业总产值超500亿元，税收收入15.8亿元，秦栏经济开发区完成基础设施类项目15个，实现工业总产值160亿元，税收收入1.1亿元；铜城镇精细化工集中区更名为天长市化工集中区并获批扩容1.83平方公里，"两区多园"新增框架总面积5平方公里，新增入园企业300家，园区内工业总产值占全市工业总产值的80%。

实施56项城建重点项目，完

5月16日,安徽省第三届茉莉花全民健身展示大赛暨天长市第五届体育文化节开幕。

成投资14亿元,完工项目20个;完成新河中路等道路3公里杆线入地工程,安装主次干道中央隔离护栏8公里、机非隔离护栏9公里,新增绿化面积70万平方米,新建城市绿道10公里;建成全省一流、集人防、城管、水利、气象等功能于一体的市人防综合应急指挥通信平台;全年征收房屋面积6万平方米;完成第五轮城市环卫市场化运作,市区清扫保洁面积达567万平方米;城市规划建设管理“六项行动”首次考核位居江淮片第一;顺利完成全国文明城市首次年度测评。铜城镇入选全省美丽宜居小镇;推进头墩等10个美好镇村中心村建设,长山村获批全省绿色村庄示范试点村庄;建成全省首家美好镇村分布式光伏电站,年收入2万元以下的集体经济“空壳村”全部脱“壳”;推进“七位一体”的农村环境综合整治工作,在全省首批完成农村垃圾治理三年行动计划。312省道天釜线绕城段基本完成主体工程,宿扬高速天长段完成工程量的70%以上。淘汰黄标车及老旧车546辆,连续两年实现秸秆禁烧“零火点”目标。

【十件为民办实事基本完成】 打通新河南路、永福西路、二凤中路、秦栏南路、平安南路、万寿南路、天佳南路、金集路等8条断头路,完成新河中路黑色化改造,炳辉中路、炳辉东路建成部分路段,新河北路改造完成80%的工程量。市财政安排农村环卫专项补贴3000万元,实现农村环卫保洁全覆盖、常态化。建成同心北苑北侧游园等10个街心公园和309个停车泊位。白塔河新河口大桥、铜龙河口龙岗大桥建设分别完成工程量的65%、80%。覆盖8.16万农村人口饮水安全工程完成。投资4000万元,完成120公里的村级公路网化工程建设。

【合肥工业大学天长函授站举办首届毕业典礼】 7月11日,合肥工业大学(天长函授站)在天康集团行政大楼会议中心举行2013级函授学员专、本科班毕业典礼,本次毕业典礼为建站以来首届举办,有专、本科共113名学员毕业。合工大继续教育学院副院长王国美、远程教育部主任孙学敏专程到会祝贺,天长市人大常委会副主任何儒、天康集团董事长赵宽、总经理毛文章及中共天长市委党校班子成员参加典礼。合工大继续教育学院与天长市委党校于2012年3月签订建立函授站,开办国民教育系列为主的成人教育学历班,旨在提升党校办学层次,实现办学的规模效应,着力为天长的经济和社会发展培养人才。专科设有会计电算化、工商企业管理、建筑工程技术专业,本科设有金融学、工商管理、土木工程专业。

【中国农民歌会走进铜城镇桑园村】 10月16日,第五届中国农民歌会在天长市铜城镇桑园村农民文化乐园分会场演出。本次演出的主题是“中国梦·让农民出彩”,农民歌手和农民喜爱的艺术家用合唱、独唱、舞蹈、民歌联唱、琴书说唱等表演方式,倾情演绎独具地方特色和民族风情的民歌民曲,展现新农村日新月异的变化,生动表达新时代农民的幸福心声和对未来的美好憧憬。

【金维加被授予“全国优秀县委书记”称号】 6月30日,全国优秀县委书记表彰会议在北京举行,天长市委书记金维加受到会议表彰,被授予全国优秀县委书记称号。

【天长市与阿里巴巴集团签约】

天长市公共自行车系统试运行

11月5日,天长市与阿里巴巴集团在天长市商务中心十楼会议室举行农村淘宝项目签约仪式。天长市市长朱大纲、副市长陈学文和阿里巴巴集团农村淘宝安徽区经理汪军出席签约仪式,天长市直相关部门负责人参加并见证签约仪式。

【天长市荣获“2015中国新能源产业百强县”】 11月8日,在北京国家会议中心举行的2015第七届中国新能源产业经济发展年会暨新能源成果展览上,天长市荣获“2015中国新能源产业百强县”称号,这是天长市首次获此殊荣。

【茉莉花体育节开幕】 5月16日,由安徽省体育局、安徽省体育总会主办,安徽省社会体育指导中心、滁州市教育体育局、天长市全民健身工作委员会承办的“安徽省第三届茉莉花全民健身展示大赛暨天长市第五届体育文化节”在天长市体育中心开幕,开幕式以“赏滨河美景,走健康人生”万人健身走活动与天长市各特色全民健身项目展示相串联,全程徒步行走约5公里,展示项目20个,终点玉龙广场。设有天长市全民健身成果、全民健身网络体系、青少年体育成果展示,天长市体育彩票销售、体育场地设施建设介绍,天长市体育制造业产品、体育服务业展销等汇集天长市多年来在体育工作方面的成就。

活动期间,天长承接举办全国跳绳裁判员、教练员公益培训班、全国柔力球大篷车公益惠民推广万里行活动、全国柔力球大赛;首次承办安徽省社会体育工作会议、安徽省首届社会体育指导员素质大赛、安徽省扑克牌大赛、安徽省足球锦标赛、安徽省第四届老年人运动会、安徽省快乐无敌大PK进社区;承办滁州市“美好乡村”农民篮球大赛暨滁州市篮球俱乐部总决赛、滁州市友好城市篮球争霸赛。10月下旬,还组织举办由41支代表队和420余人参加的广场舞大赛,各单项体育协会也举办形式多样的全民健身活动。体育节期间参与和观看活动的人数达数万人。

(陶中山)

天长市开展第44个世界环境日纪念活动

明光市

【概况】 全年实现地区生产总值120.21亿元,同比增长9.3%;固定资产投资124.43亿元,增长

21.1%；财政收入13.05亿元，增长15.5%；社会零售品销售总额58.48亿元，增长12.3%；规模以上工业总产值123.68亿元，增长10%；规模以上工业增加值28.93亿元，增长10.8%；外贸进出口总额4695万美元，增长67%；城镇和农村居民人均可支配收入分别达21377元、9331元，分别增长9.5%、9.4%；城镇登记失业率3.5%。

推进项目建设。谋划项目1102个，建立“千个项目库”。明光—合肥高速公路列入安徽省高速公路网规划，合肥—宿迁—新沂高铁列为省重大项目加快推进，明光淮河公路大桥项目获省发改委立项、通过水利部审查，104国道明光绕城线纳入国家发改委PPP项目库，女山湖大桥收费站获省政府批复，滁州支线机场明光选址纳入备选方案。对接国家重大工程包，申报国家重点建设项目459个，争取三界—自来桥战备公路等国家投资项目31个、补助资金4.62亿元；第三自来水厂等8个项目获省农发行、国开行项目资本金支持2.86亿元。开展招商引资“双百行动”，先后在佛山、莆田召开招商推介会3场。全年签约亿元以上项目28个，总投资20亿元的海南七里巷旅游等项目落户。强化“四督四保”，全年实施重点项目150个(其中亿元以上项目57个)。其中，开工110个，累计竣工122个。48个省“861”项目完成投资50亿元。

推进经济发展。实施“工业强市”、创新驱动发展战略，获批省知识产权工作示范市。全年战略性新兴产业产值22.6亿元，增长16.8%，两化融合企业、智慧企业、技术中心企业62家。明光浩森安防科技股份有限公司、安徽省龙利得包装印刷公司在新三板挂牌，完成上市辅导备案，冲刺首发上市，续贷过桥资金在滁州市实现首笔投放。明光浩森安防科技股份有限公司获批设立加拿大分公司，实现全市对外直接投资“零突破”。明光瑞智电子科技有限公司等5家企业跻身国家高新技术企业行列。明光工业园区获批更名经济开发区，扩区5.5平方千米。涧溪镇列入省级产业集群专业镇。

农业生产提质。全年农业总产值57.13亿元，粮食总产量、水产品产量、禽蛋产量分别达56.8万吨、7.53万吨、2.2万吨。蝉联“全省平安渔业示范县”。农村土地确权基本完成，皖东综合试验站落户选址，明光市阳光木业有限公司在省股交中心农业板挂牌。创建万亩粮食高产示范片10个，潘村洼现代农业示范区创成省级示范区，江淮分水岭综合治理开发项目连续12年获省优工程。经营主体持续壮大。家庭农场602家，农民专业合作社676家，滁州市级以上农业产业化龙头企业32家。增加土地流转4066.67公顷、无公害农产品8个。

服务业发展提速。实施“大物流、大市场、大旅游、大电商”建设工程，1.7万平方米的明光电子商务产业园开园，徽商大市场等6大专业市场、润溪城市广场等一批城市综合体、三界外等一批旅游项目在建，49个“农村淘宝”服务站、69个“京东商城”服务点建成运营。明光市获批省级服务业集聚区、全国电子商务进农村综

明光新城——嘉山公园

10月16日上午,“第五届中国农民歌会走进明光美好乡村文艺演出”在苏巷镇大罗郢美好乡村文化广场隆重上演。

合示范县。全年销售商品房35.1万平方米,成交额13.8亿元;出让商住用地55.87公顷,成交额5.3亿元;接待游客72万人次,实现旅游业收入3.1亿元。八岭湖景区创建为3A级景区;女山地质公园保护工程一期项目竣工;抹山景区基础设施启动建设;三界外旅游项目被评为滁州市休闲农业与乡村旅游示范点。

推进城乡建设。按照“14935”的发展布点,统筹推进城乡建设。美好新明城生机勃发。全年实施重点项目78个,完成投资30亿元。城南大道、明光大道北延、韩山北路、花园西路等46项工程相继竣工,抹山大道北延等32项工程快速推进。改造提升中心路历史文化街区、老旧小区8个、城市出入口5个,推进“六园四带”建设和“园林式单位”、“园林式小区”创建,城区增加绿地81.5万平方米,建成停车场15处,增设机动车停车位2700余个。征收房屋17.7万平方米,城区面积增加7.5平方千米,城市空间进一步拓展,面貌焕然一新。明光市城乡统筹规划(2013–2030)、明光市中心城区城市设计,分别获全省优秀城乡规划设计一、二等奖。美好乡村活力迸发。巩固提升建成村。明东街道魏岗、明光街道映山和三界镇梅郢中心村长效管护工作获得滁州市表彰。三界镇梅郢村获省级“旅游示范村”“民主法治示范村”称号。创新建设待验村。实施项目85个,总投资4500万元,建设2014年度明女线5个中心村,带动沿线集镇、村庄人居环境整体提升。整体推进美好乡村建设做法,得到省委领导批示肯定。加快打造在建村。2015年度自来桥镇尖山、管店镇凤山、女山湖镇山南3个中心村基本建成,涧溪镇鲁山、明东街道上罗等2个中心村主体工程完工。整合项目资金1.1亿元,建设3个移民避险解困安置点,全省移民避险解困试点工作现场会在明光市召开。全年消灭40个集体经济“空壳村”。

推进民生改善。全年民生支出28.9亿元,占财政总支出的91.7%。实施民生工程33项。建成保障性住房4375套。改造农村危房2827户。实施精准扶贫,脱贫3843人。完善社会保障体系,城乡居民大病保险全覆盖。增加城镇就业8517人。兑现七类“老字号”(即,农村离任村干部、老民师、老放映员、老公路养护工、老兽医、老技术员和老拖拉机手)群体、高龄老人补贴1935万元。市医院迁建工程完成,明光幼儿园扩建等“十件实事”(即,城南大道等4路1河建设、涧溪河防洪综合治理、池河防洪综合治理、市幼儿园等四个幼儿园建设、农机大院建设、大中型水库移民避险解困搬迁安置、柳巷敬老院扩建、潘村镇中心卫生院迁建、市公共就业和社会保障服务中心建设、2014年19座小型水库除险加固工程)基本完成。花园、曹庄等一批安置房和渔民上岸工程竣工验收;全省大中型水库移民避险解困试点工作现场会在明光召开。先后获“全国白内障无障碍县”、“全省人口和计划生育工作先进县”、“全省减轻农民负担工作先进县”等称号。

【省第七届中老年人太极拳(剑)比赛在明光市举行】 6月7日至9日,安徽省第七届中老年人太极拳(剑)比赛在明光市举行,来自全省的15支代表队约200名中老年人参加比赛。竞赛项目分集体项目和个人项目,其中集体项目是四十二式太极拳与四十二式太极剑,个人项目为四十二式太极拳、太极剑及各式太极拳等传统项目。

【国家食用豆产业技术体系中期工作总结暨观摩会在明光市召开】 8月12日至13日，国家食用豆产业技术体系中期工作总结暨产业化示范观摩会在明光市召开。中国农科院作物所副所长王述民，中国食用豆产业技术体系首席科学家程须珍、安徽省农科院副院长胡宝成等全国各省的育种、栽培、病虫害等方面科学家参加会议。与会人员现场观摩涧溪镇综合试验站绿豆间作栽培技术、病虫害防控综合技术等试验区和高产绿色无公害生产基地。会议开展专家课题报告交流；传达农业部有关农业产业技术体系建设的文件精神；制定下半年体系工作重点；讨论“十三五”体系重点任务、基础性工作等相关技术内容。（张固娟）

全椒县

【概况】 全年实现地区生产总值117.4亿元，增长9.6%；财政收入19.33亿元，增长13.3%；固定资产投资158.6亿元，增长24.8%；社会消费品零售总额51.5亿元，增长12.4%；城镇和农村居民人均可支配收入分别达21993元、10474元，分别增长10%和11.5%。

全县新增规上工业企业18家，总数达129家，实现规上工业增加值38.5亿元、增长12%。全柴集团被列入国家“两化融合”试点，国四柴油机入选首批“安徽工业精品”，国五柴油机正式发布，四缸柴油机产销量位居全国第一。设立产业发展基金，兑现企业发展奖励资金3500万元，设立4000万元“过桥资金”，推进“4321”新型银政担和“税融通”业务，为中小企业担保贷款5.3亿元。引导企业上市融资，3家企业在区域性股权交易中心挂牌，2家企业正在争取“新三板”挂牌。

粮食总产达44.82万吨，增速居全市第一。荣鸿、辉隆、牧龙山、荒草圩四个精品示范园加快建设，完成投入1.6亿元。新增土地流转面积8.4万亩。新组建农民专业合作社33个。建设高标准基本农田6.6万亩。薄壳山核桃发展到2.25万亩，面积居全省第一。除险加固中小型水库13座。全县上下众志成城，战胜滁河流域有气象记录以来的最大雨情汛情。

实现服务业增加值38.9亿元、增长12.2%。限上企业总数达66家。接待国内外游客124万人次，实现旅游收入10.2亿元，荣获“最美中国旅游目的地城市”。引进台湾石牛溪集团建设大墅龙山生态旅游项目。城南农产品物流园加快建设。大力发展电子商务，“卖货郎”电子商务平台正式运营，电子商务交易额达2亿元。金融机构存贷款余额分别达149.1亿元和110.6亿元，分别增长12.4%、17.9%。

实施重点城建项目71个，完成投资28亿元。城市总规修编完成专家评审，完成地下综合管网、特色街区风貌等8个专项规划编制。新县医院投入使用，襄河大桥（闸）拆除重建、污水处理厂二期完成主体工程，赵店河截污、达园等一批重点工程加快推进。古襄河治理入选全省海绵城市试点项目。加强“三小车”专项整治，城区近4000辆非法客运“三小车”有序退出。巩固提升美丽乡村百里一环，全面启动二环线6个示范点建设。持续开展“三治三增三提升”行动，实施第二轮环卫保洁提升行动，在全省率先运用PPP模式推进农村垃圾治理市场化、专业化。圆满完成秸秆禁烧任务。按照“五审五查”要求，坚决推进矿山关停、整治。

县经开区完成科技孵化器建设，成功获批“全省新型工业化产业示范基地”。“一区两园”新签约、新开工、新投产项目分别达33个、25个和21个。鼓励企业加快科技创新和装备升级，新增高新技术企业3家、“两化融合”企业5家。完成技改投入30亿元，增长42.8%。南大光电科研团队入选“安徽省十大科技创新团队”，国家“02专项”之高纯特种电子气体项目实现产业化。

成功引进亚士创能科技、鸿宇环保科技、颐高电子商务产业园等一批大项目，全年新签约亿元以上项目58个，总投资105亿元。加快项目建设，新开工亿元以上项目35个、竣工33个。纳入省“861”计划的49个项目完成投资50.5亿元，纳入市“十大工程”的11个重点项目全面建成。

推进行政体制、经济体制、农业农村等重点领域和关键环节改革。承接落实上级下放行政审批项目22项、取消68项。农村土地确权、集体产权制度、金融体制等改革正在有序推进。深化商事制度改革,全面实施“三证合一、一照一码”。巩固深化基层医改成果,获批“全省县域医疗服务共同体试点县”。

实施省、市33项民生工程,累计投入7亿元,其中县财政配套1.87亿元、增长12.9%。为民办实事项目扎实推进。完成对4个老旧小区、10条后街巷道、2200户农村危房和17座农村危桥改造工程。新解决6.8万人饮水不安全问题。优先发展城市公交,优化公交线路,推行系列惠民政策,新增公交车64辆。坚持精准扶贫、精准脱贫,2890名农村贫困人口实现脱贫。

新增城镇就业1.17万人。城乡各类社会保险参保人数达50.4万人次,发放保险金5.4亿元。新农合参合率达99.5%。救助困难群众6万人次,发放救助金2000万元。为80周岁以上老人发放高龄津贴500万元。加快实施“全面改薄”工程,推进义务教育均衡发展,完成6所学校标准化建设。新图书馆、文化馆基本完成,即将开放。信访和安全生产形势总体稳定。顺利完成第三届城市社区换届工作。荣获首批“全省食品安全示范县”,被评为“全省依法治县先进县”、“全省残疾人工作示范县”。

11月21日,市委书记李明在全椒县博杰科技公司调研“调转促”。

【非法客运“三小车”实现有序退出】 为切实维护道路交通安全和全县客运市场秩序,保障人民群众生命财产安全,县委、县政府决定在城区开展集中整治,依法禁止“三小车”(即:正三轮机动车、电动三(四)轮车、人力三轮车)客运行为。5月10日工作正式启动;5月至6月为宣传发动、调查摸底、源头治理和包保落实阶段;7月5日起开展联合执法,全面禁行。截至8月底,城区近4000辆“三小车”已有序退出,“三小车”非法上路行驶、非法从事客运现象,交通秩序显著改善。同时,优先发展城市公交,优化公交线路,推行系列惠民政策,新增公交车64辆,有效解决群众出行难。

【全椒县战胜滁河流域最大雨情汛情】 6月1日至30日,全椒境内普降大到暴雨,部分地区大暴雨,降水总量达562毫米,超历年同期平均降水量(163.2毫米)的2.4倍,超历史最多降水131.41毫米(2000年同期为430.6毫米)。集中强降雨造成全县主要河流、水库、塘坝水位暴涨,滁河、襄河及内河全线超警戒水位,滁河流域更是出现历史最高水位。沿滁河各圩口均发生不同程度灾情,县城、山区部分低洼地带上水被淹。认真落实省、市防汛指挥部一系列重要命令、指令,把抗洪救灾作为压倒一切的中心工作、政治任务来抓,紧急动员、众志成城,科学研判、统筹调度,迅速打响防汛抗洪防御战,取得抗洪救灾胜利,在历史最高水位下,实现“三无”和“两个最大限度”:无溃堤垮坝、无人员伤亡、无群众上访,最大限度地减少城乡内涝,最大限度地降低灾害损失。

【全椒县实现农村垃圾治理全覆盖】 启动实施第二轮环卫保洁提升行动,在全省率先运用PPP模式推进农村垃圾治理市场化、专业化,实现农村生活垃圾治理县域全覆盖。主要是通过PPP模式实现“政府购买服务+第三方参与治理”,县政府给予中标企业10年运营许可权,每年向中标企业支付服务费2579万元(县、镇、群众按照7:1:2分担);中标企业负责10年期全县农村环卫保洁工作,

2015年全椒县石沛镇黄栗树村荣膺“中国乡村旅游模范村”

并独立承担项目前期投入和所有日常管理费用。该项工作启动以来，已配置垃圾桶4.5万个、深埋收集站168个、垃圾收运车800余辆、压缩式运输车10台，日均清理垃圾100吨，农村“脏乱差”问题得到有效解决，农村人居环境明显改善。

【培育地方特产——“全椒龙虾”】在全椒县境内水域范围内，利用自然水域及低洼冬闲稻田养殖小龙虾”。水稻种植和龙虾养殖不断循环，从而提高土地利用率、增加土地单位面积产出。“全椒龙虾”营养丰富，蛋白质含量高于一般鱼类，富含锌、碘、硒等微量元素。不仅可供食用，而且从甲壳中可提取甲壳素、几丁质和甲壳糖胺等。“全椒龙虾”具有体壮、长势快、规格大、颜色鲜亮、肌肉饱满、味道鲜美、营养丰富等特征，在市场上有其独特的竞争力，成为安徽省著名地方特产。2015年，“全椒龙虾”稻虾连作养殖面积达到15万亩，年产小龙虾19500吨，总产值近6亿元，纯收益3.5亿元。（柴发华）

来安县

【概况】 全年实现地区生产总值130.7亿元，固定资产投资188亿元，财政收入17.62亿元，分别是“十一五”末的1.9倍、2.4倍和2.8倍。规模工业增加值51.7亿元，社会消费品零售总额52.9亿元，外贸进出口总额1.64亿美元，分别是“十一五”末的1.7倍、2倍和2.4倍。地区生产总值、固定资产投资、财政收入和外贸进出口4项指标，分别年均增长13.3%、27.2%、22.5%、18.9%。社会消费品零售总额年均增长13.5%，城镇、农村居民人均可支配收入分别同比增长9.6%、14.1%。先后取得浙商最佳投资城市、苏商最佳投资城市、苏商投资中国首选城市等城市名片，获得中国新能源百强县、中国县域网络形象排行榜全国百强县（市、区）、全国科技进步先进县、全国平安农机示范县、全国油菜生产机械化试点县、国家蔬菜产业重点县、全国计划生育优质服务县、全国生态文明先进县、最美中国乡村旅游目的地城市、全国法治县创建活动先进单位、全国青少年普法示范区等一系列“国字头”荣誉称号。

“十二五”末，工业化率由44.1%上升到49.4%；实现规模工业总产值219亿元，是“十一五”末的2倍；规模企业发展到165家，其中产值超亿元企业达34家；轨道交通装备、文具礼品、精细化工等特色产业集聚规模企业112家，占全县规模企业总数的67.9%。高新技术产业、战略性新兴产业产值占规模工业总产值比重分别达51%、15%，比“十一五”末提高27.6和7个百分点；市级以上技术中心由4家发展到19家，金禾公司“麦芽酚系列生产工艺及技术创新”获省科技进步二等奖。2015年实现服务业增加值34.5亿元，是“十一五”末的1.8倍。限上企业由21家增至109家，文具产业示范区、南京湾商贸物流园获批省级现代服务业集聚区。各项存款余额150亿元、贷款余额93亿元，分别是“十一五”末的3.3倍、4.4倍。金融机构达9家，实现县、乡、村三级金融服务网点全覆盖。金禾公司成功上市，麦迪尔、金弘安在省股权交易中心挂牌。累计接待游客1170万人次，实现旅游收入28.75亿元，分别是“十一五”期间的4.4倍、3.9倍。白鹭岛度假区获评国家4A级旅游景区，皖东烈士陵园、景华生态园获评3A级景区。新增星级农家乐27个。成功举办四届桃文化旅游节，获省级休闲农业和乡村旅游示范县称号。粮食总产实现“十二连增”。无公害、绿色、有机食品发展到93个，是“十一五”末的3倍；张山桃花、绿康和汉河威光绿园获批国家级蔬菜标准园。现代农业示范区发展到12家，大英有机稻米创建为省级示范区，嘉吉肉鸡养殖、舜山林桥苗木、张山桃花蔬菜、半塔罗庄葡萄创建为市级示范区。农产品加工产值达45亿元，是“十一五”末的3.6倍；产业化龙头企业发展到66家，碧绿春、金华萃、金弘安晋级省级龙头企业。农民专业合作社达530家，家庭农场发展到730家。

来安县汉河城乡一体化项目俯瞰

“十二五”期间，推进政府机构改革与事业单位分类改革，公开县乡两级政府权力清单、责任清单，建立涉企收费清单。开展行政审批流程再造，行政审批项目由219项减少为124项。全面启动农村土地确权、小型水利工程管护、农村产权制度等10项涉农改革。全面开展PPP项目合作，市场化服务向环卫保洁、园林管护等领域延伸。完善国有资本经营预算、政府性债务管理，国有集体企业改革基本完成。金融服务、社会治理、户籍管理等重点改革扎实推进。“两区”基础设施累计投入资金43.9亿元，开发面积21.2平方公里，入驻企业301家，实现财政收入31.1亿元。县经济开发区实现“百亿园区”目标，在全市省级经济开发区综合考核中一直位居前列。汉河经济开发区财政收入、工业增加值、固定资产投资等多项指标年均增长超40%，获“中国开发区三十年”最具发展潜力奖、中国开发区竞争力最佳案例奖。轨道交通装备产业园获批安徽省新型工业化产业示范基地。累计引进项目526个，其中亿元以上项目219个，实际到位资金652.6亿元，龙源、嘉吉、图强等一批知名企业入驻来安。外贸活力显著增强。累计实现外贸进出口总额7亿美元，位居全市第二，是“十一五”时期的3.3倍。培育年进出口千万美元以上企业5家。利用外资水平明显提高。实际利用外资总量6.2亿美元，是“十一五”时期的33.6倍；总量连续三年位居全市第一、全省前列。

“十二五”期间，实施建设项目376个，投入资金358.2亿元。县城建成区面积扩展到17平方公里，是“十一五”末的1.6倍；县经济开发区扩区规划获省政府批准，“一城三区”框架基本形成。改建道路30条、42公里，滁来路、白鹭大道建成通车。来中新校区、蝴蝶公园、规划科技馆等一批建设项目投入使用。新建住宅小区21个、235万平方米。新增绿化面积332万平方米。汉河新区建成区面积扩展到13.6平方公里，长江路、104国道拓宽改造来安段竣工通车，南京湾、碧桂园、雅居乐组团投资超百亿，华夏幸福基业签约入驻，产城一体化更加凸显，成为苏皖边界具有较大影响力的产业新城，展示“美好安徽第一印象”。镇村建设实施建设项目311个，总投资20亿元。开展新一轮乡镇总规修编，加快集镇道路、给排水、绿化、亮化等基础设施建设，集镇面貌明显改善。半塔镇入选全国重点镇，新安镇、汉河镇获批省产业集群专业镇。建设美丽乡村20个，精心打造来汉、来半、来复(舜)3条精品线。市级以上“一村一品”示范村达25个，总量居全市第一；林桥村获批全国“一村一品”示范村。小李庄入选农业部美丽乡村创建试点。半塔村、贾龙村入选全市十大民俗风情村。除险加固水库100座，治理中小河流5条。饮用水安全工程惠及26万人。

来安县棚户区改造滨河小区项目

实施“粮安工程”，维修改造危仓老库20万吨。改造城乡电网1900公里。新增天然气用户2.9万户、自来水用户2.3万户。交通总投资达28亿元，是“十一五”时期的3.3倍，成为建国以来投资最大、发展最快的时期。

“十二五”期间，大力实施森林增长工程，完成造林20.56万亩，是过去20年造林总和；森林覆盖率19.4%，比“十一五”末增加8.8个百分点。创建省级森林城镇3个、森林村庄21个。成功创建省级森林城市、园林县城。扎实开展“三线三边”、农村环境连片整治，完成城乡环卫市场化改革，实现生活垃圾治理城乡全覆盖。半塔镇入选全国生态文明先进镇，舜山镇获批国家级生态镇，创建省级生态镇3个、生态村10个。城市生活垃圾无害化处理率达92%。生活垃圾“组合收运”模式在全国推广。实施减排项目30个，淘汰落后产能企业80家。深入开展大气污染防治，建成空气自动监测站2座。秸秆禁烧已成常态。强化矿山环境保护，非法盗采行为得到有效遏制。县城、汊河、水口污水处理厂建成，城市生活污水集中处理率达92%。划定饮用水源保护区8个。

“十二五”期间，民生工程累计投入资金32亿元，连续四年获市考核一等奖。发放各类救助资金18.9亿元，城镇职工养老、医疗等五大社会保险参保率保持全市领先，新型农村合作医疗、社会养老保险实现全覆盖。建设保障性住房1.23万套，改造农村危房7550户。完成脱贫人口7653人。新增城镇就业5.79万人，城镇登记失业率始终控制在3.18%以内。教育总投入17.6亿元，年均增长17.9%。新改扩建幼儿园35所，撤并中小学63所，义务教育布局日趋均衡。投放校车48台，开通线路149条。县职高创建为国家中等职业教育改革发展示范学校。实施县级公立医院改革和基层医改，基层医疗机构药品实现“零差率”销售，县、乡、村医疗卫生服务网络更加健全。民营医院取得长足进步，家宁医院创建为全国诚信民营医院。在全省率先建立“星级村医评选”机制。成功创建省级卫生应急综合示范县。“六馆一中心”教育基地建成使用，县图书馆获评国家一级馆，乡镇综合文化站、农家书屋实现全覆盖。爱国主义读书教育、扫黄打非等工作跻身全国先进。“魅力舜山杯”山地自行车赛、周末街坊大舞台、永阳花灯节等群众性文体活动蓬勃开展。在全市率先建立“一部三中心”运行机制，连续三年荣获全省信访工作先进县。成功创建全省平安县，平安村（社区）创建率达95%以上。安全生产形势总体平稳，食品安全工作位居全市前列。“六五”普法圆满完成。连续两年获“全省双拥模范县”称号。国防后备力量及人民防空建设得到加强。民族宗教、修志、外事侨务、统计、机关事务管理、防灾减灾、气象等工作取得新成效，支持工会、共青团、妇联、关工委等工作，各项事业获得新进展。

“十二五”期间，建立健全政府信息公开、法律顾问、行政决策听证和专家论证、决策责任追究等制度，政府决策更加科学规范。自觉接受县人大及其常委会的法律监督、工作监督和县政协的民主监督，主动接受人民群众的社会监督和新闻媒体的舆论监督，广泛听取社会各界的意见建议。累计办理人大议案、代表建议263件、政协提案374件，办复率100%。开展党的群众路线教育实践活动和“三严三实”专题教育，整改“四风”和“不严不实”问题。整治慵懒散慢现象和不作为、乱作为等行为。深化“企业评部门、社会评窗口”活动，政府系统办事效率不断提升。开展“三项清理”工作，机构编制、组织人事、财经工作纪律进一步规范。落实中央八项规定精神，厉行勤俭节约，“三公”经费大幅下降。落实“一岗双责”，推进党风廉政建设制度化、常态化。建成省级廉政教育基地2个、廉政文化示范点5个，县廉政馆成为全市首家县级反腐倡廉教育馆。加强审计监督，实施审计项目380个，增收节支5.5亿元。严厉查处权力寻租、权钱交易和损害群众利益的腐败行为，打造廉洁政府新常态。

【发展后劲持续增强】 全年新引进亿元以上项目45个，实现到位资金88亿元。玖鸿清洁能源、倍立达复合材料等一批投资超10亿元项目签约入驻。成功举办来安投资环境(南京江北新区)说明会、江北水岸科技新城产业推介会、南京都市圈滁宁合作城市峰会推介活动。获评“安徽省外商投资放心县”。谋划编制亿元以上项目106个，新开工118个，竣工投产105个。列入省“861”计划的41个项目完成投资57.5亿元。创源文化用品等列入市百个亿元竣工计划的10个项目竣工投产，中普石油四期等12个亿元项目达产达效。百思德风景园林城等十五项重大工程取得进展。

【质量效益稳步提升】 新增规模工业企业20家。战略性新兴产业实现产值32.9亿元，增长120%，增速居全市第一。新增“两化融合”示范企业5家、“专精特新”中小企业10家，金禾实业、立光电子获评全省首批“两化融合”贯标试点企业。现代农业示范区规模发展到30万亩，新增省级家庭农场5家、市级龙头企业5家，罗庄农副产品合作社创建为国家级示范社。获批全省首个国家级出口禽类产品质量安全示范区。新增限上企业15户。金太阳装饰城、南京湾商贸物流园分别实现经营收入35亿元、4.6亿元。全年政府平台融资14亿元，超过来安县近三年融资总和。全年金融机构新增信贷投放26.6亿元。创建省级乡村旅游示范村4个，白鹭岛创建为省级旅游度假区。

【城乡面貌明显改善】 启动汉河新区镇区合一改革。滁州(汉河)

来安县杨郢乡风车美、稻谷香

港等重点工程进展顺利，南京湾、碧桂园、黄牌幼儿园对外招生，汊河节制闸、政务服务分中心建成使用。与华夏幸福共建产业新城，成为全省首个PPP产城一体开发项目。新来城开展新一轮城市总规修编，对河桥建成通车，在全市率先启动“蜘蛛网”弱电线路改造。全面取缔来城“三小车”非法营运，获市民普遍点赞。实施集镇基础设施项目57个，完成投资1.28亿元。新安镇市民文化乐园成为全省首个市民文化乐园。建成双塘、水西、仰山等美丽乡村示范村6个，打造舜山至张山精品环线50公里。农村垃圾治理工作获央视专题报道。

【各项改革深入推进】 实施新一轮政府机构改革，完成卫计、规建等部门机构职能整合。抓好行政审批事项承接、取消和保留工作，非行政许可事项全部取消。开展综合执法体制改革试点，推进行政执法权向乡镇延伸。实施户籍制度改革，建立城乡统一的户口登记制度。农村土地承包经营权确权登记颁证工作在全县推开。在全市率先消灭集体经济“空壳村”。深化小型水利工程管护体制改革，发放“两证一书”1902套。实施“三证合一、一照一码、先照后证”登记制度改革，新增个体工商户1808户、私营企业568家。创建著名商标4个、知名商标7个，金禾公司三聚氰胺创建为名牌产品。列入全省首批农业融资风险补偿基金试点。全省首例宅基地使用权和房屋所有权合一的不动产权证书在来安县发放。

【民生保障不断加强】 民生支出占年度财政总支出的89.8%。开工建设公租房164套、安置房412套，改造农村危房2200户。完成就业技能培训2733人，新增城镇就业1.57万人。义务教育布局调整取得积极成效，剥离来安三中初高中部，义务教育学校减至57所。滁州市信息工程学校正式挂牌。在全市率先建成县、乡、村公共图书服务一体化网络。建成省级农民文化乐园3个。县文化馆获评国家一级馆。全省第四届老年体育运动会气排球赛在来安县成功举办。启动医共体试点，县医院、家宁医院综合楼投入使用。推行阳光信访、责任信访、法治信访，化解信访积案27件。加强食品药品、安全生产监管，未发生重特大安全生产事故，水口镇杏味街成为全市首条乡镇小餐饮食品安全示范街。十件实事取得积极成效。来安二小、城西公园、老年公寓开工建设；县第二人民医院门急诊楼主体建成；老年活动中心投入使用；城北公园免费向市民开放；改造背街小巷25条；改建城市公厕24座；建设停车场4个；实施城乡“天网”工程，新增监控探头120个。

（王德聪）

定远县

【概况】 全年实现地区生产总值156亿元，增长10%；财政收入完成16.1亿元，增长13.9%。固定资产投资166.5亿元，增长17%；规上工业增加值34亿元，增长16%；城镇居民人均可支配收入21900元，增长9.5%；农村居民人均可支配收入9570元，增长12%；社会消费品零售总额51亿元，增长13%；外贸进出口3600万美元，增长24%。

全县规上企业总数达到135家，比2014年净增16家。战略性新兴产业和高新技术产业企业数比2014年均增加5个，分别达10个、15个。支柱产业实现产值占全县规模工业总产值的92.5%，比去年同期提高8.1个百分点。全年累计完成规上工业总产值153亿元，同比增长9.3%;规模以上工业增加值34亿元，同比增长12.4%。新型化工、农副产品深加工、服装球类、新型建材、新能源（新材料）五大产业实现产值142亿元，占全县规上工业总产值的94%。高新技术企业实现产值27.4亿元，增长40.4%。战略性新兴产业产值完成4亿元，增长35%。新增规模企业25家，总数达135家。经开区、盐化工业园两大平台扩容提质，华塑、泉盛、中盐东兴、德轮等重点企业产销两旺。设立电子商务产业发展基金500万元，加快建设电子商务产业园，阿里巴巴65个村级服务站投入运营。成功举办藕塘民俗文化、池河梅白鱼美食文化等特色文化旅游活动，全年游客超过110万人次，实现综合收入7.2亿元。全县存款、贷款余额分别居全市六县（市）第2、第3位。

全县完成固定资产投资171亿元，同比增长20.8%。第二产业投资完成62.2亿元，增长

17.2%,其中工业投资完成60.7万元,同比增长17.4%,比去年同期加快23.5个百分点。房地产投资快于项目投资。房地产投资完成43.4亿元,同比增长38.6%,比去年同期上升了31.9个百分点。商品房销售面积55万平方米,同比增长9%;新开工面积40万平方米,同比增长1.2%。项目投资完成128.4亿元,同比增长15.7%。

全年粮食总产24.6亿斤,增长6.9%,实现"十二连增"。新增土地流转面积6万亩,家庭农场107家,农民专业合作社82家,市级以上农业产业化龙头企业11家。消灭集体经济"空壳村"123个。新增造林面积5.88万亩。

全年实现社会消费品零售总额52.7亿元,比上年增长12.7%。城镇零售额47.5亿元,比上年增长13.7%;乡村零售额5.2亿元,比上年增长4.6%。批发业实现零售额6.59亿元,比上年增长20.4%;零售业实现零售额40.8亿万元,比上年增长11.9%;住宿业实现零售额0.23亿元,比上年增长20.2%;餐饮业实现零售额5.06亿元,比上年增长9.7%。限上企业实现零售额28亿元,按可比口径比上年增长15.7%,分别高于全省8个百分点,高于全市平均水平2.5个百分点;限下企业零售额实现24.7亿元,比上年增长3.9%。限上占比达53.1%,比上年提高1.2个百分点。

全年新签约亿元以上项目58个,实际到位资金92.5亿元。中利科技、亿利净化等一批优质项目签约落地。滁淮高速用地获国务院批准;北沿山公路项目纳入"十三五"省道网规划。全年新开工亿元以上项目45个,竣工33个。42个省"861"重点项目完成投资44亿元。合肥-定远城际铁路、S322张桥-朱巷等项目纳入合肥经济圈综合交通规划。合肥工投·定远创智产业园开工建设,蒋集、吴圩、二龙等6个蔬菜基地全面建成。县职教中心与安徽汽车工业学校联合办学。与北京化工大学、北京师范大学化学学院合作的华塑院士工作站揭牌成立,与安徽农业大学共建江淮分水岭综合实验站即将开工。

全县农村土地承包完成指界确认17.8万户,占总数的95%。重点推广实施"泵站串塘"模式,完成小型水利工程权属登记和"两证一书"发放1608处。启动以"网上政务超市"为主题的行政审批第八轮流程再造,缩短审批时间42%。盐化工业园政务服务中心建成运行,实施"二号公章"制度;建成9个被撤并乡镇为民服务分中心。全面实行"三证合一"、"一证一码"、"先照后证",新增私营企业506家,个体工商户1772户。设立续贷过桥资金2400万元,开展政银担业务2.5亿元。成立县总医院医疗服务共同体,完善分级诊疗制度。构建县乡村三位一体的公共图书服务体系。

完成城东新区规划,县城总体规划修编通过专家评审。投入1.8亿元,建设新区道路11公里;S101改线、迎宾大道成功贯通;投入2.5亿元,植绿面积63万平方米,园林式小区达70%以上。二中新校区建成使用,体育中心、包青天廉政文化园等基本建成;在全省率先完成县级城市建成区地下管网综合普查;铺设天然气管网130公里,城市燃气普及率达99.3%。投入近267万元,完成16条、5.2公里小街背巷改造;投入1400万元,取缔9个"骑路"菜市;整治烧烤、卤菜摊点287处,取缔37处。新建垃圾中转站3个、公厕5个。拆除违建1.5万平方米。省国开行1亿元资金投放到位,炉桥镇新型城镇化项目全面启动,河头村改造提升、生态隔离网建设、园区信息化提升和黄庙村拆迁安置等项目加快推进。迁建藕塘镇烈士纪念园;规划令狐山风景区;建设西卅店镇金山示范园和金山滴水寺景区;永康、吴圩镇围绕高速道口打造物流集散中心;张桥、池河镇利用交通节点优势打造商贸流通中心。岱山新村入选2015年全省美丽宜居村庄,金山新村入选省"一村一品"专业示范村。完成11个乡镇垃圾治理招标,实现省道沿线乡镇全覆盖。

全年民生支出40亿元,占财政总支出的90.8%。33项民生工程投入资金16.5亿元。"为民十件实事"中有6项完成整体任务,2项序时推进,2项前期工作完成。建成2个省级农民文化乐园,送电影下乡2844场,送戏下乡237场。实现1.9万贫困人口脱贫。投入2800万元,实施水、电、路扶贫项目71个;投入5808万元,开工建设71个村级和1000个户用光伏电站。高考本科达线人数再居全市第一,获市理科状元桂冠。新农合大病保险实现全覆盖；农村妇女“两癌”免费筛查18094人；新生儿先天性心脏病免费筛查9243人、救治7人；新建城乡居民健康档案50761人。成功承办第二届中国农民跳绳比赛、第五届中国农民歌会分会场、安徽省青少年拳击锦标赛。

【江巷水库项目获批立项】 5月18日，江巷水库工程项目建议书获国家发改委批复。江巷水库工程主要建设任务以供水和灌溉为主，兼顾防洪等综合利用。该工程主要建设内容包括拦河大坝、溢洪道、泄洪涵洞和灌溉涵等建筑物。水库总库容1.22亿立方米，其中防洪库容0.15亿立方米。工程实施后，结合驷马山引江灌溉工程，可向定远县城、盐化工业园、炉桥等乡镇供水，生活和工业多年平均供水量1.46亿立方米，灌区多年平均补水0.93亿立方米，新增灌区面积29万亩，改善灌区面积42.59万亩，估算工程静态总投资约28.6亿元。初拟工程总工期30个月。

【华塑“安徽省院士工作站”成立】 12月11日，安徽华塑“安徽省院士工作站”揭牌仪式暨产学研对接会在定远盐化工业园隆重举行。中国科学院院士、北京师范大学化学院院长方维海，北京化工大学高新技术研究院院长杜中杰出席揭牌仪式。安徽华塑“安徽省院士工作站”的成立，标志着定远县在推进产学研合作方面迈出新步伐，在推动科技创新方面取得新成效，这是着眼千亿盐化产业未来发展，聚集科技资

方维海院士为安徽华塑“安徽省院士工作站”揭牌剪彩

源，推进产学研合作的重要举措，将逐步提升定远县科技创新能力，提高产业技术水平，对定远县经济的转型发展产生积极的推动和示范效应。

【定远县入选国家智慧城市试点】 4月18日，住房和城乡建设部办公厅和科学技术部联合印发《关于公布国家智慧城市2014年度试点名单的通知》，确定定远县为国家智慧城市2014年度新增试点。智慧城市，发挥物联网、云计算、大数据、空间地理信息集成等新一代信息技术的作用，在绿色建筑、智慧管网、智慧社区、大型公建节能监管、清洁能源、数字城管、数字规划等领域积极探索实践。以科技创新为支撑，着力解决制约城市发展的现实问题，建设绿色、低碳、智能城市。

【定远县获批国家中小城市综合改革试点县】 3月17日，国家发展改革委下发《关于开展中小城市综合改革试点工作的通知》，批准全国61个地区开展中小城市综合改革试点，成为安徽省唯一一个列入试点的县级地区。改革试点的目标和任务是：增强中小城市资源聚集能力、人口吸纳能力和综合承载能力，破解中小城市改革发展面临的突出矛盾和问题，大幅度减少政府对资源的直接配置、优化政府保障公共服务、促进公平竞争、推动可持续发展，加快推进产城融合、城市投融资、土地要素、民生保障、城市治理等重点领域改革。

【安瑞升新三板挂牌上市】 定远县经济开发区内安徽安瑞升新能源股份有限公司（证券简称：安瑞升 证券代码：834489）于2015年12月2日获批通过协议转让的方式在全国股转系统挂牌公开转让。安瑞升成立于2009年8月，主要从事安徽省内非管输天然气销售业务，涵盖天然气母站向工业及城市燃气公司等下游客户进行天然气批发以及通过天然气母站和子站向燃气汽车进行天然气的零售。安瑞升本次挂牌上市的主办券商为东方花旗证券，法律

顾问为安徽天禾律师事务所，财务审计为致同会计师事务所。

（张　宏）

凤阳县

【概况】 全年实现地区生产总值1547097万元，按可比价格计算，比上年增长9.3%；全年粮食作物播种面积133748公顷，同比增长0.91%，其中：稻谷播种面积56055公顷，小麦播种面积57950公顷，油料播种面积5768公顷，棉花播种面积515公顷，蔬菜播种面积6067公顷。全年粮食产量756865吨，继续保持全市第二，同比增长3.55%。油料产量16627吨，同比增长1.68%；棉花产量588吨，同比下降1.18%。蔬菜、水果在品种优化的基础上平稳发展。 规上工业增加值480117万元，同比增长11.3%；财政收入220348万元，同比增长11.6%；财政支出371759万元，同比增长13.6%；固定资产投资1274928万元，同比增长8.2%；社会消费品零售总额547040万元，同比增长12.2%。 城乡居民人均可支配收入分别为19391元、8823元，同比分别增长9.4%、9.2%；金融机构各项存款余额174.4亿元，各项贷款余额100.6亿元。年末总户数214794户，年末户籍总人口763329人，其中男性405285人，女性358044人。全县年末常住人口65.8万人。

项目建设成效显著。以“十大工程”和“十件实事”为抓手，实施重点项目329个，完成投资118.4亿元。远东国际仓储物流、清淮名居安置小区等45个亿元以上项目开工建设；凤阳港三期、中禹橡塑汽车零部件、东升农牧科技等19个亿元以上项目竣工。淮干工程建设取得突破性进展，截至年底已征收土地11144亩，有效保证主体工程用地需求；高标准规划建设4个移民安置点，实施项目91个。招商引资再上新台阶，引进亿元以上项目55个，到位资金95亿元，增长13.1%。与央企国企合作取得重大进展，总投资20亿元的保通数据北斗卫星凤阳科技园、总投资10亿元的光大国际生物质发电等一批重点项目落户凤阳。

1月20日，央视美丽中国乡村行在小岗村拍摄。

转型升级步伐加快。工业经济实现新发展，培育规模以上企业25户，规上工业总产值达192亿元，增长14%；完成技改投资36亿元，德力高档玻璃器皿等56个技改项目竣工投产；成功申报国家循环经济示范县。新增重点服务业企业3家，实现服务业增加值52亿元，增长12.3%；金鼎小额贷款公司、国元证券挂牌运营；电子商务特色街区加快建设；房地产新开工面积17万平方米，竣工面积20万平方米，销售面积25.6万平方米。现代农业取得新突破，粮食生产总产达75.7万吨，增长3.6%。新增家庭农场116家、农民专业合作社213家、市级以上农业产业化龙头企业14家。农田水利基本建设勇夺“江淮杯”。

城乡建设攻坚克难。完成城市总体规划修编和乡镇总体规划编制，解决多年遗留在9个地块上，推不动、拆不掉的576户房屋和1566亩土地征收难题。被阻工停滞的宁洛高速凤阳支线顺利通车，实现从县城10分钟上高速。建成社稷坛路三期、右弼路等14个重点工程，完成4.2公里城市道路和背街小巷改造提升，成贤街、顺城路一期等11个项目快速推进。城区自来水建设实现源水和供水两个能力翻番，新增天然气用户5200家以上，新开通5条公交班线。改革工作不断深化。实施163项改革工作，完成109项。深入推进农村综合改革，全省农村土地承包经营权确权第一证在小岗村颁发；稳步推进农作物良种补贴、种粮农民直接补贴和农资综合补贴合并为农业支持保护补贴试点改革；全面完成政府机构改革，稳步推进财政金融、企业改制、公务用车等其它各项改革。

生态建设强力推进。严厉打击环境违法行为，大力开展拆除老石灰窑、关闭石碴厂、淘汰黄标车、燃煤锅炉改造等行动。全年查处各类环境违法企业171家，完成195台燃煤锅炉改造和113户餐饮店油烟治理工作，石灰土立窑拆除工作基本结束，淘汰黄标车及老旧车辆1136辆。扎实推进秸秆禁烧和综合利用。化学需氧量、氨氮、二氧化硫和氮氧化物分别削减350吨、43吨、1350吨和4000吨。

民生保障持续增强。民生工程投入资金9.02亿元,增长9%。及时足额发放各类困难补助救助8800万元，新增发放70岁以上困难老人补贴和80岁以上老年人津贴408.2万元。解决城镇就业1.5万人，转移农村富余劳动力1.2万人。建设保障房3054套，共计32万平方米。完成16所义务教育学校标准化建设，新建3所公办幼儿园。推进县域医疗服务共同体建设，县乡医院基本实现“基层首诊、双向转诊、分级诊疗”，群众就近就医更加便捷。安全生产形势平稳，事故发生起数和死亡人数同比分别下降59.9%、58.9%。信访形势进一步好转，进京上访批次人数分别下降28%和17.5%，赴省上访批次人数分别下降44.3%和51.5%。投入资金3.2亿元，为民办好十件实事。

十二五时期，凤阳县经济实现快速发展。地区生产总值跨过150亿元台阶，是2010年的1.84倍，年均增长10.3%；财政收入跨过20亿元台阶，是2010年的2.65倍，年均增长21.6%，总量居全市第二；固定资产投资跨过100亿元台阶，是2010年的1.82倍，年均增长13%；规上工业增加值跨过40亿元台阶，是2010年的1.97倍，年均增长15.1%；社会消费品零售总额跨过50亿元台阶，是2010年的2.1倍，年均增长15.3%；进出口总额达5700万美元，是2010年的3.4倍，年均增长29.9%。人民生活水平显著提高。城乡居民人均可支配收入分别比2010年增加7044元、3770元，年均增长9.5 %和12%。节能减排成效显著。万元生产总值能耗下降16%以上，化学需氧排放量下降7.1%，二氧化硫排放量在提前一年完成目标任务的基础上，控制和消化当年新增量。多项工作得到国家和省、市表彰。相继荣获“全国计划生育优质服务先进县”、“全国防震减灾工作先进县”、“中国最具价值文化(遗产)旅游目的地城市”、“全省粮食生产先进县”、“全省文明县城先进县”、“全省美好乡村建设先进县”、“全省就业工作先进县”、全省“两基”工作先进地区等称号。

【全省农村土地承包经营权确权登记首批颁证启动仪式在凤阳县举行】 7月8日，安徽农村土地承包经营权确权登记首批颁证启动仪式暨试点工作调度会议在凤阳县举行。仪式上，李锦斌、张祥安等省、市领导向小岗村村民代表集体颁发农村土地承包经营权证书。关友江、严立华、严付昌3位大包干带头人与13位小岗村民一起，代表全村868户农户，领到自2013年中央1号文件颁布以来的全省首批土地确权证书。

【凤阳县建设秸秆收储中心】 按照“区域收储、集中转运、规模利用”原则，依托规模化企业、专业合作组织、农民经纪人为载体，开展农作物秸秆收储中心建设，推进农作物秸秆“集-储-运-用”有机结合的市场化、网络化综合利用，畅通秸秆从田间到工厂的“最后一公里”。全年种植小麦59133.3公顷，产生可综合利用秸秆约30万吨，除秸秆粉碎灭茬还田利用外，采取秸秆饲料化、原料化、能源化利用和建设秸秆收储中心等方式做好秸秆综合利用工作。建设20个农作物秸秆收储中心。每个标准化收储中心集中连片占地20亩，单季收储能力达到3000吨以上；简易收储中心占地10亩以上，单季收储能力1000吨以上。对集中连片占地面积20亩以上，单季收储秸秆能力3000吨以上的标准化收储中心，县财政一次性给予30万元补助；单季收储秸秆能力1000吨以上的简易收储中心，一次性给予10万元补助；按实际收储总量，每吨秸秆再予以25元奖补。

【凤阳县三获“中国民间文化艺术

之乡”称号】 1月1日,文化部在浙江宁波举办的首届中国文化馆年会上公布2014－2016年度“中国民间文化艺术之乡名单”,并举行命名颁牌仪式,凤阳第三次获得“中国民间文化艺术之乡”称号。

【续编《凤阳县志》出版发行】 1月28日,凤阳县地方志编纂委员会编纂的《凤阳县志》(1986—2005)由黄山书社正式出版发行。这部续修县志全面记述凤阳县域1986至2005年自然和社会的变化,适当上溯下延,并对凤阳历史文化精华浓缩复载。全志除卷首、附录外,共设26篇97章,约200万字,著名方志专家欧阳发任编纂顾问,县委书记米德成为该部县志作序。

【凤阳县引智工作新举措】 积极和省、市人社部门联系,通过省外国专家局、国家外国专家局寻求引进外国专家,利用专家高技术人才资源,解决工农业生产过程中遇到的技术难题。截止年底,已有高档玻璃器皿、水晶玻璃料道着色技术、现代蓝莓技术引进和推广、美国海兰蛋种鸡高效繁殖推广示范、水晶玻璃球全自动化成型技术、优良种猪与野猪杂交繁殖、发酵床养猪示范等多个技术项目得到外国专家技术指导。并先后在安徽德力股份有限公司、安徽小岗宝迪种猪科技有限公司设立两家“博士后科研工作站”,为凤阳提高产品国际竞争力,提升产品附加值,增加农民收入,提供强有力的智力支持。

花园湖行洪区进洪闸工程正在紧张施工中.

【非公党建“双百”工程】 6月16日,凤阳县非公党建“双百工程”试点工作启动。“双百工程”是指从县直机关选派百名非公企业和社会组织党建工作指导员、建立百名非公党务工作者人才库。党建工作指导员主要做好促进企业发展、基层组织建设、建设企业文化、服务职工群众、维护和谐稳定等工作;非公党务工作者主要做好健全组织、抓好队伍、在企业中贯彻落实好党的路线方针政策、积极为企业生产经营提出合理化建议、支持配合党建指导员开展好其他党务工作等工作。

【首家餐饮文化企业在上海股交中心成功挂牌】 7月28日,安徽许大娘餐饮管理有限公司在上海股权托管交易中心中小企业股权报价系统(简称Q板)挂牌上市,这是凤阳县首家在上海股交中心成功挂牌的餐饮文化企业。

【明皇陵石刻进行保护性修复】 8月3日,凤阳县开展国家重点文物保护单位明皇陵石刻保护性修复工作。邀请南京、西安等地多位知名文物保护专家现场指导明皇陵石刻实验性修复。修复工作按清洗—修复—防风化处理等步骤进行。通过修复,石刻表面的污染物、氧化物将被全面清除,局部破损处的石刻修复将达到修旧如旧的效果,石刻防风化处理后能有效防范酸雨等污染物的侵蚀。

【三地矿山整治工作联席会议召开】 8月19日,蚌埠、淮南、凤阳矿山整治工作联席会议在淮南市大通区上窑镇召开。凤阳西泉镇、官塘镇与淮南大通区、蚌埠禹会区、高新区三界相邻接壤,部分不法分子钻地接边缘难界定、两地管辖权配合衔接不严密之漏洞,逃避打击,致使非法开采现象禁而不止,给该区域矿山执法工作带来一定难度。会议要求,相邻县、区地要加强联系沟通,相互借鉴、学习好的经验做法,探索建立信息共享平台,创新执法模式,推行联合执法,有计划、分步骤地

12月31日，宁洛高速凤阳支线开通

开展联合整治行动，实现交界处矿山整治工作的协调同步。

【中国第十六届国内外玻璃技术交流会在凤阳县举行】 9月21日，中国第十六届国内外玻璃技术交流会在凤阳县举行。国家轻工业信息中心主任才大颖和来自国内外的220余名代表参加会议。会议是中国轻工业信息中心每年精心为国内外玻璃企业打造提供的学习交流平台。本届会议主要相互交流、推广国内外玻璃行业近期出现的新技术、新设备和新工艺，提升企业的能力和水平，提高企业生产率，以适应未来市场的竞争和压力，并为企业创造更大的利润。

【石英砂简易快速检测方法问世】 9月28日，凤阳县安徽省石英砂及制品质量监督检验中心国家级课题《研究》顺利通过国家验收。这是全省首例县级质检机构承担并通过国家质监总局验收的科技项目。采用简易快速检测方法与常规方法相比，每次样品检测省时4到6小时，节省添加消化试剂三分之二以上，减少五分之四的有毒物排放，也不需要贵重仪器，仅采用红外仪、微波炉等简易常规仪器，可以在1小时左右快速检测出石英砂中关键的硅铁铝元素含量。该研究项目中的微波消解法和分光光度法联用，可以快速精确测定高石英砂中最难分解的铁元素含量，为提高石英砂品质提供强有力的技术支撑。

【完成渔民上岸工程】 10月1日，凤阳县渔民上岸安居工程全部完成，全县788户渔民全部安置到位，其中第一批386户2014年年底前完成安置。

【明中都皇故城城墙抢救性修缮工程启动】 10月18日，明中都皇故城南城墙西段、西城墙抢救性修缮工程正式启动。修缮工程由北京房修一建筑工程有限公司承接，工期总天数为360天。中都城遗址城墙二期修缮工程将采用保留、修缮、修复三种办法，一是对原来基本完整的部分进行保留，进行适当美化亮化；二是对已损坏的部分，将按照原工艺，原材料进行修缮，尽量还原城墙历史风貌；三是对整个被破坏的城墙，采用新城砖和老城砖结合的办法，采取原有的工艺进行衔接。

【现代农业示范园建设规划编制完成】11月5日，凤阳县省、市、县、乡四级16个现代农业示范园区建设规划全部编制完成。16个现代农业示范园区分别是：省级1个：小岗现代农业示范区；市级1个：东陵现代农业示范区；县级3个：总铺镇黄泥铺现代农业示范区、枣巷镇张王现代农业示范区、红心镇蒋庄现代农业示范区；乡级11个：府城镇大王府现代农业示范园、刘府镇赵庄现代农业示范园、武店镇沙涧现代农业示范园、官塘镇凤龙现代农业示范园、大溪河镇七里现代农业示范园、总铺镇清塘现代农业示范园、凤阳经济开发区方邱湖现代农业示范园、殷涧镇白云现代农业示范园、临淮关镇琉璃岗现代农业示范园、黄湾乡老观现代农业示范园、西泉镇姚郢现代农业示范园。

【全市首个“银医通”合作项目签约】 11月16日，凤阳农商银行与凤阳县人民医院举行“银医通”项目合作签约仪式，这是全市首个“银医通”合作项目。

【首次获批省科技重大专项项目】 12月17日，安徽省科技厅颁发《2015年安徽省创新型省份建设专项资金计划》，凤阳爱尔思轻合金精密成型有限公司申报的

"高性能轻量化镁合金动力总成关键部件的研发及应用示范"、凤阳健民蓝莓农业发展有限公司申报的"蓝莓保鲜及精深加工关键技术研究及产业化"2个项目,获批省科技重大专项项目,这是凤阳县此类项目首次获批。

【宁洛高速凤阳支线开通】 12月31日,宁洛高速凤阳支线开通仪式在凤阳支线凤阳东服务区举行。宁洛高速凤阳支线是连接蚌淮与宁洛两条高速公路的重要纽带和便捷通道,编码为"S95",凤阳境内设服务区1处、管理处1处,设有刘府、凤阳和凤阳东3个出入口,加上以前的官塘、小岗村出入口,高速出入口将增加至5个。

【气象工作正式纳入乡镇政府权力清单】 6月29日,在凤阳县新公布的乡镇政府权力清单和责任清单中,"气象灾害防御"正式纳入清单目录,凤阳县成为全省首批将气象灾害防御纳入乡镇政府权责清单的县(市)之一。(吴良伯)

人 物

RENWU

新任市领导

李玉平 男，1963年5月出生，安徽舒城人。1988年3月加入中国共产党，工商管理硕士。1980年9月至1982年8月，六安师专化学系化学专业学习；1982年8月至1985年1月，省国防科工办江淮机械厂教师；1985年1月至1991年4月，省民政厅工会科员、副主任科员；1991年4月至1996年2月，省民政厅社团管理处主任科员(其间：1989年8月至1992年6月，参加中央党校函授学院本科班经济管理专业学习)；1996年2月至1998年3月，省民政厅社团管理处助理调研员、省军供站副站长兼鸿兴宾馆副总经理(聘任)(其间：1998年2月任省民政厅民福房地产开发公司经理)；1998年3月至2004年12月，省军供站代站长、站长兼鸿兴宾馆总经理(其间：1999年7月至2001年7月，参加安徽大学研究生课程进修班政治经济学专业学习)；2004年12月至2010年4月，省福利彩票发行中心主任(其间：2006年2月至2008年7月，参加北京大学网络教育学院国际经济与贸易专业本科学习；2006年3月至2009年1月，参加北京理工大学高级管理人员工商管理硕士学习)；2010年4月至2015年2月，省纪委派驻省质量技术监督局纪检组组长、党组成员(其间：2010年8月至2010年12月挂职任省信访专员)；2015年2月至2015年10月，滁州市委常委、市纪委书记；2015年10月至今，滁州市委常委、市纪委书记，市委巡视工作联络办公室(巡查工作办公室)主任(兼)。

刘茂松 男，汉族，安徽来安人，1963年5月出生，1982年7月参加工作，1985年10月加入中国共产党，1982年7月天长师范学

校毕业，先后在来安雷官小学、大余郢中学任教；1987年7月在天长县劳动局工作；1990年3月任天长县政府办公室秘书；1993年4月任天长县委办公室副科级秘书；1994年11月任天长市委办公室副主任；1998年3月任天长市委办公室副主任、市委政研室主任；1998年11月任天长市纪委书记；1998年12月天长市委常委、市纪委书记(其间：2000年10月至2001年1月参加上海财经大学滁州市第三期中青年干

部培训班学习）；2002年11月任天长市委副书记、市纪委书记；

2004年8月任定远县委副书记；2006年6月任定远县委副书记、县长；2008年9月任滁州市发展和改革委员会主任、党组书记；2009年12月任滁州市发展和改革委员会主任、党组书记，市物价局党组书记；2010年2月任滁州市发展和改革委员会主任、党组书记，市物价局党组书记，市承接产业转移示范区指挥部办公室主任；2013年1月任滁州市发展和改革委员会主任、党组书记，市物价局党组书记，滁州经济技术开发区党工委副书记、管委会副主任，市承接产业转移示范区指挥部办公室主任；2013年2月任滁州市发展改革委员会党组书记，市物价局党组书记，滁州经济技术开发区党工委副书记、管委会副主任；2013年6月任滁州经济技术开发区管委会主任（副市级）、党工委副书记；2014年12月任滁州经济技术开发区管委会主任（副市级）、党工委书记；2015年11月任滁州市人民政府副市长、党组成员。

逝世人物

吴炎武　1922年10月出生，安徽五河人，1941年8月参加工作，同年8月加入中国共产党。1941年8月后，任行政训练班学员，五北区天井乡组织委员、分支书记，五北县交通局副局长、情报站站长；1946年9月后，任五河沱

东区区长、区委书记，潼城区委书记，五河县委宣传部部长、县委副书记、书记；1954年10月后，任宿县地区农工部副部长、地委副秘书长，蚌埠地委秘书长，滁县地委秘书长、行政公署副专员，滁县地区革委会副主任；1975年5月任中国派驻多哥共和国农业技术专家组组长；1979年6月任滁县地委副书记、行政公署专员；1982年4月任滁县地委书记；1984年12月任中共安徽省顾问委员会委员；1990年9月任滁州市关工委主任。1993年12月离休。2015年9月26日因病逝世。

吴炎武同志是中共安徽省第四次、第七次、第八次代表大会代表，安徽省第六届人民代表大会代表。

2015年度
滁州好人光荣榜

2015年度“中国好人”（5名）

陈翠华　为村里留守儿童们建起温馨家园“爱心奶奶”

袁大明　热心公益30年的天长市独臂“五保”老人

周贵民　义务地震观测员

贾长江　倾家荡产救治病危妻子，百折不挠书写壮美人生

俞德芳　燃烧生命坚持上完最后一课敬业老师

2015年度安徽好人（7名）

周仁兰　服侍三瘫亲人演绎人间大爱的天长好媳妇

陈翠华　为村里留守儿童们建起温馨家园“爱心奶奶”

袁大明　热心公益30年的天长市独臂五保老人

俞德芳　燃烧生命坚持上完最后一课敬业老师

严明友　生命不息教学不止的新四军老战士

吴文尧　20余载汇聚爱心捐资助学的“爱心大使”

巨　利　无偿捐献眼角膜把光明留在人间的地税干部

2015年度滁州好人（73名）

陈翠华	周广东	罗启萍
朱孔珍	陈　军	郭振海
许洪涛	张方方	张冬梅
林　峡	余礼培	邬庆华
陈　静	焦永香	严明友
周晓勇	苏震坤	徐　梅
陈金霞	周贵民	杨　斌
邓邦文	陈永庆	徐宏阳
梁尤爱	郑宏伟	吴翠萍
王才祥	潘苗苗	贾长江
李延海	吴传军	张延成
黎仁岭	张家虎	黄德龙
陆剑虹	苏汉领	郭　卉
杨春友	左士贵	王长利
曹文生	俞德芳	潘德梅
余慕香	袁　旭	陈太海
李桂芳	许静华	吴文尧
吴荣萍	左玉军	黄步生
鲁传扣	张　斌	赵兴文

曹秀江　何允健　余庭会
李宏军　李金新　高继发
巨　利　侯保付　赵南南
王善言　吴　昆　许宜海
余长春　梅友成　张永荣
李　财

附:2015年度滁州好人事迹

陈翠华　女,74岁,全椒县武岗镇农民。老人平时就是个热心肠,8年前她把自家的三间瓦房办成“农村留守儿童之家”,从此她就成了一拨又一拨留守孩子的“热心奶奶”,不仅义务为孩子们做饭吃,还陪伴他们一起学习、玩耍,8年来先后有20多名留守孩子在这里度过快乐的童年。

袁大明　男,天长市汊涧镇时湾村村民。袁大明平日省吃俭用,却自掏腰包为村里铺设机耕路和灌溉支渠,主动替留守儿童代缴学费并免费接送,他自费建起垃圾池,义务清运垃圾。2014年,他又拿出全部积蓄架设小区路灯14盏,为乡亲们夜间出行保驾护航。

周贵民　男,1957年3月出生,明光市明西街道岗集村岳陈队农民。自1990年周贵民答应接下地震宏观观测工作至今整整25年,周贵民就凭着“宁可千年不震,不可一日不防”的信念,不图金钱,敢当责任,每天风雨无阻到观测点翔实记录,按时上报各种数据。怀着对政府和人民负责的满腔热诚,1800多个日子,每天往返在两个观测点:一个泉水观测点、一个二氧化碳断层气观测点,一南一北,一个行程8里路,一个行程1里路,累计行走3万多公里路,走坏100多双布鞋,3辆自行车,2辆电动车。

贾长江　男,全椒县石沛镇农民,一位普通男人,凭借坚韧的毅力、至真的感情将妻子从死亡线上拉回来,创造一个生命奇迹。服侍妻子同时,强忍着自身病痛起早贪黑养鸡,赚钱还债,“孤山松林”土鸡蛋系列产品创立者。

俞德芳　女,来安县新安中学教师,敬业奉献好人。身患卵巢恶性肿瘤晚期的俞德芳老师,坚持带病上课,在为学生们上完“最后一课”后,离开她最爱的讲台,离开她最爱的学生们,年仅48岁。

周仁兰　女,天长街道曙光社区一位普通的农家妇女,1979年丈夫因病瘫痪,1984年太婆摔伤致残,从此卧床不起,1985年婆婆双腿瘫痪,生活不能自理,这37年间,周仁兰先后照顾三位下肢瘫痪的亲人,她用柔弱的双肩支撑起家的一片天空,不离不弃,无怨无悔。

严明友　男,1929年出生,新四军老战士,优秀共产党员,定远县朱湾初级中学退休教师。风烛

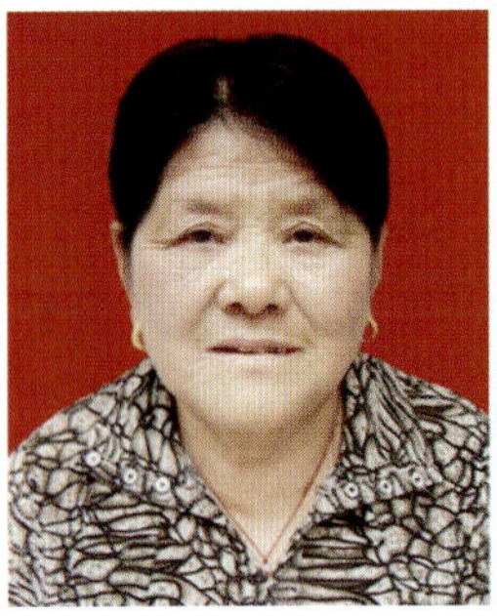
陈翠华

袁大明

周贵民

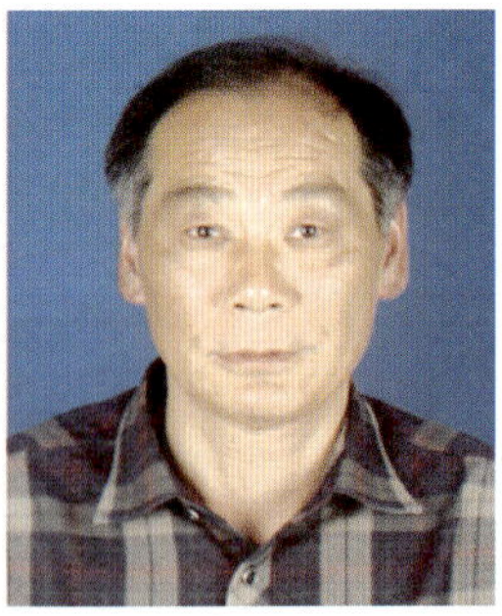
贾长江

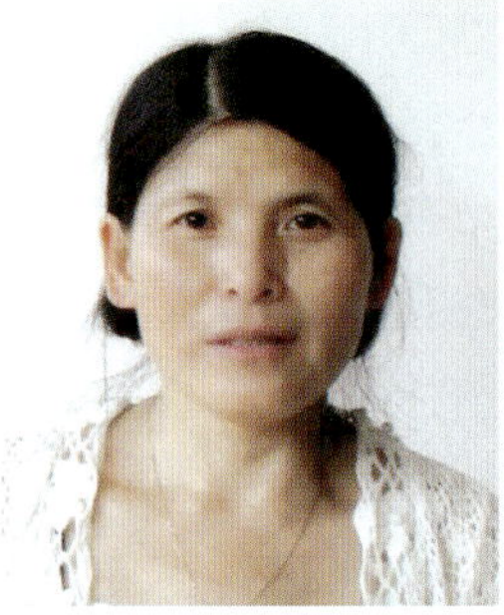
俞德芳

周仁兰

严明友

吴文尧

巨　利

残年的他最担心的是此生对社会的贡献还太少，最大的心愿是在有生之年，为党的教育事业再尽一点绵力。1990年退休后他在附近乡村小学开始20多年的义务支教，发挥余热，继续书写着自己的“园丁梦”。

吴文尧　男，上海邮政系统已退休的普通宣传干事，助人为乐好人。发起组建上海邮政爱心助学团队，16载默默资助贫困学子。

巨　利　男，全椒县地税系统一名普通的税务干部、共产党员，助人为乐好人。在生命的最后一刻，他不顾世俗偏见，捐出自己的眼角膜，回报社会，帮助他人，把爱和光明留在人间。他的大义善举汇聚社会正能量，为道德建设再添新典型。

周广东　男，琅琊区城郊农民，靠走街串户卖水果为生，12月13日那天，零下5度的天气滴水成冰，10米深的河水湍急，53岁的残疾妈妈不慎落入冰冷的河水，57岁的周广东拨开围观的人群没有丝毫犹豫，奋不顾身纵身一跳救人于危难，这一跳让这个普普通通的老头成了当地人心中的英雄。

罗启萍　女，南谯区乌衣镇双庙村农民，十余年如一日悉心照料患有脑血栓后遗症的婆婆。在其照顾下，老人容光焕发，慈祥的眼睛总是笑眯眯的，充满快乐。在乌衣镇罗启萍成为“孝顺媳妇”的代名词，老人们比谁家的媳妇好，谁家媳妇最孝敬老人，就会想到罗启萍；谁家教育儿女要孝老，罗启萍的事迹就是典型教材。

朱孔珍　女，来安县张山乡荀滩村农民。53岁的朱孔珍11年如一日像伺候小孩一样照顾瘫痪在床的丈夫，抚养3个未成年孩子，她用无私的爱唤起丈夫对生活的信心，用瘦弱的肩膀挑起家庭的重担，耕田耙地，辛勤劳作，不离不弃，无怨无悔，书写人生真情大爱。

陈　军　男，天长市新街镇政府工作人员。13来，陈军相继捐款20多万元帮助贫困人群、寒门学子和重症患者度过难关，他常说：“做公益事业，我很乐意，帮助了别人，快乐的是自己”。当地人都以充满敬佩的语气称之为“公益哥”。一路走来，有辛酸，有汗水，更有历经一番磨砺后所得的丰厚回报。

郭振海　男，73岁，自从十年前老伴杨文霞瘫痪在床，给她按摩、擦身、喂饭、清理大小便就成了郭振海老人每天生活的必修课。相濡以沫，不离不弃，无数个日日夜夜，他用自己的行动诠释身为丈夫的责任。“我的人生没有遗憾，只希望我能活得久一点，不撇下老伴，相互搀扶着走完以后的路。”

许洪涛、张方方　夫妇俩都是全椒县农民，自小身患脑瘫，生活的不便、贫穷的家庭都让他们感受到生活的痛苦艰辛，但他们却一直顽强的和命运作斗争。考取国家普通高校，2012年在淘宝网上开办网店，2014年销售额达到近70万元。他们的创业故事让人自省，更让人奋进。

张冬梅　女，来安县半塔镇奇辉居委会居民。她长期热心于社会公益事业，热心于全民健身运动，她组织成立免费的“伊飞扬”健身舞俱乐部，参加各类公益演出活动50多场，个人义务志愿服务4300多小时。她无私奉献，任劳任怨的义务为大家服务，做好事，受到社会各界广泛好评，称她为“活雷锋”。

林　峡　女，定远县畜牧局一名普通职工，具体从事行政服务大厅农委窗口的行政许可办证工作，每天她以热情饱满的精神状态接待每一位办证群众。在家里她用自己柔弱的双肩担起家庭的重任，13年来伺候连续患病卧床不起的公婆，无怨无悔。

余礼培　女，南谯区财政局国库集中支付中心副主任。“勤是聚宝盆，俭是摇钱树”是她的人生的座佑铭。在家，她“抠”着牙缝，无微不至赡养老人，供小叔子上学直至大学毕业成家。在单位，每年数千万资金从她手中经过，她严格遵守规定，节约每一分钱，二十四年来始终保持资金零差错运转。

邬庆华　男，琅琊区西门社区的老党员，他把社区看成大家庭，积极投身社区的日常管理。社区工作比较繁琐事情多、任务急，邬庆华总是随喊随到，不厌其烦帮助做些杂事，比如走访居民、义务巡逻、出黑板报等等，其中出黑板报，每年都会出四十余期，是社区有名的义务宣传员，同时也是社区的志愿工作者。

陈　静　女，51岁，下岗职工，虽然生活清苦可是她是一名快乐的“长发姐”，她有一头过腰的乌黑长发，可是当她得知郑集中学初三年级学生程燕患有重病，家中为她治病已欠下十几万的外债陷入困境，陈静决然的义卖长发为程燕捐款，虽然她失去了长发却因此变得更美。

焦永香　女，61岁，天长市仁和集镇白马村农民。1975年，善良的焦永香嫁入夫家，当她发现丈夫的姑妈因小时候染上天花病毒而双目失明孤苦伶仃，生活没人照顾，便主动将姑妈接到家中，从此她便承担起伺候老人的重担，这样的春夏秋冬一过就是40年。姑妈已经87岁，她那慈祥而又满足的面容让人感到她的晚年生活是幸福和惬意的，面对每天忙碌的生活，焦永香没有怨言。这让我们看到一个花甲老人刚毅和善良的一生。

周晓勇　男，1969年生，南谯区审计局经济责任审计局副局长。他是一个平凡的国家审计人员，勤恳敬业，他又是一个平凡的儿子，自己平时勤俭节约，生活朴素。而就是这个平凡的人，却几十年如一日，照顾关爱曾养育自己十来年的养母。在养母风烛残年时，更是将养母从原籍接到家中养老送终，令老人安享晚年，再无后顾之忧。

苏震坤　女，45岁，滁州市第一人民医院妇科护士。丈夫因病离世，公公病危抢救，而儿子却又赶上高考，无情的打击和沉重的生活负担一股脑压在这个40多岁女人的肩上。苏震坤没有被击倒，坚强的性格和对家人深深的眷爱让她经受住生活的考验，她一手操持家务，鼓励孩子安心迎考。公公入院后，她悉心照料胜过亲生儿女。她的身上充分体现中华民族孝老爱亲的传统美德。

徐　梅　女，49岁，来安县舜山镇和平村家庭妇女，1999年开始丈夫患帕金森式综合症，生活不能自理，17年来她起早摸黑，田里忙完忙家里，洗衣、擦身、换床单，悉心照顾丈夫的生活，身上没有一块褥疮。她患有子宫肌瘤，却舍不得自己花钱，忍着病痛照顾丈夫抚养孩子，用柔弱的肩膀撑起一个家。

陈金霞　女，62岁，居住在全椒县石沛镇街道，她是一位心地善良无私的老奶奶，已是花甲之年的她八年来一直任劳任怨地照顾着姨侄女一家三口人。2007年，支桂英的丈夫去世，留下孤儿寡母，支桂英时年34岁，智力三级残无劳动和生活能力，长子赵启强时年13岁；次子赵启林9岁（遗传母亲智障），她助人为乐的善举在当地传为美谈。

杨　斌　男，1980年出生，2000年从部队退伍。2008年2月至2014年6月在全椒县局专卖管理队所从事市管员岗位，2014年6月至今在物流中心送货部从事送货员岗位。2015年3月21日13时许，滁州市北关小区9号楼一住户突发火灾，火情十分严重，杨斌发现后及时对周围住户进行疏导，并率先爬上失火楼层，成功救出独自在家的9岁小女孩。

邓邦文　男，50岁，定远县永康镇拂光村村民，因为误入歧途，邓邦文入狱数载。这些年里，妻子刘广勤拖着病重的身体，独自一人挑起照顾全家的重担，却不幸患上尿毒症。出狱之后，一直心有愧疚的邓邦文，始终不愿放弃病重的妻子。经过深思熟虑，邓邦文决定捐肾救妻。4月10日，夫妻俩经过医生7个小时的手术，已经成功完成肾脏移植。

陈永庆　男，2000年从来安县文明办主任岗位上退休，他离岗不离志，退休不褪色，15年来甘当义工，积极参与社会公益活动，心系贫困生，关心下一代健康成长，为社会弱势群体做实事办好事，关心国防建设，组织参与双拥共建活动，先后募集助学善款280多万元，资助1500余名贫困生、孤儿完成学业，不图名利，无私奉献，体现一个共产党员的高尚情怀，践行着共产党员根本宗旨，充分体现一个老文明工作者高尚情怀。

徐宏阳　男，滁州市实验中学高三（5）班学生，2015年3月31日，徐宏阳在乘坐乌衣至滁州的103路公交车返校途中，一位二十多岁的年轻女子因突发心脏病，满头大汗，同时发出微弱的声音，徐宏阳同学见状立即走上前去请求司机帮忙，把田女士送往最近的医院。到了医院，他又楼上楼下跑着为田女士挂号，拿药，花光身上仅有的一百七十多元生活费，直到把一切安排妥当后，他这才悄然离开医院，回到学校上课。田女士因为受到及时救治，最终转危为安。

梁尤爱　女，40岁，家住襄河镇果园社区。她本人身体一直不好，没有工作，在家照顾孩子，平时开马自达补贴生活开支，爱人在外打工，家中有两个女儿，一个女儿刚刚毕业还没有工作，另一个女儿正在上高中，家庭生活困难。她却毫不犹豫的将捡来的9500元现金交给新华派出所的民警。用行动展现普通老百姓的个人优秀品质，弘扬社会的正气。

郑宏伟　男，90后大学生，2014年成为凤阳县小岗村村官，他关爱留守儿童，利用自己的专业用网络建立留守儿童和在外打工的父母之间的联系，在一次涵管塌方事故中，不顾自身安危，和村书记一起勇救两名村民，他踏着沈浩书记的足迹，让青春在这片红土地上熠熠生辉。

吴翠萍　女，私营业主，滁州市南谯区时代美发店店长。她是一个富有爱心，热心于公益事业的理发师。她积极参加社会公益活动，坚持每月开展"爱心义剪"活动，为孤寡老人义务剪发、理发达2600多人次。他们为老人提供生活服务，给老人们带来欢乐，是老人们的福音。

王才祥　男，来安县电影放映员。在电影放映"过山车式"的变化中，坚守放映岗位35载，甘于清贫，从20多岁的毛头小伙到60岁的半百老人，从老式放映机到新式数码放映机，从黑白电影变成彩色时代，他一直坚守在乡村放映路，累计行程近5万公里，放映电影达10200多场，用银幕为缺乏精神文化生活的农村带去一场又一场的文化盛宴。

潘苗苗　女，安徽风宝粮油食品(集团)公司副总经理，2015年被国务院授予"全国劳动模范"荣誉称号。她在企业发展壮大的同时，从未忘记回馈社会，多年来，她热衷慈善公益事业，为贫困户、五保老人送钱送粮，帮助贫困村修路建桥，还赞助地方和本地高校举办各项体育赛事和文艺活动，几年来各项资助费用共计200多万元。

李延海　男，明光市古沛派出所协警，3月21日下午3点左右，接到报警有人落水，当李延海和同事到达水边时，落水者已离岸边有100多米远。李延海边跑边脱外套，还没脱完，就抱起救生衣冲下水，快速游向落水者，三月的天气，冰冷的水迅速消耗他的体能，但他咬牙坚持着，在两个报警群众的帮助下，把落水女救上岸。

吴传军　男，南谯区大柳中心小学优秀教师，人们说他像皇甫山下的蒲公英，他是一位扎根山区，爱岗敬业的好老师。在得知大柳镇曲亭小学缺少教师，无法开课的情况下，他主动请缨，53岁的他骑着摩托车风里来雨里去，到村校支教，无私奉献在基层教育岗位上。

张延成　男，定远供电公司先进工作者、优秀共产党员，扎根电力抢修一线17载，将青春和爱洒在定远这片热土上，他从部队退伍来到定远供电公司，由于电力抢修岗位脏、累、枯燥，没有人愿意从事这个岗位。张延成依然棒扛起电力抢修这个接力棒，默默地奉献着自己的青春。

黎仁岭　男，天长市秦栏镇万科电子企业的负责人，他为人低调生活简朴在当地是出名的，可是，在帮助贫困学生这个方面，他却倾注许多的财力。20年来，他累计捐款30多万元，帮助近100名困难群众。

张家虎　男，45岁，琅琊区南门社区志愿者，是水泥厂一名普通的不能再普通的一位下岗职工，但是在憨实的外表下其实藏着一颗火热的心。为人随和的张家虎经营着一家家电维修铺，小区里的老人们习惯亲切地叫他"小虎子"，因为他总是热心地帮助邻居们，休息日也不得闲，是大家眼中有求必应的"义务电工"。

黄德龙　男，定远县民政局工作人员，见义勇为好人。他正义、勇敢，面对强悍的抢夺团伙毫不畏惧，在关键时刻把个人安危置之度外，挺身而出，勇斗抢匪，保护群众的财产安全。

陆剑虹　男，来安县退休医疗卫生工作者，敬业奉献好人。退休15年来，坚持咨询、义诊、调研、街头宣传、办讲座，以实际行动展现了一颗永不泯灭的医者仁心。

苏汉领　男，凤阳县百货大楼退休职工，助人为乐好人。自2012年起，他无私地拿出自己的退休金，组建兴华民间戏剧协会，免费为基层群众义演20多场，广受好评。

郭　卉　女，天长市汊涧镇汊涧社区居民，助人为乐好人。生病卧床20年，感受到人间温暖的她毅然决定尽自己微薄之力回馈社会，自愿捐献眼角膜。

杨春友　男，南谯区章广镇常山街道清洁工，敬业奉献好人。他在平凡的岗位上默默奉献，不管是春夏秋冬的哪一个清晨，人们推门第一眼看到的总是他忙碌的身影，虽年事已高，但他依然坚守，为群众带去一片洁净。

左士贵 男，琅琊区高巷社区居民，孝老爱亲好人。肢体四级残疾的他，十几年如一日照顾残疾岳母，谱写亲老、爱老、敬老、孝老的感人乐章。

王长利 男，凤阳县府城镇府北社区居民，孝老爱亲好人。多年来，精心照料瘫痪在床的妻子和患老年痴呆症的父亲，用自己的艰辛让家庭充满爱。

曹文生 男，滁州市第一人民感染科副主任，敬业奉献好人。他诊治全市第一例疑似SARS患者，诊治约2000余例手足口病。甲流、H7N9流行期间，他总是冲锋在第一线，是白衣战士中的楷模。

潘德梅 女，花山敬老院院长，敬业奉献好人。她把敬老院当作自己的家，视老人如亲人，勤勤恳恳，任劳任怨，把自己的时间和精力奉献给院里的每一位院民，用平凡的行动谱写无私奉献的赞歌。

余慕香 女，来安县舜山镇和平村党支部书记，敬业奉献好人。由于长期高负荷工作，身患直肠癌。正值美好乡村建设示范点冲刺阶段，她把生死置之度外，在手术期间还牵挂着村里的工作，在病中主动“要工作”，声称“最好的药，就是工作”。

袁　旭 男，中共党员，全椒县公安局交管大队副大队长，敬业奉献好人。他勇于坚守，忘我工作，不畏日晒雨淋和汽车尾气的侵袭，为了道路的畅通，呕心沥血；他执法无私，情系群众，被他处罚和教育过的驾驶员不计其数，但个个对他心服口服。从警23年来，因工作出色，他立功受奖无数。面对荣誉，他没有自满，而是继续带着那份“骄傲”勇往直前。

陈太海 男，安徽太海粮油集团有限公司总经理，助人为乐好人。一位农民企业家富裕不忘家乡人，除了捐助众多贫困学子之外，还为经济贫困的家乡父老建设住房，出资修建石子路。他用实实在在的行动，诠释一个农民企业家的赤诚情怀。

李桂芳 女，凤阳县人，孝老爱亲好人。丈夫王志飞自2006年突发脑干出血，一直卧床不起，病情多次复发，命悬一线，李桂芳9年多不弃不离，悬崖边好守护着夫妻感情。

许静华 男，来安县舜山镇敬老院负责人，敬业奉献好人。20年如一日把对党和人民的无限忠诚化作实际行动，把全部的光和热倾注在敬老院的事业上，用自己的爱心和行动谱写一曲共产党员无私奉献的赞歌。

吴荣萍 女，明光市辉萍内衣连锁店店主，诚实守信好人。从商的二十多年来，保质保量，明码标价，依法合规，照章纳税，一直将诚信作为经营之本，企业发展越来越好。

左玉军 男，明光市人社局干部，敬业奉献好人。2011年任人社局通讯员以来，实现目标绩效考核“三连冠”，15次被省、市有关部门授予省人社系统优秀通讯员、滁州先锋网“优秀通讯员”等省市县荣誉。

黄步生 男，滁州二中退休教师，孝老爱亲好人。12年无怨无悔悉心照顾着患有阿兹海默症、生活完全不能自理的妻子。他用无私的爱呵护延续着妻子的生命，用内心的坚守兑现婚姻的承诺，同时也用自己的行为彰显社会主义核心价值观，弘扬中国传统的家庭美德，诠释爱情的真谛：相濡以沫，不离不弃。

鲁传扣 男，定远县退休校长，见义勇为好人。60岁的鲁传扣今年夏天偶遇少年落水，他拼尽全力去搜救三个小时，尽管最终托起的是少年的遗体，鲁校长的行为仍然值得我们敬佩。

张　斌 男，全椒公路分局滁全路城东道班班长，诚实守信好人。20多年来他信守承诺，一直悉心照顾一个与自己毫无血缘关系且有多种疾病的妹妹，事无巨细，尽心尽力，无怨无悔。

赵兴文 男，凤阳县燃灯中学教师，敬业奉献好人。他自小立志从教，19岁站上三尺讲台，17年来扎根偏远农村，关心学生，爱护留守儿童，成为一名优秀乡村教师，以实际行动实践心底的那份承诺。

曹秀江 男，来安县施官镇普通农民，助人为乐好人。当得知自己患了不治之症——肝硬化晚期后，他冲破传统观念，逝世后将自己的遗体捐献给红十字会组织，用于器官移植和医学教学、科研，造福他人，展示人间大爱。

何允健 男，天长市汊涧镇水暖建材经营户，见义勇为好人。路遇突发急症的陌生人，他没有考虑太多，驾车连闯11个红灯，用最短的时间将病人送医救治，挽救了病人生命，之后他悄然驾车离去。

余庭会　男，滁州市公路管理局来安分局来城道班班长，敬业奉献好人。他多年如一日，在做好本职工作，保障公路畅通的同时，多次热心帮助在公路上因意外事故发生困难的司驾人员，受到受助人员和当地群众的广泛称赞。

李宏军　男，明光市城市管理行政执法局市场管理服务中心副主任，见义勇为好人。寒冷冬天，不顾个人安危，奋不顾身地入水救起落水妇女，及时挽救他人生命。

李金新　女，凤阳县经开区普通的农村妇女，孝老爱亲好人。15年来，她守护着轮椅上的丈夫，不离不弃、患难与共，用柔弱的双手托起一片爱的天空。

高继发　男，天长市安徽天地智能安防有限公司经理，勤劳节俭好人。他凭借一股子艰苦创业、“定钉子”的韧劲，勤俭节约，刻苦钻研，从一个农村青年成长为一位成功的企业家，从仅有初中文化自学成才，成长为一名弱电工程师。

侯保付　男，南谯区沙河镇普通村民，诚实守信好人。他以永不坑蒙拐骗、永不以次充好、永不强买强卖、永不停息的为全村百姓服务为道德底线标准，经营种子农药生意三十年，广受村民的好评。

赵南南　女，凤阳县武店镇居民，孝老爱亲好人。领证前夜未婚夫横遭车祸，伤情严重，下身瘫痪。面对巨额医疗费和瘫痪在床的爱人，她不离不弃，悉心照料，感动无数人。

王善言　男，明光市泊岗乡安全村村民，助人为乐好人。连续23年8000多天不间断地义务为村民提供天气预报，自愿为村民当起气象预报员，被誉为“气象老人”。

吴　昆　男，明光市公安消防大队参谋，敬业奉献好人。他20岁参军，入警14年来，扎根警营，率先垂范，时刻以一名共产党员和消防警官的双重标准严格要求自己，怀着对人民群众的深沉之爱，在无数次血与火的磨砺中铸就无悔的青春，谱写着一曲曲平凡而感人的事迹。

许宜海　男，滁州市公安局琅琊分局丰乐派出所民警，敬业奉献好人。参加过对越自卫反击战的社区老民警 28年坚守社区一线，虽然临近退休，但他一天也没有离开过自己的工作岗位，因为他离不开朝夕相处20多年的社区百姓们，百姓们也舍不得他走。

余长春　男，天长市春景园林景观建设公司董事长，诚实守信好人。诚信是立身之本，齐家之道，交友之基，经商之魂，心灵良药，诚信比金子还宝贵。“要做就做良心工程”，不赚没良心钱，他这样说的，也是这样做。他不仅在天长绿化界享有较高的声誉，而且在公益慈善方面也赢得众人的交口称赞。

梅友成　男，滁州市公安局交巡警支队一大队机动组组长，助人为乐好人。两次危急关头托起受伤孕妇的滁州好交警梅友成，受到中央、省级多家主流媒体广泛报道，被誉为滁州“枕头哥”。

张永荣　男，来安县杨郢乡陡山村村民，见义勇为好人。作为一名普通的农村环卫保洁员，当他在工作途中看到一位村民被翻到桥下的电动三轮车压住无法自救时，他挺身而出，全力救人，使伤员成功获救。

李　财　女，定远县连江镇岳庄新村人，孝老爱亲好人。她26年如一日，精心照料着双目失明的丈夫和年迈的瘫痪在床的婆母，用一个农村妇女特有的情感编织着人间大爱，用执着的孝心诠释着时代大德，用行动向人们讲述着感人至深的故事。

社会调查
SHEHUI DIAOCHA

滁州市大众创业情况调查报告

中共滁州市委党校课题组

创业是经济发展的源泉。今年7-8月份，滁州市委党校课题组就“寻找创业基因、激发创业活力”课题对全市创业情况进行了实地调研。

一、基本情况

课题组采取“点面结合”的形式，走访了工商局、行政服务中心等部门。在每个县市区随机选取自主创业者10名，计80名，发放了调查问卷80份，收回问卷80份，其中有效问卷71份。召开了8个小型座谈会。

（一）创业者基本情况

从调研的情况看，自2014年3月1日执行新的登记制度后，创业门槛降低，我市大众创业总体上呈现出四个特点：

1.数量稳步增加，趋势向好。私营企业数2014年下半年增加了2312户，今年上半年增加了2682户，两个半年相比净多增370户。农民专业合作社2014年下半年增长了310个，今年上半年增长了339个。个体工商户从总数看今年上半年增加976户，从新入户数看，去年全年新入户13421户，今年半年已新入户8565户。

2.各地核心企业、支柱产业带动创业能力强。滁州扬子、康佳、博西华、全椒全柴、定远华塑等大企业，来安的化工、天长的仪表电缆、凤阳的石英砂水泥等产业集群都是创业的源头。此外，作为传统农业大市，农副产品生产与加工也是创业之源。

3.创业向“四新”方向发展，创业与新产业、新业态、新技术和新模式的结合趋向紧密。一是新能源汽车、智能家电、新型显示、集成电路、新型材料等新兴产业不断涌现新的创业主体。今年1-6月份，全市已有高新技术企业502个，累计工业增加值129707万元，比去年同期增长15.7%。二是互联网+已成为创业的重要渠道。互联网营销、电子商务等新业态已呈常态，借助网络第三方平台完成产供销的衔接是所有创业者的必然选择。三是新技术的拥有和使用。在智能家电、新型化工、先

表1　2014年以来滁州市创业者增减情况

		2014年6月底	2014年底	2015年6月底	比上年同期增长(%)	比上年底增长(%)
私营企业	数量(户)	25150	27462	30144	19.86	9.77
	注册资本(亿元)	922	1104	1273	38.07	15.31
个体工商户	数量(户)	★	117199	118175	--	0.83
	新入户数(户)	★	13421	8465	--	--
农民专业合作社	数量(个)	4095	4405	4744	15.85	7.70

注：1.本表以2014年上半年为基数计算增长率。

进装备等产业已拥有一批关键共性技术，并开发出一系列核心新产品。

4.创大业亟需加力。目前创业者处在百万元级别的占多数，千万元级别的算体量比较大了，注册资金亿元以上的创业者少。2014年6月有私营企业25150户，注册资本922亿元，平均每户366.6万元。2015年6月有私营企业30144户，注册资本1273亿元，平均每户422.3万元，提高了15.2%，但距千万元级别仍有差距。

（二）座谈会及问卷调查的分析

表2 71名受访创业者基本情况

事项	选项	比例(%)
性别	男(67人)	94.37
	女(4人)	5.63
创业年龄	20岁以下(3人)	4.23
	21-40岁(56人)	78.87
	41岁以上(12人)	16.90
文化程度	高中及以下(36人)	50.70
	专科(19人)	26.76
	大学及以上(16人)	22.54

从表二看：

1.性别对创业有一定影响。男女都可以成功创业，但男性创业者显著多于女性。

2.年龄很重要，创业要趁早。21-40岁是创业的黄金年龄段。许多受访创业者在20岁前就已经开始工作，创业前已经有过一个或更多工作岗位的经历，在此基础上创业成功的概率相对较高。

3.文化程度高低不是创业的决定因素，但越来越重要。文化程度为高中及以下和高中以上者的比例大致相等，为50.7%对49.3%，第一代创业者学历多为高中以下，最近两年涌现的创业者基本上接受过正规高等教育。

表3 71名受访创业者创业情况

事项	选项	比例(%)
创业目的	经济利益追求(19人)	26.76
	实现自身价值(36人)	50.70
	其他目标(16人)	22.54
创业领域	第一产业(13人)	18.31
	第二产业(51人)	71.83
	第三产业(7人)	9.86
创业者产生途径	改制型(26人)	36.62
	原生型(30人)	42.26
	外来型(6人)	8.45
	其他(9人)	12.67

从表三看：

1.创业者目标多元化，追求财富、渴望成功、实现自身价值是创业者共同的创业力量之源。创业者们并不讳言对财富的追求与渴望，他们认为不断增长的财富是对他们不断奋斗的充分肯定与计量，在企业成长壮大进程中实现了自身价值，得到了社会的认可和尊重。因此这两个因素是促使他们创业的排名前两位的选择。

2.创业者产生的途径不断丰富。老一代创业者产生的途径基本上有三种：一是原生草根型，占42.26%。二是改制型，占36.62%。三是外来型，占8.45%。在新一代创业者队伍中，则多了继承型创业、兴趣型创业，总共占12.67%。换个角度看创业者中草根英雄多，体制内走出的创业者少。71名创业者中有5名是原乡镇“七站八所”出来的，本身没有编制。有2名老师、1名医生下海经商，真正从公务员系统中走出来的只有一名，还是从黄山市辞职来滁州创业的。

3.创业方向呈多元化趋势。从71名创业者的分布看，集中在第二产业的有51人，占71.83%。第一、三产业合计20人，占28.17%。通过座谈发现，已有创业者向现代农业、现代制造业、现代服务业方向转化，如凤阳的健尼蓝莓、来安的家宁医院等。

表4 71名受访创业者创业情况

事项	选项	比例(%)
企业形态	个体经济(5人)	7.00
	合伙制(11人)	15.50
	有限责任公司(47人)	66.20
	股份公司(8人)	11.30
创业原始投入	50万元以下(29人)	40.85
	50-1000万元(33人)	46.48
	1000万元以上(9人)	12.67
创业者最关心的问题(多选排序)	政策支持(59人)	83.10
	资金、技术等要素瓶颈(51人)	71.80
	市场环境、产业发展趋势(22人)	30.90

从表四看：

1.从创业者到企业家之途漫漫。一是初始投资不大，微创客多。71名创业者中，初始投资低于50万元的有29人，占40.85%。而超过1000万元的只有9人，只占受访者的12.67%。二是企业组织形式不规范。受访创业者中，选择规范的股份公司作为企业形态的只有8人，只占11.3%。选择个体与合伙形态的仍有16人，占22.5%。可喜的变化是选择有限责任公司的越来越多，已经占到66.2%。三是继续创业的动力不足。小富即安，缺乏更高奋斗目标。有的创业者认为自己已经成功了，企业再发展已超出自己的能力，无力前进了。有创业者甚至认为转型升级就是瞎闹、找死。

2.创业者对困难的态度需要引导。目前看创业者面临的困难总体可分为如下几种：一是创业成本增加、风险提高；二是资金周转困难；三是核心技术缺乏；四是市场机会把握难；五是政策支持不及时等。这些都是产业发展中的常见困难，即使在经济形势好的时候，也可能会遇到，需要创业者以积极心态去面对。克服困难既要依靠政府的帮助，更要依靠自己的努力。有83.1%的受访创业者最关心政府政策的支持，是缺乏应对困难有效手段的体现。

3.创业氛围逐步优化。一是创业者自我满足度提升。有62名创业者认为创业是正确的选择，占87.32%。认为创业是逼上梁山和有点后悔的只有9人，占12.68%。二是社会对创业的看法在改变，社会对创业者的认可度和容忍度不断提高。三是政府对创业越来越重视。政府各部门对创业的支持不断深化，"三证合一"更加方便了大众创业。

二、促进滁州市形成大众创业潮的措施建议

活力在民间、创业永不停。只有激发民间活力，走出大众创业的宽广路，才能让地方经济发展财富涌流。对于当前创业中的困难，我们提出如下措施：

（一）做好战略发展规划

创业既具有短期的迫切性，也具有长期的稳定性，需要创业发展战略规划支撑。创业战略规划要明确创业阶段目标、最终目标。要指引创业方向，起到引领作用。要能够提示创业风险，提振创业信心。要体现两手抓，两手硬，把创大业与小创业紧密结合起来。

（二）宣传创业、做好培训

1.通过报纸、电视、网络等多种媒体宣传创业的典型事迹与经验，形成人人谈创业、人人想创业的氛围。

2.邀请成功创业者通过创业讲座、座谈会等培训形式，有针对性地对潜在创业者进行创业意识教育，努力营造积极向上的创业氛围。

3.通过人社局、团委、妇联、党校等部门的培训机构进行创业培训。培训要"两贴近"：一要贴近目标群抓好培训。从首次创业年龄看，21-40岁之间是创业激情高峰年龄段。这个年龄段的回乡青年、退伍军人、大学毕业生是创业培训重点对象。对于其中拉一拉就能起跳、推一推就能起跑、扶一扶就能上马地潜在创业者，有关部门或商会要及时伸出看得见的手，快准亲的完成创业帮扶，对于能够进孵化器的，及时帮之进园。二要贴近市场做好培训。着力形成"市场引导培训、培训促进创业"的良性循环机制。

（三）降低门槛、健全服务

市场无限，为创业提供了巨大的空间。大众创业、万众创新的前提和基础是将体量先做大，天长的做法是有借鉴意义的：从"三放"（放手、放胆、放量）到"三上"（上规模、上档次、上水平）再到"三强"（强化管理、强化竞争、强化诚信），鼓励、扶持、引导和推进全民创业，加快民营经济发展，效果显然。

1.明确专门协调机构，例如来安县的帮扶办，开展创业帮扶工作。

2.发挥工商联的作用，通过组织召开创业工作研讨会、协调会，及时沟通工作情况，总结交流工作经验。

3.畅通创业的融资渠道。积极协调各类金融机构降低门槛、简化手续、规范程序。积极创新信贷模式。全力推动创业小额信贷，创新担保方式，实施互保联保等小额贷款方式，搭建促进创业的政策平台和项目支撑。这里要特别注意金融部门的逆调控风险，越是在经济形势不稳定的时候，越要求金融部门对实体经济的稳定支持。

（四）明确政策、稳定预期

1.严格落实国家出台的政策。目前中央为鼓励创业已出台了《关于多措并举着力缓解企业融资成本高问题的指导意见》《关于扶持小型微型企业健康发展的意见》等5个文件，扶持政策主要分为资金支持和税负减免两大方面，比如加大中小企业专项资金对小企业创业基地（微型企业孵化园、科技孵化器、商贸企业集聚区等）建设的支持力度、要求优化信贷投向、为小微企业提供有力支持等。落实这些政策是对创业最大的鼓励和支持。

2.不轻易推出地方土政策。第一、在市场疲软、经济困难状态下，创业者与政府在政策供需方面矛盾大：新创业者和准创业者渴望得到越来越优惠的政策，地方政府如迫于压力推出更优惠政策，就会在满足创业者新要求的同时削弱政策的权威性。一方面是政策饥渴，一方面政策边际效率递减，会掉进政策陷阱。第二、为新创业者或准创业者不断推出更优惠政策可能伤害已创业者的利益，难以平衡。当然，如地方政府确有短期目标压力，至多增设一个类似于“赢者得”的明面奖，符合条件者皆可得即可。

（五）信守承诺、营造环境

创业风险大，创业者面临实际困难多而复杂，政府在履职过程中要做到：

1.政府对创业者的承诺，必须不折不扣执行，不能执行的不要承诺。

2.提高政府工作机构效率。政府要勇于自我革命，给企业松绑，为创业提供便利，积极营造公平竞争环境，让蕴藏在人民群众的创业热情和细胞活跃起来。

3.坚决杜绝政府部门的寻租行为。

4.逐步限制政府直接干预。

坚持问题导向 推进农村改革

——定远县推进农村综合改革情况调研

近年来，我县按照中央和省、市关于全面深化改革的一系列部署和要求，紧扣农业大县实际，坚持问题导向，把加快“三农”工作作为促进经济社会发展的基础性工作，加快农业结构调整，优化农业产业布局，推进农业产业化经营，不断深化农村各项改革，开创了农村发展、农业增效、农民增收的良好局面，保持了农村经济持续良好发展态势。2014年全县农村居民可支配收入8542元，同比增长13%，增幅连续几年保持两位数增长。2014年粮食产量达11.5亿公斤，实现“十一连增”，荣获全省粮食生产先进县，受到省政府表彰。

定远县作为一个传统农业大县（2014年一产占比37.7%），在支撑发展基础薄弱、推动发展动力有限的情况下，一方面加快推进城镇化、工业化进程，着力打造加速崛起的引擎和载体；另一方面精心选择发力重点，聚力推动农村综合改革，着力激发农村发展活力，夯实农业发展基础，推动农业转型发展。一些改革走在了全市乃至全省的前列，特别是小型水利工程改革受到了国家水利部的肯定。

一、围绕缺水易旱、农业大县县情，深化小型水利工程产权制度改革，着力解决建设、管护和服务“最后一公里”问题

定远地处江淮分水岭脊背，缺水易旱是制约农业发展和城乡生产生活的最大瓶颈。县委、县政府在完成第一步农村安全饮用水改革后，按照“把水留住、把水连通、把水用活、把水管好”的治水思路，积极在小型水利建管机制改革上大胆实践。

一是实施“泵站串塘”工程，着力“把水留住”，积极探索适合江淮分水岭地区特点的小型水利工程建设新路径。为有效解决农村水利死角村、组，打通农田水利“最后一公里”，杜绝“断头渠”“虚线沟”的“末梢盲点”，让农田喝上“增产水”，按照“水系连接、把水连通，以丰补欠、把水用活”的原则，采取“一个泵站+压力管道+数个塘坝+若干个水库”的“泵站串塘”的串链模式，把星罗棋布的沟、渠、库、塘等水体和农田连接贯通，实现了时空调节、丰枯互济。目前建成“泵站串塘”工程45处，利用“泵站串塘”串连起252口塘坝、连接小型水库5座，可解决岗岭缺水地区10万亩农田灌溉用水问题。

二是颁发“两证一书”，着力明晰产权，努力构建小型水利工程管护长效机制。针对全县小型农田水利工程点多、线长、面广，建成后管护难、运行难等现实困境，坚持“谁投资、谁所有、谁管理、谁受益”的原则，重点对小水库、小泵站等“七小”水利工程，开展管护制度“两证一书”改革。“两证一书”：即确定产权主体，颁发产权证；落实管护主体，颁发使用证；明确各方责任，签订管护协议书。截至目前，共落实管护主体3514处，发放“两证一书”400多处。通过“两证一书”改革，初步构建了“产权有归属、管理有载体、运行有保障、工程有效益”的自主建设管护机制。

三是推行“一金一费”，着力吸引社会资金投入，致力激发小型水利工程的自主投资热情。采取市场运作模式，构建“政府资金为主导、农民自愿出资出劳为补充、社会力量积极参与”的多渠道多层次的投入机制。“一金”，就是水利建设奖补资金。政府坚持先干后补、多干多补、不干不补、考评奖补的机制，按审计决算工程量的2/3予以财政资金补助，补助资金由县财政直接支付给项目实施主体，做到农田水利土方工程干到哪里、财政资金就配套奖励到哪里。“一费”，就是工程管护补助经费。明确把小型水库、小型泵站等“七小”的小型水利工程纳入农村基础设施管护范围，县财政每年安排800万元专项资金，用于小型水利工程管理养护经费奖补。如安徽凯源农业示范园，通过自筹资金，投入泵站串塘工程资金153万多元，公司争取各类财政资金200多万元，自主建设园区水利工程，目前该示范区“路成网、田成方、树成行、水上岗、鱼满塘、畜禽旺、禾苗壮、瓜果香”。

四是完善“三员四级”管理，着力提升服务水平，全力打造农村基层水利便民服务新体系。按照“健全职能、完善机制、加强管理、提升服务”的思路，重新优化整合，成立了6大乡镇水利水产技术服务中心站，充分发挥其在乡村水利规划建设、防汛抗旱、公益工程管理、公共水务服务等等方面的职能作用，着力构建以“中心站水利员、村级水管员、用水协会会员”“三员”为主体，以“县水利部门指导、乡中心站负责、村水管员配合、农民及用水者协会等用水主体参与”的“四级”基层水利便民服务体系。我县的改革实践得到国家水利部和省委、省政府的充分肯定，相继在此召开全国全省现场会，去年11月底被列为全国第二批农村改革试验区承担农田水利设施产权制度改革和创新运行管护机制试点任务。

五是实行工程监管“打捆招标”，着力打造安全、廉洁水利，积极实施小型水利项目建设工程监理新模式。过去，每建一个水利工程，都要成立一个项目法人，项目法人多，监理难度大，针对这种情况，我县在省内率先实行工程监理“打捆招标”，对2011年度全县36座小型病险水库除险加固工程的监理，集中打捆，公开招标。安徽省大禹工程监理公司最终以273万中标。中标公司在项目现场设立“水利工程监理部”，根据工程特点，分片设点，投入足够人力、办公设备等，实行项目总监常驻施工现场，统筹调度，现场办公，现场监理。这一模式，引进了资质、信用等级高的专业监理公司集中优秀监理人员进驻工地加强质量监管，提升了工程质量监理水平，破解了过去分期分标段监理招标的难题，有效解决了过去总监长期不在岗、监理力量薄弱、监理工作流于形式的问题，实现了“工程安全、干部安全，工程优良、干部优秀”。

二、围绕提高农业经营效益，推动土地流转，着力解决土地规模经营、农民持续增收难的问题

定远农业人口占总人口的近80%，一产占比达31.7%。改革开放后，农村家庭联产承包责任制，极大地激发了农村发展活力，解决了农民的温饱问题。但进入新世纪后，农民收入一直徘徊不前，增加农民收入、促进农民致富成为制约农村发展的现实问题。为认真贯彻中央一号文件，破解农业种植小而散、农业产业化效益低等问题，我县着力在推动土地流转既“流得动”，又“流得对”、“流得稳”、“流出效益”上大胆实践。

（一）坚持“三完善一严防”，规范土地流转行为。当前，土地流转中的矛盾，大多是由于流转内容不规范、程序不完善、手续不健全、监管不到位等因素造成的，迫切需要加强监管，强化服务引导，规范运作，促进土地流转步入规范、有序、健康的轨道。完善流转程序，保证依法流转。制定统一规范的土地流转的产权登记、合同文本、审查鉴证、监督管理等一系列制度，做到土地流转程序合法，行为规范。完善流转市场，保护双方利益。建立合理的土地流转补偿机制和利益分配机制，实行价格指导，提供信息服务，定期对外公布，进行公开流转，促进土地流转市场更为透明、更趋优化、更加合理。完善流转行为，强化监督管理。明确乡、村两级在土地流转过程的责任，既规范流转双方的行为，更规范乡、村组织的行为，确保不缺位、不越位、不错位。严防流转"非农化""非粮化"。我县规定基本农田流转后不得改变基本农田性质，一般耕地要维持农业用途，禁止违法用于非农业建设和开发。

（二）健全"六大机制"，保障流转有序有力。一是建立政府服务机制，营造良好的服务环境。建立健全县、乡、村三级土地流转服务机构，在县农委建立土地流转服务办公室，乡镇建立服务中心，村确立信息员，负责掌握土地动态，发布流转信息，开展中介活动，帮助签订合同，调解矛盾纠纷，为土地流转提供优质服务。二是建立调处仲裁机制，营造良好的社会环境。建立健全"乡村调解、县级仲裁、司法保障"的三级土地流转调处和仲裁机制，对出现的问题，要及时协调、妥善化解、依法仲裁、合力解决。三是建立项目带动机制，营造良好的发展环境。按照"企业化经营、产业化发展"的思路，精心编制发展项目，以项目为依托，开展农业招商引资，建立规模生产基地，提高土地流转的质量和效益。四是建立利益导向机制，营造良好的市场环境。借鉴浙江和我省部分地区的经验，探索建立农村土地流转奖励基金。对土地流转成效显著的乡镇、村和规范运作的承包经营大户、农业企业给予奖励，充分调动各方面的积极性。五是建立风险防范机制，营造良好的保障环境。按照"前期审查、中期评估、后期救济"的思路，探索建立流转受让方准入和监管制度，使群众能够大胆放心流转，实现土地资源的效益最大化。六是建立劳务输出机制，营造良好的外部环境。通过教育培训，使青壮农民掌握1-2项务工经商技能，为他们进入非农领域创造条件。截至2014年底，全县已流转土地面积42万亩，占全县耕地的28%。其中，全县50-499亩规模流转户1356户，流转面积14.5万亩；500-999亩规模流转户32户，流转面积4万亩；1000-4999亩规模流转户16户，流转面积3.5万余亩；5000亩以上规模流转户3户，流转面积3万余亩。

三、围绕农业大而不强的实际，以大力推进家庭农场有序健康发展为切入点，着力培育新型农业经营主体

近两年来，我县以大力推进家庭农场有序健康发展为切入点，着力培育新型农业经营主体。截至目前，登记注册的家庭农场有570家，建立各类合作经济组织859个，1400多名专业大户，培育了11家省级龙头企业和1家国家级龙头企业，新型农业经营主体呈现出发展速度快、范围广、效益好特点，受到省委李锦斌副书记的批示肯定。

一是在组织培育上有保障。县乡均成立了促进家庭农场持续健康发展领导小组，建立领导联系家庭农场制度，形成了一个领导、一个部门、一个农技人员共同联系一个家庭农场的工作推进机制。规范家庭农场的准入管理，以经营主体、规模、主要收入为基准确定家庭农场认定标准，通过降低准入门槛、精简申办材料、简化办事程序，为家庭农场的登记注册提供高效、优质服务。

二是在资金投入上有激励。近年来，全县已投入2000余万元，支持各类示范家庭农场的基础设施建设，今后每年将整合涉农资金2000万元，采取以奖代补形式，鼓励和支持家庭农场发展。县财政出资1000万元，设立现代农业发展专项担保基金，用于家庭农场贷款担保。引导涉农金融产品向家庭农场倾斜，目前，已为22个家庭农场提供110万元的贴息贷款。

三是在人才支撑上有动力。激活内部动力。整合农业、人社、教育等部门和社会各类教育培训资源，围绕产前、产中和产后关键环节，对家庭农场经营者等开展针对性职业技能培训，提高经营者的生产技能和经营管理水平。巧用外部智力。聘请省级以上农业专家组专家15人，对示范家庭农场经营者开展农业生产技能和经营管理能力培训。提升整体合力。建立"一场一员（农技人员）"定点帮扶制度，积极利用农业信息网、农产品交易平台，为家庭农场提供信我市积极探索土地入股、土地流转后新型公司加农户经营管理模式、新型家庭农场、家庭牧场建设管理模式等现代农业经营管理模式，大力提高农业的组织化、规模化、集约化水平，提高农民在其中的参与度和受益份额，千方百计提高农民收入。

二、具体做法和启示

（一）政策激励是关键。市政府2009年出台了《滁州市促进农村土地承包经营权流转发展农业适度规模经营的实施意见》（滁政［2009］83号）和《滁州市农村土地承包经营权流转管理办法》（滁政［2009］84号）。“两个文件”从财政、项目、信贷、保险、就业等方面提出了一系列扶持措施，鼓励发展农业规模经营主体。今年4月份，市政府根据形势变化的需要，重新研究出台的《加快推进农土地流转的实施意见》，对培育经营主体、鼓励规模经营，对加强流转的管理和服务及建立激励保障机制等提出了明确要求。

（二）资金扶持是保障。市政府从2009年起，连续三年对受让集中连片耕地500亩以上、流转期限3年以上、流转合同规范的农业生产规模经营主体，每亩给予一次性奖励100元。三年来共拿出1658万元兑现奖励规模流转受让主体。今年4月份，市政府出台的《关于加快推进农村土地流转的意见》决定，从2013年开始，市财政每年拿出500万元用于奖励农村土地规模流转的镇、村和专业大户及家庭农场等受让主体。要求各县（市区）原则上要拿出不少于300万元相应配套资金，用于激励推进农村规模经营。

（三）项目倾斜是抓手。坚持把农业项目作为发展农业经营主体的有效抓手，对于符合条件的专业大户、家庭农场、合作社等规模经营主体，在产业发展、农业综合开发、土地整理等项目分配方面给予优先安排。

（四）服务平台是支撑。目前，全市7个县市区、102个乡镇按照“五有”要求和“三个规范”（即有人员、有电子显示屏、有必要的办公条件、有办公经费、有健全的工作制度。交易流程规范，合同文本规范，流转档案管理规范），全部建立了县有交易中心、乡镇有服务大厅、部分村有信息员的三级土地流转服务网络，有7个县市区建立了仲裁庭，大部分乡镇建立了调解庭。为规范土地流转及时提供政策法律咨询、流转信息发布、合同签订、土地收益评估、建立流转档案等服务，流转合同签订率由过去32%提高到现在86%。

（五）创新机制是动力。创新建立四大机制。一是建立家庭农场注册登记机制。市农委结合贯彻《安徽省人民政府办公厅关于培育发展家庭农场的意见》（皖政办〔2013〕35号），与市工商局联合印发了《关于培育家庭农场发展的实施意见》，明确我市家庭农场认定标准，建立注册登记制度。二是建立推进联合与合作机制。7月22日全省农业新型经营主体发展工作会议在我市召开，会后，根据这次会议精神，我市明确“立足新起点，抓住新机遇，实现新跨越”的发展目标，提出积极“扶持大户、培育家庭农场、完善专业合作社、发展联合社”的工作思路，要求各地重点建立推进联合与合作机制，鼓励家庭农场与专业大户、合作社等新型经营主体之间进行联合与合作，抱团发展，增强市场主体地位，提高农产品竞争力。三是建立考核激励机制。市农委把农民合作社、家庭农场建设纳入对各县（市、区）农业部门绩效考核。并从农村土地流转奖补资金中侧重切块用于支持农民合作社和家庭农场建设。四是建立运行监测机制。2013年确定建立了100家示范社和40个示范家庭农场监测点，指导他们全面做好生产经营、内部管理、市场营销等基础信息的记录和采集工作，做好监测结果的分析和运用，为各级领导科学决策和上级业务部门指培育新型农业经营主体提供参考依据。

三、土地流转存在的问题

（一）流转机制尚不健全。土地流转处于发展完善阶段，缺少有效的市场机制，还没有完全形成市场化运作的土地流转机制，缺少土地流转中介服务组织，流转信息不畅，相关职能部门缺少指导，导至土地流转程序不规范，很多土地流转没有到村和乡镇备案。流转中存在以口头协议替代法律文书现象，双方的权责利没有明确约定，容易引发不必要的协议纠纷。

（二）流转文书管理不完备。一些乡镇办没有建立流转台账。即使有的签订了合同或协议，也没到村备案，更没有到乡镇办农经部门签证、存档和备案，至使相关部门对土地流转的真实情况难掌握，一旦发生土地纠纷，由于无依据，无法进行审核，不利于纠纷及时解决。

（三）流转进程受传统观念束缚影响。土地是农民赖以生存的最基本的生产资料，是农民的“命根子”，特别是近年来征用土地频繁，大多数农民为了征地补偿款，不愿意流转。农民恋土情结较为严重，认为只要有了土地，生活就有了保障，宁可粗放经营，甚至不惜撂荒弃耕，也不愿将土地流转出去。也存在着部分农民对土地流转政策心存误解，有的认为土地流转就是对承包地的重新调整，也有的怕转出后，政策一变失去承包权，就会没有依靠和不安全；另外，多数农民小农经济思想意识比较严重，小富即安，投资兴业怕担风险，务工经商怕丢地权，满足于守土经营或交亲戚耕种比较放心。

（四）流转工作受社会保障滞后影响。由于农村养老、医疗、社会救助等社会保障体系不够健全，农民主要还是依靠土地收入解决看病、上学、养老等问题，普遍把土地作为最基本的生活保障对待，对于流转土地存在后顾之忧。特别是部分年龄较大的农民，尽管已经没有精力和能力经营好承包地，但宁肯粗放经营也不愿将土地流转出去。

（五）流转效率没有充分体现。从流出方来看，由于土地流转价格未充分市场化，部分地区流转价格较低，影响农民收益。从流入方来看，流转大户耕作水平不高，没有农户精耕细作经营，产出水平达不到预期，有些经营大户亩产水平甚至低于农户亩产水平，其次，流转大户对土地仅有经营权，而经营权尚不能进行融资，大户经营投入不足，影响效率提高。

四、措施建议

（一）加强对土地流转必要性的宣传。要让基层干部群众认识到，土地不仅仅是农民就业和生存的手段，更是一笔庞大的资产，加快土地流转正是合理利用这一资产，增加农民收入的有效手段。要充分利用各种媒体，大力宣传有关土地流转的法律法规和通过流转土地增收致富的典型，让农民了解政策，消除误解，放心流转。同时，要提高基层干部“以地生财”的意识，引导农民提高组织化程度，增强集中土地、运作土地的能力。

（二）建立健全土地流转管理机制。一是按照“三个不得”（不得改变土地集体所有性质，不得改变土地用途，不得损害农民土地承包权益）的要求，加强土地经营权流转管理。准入上，对有意向进入农村土地流转的流入方，从履约能力、经营资格、项目规划等方面严格审查，确保流入方有实力、项目、前景好、带动强。监管上，加强流转价格、合同规范、土地用途监督“三项管理”，实行流转费用预付制、风险保障金、规模流转年检“三项制度”，确保土地性质不改变和农民利益不受损。退出上，对不能及时支付流转费用，撂荒闲置土地、不保持肥力进行掠夺性生产，擅自改变土地性质，造成农民财产和土地权益受损，引发大规模矛盾纠纷“五类行为”启动强制性退出机制。二是建立土地流转服务体系。各地要成立农村土地流转交易中心和农村土地承包经营权流转服务中心，在镇设立分中心、村设立信息代理点。在仲裁平台上，各镇成立农村土地纠纷调解仲裁庭，健全纠纷调处体系，及时妥善调解土地流转纠纷，依法保障双方流转权益。在政务服务上，完善流转土地信息收集管理和公开公平发布机制；同时清理和调整阻碍土地流转的行政审批事项，开通绿色通道，推行“一站式”服务。

（三）坚持和完善鼓励土地流转的政策措施。加快土地确权工作，明确权属。允许农户把土地作为生产要素在市场上依法自由流转，促进农业生产要素优化组合，保障农民权益。积极探索以土地承包经营权入股等形式的流转，鼓励和引导农民以土地入股利益共享组建农民合作组织，推动农业产业化经营。建立土地流转扶持资金，对于全部转出土地的农户给予一定的补助，扶持其进城务工创业；对于引导农户流转土地较多、增收效果显著的乡镇和行政村给予适当奖励；对于通过采取土地流转合作方式集中农户土地进行规模经营，并能切实带动农户增加收入的龙头企业和种养大户进行奖励,并从扶持资金、税收政策、技术指导等方面给予倾斜;探索以土地经营权为担保的融资办法,为经营大户提供经营资金需求,规范经营大户生产经营配套设施用地和资产认证工作。

(四)逐步完善社会保障机制。尽快把已经放弃经营土地、进入城市就业的农民纳入城镇社会保障体系,实现与城镇社保的对接,避免因失业等原因再次返乡与民争地。加大对农村社会保障的财政投入力度,探索建立农村人口养老保险制度,进一步扩大新型农村合作医疗制度覆盖范围和大病救济制度,扩大最低生活保障体系覆盖面和保障能力提高,解除土地流转的后顾之忧,维护社会和谐与稳定。

(市统计局)

打造滁宁深度融合发展的黄金水道

——关于建设滁河经济带的调查与思考

长江经济带和南京市江北新区建设,为滁州沿滁河地区发展提供了千载难逢的历史机遇。如何抢抓这一重大机遇,加快沿滁河地区乃至滁州的发展,是摆在市委、市政府面前的一项重大课题。近日,市委政研室、市水利局、市发改委等部门组成调研组,深入沿河县市区、部分乡镇和经济开发区走访调研,查看现状,听取意见,寻找对策。现将调研情况报告如下:

一、滁河概况

滁河是长江下游左岸一级支流,为皖苏界河,也是滁州市进入长江黄金水道的唯一水路通道。

(一)起始

滁河发源于安徽省肥东县梁园镇,主要流经我市全椒县、南谯区、来安县和南京市江北地区。河道全长270公里,其中滁州境内长度113.1公里,自西向东,全椒境内69.4公里,南谯区境内13.6 公里,来安县境内30.1公里。

(二)支流

滁河支流众多,滁州境内支流有小马厂河、大马厂河、襄河、土桥河、清流河、来安河、施河、皂河,较大的支流为襄河、清流河和来安河。

(三)航运

滁河平均宽度为150至300米,平均深度为8至12米,干流上航线一般为六级航道,部分航道疏浚后可达四级,可通行600吨以下货船。目前投资2.6亿元的滁州港正在建设。

(四)交通

陆路交通上,横跨滁河上的公路有高速公路三条,即:G40(沪陕高速)、G104(京福高速)、G36(宁洛高速);省道4条,即:S226线(全椒—含山路)、S206线(全椒—和县路)、S311线(合肥—浦口路)、S457线(来安—六合路)。

桥梁有:古河大桥、官渡大桥、合宁客专滁河特大桥、G40滁河特大桥、京沪高铁滁河特大桥、S311滁河大桥、京沪铁路滁河特大桥、汊河大桥、G36滁河特大桥、头桥大桥。

水路交通上,从全椒县古河顺流而下可经汊河港,穿过南京六合区直通长江,沿途有古河、官渡、汊河等3座码头,襄河、清流河、来安河等支流上有襄河、担子、乌衣、水口等4座码头。从古河逆流而上,可经驷马山航道进入长江。

(五)整治情况

2008年,市委、市政府委托长江勘测规划设计院进行项目可行性研究,2012年5月,国家发改委下发了《关于滁河防洪治理近期工程可行性研究报告的批复》(发改农经〔2010〕1519号)。2014年4月,国家水利部下发了《关于滁河防洪治理近期工程初步设计报告的批复》(水总〔2014〕143号),批复滁河防洪治理近期工程总投资11.4亿元,主要工程为干流堤防加固工程、蓄滞洪区圩堤加固工程,干流汊河集至马汊河口段河道疏浚和支流穿城段工程,目前已累计下达资金10.6亿元。已完成干流堤防加固45.11公里、蓄滞洪区圩堤加固2.3公里。尚有干流堤防加固12.7公里、穿堤建筑物10座、蓄滞洪区圩堤加固20.89公里、清流河穿城段正在实施,另有干流穿堤建筑物2座、河堤疏浚10.4公里及水文监测系统未实施。

二、滁河沿线经济发展概况

按照水利、发改部门的统计

口径，滁河经济带涉及全椒、来安、南谯、琅琊两县两区，行政区域面积4420.9平方公里，约占全市行政区域面积的33%。常住人口约140万人，占全市总人口的35%。截止2014年底，滁河经济带实现地区生产总值512.2亿元，占全市43.2%，财政收入124.5亿元，占全市61.1%，规上工业增加值224.3亿元，占全市总量的40%，固定资产投资586.8亿元，占全市总量约47%。

从重点乡镇看，滁河流经乡镇9个，其中干流流经乡镇5个，即：全椒县古河镇、武岗镇、二郎口镇，南谯区乌衣镇和来安县汊河镇。襄河、清流河、来安河三条支流流经乡镇4个，即：全椒县襄河镇、南谯区大王镇、来安县三城乡和水口镇。流经的乡镇中，襄河、古河、乌衣和汊河均为副县级建制镇，水口镇为经济强镇。

从园区经济看，滁河经济带包含了包括滁州经开区、苏滁产业园，全椒、南谯、琅琊、来安、汊河等众多经济开发区和工业园区。其中国家级园区1个，中新合建园区1个，省级开发区5个，县级工业园区7个（大墅、古河、六镇、二郎口、武岗、十字、水口），南谯区还在滁河北岸建设了一个现代农业示范园。

三、加快建设滁河经济带面临重大机遇

长期以来，滁河作为一条皖苏之间界河，主要功能为防洪灌溉、蓄养生态等，航运经济效益并不明显。长江经济带建设、南京江北新区发展为打造滁河黄金水道，加快发展滁州经济带带来重大机遇。

1、建设长江经济带的战略机遇。2014年9月12日，国务院出台《国务院关于依托黄金水道推动长江经济带发展的指导意见》及《长江经济带综合立体交通走廊规划（2014—2020年）》（国发〔2014〕39号），将长江经济带、“一带一路”、京津冀协同发展提升为国家三大战略。意图依托长江黄金水道，高起点高水平建设综合交通运输体系，推动上中下游地区协调发展，构建横贯东西、辐射南北、通江达海、经济高效、生态良好的长江经济带。2015年4月13日，省政府出台《安徽省人民政府关于贯彻国家依托黄金水道推动长江经济带发展战略的实施意见》（皖政〔2015〕40号），提出了打造畅通高效的黄金水道等七项具体措施，明确了安徽省2015年推动长江经济带发展工作要点。滁河经济带既地处长江经济带内，主要经济活动又依托长江经济带发展，已经成为长江经济带重要组成部分。

2、建设南京江北新区的重大机遇。2015年6月27日，国务院下发《国务院关于同意设立南京江北新区的批复》（国函〔2015〕103号），提出南京江北新区要与上海浦东新区、浙江舟山群岛新区、中国（上海）自由贸易试验区联动发展，逐步建设成为自主创新先导区、新型城镇化示范区、长三角地区现代产业集聚区、长江经济带对外开放合作重要平台。2015年7月11日，国家发改委印发《国家发展改革委关于印发南京江北新区总体方案的通知》（发改地区〔2015〕1586号），提出到2025年要将南京江北新区初步建成长江经济带上环境优美、宜居宜业、具有较强国际影响力的现代化新区。并按照“以人为本、生态优先，区域统筹、产城融合”的总体思路，做好“一带六区三走廊”区域布局。重点建设沿江城镇发展带，以浦口、高新大厂、雄州三大组团中心，着力提升商贸、枢纽、文化等城市功能。加强产业空间集聚，以南京高新区、南京化工园、浦口、六合经济开发区、南京海峡两岸科技工业园区为依托，重点发展先进制造、新材料、轨道交通、汽车机车等产业。滁河经济带毗邻南京江北新区，来安汊河、南谯乌衣已经和南京江北新区无缝对接，可依托绝佳区位优势，充分发挥价值洼地效应，承接产业外溢转移项目，实现借力发展、错位发展。

3、建设滁河经济带具备了一定基础。一是产业有基础。目前滁河经济带已有众多经济开发区和工业园区，业已形成以汽车、家电、食品、装备制造等为主导产业的多个产业板块，目前急需统筹协调，明确产业板块间发展方向、产业定位，实现一体化协调发展。二是承载有能力。近年来美好滁州建设步伐加快，交通路网、城市基础设施、公共服务设施等不断完善，以滁城为中心、全椒、南谯、来安为呼应的131城市组团版块已初具规模。三是整治有成效。经过多年的持续投入，滁河整治取得了显著成效，滁河沿线周边防洪、灌溉、航运设施不断完善，为加快滁河经济带发展提供了坚实保障。四是群众期望高。滁河是滁州的母亲河，沿河周边群众过去为滁州建设和发展大局作出巨大贡献，现在对加快滁河沿线发展有着强烈期盼，迫切希望将滁河经济带建设成为产业带、生态带、安全带和富民带。

4、"十三五"开局的重要战略机遇期。一方面，"十三五"期间经济将保持中高速增长，地区间发展将呈现协调发展、协同发展、共同发展的基本态势。另一方面，滁州在"十三五"期间也迫切需要打造新的经济增长极。

四、建议

1、将滁河经济带建设明确为十三五时期发展主战略。滁河沿线地区既是南京都市经济圈和合肥都市经济圈的交汇点，也是安徽长江经济带建设的主战场。滁河经济带具有直接主动参与长江经济带建设、呼应南京江北新区发展的先天优势，以滁河经济带发展带动滁州整个地区经济发展，已具备天时、地利、人和。建议市委市政府高度重视，统一思想认识，抢抓发展机遇，将滁河经济带建设确定为"十三五"乃至较长一个时期滁州发展的主战略，摆上突出位置，加大建设力度，努力打造成滁州新的经济增长极。

2、科学规划，分步实施。要坚持高起点规划、高标准建设。在规划上，要深入研究、全面对接江北新区规划，实现一体化发展。要紧紧抓住全省土地利用总体规划调整机遇，加快完善土地利用总体规划，为滁河经济带建设赢得更多空间。要推进经济社会发展规划、城乡规划和土地利用总体规划编制"多规合一"，科学做好滁河经济带功能分区、产业空间布局、重大基础设施和公共服务设施。要坚持先急后缓，量力而行，分步实施。分阶段安排建设时序，近期重点建设起步区，中期建设核心区，远期基本建成滁河经济带。

3、坚持基础设施先行。高起点、高标准高水平建设道路、公共交通、通讯、给排水、供电等市政公共设施，提高滁河经济带市政基础设施功能。抓住国家和省大力建设水利设施重大机遇，加快水利和农田基础设施建设，全面提高沿河流域防洪排涝能力，做好自来水厂、供水管网、地下管廊建设。抓住国家农村电网改造机遇，加快完善供电设施建设，提高城乡供电保障能力。加快项目编制申报，推进汊河—乌衣—襄河道路、吴汤大桥（南谯吴港—江北汤泉）等沿河地区重要道路、桥梁交通基础设施建设，完善县乡村路网建设。完善滁河沿线地区通信、环卫、供热等基础设施以及旅游、商业、教育等公共服务设施建设。

4、加强要素保障。全面整合滁河经济带的资源条件，在项目、资金、政策上给予倾斜。

5、建立高位推进机制。建议成立由市委、市政府主要领导挂帅的滁河经济带建设领导小组，安排专门人员和经费，统筹和协调推进滁河经济带工业经济、招商引资、园区建设、现代农业等工作，建立多层次协调合作机制，确保跨区域重大合作项目、合作事项顺利实施。

（李　莹　李　银）

滁州市城南新区村落历史与现状调查

市地方志办公室调研组

根据市委办公室印发的《关于认真做好全市2015年度重点课题调研工作的通知》精神，地方志办公室结合自身工作实际，在南谯区地方志办公室和龙蟠社管中心的配合下对城南新区自然村落开展专题调研，目的是通过调研深入了解和发掘历史文化底蕴，保存城市历史记忆，为更好地开发城市新区提供决策参考，为推动"三个发展"、冲刺全省第一方阵、建设美好滁州提供有价值的意见和建议。

一、城南新区自然村落的基本情况

城南新区地处城市规划区范围，是市委、市政府所在地、滁州市政治经济文化中心。城南新区主体范围在南谯区龙蟠社管中心区域内，前身为原琅琊区清流办事处3个村、6个社区，2010年7月1日随着两个市辖区行政区划调整划入南谯区。2011年6月，经安徽省政府同意，安徽省民政厅9月22日批准设立滁州市南谯区龙蟠街道。区域范围是清流路以南、清流河以西，东、南与腰铺镇接壤，西邻风景秀丽的琅琊山，北与琅琊区交界。区域总面积40.05平方公里，总人口9.1万人，其中常住人口7.5万人，辖银花东村、银花西村、新建、紫薇南路、湖心路、徐岗、陡岗、花园、红庙、担子10个社区居委会和万桥1个村委会（其中担子社区和万桥村划由腰铺镇管辖）。城南新区现有花园、陡岗、红庙3个涉农社区和新建、紫南、银东、银西、徐岗、湖心路6个城市社区，2011年10月南谯区民政局南政字[2011]110号文件将这3个村撤销，正式设立社区居民委员会，但是这3个社区还是以集体经济管理模式为主。花园社区现存居民组11个，已经征迁8个，未拆迁3个分别是板桥、陈天、粉坊，原有农户约300户，现有在册耕地约1160亩；陡岗社区现存居民组8个，已经征迁6个，未拆迁2个分别是余郢、刘榨，现有在册耕地约800亩；红庙社区现存居民组12个，已经征迁1个，现有在册耕地约1500亩。

二、城南新区自然村落现状及存在的问题

1.区位独特，发展空间大

随着城市化进程的快速推进，特别是2008年推进的“大滁城”建设，滁州城区空间发生了巨大的改变，尤其是在城南区域，政务中心、名校、各类生活服务中心的搬迁和建设，使得城南区域成为滁州市的第二中心区域。区内交通便捷，丰乐大道、中都大道、龙蟠大道、全椒路、南谯路、滁宁快速通道穿境而过，毗邻312省道、104国道、京沪铁路滁州北站、京沪高铁滁州站、合宁铁路全椒站。文化教育资源丰富，滁州市“四馆”、滁州中学、滁州六中、滁州市实验小学、滁州职业技术学院、城市职业学院坐落于此。工贸经济发达，区内有工业企业近500家，商贸、服务业2000余家。滁州市重点安置小区龙蟠东苑、南苑、西苑、北苑，名儒园、同乐苑以及发能国际、天逸华府、龙蟠汇景、金鹏99广场等大型住宅小区落户本辖区。

2.历史文化底蕴丰富，亟待保护

近年来，在市委市政府的领导下，我市的城镇化建设推动了城乡的巨变，“千年亭城”和“美好乡村”建设使广大人民群众的生活得到了很大的改善。在城镇化率快速提升的同时，重硬件建设、轻特色文化，千城一面，同质化迹象也愈加明显，缺少地域风格与特色等。如，老滁城区域原本古朴的青条石板路多被水泥路所取代，古城南标志性建筑“龙蟠寺”遗址渐被蚕食，由于滁城主城区的快速扩张，导致周边几十个自然村落消失，一些颇有特色且有历史典故的地名消失，取而代之的一些商业住宅小区被取名为：塞纳河畔、威尼斯花园、维多利亚等洋化、欧化现象，一些区域的道路被命名为：经一路、经二路、纬一路、纬二路或被命名为芜湖路、铜陵路、马鞍山路、六安路等……这一切都显示出对传统文化挖掘的不够，忽略了对滁州本土文化记忆的保护和传承。

城南新区远在秦汉时期，就有先人在此居住。龙尾山有一座古寺叫龙蟠寺，据说清朝乾隆皇帝曾游览过，并在附近的龙蟠井井栏上题了字等。花园、洼里岗、陈天等这些自然村落得名称都有各自的来历。花园原名郭家花园，位于滁州城南门外，离城七、八公里，庄内有参天的大栗树和许多的花草。据传这里是明朝开国皇帝朱元璋舅舅家居住的地方，当时在滁州享有盛名。花园的地理位置较为特殊，东高西低，东面有一座转阁楼，西面有一座转阁楼，阁楼建设讲究，气势宏伟，颇为壮观，可惜毁于战火，破碎瓦砾于七十年代修建滁全路所用。抗战爆发后，郭氏家族先后离开故土，逐渐被人们淡忘。洼岗原名洼里街，清朝时是一个类似现在担子的小镇，住有钟家、张家、宋家。在当时洼岗和山后交界处的叫做钟家洼，原居民组居住的西边地方就叫做张家花园。太平天国建都南京时，洼里街是太平天国的防御前沿，清军攻克后烧毁了镇上所有房子，将这个小镇夷为平地。陈天原名陈天子，据传有一位曾经居住在南京的大地主叫陈佩兰，本人经商头脑比较发达，当时就积极发展多种工商业，家庭经商收入巨大，有了余钱后他大量购置土地，在鼎盛时期拥有滁州三分之二的土地，但本人膝下生有多名女儿没有儿子，在其晚年时得一子，取名陈富仁，并安置在现在的陈天组这个地方，取名陈天子，寓意陈家添子、陈家天下。

3.现状堪忧，整体环境较差

通过对陡岗和花园社区等居民组实地调研，感到主要存在以下几个方面问题：一是违章搭建多。在城市迅速扩张的过程中，村庄被高楼大厦快速包围，地价、房价、租价也水涨船高、大幅上涨，受房屋租金和拆迁补偿利益驱动，村民见缝插针，私搭乱建，诸如“填平补齐”、“新建扩建”、“接高翻建”等形式多样的违法强建、乱建现象层出不穷，屡禁不止。二是环境卫生差。现在的村民组基本上没有围墙，无法实施封闭式的物业管理。外来租户较多，人员杂乱，垃圾遍地，环境管理较差，并存在着各种安全隐患。如在余郢组，由于水源遭受污染，导致少数村民因饮用水污染导致发生疾病而亡。三是遗留问题多。各类设施薄弱，公共绿地与医疗等基础设施缺乏。如：农村土地被征用之后，划分给村民安置房，由于当时人力、物力、财力缺乏，再加上赶进度，导致了部分安置房蜕变为危房。在社区管理上，有些居民小区地属两个行政区域，但还要维护他们的计划生育、社会福利、社会治安等社会管理职能。在土地使用上，对留下开发价值不大的边角余地，逐渐演变成城市的“死角”。四是乡村记忆留下的不多。在推进城市化进程中，一味追求所谓的“现代化”，而忽略了乡村的原有风貌，采取大拆大建，改造成高楼大厦、宽阔的道路。乡村的自然风貌不见了，乡村的历史记忆消失了。如：现在的政务新区，原来是花园水库所在地，在水库上建造一座大楼；市第二实验小学坐落在花园村教堂的位置上。五是历史遗存保护不够。城南新区范围不大，但历史遗存较多。主要有龙蟠寺、龙蟠井、郭家花园等。龙蟠井井栏于2009年被人偷盗，现存的井栏是仿制品。郭家花园有东西两阁楼，建设讲究，颇为壮观，毁于战火，破碎瓦砾于七十年代修建滁全路所用。

三、几点对策和建议

鉴于前述提出的城市建设进程中自然村落存在的问题和困难，建议在城市建设进程中可采取以下措施：

1.尽早把城南现存自然村落纳入城市建设统筹规划中

城区现存的村落建设必然随着城市化推进而不断发生改变。要把以人为本、尊重自然、传承历史、绿色低碳理念融入城市规划全过程。因此，城区现存村落在新的城市化过程中，就应当避免出现那种利用价值高的土地开发殆尽，而农民则局促于一小块土的“城中村”死角现象。这些死角现象，归根结底，终究需要政府加大投入才能改造。这次调研给我们的启示是，城区村落应当加大城乡统筹规划，尽可能实现整村开发，整村改造。这样做，表现上看，初始投入较高，但最终来看，要比留下最后的死角再让政府来买单的做法，其实节约了巨大的资金和人力、物力。

2.加大对历史文化的抢救与保护

首先急需对城区村落中的历史文化进行考察与挖掘，对于历史文化遗存应从年代、数量、保存状况进行专业评级，对有文化、历史价值的寺庙、村名、遗址应采取有效措施进行抢救与保护。其次在制订制定城市规划时，邀请有关方志、文化部门方面参与，充分考虑规划过程中的历史文化遗存保护问题，那么在建设过程中，必定能大大减少对人文资源的破坏。三是在编制地名规划中，既要反映城区规划意图、功能分区和建设特点，还要从本地区的自然、历史、人文特色等方面出发，做到城市道路、建筑物、公园、广场等都应注入文化内涵，力求美观、大方、有品位，充分反映城乡精神风貌，努力展现出地区深厚的地名文化底蕴。四是加大对历史古遗迹、古镇(村)、重要历史文化地名树碑建亭，开展“历史文化地名”等文化建设活动，以弥补古迹、古名自然消失的缺憾。让老地名成为城市烙印留在人们的记忆中，让滁州的传统文化元素能融入和体现在城市建设与各行各业的产品设计中，增加本土文化的内涵，保留着浓郁的地方文化色彩，只有文化传承链条的生生不息，自身发展的根基才扎实可靠。

3.重视对城区环境的整合

城市环境卫生整洁是事关

城市整体形象的问题，全面提高城区结合部的环保水平，努力创造一个文明进步、整洁卫生、通畅有序的良好环境。一要广泛宣传，全民参与。采取多种形式，广泛宣传城区环境整治行动的重要性，引导广大市民积极参与环境保护的主动性和积极性。二要坚持标准，落实责任。明确城区环境整治的标准和任务，明确落实环境整治具体责任部门和责任人，不断加强对城区现在的村落的管网、电线、路面、危房、饮用水、垃圾等整治，做到城乡结合部整洁有序，无乱排污水、乱倒垃圾、乱堆物料、乱搭乱建、乱开店铺等现象。三是密切配合，强化监督。各责任部门既要主动、自觉地完成本部门自身职责范围的整治任务，又要配合好其他部门做好整治工作，形成齐抓共管的良好局面。对综合整治工作进行督导检查，明查暗访相结合，对综合整治过程中措施不力，工作疲沓、推诿扯皮的单位，予以通报批评，扎扎实实地做好城区环境综合治理工作。

（许恒贵　张立勤）

附　录

FU LU

2015年滁州市国民经济和社会发展统计公报[1]

滁州市统计局

2016年3月31日

2015年，面对复杂严峻的宏观经济环境和经济下行压力，全市人民在市委、市政府的坚强领导下，深入贯彻落实党的十八大、十八届三中、四中、五中全会和习近平总书记系列重要讲话精神，积极适应把握引领经济发展新常态，坚持“稳中奋进、好中加快”工作总基调，进一步激发大众创业、万众创新的积极性和创造性，攻坚克难、砥砺前行，经济社会实现了平稳健康发展。

一、综合

初步测算，全年实现生产总值（GDP）[2]1305.7亿元，比上年增长9.9%，增速同比提高0.5个百分点，高于全省1.2个百分点，总量和增速均居全省第5位。其中，第一产业增加值221.5亿元，增长4.3%；第二产业增加值694.9亿元，增长10.7%；第三产业增加值389.3亿元，增长11.5%。三次产业比为17.0:53.2:29.8。工业化率为46.8%，人均GDP达32634 元（折合5240美元），比上年增加2816元。

年末全市户籍人口449.1万人，比上年减少0.5万人；常住人口401.7万人，比上年增加3.2万人。城镇化率49.02%，比上年提高1.27个百分点。按常住人口计算，全年人口出生率11.02‰，比上年上升1.65个千分点；死亡率5.91‰，上升1.72个千分点；自然增长率5.11‰，下降0.08个千分点。

年末全市从业人员290.9万人，比上年增加8.2万人。其中，第一产业102.3万人，减少0.2万人；第二产业102.6万人，增

表1 2015年全市生产总值构成及增长速度

单位：亿元、%

指　　标	绝对数	比上年增长
生产总值	1305.7	9.9
其中：第一产业[3]	221.5	4.3
第二产业	694.9	10.7
第三产业	389.3	11.5
其中：农林牧渔业	226.0	4.3
工业	610.5	10.8
建筑业	84.4	9.9
交通运输、仓储和邮政业	48.5	4.1
批发和零售业	64.3	7.6
住宿和餐饮业	22.9	7.9
金融业	47.2	20.5
房地产业	47.4	5.5
营利性服务业	48.2	15.5
非营利性服务业	106.2	16.2

图1　2009-2015年地区生产总值及其增长速度

表2　2015年城镇居民消费价格变动情况

指标及分类	涨跌幅度±%
居民消费价格	0.8
其中:食品	1.3
其中:粮食	1.9
油脂	-3.0
肉禽及其制品	1.7
蛋类	-13.1
水产品	1.4
鲜菜	9.3
干鲜瓜果	-6.9
烟酒	1.1
衣着	1.6
家庭设备用品及维修服务	-0.5
医疗保健及个人用品	2.3
交通和通讯	-1.5
娱乐教育文化用品及服务	1.6
居住	-0.5

表3　2015年主要农产品产量

单位:吨、%

名　称	绝对数	比上年增长
粮食	4450776	3.3
其中:稻谷	2558688	4.3
小麦	1549811	1.2
玉米	202888	10.7
大豆	48306	5.8
油料	196538	-2.0
其中:花生	87201	0.3
油菜籽	102899	-4.1
棉花	9571	2.4
水果	625950	-2.3
茶叶	499	3.5
蔬菜	1453939	2.3
肉类	396841	1.9
禽蛋	116895	2.4
牛奶	11202	3.6
水产品	347735	4.1

加3.6万人;第三产业86万人,增加4.8万人。年末城镇在岗职工人数(不包括个体、私营、乡镇企业从业人员)22万人,增加0.8万人;城乡私营企业从业人员和个体劳动者75万人,比上年末增加7.4万人。城镇登记失业率为3.3%,与上年持平。

2015年全年居民消费价格上涨0.8%,涨幅比上年回落0.6个百分点。八大类商品和服务价格"五涨三降",其中医疗保健和个人用品价格上涨2.3%,衣着价格上涨1.6 %,娱乐教育文化用品及服务价格上涨1.6%,食品价格上涨1.3%,烟酒价格上涨1.1%,交通和通讯价格下降1.5%,家庭设备用品及维修服务价格下降0.5%,居住价格下降0.5%。全年工业生产者出厂价格同比下降1.1%,其中轻工业价格上涨0.7%,重工业价格下降2.3%;生产资料价格下降2.6%,生活资料价格上涨1.6%。工业生产者购进价格下降3.3%。

二、农业

全年农作物播种面积88.9万公顷,比上年增加6669公顷,增长0.8%。其中,粮食作物播种面积73.1万公顷,比上年增长1.1%;油料作物播种面积7.0万公顷,比上年减少3.1%;蔬菜播种面积4.7万公顷,比上年增长2.0%。

全年粮食总产量445.1万吨,比上年增产3.3%。经济作物有增有减,其中,全年棉花产量9571吨,比上年增产2.4%;蔬菜产量145.4万吨,比上年增产2.3%;水果产量62.6万吨,比上年减产2.3%；油料产量19.7万吨，比上年减产2.0%。

全年肉类总产量39.7万吨，比上年增长1.9%；禽蛋产量11.7万吨，比上年增长2.4%;牛奶产量11202吨，比上年增长3.6%；水产品产量34.8万吨，比上年增长4.1%。

年末，全市农业机械总动力700.4万千瓦，比上年增长3.3%；农用拖拉机43.4万台，比上年减少1.9%；排灌动力机械9.03万台，比上年增长0.78%；全年化肥施用量（折纯）35.7万吨，比上年增长1.8%。农村用电量10.1亿千瓦时，比上年增长4.0%。年末农田有效灌溉面积达490.05千公顷，比上年净增3.37千公顷。全年完成重点水利工程26项，比上年增加7项，完成投资16.48亿元，比上年增加7.88亿元。

三、工业

全年全部工业实现增加值610.5亿元，比上年增长10.8%。其中，规模以上工业[4]比上年增长11.1%。在规模以上工业中，重工业、集体企业、股份合作制企业、股份制企业增长较快。

规模以上工业中，35个工业行业大类中的29个行业增加值实现增长。其中：有色金属冶炼和压延加工业增长1.4倍，黑色金属矿采选业增长29.1%，食品制造业增长12.0%，医药制造业增长15.8%，汽车制造业增长30.9%，计算机、通信和其他电子设备制造业增长16.9%，造纸和纸制品业增长15.8%，化学原料和化学制品制造业增长15.8%，文教、工美、体育和娱乐用品制造业增长14.6%。

表4 2015年规模以上工业增加值增长

单位：%

指标及分类	比上年增长
规模以上工业	11.1
其中：轻工业	7.2
重工业	13.8
其中：国有企业	6.7
集体企业	12.8
股份合作企业	22.2
股份制企业	12.3
外商及港澳台商投资企业	6.3
其他类型企业	7.1
其中：大中型工业企业	8.5

图2 2009-2015年全部工业增加值及其增长速度

表5 2015年六大支柱产业生产情况

	企业数（个）	增加值			
		总量（亿元）	增速（%）	对规模工业贡献率（%）	拉动规模工业增长百分点
合　计	1221	554.9	11.5	93.2	10.3
硅基材料产业	168	39.5	10.0	5.8	0.6
先进装备产业	455	209.2	16.0	47.4	5.3
智能家电产业	165	102.7	9.9	14.8	1.6
农副产品深加工产业	260	133.6	3.8	7.9	0.9
新能源产业	32	7.3	22.1	2.1	0.2
新型化工产业	141	62.5	16.9	15.2	1.7

年末，全市共有514家企业列入高新技术产业行业目录，占全市规模以上工业企业单位数的36.9%，实现增加值285.2亿元；年末，战略性新兴产业的企业数为190家，全年完成产值521.6亿元。

年末，亿元以上工业企业达到482家，与去年同期持平，全年完成产值2124.7亿元，完成增加值515.7亿元，亿元企业对全市规模以上工业增长贡献率达到99.8%。

年末，全市六大支柱产业规

表6　2015年主要工业产品产量情况

名　称	计量单位	绝对数	比上年增长(%)
原盐	万吨	149.6	-1.7
大米	万吨	274.7	2.9
白酒	万升	4797	8.6
卷烟	万支	1454190	-4.6
人造板	立方米	499599	-32.7
农用化肥	万吨	20.8	10.1
水泥	万吨	1047	7.0
钢材	万吨	77.3	-12
单晶硅	吨	739.5	-6.5
发动机	万千瓦	1805.2	4.2
光缆	芯千米	204632	21.5
家用电冰箱	万台	291.9	-2.5
房间空调器	万台	123.6	3.1
发电量	万千瓦时	391970	17.6

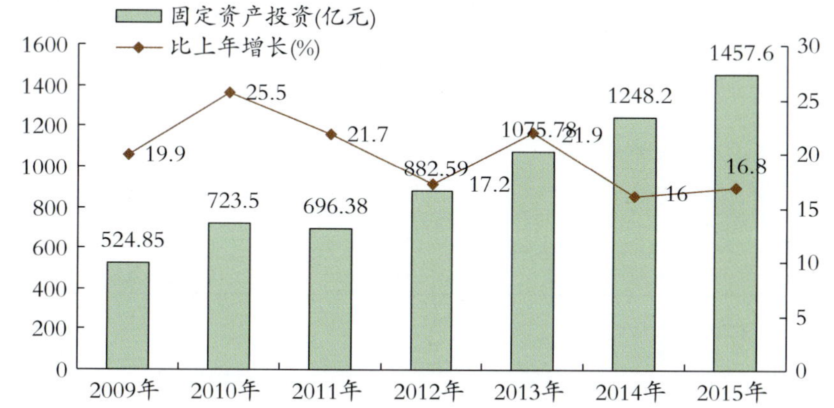

图3　2009-2015年固定资产投资及其增长速度

图4　2009-2015年社会消费品零售总额及其增长速度

模以上工业企业1221家，实现增加值554.9亿元，占全市规模以上工业的90.4%，增加值同比增长11.5%，对规模以上工业增长的贡献率达到93.2%，拉动规模工业增长10.3个百分点。

主要工业产品产量和上年相比，大多保持增长，其中，农用化肥20.8万吨，增长10.1%；白酒4797万升，增长8.6%；光缆204632芯千米，增长21.5%；水泥1047万吨，增长7.0%；房间空气调节器123.6万台，增长3.1%；发电量391970万千瓦小时，增长17.6%。

全年规模以上工业企业经济效益综合指数为315.6%，规模以上工业实现主营业务收入2474.2亿元，比上年增长11.0%；实现利税总额379.5亿元，比上年增长9.5%，其中利润257亿元，比上年增长7.4%。

全年建筑业完成增加值84.4亿元，比上年增长9.9%。年末，资质以上建筑企业151户，全年共完成建筑业总产值246.9亿元，比上年增长12.3%；实现利润总额9.04亿元，比上年增长5.6%；完成房屋建筑施工面积1689.3万平方米，比上年增长1.1%，其中当年新开工面积1098.9万平方米，比上年增长5.7%；房屋竣工面积1083.9万平方米，比上年增长8.2%。

四、固定资产投资

全年完成固定资产投资[5]1457.6亿元，比上年增长16.8%。其中，项目投资1123.2亿元，比上年增长19.1%；按产业分，第一产业投资55.2亿元，增长72.8%；第二产业投资713.5亿元，增长14.9 %；第三产业投资688.9亿元，增长15.8%。分行业看，制造业投资664.8亿元，增长15.0%；批发零售业投资15.4亿元，增长27.2%；房地产业投资400.2亿元，增长4.9%；水利、环境和公共设施管理业投资138.8亿元，增长31.7%；居民服务、修理和其他服务业投资1.3亿元，增长110.3%；教育投资13.4亿元，增长29.1%；公共管理、社会保障和社会组织投资22.9亿元，下降8.9%。

全年500万元以上固定资产投资施工项目2779个，比上年增长14.5%。其中，当年新开工项目1924个，增长24.5%。其中，亿元以上项目335个，下降15.6%。当年已投产项目2354个。

全年完成房地产开发投资334.4亿元，增长9.5%；房屋施工面积2525.6万平方米，下降5.0%，其中新开工面积459.1万平方米，下降27.4%；房屋竣工面积471.3万平方米，下降1.8%。商品房销售面积564.3万平方米，比上年增长12.0%；商品房销售额240.9亿元，比上年增长8.6%。

重大项目建设进展顺利。全年全市共安排"861"行动计划项目465项，比上年增加52项，当年完成投资622.9亿元，比上年增长14.5%。计划总投资57亿元的北沿江高速滁州至马鞍山段，当年完成投资24.1亿元；计划总投资37亿元的宿州至扬州高速公路天长段，当年完成投资5.4亿元；计划总投资21亿元的年产4.2亿米仿真真丝面料项目，当年完成投资4.6亿元；投资11.6亿元的滁州东鹏功能性饮料及茶饮料项目，当年完成投资3.3亿元。

一批大项目如期开工建设。如计划总投资38亿元的滁州至淮南高速公路滁州至定远段项目、总投资12亿元的凤阳人人家太阳能热利用建筑一体化

图5 2009-2015年进出口总额及其增长速度

表7 2015年出口额主要分类及地区分布

单位：万美元、%

指标及分类	绝对数	比上年增长
出口额	144243	-4.7
其中：一般贸易	115543	-10.0
加工贸易	28694	24.9
其中：对亚洲	56517	-23.5
对欧洲	22504	-4.0
对北美洲	39081	59.5
对非洲	12073	-13.4
对拉丁美洲	10391	-11.3
对大洋洲	3145	-6.8

图6 2009-2015年固定、移动电话数

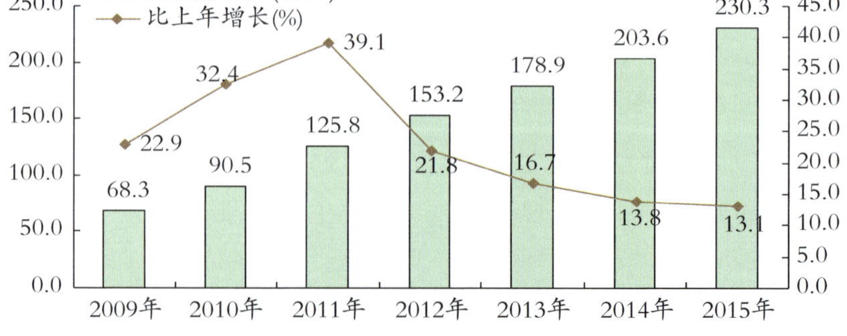

图7 2009-2015年财政总收入及其增长速度

及中高温综合利用设备制造项目、总投资11亿元的开发区现代物流产业园项目、总投资10亿元的凤阳年产2万套航空座椅项目等。

五、国内贸易

全年实现社会消费品零售总额457.0亿元，比上年增长12.5%，扣除价格因素实际增长12.8%。分实现区域看，城镇实现消费品零售额385.8亿元，乡村实现消费品零售额71.2亿元，分别比上年增长12.4%、12.5%。分行业看，批发零售贸易业实现零售额397.0亿元，增长12.0%；住宿和餐饮业实现零售额60.0亿元，增长15.7%。分构成看，商品零售额397.3亿元，增长12.0%；餐饮收入59.7亿元，增长15.8%。分经营规模看，限上单位零售额244.0亿元，增长13.2%；限下单位零售额213.0亿元，增长6.0%。

从限额以上单位商品零售分类完成情况看，穿类商品零售额21.2亿元，增长8.4%；吃类商品零售额48.5亿元，增长12.5%；用类商品零售额155.7亿元，增长14.0%，其中，金银珠宝类增长21.3%，五金电料类增长15.4%，家用电器和音像器材类增长13.6%，家具类增长20.7%，建筑及装潢材料类增长18.4%，汽车类增长10.7%。

六、对外经济和旅游业

全年商品进出口总额204621万美元，比上年下降7.1%（若扣除旅游贸易不可比因素，比上年增长15%）。其中，出口总额144243万美元，下降4.7%；进口总额60378万美元，下降12.3%。从进出口经营主体看，内资生产企业完成144805万美元，下降13.6%；外商投资企业完成59816万美元，增长13.4%。出口国别及地区达170个。

全年招商引资市外亿元以上项目到位资金800亿元，增长14.3%。其中境内省外666.2亿元，增长18.2%，位列全省第5位。来自长三角区域资金424.2亿元，占引资总量的53%。

全年接待旅游人数1697.3万人次，比上年增长17.3%，其中接待外国和港澳台游客101109人次。全年旅游总收入137.5亿元，比上年增长21.8%。其中，旅游外汇收入2974.7万美元，比上年增长11.3%。年末，全市共有星级旅游饭店18个，星级饭店客房数1853间（套）。年末A级以上旅游景区（点）24个，名胜风景区2个。

七、交通和邮电

全年交通运输、仓储和邮政业增加值48.5亿元，比上年增长4.1%。全年货物运输周转量[6]596.4亿吨公里。其中，公路货物运输周转量546.3亿吨公里；水运货物运输周转量50.1亿吨公里。全年旅客周转量91.5亿人公里。

年末全市民用汽车拥有量24.2万辆，比上年增长15.9%，其中私人汽车拥有量19.3万辆，增长19.9%。民用轿车拥有量18.2万辆，增长22.4%,其中，私人轿车拥有量16.5万辆，增长24.1%。

全年邮电业务总量[7]43.36亿元，比上年增长24.2%，其中，电信业务总量38亿元，比上年增长22.3%；邮政业务总量5.59亿元，增长45.6%，其中，快递业务量1976.68万件，快递业务收入1.88亿元，分别比上年增长64.6%和36.0%。年末，全市拥有电话370.2万户，比上年末增加5.4%，其中固定电话用户数47.5万户，减少13%；移动电话用户数322.7万户，增长8.8%。年末国际互联网用户59.3万户，比上年增长17.0%。

八、财政、金融和保险业

全年实现财政总收入230.3亿元，比上年增长13.1%。其中，地方财政收入143.7亿元，增长16.3%。从收入来源结构看，各项税收完成183.2亿元，比上年增长8.5%，占财政总收入的79.5%，占比下降3.4个百分点。从实现主体看，市本级财政收入76.2亿元，增长15.4%；县级财政收入154.1亿元，增长12.0%。全年财政支出302.6亿元，比上年增长12.8%。其中，教育支出48.2亿元，增长16.0%；城乡社区事务支出33.4亿元,增长20%；农林水事务支出53.8亿元，增长9.3%；社会保障和就业支出37.5亿元，增长25.9%；医疗卫生和计划生育支出36.2亿元，增长13.7%；交通运输支出16.7亿元，增长4.3%；住房保障支出12.5亿元，下降11.7%。用于民生方面支出262.5亿元，比上年增长14.1%，占总支出的86.8%，比上年提高1.1个百分点。其中33项省级民生工程投入69.3亿元，比上年增长68.5%。

金融保险业务快速发展。

年末，全市金融机构人民币各项存款余额1666.2亿元，比年初增加246.9亿元，增长17.2%。其中，境内单位存款余额633.5亿元，比年初增加103.7亿元；境内个人存款余额971.6亿元，比年初增加133.7亿元。年末，金融机构人民币各项贷款余额1202.3亿元，比年初增加164.5亿元，增长15.9%。从贷款期限看，短期贷款余额612.4亿元，比年初增加67.4亿元；中长期贷款547.1亿元，比年初增加81.3亿元。

全年新三板挂牌企业数5家，省区域股权交易中心挂牌企业数12家。至2015年末，全市有上市公司4家，新三板挂牌企业数8家，省区域股权交易中心挂牌企业数23家。

年末，全市共有保险公司29家，其中寿险14家，财产险15家。全年保费收入37.42亿元，比上年增长19%，其中，财产保险保费收入15.86亿元，增长11.6%；人身保险保费收入21.56亿元，增长21.4%。财产险中，机动车辆保费收入11.82亿元，增长14.1%；农业险保费收入1.80亿元，增长1.1%；健康险收入1.54亿元，增长6.2%；意外伤害险保费收入0.71亿元，比上年增长5.8%。全年支付保险赔款（满期给付）13.56亿元，比上年增长11.6%。其中，财产险赔款8.48亿元，比上年增长12.8%；人身险赔款和满期给付5.08 亿元，增长12.4%。2015年缴纳营业税、个人所得税等10710.1万元，增长28.6%，代扣代缴各项税款8540.36万元，增长9%。

九、科学技术和教育

年末，全市共有各类专业技术人员6.4万人，比上年增长3.2%；民营科技企业547家，比上年末增加35家；省级工程技术研究中心27家；规上企业建立企业技术中心221家，其中，国家级2家，省级69家，技术中心比上年增加18家；国家高新技术企业175家，比上年增加30家。全年获省部级以上科技成果63项、科技进步奖2项；专利申请数8571件，比上年增加973件，全年授权专利数3349件，比上年增加296件，其中发明专利772件，增加531件；全年高新技术产业产值1195.9亿元，占规模以上工业总产值47.3%。

年末，全市共有幼儿园548所，比上年减少8所，在园儿童10.17万人，比上年增加1.9%；小学262所，比上年减少134所，专任教师1.43万人，减少3.4%，在校生24.0万人，减少0.4%；普通中学266所，减少23所，专任教师1.61万人，减少1.3%，在校生20.28万人，减少5.8%；高等学校5所，专任教师2361人，增加2.7%，在校生6.18万人，增加3.9%；中等职业教育学校22所，专任教师2255人，在校生6.3万人。

十、文化、卫生和体育

年末，全市公共图书馆藏书量89.24万册，电子图书185.70万册，全市广播电视台8个，网络分公司6家。全市广播综合覆盖率98.46%，电视综合覆盖率98.46%。广播全年播放时间4.12万小时，其中自办栏目播放时间1.88万小时；电视全年播放时间5.45万小时，其中自办栏目播放时间1.53万小时。有线电视用户57.5万户。

年末，全市共有卫生机构1655个。其中，医院、卫生院161个，疾病控制中心8个，妇幼保健机构8个。全市卫生机构拥有床位15980张，比上年增长6%，其中医院、卫生院拥有床位15226张，比上年增加972张。卫生机构从业人员2.2万人。其中，医院、卫生院技术人员1.5万人，执业医生4572人，注册护士6413人，卫生防疫人员252人。全市参加新型农村合作医疗人数达到351.5万人，参合率101.7%。

年末，全市共有体育场馆17个。据第六次全国体育场地普查，截止2013年底，全市共有体育场地设施4154个，场地总面积475万平方米。2015年新增体育社会组织11个，建立省示范健身站点68个，发展二级社会体育指导员175名，完成省局下达的任务125%。拥有省级品牌活动5个，市级健身品牌6项。开展百人以上群众性体育活动437场、综合性的全民健身运动会11次，承办国家级赛事3个、省级赛事5个，参与全民健身活动人数达181万余人次，占全市人口40%以上。

截止2015年底全市共有国家级体育传统学校5所，省级体育传统项目学校9所，省级体育特色学校5所，国家级青少年体育俱乐部10所，省级青少年体育俱乐部5所。全国比赛金牌3枚，省级比赛金牌63枚、银牌24

枚、铜牌26枚。2015年我市输送后备人才22人。全年,体育彩票销售2.01亿元,募集公益金414万元。

十一、城市建设与环境保护

全年开工建设重点工程55项(续建24项,新建31项),总投资约40.68亿元,完成投资10.62亿元。其中,道路桥梁工程20项,房建工程16项,道路绿化工程8项,环境工程11项。

一是续建项目稳步推进。续建世纪大道、西涧南路、珠江路等道路桥梁工程11个,已完工10个,完成投资约1.58亿元。续建市地税局纳税综合服务中心、国家粮食储备中转站"搬迁粮油仓储"项目、龙池花园等房建工程10个已全部完工,其中市本级安置房项目实现全部竣工交付,完成投资约6.3亿元。续建清流河二期水利防洪工程、龙池街环境改造水系工程、城西干渠排水改造工程等环境工程3个,已完工2个,完成投资0.59亿元。

二是新建项目进展顺利。新开工建设西涧北路、南大桥、西大街桥9条道路桥梁工程,工程总投资约2.56亿元,完成投资0.39亿元,其中幼安路(东坡路-醉翁路)、纬四路(永乐路-中都大道)、创新路(清流路-九江路)等5条道路已完工。新开工环翠路(西涧路-雪鸿路)、洪武路(金陵路-滁马高速)等8个道路绿化工作,完成投资0.2亿元,全部完工。新建国防动员训练基地(一期)、滁州市食品药品试验综合楼、南京儿童医院滁州分院扩建工程、市福利中心改扩建项目一期等房建工程6个,完成投资0.46亿元,其中国防动员训练基地(一期)、南京儿童医院滁州分院扩建一期工程已竣工交付。新建清流河二期园林景观工程、滨河路闸站工程等水环境工程8个,已完工1个,完成投资0.7亿元。

2015年,实施了内城河改造工程,并对南大桥进行了重建 。完成了城西干渠改造工程,对会峰路以南渠道进行加深拓宽。继续实施了滁城公共自行车系统,建成滁城公共自行车系统一、二期站点共93个,累计投放2240辆自行车;继续加强街头游园建设,新建了同乐路与金陵路交口游园、六中对面街头游园、明光路与西涧路交口游园、扬子路与上海路交口游园;实施了主城区20条小巷道改造,完成主城区600多座雨水收集口改造,进行了主城区7条道路路灯改造,建成"智慧路灯照明"系统。

年末,全市公路通车里程16607公里。全市建成区面积235.87平方公里,比上年末增加7.52平方公里,其中市辖区83.84平方公里,增加0.84平方公里;建成区绿化覆盖面积86.59平方公里,比上年末增加7.99平方公里,其中市辖区 35.02平方公里,增加1.37平方公里;当年新建、改造、扩建道路156.70公里,其中市辖区47.68公里;年末绿地面积92.19平方公里,比上年末增加8.81平方公里,其中市辖区41.75平方公里,增加1.37平方公里;年末全市排水管总长度4400.26公里,比上年末增加552.38公里,其中市辖区1536.93公里,增加171.40公里。年末自来水日生产能力(不含乡镇)达60.62万立方米,用水人口141.60万人;全年天然气供气总量24688.27万立方米,比上年增加1715.45万立方米,用气人口109.51万人,比上年增加 14.19万人,其中市辖区用气人口35.49万人,增加1.43万人。

年末全市公交营运线路91条,比上年增加11条。实有公交车辆1145辆,比上年增加225辆。全年公共汽车客运总量13064万人次,比上年增长2.3%。全市出租汽车3192辆。

年末,全市共有自然保护区2个,自然保护区面积21900公顷。当年人工造林面积17247公顷。年末森林面积22.4万公顷,活立木总蓄积量1721.5万立方米,森林覆盖率16.6%。全市环境监测和监察支队16个。全市环境污染治理投资3.1亿元。年末,共有污水处理厂16座。城市生活污水处理率97.8%。全市年单位生产总值耗能比上年下降6.8%。

全年,全市环境空气质量符合《环境空气质量标准》(GB3095-1996)一级标准的天数为50天,占13.7%;符合二级标准的天数为213天,占58.4%;一、二级标准的天数总计为263天,占72.1%。PM_{10}全年平均值87μg/m3,全年轻度污染76天,中度污染20天,重度污染6天。

十二、人民生活及其它

全年城镇居民人均可支配

收入24168元，比上年增长9.4%；人均消费性支出15620元，比上年增长13.8%。其中：食品支出5126元，增长2.4%；衣着支出1148元，下降5.8%；居住支出3779元，增长22.2%；生活用品及服务支出1288元，增长54.2%；交通通信支出1283元，增长11.8%；教育文化娱乐支出1785元，增长44.6%；医疗保健支出861元，下降3.8%；其他用品和服务支出351元，增长20.6%。城镇居民恩格尔系数[8]为32.8%。

年末，每百户城市居民家庭[9]拥有家用汽车11.7辆，摩托车15.8辆，电冰箱96台，洗衣机86.5台，热水器85.9台；空调104.6台，彩电120.4台，摄像机1台，照相机24.1台，计算机45.5台，中高档乐器0.3架，固定电话44.5部，移动电话176.3部。人均住房建筑面积35.3平方米。

全年农民人均可支配收入10070元，比上年增长9.8%；农民人均生活消费支出7547元，比上年增长16.4%。其中：食品烟酒支出3150元，增长15.6%；衣着支出383元，增长8.8%；居住支出1262元，增长3.6%；生活用品及服务支出362元，增长3.2%；交通通信支出855元，增长5.9%；教育文化娱乐支出798元，增长42.8%；医疗保健支出654元，增长79%；其他用品和服务支出84元，下降20.9%。农村居民恩格尔系数为41.7%。

年末，每百户农村居民家庭拥有家用汽车5辆，摩托车57.6辆，电冰箱88.1台，洗衣机74.3台，热水器59.7台，空调54.8台，彩电118.5台，摄像机0.4台，照相机0.6台，计算机9.8台，固定电话29部，移动电话170.8部。农村居民人均住房面积为34.9平方米。

全市保障房建设完成投资22.1亿元，比上年下降47.4%，其中，公租房（含廉租房）完成投资0.8亿元；全年保障房施工面积190.4万平方米，比上年下降61.9%，其中，公租房（含廉租房）施工面积为6.2万平方米；全年保障房竣工面积146.2万平方米，比上年上涨21.8%，其中公租房（含廉租房）竣工69.78万平方米。

养老、失业、医疗、工伤、生育保险以及城乡居民最低生活保障得到加强。2015年末，全市城乡基本养老保险（含城镇职工养老保险、城乡居民养老保险）参保人数283.43万人。其中，城乡居民养老保险参保人数237.61万人，城镇基本医疗保险参保人数109.3万人，失业保险参保人数为22.4万人，工伤保险参保人数为30.12万人，生育保险参保人数为25.76万人。参加城市最低生活保障人数4.8万人，比上年末减少15.9%。参加农村最低生活保障人数13.9万人，比上年末减少7%。城乡低保人均月补差分别为372元、179元，退休人员养老金标准进一步提高。

年末，全市工会组织数8995个，比上年增长5.3%。工会系统筹集送温暖资金928.01万元，发放送温暖资金897.78万元；医疗救助1574人，帮扶金额384.06万元；金秋助学资助困难职工和农民工子女841人，发放助学帮扶资金224.7万元，其中资助困难农民工子女358人，发放助学款98.8万元。年末，县级及以上妇联组织9个，县级以上春蕾工程全年筹资81.67万元，资助大学、大专和中小学生1475人。

年末，全市共有提供住宿的社会服务机构94个，其中养老服务机构79个，床位数22022张，比上年末增长0.4%。农村五保供养人数2.72万人，比上年末下降1%。年末，城镇社区各种服务设施1050个，比上年增长4%。全年社会福利彩票累计销量4.27亿元，比上年增长8%，全年募集福彩公益金5794万元，增长44.9%。

全年发生火灾事故1055起，直接经济损失2464.7万元，发生交通事故502起，交通事故死亡人数182人。

注：

[1]公报中部分数据为初步统计数。

[2]生产总值和各产业增加值按当年价格计算，增长幅度按可比价格计算。

[3]国家统计局对三次产业和行业实行相对分离的划分标准，第一产业指农林牧渔业（不含农林牧渔服务业），第二产业指工业（不含开采辅助活动，金属制品、机械和设备修理业）和建筑业，第三产业指除第一产业、第二产业以外的其他行业。

[4]规模以上工业统计口径为年主营业务收入2000万以上企业。

[5]固定资产投资口径为500万元以上项目和房地产投资。

[6]自2013年起，交通运输部每五年进行一次专项调查，每2-3年开展一次抽样调查。2015年交通部门开展了公路水路运输小样本抽样调查，确定了当年运输量基数，与上年不可比，故本公报涉及的旅客运输量和货物运输量未列比上年增长数。

[7]电信业务总量按2010年价格计算。

[8]恩格尔系数指居民食品消费支出占全部生活消费支出的百分比。

[9]由于城市居民调查样本轮换导致2015年相关指标数据与去年同期相比有较大变化。

[10]由于四舍五入的原因，部分指标总量和分项之和有微小的差别。

滁州市国民经济和社会发展第十三个五年规划纲要

（摘要）

“十三五”时期（2016年—2020年），是全面建成小康社会决胜阶段，也是滁州奋力争当全省经济社会发展排头兵、全力谱写“环滁皆美”新篇章的重要时期。根据《中共滁州市委关于制定滁州市国民经济和社会发展第十三个五年规划的建议》，制定《滁州市国民经济和社会发展第十三个五年规划纲要》（以下简称《纲要》），主要阐明“十三五”时期的指导思想、发展目标、发展重点和政策取向，明确政府工作重点，引导市场主体行为。《纲要》是全市各级政府依法履行职责的重要依据，是未来五年我市经济社会发展的宏伟蓝图，是全市人民共同的行动指南。

第一篇 全面建成小康社会，争当全省发展排头兵

第一章 “十二五”发展重大成就（略）

第二章 “十三五”发展面临环境（略）

第三章 “十三五”发展愿景

第一节 指导思想

高举中国特色社会主义伟大旗帜，全面贯彻党的十八大和十八届三中、四中、五中全会精神，以马克思列宁主义、毛泽东思想、邓小平理论、“三个代表”重要思想、科学发展观为指导，深入贯彻习近平总书记系列重要讲话精神，认真落实“四个全面”战略布局，坚持发展第一要务，牢固树立创新、协调、绿色、开放、共享的发展理念，以提高发展质量和效益为中心，以加快调结构转方式促升级为主抓手，以增进人民福祉、促进人的全面发展为出发点和落脚点，稳中奋进，好中加快，能快则快，统筹推进经济、政治、文化、社会、生态文明建设和党的建设，加快形成引领经济发展新常态的体制机制和发展方式，着力打造美丽滁州、创造美好生活，建设环滁皆美家园，确保如期全面建成小康社会。

第二节 发展战略

按照上述指导思想，“十三五”时期要如期实现全面建成小康社会奋斗目标，必须牢固树立创新、协调、绿色、开放、共享的发展理念，着力抓好工业强市、创新引领、开放提升、城乡统筹、生态为本、和谐共享六大战略。

——工业强市战略。以推进制造业转型升级为重点，以建设“千亿产业、千亿园区、百亿企业”为目标，以骨干带动、链形延伸、科技长入、产业融合为路径，以打造名企、树立名牌、发展名品、培育名家、引进名才为抓手，着力推进三次产业融合化、产业发展集聚化、产业竞争高端化，基本形成以战略性新兴产业为先导、先进制造业为主导、现代服务业为支撑、现代农业为基础的现代产业新体系，努力把滁州打造成为省内领先、长三角城市群中知名的制造强市。

——创新引领战略。以建设创新型城市为抓手，依托企业主体，以科技创新为核心，以人才资源开发和人才引进为支撑，通过产业化方式协同推进产品创新、商业模式创新、服务业态创新，促进创新链、产业链、资金链有机衔接，构建有利于创新发展的体制机制，塑造发现、培养、集聚人才的良好环境，形成大众

创业万众创新的生动局面，推动区域创新能力显著提升，促进经济发展主要由投资驱动向全要素综合驱动、由规模速度型增长向质量效益型增长转变。

——开放提升战略。抢抓国家建设长江经济带的重大历史机遇，充分发挥我市连接南京、合肥两个长三角副中心的区位优势，深度融入南京都市圈、合肥经济圈共建共享，全面参与长三角区域分工合作，构建全方位、多层次区域合作体制机制，促进要素有序自由流动、资源优化配置、市场深度融合。统筹对内合作与对外开放，把握“一带一路”建设契机，坚持“引进来”、“走出去”并举，拓展国际开放合作新空间。

——城乡统筹战略。加快推进新型城镇化建设，以滁来全城镇群建设为抓手，进一步发挥中心城市的主导和辐射带动作用，统筹美好县城和美好乡镇建设，逐步实现城乡居民基本权益平等化、城乡公共服务均等化、城乡居民收入均衡化、城乡要素配置合理化、城乡产业发展融合化，形成以城带乡、以乡促城、共同提高的城乡一体发展新格局。

——生态为本战略。将绿色生态理念贯彻到发展各领域和全过程，建立生态文明制度体系，扎实推进绿色发展行动，加快形成节约能源资源和保护生态环境的产业结构、增长方式、消费模式，实现资源能源利用效率显著提高，生态环境明显改善，绿色发展意识深入人心，使发展绿色产业、共享绿色生活成为全社会的共同行动。

——和谐共享战略。坚持发展为了人民、发展依靠人民、发展成果由人民共享，遵循社会规律，促进公平正义，推动包容性发展。按照人人参与、人人尽力、人人享有的要求，坚守底线、突出重点、完善制度、引导预期，更加注重保障基本民生，更加关注低收入群众生活，更加重视社会大局稳定，不断扩大基本公共服务有效供给。加强法治建设，创新社会治理，化解突出矛盾，加快形成依法科学有效的社会治理体系，最大限度调动一切积极因素，凝心聚力推进改革发展，共同打造幸福滁州。

第三节　主要目标

“十三五”时期，要紧紧围绕确保如期全面建成小康社会的奋斗目标，推动五个发展，实现四个翻番，冲刺全省第三。“推动五个发展”，就是认真落实五大发展理念要求，全面推动创新发展、协调发展、绿色发展、开放发展、共享发展；“实现四个翻番”，就是实现地区生产总值、工业总产值、财政收入、城乡居民收入在2014年的基础上实现翻番；“冲刺全省第三”，就是抢抓机遇、千方百计推动经济总量向全省第三进军，争当全省承接产业转移、加快调结构转方式促升级、全面建成小康社会排头兵。具体体现在：

经济总量壮大。经济保持持续健康较快发展，主要指标增速全省争先，人均水平位次进一步提升。地区生产总值年均增长10%左右，总量超过2500亿元、冲刺3000亿元；规模以上工业总产值年均增长14.5%，总量超过5000亿元、冲刺6000亿元；财政收入年均增长12%以上，总量超过450亿元、冲刺500亿元；人均地区生产总值力争达1万美元。培育形成3—5个跻身全省乃至全国前列的经济强县和开发园区。

结构优化升级。产业结构进一步优化，达到省内先进水平，三次产业比调整到15∶50∶35。战略性新兴产业产值占规模以上工业产值比重达到25%，现代服务业增加值占服务业比重力争达到60%，农产品加工产值与农业产值之比达到2.6。创新能力显著增强，创新体系更趋完善，全社会研发经费支出占GDP比重提高到2.5%以上，高新技术产业增加值占规模以上工业增加值比重达到55%。新产品、新技术、新业态、新模式不断涌现。

城乡发展一体。新型城镇化水平和质量大幅度提高，常住人口城镇化率达57%，力争户籍人口城镇化率达36.7%，5年新增农业转移人口60万人以上，促进新型城镇化健康发展的制度体系基本形成。“多规合一”实现全域覆盖，城乡布局形态更加优化、功能品质显著增强、规划建设管理一体化进程进一步加快。滁城首位度明显提升，县城、重点镇基本建成现代中小城市，力争90%中心村达到美好乡村建设要求。

生态环境优良。生态文明理念贯穿经济社会发展全过程，绿色生产生活方式初步建立，生产空间、生活空间、生态空间科学布局，生态安全屏障基本形成，生态文明重大制度基本建立。全面完成省下达节能减排目标任务，大气、水、土壤等污染得到有效整治。

制度更加健全。转变政府职能、农业农村、新型城镇化、创新驱动、基本公共服务等改革试点扎实推进，重要领域和关键环节改革取得显著成果，形成系统完备、科学规范、运行有效的制度体系，市场在资源配置中的决定性作用更加突出，政府作用更好发挥，市场和社会活力显著增强，树立起滁州改革新品牌。人民民主更加健全，法治政府基本建成，司法公信力明显提高。

文明程度提高。中国梦、社会主义核心价值观更加深入人心，爱国主义、集体主义、社会主义思想广泛弘扬，向上向善、诚信友爱互助的社会风尚更加浓厚，公民思想道德素质、科学文化素质、健康素质明显提高。全社会法治意识不断增强。公共文化服务体系基本建成，文化事业、文化产业发展壮大。

人民生活幸福。居民收入增长高于经济增长，人均水平力争超过全省平均水平，城乡居民收入差距进一步缩小，现行标准下贫困人口实现提前脱贫。社会事业加快发展，基本公共服务体系更加健全，基本公共服务均等化水平稳步提高。就业比较充分，五年新增城镇就业20万人以上。教育现代化取得重要进展，劳动年龄人口受教育年限明显增加。

第二篇 推动创新发展，培育经济发展新动力

坚持把创新摆上发展全局的核心位置，深入实施创新驱动发展战略，加快推进调结构转方式促升级，改进需求侧管理调控，加强供给侧改革创新，促进工业化与信息化深度融合、科技与经济深度融合，释放新需求，创造新供给，激发新动力，拓展新空间。

第四章 加快调结构转方式促升级，构建现代产业体系

牢牢把握新一轮科技革命和产业变革，主动顺应“互联网+”发展趋势，深入贯彻《中国制造2025》行动纲领，全面落实省调转促“4105”行动计划，坚持以传统产业转型升级为起点、战略性新兴产业为先导，加快构建先进制造业为主导、现代服务业为支撑、现代农业为基础的现代产业体系。

第一节 大力发展先进制造业

充分发挥先进制造业在优化产业结构中的引领作用，以打造千亿产业、培育百亿企业为抓手，突出强化基础、智能转型、绿色提升、服务支撑，发展形成一批省内先进、国内知名的产业基地，促进“滁州制造”向“滁州创造”提升、“制造大市”向“制造强市”迈进。

集聚发展战略性新兴产业。大力实施战略性新兴产业集聚发展工程。以建设省、市战略性新兴产业集聚发展基地为抓手，以“领军企业—产业链—产业集群—产业基地”为路径，发挥区域优势，突出产业特色，加快推进战略性新兴产业集聚发展。到2020年，全市打造2—3个省级战略性新兴产业集聚发展基地，每个县(市、区)打造1—2个重点战略性新兴产业，力争形成智能家电、新能源汽车、健康营养三个千亿元新兴产业，打造一批在全省乃至全国有影响力的产业集群，成为支撑全市经济发展的强大增长极。

改造提升传统产业。深入实施传统产业改造提升工程，以汽车及装备制造、农副产品深加工、新型化工、硅基材料等产业为支撑，围绕新技术应用、新产品开发、新业态拓展，强力推进“千亿技改”、“千企升级”，推动新一代信息技术与传统产业深度融合，提升产品研发、流程控制、企业管理、市场营销等环节智能化、现代化水平，提升产业整体素质和核心竞争力。聚焦硅基材料、盐化工等资源深加工产业，高起点开展现代工业设计，采用循环经济模式，提高集约水平。力争到2020年，汽车及装备制造产业形成千亿规模，新型化工、硅基材料迈上五百亿级台阶；传统产业新产品销售收入占比提高到35%左右。

第二节 加快发展现代服务业

把加快发展现代服务业作为产业结构优化升级的战略支点，深入实施服务业加快发展工程，促进服务业优质高效发展。

力争到2020年，全市服务业增加值达到900亿元，年均增长10%以上；建成20个以上省级服务业集聚区，培育30家以上年营业收入超10亿元的服务业企业，2家以上全国500强服务业企业。

推动生产性服务业专业化。以产业转型升级需求为导向，围绕工业设计、金融服务、科技创新等领域，加快引进和建设一批服务平台，促进生产型制造向服务型制造转变。

推动生活性服务业品质化。以扩大消费需求为重点，以提高人民群众生活质量为目标，着力增加服务有效供给、扩大服务消费需求、提升服务质量水平，推动生活性服务业便利化、精细化、品质化发展。

第三节 推动发展现代农业

深入实施农业现代化推进工程，用工业理念发展农业、用现代物质条件装备农业、用现代科学技术改造农业、用现代经营形式推进农业，全面提升农业现代化水平，加快推动滁州向产出高效、产品安全、资源节约、环境友好的现代农业强市跨越。

构建现代农业产业体系。增强粮食生产能力，实施藏粮于地、藏粮于技战略，依靠品种更新，提高单产，改善品质，增加总产，提升粮食作物种植收益，提高粮食安全保障水平。坚持最严格的耕地保护制度，合理划定永久基本农田，加快粮食生产核心区建设，保护耕地质量，提升地力。立足各地资源优势，以市场为导向，尊重农民意愿，深入推进农业结构调整，逐步构建粮经饲统筹、农林牧渔结合、种养加一体的新型种养结构，推进优势、特色农产品生产向优势区域集中。优化农产品品质结构，积极发展无公害农产品、绿色和有机食品。大力发展农产品加工业，提高企业竞争力。促进农村一二三产业融合发展，开发农业多种功能，不断拓展农村内部增收潜力，推进农业产业链和价值链建设，提高农业附加值。挖掘乡村生态涵养、文化教育价值，培育休闲观光、社会服务等新业态。积极推进农业“走出去、引进来”。

构建现代农业生产体系。大力发展资源节约型、环境友好型和生态保育型农业，推进现代生态农业产业化示范县（市）、示范区、示范主体建设，实施节肥、节药、节水行动计划，开展秸秆、畜禽粪便资源化利用。完善农业生态环境保护责任制，严守耕地、水资源、林业生态保护红线，实施新一轮退耕还林工程、湿地生态效益补偿、湿地保护奖励试点和湿地保护与恢复工程，探索实行耕地轮作休耕制度试点。健全农业科技创新激励机制，支持现代农业产业技术体系建设，建立农业科技协同创新联盟，发展农业科技成果托管中心和交易市场，加快滁州国家农业科技园区建设。提升农业机械化水平，创建小麦、水稻、玉米生产全程机械化示范县。严格执行属地管理、分级负责、政府负总责的农产品质量安全责任制度，开展农产品质量安全县建设试点和食品安全示范农贸市场创建活动。健全农业标准体系，大力发展名特优新农产品，加强农产品“三品一标”证后和农业投入品监管。严惩各类食品安全违法犯罪行为，提高群众安全感和满意度。

构建现代农业经营体系。坚持和完善农村基本经营制度，坚持农民家庭经营主体地位，引导土地经营权规范有序流转，健全土地流转服务平台，鼓励承包农户依法采取转包、出租、互换、转让及入股等方式流转承包地。合理确定土地经营规模，不拘一格发展多种形式适度规模经营。鼓励发展既不改变农户承包关系，又保证有人种的托管服务模式，支持种粮大户、农机大户和农民合作社开展全程托管或主要生产环节托管。加强土地流转用途管制，防止非农化和非粮化。打造新型职业农民，大力培育家庭农场，规范发展农民专业合作社，推进龙头企业转型升级，构建以龙头企业为核心、专业合作社为纽带、家庭农场为基础的现代农业产业化联合体。加快推进现代农业示范园区建设。完善农业社会化服务体系，稳定和加强县及县以下公益性服务机构，开展政府购买农业公益性服务，培育专业化、市场化服务组织，推进农业生产全程社会化服务机制创新试点，开展农业社会化服务示范县、示范乡镇创建活动。

第四节 强化产业基础提升产业竞争力

充分利用产业结构调整、消

费结构升级的巨大市场空间和需求潜力，培育壮大企业主体，优化提升产品层次，着力推进产业融合，不断增强产业核心竞争力。

大力提升产业素质。引导企业加大技术改造投入，全面提升设计、工艺、装备、能效等水平。大力发展智能制造，突破一批智能制造技术和关键产品，建设一批智能制造试点示范基地。加强节能环保技术、工艺、装备推广应用，全面推行清洁生产，发展循环经济，提高资源利用效率，强化产品全生命周期绿色管理。强化工业基础能力，围绕重大工程建设和重大装备需求，集中力量攻克一批关键共性技术和先进基础工艺，突破一批关键基础材料，开发一批核心基础零部件产品。深化供给侧改革，提升传统产业供给质量和效率，加速淘汰僵尸企业。

发展壮大企业主体。完善政策体系，着力营造服务环境优、要素成本低、尊重企业家的良好氛围。支持企业间战略合作和跨行业、跨区域兼并重组，提高规模化、集约化经营水平，培育一批“顶天立地”的企业集团。实施中小企业成长工程，发展一大批“铺天盖地”的中小企业。促进中小企业与大企业配套发展，形成以骨干企业为龙头、中小微企业专业化配套的分工协作体系。力争到2020年，全市规模以上工业企业突破3000家，限额以上商业企业、资质内建筑企业数翻一番以上，培育超100亿元企业10家以上、超10亿元企业100家以上，发展1000个亿元行业“小巨人”企业，新增上市企业5家。

提升产品质量品牌。大力实施质量品牌升级工程，培育以技术、标准、品牌、质量、服务为核心的竞争优势，推动“滁州品牌”向“安徽品牌”、“中国品牌”升级。鼓励制定企业联盟标准，引领新产品开发和品牌创建。提升检验检测技术保障体系，建设、运行一批高水平、高标准、高质量的公共技术服务平台。强化企业质量主体责任，开展质量标杆和领先企业示范行动，严格生产、流通、进出口环节质量安全监管。完善质量监管体系，加大对质量违法和假冒品牌行为的打击惩处力度。支持企业争创驰名著名商标和国际国内名牌，引导、鼓励企业申请商标国际注册。加强质量品牌宣传保护，营造全社会创牌、用牌、护牌的良好氛围。到2020年，全市中国质量奖和安徽省政府质量奖实现零的突破，中国驰名商标超过25个，安徽名牌达到150个，品牌经济比重超过60%。

第五章　强化创新引领，加快建设创新型城市

深入实施创新驱动发展工程，以建设创新型城市为抓手，以推动科技创新为核心，以破除体制机制障碍为主攻方向，通过开展系统性、整体性、协同性创新改革试验，激发全社会创新活力与创造潜能，让创新真正落实到创造新的增长点上，增强创新对经济社会发展支撑作用。

第一节　完善区域产业技术创新体系

强化企业技术创新主体地位。围绕产业链部署创新链，发挥大型企业创新骨干作用，激发中小企业创新活力，建立企业主导产业技术研发创新的体制机制。实施创新型企业培育工程，打造以科技型中小企业、高新技术企业、民营科技企业为骨干的创新企业集群。鼓励企业扩大对外科技交流与合作，支持建立全国性、区域性产业创新合作联盟，建立国家级学会、省级学会服务站。推动企业建立重点（工程）实验室、院士工作站、博士后科研工作站、工程技术（研究）中心、企业技术中心等研发机构，鼓励企业在科研院所、高等学校建立研发中心。力争到2020年，全市高新技术企业发展到400家，组建各类产业技术创新战略联盟20个以上，创建在国内同行业中具有领先地位的企业研发创新中心10家以上，新建立院士工作站5家、省级以上各类研发机构200家，规模以上工业企业建有研发机构比例达50%，年主营业务收入5亿元以上工业骨干企业实现研发机构全覆盖。

提升科技自主创新能力。发挥安徽省创新助力示范市作用，着眼优势产业领域和新兴产业发展方向，以培育自主知识产权、自主品牌为重点，加快推进重大科技成果向规模产业转化。积极争取国家和省级科技创新资源向滁州布局，培育引进公共技术研发平台、检测检验、

咨询服务等平台，加快推进中国家电研究院安徽分院、汽车装备研究院和食品加工研究院、国家电子元器件质检中心、中国质量认证滁州分中心等建设，推动设立智能家电众创空间、智享实验室，争取博西华等国内外知名企业研发中心落户滁州。深入实施新能源汽车、先进装备制造、高性能专用集成电路、轨道交通装备等科技重大专项。力争到2020年，新组建产业技术研究院3—5家，其中国家级技术研究院1—2家；重大科技专项累计实现新增产值100亿元。

优化区域创新体系布局。加快滁州省级创新型城市建设，积极争创国家技术创新工程示范县(市)，构建市、县及乡镇三级创新体系，力争到2020年，跻身国家创新型城市行列。大力度推进滁州高教科创城建设，促进科技资源、教育资源、人才资源集聚，构建产学研城四位一体的跨区域协同创新试验区、转型发展的先行区、新型城镇化的示范区。引导省级开发园区创建创新型园区，建设一批产业集聚度高、专业特色鲜明的科技园区。推动天长经济开发区创建国家级高新区，苏滁现代产业园创建省级高新区。力争到2020年，全市省级以上开发园区高新技术产业产值所占比重达60%以上，形成5个产值超50亿元的高新技术产业群。

推动科技体制机制创新。推动政府职能从研发管理向创新服务转变，构建普惠性创新支持政策体系，建立创新驱动发展评价机制。支持发展科技投资基金、创业投资、科技担保、科技创新券等工作，推进科技金融与重大科技创新项目、产业化项目对接。开展科技保险试点，加强对科技型中小企业的融资支持。加强知识产权保护，推广股权激励政策，推广知识产权和股权质押贷款，促进科技成果转化和产业化。

第二节 积极推进大众创业、万众创新

营造创新创业文化氛围。积极营造大众创业、万众创新的制度环境、市场环境、社会环境。弘扬扬子创业文化，推广“勇于争先、勤于创业、善于服务、精于出新”的天长经验，培养新一代滁州创业家精神。搭建多层次创新创业活动平台，策划举办和承办具有产业特色、国内品牌、国际影响，跨地区跨领域的创新创业大赛、技术论坛、产品展示等活动，吸聚一批企业家、天使投资人、知名创业导师，培育和发现一批创客之星。

发展壮大创业创新主体。按照“非禁即准”原则放开投资领域，深化与全国、全省知名民企合作发展，引进更多企业家、战略投资者、技术和管理人员来滁投资兴业。扶持青年及大学生优秀创业项目，促进创业教育、培训、实践的有机结合。鼓励创新型领军企业和行业龙头骨干企业，面向内部员工和外部创业者提供资金、技术和平台，打造开放的产业生态圈。支持市内外科技人员在滁创办、领办、合办科技型企业、科技服务机构。吸引国内外高端人才来滁创业创新，支持滁州籍在外人士返乡创新创业。

加快构建众创空间。加大财政支持力度，鼓励外资和民营资本共同参与，支持对现有的孵化载体、闲置厂房等进行改造，推进众创空间、车库咖啡、创新工场等新型孵化器建设，引导省级以上开发区、农业科技园区、高校院所盘活现有资源，构建一批低成本、便利化、全要素、开放式的创客孵化型、专业服务型、投资促进型、培训辅导型等众创空间，打造一批众创示范区。到2020年，每个县(市、区)打造众创空间1个以上，全市众创空间达到15个。

完善创业创新融资环境。探索建立天使投资引导机制，支持国有企业参与设立天使投资资金，引导社会资金、民营资本开展天使投资，吸引更多专业化天使投资机构来滁投资。探索建立众筹融资平台。鼓励金融机构加大对创新创业的信贷投放，扩大中小企业发行直接债务融资工具规模，进一步完善“投贷保”合作联动机制，增强金融对大众创新创业的融资服务能力。加快科技企业上市步伐，引导和鼓励创业企业在创业板、“新三板”、区域股权市场挂牌融资。

提升创业创新服务水平。打造“创新滁州”服务平台，提供创业项目植入到产业化的全过程服务。搭建技术共享平台，支持高校、科研院所、企业开放实

验设备和研发工具,支持先进制造企业为创客群体提供开模、数字加工等制造服务。探索利用大数据、云计算、移动互联网等技术建立"众包"创新平台,鼓励开展集成创新。通过政府补贴或购买服务的方式,构建市场主导、政府支持的创新创业服务体系。

第三节 大力实施人才高地建设工程

深入实施人才高地建设工程,以优秀企业家、高层次创新人才和高技能人才队伍建设为重点,以实施重点人才项目为抓手,以创新人才发展体制机制为动力,以优化人才发展环境为保障,统筹推进各类人才队伍建设,紧扣产业链打造人才链,为创新发展提供坚强的人才保证和广泛的智力支持。着眼增强企业核心竞争力,引进培养一批优秀企业家,培养造就一批高层次企业经营管理人才和高技能人才。突出"高精尖缺"导向,实施高层次创新人才引进计划,面向海内外集聚一批高层次创新创业人才。加强党政干部人才建设,打造一支讲政治、懂政策、会管理、善服务的干部队伍。加强滁州职业技术学院、城市职业学院等建设,在全社会倡导"工匠"精神,培养造就一支数量充足、结构合理、技艺精湛的技工队伍,加快建设职教强市、技工大市。发挥政府投入引导作用,鼓励支持人才资源开发和引进。创新人才评价、激励机制,弘扬鼓励创新、宽容失败的创新文化,营造促进人才发展的优良环境。

确立人才优先发展的战略布局。注重用好现有区域性人才。大力实施"十大人才工程",积极引进各类高层次人才。深入实施人才培养工程,全力抓好党政人才、企业经营管理人才、专业技术人才、高技能人才、农村实用人才和社会工作人才六支队伍。创新人才发展体制机制,落实人才培养引进使用政策,优化创新创业环境,激发各类人才的创造活力。到2020年,人才资源总量达到50万人,年均增长12%。

加快集聚创业创新领军人才。围绕主导产业转型升级和新兴产业发展需要,引进培养一批能吸收、转化、攻关高端技术、并帮助企业形成自主知识产权的创新领军人才,一批能够依靠核心技术带动企业创新发展、引领行业突破的创业领军人才。引进国家"千人计划"、中国科协"海智计划"人才,吸纳社会各行业知名专家和企业家。到2020年,全市新引进150名高层次创新创业领军型人才(团队)、500名高层次紧缺人才。

大力开发重点产业领域紧缺急需人才。适应新型工业化进程需要,加大汽车及先进装备制造、智能家电及电子信息、新能源、新材料、商贸物流、物联网、文化创意等产业领域紧缺急需人才开发力度。实施紧缺急需人才回流工程,面向滁州籍高校毕业生和在外就业创业人员,加大重点产业、新兴产业领域紧缺急需人才引进力度,引导、鼓励各类优秀人才到滁州发展。加快工程建设领域人才集聚与培养,培养建筑业高层管理及技术人员。重视企业人才进修培训工作,建立人才培训政府资金补贴制度。

创新人才发展机制。加大政府、高校及企业之间人才工作协调力度,鼓励和规范社会力量承担和开发人才中介服务,形成融公共服务、市场服务、社会服务为一体的人才发展服务体系。健全区域人才统筹发展体系,突破人才归属和人才工作条块分割,建立高校、科研院所和在滁企业与地方共引共育共用人才工作体系。健全人才保障和激励体系,加大对人才在科技研发、成果转化转让、信息咨询等活动中的收益保护。努力营造充满活力、富有效率、更加开放的人才制度环境,加大人才发展专项资金投入,完善支持人才创业的金融政策,建立健全人才公共服务体系,最大限度调动人才的积极性和创造力。到2020年,主要劳动力受过高等教育的比例达到22%,每万劳动力中研发人员达到45人年;全社会R&D人员总量超过20万人年,发明专利拥有量达到2200件。

第六章 实施"互联网+"行动计划,提升信息化水平

大力实施"互联网+"行动计划,以构建新一代信息基础设施为基础,推动互联网新技术、新模式、新理念与经济社会各领域深度融合,促进城市智能发展,

拓展网络经济空间，创新民生服务模式，提升经济社会信息化水平。

第一节　构建普惠泛在安全的新一代信息基础设施

积极推动下一代互联网、第四代移动通信、公共无线网络、广播电视网和物联网等网络基础设施建设，推进宽带网络光纤化改造和三网融合，努力构建泛在普惠、人人共享、安全可信的信息网络。加快TD-LTE网络建设和4G业务发展，推动下一代互联网商用部署。发展云计算及大数据平台等新型应用基础设施。到2020年，宽带网络全面覆盖城乡，城市家庭宽带接入能力达到100Mbps，农村家庭宽带接入能力达到20Mbps，固定宽带家庭普及率达到70%。IPV6规模商用，涵盖应用、终端及网络。4G网络全面覆盖城市和农村，移动宽带用户普及率达到90%。95%以上的行政村实现光纤到村，农村宽带家庭普及率大幅上升。完善安全测评、容灾备份、电子认证等城市信息安全基础设施。建立健全以等级保护、网络信任体系和应急处理机制为重点的信息安全保障体系。建设完善信息安全监测评估、监督管理、标准认证和创新能力体系。探索建立以行政评议和第三方评估为基础的数据安全流动认证体系。加强协调配合，共同推进宽带网络"提速降费"工程。

第二节　加强大数据开发应用

加快建设人力资源库、法人库、空间地理库、宏观经济库等基础性数据库。建立公共信息资源开放共享机制，推动政府信息系统和公共数据互联共享，优化整合各类政府信息平台。优先推动交通、医疗、就业、社保等民生领域政府数据向社会开放，在城市建设、社会救助、质量安全、社区服务等方面开展大数据应用示范，支持企业及公众使用公共数据开发推广各类智能终端APP。大力发展大数据产业，支持国字号金融机构和知名企业在我市建设区域性数据中心，积极引进一批国内外知名云计算、大数据龙头企业，汇聚一批大数据采集、存储、分析、加工、应用等中小企业，形成一批创新型研发平台，在文化创意、先进制造等领域培育一批基于大数据的新兴业态。

第三节　创新推动互联网应用

坚持改革创新和市场需求导向，突出企业的主体作用，推动互联网由消费领域向生产领域延伸，拓展互联网与经济社会各领域融合的广度和深度，促进产业跨界创新、融合发展，加快建设城市管理精细化、产业发展现代化、生活环境宜居化、基础设施智能化、网络安全长效化的智慧滁州。

"互联网+"制造业。以推进工业化、信息化深度融合为主线，支持企业开展研发制造一体化、管理生产一体化、产供销一体化、财务业务一体化等信息化综合集成应用和全流程、全业务、整体性解决方案推广应用。积极建设智能工厂、数字化车间，推广人机智能交互、工业机器人等技术装备在生产过程中的应用，支持设计研发、生产制造和供应链管理等关键环节的柔性化改造，鼓励企业开展互联网在线增值服务。引导企业开展两化融合管理体系贯标和两化融合整体性评估，推广普及企业首席信息官制度。到2020年，主要行业大中型工业企业数字化设计、管理普及率达到80%。

"互联网+"现代农业。鼓励互联网企业建立农业服务平台，加强产销衔接。推广农业物联网应用模式，发展智能化、精准化生产方式。充分利用现有互联网资源，构建农副产品质量安全追溯公共服务平台。推进信息进村入户试点，鼓励通过移动互联网为农民提供生产生活信息服务。到2020年，全市规模设施农业物联网技术推广应用面积占比达30%以上，农业信息化覆盖率达96%以上。

"互联网+"普惠金融。积极发展私募、众筹、互联网金融等新兴金融业态，支持银行、证券、保险等金融机构向互联网金融领域拓展，探索设立创新型互联网金融平台，鼓励发展、运用新型支付方式、支付工具。探索建立地方互联网金融监管机制，规范网络保险、网络借贷(P2P)等业务发展。

"互联网+"现代物流。支持发展交通运输物流公共信息平台、跨境电子商务配送等重大现代物流项目，鼓励大数据、云计算在物流领域的应用，建设智能仓储体系，优化物流运作流程，提高物流供需信息对接和使用效率，降低物流成本。完善中心商务区、居民区、高教区、产业园区网购商品投送公共设施和农村网络代购网点。

"互联网+"智慧旅游。建立智能高效的旅游监管平台，建设集信息服务、行程策划、客流监控、景区体验及电子导览、电子商务等为一体的智慧旅游服务体系。打造滁州旅游产品展示销售平台，实现在线推广、在线预定、在线交易、在线客服等。支持企业利用互联网平台，整合私家车、闲置房产等社会资源，规范发展在线旅游租车和在线度假租赁等新业态。

"互联网+"文化教育。支持传统媒体发展新媒体业务，构建内容集成和数字传输综合平台，推动传统媒体和新兴媒体融合发展。发掘特色文化资源，打造滁州非物质文化遗产互联网传播平台。推动图书馆、博物馆、文化馆、美术馆从传统服务模式向现代化数字模式转变，提升远程服务能力。鼓励中小学、职教院校通过与互联网企业合作等方式，对接线上线下教育资源，探索基础教育、职业教育等教育公共服务提供新方式。依托滁州电大，探索建立以互联网为基础的成人高等教育新模式。

"互联网+"基础设施。建设智慧交通，建立并完善城市智能交通信息平台、智能交通指挥信息系统和智能公交电子站牌信息发布系统，着力构建更加完善的交通运输感知体系；鼓励互联网平台为社会公众提供实时交通运行状态查询、出行路线规划、网上购票、智能停车等服务；依托互联网建设高效物流体系。发展智慧能源，推动建立基于互联网的电力、燃气能源生产调度信息公共平台，为能源生产监测、管理和调度提供服务；开展新能源微电网示范项目建设，鼓励发展用户端能源共享经济和自由交易。推行城市智能管理，建设涵盖重要部门、行业、领域的公共安全视频图像信息传输网络和共享平台，加快城市管理涉及的各领域、行业、部门之间数据资源在线集成，运用新一代信息技术构建城市管理服务体系。

"互联网+"政务服务。加快建设市县乡三级联动的电子政府平台，建成并完善"网上政务服务超市"，可以在网上办理的政府权力事项，全部实现在网上办理，逐步形成网上服务与实体大厅服务、线上与线下服务紧密结合的新型政府服务模式，打造全省智慧政务运行高效区。运用互联网提升市场监管、社会保障、公共安全等公共服务水平。

"互联网+"民生服务。以信息惠民和信息消费为突破口，推动基于互联网的民生服务创新，发展分享经济、体验经济、社区经济。围绕民生热点，完善公共服务信息平台，推动基本公共服务向社区、农村延伸。鼓励各类市场主体共同参与增值性、公益性开发和创新应用，支持发展智慧旅游、智慧健康、智慧养老、智慧法务、智慧气象等，积极发展线上线下结合、为百姓提供便捷实惠的便民服务。鼓励医疗机构与互联网企业合作建立医疗网络信息平台，开展数字网络医院试点。推动全市各级各类医疗卫生机构互联互通，促进优质医疗资源共享。鼓励大中型医院搭建远程诊疗信息平台，完善市县乡村联网的远程会诊系统。利用互联网提升社会保险、公共就业创业、职业培训、劳动关系协调等社会保障管理和服务水平，推进社会保障卡加载更多功能，实现一卡通。

第七章　深化重点领域改革，激发体制机制新活力

大力弘扬大包干精神，进一步解放思想，坚持顶层设计与先行先试相结合，突出抓好重点领域和关键环节改革，以结构性改革推动结构性调整，加快构建有利于科学发展、转型升级的体制机制。把滁州建设成为富于创新、充满活力的改革先行市。

第一节　深化经济体制改革

深化国资国企改革。推动各类社会资本以出资入股、认购可转债、收购股权、股权置换等方式，参与国有企业改制重组，全面完成国有集体企业改革扫尾工作。支持全柴集团等国有企业兼并重组、做大做强。完善现代企业制度，推进国有企业规范董事会建设，基本形成市场导向的企业经营者选聘和激励约束机制，深化劳动、用工、分配三项制度改革，稳步推进股权激励和职工持股。完善国有资产管

理体制，以管资本为主加强国有资产监管，防止国有资产流失，改革国有资本授权经营体制。支持国有资本与各类资本共同设立股权投资基金、产业投资基金。鼓励国有企业对发展潜力大、成长性强的非国有企业进行股权投资，探索优先股和国家特殊管理股方式。加强国有资本运营公司功能建设，激活存量资产动力，以存量引增量，引导国有资本更多投向战略性新兴产业、现代服务业等领域。到2020年将国有资本收益上缴公共财政比例提高到30%。

提升发展民营经济。深入实施民营经济提升工程，完善财政、金融等扶持政策，促进优质资源向民营企业集中。实行统一的市场准入制度，支持民营企业依法进入金融、教育、医疗、文化、保障性住房建设、铁路、电力等更多领域。鼓励民营资本参与国有企业改制重组、国有控股公司增资扩股以及企业经营管理。深化商事制度改革，全面实现“一照一码”，推进“一址多照”、集群注册。整合各类公共资源和平台，健全初创企业和中小企业支持体系。优化企业发展环境，完善帮扶企业机制，实行限期办结制度；清理和规范涉企行政事业性收费，严格实行涉企收费进清单、清单之外无收费；集中清理和规范与部门审批事项相关的审查、评价、评估等中介服务，依法保护企业家财产权和创新收益。珍视民营企业家资源，引导企业走“专精特新”和集约发展之路，支持民营企业上市融资、管理创新、市场创新和品牌建设，深化与省内外知名民营企业合作发展，推进民营经济转型升级和运行效率提升。力争到2020年，民营经济对经济发展的贡献明显提高，民营经济占GDP比重达75%以上，引进投资5亿元以上知名民企合作项目200个以上，新增注册企业超3万家，新增个体工商户10万户。

推进财税体制改革。合理划分市县事权，加快形成事权和支出责任相适应的财政体制。实施全面规范、公开透明的预算制度，强化预算公开、执行、监督和管理。建立跨年度预算平衡机制，编制中期财政规划，健全权责发生制的政府综合财务报告制度。按中央部署，分类推进增值税、消费税、资源税等税制改革。健全地方政府性债务管理机制和以政府债券为主体的地方政府举债融资机制。加快完善市县政府财力保障机制。进一步优化财政支出结构，加大部门资金、存量资金和债务资金统筹，改进竞争性领域财政支持方式，采取股权投资、资本金注入、后补助等市场化运作模式引导带动社会资本投入。加大政府购买服务力度，推动事务性管理由政府向社会组织转移。健全优先使用创新产品、绿色产品的政府采购政策。

推进金融改革创新。加快健全地方金融体系，推动农商行建立健全现代商业银行制度，力争组建民营银行实现突破，积极发展消费金融、金融租赁、商业保理、资产管理等非银行金融机构，鼓励发展消费金融、汽车金融、融资租赁等新型金融业态，提升金融普惠性。完善政策性融资担保体系，加强对中小微企业、农村金融服务。积极跟进股票和债券发行交易制度改革，创新扶持企业上市政策，支持具备条件的企业分类对接多层次资本市场。建立健全产业、创业引导基金管理运行机制，鼓励天使投资、风险投资、创业投资和并购重组基金参与我市企业股权投资。完善保险经济补偿机制，探索建立巨灾保险制度。推进信贷资产和企业资产证券化，鼓励发展各类金融衍生品。加大“税融通”等创新产品推广力度，加快推广微贷技术。依托农业产业化龙头企业，推广产业链金融模式。积极争取信贷规模和直贷试点，探索开展农村土地承包经营权、宅基地使用权、农民住房财产权抵押担保贷款试点。完善金融基础设施和征信体系，健全金融监管协调联动机制，加强监管能力建设，优化地方金融生态环境。

深化投资体制改革。健全政府投资项目决策机制，合理界定政府投资范围、规模和标准，修订政府核准投资项目目录，最大限度缩小核准范围和下放核准权限。清理核准前置条件，探索项目核准和前置要件审批分离的服务措施。积极推广政府和社会资本合作（PPP）模式，向民营资本推出符合产业政策、有利于转型升级的政府和社会资本合作项目，充分激发社会投资活力。

第二节　深化行政体制改革

进一步转变政府职能。坚持职权法定原则，全面实施政府权力清单、责任清单和收费清单制度，探索开展负面清单制度试点，进一步厘清市县乡政府间权责关系，全面实施政府权力运行监管办法。深化行政审批制度改革，加大行政审批事项精简力度，接住并管好国务院、省政府及有关部门下放的审批事项，推动政府管理重心由前置性审批向事中、事后监管转移。全面推行行政审批相对集中改革，建立健全一门受理、并联审批和多证联办的服务模式，复制、推广苏滁园一站式服务和"2号章"模式，力争实现省级以上开发区全覆盖。全面推进政府管理服务信息化、网络化，不断提升政府管理服务效能，巩固完善行政权力"一库四平台"建设成果。加大政务公开和政府信息公开力度，创新经济社会发展综合评价方式，完善以质量和效益为导向的政府目标管理考评体系，积极引入第三方评估。继续深化公共资源交易改革，全面实现公共资源交易全程电子化、服务标准化、监管智能化，建设全市统一规范的公共资源交易平台。

统筹推进机构改革。按照精简统一效能原则，统筹推进党政群机构改革。优化政府机构设置、职能配置和工作流程，积极稳妥实施大部门制。鼓励基层党政机构整合试点或合署办公、领导交叉任职。减少市县两级政府执法队伍种类，加强食品药品、安全生产、环境保护、劳动保障、城乡规划建设管理等领域基层执法力量，有序推进综合执法，在有条件的领域推行跨部门综合执法。加快推进事业单位分类改革，建立健全事业单位法人治理结构，严格控制机构编制和财政供养人员总量。

第三节　深化农村综合改革

深化农村综合改革，围绕农村土地管理制度、集体产权制度、农村金融等领域，统筹推动国有集体林场、供销社等改革，加速释放农村发展活力和内生动力，推动我市农村综合改革继续走在全省、全国前列。

推进农村土地管理制度改革。审慎稳妥推进农村土地制度改革，2017年底前全面完成农村土地承包经营权、集体土地所有权、集体建设用地和宅基地使用权的确权登记颁证。依法推进土地经营权有序流转，健全县乡村三级土地流转服务体系，探索建立土地流转受让方准入、监管和风险保证金等制度，分类推进实施农村土地征收、集体经营性建设用地入市、宅基地制度和城乡建设用地增减挂钩改革试点。探索建立宅基地退出激励机制，鼓励农民退宅进城购房。

推进农村集体产权制度改革。全面开展农村集体"三资"清理核实和确权登记，积极探索农村集体资产股份合作制改革，大力发展资源开发型、资产运营型、异地发展型、为农服务型"四型"经济，壮大村集体经济，消除集体经济"空壳村"。加强农村集体"三资"管理网络平台建设，健全农村集体"三资"管理监督和收益分配制度。加快推进农村产权流转交易市场，探索农村产权入市交易途径、方式和规则，推动农村产权和资源的资本化、市场化和股份化。创新农村基础设施、美好乡村建设投入和管护机制，发挥农民群众主体作用。

积极推进农村金融改革。深入开展农村土地承包的经营权、农民住房财产权抵押贷款试点，有序发展新型农村金融合作组织。建立新型农村经营主体融资担保引导基金，引导融资担保公司和银行拓展涉农业务。积极推动政策性农业保险提标扩面。

第四节　探索推进国家和省级试点改革

坚持顶层设计与基层创新相结合，充分尊重和发挥基层群众实践和首创精神，积极推进各个层面各类各项改革试点。扎实推进创新型城市、医药卫生体制改革、中小城市综合改革、基本公共服务衔接并轨、农田水利设施产权制度改革和创新运行管护机制、集体资产股份权能改革、市县一体化公共资源交易等国家级和省级改革试点，发挥好对全局性改革的示范、突破、带动作用。鼓励和引导各地各部门结合实际，推动开展有特色、有创新的专项改革试验，努力形成一批在全省、全国有影响的滁州改革品牌和改革经验。

第三篇 推动协调发展，形成平衡发展新格局

坚持正确处理发展中的重大关系，重点促进城乡区域、经济社会协调发展，促进新型工业化、信息化、城镇化、农业现代化同步发展，推动物质文明、精神文明共同进步，推进经济建设国防建设相互融合，着力增强发展的协调性、整体性。

第八章 大力推进新型城镇化建设，促进城乡区域协调发展

以人的城镇化为核心，以提升质量为关键，坚持尊重规律、因地制宜、分类指导、统筹推进原则，推进农业转移人口市民化，促进城乡统筹发展和产城融合发展，构建形成以中心城市为核心、县城和重点镇为纽带、美好乡村为基础的新型城乡格局，规划建设管理和公共服务一体化的新型城乡关系，市域经济、县域经济、镇域经济繁荣发展、协调互动的新型区域体系，努力将滁州打造成为经济实力雄厚、社会事业发达、文化魅力彰显、人居环境优良、人民生活幸福的具有较大影响力的“皖东明珠”、皖苏之间新型区域中心城市。

第一节 优化城乡空间布局

建设现代化中心城市。以创建文明城市、卫生城市、森林城市、环保模范城市、交通管理模范城市、历史文化名城等为抓手，加快推进滁城老城区改造升级、新城区配套建设和产业园区产城一体建设。完善城市道路网络，加大停车场、公交站台等建设力度，发展快速公共交通系统，构建城市慢行系统，治理城市交通拥堵。综合开发利用城市地下空间，积极推动地下综合管廊的建设，促进通信、电力等架空管线的整合治理。推进“海绵城市”建设，增强防洪排涝安全保障。完善民生服务设施，加强背街小巷的道路改造整治，改进公厕、垃圾中转站等便民设施，加强居民休闲广场建设，建立健全社区物业的管理体系，加强避难所、救生通道等防灾设施的建设。加强城市大气环境、水环境治理，筑牢城市生态安全底线。到2020年，滁城建成区面积100平方公里以上、人口100万以上。做强做美县城乡镇。加快县(市)城建设，全面实施美好乡镇建设，加大“三治三增三提升”工作力度，打造具有历史记忆、地域特征、文化符号、山清水秀、宜居宜业的美好县城、美好乡镇。统筹推进县城新区建设和老区改造，增强现代化元素支撑，推动县城空间优化美化和功能提升。鼓励发展条件较好的县城建设成为中小城市，增强特色产业和人口集聚能力。以重点镇为龙头，推动小城镇建设与特色产业发展相结合，与服务“三农”相结合。支持产业基础较好、人口规模较大的重点镇，因地制宜发展特色产业，支持有条件的重点镇“镇当市建”，推动秦栏、炉桥国家小城镇综合改革试点建设。进一步完善县域城镇功能，推动智慧城镇管理创建，促进城镇基础设施和公共服务设施向农村延伸。力争到2020年，县城集聚县域人口50%，重点镇、中心镇集聚人口30%；6个县(市)城镇化率年均提高1.5个百分点以上，对全市城镇化的贡献率达到60%左右。精心打造美好乡村。统筹推进中心村建设和自然村环境整治，提高美好乡村规划建设管理水平，实现美好乡村建设由“以点为主”向“由点带面”战略转换。力争到2020年，全市90%以上的中心村建成美好乡村，美好乡村集聚县域人口达20%。引导城中村、城边村、乡镇驻地周边村、各类园区村，规划建设城镇聚合型社区；引导区位相近、规模较小、分布零散的多个村，规划建设中心村聚集型或强村带动型社区。到“十三五”末，全市建成50个新型农村社区。改善农民住房，探索农村安居、宜居、美居新路径。强化特色品牌意识，加强农村传统风貌和传统文化的保护，保留好田园风光、传统建筑和农俗文化，打造一批特色景观休闲旅游乡村。加强以农村路网为重点的基础设施建设，达到通村道路提标，村内道路环通。

第二节 促进城乡一体发展

实施全域规划。推进经济社会发展规划、主体功能区规划、城乡建设规划、土地利用规划、生态环境保护规划、文化遗产保护规划“多规合一”和城镇市政基础设施、公共服务设施、公共安全设施规划的“多规融合”，到2020年实现规划“一张图”和空间“全覆盖”。合理划定

城镇“三区四线”，优化空间功能布局，鼓励用地功能适度混合。尊重自然风貌、地理环境和地方文化的差异性，科学编制城市景观风貌规划，做好城市设计。完善规划编制审批程序，强化实施评估、规划修改、监督检查、行政处罚、动态跟踪机制，将规划实施情况纳入各级党政领导干部考核和离任审计。推行规划政务公开，扩大公众参与度。

统筹城乡管理。推动管理专业化，放开市政设施管护、园林绿化养护等作业市场，加大政府购买公共服务力度。推动管理数字化，运用信息化技术对城市资源、经济、环境等系统进行网络化、智能化管理，搭建数字化城市管理平台。推动管理扁平化，面向基层下沉管理职责、落实管理任务，探索区直接管理与服务社区体制，实施社区网格化管理。健全村民会议和村民代表会议、村务公开、村民议事、村级财务管理等自治制度，加强村民理事会、村务监督委员会等组织建设。

推进服务均等。改革户籍制度，全面放开市域内落户限制，建立城乡统一的户口登记制度，继续落实人才落户政策，促进有能力在城镇稳定就业和生活的农业转移人口举家进城落户，引导更多农业人口有序向城镇转移。全面落实居住证制度，建立居住证与基本公共服务供给衔接机制，扩大居住证提供基本公共服务的种类。加快推进“劳有所得、住有所居、学有所教、病有所医、老有所养”的并轨统筹，逐步推进农业转移人口基本公共服务全覆盖。完善廉租住房、公共租赁房住房并轨运行机制，优先对退出农村宅基地的农民家庭提供城镇保障住房，有序将农村转移人口纳入城镇住房保障体系。坚持随迁子女就学“零障碍”，确保随迁子女与本地居民子女一样就读、一样升学、一样免费。建立统一的城乡居民基本医疗和养老保险制度，保障进城务工人员及其随迁家属享有与城镇居民同等的待遇。统筹城乡公共服务体系建设，健全农村基础设施投入长效机制，把社会事业发展重点放在农村和接纳农业转移人口较多的城镇。推进明光全省城乡基本公共服务衔接并轨试点建设。

强化机制保障。统筹建立市、县(市、区)、乡(镇)成本分担责任体系，逐步形成政府高效引导、企业主动承担、个人低成本进城的农业转移人口市民化成本分担机制。落实财政转移支付同农业转移人口市民化挂钩、城镇建设用地增加规模与吸纳农业转移人口落户数量挂钩等政策。建立多元化城镇化投融资机制，加强政策性资金的引导作用，鼓励社会资本参与城镇化建设。维护进城农民土地承包经营权、宅基地使用权和集体资产收益分配权，鼓励引导进城农民在集体经济组织内部自愿、依法、有偿转让。积极扩大住房公积金制度覆盖面，支持居民实现基本和改善型住房需求，到2020年，力争住房公积金缴存人数年均增长19%以上，达到37.39万人。

第三节　推动区域协同发展

优化区域发展布局。发挥滁州地处长江经济带沪宁合主轴节点的地缘优势，加快承接长江经济带、长三角辐射，推动形成“一核两带”区域布局。“一核”：全面提升滁城中心城市首位度，加快推进主城区与来安、全椒的同城化，建设“滁来全”城镇群，完善功能定位，优化产业布局，着力打造市域核心增长极。“两带”：加快天长、全椒、来安、南谯、琅琊等毗邻南京江北新区区域发展，推动形成沿边经济带，建设协同发展示范区；加快定远、凤阳、明光等皖北振兴区域联动发展，加强交通互联、项目合作，发挥资源优势，用循环经济理念打造完整产业链条，推动形成淮河流域特色经济带，建设大工业基地。

加快县域经济发展。深入实施县域经济振兴工程，以富民强县为目标，坚持全域规划、分类指导、突出特色、转型发展，全面提升县域经济内生动力和综合竞争力。坚持“以产兴镇、以镇促产”，大力发展镇村经济，打造一批特色鲜明、配套完善、成长性好的工业强镇、特色产业集群镇。到2020年，全市县域经济总量全部实现翻番，突破2000亿元，6个县(市)经济总量均突破200亿元；县域财政收入总量超过300亿元，县均财政收入总量超过38亿元。天长进入全国百强县行列，来安、定远、凤阳经济总量进入全省20强。

第九章 加快完善基础设施体系，提升综合承载能力

按照适度超前、提质增效、集约节约、安全高效的原则，大力推进新一轮基础设施建设，着力构建综合交通体系、现代能源体系和水安全保障体系，增强经济社会发展支撑保障。

第一节 完善现代综合交通运输体系

积极融入长江经济带综合立体交通走廊建设，实施高速公路网化、国省干线提升、农村公路畅通、内河水运跨越、场站枢纽完善等六大工程，构建公路、铁路、水运、航空有效衔接的立体综合交通运输体系，提高交通运输服务保障能力，把滁州建设成为苏皖之间区域性交通枢纽城市。

加快完善公路网络。实施高速公路网化工程。按照“联网、扩容、提高”的要求，实施续建工程156公里，新开工建设路段里程200公里，扩容改造工程179公里。到2020年，全市境内高速公路通车里程达到700公里，全面覆盖20万以上人口的城镇节点，通道型的高速公路全面建成，高速公路网络布局进一步优化，现状交通拥堵路段服务水平得到明显改善。实施国省干线提升工程。新改建一级公路300公里、二级公路600公里，显著提高全市国省干线公路的技术等级和服务水平。推进“一级公路网化工程”，重点覆盖具有通道意义的干线公路，强化市与县、县与县，市与周边市（县）间的交通联系。推进“二级公路达标工程”，重点覆盖新、改建的国省道。推进“品质工程”，以路面改善、绿化、设施完善为重点，提升普通国省道干线公路的服务品质。实施农村公路畅通工程。进一步提高农村公路建设标准，全面实现路面硬化，构建方便、快捷、安全的农村公路网络体系。实施县乡道路升级改造工程，显著提升农村公路技术水平。加强路面、桥涵及防护工程的建设，切实提升农村公路抗灾能力。实施村道循环路、延伸路和撤并建制村通硬化路建设，从根本上解决农民出行难、行路难的问题。加快推进出口路、经济路、旅游路的建设，满足承接产业转移和美好乡村建设的需求。全面完成危桥加固改造，切实提升农村公路桥梁安全水平。

加快铁路和轨道交通建设。加快高速铁路、城际铁路和普通铁路建设，推动实现“客货分离化、高铁快速化、轻轨便捷化”。依托京沪铁路，规划建设滁州无水港，提升货运服务功能。进一步发挥京沪高铁作用，放大高铁经济辐射效应。加快融入长三角城际轨道路网。

加快推进水运基础设施建设。实施内河水运跨越工程，加大水运基础设施投入力度，加快打造高等级航道，进一步完善港区功能，全力促进水运发展。按照打造“三干八支”内河航道网的总体要求，全面提升内河航道等级，逐步在全市形成南通长江、北联淮河、东入大运河的水上交通网格局，推动滁州市水运通道与长三角水运大通道的融合。全面提升港口功能，建设发展专业化泊位、集装箱运输，构建多货种的专业化运输体系，实现作业区、码头的集约化、规模化发展。优化进出港道路，改善港口通道条件，促进港口与其他运输方式做到平顺衔接。全面建立水上应急救助体系，完善主要通航干流应急救助基地建设，增强应急反应能力。

积极发展航空运输。建设滁州支线机场，提高本地航空运输及航空服务能力。坚持借力发展，依托南京禄口机场、合肥新桥机场、六合马鞍机场，构建滁州综合性虚拟空港。加快机场快速通道及城市候机楼建设，实现城市公交与机场有效衔接。

完善枢纽场站建设。加快公路客运枢纽场站建设，实现不同运输方式的零距离换乘，提高综合交通运输效率。加大农村客运场站建设力度，推进重点镇等级客运站建设，加快行政村招呼站、候车亭建设步伐。优化公路货运枢纽场站布局，推动公路货运枢纽场站与港口物流园区、空港物流园区、铁路集装箱场站统一规划建设，强化公路货运枢纽与产业园区、商贸市场的有效对接，进一步完善公路货运枢纽场站服务功能。提升滁州、定远高铁站区配套功能，加大站区综合开发力度，完善站区对外路网通道，放大辐射效应。第二节 完善水安全保障体系

落实“节水优先、空间均衡、系统治理、两手发力”的新时期水利

工作方针,坚持工程水利、资源水利、民生水利、生态水利四位一体,深入推进"水利滁州"建设。

建设工程水利。结合新一轮治淮任务,实施淮河干流蚌埠—浮山段行洪区调整和建设、淮河干流浮山以下段行洪区调整和建设、沿淮行蓄洪区等其它洼地治理、安徽省淮河行蓄洪区和淮河干流滩区居民迁建工程、淮河流域重要支流池河治理工程。实施长江流域重要支流滁河防洪近期治理工程,推进滁河进一步治理工程。规划实施滁州、天长、全椒、来安、南谯新区、明光、凤阳、汊河新区城市防洪除涝工程,治理农村易涝区。推进中小河流进一步治理工程,争取完成18条中小河流治理建设。加固大中型病险水库、水闸,完成沙河集、黄栗树大型水库除险加固;推进马厂、城北、燃灯寺、林东、分水岭、城西等中型水库除险加固,完成肥全坝闸、花园湖闸、水口闸、高畈闸、赵桥闸等中型病险水闸加固,争取完成485座小型水库除险加固。

打造资源水利。开工建设江巷、靠山、崔家湾、山许、屯仓等大中型水库工程,实施驷马山引江工程,完成沙河集水库抬高蓄水位工程。规划建设女山湖、驷马山、炉桥电灌站三座大型灌区续建配套与节水改造骨干工程,完成10处重点中型灌区续建配套和节水改造工程。节水改造15处一般中型灌区。更新改造23座中型泵站。

构筑民生水利。继续实施农村饮水安全工程,使全市农村集中供水率达到90%左右,农村自来水普及率达到90%左右,水质达标率比2015年提高15个百分点,供水保证率达到95%,基本实现农村自来水"村村通"。实施小型农田水利设施改造提升工程,更新改造小型泵站7.5万千瓦,加固、新建小型水闸220座,扩挖塘坝6.5万口,整治河沟2400条,末级渠系基本畅通,小型水利工程效益进一步提升,防汛抗旱能力进一步增强。

发展生态水利。实施胜天河综合治理工程。实施水土保持工程,完成15条小流域综合治理,治理面积350平方公里。推进水资源保护,实施入河排污口布局与整治、内源治理与面源控制、生态基流及敏感生态需水保障、水生态系统保护与修复、地下水水资源保护、饮用水水源地保护、水资源保护监测、水资源保护综合管理等工程。

第三节　完善现代能源体系

积极调整能源结构,推动能源消费、供给、技术、体制改革,加强能源区域合作,努力构建清洁低碳、安全高效的现代能源体系。

增强传统能源保障能力。建成大唐滁州火电厂一期,启动二期项目,实现滁州大型燃煤电厂零突破。加快天然气设施建设,建成一批天然气管道工程,实现天然气"县县通",天然气利用水平不断提高,到2020年全市消费量达到8亿立方米以上。完善各级输配电网,推进电网智能化改造,实施新一轮配电网改造,提高城乡电网抵御自然灾害能力,保障输电供电可靠性。到2020年,全社会用电量达165亿千瓦时,最高用电负荷330万千瓦,年均增长约7%。

加快新能源产业发展。大力发展风能、太阳能和生物质能,推进能源综合开发利用,建成风电项目100万千瓦,累计建成装机容量170万千瓦以上,积极争创国家低风速风力发电示范基地。建成太阳能光伏发电项目100万千瓦,加强光伏发电在建筑领域和城市照明领域的应用。实现农作物秸秆规模化、能源化利用。

大力发展热电联产。按照"统一规划、分步实施、以热定电"的原则,坚持市场导向,破解体制机制障碍,将分散供热变为集中供热,推进热电联产持续快速健康发展。支持余热综合利用,鼓励水泥、玻璃等高耗能企业配套建设余热发电装置,进一步提高能源利用效率。

第十章　加快文化改革发展,加强精神文明建设

坚持社会主义先进文化前进方向,坚持以人民为中心的文化工作导向,积极培育当代中国核心价值观,深化文化体制改革,繁荣发展文化事业,培育打造文化产业,提升群众文化素质,不断增强滁州文化创造力和影响力,加快建设文化强市。

第一节　提升公民文明素养

坚持用邓小平理论、"三个代表"重要思想、科学发展观和习近平总书记系列重要讲话武

装全党、教育人民,用中国梦和社会主义核心价值观凝聚共识、汇聚力量。加强思想道德建设和社会诚信建设,深入推进社会公德、职业道德、家庭美德、个人品德建设,构建崇德向善的社会价值取向。强化公民法治意识、国家意识、社会责任意识、家庭意识。倡导全民阅读,建设书香社会。发展体育事业,增强人民体质。加强网上思想文化阵地建设,发展健康向上的新媒体和网络文化,牢牢掌握网上舆论主动权。推动传统媒体与新兴媒体融合发展,打造一批新型主流媒体。加强和改进思想政治工作,开展群众性精神文明创建活动,广泛开展好人评选活动,打造好人滁州、诚信滁州,形成讲正气、知荣辱、乐奉献、敢担当的良好风尚。建立健全志愿服务保障体系,推进志愿者服务工作机制化、常态化。落实文明城市建设长效机制,积极争创全国文明城市。支持科技创新和哲学社会科学繁荣发展,加快推动党校等新型智库建设。

第二节 构建现代公共文化服务体系

完善公共文化服务网络。大力实施文化惠民工程,统筹城乡公共文化设施布局,以基层为重点,加快构建市、县、乡镇(街道)、村(社区)四级文化基础设施网络,促进基本公共文化服务标准化、均等化。加大公共图书馆、博物馆、文化馆、科技馆等设施建设,推进乡镇(街道)综合文化站(服务中心)、农民文化乐园、城市社区文化活动中心建设。积极创建国家级、省级公共文化服务体系示范区。全面实施县级公共图书总分馆制。推进公共文化服务数字化建设。鼓励吸引社会资本以多种方式参与公共文化服务体系建设。

丰富文化产品供给。支持精品创作,鼓励原创文艺作品开发,推动优秀新闻出版、文学艺术、广播影视等文化产品创作生产。支持演艺团体提供公益性演出,推动文化惠民“菜单式”、“订单式”服务。深入推进公共文化设施免费开放,推动传统民俗文化活动场所、经营性文化设施等向公众免费开放优惠开放。广泛开展群众性、公益性文化艺术活动,加强对文化艺术知识的普及、群众性文化活动的指导和群众文艺骨干的培训。建立文化人口评估统计制度,促进全民文化活动参与率逐年提高。创新公共文化管理体制和运行机制,开展流动服务、远程服务、联网服务、连锁服务,推进“三馆一院”联盟,深化“百馆(站)千村文化结对活动”。支持互联网文化企业开发制作优秀作品,扩大滁州优秀传统文化瑰宝和当代文化精品网络传播。

加强文化遗产保护利用。实施国有可移动文物普查、文物维修保护、文物安全建设达标、博物馆陈列展览改造提升、精品文物展示、文物法制宣传教育等工程。加大重点文物保护单位、历史文化名城及名镇名村、大遗址、古村落及古民居、革命文物、历史档案保护力度。加强城市新区、开发区、基本建设工程及美好乡村建设中文物保护。抓好非物质文化遗产保护传承,建设一批专题博物馆、非遗展示馆,扶持建设一批非遗生产性保护示范基地、传习基地及研究基地。推动特色博物馆、行业博物馆和民办博物馆建设。做好古籍整理、保护、出版工作。

第三节 加快文化产业发展

加快构建结构合理、门类齐全、富有创意、竞争力强的现代文化产业体系,重点发展现代传媒、文化制造、工艺美术、演艺娱乐、数字印刷、影视动漫等产业,扶持一批成长性好、带动性强的文化产业项目,实施一批带有全局性、基础性、示范性的重大工程,规划建设一批文化产业园区、基地、集群。推动文化创意与设计服务及相关产业融合发展,塑造一批具有自主知识产权和核心竞争力的文化品牌。鼓励发展文化专用设备生产、工艺美术品生产、文具制造、包装印刷等产业,推动文化产业与互联网、建筑、旅游、体育等领域融合发展。扩大对外文化贸易与交流,积极参加各级各类文化产业交流活动,注重文化艺术人才培养和引进,加大滁州重大文化项目宣传推介力度。借力中国农民歌会,打造“农歌会、农展馆、农乐园”三位一体文化创意经济。进一步提升文化产业增加值占国民经济的比重。

第四节 深化文化体制改革

完善文化管理体制。深化管

理体制改革，实现政企分开、政事分开和政资分离、管办分离，建立文化管理运行新体制。深化公益性文化单位内部改革，推进文化事业单位劳动人事、收入分配、社会保障制度改革，完善公共文化服务指标体系和绩效考评办法。加强文化法制建设，全面推行文化综合执法。

培育合格文化市场主体。完善国有文化资产的管理体制，健全国有文化企业评估、监测、考核体系，加强国有文化资产监管，建立资产经营责任制。鼓励和引导社会资本进入文化领域，兴办文化企业，打造一批实力强、影响大的文化龙头企业。

健全文化市场服务体系。积极培育书报刊、音像制品、演出娱乐、工艺品等市场，加快培育以网络为载体的新兴文化市场。搭建文化投融资平台，引导文化企业开展银企合作、融资担保、上市融资，实现金融资本与文化资源的有效对接。加快文化中介组织建设，培育发展文化经纪代理、评估鉴定、版权交易等中介服务机构，发展文化类行业组织。

第十一章　促进军民融合发展

坚持富民和强军相统一，统筹经济建设和国防需求，完善军民融合体制机制，强化军民融合支撑，推进重点领域军民融合，着力构建军民融合深度发展新格局。

第一节　推进重点领域军民融合

促进基础设施、产业发展、科技创新、社会服务、应急维稳等重点领域军民融合发展。提升铁路、高速公路、航道等基础设施战备功能，支持南京军区明光三界训练基地铁路军用专线、凤阳蚌埠坦克学院实训基地、定远汽车试验场等建设，引入社会资金参与人防基本所等国防建设。围绕电子信息、轨道交通、机械装备和特种车辆、仪器仪表、新材料等领域，支持全柴、猎豹、永强、浩淼、天康、蓝德等优势企业进入军品科研生产和维修领域。拓宽军队社会化保障领域，完善市场准入和退出制度，采取公开招标等方式保障军队需求。推动国防动员机制和政府应急管理机制有机衔接，建立军地一体的应急保障体系。

第二节　强化军民融合支撑

编制军民融合深度发展规划，建立全市军民融合重大项目库，采取政府直接投入、资本金注入、投资补助、财政贴息、以奖代补等方式，支持国家级军民结合产业示范基地创建、特色产业集群培育和军民信息服务平台建设，建成一批军民融合创新示范区、示范企业和示范产品。

第三节　健全军民融合体制机制

建立军地统筹统管的领导机构，以及适应军民融合新要求的军地协调机制、军地需求对接机制和资源共享机制，完善军地之间、同级驻军部队之间信息通报、工作会商和任务协调等制度。加强国防教育和后备力量建设，推动现代化武装警察部队建设，密切军政军民团结。

第四篇　推动绿色发展，打造生态文明新优势

大力实施生态为本战略，坚定走生产发展、生活富裕、生态良好的文明发展道路，加快建设资源节约型、环境友好型社会，推动形成绿色发展方式、生产生活方式和生态保护机制，打造天蓝地绿、山清水秀、宜居宜业的美丽滁州。

第十二章　落实主体功能区战略

第一节　落实主体功能

全面落实国家和省主体功能区规划，落实市县主体功能定位，实施空间开发分类指导，着力构建平衡适宜的城乡建设空间体系。坚持环境优先，遵循区域生态经济功能特性，转变国土开发方式，把握开发节奏、时序和强度，扩大战略性新兴产业和服务业发展空间，适当增加生活空间、生态用地，保护和扩大绿地、水域、湿地等生态空间，逐步形成人口、经济、资源环境相协调的国土空间开发格局。

第二节　实施差别化政策

依据主体功能区，实行差别化政策，推动不同功能区差异化管理。财政政策，加大财政对农业生产和生态保护的支持力度。投资政策，以主体功能区为方向，安排政府投资，逐步加大用于农业和生态环境保护的比例，严格限制不符合主体功能区要求的产业类项目的审批、核准和备案。产业政策，探索建立不

同区域的鼓励、限制和禁止发展的产业目录。完善市场准入制度，对不同主体功能区的项目实行不同的强制性标准。土地政策，按照主体功能区配置建设用地，控制建设用地增长。环境政策，实施符合主体功能区的污染排放、环境准入、排污许可、污染控制和管理政策。人口政策，引导人口有序流动和定居，在限制开发和禁止开发区域引导人口逐步自愿平稳有序转移。

第十三章　全面促进资源节约循环高效使用

第一节　推进节能减排

控制能源消费总量，优化能源消费结构，加强合同能源管理。支持传统制造业绿色改造，鼓励企业工艺技术装备更新改造，统筹推进化工、水泥、玻璃、铸造等重点行业节能。加快实施燃煤锅炉（窑炉）改造、余热余压利用、电机系统节能改造工程，提高能源利用效率。推进建筑节能改造，大力发展绿色建筑，加快建设滁州省级建筑产业现代化试点。改造提升公共照明，推广低碳绿色照明灯源。推进低碳交通发展，实施新能源汽车推广计划，鼓励自行车等绿色出行。全面控制污染物排放，完善污染物统计监测体系，实施环境质量目标导向总量控制。加强结构减排，严格控制高耗能、高排放行业新增产能。建立落后产能常态化淘汰机制，提高环境准入门槛。加强工程减排，加快污水和垃圾处理等环境保护设施建设，全面实施燃煤企业脱硫脱硝工程，加大化工、印染、火电、冶金、建材等重点行业污染治理力度。合理控制养殖规模，优化养殖场布局，加强畜禽养殖清洁生产、粪便无害化处理和资源化利用。加强管理减排，实行煤炭消费和重点行业污染物排放总量控制，严格治污设施运行，全面推行机动车环保标志管理，完成黄标车淘汰。到2020年，单位地区生产总值能源消耗和主要污染物减排量降幅完成省政府下达目标。

第二节　发展循环经济

全面推进循环工业、循环农业、循环服务业建设，构建区域循环经济体系，推动产业循环式组合，构筑纵向延伸、横向耦合、链接循环的产业体系。推动实施园区循环化改造，探索构建循环型工业体系。发展农业循环经济，构建农林牧渔多业共生的循环型农业生产方式。构建循环型服务业体系，推进服务主体绿色化、服务过程清洁化。完善再生资源回收网络，鼓励构建废弃物逆向物流交易平台，发展再制造，推动动脉产业与静脉产业协同发展。加快推进凤阳国家级循环经济示范县，建设定远盐化工业园、来安金禾化工等循环经济园区，推动凤阳报废汽车循环经济产业园国家“城市矿产”示范基地、凤阳国家级汽车零部件再制造示范基地建设。到2020年，工业固体废物综合利用率达到98%，农作物秸秆综合利用率达到90%。

第三节　加强资源节约

坚持最严格的耕地保护制度，实行最严格的节约用地制度、水资源和矿产资源管理制度，提高资源节约利用水平。开展土地利用总体规划实施情况评估，落实领导干部任期耕地保护责任离任审计，加大土地整理复垦力度，增加有效耕地面积，提高耕地质量。严格土地利用规划管控和建设用地总量控制，科学确定城镇村、开发区建设用地规模和开发边界。健全建设用地使用标准体系，建立存量建设用地盘活与新增建设用地指标挂钩机制。统筹生态、生产、生活用水，建立区域用水总量管理制度，实行取水总量控制和用水定额管理。发展中水回用和雨水利用，加快化工、纺织等高耗水企业节水技术改造，推广使用节水新技术、新工艺、新设备，推进农田节水灌溉设施建设，鼓励在城镇实行分质供水。

第十四章　全面提升环境质量

第一节　全面推进污染防治

推进大气污染防治。严格实行环境空气质量和大气污染防治工作“双考核”制度，开展工业源、面源、移动源“三源”综合治理，强化大气污染区域联防联控联治，切实改善大气环境质量。到2020年，重污染天数较大幅度减少。

推进水污染防治。统筹推进地表水与地下水污染防治。优先保护饮用水水源地、生态良好湖泊水体，建立从水源到水龙头全过程饮用水安全监管机制。加强污水治理，实现新老城区污水管网全覆盖，工业园区和工业集中区污水处理设施全覆盖，全市三分之二以上乡镇所在地建成污水处理厂，完成城市黑臭水体治理。到2020年，滁州市城市建成区黑臭水体控制在10%以内，市县城市集中式饮用水水源水质达到或优于Ⅲ类水体标准。

推进土壤污染防治。优先保护耕地土壤环境，划定土壤环境保护优先区域，实行严格的土壤环境保护制度。开展土壤污染治理与修复试点，建立土壤环境质量监测体系，强化工业污染场地治理。严格环境准入和执法，严控新增土壤污染。到2020年，耕地土壤环境质量达标率不低于82%。

加强农业面源污染防治。加大种养业特别是规模化畜禽养殖污染防治力度，支持规模化畜禽养殖场（小区）开展标准化改造和建设，支持养殖场与种植场联手对畜禽粪便进行堆肥或发展大型沼气项目。科学施用化肥、农药等农业投入品，引导农民使用生物农药或高效、低毒、低残留农药和有机肥，减少化肥农药的使用量。到2020年，全市规模畜禽养殖场（小区）废弃物综合利用率达75%，测土配方施肥技术推广覆盖率达到90%以上，绿色防控技术覆盖率达到30%，主要农作物肥料利用率、农药利用率均达到40%以上。

第二节　提高适应气候变化能力

通过节约能源和提高能效，优化能源结构，增加森林碳汇，有效控制工业、建筑、交通、公共机构等重点领域温室气体排放。建立健全温室气体排放基础统计制度和数据报告制度。保障水、电、通信等城市生命线系统在极端气候条件下平稳安全运行，建设气候变化风险及极端气候事件预测预警系统。建立低碳绿色产品认证制度，推广低碳技术运用，围绕清洁能源应用、节能降耗、节水节材、资源再利用、废弃物资源化等重点领域，推进实施低碳技术产业化示范项目，创建一批低碳城市（镇）、低碳园区、低碳企业、低碳社区。积极发展碳资产、碳基金等新兴业务，探索开展碳排放权交易。

第十五章　构建生态安全体系

第一节　优化生态空间布局

依托水系、丘陵山体和湿地，建设道路林网、河流林网、农田林网等绿色廊道，构筑“两带四区八核”的生态空间格局，形成市域生态网络屏障。“两带”：在市域中部建设由凤凰山—磨盘山—白米山—嘉山—长山构成的江淮分水岭生态轴，在西北部建设由大银山—白云山—大金山—韭山构成全市主要绿色生态轴带。“四区”：包括东部沿高邮湖湿地区、南部沿滁河湿地区、西部沿窑河湿地区、北部沿淮湿地区（包括淮河、花园湖、女山湖等）。“八核”：包括琅琊山、皇甫山、韭山和神山国家森林公园、女山湖、红草湖、池杉湖和明湖自然保护区等生态建设与环境保护用地的核心区。加强国家级风景名胜区、森林公园、地质公园、湿地公园保护，推进自然保护区、饮用水源保护区、水源涵养区、湿地等重点生态功能区建设，严守“生态红线”。

第二节　保护和修复自然生态系统

加强森林保护培育。严守林业生态红线，完善减灾控灾和监测预警体系，实施林业提质增效行动和天然林资源保护、退耕还林、封山育林等一批重点工程。大力开展植树造林和森林经营，稳定和扩大退耕还林范围，完善国有和集体林场经营机制，积极争创森林城市、城镇、村庄。到2020年，全市新增造林93.31万亩，森林覆盖率新增4.6个百分点，达到36.2%；创建省级森林城市5个，省级森林城镇76个、省级森林村庄738个、省级森林长廊400公里；新增城镇园林绿化面积1724万平方米，改造提升1183万平方米，城镇绿化覆盖率达40%以上，人均绿地达15平方米以上。

加强矿山生态修复。加强绿色矿业和绿色矿山建设，开展矿山地质环境恢复和综合治理，推进尾矿安全、环保存放，妥善处理处置矿渣等大宗固体废物。实施铜矿尾砂坝下游、琅琊山山体、明光玄武岩、凤阳石灰岩和石英砂开采宕口等生态修复工程，完成矿山整治目标任务。

加强河湖生态保护恢复。开展重点河湖及生态环境脆弱地区水生态修复与保护。落实湿地生态效益补偿和退耕还湿,新建一批湿地自然保护区、湿地公园、湿地风景名胜区等。加强琅琊山、皇甫山、女山湖等自然保护区建设与管理,建立湖泊生态水量保障机制。到2020年,全市湿地保有量达到138万亩,治理水土流失面积350平方公里。

加强气候资源开发利用保护。开展全市和重点区域气候资源普查,合理开发和利用气候资源。开展气候资源承载力评估,编写气候资源开发利用和保护专项规划。制定滁州市气候资源开发利用和保护条例。

维护生物多样性。加大水生生物养护力度,加强高塘湖、高邮湖、女山湖等重要渔业水域增殖放养。加强自然保护区建设与管理,实施野生动植物、古树名木及自然生境保护工程。推进农作物种质资源、观赏植物资源和药用物种资源保护利用。加强对外来入侵物种的防范和控制。到2020年,自然保护区占全市国土面积比例达到1.7%以上。

第十六章　塑造生态文明风尚

第一节　积极创建试点示范

扎实开展国家和省级生态市(县)、乡镇、村等各类生态示范创建,发挥示范引领作用。加快推进滁州省级生态文明先行示范区建设,积极创建国家级生态文明先行示范区。大力推进琅琊区省级低碳示范区建设,全椒、南谯全国、全省水生态文明试点县建设。到2020年,确保滁州建成国家环保模范城市、省级生态市,全市4个以上县(市、区)、60%乡镇和村分别创建成国家和省级生态文明建设示范点。

第二节　推广绿色生活方式

全力推进节俭养德全民节约行动,推动全民在衣、食、住、行、游等方面加快向勤俭节约、绿色低碳、文明健康的方式转变。加强政策引导,鼓励消费者购买节能与新能源汽车、高能效家电、节水型器具等节能环保低碳产品,减少一次性用品的使用,限制过度包装。大力推广绿色低碳出行,加快推进步行和自行车交通系统建设,倡导绿色生活和休闲模式,严格限制发展高耗能、高耗水服务业。在餐饮企业、单位食堂、家庭全方位开展反食品浪费行动。推行绿色生态殡葬。

第十七章　完善生态环境保护制度

第一节　源头保护制度

建立健全自然资源资产数据采集、自然生态空间统一确权登记、产权管理、用途管制等制度。建立最严格水资源管理制度,建设覆盖全市的水资源管理监控系统和监管体系,调整和完善耕地保护目标责任考核体系,完善矿产资源规划制度。在重点生态功能区、生态环境敏感区和脆弱区等区域划定生态保护红线。探索建立资源环境承载能力监测预警机制。

第二节　资源有偿使用和生态补偿制度

设立生态补偿专项资金,主要用于重点生态功能区的生态补偿。完善森林生态效益补偿机制,稳步提高公益林补偿标准,建立地方森林生态效益补偿基金制度。积极探索市场化生态补偿机制,扩大生态补偿范围。深化水价改革。推进天然气价格改革。加快矿业权市场建设,完善矿产资源有偿使用制度,建立健全矿山地质环境保护与恢复治理长效机制。探索建设排污权、碳排放权、节能量、水权交易制度。

第三节　生态环境保护管理制度

完善以预防为主的环境管理制度,严格执行环境影响评价制度。推进风险源全过程管理,建立环境事故处置和损害赔偿恢复机制。加强地方环境保护法规建设,建立系统的环境质量、污染排放等地方环境保护标准,完善严格监管所有污染物排放的环境保护管理制度,建立排污许可管理制度。完善环境信息公开制度,健全举报、听证、舆论和公众监督等制度。建立环境信用评价制度。健全环境风险防控和突发环境事件应急管理机制。建立健全大气、水等污染区域联防联治新机制。

第四节　政绩考核和责任追究制度

建立体现生态文明要求的目标体系、考核办法、奖惩机制。严格执行地方党政领导班子和领导干部综合考核评价实施办法，建立领导干部任期生态环境质量考核制度，适时修订市政府目标管理绩效考核办法，把资源消耗、环境损害、生态效益等指标纳入考核体系，强化指标约束。探索建立自然资源监测和统计体系，编制自然资源资产负债表，对领导干部实行自然资源资产和环境责任离任审计，建立领导干部生态环境损害责任终身追究制。制订和实施主体功能区绩效评价体系，对不同区域提出有差异的绩效评价指标和要求，实施分类评价。

第五篇　推动开放发展，拓展区域发展新空间

牢牢把握一带一路、长江经济带、皖江示范区、南京江北新区等多重国家战略机遇，充分利用南京都市圈、合肥经济圈叠加优势，坚持全域开放，以扩大承接产业转移为核心，以深度融入长三角城市群一体化发展为重点，推动对外开放与对内合作相互促进，“引进来”和“走出去”更好结合，不断提升开放型经济水平，让黄金区位产生黄金效益。

第十八章　深度融入区域一体化发展

第一节　积极参与长三角合作

以长江经济带建设为战略引领，依托苏皖交界、无缝对接苏浙沪的地理优势，全面推动与苏浙沪的一体化，打造安徽融入长三角的先行区。进一步发挥苏滁现代产业园在区域经济合作中的引领和示范作用，推动全市开发园区与长三角地区的产业分工协作，建设长三角腹地重要的制造业基地。加快融入长三角市场体系建设，依托长三角市场需求，推动生态农业和农副产品加工业加快发展，打造长三角优质农副产品和绿色食品供应基地。积极参与长三角城镇体系建设，推动交通、能源、科技、金融、环保、公共服务等领域的全方位合作。

第二节　推动融入南京都市圈

加快与南京同城化步伐，全面深化与南京在规划、交通、产业、市场等重点领域的合作。依托南谯、来安、全椒、天长等部分区域，以创建国家级产城融合示范区为抓手，全面推进与南京江北新区的重要基础设施互联互通、公共服务体系共建共享、体制机制等高对接，推动产业转移、科研转化、人口集聚，着力打造区域统筹、产城融合、城乡一体的江北协同发展区，努力建设皖苏跨省合作创新示范区。支持天长、来安、南谯与南京、扬州加强基础设施对接、产业协同发展。

第三节　积极参与淮河流域综合治理与振兴发展

全面参与淮河流域综合治理与振兴发展，加强定远、凤阳、明光与皖北、苏北相邻区域合作，积极参与流域水利、航运、产业、扶贫等建设，探索建立生态与经济协同发展的体制机制，共同打造沿淮生态经济带，促进流域可持续发展。紧抓淮河海运条件改善的机遇，依托引江济淮、铁路等重大工程实施，增强流域水资源综合利用能力，促进交通设施互联互通。围绕振兴皖北发展有利政策，积极参与南北结对合作，推进凤阳—宁国现代产业园建设，支持定远与肥东、明光与肥西开展园区结对共建。

第四节　深化与合肥经济圈经济协作

深化与合肥经济圈协作，以便捷交通为重点，以促进资金、技术、人才等要素资源联动共享为依托，实现在更大范围优化配置资源，重点加强定远、全椒与合肥相邻区域的产业协作和配套发展，着力发展汽车零配件、机械制造、农产品加工等产业，推动形成合滁协作带，打造跨行政区域的产业聚集地。

第十九章　提高承接产业转移水平

借助皖江城市带承接产业转移示范区品牌效力，坚定不移加大招商引资力度，全力促进招商引资提质增效，努力当好全省承接产业转移的排头兵。

第一节　大力推进产业招商

围绕战略性新兴产业、主导产业、现代服务业、现代农业，突出产业建链、延链、补链、强链，开展产业招商、精准招商，积极承接技术含量高、市场前景好、带动能力强的优质产业。着力引进知名跨国公司和行业龙头

企业，建设一批企业总部、功能性机构、研发机构，投资新技术、新产品、新业态、新商业模式等创新项目，加快形成规模效应和集聚效应。密切跟踪教育医疗、健康养老、电子商务、商贸物流、金融、文化等领域进一步开放的政策动态，谋划推进服务业对外招商项目。

第二节 搭建定向精准招商平台

紧盯京津冀、长三角、珠三角等发达地区，积极开展项目推介对接，吸引优秀人才和优秀团队来滁投资。加强与央企合作，有针对性地开展与在京央企和知名民企的对口招商。依托"徽商回归"工程，加强与在外安徽商会交流合作，积极吸引徽商企业来滁投资发展。借助国家和我省涉外、涉侨活动平台，积极组织开展面向港澳台和境外的经贸招商活动。

第三节 改革创新推动招商工作

加强新形势下招商引资政策研究和创新，完善产业招引扶持政策，依法依规用活用好招商引资政策，提高政策的规范性、科学性、针对性和实效性。严把项目准入关、投资强度关和环境评价关，提高新常态下招商引资的能力和水平。探索事中事后监管，依法明确投资企业监管的目标、内容、方式，逐步建立完善企业信息备案、信息报告、信息共享等制度。加强招商队伍建设，打造一支熟悉产业经济、掌握投资政策、善于项目谈判的专业化招商队伍，提高招商引资的有效性。

第二十章 加快开发区转型升级

深入实施园区转型升级工程，推动园区集群发展、绿色集约，逐步实现全市园区转型升级、产城融合，进一步提升产业层次和核心竞争力。

第一节 强化开发园区增长极作用

创新园区发展理念、建设模式和管理方式。聚焦首位产业和主导产业，以龙头企业和重大项目为依托，以产业集聚和产业链延伸为重点，促进专业化和全产业链发展。优化开发区产业功能、城市功能、生态功能，统筹建设主城区和开发区公共服务设施，鼓励具备条件的开发区争创城市功能区转型试点、国家产城融合示范区、长江经济带国家级转型升级示范开发区，鼓励开发区创建国家级循环化改造示范试点园区、低碳工业园区、生态工业园区、新能源应用示范产业园区等绿色园区。"十三五"期间，园区经济增长速度高于全市平均水平5个百分点以上，切实发挥增长极作用。加快推进滁州经开区三次创业，率先建成"千亿园区"，创建国家级生态工业示范园区。加快苏滁现代产业园国家级产城融合示范区建设，打造苏州工业园升级版。支持天长经开区创建国家级开发区，加快凤阳经开区、定远盐化工业园省级循环经济基地建设。

第二节 创新开发园区体制机制

积极推进开发区行政管理体制改革创新，进一步简政放权，打造优质高效软环境。鼓励有条件的开发区与行政区融合发展，支持汊河经济开发区与汊河镇、秦栏开发区与秦栏镇等开展镇区一体化发展。鼓励开发区与省内外、国内外各类主体探索跨区域合作共建新机制，建设合作园区和合作联盟。探索镇园合作共建模式，在全市县域省级以上开发区中开辟乡镇板块，建设"园中园"，引导乡镇将产业、项目和人口向园区集中。

第二十一章 加快发展外经外贸

第一节 加强外贸基础设施建设

加快融入长三角通关一体化进程，深化与沿海沿江口岸协作，积极争取建设综合保税区等海关特殊监管区，提高现有保税仓库营运水平，依托大项目、大企业、大园区，规划建设保税物流中心(B型)，设立滁州海关天长通关监管中心，创造条件实现"海关、国检、保税物流、跨境电子"四位一体发展。加快申建滁州无水口岸，推进天长玩具、来安禽类产品、滁州电子元器件等出口示范区建设。

第二节 构建便利化贸易投资体制

完善政策支持和服务保障体系，探索实行外商投资负面清单，跟进准入前国民待遇模式。

加快建设跨境电子商务综合信息服务系统和监管平台，实现与海关、商检、国税、外汇等监管部门之间的系统对接、信息共享、互联互通。搭建政银企互动合作平台，为企业提供融资、退税等更加便利化的外贸服务。

第三节　加快对外贸易优化升级

用足用好各级各类外贸扶持政策，学习借鉴国家自贸区等可沿用的政策，培育一批重点成长型外贸企业，支持本地实体贸易型企业发展，不断巩固壮大出口主体。大力发展跨境电子商务，鼓励企业运用跨境电子商务开拓国际市场，支持云伙计等服务外包电子平台做大做强。积极支持数字化、智能化等先进技术设备、关键零部件进口，进一步带动大宗商品进口。到2020年，全市进出口实绩企业总数达1500家以上，其中进出口超500万美元企业100家，超千万美元企业50家，超亿美元企业10家以上。

第四节　加快“走出去”步伐

落实国家“一路一带”和中俄两江地区合作发展等开放战略部署，积极引导企业“走出去”。鼓励企业积极参与重大项目国际合作和工程承包，带动我市装备、材料、产品、服务“走出去”。发挥凤阳德力哈萨克斯坦基地、明光浩淼加拿大研发中心等项目的示范带动作用，支持我市家电、汽车、装备制造、食品等优势产业对外开展国际产能合作，鼓励有条件的企业和园区建设海外资源基地、生产基地、营销网络、研发机构和经贸合作区。力争到2020年，全市“走出去”企业超20家，5年累计对外投资达到5000万美元以上。

第六篇　推动共享发展，实现人民福祉新提升

按照人人参与、人人尽力、人人享有的要求，增强政府责任，保障基本民生，注重机会公平，从解决人民群众最关心最直接最现实的利益问题入手，统筹推进各项社会事业，让发展成果更多更公平惠及全市人民，使人民群众更切身感受到全面小康、环滁皆美的幸福生活。

第二十二章　增加公共服务供给

第一节　完善基本公共服务体系

持续办好为民实事，不断加大民生投入，建立普惠性、保基本、均等化、可持续的基本公共服务体系。市本级建成图书馆，各县（市、区）文化场馆全部达标，县级妇女、儿童活动中心建设全部完成，所有乡镇建成文化综合服务中心。加快推进市、县两级体育场馆和全民健身中心建设。推进规划馆、档案史志馆、博物馆等公共设施建设和提升，展示发展成就，积淀历史文化，提振人民精神。

第二节　推进基本公共服务均等化

加强对零就业家庭、残疾人、孤寡老人等困难群体的帮扶。完善公共服务机制，创新公共服务提供方式，能由政府购买服务提供的，政府不再直接承办；能由政府和社会资本合作提供的，广泛吸引社会资本参与。增强政府职责，提高公共服务共建能力和共享水平。

第二十三章　加快推进教育现代化进程

第一节　推进基础教育优质均衡发展

全面普及十五年基础教育，建立城乡义务教育经费保障机制，加快城乡义务教育公办学校标准化建设，推动义务教育资源向接纳农业转移人口较多的城镇和人口集聚的农村社区倾斜，推进义务教育优质均衡发展，全面提高教育教学质量。全市师生比超过全省平均水平。加快发展学前教育，鼓励普惠性幼儿园发展。扩大优质高中教育资源，提升高中教育，落实中等职业教育、普通高中免除学杂费政策。加强教师队伍特别是乡村教师队伍和特教学校教师队伍建设，推进城乡教师交流，积极推进“无校籍”管理和“县管校用”模式。到2020年，全市学前三年毛入园率达到92%以上，义务教育巩固率达到98%，高中阶段教育毛入学率提高到98%。

第二节　提升高等教育发展水平

促进滁州高教科创城建设，支持在滁高校、科研院所加快发展，积极开展校地、校企合作，为地方经济发展提供人才保障和智力支持。推进在滁高校与省内外著名高校合作办学，加快建

立一支具有较强科研和教学能力的师资队伍,加强重点学科建设,培养一批学科带头人,创建一批重点实验室、精品课程、实验教学示范中心和产学研成果转化基地。加大政策倾斜力度,支持安徽科技学院、滁州学院建设地方应用型高水平大学。到2020年,全市高等教育毛入学率达到41%。

第三节　健全现代职业教育体系

以就业为导向,建设与滁州经济社会发展相适应、中等职业教育与高等职业教育相衔接、职业教育与普通教育相协调发展,具有滁州特色、全省一流的现代大职教体系。改革职业教育培养模式,完善产学合作机制,推进产教融合、工学结合、校企合作,优化学科专业布局和人才培养机制。支持滁州职业技术学院建设地方技能型高水平大学、滁州城市职业学院建设地方特色型大学,加快推进滁州职教基地建设,建设全国重要的技能型人才培养教育基地。重视和加强残疾人职业技能教育。到2020年,全市中、高等职业教育在校生达到10万人以上,开展各类职业培训36万人次以上。

第四节　建立终身教育体系

积极开展在职培训、再就业培训、岗前培训和农村劳动力转移培训等各类成人教育,提高从业人员的整体素质。鼓励社会资本投资高等教育尤其是高等职业教育,发展远程教育。办好特殊教育,支持发展民族教育。支持滁州老年大学建设。积极发展社区教育、继续教育,建设市民终身教育平台,推进终身教育开放互动发展。倡导全民阅读,建设学习型城市。

第五节　深化教育领域综合改革

深化教育改革,促进教育公平,完善以政府投入为主、多渠道筹措的教育投入体制。加强教育合作,建立区域间优质教育资源共享机制,深化与南京优质教育资源合作,支持和规范民办教育发展,推动公办教育和民办教育相互促进、共同发展。认真落实国家加大财政教育投入政策,着力化解各级各类学校的债务,不断完善资助方式,实现对家庭经济困难学生资助全覆盖。健全外来务工人员随迁子女接受教育的保障机制。

第二十四章　促进就业创业

把促进就业放在优先位置,最大限度创造就业机会,积极推动创业带动就业,促进经济发展与扩大就业的良性互动。

第一节　促进创业带动就业

全面落实税收、融资、项目推介等促进就业、扶持创业政策,鼓励发展中小微企业、民营经济,支持高校毕业生、城镇失业人员、农村转移劳动力等人群创业。实施创业培训品牌工程,支持创办你的企业培训、创业模拟实训和创业苗圃等各类创业孵化器建设,建设一批具有示范意义的市级大学生创业园和创业示范孵化基地,使更多劳动者成为创业者。力争2020年建成1家国家级创业示范基地和多家省级创业示范基地,私营企业总数突破5万户,个体工商户总量突破17万户。

第二节　加强就业服务和管理

维护劳动者平等就业权利,促进人力资源自由流动。大力开发社区服务、公共服务、养老服务、家政服务、助残服务等公益性岗位,加强对灵活就业、新就业形态的支持,多渠道增加就业。健全职业技能培训体系,推行终身职业技能培训制度,开展贫困家庭子女、未升学初高中毕业生、农民工、失业人员和转岗职工、退役军人、残疾人等人群免费接受职业培训行动。加强劳动执法,完善劳动争议处理机制,依法保护劳动者权益,构建和谐劳动关系。强化就业创业服务管理,完善就业服务体系,加强人力资源市场建设,建立统一的公共就业创业服务网络。完善就业援助政策,健全就业失业统计指标体系,实行就业失业登记实名制,到2020年实现一人一证。提高技术工人待遇,在全社会倡导"工匠"精神。到2020年,城镇调查失业率控制在5%以内,城镇新增就业年均不低于4万人。

第二十五章　提高城乡居民收入

坚持居民收入增长和经济增长同步、劳动报酬提高和劳动生产率提高同步,持续增加城乡居民收入。

第一节　拓宽城乡居民收入增长渠道

大力提高经营性收入。鼓励民间投资和创业致富，增加经营性收入。加快发展民营经济，推动全民创业。鼓励和引导劳务合作社加快发展、规范发展。

多渠道增加财产性收入。加大公民财产权利保护力度，拓宽租金、股息、红利等增收渠道，增加居民财产性收入。引导居民参股创办企业或出资入股、联合投资建设一批经营风险小、预期回报好的经营项目，提高股权红利收入。

不断增加转移性收入。健全公共财政体系，优化财政支出结构，落实转移支付制度，提高居民转移性收入。对国有资本经营收益上缴财政比例提高部分，更多用于保障和改善民生。

稳步提高农民收入。落实种粮、农资综合、良种、农机购置补贴等惠农政策，健全农村低收入人口帮扶机制，多渠道增加农民收入。拓宽居民财产保值增值方式，加大土地制度改革，让农民在土地出让中获得收入。

第二节　推进收入分配制度改革

建立科学的工资水平决定、正常增长和支付保障机制，推行企业工资集体协商制度。完善最低工资增长机制，落实机关事业单位工资正常调整机制。规范收入分配秩序，明显增加低收入劳动者收入，扩大中等收入者比重。

第二十六章　健全覆盖城乡居民的社会保障体系

坚持全覆盖、保基本、多层次、可持续方针，实现更加公平更可持续的社会保障，加快建成与经济社会发展水平相适应、基本保障全覆盖、补充保障协调发展的社会保障体系，织牢社会稳定“安全网”。

第一节　落实基本养老保险制度

做好城乡居民和城镇职工两类基本养老保险制度的衔接，更好地保障广大城乡参保人员的权益。落实机关事业单位养老保险、职业年金制度。鼓励发展企业年金。探索发展商业养老保险，促进多层次养老保障体系的发展。落实建立养老保险基金收支预警机制，实行定期精算分析，加强风险管理，及时应对养老保险基金可能出现的风险，实现养老保险制度可持续发展。力争到2020年，全面建成公平、统一、规范的城乡基本养老保险制度体系。

第二节　建立城乡统一的医疗保险制度

完成新型农村合作医疗和城镇居民基本医疗保险制度并轨。加快推进机关事业单位工作人员、城镇职工基本医疗保险与城乡居民基本医疗保险衔接并轨。全面实施城乡居民大病保险制度。落实生育保险和基本医疗保险合并实施政策。优化医保支付方式，完善医保定点准入和退出机制。2020年前，全面建成公平、统一、规范的城乡居民医疗保险制度。

第三节　保障困难群众生活

深入推进公共租赁住房建设模式转变，积极推动住房保障惠及所有中低收入家庭。加快棚户区改造货币化安置步伐。统筹救助体系，强化政策衔接，推进医疗、教育、住房、就业救助制度整合，创新网格化管理服务机制，确保困难群众基本生活。继续提高城乡低保标准、五保人员供养标准、重点优抚对象抚恤标准，完善社会救助和保障标准与物价上涨挂钩的补贴联动机制，兜住特殊困难群众的生活底线。全面落实儿童福利政策，完善孤儿院建设。完善贫困残疾人生活补贴制度，建立重度残疾人护理补贴制度，将重度残疾人纳入最低生活保障范围，建立残疾人托养服务体系。加强优抚安置工作，促进慈善事业发展，鼓励民间慈善团体发展。

第二十七章　提高人民群众健康素质和推动人口均衡发展

第一节　扎实推进医药卫生体制改革

加快建立覆盖城乡的基本医疗卫生制度和现代医院管理制度。全面推进公立医院综合改革，优化城乡医疗卫生机构布局，加强全科医生和乡村医生队伍建设，健全上下联动、衔接互补的医疗服务体系。加快市第一人民医院、市妇幼保健院、市中西医结合医院建设，实现市级医院与琅琊、南谯两区医院基层首诊、分级诊疗、双向转诊。深化与市外优质医疗卫生资源合作，建成南京鼓楼医院苏滁分院、滁州市第一人民医院苏滁分院。推进城市医联体和县域医共体建设。加强以县级医院、乡镇卫生院、村卫生室为基础的农村三级医疗卫生服务网络建设，健全以社区卫生服务为基础，社区卫生服务机构、医院和预防保健机构分工协作的城市医疗卫生服务体系。积极争创省级卫生城市，支持各县（市、区）创建省级卫生县城。到2020年，新增公立医院1所、三级医院3所、二级综合医院5所、专科医院8所，每千人口执业(助理)医师达到2.5人。加大省级临床重点学科建设，到2020年，省级临床重点培育专科达到6个以上，临床重点特色专科达到20个以上。

第二节　加强公共卫生服务体系建设

坚持公共卫生优先发展，完善重大疾病预防控制、健康教育、应急处置、卫生监督等专业公共卫生服务网络。倡导健康生活方式，加强人群心理干预和健康指导。提高突发公共卫生事件应急处置能力，建立疾病预防、控制和联防联控机制，着力构建覆盖城乡的公共卫生服务体系。实施食品安全战略，强化企业产品质量安全主体责任，完善食品质量追溯制度，加强食品检测检验体系建设，形成严密高效、社会共治的食品安全治理体系。

第三节　发展健康服务业

加快落实对非公立医疗机构在市场准入、社会保险定点、重点专科建设、职称评定、技术准入等方面同等对待的政策，鼓励引导社会力量以出资新建、参与改制、托管、公办民营等多种形式投资医疗服务业。依托苏滁现代产业园健康食品城，大力发展药品、医疗器械、残疾人辅具、保健用品、保健食品、健身产品等产业，带动生命健康服务产业集群发展。 推动发展中医医疗保健、健康养老、残疾人康复以及健康体检、咨询管理、体质测定、体育健身、医疗保健旅游等多样化健康服务。推进健康关口前移，完善健身消费政策，积极引导城乡居民体育消费。

第四节　促进人口长期均衡发展

坚持计划生育基本国策，全面落实一对夫妇可生育两个孩子政策。加快推进人口基础信息库建设。提高生殖健康、妇幼保健、托幼等公共服务水平。积极应对人口老龄化，弘扬敬老、养老、助老社会风尚，巩固完善家庭照顾、社区居家养老和机构养老为一体的养老服务格局，推动医疗卫生和养老服务相结合，探索建立长期护理保险制度。坚持男女平等基本国策，保障妇女和未成年人权益，积极推进妇女、儿童两个“十年发展规划纲要”实施。支持残疾人事业发展，健全助残扶残服务体系。

第二十八章　实施脱贫攻坚工程

第一节　实施精准扶贫精准脱贫

坚持“四个切实”、“五个一批”和“六个精准”，实施脱贫攻坚十大工程，全面完成脱贫攻坚任务。实施产业脱贫工程。立足我市粮食、蔬菜、畜禽、水产、水果、木本油料、苗木花卉等农林特色资源优势，开展贫困村“一村一品”推进行动，发展特色种养业扶贫，大力发展光伏扶贫、乡村旅游扶贫、商贸流通扶贫，积极探索资产收益扶贫，努力拓宽稳定增收渠道。实施就业脱贫工程。实施职业技能培训扶贫，统筹各类培训资源，加大职业技能培训力度，确保每一个贫困户劳动力都得到培训。搭建贫困劳动力和用人单位对接平台，开展劳务输出与回乡创业扶贫，实现“就业一人，脱贫一户”。实施易地搬迁脱贫工程。对居住在“一方水土养不起一方人”地方的贫困人口实施易地搬迁扶贫。完善渔民上岸安居工程，对渔民中的贫困户建档立卡，优先落实脱贫计划和帮扶措施，提高上岸渔民社会保障水平。实施生态保护脱贫工程。优先支持贫困地区实施新一轮退耕还林等重大生态工程。利用生态补偿和生态保护工程资金，使当地有劳动能力的部分贫困人口转为护林员等生态保护人员。加大贫困地区传统村落保护力度。加强贫困地区农村气象为农服务体系和灾害防御体系建设。开展环境整治，加快改善贫困村人居环境。实施智力脱贫工程。发展教育扶贫，帮助农村贫困家庭幼儿接受学前教育，改善农村义务教育学校办学条件，全面落实中高等职业教育、高中教育阶段、义务教育阶段贫困家庭学生资助政策。发展人才科技文化扶贫，建立科技扶贫特派员制度，加快推进农业标准化生产，建立公共文化服务体系，提升公共文化服务水平。实施社保兜底脱贫工程。完善农村最低生活保障制度，对无法通过产业扶持和就业帮助实现脱贫的4万贫困人口实行政策性保障兜底。健全“三留守人员”和残疾人关爱服务体系，加强儿童福利院、救助保护机构、特困人员供养机构、残疾人康复托养机构、社区儿童之家等服务设施和队伍建设，提高管理服务水平。实施健康脱贫工程。加大医疗救助力度，新型农村合作医疗和大病保险制度对贫困人口实行政策倾斜，门诊统筹率先覆盖所有贫困地区，将贫困人口全部纳入重特大疾病救助范围。加强公共卫生计生服务。加强县级医院、县级妇幼保健、计划生育服务机构、县残疾人康复中心、乡镇卫生院、村卫生室建设，保障贫困人口享有基本医疗卫生服务。实施基础设施建设脱贫工程。实施贫困村道路畅通保障、水利建设、农村电网改造升级、农村信息化建设等工程，扩大基础设施覆盖面。加快推进贫困户危房改造，到2018年底全面完成全市存量农村贫困户危房改造任务。大力支持少数民族聚居地区脱贫攻坚，改善生产生活条件。实施金融支持脱贫工程。加大金融支持力度，延伸服务网络，创新金融产品，增加贫困地区信贷投放。农村商业银行、村镇银行等金融机构要与扶贫部门加强合作，为贫困户评级授信，提供扶贫小额贷款。扩大政策性保险范围，积极发展扶贫小额贷款保证保险，扩大农业保险覆盖面，推广贷款贫困户人身意外保险。实施社会帮扶脱贫工程。坚持政府主导，社会力量参与，形成政府、市场、社会互为支撑，专项扶贫、行业扶贫、社会扶贫“三位一体”的大扶贫格局。充分发挥各民主党派、工商联、无党派人士在人才智力扶贫上的优势和作用，鼓励民营企业积极参与“百企帮百村”精准扶贫行动。鼓励社会各界捐资捐助、参与扶贫开发，形成全社会关注扶贫、参与扶贫、支持扶贫的浓厚氛围。

第二节　完善脱贫工作机制

实行脱贫工作责任制，完善扶贫机制，力争到2018年实现全市12.8万贫困人口全面脱贫，定远县摘去贫困县帽子，123个贫困村出列，贫困村年集体经济收入达到5万元以上。建立目标责任机制。完善市县抓落实的扶贫工作机制，进一步完善领导联系和单位帮扶扶贫点制度，健全“单位包村、干部包户”和驻村扶贫工作队制度。每年整顿一批软弱涣散村党组织，推进发展壮大村级集体经济“123”工程，消灭“空壳村”。建立资金投入增长和管理机制。加大扶贫财政投入，规范财政扶贫资金管理，建立扶贫项目资金公开制度，定期开展扶贫资金审计，防止挤占、挪用、贪污浪费和虚报冒领。建立年度脱贫攻坚报告和督查制度。完善党政领导班子和领导干部经济社会发展实绩考核办法，突出脱贫工作责任考核，加强对年度脱贫攻坚工作的报告和督查。建立精准扶贫动态管理机制。对每个贫困村和贫困户建档立卡，建立全市扶贫信息管理系统，完善扶贫开发统计与贫困监测制度，明确贫困户脱贫标准和程序。坚持专项扶贫措施与贫困识别结果相结合，逐村逐户制定帮扶措施。

第二十九章　提高社会治理水平

建设平安滁州，完善党委领导、政府主导、社会协同、公众参与、法治保障的社会治理体制，推进社会治理精细化，构建全民共建共享的社会治理格局。深入推进社会治安综合治理，完善综合治理体制机制，完善社会信用体系，加快建设立体化数字化社会治安防控体系。推进“互联网+”政务，建立公共资源开放共享机制，加快社会服务管理信息化建设。提高网络舆情监测与反应能力，提高应对复杂多变公共安全形势的综合能力。严密防范、依法惩治违法犯罪活动，加强特殊人群帮扶管理，维护社会秩序。推进多层次多领域依法治理，落实重大决策社会稳定风险评估制度。健全多元化矛盾纠纷解决机制，完善重大不稳定问题清单、矛盾排查预警、依法维权和化解纠纷、救济救助、基层维稳应急处置等制度，加强和改进行政复议、信访、调解工作，有效预防化解矛盾纠纷和管控社会风险。加快推进公共法律服务体系建设，搭建公共法律服务信息化平台，实现网络互联互通，信息资源共享。健全基层民主管理制度。牢固树立安全发展理念，加强全民安全意识教育，健全公共安全体系。落实安全生产责任和管理制度，实行党政同责、一岗双责、失职追责。加强安全生产基础能力和防震减灾能力建设，切实维护人民生命财产安全。

第三十章　加强作风建设

坚持全面从严治党，严明党的纪律和规矩，压紧压实党风廉政建设"两个责任"，强化权力运行制约和监督，推进巡查、审计监督、重要岗位干部交流轮岗、制度规范建设"四个全覆盖"，构建不敢腐、不能腐、不想腐的有效机制，为改革创业者保驾护航，营造干事创业、风清气正的良好政治生态和社会风尚。落实"三严三实"要求，强化正风肃纪，健全改进作风长效机制，严格执行中央八项规定和省委三十条、市委二十六条规定，驰而不息地反对和纠正"四风"，以优良党风促政风带民风。积极推行"严实工作法"，坚决治庸、治懒、治散，提升工作效率，打造效能建设滁州品牌。

第七篇　强化保障措施，推动规划实施

《纲要》经市人民代表大会审议批准，具有法律效力，由市人民政府组织实施。实现《纲要》确定的各项目标任务，必须进一步改革创新，完善规划实施机制，必须正确履行政府职责，合理配置公共资源，必须充分发挥市场配置资源的决定性作用，动员和引导全社会力量共同推进规划落实。

第三十一章　加强民主法治建设

坚持党的领导、人民当家作主、依法治国的有机统一，充分发扬民主，贯彻党的群众路线，提高宣传和组织能力，依法保障人民各项权益，激发人民群众主人翁意识。

第一节　加强民主政治建设

充分发扬民主，贯彻党的群众路线，提高宣传和组织能力，依法保障人民各项权益，激发人民群众主人翁意识。坚持和完善人民代表大会制度，支持和保证人大及其常委会依法行使各项权力，进一步发挥人民代表作用。坚持和完善中国共产党领导的多党合作和政治协商制度，支持人民政协履行政治协商、民主监督和参政议政职能。加快群团阵地建设，充分发挥工会、共青团、妇联等人民团体的桥梁纽带作用，充分发挥各民主党派、工商联和无党派代表人士的作用，切实做好新形势下民族、宗教、侨务和港澳台工作，巩固和壮大最广泛的爱国统一战线，把各方智慧和力量凝聚到促进发展上来。广泛发展基层民主，鼓励成立村民理事会、社区理事会等基层群众性自治组织，实行群众自我管理、自我服务、自我教育、自我监督。

第二节　加快法治滁州建设

加强地方立法工作。加强党对地方立法工作的领导，建立立法专家顾问制度。加强人大对立法工作的组织协调，健全立法起草、论证、协调、审议机制。加强政府立法制度建设。健全立法机关和社会公众沟通机制，健全立法论证咨询机制，完善公众参与立法机制。加强对城乡建设与管理、环境保护、历史文化保护等重点领域立法。

加强法治政府建设。健全重大行政决策机制，确保决策制度科学、程序正当、过程公开、责任明确。依法全面履行政府职能，推进机构、职能、权限、程序、职责法定化，做到法定职责必须为、法无授权不可为，进一步发挥政府法律顾问的作用。深化行政执法体制改革，加强基层执法力量建设，推进执法重心下移、综合执法。严格落实执法自由裁量制度，做到公正文明规范执法。

深化司法体制改革。积极推进司法体制改革试点，完善司法管理体制和司法权力运行机制，促进司法公正。支持法院、检察院依法独立公正行使职

权。健全公安机关、检察机关、审判机关、司法行政机关各司其职，推动实行审判权和执行权相分离。实行办案质量终身负责制和错案责任倒查问责制。建立健全人民陪审员和人民监督员制度，完善对公民权利的司法保障。加强对权力的司法监督，提升司法公信力。

增强全民法治观念。结合国家宪法日、江淮普法行等主题法治宣传活动，深入开展法治宣传教育和群众性法治文化活动，弘扬社会主义法治精神，增强全社会特别是公职人员尊法学法守法用法观念，在全社会形成良好法治氛围和法治习惯。

第三十二章 确保目标任务落到实处

第一节 加强规划分工落实

完善规划体系。围绕本规划，组织职能部门编制并实施“十三五”重点专项规划、区域发展规划，强化本规划作为制定专项规划、县(市、区)规划、年度计划以及相关政策的重要依据，市级专项规划和县(市、区)规划要切实贯彻本规划的战略意图和主要任务，特别要加强约束性指标的衔接，确保各级各类规划在总体要求上指向一致、空间配置上相互协调、时序安排上科学有序，形成以总体规划为统领，主体功能区规划为基础，区域规划、专项规划为支撑，功能互补、统一完备的发展规划体系。同时加强城乡规划、土地利用规划、生态环保规划等与经济社会发展总体规划之间的衔接，加快推进“多规合一”。

强化责任落实。全面正确履行政府职能，合理配置公共资源，有效引导社会资源，建立责任明确、分类指导、高效协调的规划实施机制。科学分解落实五年规划目标任务，认真做好每年计划工作。各部门要按照职责分工，将规划纲要确定的相关任务纳入本部门工作计划，明确责任和进度要求，并及时将进展情况向市人民政府报告。本规划提出的约束性目标，市人民政府分解落实到市各有关部门和地区，特别是单位地区生产总值能耗、主要污染物排放总量、空气质量等指标，要定期检查，落实到位，重要的预期性目标也要进行分解、检查和落实。综合运用经济、行政、财政、价格等手段，确保规划目标的顺利实现。

第二节 完善政策项目配套

强化政策导向。根据规划提出的目标和任务，加强经济社会发展政策的统筹协调，注重短期政策与长期政策的衔接配合。围绕经济社会发展重点领域，研究制定配套政策，强化各项政策协调配合，形成政策合力。密切联系宏观环境变化和发展实际，加强政策储备。各地、各部门在制定政策、开发利用资源、审批或核准投资项目、安排财政支出时，不得违反发展规划的强制性和约束性规定。

推进重大项目。坚持以规划确定项目、以项目落实规划，发挥重大项目对转变经济发展方式的带动作用，在科技创新、现代服务业、生态环保、社会民生、农村农业等领域，组织实施一批关系全局和长远发展的重大项目。优化重大项目布局，加强项目实施管理，建立重大项目责任制，对规划纲要中确定的重大项目和重大工程要明确要求、强化责任、确保落实。统筹资金投入，优化财政支出结构和政府投资结构，优先安排涉及民生、公共服务和城乡一体化等领域的财政支出和项目投入，提高政府投资的引导力和带动力，鼓励社会投资。

第三节 加强实施监督评估

强化规划实施评估。完善中长期规划实施监测评估制度，在规划实施的中期和后期分别开展中期评估和总结评估，中期评估和总结评估报告提交市人民代表大会常务委员会审议批准。规划实施期间，如遇国内外宏观环境发生重大变化或其他重要原因导致经济社会运行与规划目标发生重大偏离，以及中期评估认为需要对规划进行调整或者修订的，市人民政府将适时提出调整方案，提请市人民代表大会常务委员会审议批准。创新评估方式，探索开展年度评估，引入社会机构参与评估，增强规划评估的准确性和广泛性。完善规划指标统计制度，为科学评估提供支撑。

动员全社会参与。加强规划宣传，着力推进规划实施的信息公开，健全政府与企业、市民的信息沟通和交流机制，提高规划实施的民主化程度和透明度。在全社会营造关心规划、自觉参与规划实施的良好氛围，增进市场主体、民众、社会组织对规划方针政策和发展蓝图的认知和了解，特别是要促进企业积极参与规划的实施，引导市场主体行为和资源配置方向。发挥新闻媒体、群众社团的桥梁和监督作用，促进各级各类规划的有效实施。

2015年度审核出台的规范性文件目录

1、《滁城限制燃放烟花爆竹管理规定》(滁政〔2015〕62号)；

2、《滁州市三证合一登记管理暂行办法》(滁政秘〔2015〕10号)；

3、《滁州市政府投资项目邀请招标监督管理办法(暂行)》(滁政办秘〔2015〕69号)；

4、《市直企业国有资本收益收取管理暂行办法》(滁政办〔2015〕12号)；

5、《关于加快发展现代职业教育的实施意见》(滁政〔2015〕42号)；

6、《关于深入推进商事登记制度改革的实施意见》(滁政办〔2015〕24号)；

7、《关于进一步做好秸秆禁烧和综合利用工作的通知》(滁办字〔2015〕34号)；

8、《滁州市进一步完善城乡居民基本养老保险制度的实施意见》(滁政〔2015〕57号)；

9、《滁州市市直单位办公用房管理办法》(滁政办〔2015〕28号)；

10、《滁州市政府性债务管理暂行办法》(滁政办秘〔2015〕114号)；

11、《关于促进新能源汽车产业发展和推广应用的实施意见》(滁政办〔2015〕27号)；

12、《滁州市地方政府核准的投资项目目录(2014年修订本)》(滁政〔2015〕82号)；

13、《滁州市荣誉市民称号授予办法》(滁人常〔2015〕45号)；

14、《关于贯彻落实国务院〈社会救助暂行办法〉的实施意见》(滁政〔2015〕88号)；

15、《滁州市公共资源交易监督管理办法》(滁政〔2015〕91号)；

16、《滁州市住房公积金个人贷款管理细则》(滁政办〔2015〕32号)；

17、《关于建立健全保障粮食安全市县长责任体系的实施意见》(滁政〔2015〕83号)；

18、《滁州市重大事项决策程序实施细则》(滁政〔2015〕78号)；

19、《市委市政府关于贯彻全省加快调结构转方式促升级行动计划的实施意见》(滁发〔2015〕6号)；

20、《滁州市临时救助实施办法》(滁政办〔2015〕41号)；

21、《滁州市人民政府办公室关于进一步加强行政执法监督工作的意见》(滁政办〔2015〕34号)；

22、《滁州市市直机关易地交流县处级干部周转房管理暂行办法》(滁办字〔2015〕77号)；

23、《滁州市人民政府关于进一步推进户籍制度改革的实施意见》(滁政〔2015〕87号)；

24、《关于加强审计工作的意见》(滁政〔2015〕100号)；

25、《关于金融支持服务实体经济发展的实施意见》(滁政〔2015〕89号)；

26、《滁州市人民政府重大事项决策过错责任追究暂行办法》(滁政〔2015〕99号)。

索 引

SUO YIN

说 明

一、本索引采用主题分类法，索引名称按汉语拼音音序排列。

二、索引名称后的数字表示页码，字母a、b、c分别表示该页版面的左、中、右栏。

A

B

C

D

F

G

H

J

K

L

M

N

P

T

W

Z